普通高等教育中医药类"十三五"规划教材
全国普通高等教育中医药类精编教材

中药药理学

(第3版)

(供中医学、中西医临床医学、中药学等专业用)

主　编
徐宏喜

副主编
汪　宁　李　华　李秀芳　李丽静
汪选斌　聂　红　聂　克

主　审
陈长勋

上海科学技术出版社

图书在版编目(CIP)数据

中药药理学 / 徐宏喜主编. —3 版. —上海：上海科学技术出版社,2019.1(2025.8重印)
普通高等教育中医药类"十三五"规划教材　全国普通高等教育中医药类精编教材
ISBN 978 - 7 - 5478 - 4239 - 3

Ⅰ.①中… Ⅱ.①徐… Ⅲ.①中药学－药理学－中医学院－教材　Ⅳ.①R285

中国版本图书馆 CIP 数据核字(2018)第 240069 号

中药药理学（第 3 版）
主编　徐宏喜

上海世纪出版(集团)有限公司　出版、发行
上 海 科 学 技 术 出 版 社
(上海市闵行区号景路 159 弄 A 座 9F - 10F)
邮政编码 201101　　www.sstp.cn
常熟市华顺印刷有限公司印刷
开本 787×1092　1/16　印张 21.75
字数 490 千字
2008 年 1 月第 1 版
2019 年 1 月第 3 版　2025 年 8 月第 18 次印刷
ISBN 978 - 7 - 5478 - 4239 - 3/R · 1738
定价：58.00 元

本书如有缺页、错装或坏损等严重质量问题,请向印刷厂联系调换

普通高等教育中医药类"十三五"规划教材
全国普通高等教育中医药类精编教材

专家指导委员会名单

(以姓氏笔画为序)

王　平	王　键	王占波	王瑞辉	方剑乔	石　岩
冯卫生	刘　文	刘旭光	严世芸	李灿东	李金田
肖鲁伟	吴勉华	何清湖	谷晓红	宋柏林	陈　勃
周仲瑛	胡鸿毅	高秀梅	高树中	郭宏伟	唐　农
梁沛华	熊　磊	冀来喜			

普通高等教育中医药类"十三五"规划教材
全国普通高等教育中医药类精编教材

编审委员会名单

名誉主任委员 洪　净

主　任　委　员 胡鸿毅

委　　　员（以姓氏笔画为序）

王　飞　　王庆领　　李铁浪　　吴启南

何文忠　　张文风　　张宁苏　　张艳军

徐竹林　　唐梅文　　梁沛华　　蒋希成

编委会名单

主　编
徐宏喜　（上海中医药大学）

副主编
汪　宁　（安徽中医药大学）　　　　李　华　（沈阳药科大学）
李秀芳　（云南中医药大学）　　　　李丽静　（长春中医药大学）
汪选斌　（湖北医药学院）　　　　　聂　红　（暨南大学）
聂　克　（广东药科大学）

主　审
陈长勋　（上海中医药大学）

编　委（以姓氏笔画为序）
王　艳　（山西中医药大学）　　　　方晓艳　（河南中医药大学）
石　荣　（上海中医药大学）　　　　冯　辉　（上海市光华中西医结合医院）
刘　佳　（昆明医科大学）　　　　　齐红艺　（西南大学）
孙文燕　（北京中医药大学）　　　　杨　柯　（广西中医药大学）
吴云霞　（华中科技大学）　　　　　张　戈　（香港浸会大学）
张景红　（华侨大学）　　　　　　　陆金健　（澳门大学）
陈兰英　（江西中医药大学）　　　　林　娜　（中国中医科学院）
林志秀　（香港中文大学）　　　　　荀丽英　（山东中医药大学）
荣建辉　（香港大学）　　　　　　　钱海兵　（贵州中医药大学）
徐世军　（成都中医药大学）　　　　唐　灿　（西南医科大学）
黄莉莉　（黑龙江中医药大学）　　　寇俊萍　（中国药科大学）
韩怡凡　（香港理工大学）　　　　　覃仁安　（广州医药研究总院）
焦亚斌　（深圳大学）　　　　　　　曾　嵘　（湖南中医药大学）
楼成华　（浙江中医药大学）

学术秘书
谭红胜　（上海中医药大学）

普通高等教育中医药类"十三五"规划教材
全国普通高等教育中医药类精编教材

前言

新中国高等中医药教育开创至今历六十年。一甲子朝花夕拾,六十年砥砺前行,实现了长足发展,不仅健全了中医药高等教育体系,创新了中医药高等教育模式,也培养了一大批中医药人才,履行了人才培养、科技创新、社会服务、文化传承的职能和使命。高等中医药院校的教材作为中医药知识传播的重要载体,也伴随着中医药高等教育改革发展的进程,从少到多,从粗到精,一纲多本,形式多样,始终发挥着至关重要的作用。

上海科学技术出版社于1964年受国家卫生部委托出版全国中医院校试用教材迄今,肩负了半个多世纪的中医院校教材建设和出版的重任,产生了一大批学术深厚、内涵丰富、文辞隽永、具有重要影响力的优秀教材。尤其是1985年出版的全国统编高等医学院校中医教材(第五版),至今仍被誉为中医教材之经典而蜚声海内外。

2006年,上海科学技术出版社在全国中医药高等教育学会教学管理研究会的精心指导下,在全国各中医药院校的积极参与下,组织出版了供中医药院校本科生使用的"全国普通高等教育中医药类精编教材"(以下简称"精编教材"),并于2011年进行了修订和完善。这套教材融汇了历版优秀教材之精华,遵循"三基""五性""三特定"的教材编写原则,同时高度契合国家执业医师考核制度改革和国家创新型人才培养战略的要求,在组织策划、编写和出版过程中,反复论证,层层把关,使"精编教材"在内容编写、版式设计和质量控制等方面均达到了预期的要求,凸显了"精炼、创新、适用"的编写初衷,获得了全国中医药院校师生的一致好评。

2016年8月,党中央、国务院召开了新世纪以来第一次全国卫生与健康大会,印发实施《"健康中国2030"规划纲要》,并颁布了《中医药法》和《〈中国的中医药〉白皮书》,把发展中医药事业作为打造健康中国的重要内容。实施创新驱动发展、文化强国、"走出去"战略以及"一带一路"倡议,推动经济转型升级,都需要中医药发挥资源优势和核心作用。面对新时期中医药"创造性转化,创新性发展"的总体要求,中医药高等教育必须牢牢把握经济社会发展的大势,更加主动地服务和融入国家发展战略。为此,精编教材的编写将继续秉持"为院校提供服务、为行业打造精品"的工作要旨,在全国中医院校中广泛征求意见，多方听取要求，全面汲取经验，经过近一年的精心准备工作，在"十三五"开局之年启动了第三版的修订工作。

本次修订和完善将在保持"精编教材"原有特色和优势的基础上，进一步突出"经典、精炼、新颖、实用"的特点，并将贯彻习近平总书记在全国卫生与健康大会、全国高校思想政治工作会议等系列讲话精神，以及《国家中长期教育改革和发展规划纲要(2010—2020)》《中医药发展战略规划纲要(2016—2030年)》和《关于医教协同深化中医药教育改革与发展的指导意见》等文件要求，坚持高等教育立德树人这一根本任务，立足中医药教育改革发展要求，遵循我国中医药事业发展规律和中医药教育规律，深化中医药特色的人文素养和思想情操教育，从而达到以文化人、以文育人的效果。

同时，全国中医药高等教育学会教学管理研究会和上海科学技术出版社将不断深化高等中医药教材研究，在新版精编教材的编写组织中，努力将教材的编写出版工作与中医药发展的现实目标及未来方向紧密联系在一起，促进中医药人才培养与"健康中国"战略紧密结合起来，实现全程育人、全方位育人，不断完善高等中医药教材体系和丰富教材品种，创新、拓展相关课程教材，以更好地适应"十三五"时期及今后高等中医药院校的教学实践要求，从而进一步地提高我国高等中医药人才的培养能力，为建设健康中国贡献力量！

教材的编写出版需要在实践检验中不断完善，诚恳地希望广大中医药院校师生和读者在教学实践或使用中对本套教材提出宝贵意见，以敦促我们不断提高。

全国中医药高等教育学会常务理事、教学管理研究会理事长

胡鸿毅

2016年12月

编写说明

中药药理学是在中医药理论指导下,运用现代科学方法研究中药与机体相互作用及其作用规律的学科。《中药药理学》作为高等中医药院校本科用教材面世于1985年4月,由上海科学技术出版社出版。该教材出版的当年,被正式列为高等中医药院校中药学专业的一门重要课程并开始在国内数所中医药院校开设,以后开设中药药理学课程的院校及专业不断增加。《中药药理学》教材已为越来越多的中医药院校中医学、中西医临床医学等专业师生所接受,虽经多次修订、印刷,仍不能满足需求。

本教材在普通高等中医药类"十二五"规划教材《中药药理学》基础上进行修订与完善。前版教材经全国大多数院校使用后,获得了广泛好评。中药药理研究进展很快,为适应教学需要,需及时补充中药药理学学科的新理论、新进展,为此我们适时进行了修订。在前版教材的基础上,将学科前沿知识适当地扩充进教材,并增加了研究较深入的8味常用药物,删除了一个方剂。用较成熟的理论阐明所述药物、复方的作用、作用机制、临床应用及不良反应、注意事项,对有些内容则做了修订或删减。

本教材的编写人员大多是在教学第一线并具有丰富教学经验的教师。其编写内容在知识容量增加的同时,力求重点突出、成熟精练、便于理解、易于掌握,使教材的可读性进一步提高。

本教材共分24章。前6章为总论,重点说明中药药理学的基本概念、研究对象、学科任务和中药药性理论及现代研究、中药药效学、中药毒理学、中药药动学研究、影响中药药理作用的因素等,以适应诸多医学院校在本科学生中广泛开展科研创新活动的需要,满足学生对中药药理研究基本实验知识的需求。各论18章,根据中药的传统分类分别介绍18类方药的药理作用。除了第24章其他药物没有设第3节外,其他各章分为3节,第一节概述部分概要介绍与该类中药功效主治相关的药理作用。第2节重点介绍现代研究比较深入的数个常用中药。每味药先简介来源、拉丁学名、主要成分、性味、归经及功效主治,后重点介绍药理作用及机制,其中对其经典的指标性成分或公认的活性成分提供了化学结构式。部分已有药动学研究的药物,则对其代表性成分的药动学参数或全药提取物的生物效应动力学参数做简单介绍。现代应用力求简明，主要列现代病名，以单味药应用为主；对单味药及其有效成分制备的现代制剂，获得国家食品药品监督管理局批准生产使用的方予以介绍，未经批准生产使用的不予收录；配伍3味以上且并非作为君药的一般也不收录。不良反应有则写，着重说明临床上出现的毒副反应。动物毒性实验所发现的反应在安全性评价项下介绍。不良反应及安全性评价无则不写。第3节介绍若干代表性经典方，方剂项下先列方名、出处和组成，其他内容同单味药。篇末附 t 值表、χ^2 值表和常用英文缩略词以方便查阅。

本教材除供中医学、中西医临床医学、中药学专业使用外，亦可供从事医疗和中医药科研、生产、流通领域等其他相关专业的工作者选用。

全书所写的药名、来源、拉丁学名、主要成分、性味、归经及功效主治主要参考《中华人民共和国药典》2015版。

《中药药理学》教材虽然已有30多年的使用历史，历经多次修订，仍不够成熟和完善。为了使本教材的编写质量不断提高，敬请广大师生在教学实践过程中批评指正，以便再版时修订。

编委们所在的学校、教研室以及上海科学技术出版社，对本书的修订给予了大力支持，在此我们深表衷心感谢，并对参与本书编写的上海中医药大学马越鸣教授、中国中医科学院徐颖博士、香港中文大学冼彦芳博士、香港浸会大学党蕾博士、云南中医药大学林青教授和王妍博士，以及上海中医药大学部分研究生表示感谢。

《中药药理学》编委会

2018年10月

总　　论

第一章　绪论 ……………………………………………………………… 3

　　第一节　中药药理学的基本概念和学科任务 / 3
　　第二节　中药药理学发展简史 / 5

第二章　中药药性理论及现代研究 ……………………………………… 8

　　第一节　四气的现代研究 / 8
　　第二节　五味的现代研究 / 12
　　第三节　归经的现代研究 / 13
　　第四节　升降浮沉的现代研究 / 14
　　第五节　有毒无毒的现代研究 / 15
　　第六节　"十八反""十九畏"的现代研究 / 16

第三章　中药药效学 ……………………………………………………… 18

　　第一节　中药药效学的概念及基本作用 / 18
　　第二节　中药药理作用特点以及与中药功效的关系 / 19
　　第三节　中药复方药理研究 / 21
　　第四节　中药药效物质基础及作用机制的现代研究 / 24
　　第五节　中药药效学研究要点 / 27

第四章　中药毒理学 ……………………………………………………… 37

　　第一节　中药毒理学概述 / 37

第二节　中药毒理学的基本特点 / 38
第三节　中药的不良反应 / 42
第四节　中药成分的毒性 / 44

第五章　中药药动学 / 47

第一节　中药体内过程 / 47
第二节　中药成分体内浓度动态变化规律 / 49
第三节　中药药动学研究方法概述 / 50
第四节　中药药动学研究展望 / 54

第六章　影响中药药理作用的因素 / 56

第一节　药物因素 / 56
第二节　机体因素 / 61
第三节　环境因素 / 63

各　论

第七章　解表药 / 67

第一节　概述 / 67
第二节　常用药物 / 69
　　麻黄 / 69
　　桂枝 / 71
　　荆芥 / 72
　　白芷 / 73
　　辛夷 / 74
　　细辛 / 75
　　柴胡 / 76
　　葛根 / 79
第三节　常用方剂 / 82
　　桂枝汤(《伤寒论》) / 82
　　银翘散(《温病条辨》) / 83

第八章　清热药 ································ 85

第一节　概述 / 85
第二节　常用药物 / 88
　　黄芩 / 88
　　黄连 / 90
　　苦参 / 93
　　金银花 / 95
　　连翘 / 97
　　大青叶与板蓝根 / 98
　　鱼腥草 / 100
　　北豆根 / 102
　　地黄 / 104
　　牡丹皮 / 106
　　栀子 / 108
　　知母 / 109
　　夏枯草 / 111
　　青蒿 / 113
第三节　常用方剂 / 115
　　黄连解毒汤(《外台秘要》) / 115
　　白虎汤(《伤寒论》) / 117
　　清营汤(《温病条辨》) / 117

第九章　泻下药 ································ 119

第一节　概述 / 119
第二节　常用药物 / 120
　　大黄 / 120
　　芒硝 / 124
　　番泻叶 / 125
　　芦荟 / 126
　　甘遂 / 127
第三节　常用方剂 / 128
　　大承气汤(《伤寒论》) / 128
　　麻子仁丸(《伤寒论》) / 130

第十章　祛风湿药 131

第一节　概述 / 131
第二节　常用药物 / 132
　　独活 / 132
　　雷公藤 / 133
　　秦艽 / 135
　　防己 / 136
　　五加皮 / 138
　　豨莶草 / 139
第三节　常用方剂 / 140
　　独活寄生汤(《备急千金要方》) / 140

第十一章　化湿药 142

第一节　概述 / 142
第二节　常用药物 / 143
　　苍术 / 143
　　广藿香 / 144
　　厚朴 / 145
　　砂仁 / 146
第三节　常用方剂 / 147
　　藿香正气散(《太平惠民和剂局方》) / 147
　　平胃散(《太平惠民和剂局方》) / 148

第十二章　利水渗湿药 149

第一节　概述 / 149
第二节　常用药物 / 151
　　茯苓 / 151
　　猪苓 / 152
　　泽泻 / 153
　　薏苡仁 / 155
　　茵陈 / 156
　　金钱草 / 157
　　车前子 / 158
第三节　常用方剂 / 159
　　五苓散(《伤寒论》) / 159

茵陈蒿汤(《伤寒论》) / 160

第十三章　温里药 …… 162

第一节　概述 / 162
第二节　常用药物 / 163
　　附子 / 163
　　肉桂 / 166
　　干姜 / 167
　　吴茱萸 / 168
第三节　常用方剂 / 170
　　四逆汤(《伤寒论》) / 170
　　吴茱萸汤(《伤寒论》) / 171

第十四章　理气药 …… 173

第一节　概述 / 173
第二节　常用药物 / 174
　　枳实与枳壳 / 174
　　陈皮 / 176
　　青皮 / 177
　　香附 / 178
　　木香 / 179
第三节　常用方剂 / 180
　　柴胡疏肝散(《证治准绳》) / 180

第十五章　消食药 …… 181

第一节　概述 / 181
第二节　常用药物 / 182
　　山楂 / 182
　　麦芽 / 184
　　莱菔子 / 185
　　鸡内金 / 186
第三节　常用方剂 / 187
　　保和丸(《丹溪心法》) / 187

第十六章　止血药 …… 189

  第一节　概述 / 189
  第二节　常用药物 / 190
    三七 / 190
    蒲黄 / 193
    白及 / 194
    地榆 / 195
  第三节　常用方剂 / 196
    云南白药 / 196

第十七章　活血化瘀药 …… 198

  第一节　概述 / 198
  第二节　常用药物 / 200
    丹参 / 200
    川芎 / 204
    银杏叶 / 205
    益母草 / 208
    红花 / 210
    桃仁 / 212
    延胡索 / 213
    莪术 / 215
  第三节　常用方剂 / 216
    血府逐瘀汤(《医林改错》) / 216
    补阳还五汤(《医林改错》) / 217

第十八章　化痰止咳平喘药 …… 219

  第一节　概述 / 219
  第二节　常用药物 / 220
    桔梗 / 220
    半夏 / 221
    浙贝母 / 223
    川贝母 / 224
    苦杏仁 / 225
    紫苏子 / 226
  第三节　常用方剂 / 227

小青龙汤(《伤寒论》) / 227

温胆汤(《三因极一病证方论》) / 229

第十九章　安神药 ········ 230

第一节　概述 / 230
第二节　常用药物 / 231
　　酸枣仁 / 231
　　远志 / 232
　　灵芝 / 233
第三节　常用方剂 / 235
　　酸枣仁汤(《金匮要略》) / 235

第二十章　平肝息风药 ········ 236

第一节　概述 / 236
第二节　常用药物 / 237
　　天麻 / 237
　　钩藤 / 239
　　地龙 / 241
　　牛黄 / 243
　　罗布麻叶 / 245
第三节　常用方剂 / 246
　　天麻钩藤饮(《杂病证治新义》) / 246

第二十一章　开窍药 ········ 248

第一节　概述 / 248
第二节　常用药物 / 249
　　麝香 / 249
　　石菖蒲 / 251
　　苏合香 / 252
　　冰片 / 254
第三节　常用方剂 / 255
　　安宫牛黄丸(《温病条辨》) / 255

第二十二章　补虚药 ················· 257

　　第一节　概述 / 257
　　第二节　常用药物 / 260
　　　　人参 / 260
　　　　党参 / 263
　　　　黄芪 / 265
　　　　甘草 / 267
　　　　当归 / 271
　　　　白芍 / 273
　　　　何首乌 / 275
　　　　冬虫夏草 / 276
　　　　淫羊藿 / 278
　　　　鹿茸 / 280
　　　　杜仲 / 281
　　　　枸杞子 / 282
　　　　麦冬 / 284
　　　　石斛 / 286
　　　　大枣 / 287
　　　　肉苁蓉 / 288
　　第三节　常用方剂 / 289
　　　　玉屏风散（《医方类聚》）/ 289
　　　　四君子汤（《太平惠民和剂局方》）/ 290
　　　　四物汤（《仙授理伤续断秘方》）/ 291
　　　　肾气丸（《金匮要略》）/ 293
　　　　六味地黄丸（《小儿药证直诀》）/ 294
　　　　生脉散（《医学启源》）/ 296

第二十三章　收涩药 ················· 299

　　第一节　概述 / 299
　　第二节　常用药物 / 300
　　　　五味子 / 300
　　　　山茱萸 / 303
　　　　五倍子 / 304
　　第三节　常用方剂 / 305
　　　　四神丸（《证治准绳》）/ 305

第二十四章 其他药 307

第一节 概述 / 307
第二节 常用药物 / 307
　　大蒜 / 307
　　蟾酥 / 309
　　马钱子 / 310
　　蛇床子 / 312
　　熊胆粉 / 313

附录 315

一、t 值表 / 315
二、χ^2 值表 / 316
三、常用英文缩略词 / 316

总 论

第一章 绪 论

导学

本章主要介绍中药药理学的概念、研究内容、学科地位、学科任务和中药药理学发展简史。

学习要求：
(1) 掌握中药药理学、中药药效学和中药药动学的概念。
(2) 了解中药药理学的学科地位、学科任务和中药药理学的发展简史。

第一节 中药药理学的基本概念和学科任务

一、中药药理学的概念和研究内容

中药药理学(pharmacology of traditional Chinese medicine, PTCM)是在中医药理论指导下，运用现代科学方法研究中药与机体(包括正常机体、病理机体和病原体)相互作用及其作用规律的学科。中药是指在中医药理论指导下，用于预防、治疗疾病的各种物质(主要为植物、动物和矿物等)。

中药药理学研究的内容有两方面，即中药药物效应动力学(pharmacodynamics of traditional Chinese medicine, pharmacodynamics of TCM, 简称中药药效学)和中药药物代谢动力学(pharmacokinetics of traditional Chinese medicine, pharmacokinetics of TCM, 简称中药药动学)。前者研究中药对机体的作用、作用机制和物质基础；后者研究中药在机体内的吸收、分布、转化和排泄的过程及其规律。

中药药理学是近几十年来形成的一门新兴学科，它是中医药学的重要组成部分，是中药学的一个重要分支学科，也是中西医药结合的产物。其特点是既遵循中医药理论，又结合现代医药知识，以阐明中药防治疾病的机制。

二、学科地位

中药药理学是连接传统医学和现代医学的纽带，是沟通基础医学和临床医学、药学与医学的桥梁。

1. 与传统医药学的关系　中药药理学是建立在传统医药学基础上的一门新兴学科。中医学、中药学和方剂学等,不仅为中药药理学的研究提供了理论指导,而且也是中药药理学研究的出发点。通过中药药理的研究不仅可以验证传统中医药理论的科学性,深化和发展中药和方剂的功效,还可以修正和完善中医药理论的某些不足。因此,中药药理学与传统中医药理论关系非常密切。如《备急千金要方》中载有"甘草能解百毒"之说,研究表明,甘草制剂的确对多种药物毒性、动物毒素、细菌毒素以及机体代谢产物毒性都有一定的缓解作用。研究发现其解毒机制与以下因素有关:① 甘草的主要有效成分是甘草皂苷,甘草皂苷水解生成甘草次酸和葡萄糖醛酸,葡萄糖醛酸可与体内含羧基(—COOH)和羟基(—OH)的毒物结合形成无毒物质排出体外。② 甘草所含的皮质激素样物质能提高机体对毒素的耐受力。③ 甘草能提高细胞内细胞色素 $P450$ 的含量,可增强肝脏的解毒功能。这一系列的研究阐释了"甘草解百毒"的现代科学道理。又如,常山截疟。实验揭示,常山全碱(甲碱、乙碱和丙碱)抗疟的效价为奎宁的数十倍,但常山治疟常与槟榔配伍,如截疟常山饮、截疟七宝饮等,均是常山配伍槟榔,而现代药理研究发现,槟榔碱并无抗疟作用,相反可以使常山的毒性增加,因此常山与槟榔的配伍作为抗疟药对,是一种不恰当的配伍。

从上文可看出,中药药理研究不仅有利于应用现代科学理论与术语阐释中药功效的现代科学内涵,揭示其作用机制和物质基础,同时还可完善中医药理论某些不足,使中医药理论得到了发展。中药药理的研究成果对解释和证明中药的功效具有重要的作用。此外,中药药理学与中医学、中药学和方剂学的关系非常密切,同时与中药炮制学、中药制剂学、中药鉴定学和中药化学等的关系也是相互依存、相互促进、协同发展的。

2. 与现代医药学的关系　中药药理学主要应用基础药理学和临床药理学的知识以及其他相关学科的现代科学方法研究中药和方剂,并用现代科学术语阐释中药的作用和机制,因此这两门学科也是中药药理学的重要基础。

3. 与中药新药开发的关系　中药新药的开发是一个复杂的系统工程,涉及面广,不是一个学科能完成的。一个新药制剂要推向临床,必须进行有效性和安全性的评价,这是中药药理研究的范畴,因此中药药理与中药新药的研发关系密切。

三、学科任务

中药药理学的学科任务主要有以下几方面。

1. 用现代科学理论阐释中药防治疾病的作用及作用机制　如麻黄的平喘、川芎的活血、人参的补虚等功效,用现代科学理论及术语阐释其药理作用、作用机制,以及揭示其发挥药理作用的主要物质基础等,推动中药学的发展。

2. 为临床合理、安全用药提供依据　中药药理研究揭示了许多中药新的药效作用或不良反应,以及其作用机制等,可为临床合理用药、增强疗效、减少不良反应提供基础研究的依据。如含有马兜铃酸的中药(细辛、青木香等)在应用时,应注意剂量及患者的肝肾功能;又如有致畸作用的中药半夏,孕妇应忌服等。

3. 参与中药新药的研发　目前世界上仍有很多疑难、危重病症威胁着人类的健康,缺乏有针对性的特效药。中药药理是新药研发的重要组成部分,因此开发新药也是中药药理学科肩负的任务。

4. 促进中药现代化　中药药理学既是中药学的现代发展,也是中西医结合的产物,中药药理学的发展,必将会促进中药的现代化和国际化。

第二节　中药药理学发展简史

中药应用于临床已有几千年的历史,但用现代药理学的方法研究中药的作用却为时不长。中药药理学的研究是伴随着西医药理学进入中国而出现与发展的,真正的药理研究开始于20世纪20年代初,距今仅有90余年的历史。20世纪20年代北平协和医学院是研究中药的主要机构。从1923年开始,我国学者陈克恢等率先对麻黄、当归进行了系统的化学成分和药理作用研究,发现从麻黄中提取的有效成分麻黄碱具有类似肾上腺素作用,其作用较温和持久。1924年陈克恢等在美国《药理学与实验治疗学杂志》发表《麻黄碱的作用》。论文发表后,在国内外医药学界引起巨大反响,引发了中药麻黄研究的高潮,还推动了对草乌、延胡索、莽草、五倍子、海藻、闹羊花等数味中药的研究,揭开了中药药理研究的序幕。

到了20世纪30年代初,中药药理研究规模有所扩大,国内相继建立了几所研究机构,如中央研究院、北京研究院、卫生实验处等;研究的药味也较前增多,主要有防己、浙贝母、川贝母、延胡索及强心中药蟾蜍、黄花夹竹桃等,还有三七、川芎、山茱萸、车前子、瓦松、牛膝、玄参、陈皮、何首乌、地龙、半夏、黄芩、藏红花等50余味中药的药理与化学成分的研究,参加人员由几人发展到了十几人。到了30年代末和40年代初,由于战乱很多医药院校内迁到了西南大后方,虽然研究者热情高,但因设备简陋、文献短缺、资金不足,研究水平受到影响。抗日战争期间曾由于西南地区西药来源断绝,迫切需要在中药中寻求新药源以解决军需民用的燃眉之急,加上西南各省疟疾、阿米巴痢疾流行,因此当时曾以抗疟药、抗阿米巴中药为研究重点进行了工作,发掘了抗疟中药常山、抗阿米巴中药鸦胆子、驱蛔虫中药使君子等。此外,尚对大戟、大蒜、丹参、防风、杏仁、远志、冬虫夏草、五加皮等40多味中药进行了某些药理作用研究,药理队伍仍为10多人。

在这20多年中,由于社会动荡、战乱频发,设备简陋,资金短缺,人员稀少,中药研究进展缓慢,因此成果有限。但这些研究成果毕竟为以后中药药理研究的发展奠定了基础。回顾这20多年中药药理研究的情况,还存在其他一些不足,首先是对中药的研究主要遵循国外研究植物药的思路,脱离中医药理论与实践,如贝母不作止咳、延胡索不作止痛、大戟不作逐水等的研究;其次是不重视与相关学科的结合,所研究的中药有些未进行品种鉴定,不辨真伪即做实验,难免张冠李戴,影响论文的价值与水平。

20世纪50年代以来,由于国家和政府的高度重视,中药药理研究工作进入了一个崭新的阶段。在药理学家朱恒璧、刘绍光、张昌绍、周金黄等带领下,对部分中药的化学成分与药理作用进行不懈探索,取得了一定成绩,如丹参治疗冠心病、延胡索镇痛等。从中药药理学研究的队伍看,已由以前的十几人发展到了目前的数万人;中医中药的研究机构已遍布全国各省市、地县,这为中医药研究工作的广泛、深入开展创造了良好的条件。

从中药研究的内容看,不同时期中药药理研究的品种和内容侧重有所不同。20世纪50年代和60年代中药药理研究主要集中在对单味中药的强心、降压、镇痛、驱虫、抗菌、消炎、利尿、解热等方面研究。其中,中国科学院药物研究所开展的"545种中药的抗菌作用筛选"堪称这一时期中药大规模筛选研究的代表。在这一时期研究比较深入的有茵陈、秦艽、大黄、防己、附子、柴胡、甘草等单味中药。20世纪60年代开始了结合中医药理论研究中药及方剂,如探索补"肾"方药对"肾虚"的药理作用;探索"阳虚""阴虚"证动物模型,推动了中药实验药理及中医学理论的研究。

20世纪70年代主要在防治老年慢性支气管炎、冠心病、肿瘤、疟疾、中药麻醉、肌松、肝炎、止血、寄生虫病、计划生育等方面进行了研究。单味中药、有效部位、有效单体仍为中药药理研究的主要对象,发现了一些具有良好作用的中药及其有效成分,并应用于临床,较为突出的有长春碱、三尖杉碱、靛玉红、喜树碱、黄连素、穿心莲内酯、黄芩苷、大蒜素、川芎嗪、葛根素、丹参酮、棉酚、汉防己甲素、延胡索乙素、鹤草酚、斑蝥素、五味子酯等。其中,最有价值的是由中国中医科学院屠呦呦带领的研究团队从黄花蒿中发现的青蒿素。屠呦呦由此获2011年度拉斯克临床医学奖,并于2015年10月获得诺贝尔生理学或医学奖。归因于发现青蒿素用于治疗疟疾,挽救了全球特别是发展中国家数百万人的生命。

20世纪70至80年代,中药药理研究开始重视以中医药理论为指导,运用现代中药药理研究手段探索中药药性理论如四气、五味、归经,以及中医治法、治则的现代科学内涵。这一时期,中药复方药理研究、中药配伍机制研究开始受到重视。从70年代末至80年代末这10余年间共研究中药复方230多首,其中以对心血管及消化系统作用的复方研究较多,研究比较深入的有生脉散、参附汤、桃红四物汤、四君子汤、补中益气汤、玉屏风散、苏合香丸、桂枝汤和六味地黄丸等传统方剂。在进行复方药理研究的同时,还对复方配伍原理进行了研究,对有些古方进行了改造及精简药味研究。如对苏合香丸(含犀角、朱砂和麝香等)中15味药物进行了筛选。先后研发出冠心苏合丸(苏合香、冰片、制乳香、檀香、青木香)、苏冰滴丸等。此外,中药药理研究人员在紧缺或名贵中药材的人工制品研究方面也取得了重要成果,如人工麝香、人工牛黄、人工冬虫夏草菌丝等的研究,以及引种西洋参及西红花研究等。

1985年,中华人民共和国卫生部颁布《药品管理法》及与之配套的《新药审批办法》,中药药理学科开始参与研制中药新药的重任。中药临床前药效、毒理的研究,有力地保证了中成药新制剂的安全性、有效性和质量的可控性,为保障人民的健康做出了积极贡献。同年,国家卫生部组织编写、出版了全国第一本中药药理学教材(王筠默主编,上海科学技术出版社,1985年4月版),并把中药药理学正式列为中医药高等院校中药学专业的一门重要课程,当年即在国内数所中医药院校开设,以后开设中药药理学课程的院校不断增加。1989年在国内多所中医药高等院校还开设了中药药理学专业及硕士点、博士点,进一步推动了中药药理学科的发展。

我国政府十分重视药品(中药)的安全性问题,国家科学技术委员会在20世纪90年代初开始起草标准实验室规范(good laboratory practice, GLP),1999年11月起施行《药品非临床研究质量管理规范(试行)》。这对于中药新药的研制及安全性评价具有重要意义,使中药安全性评价及中药毒性研究工作逐步走向规范化和科学化的轨道,有力地保障了我国中药新药产品的安全性。

20世纪90年代以来,中药单味、复方的药理作用与中药传统理论的性味、归经、功效与主治相互关联的研究更加紧密,对中药及复方物质基础的研究也上了一个新的台阶。至今已对大多数常用中药进行了不同程度的药效学研究,这对阐释其功能主治、指导临床用药具有重要意义。中药的研究水平逐年提高,多种新技术的应用已使中药药理研究从器官水平提高到了细胞、分子以及基因水平。近年来防治心、脑血管疾病以及抗肿瘤等难治性疾病的中药研究成为国内研究的热点,三七皂苷、银杏叶提取物、丹参多酚酸、川芎嗪等具有保护心肌、脑缺血再灌注损伤作用;苦参碱、靛玉红、人参皂苷Rg_3等具有辅助抗癌作用的中药有效成分被相继开发应用于临床。

药效研究方法也有长足的进步,如采用含药血清实验法克服了中药粗制剂直接进行体外实验可能出现的假阳性。含药血清药效研究与中药血清化学协同研究,已成为揭示中药药效物质基础的一种新方法。随着现代科学技术的迅速发展,尤其是分子生物学及生物技术的发展,中药药理研究跨入了一个崭新的时代。中药药理的研究领域不断拓展,研究思路有较大突破,研究方法与检测手段日益先进,研究目标更加明确。

药物代谢动力学对深入了解药物作用的机制、指导临床合理用药、优选用药方案、指导剂型改进和新药研究设计,都有重要意义。中药药物动力学的探索虽然始于20世纪60年代,主要表现为对中药大黄蒽醌衍生物在体内的吸收、分布和排泄的研究,但直到90年代,探索研究中药和中药复方的药物代谢动力学才开始成为热点。表现为相继提出了用生物效应法如"毒效法""药效法"等估测有效成分尚不清楚的单味及复方药动学参数,并对陆英、附子等单味中药和四逆汤、生脉饮、桂枝汤、麻黄汤和银翘散等复方的药动学参数进行了实验探索。近年来随着中药化学成分分离技术、结构鉴定技术的提高,对中药和中药复方中活性成分吸收、体内分布、代谢及排泄的研究形成较大规模。新的研究方法、研究思路相继提出,如多组分药动学参数的测定、药动学(pharmacokinetics, PK)-药效学(pharmacodynamics, PD)结合研究等多种探索思路方兴未艾。

伴随着对中药研究的不断深入,人们对中药的毒性日益关注,中药的安全性评价已越来越受到重视,研究方法与程序不断规范。目前已开展了对许多中药及复方的系统毒理学、器官毒理学、细胞毒理学、遗传毒理学研究,并取得了显著的成绩。

中药药理的研究工作不仅在国内得到了迅速发展,而且受到国际医药界的日益重视,如日本、韩国、德国、英国、澳大利亚、印度、法国及美国等,在这方面都进行了不少的研究,这些研究成果值得重视和借鉴。中医药学是中国文化的重要组成部分,深受人民群众的信赖,它将会随着社会的发展而发展,而其发展方向必定是现代化和国际化的,这是历史的必然。

总之,自20世纪20年代以来,尤其近30年来中药药理研究得到了快速的发展,在不断广泛和深入研究中,取得了累累硕果。然而,中药药理学毕竟还是一门新兴学科,对其基本概念、理论体系的阐述尚存在诸多不完善的地方,学科领域内的许多关键性问题还需要解决,已取得的成就与其所应履行及担负的学科任务之间尚有相当差距,因此中药药理学科的发展任重道远。但中药药理学作为一门学科已为人们所接受,我们有理由相信,通过广大中药药理工作者坚持不懈的努力,这一学科必将得到更快的发展,其对中医药走向世界必将产生重大影响,对人类健康必将做出更大贡献。

第二章 中药药性理论及现代研究

导学

本章介绍中药的药性理论,包括四气、五味、升降浮沉、归经、有毒无毒及配伍禁忌的现代研究概况等。

学习要求:
(1) 掌握中药四气对中枢神经系统、自主神经系统、内分泌系统及物质代谢的影响;易致毒性反应中药的种类。
(2) 熟悉与五味相关的化学成分类别及主要药理作用的特点。
(3) 了解中药的升降浮沉、归经及配伍禁忌的现代研究概况。

药性或称性能,是中药作用的基本性质和特征的高度概括,也是中医药理论指导下认识和使用中药,并用以阐明其药效机制的理论依据,它包括药物发挥疗效的物质基础和治疗过程中所体现出来的作用。研究药性形成的机制及其运用规律的理论称为药性理论,是我国历代医家在长期的医疗实践中,以阴阳、脏腑、经络学说为依据,根据药物的各种性质及所表现出来的治疗作用总结出来的用药规律,其基本内容包括中药四气五味、升降沉浮、归经、有毒无毒以及配伍禁忌等。

中药药性理论是中医药理论体系的重要组成部分,是几千年来历代医家在临床用药经验基础上对中药作用性质和特征的高度概括,也是中医临床用药的重要依据。

第一节　四气的现代研究

中药四气(又称四性)是中药药性理论的核心内容,中药四气是指寒、热、温、凉四种不同的中药药性,反映中药在影响人体阴阳盛衰、寒热变化方面的作用趋势。四气中温热与寒凉属于两类不同的中药药性,温热之间或寒凉之间,作用性质相同,但作用程度有差异。四气之寒热温凉是从药物作用于机体所发生的反应总结出来的,《神农本草经》云:"疗寒以热药,疗热以寒药。"因此,能够减轻或消除热证,即具有清热、凉血、泻火、滋阴、清虚热等功效的药物,其药性为寒性或凉性;而能够减轻或消除寒证,即具有祛寒、温里、助阳等功效的药物,其药性属于热性或温性。

半个多世纪来对中药四气从理论和实验方面进行了多方位的研究,提出了多种理论和假说,对中药四气科学内涵的探索起到了积极的推动作用。

一、四气的生物效应研究

中药四气对机体的中枢神经系统、自主神经系统、内分泌系统,以及物质代谢、能量代谢和体温等生物效应的影响具有一定趋向性。

1. 对中枢神经系统的影响 中药四气与中枢神经系统功能密切相关,四气可影响中枢神经系统的反应性,同时对中枢神经的递质产生影响。研究发现,多数寒凉药可抑制中枢神经系统,产生镇静、催眠、解热、镇痛等作用。如钩藤、羚羊角等可抗惊厥,黄芩、丹参、苦参等能镇静,金银花、连翘、板蓝根、穿心莲、知母、柴胡和葛根等有解热作用;而温热药则可兴奋中枢,如麻黄、麝香、马钱子等。

实验表明,给予动物大剂量寒凉药或温热药可制备寒证或热证动物模型,模型动物可出现类似寒证或热证患者的中枢神经系统功能的异常变化,同时脑内兴奋性或抑制性神经递质含量也发生相应变化。如用知母、石膏等寒凉药制备虚寒证模型大鼠,其脑内兴奋性神经递质去甲肾上腺素(norepinephrine 或 noradrenaline, NE 或 NA)和多巴胺(dopamine, DA)含量降低,进一步研究显示,寒凉药可通过抑制酪氨酸羟化酶,使 NE 和 DA 合成减少,从而产生中枢抑制效应。温热药附子、干姜、人参、黄芪则可使脑内 NE 和 DA 含量升高;热性药组大鼠的脑神经元酪氨酸羟化酶活性显著增强,寒性药则使酪氨酸羟化酶活性降低。虚寒证模型大鼠以温阳药如附子、干姜或温性补气药人参、黄芪等治疗后,脑内 NE 和 DA 含量升高。另有研究表明,灌服龙胆、黄连、黄柏、金银花、连翘、生石膏等寒性药或复方所致的寒证模型大鼠给予电刺激,痛阈值和惊厥值升高,动物呈中枢抑制状态;灌服附子、干姜、肉桂等热性药或复方所致的热证模型动物给予电刺激,痛阈值和惊厥值降低,动物中枢兴奋功能增强。

2. 对自主神经系统的影响 临床上寒证或热证患者常常伴有自主神经系统功能紊乱,分别应用寒凉方药或温热方药治疗后,自主神经系统功能平衡恢复。寒凉药降低交感神经兴奋性、肾上腺髓质功能活动,增强副交感神经兴奋性;温热药则增强交感神经兴奋性、肾上腺髓质功能活动,降低副交感神经兴奋性。动物实验结果与患者临床表现高度相似。以黄连、苦参(1∶1)灌服结合低温环境;以附子、肉桂(1∶1)灌服结合高温环境分别制备寒证、热证大鼠模型,结果发现寒证动物模型心率减慢,体温偏低,血儿茶酚胺含量下降;热证动物模型心率加快,自主活动增加,体温偏高,血儿茶酚胺含量上升。一般认为寒证是机体功能活动衰减的表现,热证是机体功能活动亢盛的反映。动物长期灌服寒凉药或者温热药,可引起动物自主神经系统功能紊乱。

外周神经递质的改变也与寒、热证以及虚寒证、虚热证有关。虚热证模型动物 NE、肾上腺素(adrenaline, AD)、DA 含量均高于正常组;与虚寒证比较,虚热证所有指标均高于虚寒组。寒、热证的出现与环核苷酸及自主神经系统密切相关。多项研究表明,寒证、阳虚证患者副交感神经- M 受体-环磷酸鸟苷(cyclic guanosine monophosphate, cGMP)系统功能偏亢,尿中 cGMP 的排出量明显高于正常人;寒证、阳虚证患者分别服用温热药、助阳药后,细胞内环磷酸腺苷(cyclic adenosine monophosphate, cAMP)含量增加,cAMP/cGMP 比值恢复正常;相反,热证、阴虚证患者交感神经 β 受体- cAMP 系统功能偏亢,尿中 cAMP 含量明显高于正常人。热证、阴虚证患者分别服用寒凉药、滋阴药后,细胞内 cGMP 水平提高,cAMP/cGMP 比值恢复正常。如蛇床子总香豆精类可提高阳虚大鼠血浆 cAMP 水平,恢复 cAMP/cGMP 正常比值。

3. 对内分泌系统的影响 一般而言,温热药对内分泌系统具有兴奋效应,而寒凉药具有抑制效应。动物长期给予温热药或寒凉药,其甲状腺、肾上腺皮质、卵巢等内分泌系统功能可出现增强或减弱。如人参、黄芪、白术、熟地黄、当归、鹿茸、肉苁蓉、刺五加、何首乌等可兴奋下丘脑-垂体-肾上腺皮质轴,升高血液中促皮质激素、皮质醇含量;人参、黄芪、附子、肉桂、何首乌等兴奋下丘脑-垂体-甲状腺轴,升高血液中促甲状腺激素水平;人参、刺五加、淫羊藿、附子、肉桂、鹿茸、紫河车、补骨脂、冬虫夏草、蛇床子、仙茅、巴戟天等兴奋下丘脑-垂体-性腺轴。同时,寒证模型动物的肾上腺皮质对促肾上腺皮质激素(adrenocorticotropic hormone,ACTH)反应性下降,注射ACTH后尿液中17-羟皮质类固醇含量达峰时间晚于正常对照组;用温热药治疗后,动物尿液中17-羟皮质类固醇含量以及血液中孕酮含量达峰时间提早。地塞米松性下丘脑-垂体-肾上腺皮质轴抑制模型大鼠血浆皮质酮和子宫中雌激素受体均降低;温阳方药(附子、人参、肉桂、肉苁蓉、补骨脂、淫羊藿、鹿角片)可升高血浆皮质酮和雌二醇含量,增加子宫中雌激素受体含量;同时提高雌二醇与雌激素受体亲和力。说明温热药可纠正下丘脑-垂体-肾上腺皮质轴抑制模型大鼠的肾上腺皮质、性腺等内分泌轴的异常变化。长期给予温热药可增强动物甲状腺、肾上腺皮质、卵巢等内分泌功能,寒凉药则抑制内分泌系统功能。

4. **对能量代谢的影响** 多数温热药可提高机体的基础代谢率,促进物质分解代谢;寒凉药则可降低基础代谢率,抑制物质分解代谢。临床显示,寒证或阳虚证患者基础代谢率偏低,热证或阴虚患者基础代谢率偏高。甲状腺功能低下阳虚模型家兔产热减少、体温偏低,温肾助阳方药则可升高其基础体温。甲状腺功能亢进阴虚模型大鼠的产热增加、饮水量增加、尿量减少、血液黏稠度增加,体重减轻,滋阴药龟甲等则能改善上述症状。

药物的寒热与其对机体产热系统影响密切相关,温热药可增强代谢,增加体内产热;寒凉药则可抑制代谢,减少体内产热。有人提出寒证的原因为机体热量不足,而热证则可归之于机体热量过剩,并认为寒性药即为可改善机体热量过盛的药物,热性药则反之。因此,通过测定药物对实验动物基础体温的影响可作为进行四气研究的一种方法。中药四气通过调控能量代谢而调节机体寒热温凉的变化,并维持机体稳定状态,这可能是中医治则"寒者热之,热者寒之"的作用基础之一。有人观察了自然状态下大鼠群体中寒体、热体和常体在物质代谢方面的差异,结果寒体组大鼠肝脏 Na^+-K^+-ATP 酶(Na^+-K^+ adenosine triphosphate,$Na^+-K^+-ATPase$)活性比热体大鼠低。机体 Na^+-K^+-ATP 酶活性高低可影响能量代谢的调节,淫羊藿、仙茅、肉苁蓉、菟丝子等温热药能升高小鼠红细胞膜 Na^+-K^+-ATP 酶活性;清热药知母和寒凉药大黄、栀子可降低小鼠红细胞膜 Na^+-K^+-ATP 酶活性,苦参、栀子、黄柏、黄芩、黄连和龙胆均降低大鼠骨骼肌 Na^+-K^+-ATP 酶、$Ca^{2+}-ATP$ 酶的活性,通过降低 Na^+-K^+-ATP 酶和 $Ca^{2+}-ATP$ 酶活性而降低对ATP的分解,从而减少能量代谢。

5. **对抗感染作用的影响** 病原微生物引起的急性感染,常常具有发热、疼痛等临床症状,辨证多属于热证,需用以寒凉药为主的方药进行治疗。清热药、辛凉解表药的药性大多属寒凉,中医广泛用于治疗热证。许多寒凉药具有抗病原微生物作用,如清热解毒药金银花、大青叶、白头翁等和辛凉解表药菊花、葛根、柴胡等具有抗菌、抗病毒作用。

此外,临床治疗肿瘤疾病的有效中药中,具有寒凉药性的清热解毒药物所占比例比较大,如青黛、山豆根、穿心莲等。

上述归纳的中药四气的药效作用趋势反映了对多数中药的研究结果,但是尚有一部分温热药或寒凉药并不符合上述作用趋势,说明现有对中药四气与生物效应关系的研究尚存在不足或缺陷,需进行更为深入的研究。

二、中药四气的其他探索

中药四气是一个十分复杂的问题,近年来许多学者对中药四气的科学内涵进行了多方位的探索与思考,有些结合相关研究提出了对四气新的诠释,其中主要有:

1. 四气的基因组学研究 应用基因芯片技术对四气的生物学内涵进行研究,发现中医寒热证候有其基因组学基础,异常表达主要涉及能量代谢、糖代谢、脂及酯类代谢、蛋白质代谢、核酸代谢、免疫和内分泌等7类基因。温、热药性可激发基因组的活性,增强基因组的演化功能;寒、凉药性则相反。温热药可通过提高腺苷酸环化酶(adenylate cyclase,AC)mRNA表达,增强AC活性,增加cAMP的合成;寒凉药则能降低AC mRNA表达,抑制AC活性,减少cAMP的合成。中药四气的现代科学内涵涉及兴奋(热性)和抑制(寒性)作用,中药有效成分可能作用于人体的"气"(蛋白质组、激素等),进而影响到基因组的调控性能及整体性。然而,基因组学研究只是系统生物学的一个分支,结合蛋白质组学、代谢组学对中药药性进行探索可能更为重要。

2. 寒热感受通道蛋白与中药四气 生命科学领域已成功克隆了数个与感受温度相关的生物分子的基因,明确其编码的蛋白质属于瞬变感受器离子通道蛋白(transient receptor potential,TRP)家族。TRP通道蛋白是感知内外环境温度变化和伤害性刺激最重要的物质,其通过寒热感受机制参与体温调节和热稳态过程。机体的温度变化受到产热、散热的影响和调控,产热增多或散热减少,机体的温度会升高;反之,产热减少或散热增多,机体的温度则会下降。机体的产热或散热的生物学本质,属于生理条件下的能量代谢变化范畴,在传统中医学中只能宏观地描述为寒证或热证,其判别标准为"寒证恶寒喜暖,热证恶热喜冷",这种"喜恶"的寒热感受作为一种自身的适应性调节变化,是通过激活机体位于初级感觉神经上相应的TRP通道蛋白而获知的。寒证或热证时机体对"寒"或"热"的喜恶可能是机体对自身能量代谢的异常状态所做出反馈调节。因此,寒性或热性中药能够通过激活、调节等方式与特定的寒热感受相关的TRP通道蛋白相互作用对机体产生相应影响。已知有多种参与寒热感受的TRP通道蛋白,如TRPV1、TRPV4、TRPM8受体等。其中,TRPV1受体可被辣椒素激活,产生热、痛感,为热觉受体;TRPM8作为冷觉受体之一,能够被薄荷醇激活。对TRPV1与TRPM8的表达调节可能与中药的寒热药性相关,如热性中药高良姜、吴茱萸等显著提高发热大鼠脑内TRPV1的表达,而寒性中药大黄、黄连则明显增加脑内TRPM8的含量,这可能是寒性或热性中药临床上发挥寒热调节作用的机制之一。虽然现有研究已经展示出一些从TRP寒热感受环节诠释中药寒热的客观属性和内涵,但相关受体对温度的调节作用相当复杂,要清晰了解不同药性中药对这些受体调节作用及实现对中药寒热药性的全面揭示还需要更多探索。

3. 四气的生物热力学表达 这一观点认为,中药四气可表现在两个方面,一是药物本身蕴涵不同形式或不同量值的能量或热量物质,这些物质在体内正常转化,可产生生理性或营养性的能量转移和热的变化;二是药物可能含有内生致热物质或相关物质,这些物质作用于机体后能产生一系列生理或病理反应,这些反应大多伴有能量转移和热变化。无论哪种能量转移和热变化,均可使机体呈现寒、凉、热、温的表现。其实验依据是应用微热量学检测方法发现,温热复方麻黄汤较寒凉复方麻杏石甘汤对金黄色葡萄球菌的抑制作用弱,同时,从热动力学参数中的最大热输出功率计算结果表明,麻黄汤作用于细菌生长代谢时,所释放的热量要高于麻杏石甘汤。温热药物红参、姜制黄连、吴茱萸制黄连、酒制黄连及复方反左金丸与人参在抑制大肠杆菌生长代谢的过程中,增加了代谢热的输出;而寒性药物生黄连、醋制黄连、胆汁黄连及左金丸等和凉性药西洋参在抑制大肠杆菌生长代谢的过程中,降低了代谢热的输出。这一观点对中药四性的现代认识提出了新的观察视角。然而,至今应用微热量学检测不同药性药物的数量还十分有限,应用微热量学检测方法观测药物抑制细菌生长代谢和热的输出是否与药物对人体的反应一致还需经受更多的检验。

此外,近年来国内外学者对中药四气理论的现代本质还进行了其他大量有益的探讨,提出了多种假说,但即便是目前较为流行的假说,也存在很多争议,且有些尚缺少必要的实验探索和初步论证。一般认为,药物的寒热属性是通过观察药物作用于人体后的反应而概括出的对不同类别中药共性特征的描述。因此,对中药寒热属性的研究不能脱离其对人体的反应进行,中药的寒热属性应有一定的物质基础并与其对机体产生的效应相关联。中药寒热药性的研究具有复杂性和高难度的特点,内涵极其丰富,需要不断融入创新思维,采用多种适宜方法,多方位深入进行才能最终辨识出其客观科学内涵。

第二节　五味的现代研究

五味是指中药的辛、酸、甘、苦、咸五种不同的药味,另有淡味和涩味,故实际上不止五种药味,但五味是最基本的。中药五味大多通过味觉反应而确定,但又不限于此,部分系根据药物临床功效的归类确定。例如,一般认为具有解表功效的中药有辛味,而具有补益功效的中药则有甘味。因此,部分药物的味与实际口尝味道不一定符合,如葛根味辛、鹿茸味甘等。

古医家发现药味和药物功效具有相关性,并把药味、功效与脏腑阴阳联系起来,成为中药药性理论的重要组成部分。《素问·至真要大论》记载:"辛甘发散为阳,酸苦涌泄为阴,咸味涌泄为阴,淡味渗泄为阳。"在此基础上,后世医家把辛味药归为发散、行气、行血等,如麻黄能发汗解表;把甘味药归为补虚、和中、缓急等,如甘草能益气和中,调和药性,缓急止痛;把酸味药归为收敛固涩,如乌梅丸既能敛肺止咳,又能涩肠止泻;把苦味药归为能清泻、燥湿等,如黄连既能清热燥湿,又能泻火通便;把咸味药归为软坚散结及泻下通便,如芒硝泻下通利大便、润燥软坚;把淡味药归为渗湿、利水,如茯苓能利水渗湿;至于涩味和淡味则分别归于酸味和甘味。

现代研究显示,中药辛、酸、甘、苦、咸五味的物质基础与其所含化学成分有密切关系。中药通过五味,即与之相对应的化学物质作用于机体,发挥功效,以治疗疾病。

一、辛味

辛味药大多含有挥发油,其次为苷类、生物碱等。中医学认为,辛味具有发散、行气、活血等作用,解表药大多数为辛味,含芳香挥发性成分,具有发汗、解热等作用;理气药亦大多味辛,其挥发油对胃肠道平滑肌运动、消化液分泌或消化酶活性等具调节作用;活血药中一半以上为辛味(川芎、红花、延胡索等),能扩张血管、抗血栓形成。

二、酸味

酸味药大多含有机酸、鞣质。中医学认为,凡酸者能涩能收。研究证明,有机酸和鞣质具有收敛、止泻、止血、消炎、抗菌等作用。酸涩药诃子、石榴皮、五倍子等鞣质含量较高,肠黏膜上皮细胞与鞣质结合,可发生轻度变性,降低对有害物质的反应性,从而收敛止泻。出血创面接触鞣质后,表层蛋白质和血液会凝固,可止血和减少渗出。乌梅的酸性是其体外抑菌作用的基础。

三、甘味

甘味药大多含糖类、苷类、蛋白质、氨基酸等机体代谢所需物质。中医学认为,甘味药能补能缓。补益药、养心安神药和消食药中多数为甘味药。补益药之甘味能补机体气、血、阴、阳不足,具有强壮机体素质、调节免疫、提高抗病能力的作用。

四、苦味

苦味药大多含生物碱、苷类成分。中医学认为,苦能泻、能降、能燥、能坚。清热燥湿药和攻下药大多为苦味药。黄连、黄芩、黄柏、苦参等主要含生物碱,可抗菌、抗炎等。栀子、知母等主要含苷类,可抗菌、解热、利胆。大黄含蒽醌苷可致泻。杏仁含苦杏仁苷可止咳、平喘。

五、咸味

咸味药大多含钠、钾、钙、镁等无机盐。咸味药主要来源于矿物类和动物类药材,具有软坚、散结、润下等功效。芒硝主要含硫酸钠,有容积性泻下作用。昆布、海藻含碘多,可治疗单纯性甲状腺肿。温肾壮阳药中咸味药较多,如鹿茸、海马、蛤蚧、紫河车等。

除上述五味外,尚有部分中药属于淡味,如茯苓、猪苓等,目前尚无确切的分析方法确定淡味与其相对应的化学成分。

由于历史条件限制,中药五味学说具有一定的局限性。大多数中药不止一种味,有的甚至五味俱全,这也给对五味的现代研究造成很大难度。目前,对五味的认识仅仅反映了部分中药药味的物质基础及其与药理效应之间的关系,显然五味学说的现代科学内涵尚需深入探索与研究。

第三节　归经的现代研究

中药归经理论是中药药性理论的重要组成部分。"归"是指药物作用的归属,即药物作用的部位;"经"是指经络及其所属脏腑。归经是指中药对机体脏腑经络的选择性作用。中医学认为,疾病或证候是经络脏腑异常的表现,中药治疗某经络脏腑的病证,就意味着该药入某经。如治疗阳痿滑精的淫羊藿、鹿茸入肾经,治疗手足抽搐的天麻、羚羊角、全蝎归肝经,治疗咳嗽气喘的桔梗、款冬花归肺经,具有泻下功效的大黄归大肠经。可见中药的归经系从药物功效和疗效总结而来的,是药物的作用和效应的定向与定位。许多中药可以同时入两经或数经,说明其影响和作用更广泛。目前,中药归经实验研究有以下几方面:

一、归经与药效作用及部位相关性研究

通过对429味常用中药的药理作用和其归经关系进行分析,发现两者之间不仅存在明显的关联,而且这种相关性与中医学理论基本一致。例如,具有抗惊厥作用的钩藤、天麻、全蝎、蜈蚣等22味中药均入肝经,与中医学"诸风掉眩,皆属于肝"的理论相吻合。具有泻下作用的大黄、芒硝、芦荟等18味中药入大肠经,与大肠为传导之腑的中医学理论一致。具有止血作用的仙鹤草、白及、大蓟等21味中药入肝经率高达85%,符合"肝藏血"的中医学理论。具有止咳作用的杏仁、百部等18味中药,具有祛痰作用的桔梗、前胡、远志等23味中药,具有平喘作用的麻黄、地龙等13味中药,入肺经率分别为100%、100%和96%,符合"肺主呼吸"等中医学理论。鹿茸、淫羊藿、补骨脂和

青娥方、七宝美髯方等温阳方药全部入肾经，符合中医学"肾主生殖"的理论。该研究说明古代医家提出的归经理论的合理性，但尚不能揭示药物归经的物质基础、机制及现代医学所指选择性作用的精确脏器部位。

二、归经与中药有效成分体内分布相关性研究

有文献报道，对23种中药的归经与有效成分在体内的分布进行比较，发现其中14味中药(占61%)归经所属的脏腑与其有效成分分布最多的脏器基本一致。例如，鱼腥草(归肺经)所含鱼腥草素、杜鹃花叶(归肺经)所含杜鹃素在肺组织分布较多，丹参(归心、肝经)所含隐丹参酮在肝、肺分布最多等。通过放射自显影技术观察到^{3}H-川芎嗪主要分布在肝脏和胆囊。因此，有人认为中药有效成分在体内的分布是中药归经的重要依据。但该研究方法的主要不足在于中药一般含有多种有效成分，某中药的某一成分可能无法完全代表该药的全部功效。此外，传统医学脏腑与现代医学脏器间也并不能机械对应。

三、归经研究的其他探索

有人曾提出中药归经是以体内微量元素的迁移、富集和亲和转运为其重要基础的。该分析法仅在部分中药的一定效应范围内得到了验证，但更多中药的归经并不能完全用微量元素的作用来解释。

还有人提出归经的受体学说，药物能与一个或多个受体结合发挥不同的生物效应，这与中药的"多经"现象不谋而合。归经主要从药物特性的角度出发，说明它对脏腑经络具有选择的性能，受体学说则是从人体组织器官的角度出发，说明它对药物有特殊的敏感作用。可见两者具有很多相似之处，如附子归心经，具有强心、升压的作用，从受体角度看，附子中的氧化甲基多巴胺为α-受体激动剂。复方也有归经，补肾方药青娥方、七宝美髯方归肾经，具有雌激素受体激动剂样作用。因此，可以认为中药发生效应是由于中药的有效成分与相应受体有较大的亲和力，中药归经是药物选择性作用于不同受体的结果，中药的有效成分及其受体是归经的物质基础。但目前实验报道较少。

还有研究发现，五味子、鱼腥草、麻黄、延胡索等10味中药的水煎剂引起cAMP、cGMP浓度变化和cAMP/cGMP比值变化显著的脏器，与中药归经密切相关，认为组织中cAMP、cGMP浓度及cAMP/cGMP比值变化可以部分反映中药对该组织脏器的选择性作用。但该实验验证的药物过少，也存在传统医学脏腑与现代医学脏器间不能机械对应的问题。

上述研究虽然对中药归经理论的探索起到了一定的推动作用，但均有其局限性，目前尚无足够的实验数据说明中药归经的实质问题。中药归经理论是中医几千年临床实践经验的客观总结，是指导临床遣方用药的依据，应该具有其存在的物质基础。因此，深入研究中药归经理论，探明其物质基础、相关机制对于推动中药现代化具有重要意义。

第四节　升降浮沉的现代研究

升降浮沉是古代医家发现中药性能在人体所呈现的作用走向趋势。一般向上向外者为升浮、

向下向内者为沉降。升浮药一般具有升阳、举陷、解表、祛风、散寒、开窍、催吐、温里等功效,沉降药具有潜阳、降逆、止咳、收敛、固涩、清热、泻火、渗湿、通下等功效。对升降浮沉理论的现代实验研究存在较大的困难,至今未能取得明显进展,原因在于中药升降浮沉所表述的主要为药物在体内的作用趋向,在多数情况下仅仅为患者的感觉或医者的抽象概括。目前在动物实验中还难以利用仪器设备观察、测定这种作用趋向,至少在整体器官水平上难以获得客观化数据。这需要在有关研究思路和方法上另辟途径,以期科学、规范地展示中药升降浮沉理论的实质。

第五节 有毒无毒的现代研究

一、概念

随着中药药性理论的发展和临床经验的积累,古今对毒药和毒性的概念认识逐步加深,同时也存在着很大差异,概括起来有以下几个方面。

1. **毒性即药物的偏性** 古人认为毒就是药,毒性即药物的偏性。因人身阴阳偏性,治病的药亦必须采其阴阳偏胜以调节之,使人体恢复阴阳平衡。所以,作为药物性能之一的毒性是一种偏性,以偏纠偏也就是药物治病的基本原理。

2. **毒性指药物的毒副作用** 古代人类通过生产、生活、医疗实践,已初步认识了药物的毒性。先秦《黄帝内经》七篇大论中也有大毒、常毒、小毒、无毒的论述,对有毒中药毒副作用的强弱进行了区分。汉代《神农本草经》载中药365种,按药物毒性大小分为上、中、下三品。上品120种"无毒";中品120种"无毒、有毒,斟酌其宜";下品125种"多毒,不可久服"。历代本草著作常以"小毒""大毒"标明中药毒性,以示区别和警示。

3. **毒性的现代概念** 随着科学技术的发展,人们对毒性的本质认识逐步加深。时至今日,现代医学认为,所谓毒药是指对机体产生化学或物理作用,因损害机体,引起功能障碍、疾病或死亡的物质。现代毒性完整的概念应当包括急性毒性、亚急性毒性、慢性毒性和特殊毒性如致癌、致突变、致畸胎、成瘾等。

二、中药毒性理论现代研究

1. **部分有毒中药的毒性特征** 目前已经对确有疗效的有毒中药从文献学、毒理学、化学及药代动力学等方面研究了毒性特征和毒性规律。通过文献学研究方法,梳理了历代医家对有毒中药的代表性论述,结合具体的社会历史文化背景,全面总结了有毒中药的复杂内涵;通过急性毒性和慢性毒性等毒理学实验,明确量毒关系、时毒关系、毒性靶器官、安全剂量和中毒剂量等,获得有毒中药的毒理学特征;从化学角度,全信息研究有毒中药的化学组成,阐明其毒性的化学基础;从有毒中药药代动力学角度,认识有毒中药的毒性特点,并从药物吸收与代谢等影响有毒中药药代动力学特征的关键环节和分子靶点,即从标示有毒中药毒性特征的毒动学生物标示物认识有毒中药的毒性特点及致毒或解毒机制(有关中药毒性研究内容详见第四章中药毒理学)。

2. **"有故无殒"的中药毒性理论** 有故无殒,出自《素问·六元正纪论》。故,缘故;殒,死亡。

指临床用药时,虽然药性峻猛,只要有相应病证,药证相符,就不会出现危险。中药毒性与中医证候密切相关,通过两者相关性研究,发现中药的毒性伴随功效的表达而显现,依靠准确辨证、科学用药可达到减毒增效的目的。应当把毒性问题置于功效和证候中进行综合评价和认识,不能孤立地讨论中药的毒性。通过研究中药的毒性-证候及毒性-药效的相关性,阐明了"有故无殒"的毒性-证候密切相关的中药毒性理论。研究发现高剂量何首乌可导致正常动物肝损伤,但对于慢性肝损伤模型动物具有肝保护和治疗作用。熟大黄对正常动物具有一定的肝毒性作用,但对于肝损伤模型动物具有显著的治疗作用,在一定程度上印证了"有故无殒"之说和辨证用药减毒的科学性。

3. 中药毒性的评价 中药毒性受到基原、产地、炮制及制备方法等诸多因素的影响,尤其是提取制备方法对毒性的影响甚大,因此对中药毒性的评价不能简单套用化学药毒性的评价方法。通过对附子、雷公藤毒性规律研究发现,中药毒性强度在"有毒组分/成分—药材毒性—饮片毒性—复方毒性"传递链上并不是等效传递的,表明了中药特定成分有毒≠生药有毒、生药有毒≠饮片有毒、饮片有毒≠复方有毒、复方有毒≠制剂有毒、制剂有毒≠临床应用有毒,推翻了"中药某化学成分有毒,然后就进一步认定含有该药材的中药复方制剂有毒"的不科学逻辑推理,有助于纠正当前国际上对有毒中药认识方面的一些偏颇和错误。

4. 中药控毒理论及方法 在长期的用药实践中,诸多医家对于有毒中药的应用积累了丰富的经验,创建了控制毒性的理论和方法。其中,炮制减毒和配伍减毒是最常用的两种控毒方法,通过合理配伍以实现减毒的目的。

第六节 "十八反""十九畏"的现代研究

中药"十八反""十九畏"为传统的中药配伍禁忌,认为其合用后会对人体产生较强的毒性。"十八反"包括乌头反贝母、瓜蒌、半夏、白蔹、白及;甘草反甘遂、大戟、海藻、芫花;藜芦反人参、沙参、丹参、玄参、细辛、芍药。"十九畏"指的是硫黄畏朴硝,水银畏砒霜,狼毒畏密陀僧,巴豆畏牵牛,丁香畏郁金,川乌、草乌畏犀角,牙硝畏三棱,官桂畏赤石脂,人参畏五灵脂。

现代研究对"十八反""十九畏"的看法并不一致。有报道,甘草与甘遂在煎煮过程中由于甘草中的甘草皂苷与甘遂中的甾萜类物质形成分子复合物,增加了甘遂的毒性成分甾萜类物质的溶出率,使煎液的毒性成分增加。甘草、甘遂1:1配伍对动物心脏、肝脏、肾脏等组织影响较单味药明显增强,表现为多脏器及血管充血、出血,小灶性炎性细胞浸润、细胞组织浊肿变性及空泡样改变,表明两者配伍后毒性增强,故不能配伍使用。甘草可加剧大戟、甘遂、芫花等"泻水逐饮"类药物所致的机体水盐代谢失衡,大戟、甘遂、芫花与甘草配伍,其有效毒性成分二萜原酸酯类物质在体内的代谢消除减缓,导致体内蓄积,增加毒性。通过整合多种组学数据和网络药理学分析表明,甘遂—甘草、大戟—甘草、海藻—甘草等"十八反"药对在不同的剂量和配比条件下,既可以发挥拮抗(降低、消除)也可以协同(增强)的药效作用,且其配伍机制往往与矫正相应疾病失衡网络有关。人参与藜芦同用,毒性也增强;在一定剂量条件下,藜芦可以降低人参对子宫、阴道的雌激素样作用,其机制是干扰人参提高血液中雌激素含量和增加雌激素受体表达;两者配伍,人参皂苷的相对含量降低,而藜芦生物碱的相对含量升高,肠内菌代谢减缓和藜芦生物碱的生物利用度提高是两者

"反"的物质基础。半萎、白蔹与乌头配伍对心、肝、肾等靶组织产生增毒作用，研究发现半夏与乌头类配伍对心脏产生增毒作用，且加速肺源性心脏病心衰的进程。

但在临床实践和药理研究中，部分相"反"中药配伍用后并未发现明显毒副作用，如人参与五灵脂、官桂与赤石脂伍用，给小鼠的剂量即使达到人体用量的104倍也并未引起急性毒性和死亡。此外，有些"十八反""十九畏"伍用药物临床使用也未见毒性反应。如海藻玉壶汤中，海藻与甘草合用。目前比较一致的看法是"十八反""十九畏"伍用并非绝对禁忌，是有条件的禁忌，其安全性与用药剂量、用药比例、用药时间及机体的生理病理状态等均有关。因此，不能以个别"反""畏"配伍研究结果而对"十八反""十九畏"做出结论性判断。为确保安全起见，凡是涉及"十八反""十九畏"的临床药物伍用必须十分谨慎，若无充分根据和应用经验，一般不宜使用。

第三章 中药药效学

> **导学**
>
> 本章介绍中药药效学的概念、中药的基本作用、中药药理作用特点以及与中药功效的关系、中药复方药理研究概况、中药药效的物质基础及作用机制等。
>
> **学习要求：**
> (1) 掌握中药药效学的概念、中药的基本作用；中药药理作用的特点。
> (2) 熟悉中药药理作用特点以及与传统功效的关系；中药药效的物质基础与作用机制。
> (3) 了解中药复方药理研究概况；中药复方药理研究的主要方法；中药药效研究要点。

第一节 中药药效学的概念及基本作用

一、中药药效学的概念

中药药效学即中药药物效应动力学(pharmacodynamics of TCM)，是指在中医药理论指导下，运用现代科学方法，研究中药对机体作用、作用机制和物质基础的科学。研究目的在于提高中药疗效，减少不良反应。

二、中药的基本作用

中医学理论认为，疾病的发生发展是致病因素作用于人体，正邪相争的表现。疾病使人体的阴阳相对平衡遭到破坏，引起机体阴阳偏衰或偏盛，脏腑经络功能失调。因此，中药防病治病的基本作用就是扶正祛邪、调节平衡，纠正机体阴阳偏衰或偏盛，使其恢复到正常状态。

1. 扶正祛邪

(1) 扶正：即采用中药提高机体防病和抗病能力，达到战胜疾病、恢复健康的目的。《素问·遗篇·刺法论》曰："正气存内，邪不可干。"《素问·评热病论》曰："邪之所凑，其气必虚。"通过"扶正"，增补阴阳气血之不足，提高机体抵抗力，是防止疾病发生的关键。"扶正"通常是指用补益药以增强机体防御致病因子侵袭的能力，"扶正"也可促进患者病后体能的恢复。现代研究表明，补益药主要通过增强机体偏弱的免疫功能、改善消化吸收能力、促进新陈代谢、补充物质及能量不足等增强机体的抗病能力。如人参、黄芪等可使机体偏弱的免疫功能、神经内分泌功能,以及下丘脑-垂体-性腺轴、下丘脑-垂体-肾上腺皮质轴、下丘脑-垂体-甲状腺轴功能恢复正常,促进物质合成代谢。

(2) 祛邪:即祛除体内的致病因子。中医学的"邪"含义较广,泛指各种致病因素及其病理损害。"风、寒、暑、湿、燥、火"为6种病邪的统称。"邪"的性质不同,侵犯机体部位不同,发展阶段不同,采用的祛邪药物也不同。例如,外感风寒表证宜用发汗解表之剂如麻黄汤、桂枝汤等,因表证大多是病毒、细菌等引起的疾病初始阶段,这些方药具有一定抗菌或抗病毒作用。火邪,其性炎热,并伴心烦、脉象洪数等,这往往是细菌、病毒深入侵犯机体组织、释放内外毒素引起的病理变化。清热解毒方药除了有抗病毒、病菌作用之外,还有清除或减弱内、外毒素致病力的作用。

2. 平衡阴阳 "阴平阳秘"是《黄帝内经》对人体最佳生命活动状态的高度概括。疾病的发生从根本上说是阴阳的相对平衡遭到破坏,中药防治疾病就在于纠正失调的阴阳,使之整体恢复协调平衡状态。

药性之温热属阳,寒凉属阴;辛、甘、淡为阳,酸、苦、咸为阴;升浮为阳,沉降为阴。因此,调整阴阳,补偏救弊,纠正机体阴阳偏盛或偏衰的状况,恢复机体阴阳平衡,是中药的基本作用之一,即利用药性之偏,调节人体阴阳之偏,从而达到阴阳相对平衡。调整阴阳可以采用不同的方法。

(1) 损其偏盛:所谓偏盛,即为阴或阳的任何一方过剩有余的病证,可采用"损其有余"的原则。"热者寒之"或"治热以寒"适用于阳热亢盛的实热病证。现代研究发现,寒性药知母、石膏、黄芩、黄连等及其所组成的复方能抑制交感神经功能,并可使体内甲状腺素的含量减少,耗氧量降低。知母、黄连、黄柏还能抑制 Na^+-K^+-ATP 酶的活性,使产热减少,并有减慢心率和降低血压等作用,从而缓解或消除温热病证。"寒者热之"或"治寒以热",适用于阴寒内盛的实寒病证。温热药人参、附子、干姜、肉桂等及其组成的复方能增强寒证患者低下的交感-肾上腺系统的功能,促进物质代谢,增加产热量,提高基础代谢率。

(2) 补其偏衰:所谓偏衰,即为阴或阳相对不足的病证,采用"补其不足"的治则,如滋阴适用于阴虚不能治阳的虚热证。现代研究发现,补阴方剂六味地黄丸及天王补心丹等可降低"阴虚"动物红细胞膜 Na^+-K^+-ATP 酶活性,缓解低热、烦躁失眠、心率加快等症状。补阳适用于阳虚不能制阴的虚寒证,如补阳药鹿茸、巴戟天、淫羊藿、蚕蛹、冬虫夏草等均能防治"阳虚",表现为纠正内分泌功能减退,有的呈现雄性激素样或雌性激素样作用而促进性腺功能低下的恢复。

第二节 中药药理作用特点以及与中药功效的关系

中药药效的研究必须以中医基本理论为指导,从中药药性理论出发,按照功效主治,进行中药药效的研究。中药药理作用既有与化学合成药相同的某些规律性,又具有其独特性。

一、中药药理作用特点

1. 作用的多效性 中药尤其是复方,成分复杂,活性成分往往较多,不同的活性物质作用于不同靶点,是中药药理作用多效性的主要原因,这一特点与化学合成药的靶点和作用物质相对单一不同。一味中药通常就含有多种成分,如目前已发现人参所含皂苷就有 Rg_1、Rg_2、Rg_3、Rb_1、Rb_2、Rb_3 等 30 余种。此外,还含有蛋白质、肽类、氨基酸、脂类、糖类、挥发油、维生素和微量元素等多种成分,相当于小复方。所以,其产生的作用较为广泛,涉及对中枢神经系统、心血管系统、免疫系统、物质代谢的影响,这些是多种成分作用于不同靶点的结果。化学药物如阿司匹林虽有解热、镇痛、抗炎、抗风湿、抗血栓等作用,但都是基于其对环氧化酶抑制的结果。阿托品虽有解痉、抑制腺体分泌、扩瞳等作用,但这些作用均属其阻断 M 受体所致。

2. 量效关系的相对不规则性　化学合成药物的药理效应一般表现为在一定的范围内随着剂量的增加而增强。但对中药而言,尽管在一定条件下也可表现这种量效关系,但有时量效关系不很规则,这与中药化学成分的复杂性有关。因不同活性成分作用于不同靶点或系统,呈现的效应可能在一定的范围内会互相协同,超出一定范围又互相制约。

3. 某些作用的双向调节性　某些中药,既可抑制机体亢进的功能又可兴奋低下的功能,即调节截然相反的两种病理状态,称为双向调节作用。如麝香既可拮抗戊巴比妥钠所致的中枢抑制作用,又可拮抗戊四唑、苯丙胺引起的中枢兴奋,表现为双向性影响。这与中医既用麝香"镇静安神",又用以"醒脑开窍"颇为相符。又如,山楂既能使收缩状态的肠肌松弛,又能使松弛状态的肠肌收缩。这与山楂既能消除"脘腹痞满",又能治疗"腹痛泄泻"的主治功能相吻合。

双向调节的机制尚不完全清楚,但与机体的功能状态和中药化学成分的复杂性具有密切关系。有些中药存在作用相反的两种成分,如人参皂苷 Rb 类有中枢镇静作用,Rg 类有中枢兴奋作用。当作用相反的两种成分作用于机体时,机体的反应在很大程度上取决于当时的功能状态。如当时的功能状态偏于兴奋,则引起兴奋的成分产生的刺激反应较弱,而抑制性成分产生的刺激反应增强;反之,抑制性成分产生的作用减弱,而兴奋性成分产生的作用增强。有些中药则是由于剂量不同,作用各异。

4. 作用相对缓慢、温和　与化学合成药物相比,大多数中药起效较慢,有些中药需经多次给药才显现其药理作用。如动物实验观察到,黄芪、党参等药的增强免疫功能、提高应激能力等作用,大多需经连续多次给药后才见效应。中药作用往往表现温和,作用持续时间相对较长。如人参虽能增强心肌收缩力,但与强心苷类药相比,作用相对较弱。

中药药理作用特点与中药的多成分密切相关。了解中药药理作用的特点,对于中药药理研究和临床用药具有重要的指导意义。

二、中药药理作用与功效的关系

1. 中药药理作用与功效具有相关性　中药药理作用与功效的相关性是指经典古籍本草对某些中药功效的描述与现代研究所揭示的药理作用吻合。如麻黄、桂枝、柴胡、葛根、薄荷等具有祛风解表功效的中药,大多能扩张体表血管,促进汗腺分泌,并有一定的解热镇痛和抗病原微生物等作用。丹参、红花、赤芍、川芎、延胡索、益母草等具有活血化瘀功效的中药,能降低血液黏度、抗凝、溶栓、改善微循环、增加器官血流量等。芳香化湿药如厚朴、苍术、藿香等,大多具有调整胃肠运动功能、促进消化液分泌、抗溃疡等作用,这与芳香化湿药舒畅气机、宣化湿浊、健胃醒脾等功效相关。总之,药理研究发现许多中药的传统功效有其科学性,功效类同的中药往往具有类似的药理作用。以传统功效为线索有助于发现中药与其功效相关的药理作用。

2. 中药药理作用与功效存在差异性　中药药理作用与功效的差异性是指现有药理实验所发

现的某些中药的作用在古代医籍中并无明确的相关记载,或古代医籍中所记载的某些中药的功效目前尚未能被药理实验结果所证实。如葛根的功效为解肌退热、升阳止泻、生津透疹,《神农本草经》称其"主消渴,身大热,呕吐,解诸毒"。药理研究表明,葛根有解热作用,轻微的降血糖作用,所含黄酮类成分有解痉作用,去黄酮母液有胆碱样作用,可促进唾液等消化液分泌,这些都与古籍本草描述其具有的退热生津、治脾虚泄泻、主消渴功效相符。但其"解诸毒"的功效尚未得到实验结果证明,而其改善脑循环、扩张冠脉、改善心功能、降低血压等药理作用,却未见历代本草有相关描述。苦参的功效为清热燥湿、杀虫利尿,经药理研究证实其具有抗菌、抗病毒、抗滴虫、抗炎、抗过敏、抗肿瘤和利尿作用,这些与传统功效记载基本相符,但药理研究还发现其具有扩血管、抗心律失常、升高白细胞等药理作用,而这些未见古籍本草有相关记载。再如天花粉抗早孕和中期妊娠引产作用也未见历代本草有与此相关功效的描述。

3. **中药药理作用研究丰富了对中药功效的认识** 任何科学都是不断发展的。中药的传统功效是古代医家从临床经验归纳总结出的,但历代均有增删。后世医药学家对中药功效的认识发展不仅仅是简单地增加内容,还包括对前人的论述加以修正和扬弃。中药药理学的任务不仅是运用现代科学知识和实验手段对中药的功效与作用机制加以证实和阐述,更重要的是不断探索和发现中药的新作用、新用途,丰富中药功效主治的内容,也包括纠正对传统功效的不当描述。由于伦理学的原因,现在对中药新作用的发现不应完全依靠临床经验获得,而首先应借助临床前药理实验探索。如近代药理研究发现雷公藤具有抗炎、免疫抑制、抗肿瘤等作用,用于治疗类风湿关节炎、原发性肾小球肾炎、红斑性狼疮及多种皮肤病,取得良好疗效。银杏叶药理研究揭示,其能增加脑和周围血管的血流量、改善组织血液循环、改善记忆等,因而被开发成多种剂型的新药,用于治疗血瘀引起的胸痹、卒中、半身不遂、记忆力减退等疾病。众多例子说明中药药理研究发现了很多中药的新作用,发掘了新用途,从而丰富和发展了中药功效内容。

中药功效以中医药学术语表达,是中药药性理论在具体药物上的反映。中药药理作用则以现代科学的术语进行表达,有利于中医药这一传统的防病治病手段更广泛地被当今世界理解和接受。现已揭示的中药药理作用与功效的相关性及其内在联系,沟通了两者之间的关系,提供了对中药作用、作用机制的现代认识,也为临床处方遣药,提高有关药物防治疾病的针对性与疗效提供了理论依据。

第三节 中药复方药理研究

中药复方是以中医药理论为指导,选用两味及两味以上中药,按照"君臣佐使"原则及配伍理论组成。大量经典方组方精到,药效显著,至今仍广泛应用于临床。

一、中药复方药理研究的目的和内容

近年来中药复方药理研究文献逐年增加,且已成为中药研究的热点之一,其研究目的和内容主要可归纳为以下几个方面。

1. **阐明复方作用的现代科学内涵** 用现代药理学方法阐明中药复方的作用、作用机制和物质基础,有利于中药复方的应用和中药的现代化、国际化进程。如复方药理研究发现,桂枝汤具有较明显的抗炎、解热、镇痛等作用,能缓解小鼠流感病毒性肺炎,以现代科学语言诠释了该方解肌发表、调和营卫功效的内涵;黄连解毒汤具有抗菌、抗病毒、镇静、解热、抗炎等作用,阐释了其泻火解毒的实质。而四逆汤被证明具有强心、抗休克、改善微循环的作用,揭示了四逆汤治疗亡阳证的现代医学依据,同时在一定程度上反证了亡阳证的现代科学内涵。

2. **改造老方,创制新方**　不少经典方、验方确有疗效,但其中有些药味过多,有些含紧缺、有毒或禁用药材,使其推广应用遇到困难。这类复方常需精简,或以其他药味替代原方中的紧缺、有毒、禁用药材以组成新方。新方的组成是否合理应经受临床前药理研究和临床验证,如经安宫牛黄丸化裁而得的清开灵,苏合香丸化裁而得的冠心舒合丸、苏冰滴丸等体现了通过研究经方创制新方的成果。

3. **开发现代复方制剂**　现代中医药在治疗疾病过程中也积累了许多成功的经验并有所创新,形成了许多有效的经验方。要将这类药复方开发成现代剂型的新药,为了确保其安全、有效和质量可控,必须按《药品注册管理办法》进行一系列规范研究,临床前药理研究须为进一步的临床验证提供可靠的药效与毒理数据。中药复方新药药理研究多以整方研究为主,必要时还应提供拆方研究的数据和资料。

4. **复方配伍关系研究**　"药有个性之特长,方有合群之妙用"。中药复方是历代医家临床经验的总结,通常经典复方中各味药物间既有相互配合,又有相互制约,增效减毒,引经助力,药效显著。因此,对复方组成原则和配伍关系进行分析研究,阐明方中各药所起的作用,对指导临床处方用药,提高疗效,减少不良反应,具有重要的意义。

5. **分析药效物质基础**　针对临床确有疗效的复方,采用高新技术分析其有效作用物质、研究其作用机制、探讨配伍-化学成分-药理效应三者之间的关系,已成为中药复方研究的重要目的与内容之一。如研究芍药甘草汤时发现,两药所含甘草酸、芍药苷合用可阻滞神经肌肉突触传递。研究当归龙荟丸发现靛玉红为其抗白血病重要成分。

二、中药复方药理的研究方法

1. **整方研究法**　整方研究是在遵循原方配伍、剂量配比的基础上,将复方药物经一定方法制备成适当剂型,作为整体用于实验的方法。整方研究适用于阐明复方的作用及其机制,验证新方药效及新药临床前药理实验等。新药临床前实验时,复方的组成、剂量的配比均应与临床拟应用情况一致,动物实验使用的剂量一般可参考临床有效剂量并按人与动物体表面积折算法确定。药效指标应根据主治(病或证),参照其功效,针对性地选择两种或多种试验方法。所选用动物除正常动物外,还要制备相应的病理或"证"的动物模型以更好地验证复方的整体作用和疗效,为复方的临床应用提供药效依据。中药复方新药研制都需提供临床前整方药效实验资料。但是,整方研究难以揭示方中各药所起的作用及其配伍规律。

2. **药对研究法**　药对是指两味药物相对固定,经常成对使用的配伍形式,药对是复方最小的组方单位,具有复方的基本主治功能。因此,研究药对有利于从最简单的配伍入手,揭示复方配伍规律。研究药对配伍的主要方法有:

(1) 配伍前后药效、成分比较研究:这是药对研究最常用的方法。有人观察了川乌与白芍及川乌与防己配伍前后对3种疼痛实验模型的影响,发现两组药对配伍后均显著增强镇痛作用,延长镇痛持续时间,药对的多项测定指标均优于各药单独使用。

(2) 剂量配比研究：揭示两药发挥最佳作用的剂量配比。如从器官、组织和分子水平不同层次上，对黄芪与当归3种不同用药比例(黄芪:当归以5:1、1:2和1:1配对)进行实验观察，表明黄芪与当归不同剂量配比，作用效果不同。

3. 拆方研究法　复方大多由3味或3味以上中药组成，药物越多，配伍关系越复杂；尤其是十几味或数十味中药的大复方，要分析方中各药的作用、配伍关系、剂量配比就需设计合适的拆方研究。拆方研究主要有以下几种方法：

(1) 单味研究法：把复方拆至单味药，进行每一味中药与整方药理作用比较研究，确定主药及各单味药在复方中的地位。此法虽可部分说明方中各药的作用和强度，但难以分析方中各药间相互作用、配伍规律和合理的剂量配比。

(2) 撤药分析法：在整方药效评价基础上，撤出1味或1组药物后进行研究，以判断所撤药味对整方功效的影响。由黄芩、芍药、甘草及大枣组成的黄芩汤，采用撤药分析法，依次撤去方中君药黄芩、臣药芍药、佐药甘草和使药大枣，并与整方比较，显示君药黄芩撤除后药效降低最显著，证明了黄芩在方中的主导作用。此法可揭示某药在全方中起不起作用，起多大作用，对精简复方可提供参考。

(3) 组间关系研究法：依据中医学理论，按功效或性味将复方中组成药物分组，以探讨药物组间关系及组方理论。如六味地黄汤可分为"三补"和"三泻"两组，药效学研究表明整方药效大于每组药的作用。此法能部分阐明组方是否合理，各组药物在整方中的作用与价值。

(4) 正交设计法：将一个复方中的药物、剂量等因素，按数学正交设计表设计，以最少的实验次数，得到最佳的实验结果，是目前中药研究中常用的方法。该法一般将方中每味药物作为一个因子，以是否给药或给不同剂量药物作为该因子的不同水平，构成不同因子(药味)、不同水平(剂量)组合的多种复方，比较多种复方药效的差异，分析各药在整方中的地位与最佳剂量。如用正交设计法做不同组合研究真武汤中5味组成药物及剂量，形成8个组方，比较各组药效及强度，分析其最佳配伍、剂量比例和方中主药、次药以及药物间的关系，研究结果证明了原方配伍的科学性和合理性。

(5) 均匀设计法：将数论和多元统计相结合的设计方法，适用于多因素、多水平研究。如对补阳还五汤采用均匀设计法进行了优选和分析，组方中6味药物、剂量分为6个因素、6个水平，按表 $U_6(6^6)$ 组成6个配比处方，结果显示补阳还五汤中活血化瘀药物的选用及剂量选择是合理的。

(6) 析因分析法：以中医学理论为指导，将复方按治法或君、臣、佐、使关系，或按药物性味不同，或按"药对"关系拆方。如将半夏泻心汤的配伍特点与性味相结合拆方，分为辛味药组(半夏、干姜)、苦味药组(黄芩、黄连)、甘味药组(人参、甘草、大枣)，采用 2^3 析因分析设计法研究，为半夏泻心汤"辛开苦降甘调"的配伍效应提供了实验依据。

4. 其他研究法　除上述方法之外，目前还有多种其他方法用于复方药理研究。如血清药理学研究方法，在给动物灌服中药一定时间后，采集动物血液，将分离得到的含药血清代替中药复方或粗提取物进行体外药理实验研究。聚类分析法，运用模糊数学中的聚类分析对复方配伍进行解析，通常可对复方中作用不同的药物或成分进行分类，以探讨复方的组方规律或有效物质。还有如采用逐步回归分析法对吴茱萸汤组方有效成分进行分析，为探明方中起镇痛、止吐作用的有效成分提供了依据。网络药理学方法，结合系统生物学、多项药理学、计算机科学技术，以"疾病-基因-靶点-药物"多层次、多角度的相互作用网络为理念，运用专业的可视化网络分析软件及算法，对现有数据库信息进行虚拟筛选和网络预测,进而从网络层面系统且综合地观察药物对疾病网络的干预和影响。

第四节 中药药效物质基础及作用机制的现代研究

寻找中药及复方的药效物质基础及作用机制研究也是中药药效学研究的内容之一,中药药效物质基础研究是阐明中药作用原理的关键,是中药质量控制的基础与核心,是中药材及安全、有效和质量可控的保障。

一、中药药效物质基础的研究方法及结果

中药药效物质基础是指中药对某疾病产生治疗作用的全部药效成分的总和。复方的药效物质基础不是全方成分简单地加合,而是多种活性物质协同作用的结果。随着科学的发展和现代科学技术的应用,科研工作者始终在努力筛选中药及其复方的药效物质,探索中药发挥药效作用的机制,并取得了一系列的研究成果。常用的研究方法包括化学研究与药理研究相结合的药效物质基础研究、基于PK-PD模型的药效物质基础研究、基于谱效相关的药效物质基础研究、基于组学研究的药效物质基础研究、基于多靶点筛选技术的药效物质基础研究等。随着中药药效物质基础研究的深入,几种方法相结合或新的方法也在不断探索中。

1. 化学研究与药理研究相结合的药效物质基础研究 传统的中药物质基础研究一般先进行系统的化学成分分离,再进行生物活性或药效作用筛选,明确有效成分。在很长一段时间内,这种研究方法占主导地位,分离出来的单体化合物进行药理学研究并确定其作用机制,如确定麻黄平喘的有效成分、青蒿截疟的有效成分青蒿素及黄连抗菌的有效成分小檗碱等均是采用这种方法。

运用药理学方法对中药进行系统的活性筛选,确认活性部位,再以活性为导向,运用现代分离分析技术,对活性部位进行系统的活性成分研究,阐明其药效物质基础,并结合分子生物学技术,阐明活性成分的作用机制。通过上述多学科结合的方法,阐明中药的有效部位、有效成分及作用机制。这种研究方法的缺点是在化合物的分离上耗时长、效率低,化学成分研究不能与生物活性筛选密切结合,如化学成分研究得比较清楚,但所得单体未必是有效成分。鉴于中药有效成分必须以血液为载体运送到靶点(肠道直接作用及外用药除外),从而发挥药效,因而有人用中药血清药物化学的方法,以口服中药后的血清为样品,从血清中提取分离、鉴别有效成分,研究血清有效成分与传统药效的相关性,这种改进后的方法又称基于血清药物化学的药效物质基础研究方法,它的优点是排除了药材中未被人体吸收的其他成分,简化了用药前的系统成分分析过程。但这种研究方法也会因为中药或复方有效成分不明确、成分复杂或者含量低,难以进行血药浓度的测定。此外,该方法虽然强调了中药及其复方的体内药动学(PK)过程,但对药效学(PD)的研究显得不足,这就需要开发一种PK与PD相结合的方法。

2. 基于PK-PD模型的药效物质基础研究方法 PK-PD模型是一种研究中药药物效应、体内药物代谢过程及两者联系的有效途径。PK-PD模型综合体内药物动力学过程和药效量化指标

的动态变化,将两种过程整合为一体,实质上是药量和效应的转换过程。PK-PD模型的研究一定程度上弥补了基于血清药物化学的药效物质基础研究方法的不足,其根据"效应的变化取决于体内药量的变化"的理论,通过测定生物效应(药效或者毒性)来反映体内药量的动态变化,求得药代动力学参数。应用PK-PD模型时,利用中药材及其复方含药血清,按生物效应法,选择其中指标成分或有效成分按血药浓度法同时进行药动学研究,则可以避免动物体质、种属、环境等因素对实验结果的干扰,结合实验结果,揭示两者的关联性,有利于对体内过程的正确判断和客观分析,从而有助于了解各药味的主要有效成分及化学成分群与药效的关系,探明中药作用的物质基础,阐明其作用机制。

3. 基于谱效相关的药效物质基础研究方法 中药指纹图谱能够标示出中药中的化学成分,在整体上可以控制中药质量,然而中药指纹图谱所体现的化学成分是否为药效成分,以及该化学成分与药效的相关程度尚不明确,因此,将指纹图谱和中药药效指标相结合,通过中药指纹图谱与其药效作用的相关性研究(即谱效学研究),不仅可以使图谱中化学成分体现出相应的药效,而且还能阐释图谱特征与药效之间的关系,最终确定潜在药效物质基础。目前谱效相关性研究对象包括单味药和中药复方,通过考察中药化学成分进入体内的含量变化与药效活性变化的相关性找到潜在药效物质,进而揭示中药化学成分发挥药效的作用机制。例如,用超高效液相色谱(ultra performance liquid chromatography, UPLC)典型相关性分析法,测定黄连抗菌活性成分为小檗碱、药根碱和巴马汀;用UPLC和肝线粒体造模的微量-热法-典型相关性分析,得到附子26个活性相关峰。

4. 基于组学研究的药效物质基础研究 这种研究方法是建立在现代组学技术发展的基础上对中药药效物质基础进行研究,常用的有蛋白组学和代谢组学研究。

(1) 蛋白组学的研究:通过比较正常人(或动物)与某种疾病人(或模型动物)血液或其他组织的蛋白组学研究,获得疾病的标记蛋白,通过中药中各成分分别给予临床患者、模型动物治疗后,检测对标记蛋白的影响,寻找药效物质基础。

(2) 代谢组学的研究:其策略主要分为4个层次,包括代谢靶标分析、代谢轮廓分析、代谢物组分析和代谢指纹分析。采用代谢组学的研究方法,寻找临床患者和正常人之间的代谢差别,寻找疾病代表性标识物,然后通过中药的治疗,寻找中药的作用靶点,同时通过对中药中所含成分对代谢靶标的作用研究进而寻找药效物质基础。如通过UPLC-G2-SI-HDMS技术,在正负离子模式下对黄疸病受试者和健康对照受试者血样进行分析,获得了33个黄疸病血液标记物,其中胆红素、胆绿素、血卟啉IX、牛磺胆酸、柠檬酸、甘氨胆酸、L-酪氨酸等29个血液标记物在黄疸患者血中上升,胆酸、2-苯基乙酰胺等4个血液标记物降低,并将所涉及的标记物和代谢途径进行整合得到黄疸病血液代谢网络图。经茵陈蒿汤治疗后,再次进行血液标记物的检测并进行治疗前后的差异分析,33个标记物中有26个标记物具有回调趋势,其中有些标记物在治疗前后存在显著性差异,分别是7α-羟基胆甾醇-3-酮、甘氨酸、7α-羟基-3-氧代-4-胆甾烯酸酯、胆绿素、胆红素、I-尿胆素原、L-酪氨酸、2-苯基乙酰胺、柠檬酸和β-D-葡糖醛酸酐等。说明茵陈蒿汤是通过参与原代胆汁酸生物合成、卟啉和叶绿素代谢、苯丙氨酸代谢、三羧酸循环及戊糖和葡萄糖相互转化而对黄疸起到治疗作用。进一步配合血中移行成分分析获得26个入血成分,利用PCMS软件计算相关系数,获得对上述标记物起主要作用的成分并确定其药效物质基础为3-甲氧基鞣花酸8-鼠李糖苷、大黄素、大黄酸及大黄酚-8-O-β-D-葡萄糖苷等26种成分。

5. 基于多靶点筛选技术的药效物质基础研究 中药复方所产生的疗效是其有效成分多靶点

生物效应的综合作用。随着生物芯片技术的发展,以基因、受体和酶等为药物作用的多靶点高通量筛选技术在中药有效成分筛选、分离及发现等研究中发挥越来越大的作用。其原理就是针对中药复方多成分调节作用的多靶点特性,通过配体-受体的药物研究理论,进行药效物质作用靶点分析和有效成分的快速筛选及确定。但随着科技发展,高通量筛选(high throughput screening,HTS)正逐渐被超高通量(ultrahigh-throughput screening,UHTS)取代。

二、中药作用机制的研究

中药作用机制的研究是中药药理学的学科任务之一,阐明中药的作用机制是一个极其复杂的过程,研究人员提出了多种认识和研究方法,如多成分多靶点、组分中药、作用叠加学说和散弹理论等。

1. 基于对靶点和受体的作用的中药作用机制研究 这种作用机制的研究方法是参考现代药理学有关靶点和受体的研究方法和技术手段,对中药的作用机制进行研究,如麻黄的平喘机制研究、大黄的泻下作用机制研究、黄连的抗菌机制研究和葛根对心脑血管作用机制的研究等。

2. 基于中药传统功效的作用机制研究 根据中药的功效主治进行作用机制的研究是目前的研究方向之一,如清热解毒类中药的作用机制研究就充分体现了这种研究思路。清热解毒药具有清热解毒、消肿散结的功效,主要用于实火热毒所致的疮痈肿毒、温毒发斑、目赤咽痛、口舌生疮和乳痈、肠痈等。现代药理学证实清热解毒药具有抗病毒、抗菌、抗内毒素、消炎解热及调节免疫功能等作用,尤其抗菌、抗病毒作用尤为显著。清热药抗菌作用机制研究主要针对抑制菌体核酸和蛋白质合成、直接破坏细菌细胞结构、抗毒力与免疫防御、干扰细菌生物被膜形成和逆转细菌耐药等进行。清热解毒中药抗病毒的作用机制是通过阻断病毒复制过程中的某个环节,以达到抑制病毒繁殖、控制病毒感染的发生和发展的目的。研究表明,清热解毒中药主要通过直接和间接两种途径发挥抗病毒作用,直接抗病毒是侵入前阻止吸附和抑制细胞内复制,间接抗病毒是调节机体的免疫系统。此外,部分活血化瘀中药和单体抗动脉粥样硬化的多靶点协同作用机制也已经得到了初步的阐明,现在多从调节脂质代谢、抗炎、抗氧化、保护血管内皮细胞、抑制平滑肌细胞的增殖和迁移、改善凝血纤溶系统及稳定斑块等方面探讨相关中药抗动脉粥样硬化的作用机制。

3. 基于网络药理学理论的中药作用机制研究 随着医学与生命科学研究步入大数据时代,系统生物学、多向药理学、生物信息学等多学科快速发展,网络药理学作为药物研究的新模式应运而生,其整体性、系统性的特点与中医药整体观、辨证论治、组方配伍的原则不谋而合。网络药理学融合"疾病-表型-基因-药物"多层次信息,从系统的、网络的角度理解疾病或证候表型与生物分子的关系。目前,采用这种"疾病/证候表型-生物分子网络"的思路,研究中医药证候生物学基础和生物标志物已取得较好的进展。有学者从生物分子网络的角度,针对证候的生物学基础展开研究,形成了适用于阐释"病-证-方"系统内涵的"表型网络-生物分子网络-药物网络"研究构架,并提出了"证候生物分子网络标志"的构想。如采用网络药理学方法分析已报道逍遥散中抗抑郁的活性成分(柴胡皂苷A、柴胡皂苷C、柴胡皂苷D、阿魏酸、藁本内酯、白术内酯Ⅰ、白术内酯Ⅱ、白术内酯Ⅲ、芍药苷、芍药内酯苷、甘草苷、甘草酸和茯苓酸),依据反向药效团匹配方法预测逍遥散活性成分的靶点。并通过DrugBank数据库中美国食品与药品监督管理局(U.S. Food and Drug Administration,FDA)批准抗抑郁药物靶点的比对筛选,借助MAS 3.0生物分子功能软件靶点信息的注释,采用Cytoscape软件构建逍遥散成分-靶点-通路网络。网络分析得出逍遥散中活性成分涉及25个靶点及信号转导-内分泌-能量代谢等相关生物过程和代谢通路,同时也验证了逍遥散抗抑郁作用。网络药理学研究策略的整体性、系统性特点与中医学从整体的角度去诊治疾病的理论,与中药及其方剂的多成分、多途径、多靶点协同作用的原理殊途同归。即通过研究可以获得疾病的靶标并筛选出药效物质基础,同时揭示中药的作用机制。

第五节 中药药效学研究要点

一、药效研究的意义

中药临床前药效学实验主要是在整体动物及其器官、组织、细胞、亚细胞、分子和基因水平等模型上,对中药及其复方以及从中提取的有效组分、有效成分进行综合分析的实验研究,以阐明受试物防治疾病的作用及其作用机制,从而为受试物有效性评价提供科学依据。通过药效学研究,可以初步明确受试物是否有效;药理作用的强弱和范围;与同类药或同剂型比较,在药效或毒副反应方面的优缺点和特色等,从而初步确定有无实用价值及研发前景;结合安全性实验提供可否开始人体试用及进行系统临床研究等基础实验资料。

二、中药药理实验设计的基本原则

为保证实验结果的客观性、正确性、科学性,减少误差、提高实验效率,中药药理实验设计要遵守"对照、随机、重复"三大基本原则。

1. 对照原则 对照是科学比较的基础,没有比较就难以鉴别。在设立实验对照时,要求在相互比较的各组间,除了对要研究的特定因素外,其余因素特别是可能影响研究结果的因素要尽量相同。对照各组应尽可能在同时、同地、同条件情况下进行实验,否则就失去对照意义。对照组在研究中与实验组同等重要,一般以两组的例数相等时研究效率最高。根据不同情况,一般有如下不同对照。

(1) 正常对照:又称空白对照、阴性对照,一般不给药。动物仅给生理盐水、蒸馏水、注射用水或饮用水。如受试药使用特殊溶媒或基质时,正常对照动物应给予与受试药相同的特殊溶媒或基质。

(2) 模型对照:药物是用来纠正疾病或证的病理状况的,有活性作用的药物给正常机体使用后可能观察不到效应。如体温正常的人用退热药,观察不到降温作用。故观察药物作用,一般要求使用模型动物,包括与人类疾病或证相似的模型动物。这时,就必须设不给药的模型对照动物,使受试组与模型对照组间除一个给药一个不给药之外,其他条件一致。造模是否成功应与正常对照进行比较,以判断模型的病理变化是否形成。

(3) 阳性对照:一般用模型动物,给予已知有可靠作用的药物,与模型对照比较,观察病理变化是否减轻。其意义在于:① 检验实验体系是否可靠,也就是我们常说的"方法学验证"。如果使用阳性对照药无法检测到此药的作用,说明整个实验系统可能有问题,需要改进。同时,测试的受试药即使显示效应,但若无法检测到阳性对照药的作用,结果也应视为无效。② 估测受试药与对照药相比,作用强度与特点有哪些差异。但这种比较是非常粗略的,要进一步了解受试药与对照药作用强度和特点究竟有何区别,必须另外设计正规的药效比较实验。

(4) 假手术对照：有些病理模型需要借助手术完成，如制备冠脉结扎心肌缺血动物模型需要制备假手术对照，假手术对照动物除了最后在心肌上穿线但不结扎冠脉外，所有手术过程与制备动物模型一致。假手术动物与手术结扎冠脉模型动物之间所表现的检测指标差别可作为冠脉结扎引起，而与手术其他过程无密切关系。假手术对照一般可以替代正常对照。

(5) 自身对照：有些实验观察同一个体给药前、后的区别。例如，观察一个药物是否有降低血压的作用或是否对体温升高有解热作用，此时可将给药前的测量值作为对照，观察给药后测量值的变化。

2. 随机原则 所谓随机，是指每一个受试对象被分入对照组还是不同的实验组完全由机遇决定，而不是有意或无意地由实验者的主观意识或某种客观倾向决定。药理研究对已知的某些偏性虽然可以采取一定的措施予以控制，但对许多可能产生偏性的因素有时并不完全清楚。例如30只小鼠，要随机分为3组。如随意先抓10只放第一组，其次第二组，最后10只为第3组。其结果组间无意间已出现差异。因为最先抓到的可能是较不活泼的小鼠，最后抓到的10只是最懂得逃避的。只有随机分组才能保证研究对象在实验中都有同等的机会被分配到各组中，保证组间的均衡性与齐同性，减少抽样误差。

随机方法有多种，常用可采用随机数字表法。随机数字表为数字互为独立，所有数字无论按横、纵、斜各向顺序均呈随机排列的数字表格(表3-1)。

表3-1 随机数字表

编号	1~5	6~10	11~15	16~20	21~25
1	22 17 68 65 84	68 95 23 92 35	87 02 22 57 51	61 09 43 95 06	58 24 82 03 47
2	19 36 27 59 46	13 79 93 37 55	39 77 32 77 09	85 52 05 30 62	47 83 51 62 74
3	16 77 23 02 77	09 61 87 25 21	28 06 24 25 93	16 71 13 59 78	23 05 47 47 25
4	78 73 76 71 61	20 44 90 32 64	97 67 63 99 61	46 38 03 93 22	69 81 21 99 21
5	03 28 28 26 08	73 37 32 04 05	69 30 16 09 05	88 69 58 28 99	35 07 44 75 47
6	93 22 53 64 39	07 10 63 76 35	87 03 04 79 88	08 13 13 85 51	55 34 57 72 69
7	78 76 58 54 74	92 38 70 96 92	52 06 79 79 45	82 63 18 27 44	69 66 92 19 09
8	23 68 35 26 00	99 53 93 61 28	52 70 05 48 34	56 65 05 61 86	90 92 10 70 80
9	15 89 25 70 99	93 86 52 77 65	15 33 59 05 28	22 87 26 07 47	86 96 98 29 06
10	58 71 96 30 24	18 46 23 34 27	85 13 99 24 44	49 18 09 79 49	74 16 32 23 02

利用随机数字表进行随机分组的方法有多种，以较为简单的一种为例介绍如下。如有小鼠20只，欲随机平均分成4组，可按随几号大小顺序分组法分组。方法为将小鼠按体重大小或抓取先后顺序编成1~20号。本例取表3-1，从第六行第一个数字开始，依次抄录20个数字，与小鼠1~20的序号一一对应如下。

动物号：　1　　2　　3　　4　　5　　6　　7　　8　　9　　10
随机号：93　22　53　64　39　07　10　63　76　35

动物号：11　12　13　14　15　16　17　18　19　20
随机号：87　03　04　79　88　08　13　31　85　51

然后将20个随机号按大小顺序排列,最小的5个随机号对应的动物号为第一组,其次为第二、第三组,最大的5个随机号对应的动物号为第四组,结果如下。

第一组：动物号： 12　13　6　16　7
　　　　随机号： 03　04　07　08　10
第二组：动物号： 17　2　18　10　5
　　　　随机号： 13　22　31　35　39
第三组：动物号： 20　3　8　4　9
　　　　随机号： 51　53　63　64　76
第四组：动物号： 14　19　11　15　1
　　　　随机号： 79　85　87　88　93

上述随机分组法又称简单随机分组或完全随机分组,能满足一般药理实验随机分组的需要。有时要进一步严格控制一些主要非研究因素的均衡性,如雌雄动物皆用,要使各组雌雄动物数一致;又如待分组的动物体重相差较大,要使分配到各组动物的体重均衡时,可先将要严格控制的主要因素,如性别、体重等均匀分类(如雌雄分类)、分层(如轻、中、重不同层次),然后在每一类或每一层次中分别随机取出等量动物分配到各组。

此外,还可利用Excel、SPSS等软件进行随机分组,详细要点可参见相应方法介绍。

药理实验强调随机化原则,是因为数理统计的各种理论公式都是建立在随机化原则基础上的。那些事先受主、客观因素影响,以致不同程度具有随机失真的资料,统计方法不能弥补其先天不足,以此得出的结论也必然是不可靠的。

3. 重复原则　实验的结果应有重现性,仅依据一、两例实验结果不能轻易做出结论,应在类似的条件下能够重现实验结果才是可靠的实验。重复实验也是消除非研究因素影响的重要手段,除增加结果的可靠性之外,还可获得实验结果的变异情况。

药理实验时的重复表现为每批次实验样本含量应达一定数目,有时还包括要有一定反复实验的批次。例如,中药抗肿瘤药效实验,每组的动物数小鼠至少10只,裸鼠5～10只,每批次实验结果受试药与对照组比较,抑瘤率>30%,经统计学处理有显著性差异,共经3批次重复实验证明后,才能初步评定该药对肿瘤有一定疗效,值得进一步开展体内或体外实验以评价其有否开发价值。

一般而言,在同样的条件下,重复研究的样本越多,所获结论可靠性越大。但重复样本过多,工作量过大,除耗费大量人力、物力外,研究条件的控制难度增加,工作不易做得仔细,反而可能影响质量。每批次实验究竟需要重复多少样本,具体实验时需根据不同的要求和动物种类决定重复的样本数。一般认为,计量研究每组小鼠不少于10只,计数资料不少于20只。用大鼠,计量资料每组大于8只,豚鼠或兔每组不少于6只,猪或犬不少于5只。有时因为动物数目太少导致结果无法分析,如事后补充再做,则由于每次实验条件、环境、温度、饲料等不同,可影响对实验结果的判断。所以,应尽可能按最低动物数目要求,或在尽可能短的时间内完成整批动物实验。

除了以上三大原则以外,中药药效学的实验设计还要考虑到中医药的特色,在造模方法和检测指标的选择和评价时尽量考虑到中医基本理论和诊治原则,尽量选择符合中医病和证的疾病模型进行实验研究,并注意证候的分型,选择符合中医证候的模型进行实验研究。

三、药效学实验指标的选择

药效学实验选用的指标应能准确无误地反映药物对机体的影响,要注意以下几项要求。

1. 特异性 根据中药的功能主治,应该选择针对性强、专属性好、能够反映药效本质的指标。例如,要观察药物的降压或升压作用,检测血压是特异性的关键指标;如要说明药物对急性肾炎的治疗作用,尽管血压升高也可以是急性肾炎症状,但并非特异的关键指标,血压变化也不能代表药物对急性肾炎的疗效,而应选择肾功能检查、尿液检查和肾形态学检查作为关键指标。当一个指标不能表达其特异性时,有时可用一组指标来弥补。如祛风湿药可选用抗炎、镇痛及对免疫功能影响等指标综合评价其药效。

2. 敏感性 指标要敏感,能准确反映病情、证候的变化及药物的防治作用。有的指标敏感性差,可能会遗漏某些阳性变化,造成假阴性,或结果数据离散度大,而导致统计学处理标准差大,无显著性意义。

3. 重现性 指标要稳定,重现性好,结果才可靠。重现性差的结果不可信,不能作为药效评价的依据。

4. 客观性 某些检测指标不够准确,如肉眼观察动物自发活动,可能带有很大的主观性,而改用仪器记录小鼠在一定时间内活动次数或行走的轨迹,则是较客观的量化指标。

5. 可量化性 为了判断和比较药物的作用,便于统计学处理,检测指标应有量的概念。即使对组织进行病理学检查,也应详细描述组织的病理变化有哪些,除提供相应的照片外,还需对病变程度进行量化分析、组间统计分析比较以供判断。

中药药效研究指标的选择,尽量根据中医临床的特点选择,尽量参考中医临床研究指导原则进行选择,尽量与临床统一或相似。

四、药效学研究中的动物选择

实验动物的质量直接关系到研究结果的有效性、可靠性和严密性。因此,中药药理实验必须根据实验要求选择符合医学实验动物标准的动物。

1. 按要求选择不同级别的动物 实验动物应选用符合等级要求的健康动物,还要注意动物的种类、品系及质量、健康状态等,实验动物应附有供应单位的合格证书。目前我国的药理学研究大多采用清洁级动物或无特定病原体级实验动物(specific-pathogen free,SPF)动物。

2. 根据实验目的选择敏感动物 不同种系的动物对同一药物的敏感性并不相同。如研究行为变化常用小鼠和大鼠,但最好用猴子和猩猩。呕吐实验可选鸽、猫或犬。食草类的家兔对呕吐反应不敏感;小鼠、大鼠则无呕吐反应,因此均不宜选用。观察药物对体温的影响常用兔,兔对热原反应敏感、典型且恒定;由于小鼠体温调节中枢不发达,一般不选;大鼠和豚鼠有时对热原的反应并不稳定。炎症实验应选用哺乳动物。足跖炎症浮肿实验常用大鼠,过敏性炎症首选豚鼠。血压实验可选大鼠、猪或犬。由于家兔的血压不稳定,不适合血压实验。总而言之,药理实验应选择与人类对受试药具有相似反应的动物。考虑到杂交动物对药物反应的个体差异,有些实验如免疫实验要求使用纯种动物。

3. 性别 动物的性别对实验结果有一定的影响,一般而言,一批实验选用一种性别比两种性别兼用所得的结果离散度要小。因雌性小鼠有明显的性周期活动,有时会引起一些生理指标的周期性变化。由于许多药物临床男女均用,故除某些实验必须用单一性别的动物外(如热板镇痛实验、子宫实验等),大多每批选择雌雄各半的动物。原则要求,同一批实验治疗组与对照组性别应相同。

4. 年龄、体重 实验一般用正常成年动物。体重可粗略反映年龄,但影响因素很多,如性别、胖瘦等。如依据体重,一般实验动物常选用:小鼠18~22 g,大鼠180~220 g,豚鼠250~300 g,兔、猫1.5~2.0 kg,犬10~15 kg。但根据不同实验需要,实验动物体重、年龄选择范围可有所不同。如观察药物对体重增长、免疫器官的影响等,也可选用13~16 g小鼠,60~120 g大鼠。原则上,每批动物的体重、年龄越接近越好。

五、受试药

受试药物是药效学研究的对象和物质基础,应符合一定要求。中药大多来源于天然植物、动物及矿物,一般均需经提取并加工成一定剂型才可供实验用。对中药受试药一般要求如下。

1. 受试药制备 所用的中药材要经过生药学鉴定,确定中药品种、产地及药用部位。加工炮制品种,炮制方法应明确。受试药的提取工艺应基本稳定。受试中药新药研究则要求用处方固定、质量稳定、工艺和质控指标恒定后的中试产品,否则不能作为新药药效学研究的样品。

2. 给药途径 药理实验的给药途径应与临床拟使用的途径一致。如临床为口服给药,要求动物实验也以口服给药。给药途径不同,产生的药效可能不一样。如青皮、枳壳提取液注射给药可引起血压升高,而口服给药这一作用则不明显。中药粗制剂一般不宜用注射给药的方法或体外实验方法检测药物的效应,因粗制剂中的杂质、离子及偏酸、偏碱的刺激都会干扰实验结果。

3. 剂量 观察一个药物作用剂量应适当。药效是指在一定剂量范围内药物所产生的作用,剂量太小则难以显示药效,剂量过大则又可引起动物中毒,乃至死亡。药效实验如仅设单一剂量有缺陷,新药研究规定至少设3个剂量组,不同剂量间应反映量效关系。如何合理选择剂量,目前并无统一的规定,一般可参照如下方法。

(1) 根据受试药的LD_{50}计算:凡是能够测出LD_{50}者,可根据不同情况,选用其LD_{50}的1/10、1/20、1/40、1/80等范围内的剂量作为药效试验的高、中、低剂量。高、中、低剂量最好呈等比。

(2) 根据人和动物体表面积折算:产生药物效应所需剂量与动物个体的体表面积成正比。在已知受试药对人或某种动物的有效剂量时,可根据体表面积折算法换算出对另一种动物产生药效所需剂量。体表面积法已成为目前较为常用的方法,尤其已在临床长期大量使用的中药及其制剂,可根据人用剂量按体表面积比例折算出不同动物所需剂量(表3-2)。

表3-2 人和动物间按体表面积折算的等效剂量比率表

	小鼠 20 g	大鼠 200 g	豚鼠 400 g	兔 1.5 kg	猫 2.0 kg	猴 4.0 kg	狗 12.0 kg	人 70.0 kg
小白鼠 20 g	1.0	7.0	12.25	27.8	29.7	4.1	124.2	387.9
大白鼠 200 g	0.14	1.0	1.74	3.9	4.2	9.2	17.8	56.0
豚鼠 400 g	0.08	0.57	1.0	2.25	2.4	5.2	10.2	31.5
兔 1.5 kg	0.04	0.25	0.44	1.0	1.08	2.4	4.5	14.2
猫 2.0 kg	0.03	0.23	0.41	0.92	1.0	2.2	4.1	13.6
猴 4.0 kg	0.016	0.11	0.19	0.42	0.45	1.0	1.9	6.1
狗 12.0 kg	0.003	0.06	0.10	0.22	0.23	0.52	1.0	3.1
人 70.0 kg	0.002 6	0.018	0.031	0.07	0.078	0.16	0.32	1.0

如临床观察发现某中药复方总生药量为100克/方(每日1方),欲知小鼠实验的等效剂量。根据表3-2计算,20 g左右重的小鼠的等效量为100 g×0.002 6=0.26 g(每只)。由于药理实验剂

量大多以每千克体重应给药物的重量表示,每只小鼠体重只有 0.02 kg,因此小鼠的等效量应该是 0.26÷0.02=13 g/kg。

又如某中药提取物 10 mg/kg 对体重 200 g 左右大鼠有降血压作用,欲知对 12 kg 左右重犬的等效量。根据表 3-2 计算,每只大鼠的降压有效量为 10÷5=2 mg。每只犬的等效量为 2×17.8=35.6 mg。以犬每千克体重给药量表示则为 35.6 mg÷12≈3.0 mg/kg。

如粗略按人与动物每千克体重的给药量直接计算,则等效倍数小鼠为人用量的 9~11 倍,大鼠为 6~8 倍,豚鼠为 5~6 倍,猫、兔为 3~5 倍,犬为 2~3 倍。动物个体越小,单位体重所占的体表面积越大,按体重(kg)计算相当于人用量的倍数越高。

(3) 通过预试估计剂量:事实上不论采用上述哪种方法,选择的剂量均应通过预初试验,进一步确定合理的剂量范围,并按等比关系设定不同剂量组。

4. 给药容量 给药容量应合适,容量过小,实际操作容易产生误差;容量过大,则动物难于耐受乃至死亡。小鼠灌胃给药容量一般为 0.1~0.25 ml/10 g,最大不超过 0.4 ml/10 g,其他途径不超过 0.25 ml/10 g。大鼠灌胃,一般为 1~2 ml/100 g,其他途径不超过 1.0 ml/100 g。兔和猫最大用量:灌胃 20 ml/次,皮下、肌内注射 2 ml/次,腹腔注射 5 ml/次,静脉 10 ml/次。

六、对照药

阳性对照药的选择应注意以下三项要求。① 合法性:阳性对照药应该是《中华人民共和国药典》(2015 版)或部颁标准收载,或新批准合法生产的药物,否则不可作为阳性对照药。② 可比性:应选用药效肯定的同类中药或化学药,要求主治(或作用)相同,给药途径尽量一致。如为中药还要求功效及剂型相同。有时找不到符合要求的同类中药,在主治、给药途径相同的情况下,其功效、剂型可有些差异。③ 择优性:有多种同类药可供选用时,应择优选用当前学术界或社会公认疗效较好的药物作为阳性对照药,而不选用疗效差、不良反应严重的药物,更不能选择即将被淘汰的药物。

七、数据表达和常用统计分析的注意事项

药理实验资料可以分为计量资料和计数资料。计量资料指的是观察指标可以用连续数据表达,如血压、体重、体温、血细胞数、心功能指数及炎症抑制率等。其特点是,每一观察对象都可获得一个定量的数据,每一组观察对象可获得平均数和标准差。计数资料又称质反应资料,指的是观察指标已出现或不出现,有或无表达。如实验动物是否死亡,惊厥反应是否出现等。其特点是,每一观察对象可获得反应的属性,每一组观察对象可以给出性质相同的反应例数或占总例数的比率。

(一) 数据的表达和精确度

数据必须来自可靠的实验结果。计量资料的数据应依据测量仪器的精度读取,实验数据通常应至少有 3 位有效数字,标准差有 2 位有效数字。有效数据的多少反映数据的相对误差,因为实际测得的数据,其最后一位可能有误差。如 15.6 的误差是 ±0.1,相对误差是 0.1/15.6;而 15.60 的误差是 ±0.01,相对误差是 0.01/15.60。后者的相对误差比前者小,精确度高。有效位数少,表示数据的精确度小或相对误差大,数据的有效位数应与测量仪器所能达到的精确度一致。实验报告中出示的数据,其有效位数大于仪器精度是不适当的。进行加减乘除运算时,中间步骤数据可多取 1~3 位有效数字。但结果数据的有效位数应取实测值中最小的有效位数,如 15.12+12.1=27.22,取 27.2。因为 12.1 的第一位小数只是估计值,故两数之和也只能取一位小数。均数的小数位数应

与标准差相同,如 15.60±0.78。统计数据表达应写出均数、标准差、例数和 P 值情况($>$、<0.05 或 $>$、<0.01,也可出示具体 P 值)等。正文用差异"无显著意义,有显著意义或有非常显著意义"表达统计结果,并做出专业结论。此外,还应说明所用的统计方法。

(二) 常用统计方法使用注意事项

中药药理实验通常要求通过对一定数目样本的研究,经过统计分析比较,以一定概率来推断受试物是否具有某种作用。统计分析时,通常先假设:"甲、乙两组样本(或多组样本),均来自同一总体,两组(或多组)样本实测所出现的差别,不过是抽样误差造成的偶然现象,实际两组(或多组)间并无差异。"这种假设又称为无效假设。统计学计算就是估计这一假设的可能性大小,即概率有多大。如计算结果,可能性小于 5%(即概率 $P<0.05$)则拒绝上述无效假设,认为组间实测值的差异不是抽样误差造成的偶然现象,而是实际存在显著差异;如计算结果可能性小于 1%(即概率 $P<0.01$)则同样拒绝上述假设,并认为组间数据有非常显著差异。中药药理实验时,对计量资料两组间实验结果的比较常用 t 检验分析"无效假设"可能性的大小。对多组间实验结果,常用方差分析(F 检验)。但使用上述分析方法时不了解其适用范围的情况比较严重,并由此做出错误判断的也为数不少。因此,有必要对其适用范围给以说明。

1. 计量资料两组间比较 t 检验(unpaired t test)注意事项 量反应资料两组均数的统计分析一般采用 t 值法检验。其公式为:

$$\frac{|\bar{x}_1-\bar{x}_2|}{\sqrt{\frac{(n_1-1)s_1^2+(n_2-1)s_2^2}{n_1+n_2-2}\left(\frac{1}{n_1}+\frac{1}{n_2}\right)}}, f(\text{自由度})=n_1+n_2-2$$

两组数据应符合下述要求,否则不能采用 t 检验。

(1) 数据正态分布:如数据偏态不能用 t 检验,此时取均数意义不大,应改用中位数的数据表达,并用非参数统计法,如 Mann-Whitney 秩和检验,等级和检验,序值法等。数据是否属偏态,简便判断方法为:① 如均数两侧例数之差大于 $2\times\sqrt{n}$ 时不用检验,即可判断为明显偏态。如有一组数据为:15.1,17.2,18.5,14.4,16.3,19.6,18.3,17.8,40.1,18.2,38.9,此组数据的均数为 21.3($n=11$),小于均数有 9 个数据,大于均数有 2 个数据,均数两侧例数之差为 7,而 $2\times\sqrt{11}=6.6$。因此,此组数据为偏态,不可用 t 检验及其他正态检验。② 判断数据是否偏态亦可用公式:$R=4\times n-D^2$,其中 D 为均数两侧例数之差,n 为例数,如 R 值为负,表示数据肯定为偏态。例如,一组数据总数为 50 例,大于均数 35 例,小于均数 15 例。$R=4\times50-(35-15)^2=-200$,此组数据亦为偏态。

(2) 有不定值时不用 t 检验:其中一组数据中有不定值时(如 >30,<10 等)应改为中位数表达,并用非参数统计,如序值法检验。

(3) 方差不齐时不能用 t 检验:改用校正 t 值法检验(t' 检验)。对方差是否齐性的简单判断可按公式:$F=s_1^2/s_2^2$ 计算。两组数据标准差的平方之比大于相应自由度的 $F_{0.05}$ 值,即 $s_1^2/s_2^2>F_{0.05}$ 时,表明方差不齐。式中,s(标准差)较大者为 s_1,较小者为 s_2。$F_{0.05}$ 值可查"方差齐性检验 F 值表"(注意:与"方差检验 F 值表"不同)。亦可通过公式计算:$F_{0.05}=1.2+(8/n_1)+[14/(n_2-3)]$(式中 s 较大者为 s_1、n_1,较小者为 s_2、n_2)。

例如,有两组数据如下,判断方差是否齐性,是否可以用 t 检验分析两组间差异?

甲组:11.5, 14.1, 12.3, 10.8, 13.0, 13.2, 13.9 12.3, 10.6 ($\bar{x}\pm s$: 12.41±1.26, $n=9$);乙组:

10.0,11.9,12.0,12.8,14.9,17.4,19.3,20.2,23.1($\bar{x}\pm s$：15.73±4.48，$n=9$）。

$F=4.48^2/1.26^2=12.64$。$F_{0.05}\approx 1.2+8/9+14/(9-3)=4.42$。$F>F_{0.05}$ 说明上述两组数据方差不齐，不能用 t 检验而应改用校正 t' 检验。t' 检验公式如下：

$$t'=\frac{|\bar{x}_1-\bar{x}_2|}{\sqrt{S_1^2/n_1+S_2^2/n_2}},\quad f'=(n_1+n_2-2)\times\left(0.5+\frac{s_1^2\times s_2^2}{s_1^4+s_2^4}\right)$$

上述甲乙两组数据按校正 t 值法计算，$t'=2.142$，$f'=9.501$。$f=10$ 时 $t_{0.05}=2.228$；$f=9$ 时，$t_{0.05}=2.262$。因此，$P>0.05$，即两组数据比较，差异无显著意义。但如错误使用 t 检验，上述两组数据比较，$t=2.142$，$f=9+9-2=16$，$t_{0.05}=2.120$，$P<0.05$，两组差异有显著意义，因而会得出错误结论。$t_{0.05}$ 值可根据自由度查附录表1"t 值表"。

2. 使用配对资料 t 检验（paired t test）注意事项 配对 t 检验常用于下列情况：① 同一批受试对象试验前后的配对数据比较。② 同一批受试对象用两种检验方法的测试结果比较。此法先求出每一对象两次（种）测定数据之差，再求出其 $\bar{x}$ 和 s。

采用的配对 t 检验公式为：$t=\bar{x}\div s\times\sqrt{n}$。

符合上述情况的数据采用配对 t 检验，其检测效率较高。例如，一组大鼠分别连续给某药 3 日，前后血压变化见表 3-3。

表 3-3 大鼠给药前后血压(mmHg)的变化

鼠 号	1	2	3	4	5	6	7	8	9	$\bar{x}\pm s$
给药前血压	175	160	185	195	187	153	170	180	173	
给药后血压	150	140	170	160	159	130	145	153	155	
血压变化	25	20	15	35	28	23	25	27	18	24±6

按上述公式计算，$t=24\div 6\times\sqrt{9}=12.00$，$f=9-1=8$，$t>t_{0.01}(t_{0.01}=3.355)$，$P<0.01$。结论：用药后血压下降有非常显著意义。

但在自身前后配对比较时，因同一个体在经历较长一段时间后，受某种因素影响（如环境温度），即使不做任何处理（如不给药），所得指标（如血压）也可能有变化。因此，为鉴别上述变化是否为给药所致，有时宜同时设立一个平行对照组。同时，观察给药组与对照组前后检测指标的变化。将两组动物前后观察指标变化的均值及标准差进行两组间 t 检验比较，以排除各种未知因素干扰，判断药物是否确实对观察指标产生作用。

3. 方差分析（analysis of variance，ANOVA）注意事项 完全随机设计的 3 个和 3 个以上样本均数的比较需采用方差分析。方差分析的基本思路是将全部观察值间的变异分为：① 组内变异，即各组内部观察值的变异，这种变异不是研究因素作用的结果，而是随机误差所致。② 组间差异，即各组样本均数的变异，这种变异既有随机误差的原因，亦可能有研究因素作用的结果。方差分析就在于判断除随机误差的原因外，研究因素的作用是否显著。

方差分析的统计量 F 值，就是组间方差与组内方差的比，即 $F=$ 组间方差/组内方差。如果研究因素无作用，组间方差为随机误差所致，于是组间方差≈组内方差，$F\approx 1$。反之，如果研究因素作用很大，组间方差>组内方差，则 $F>1$。至于 F 值要大到多少才具有统计意义，则根据自由度，确定 p 值才可做出判断。

使用方差分析时,也应首先考虑其应用条件:① 各组样本应该是相互独立的随机样本。② 各样本符合正态分布,来自正态总体。③ 各处理组总体方差齐性。各样本不符合正态分布时,不能进行方差分析。若符合正态分布,方差齐性,则可进行方差分析,当 $F<0.05$ 时,说明多组间综合比较有显著差异。但即使方差分析得出综合比较有显著差异,也并不说明任何两组均数间比较都有差别,两两组间比较很可能有些是没有差别的。具体哪些有差别,哪些没有差别,应进行多组均数间的两两比较。单因素方差分析组间两两比较方法有多种,如最小显著性差别检验(least significant difference test, LSD test)、Newman-keuls 检验(Newman-keuls test)、Tukey 检验(Tukey's honest significant difference test, HSD test)等,这些方法的原理和步骤基本相似,国内学者较多选用 Newman-keuls 检验。此外,如一次实验多个组中有一个共同的对照组,所关心的是各实验组与对照组间的比较,而各实验组间并不需要相互比较时,宜选用 Dunnett 检验(Dunnett's test)。

4. χ^2(卡方,2×2)检验注意事项 χ^2 检验是药理学实验计数资料分析中用得最多、最普遍的一种统计方法(亦称四格表法),基本公式为:$\chi^2=\dfrac{(\mid a\times d-b\times c\mid-0.5\times n)^2\times n}{(a+b)(c+d)(a+c)(b+d)}$。式中的 a、b、c、d 分别代表四格表中的4个基本数值,n 为总例数。例如,60只小鼠使用甲药,抗惊厥有效45例,无效15例;60只小鼠使用乙药,有效20例,无效40例(表3-4),问两药作用是否有差异?

表 3-4 两药抗惊厥作用比较

	有 效	无 效	总 计	有效率
甲 药	45(a)	15(b)	60($a+b$)	70%
乙 药	20(c)	40(d)	60($c+d$)	50%
总 计	65($a+c$)	55($b+d$)	120(n)	

将表中数值代入上式计算:

$\chi^2=\dfrac{(\mid 45\times40-15\times20\mid-0.5\times120)^2\times120}{(60)(60)(65)(55)}=19.334$,查附录2"$\chi^2$值表"。由于四格表的自由度恒等于1,得 $\chi^2_{0.01}=6.635$,现 $\chi^2=19.334$,故 $P<0.01$,两药作用有非常显著差异。

χ^2 检验的基本公式虽然简便实用,但应注意合理应用,不宜盲目套用。当两组总数(n)小于40,或 a、b、c、d 4个数据中有0或1时,用上述 χ^2 检验公式误差较大,应改用确切概率法或简化直接概率法。

确切概率法计算公式为:$P=\dfrac{(a+b)!\ (c+d)!\ (a+c)!\ (b+d)!}{a!\ b!\ c!\ d!\ n!}$

例:10只小鼠使用甲药7只睡眠,10只小鼠使用乙药1只睡眠(表3-5),分析两药作用有无区别?

表 3-5 两药催眠作用比较

	有 效	无 效	总 计
甲 药	7(a)	3(b)	10($a+b$)
乙 药	1(c)	9(d)	10($c+d$)
总 计	8($a+c$)	12($b+d$)	20(n)

将表中数值代入上式计算：$P = \dfrac{10!\ 10!\ 8!\ 12!}{7!\ 3!\ 1!\ 9!\ 20!} = 0.0095$，双侧检验，两药作用差异有显著意义。

这里应注意，当 $a+b=c+d$ 时，四格表内各种组合的序列对称分布，上式计算出的 p 值为分布中的单侧概率，因而双侧检验时以 $P<0.025$ 为差别有显著统计意义，$P<0.005$ 为差别有非常显著统计意义。

5. 使用统计软件注意事项　目前已有多种统计软件可供药理数据统计分析使用，如 SPSS（statistical package for the social science）软件、SAS（statistics analysis system）软件、BMDP（biomedical computer programs）软件等。大多数统计软件均包含许多种分析检验方法，具体应用时，使用者需根据不同情况采用不同方法。如果采用的检验方法不对，结果会不准确。因此对一批数据进行处理前，应先对数据进行分析，确定用何种分析检验方法合理，再进行分析检验。大多数软件可以帮助分析数据是否偏态、方差是否齐性等，从而提示可采用何种正确的检验方法。但不管是否使用软件或使用何种软件，常用检验方法的使用基本前提条件是相同的。

对药理实验的一般资料推荐使用的检验方法如下。

计量资料：① 有明显偏态，或有不定值时，选用非参数检验，如秩和检验、序值法等。② 无明显偏态时，两组间比较：方差齐时用 t 检验；方差不齐时用校正 t' 检验。多组间单因素比较：方差齐时首先进行综合比较，如总差异有显著性，再进行两两组间比较。单因素方差分析两两组间比较可用 Newman-keuls test、Dunnett's test 等检验方法。若符合正态分布但方差不齐时，可考虑作下述处理：第一，先进行数据转换（如取对数），使方差齐性后再进行方差分析；第二，采用非参数检验，如秩和检验等。

计数资料：① 两率比较，无配对关系时一般用 $\chi^2(2\times2)$ 检验，样本较小或数据中有 0 或 1 时用确切概率法；有配对关系时用配对 $\chi^2(2\times2)$ 检验。② 多率比较，有等级关系者用 Ridit 法或等级序值法；无等级关系时多率综合比较用 $\chi^2(R\times C)$ 检验；组间两两比较用 $\chi^2(2\times2)$ 检验。

具体检验方法及原理请参见统计学的相关资料及各统计软件使用方法介绍。

6. 实验结论　实验数据经过统计分析，要有结论。需要注意的是，由于选择指标的不同，说明的问题也不同，要求下结论不能绝对，并要与专业知识相结合。例如，某降血压药，用了 2 周后，血压下降 8 mmHg，$P<0.05$，即使从统计学角度分析差异有显著意义，但此药看来并没有多大的降血压应用价值。又如抗肿瘤药，用药组与对照组比较，对小鼠瘤重增长的抑制率为 20%，$P<0.05$，从统计学角度分析，差异有显著意义，但从专业角度分析对瘤重增长抑制率 $<30\%$ 的药物并无明显应用价值。因此，研究结论应避免片面化、绝对化。

第四章 中药毒理学

导学

本章介绍中药毒理学的概念及特点、中药的不良反应及中药成分的毒性、中药毒理学研究的基本知识。

学习要求：
(1) 掌握中药毒理学的概念、基本特点。
(2) 熟悉中药不良反应及中药成分的毒性。
(3) 了解中药毒理学研究的主要方法及要点。

第一节 中药毒理学概述

毒理学是一门定性和定量研究毒性物质在机体内产生毒副作用的学科。中药毒理学是中药药理学的一个分支学科，旨在中医药理论指导下应用现代科学技术研究中药对机体产生的不良反应、毒性作用及其规律。中药毒理学研究可为减少中药不良反应，避免中药中毒及中毒后解救提供科学依据。

中药毒理学不仅研究中药安全性和危害性的物质基础，而且为临床安全用药提供指引，其研究内容主要包含七个方面。

1. **了解中药的不良反应** 中药也有双重性，既能防病治病，也可能引起一定的不良反应。不良反应是指在正常剂量下，伴随药物治疗作用产生的非预期反应，包括毒性反应，一般毒性反应包括急性毒性、慢性毒性和特殊毒性。急性毒性是指有毒中药短时间内进入机体并引起中毒症状，慢性毒性是指长期或者多次重复服用有毒中药引起的不良反应，特殊毒性则包括致畸、致突变、致癌或药物依赖性反应等。

2. **确定中药作用的安全剂量** 剂量决定中药的毒性，临床上需把关有毒中药的用量。《中华人民共和国药典》列出了普通中药和有毒中药的常用剂量，即为安全剂量。研究量效关系时，若无法确定某些中药的有毒剂量，则需指明其最大耐受剂量。有些中药的治疗剂量与中毒剂量非常接近，甚至重叠，因此，在用治疗剂量时，这类中药既有治疗效果，也可能产生毒性作用。

3. **了解影响中药毒性的因素** 中药有别于西药，中药的毒性会因机体和环境因素而变化，还受其他因素(如品种、采收季节、炮制和配伍等)影响(有关内容参见第六章影响中药药理作用的因素)。

4. 确定中药的毒性是否可逆　临床上能否使用某种有毒中药,主要是考察该药使用过程中、停药或治疗完成后,机体是否产生生理功能损伤,以及停药后损伤是否可逆。

5. 确定中药毒性的靶器官及作用机制　中药毒理学的中心任务是确定中药毒性的靶器官、作用及其机制。

6. 研究解毒药和药物中毒后的解救措施　中国历代本草记载了多种解毒中药,如甘草、绿豆、土茯苓、黄芩、黄连,另有不少有毒中药配伍解毒中药的方法,这有助于进一步研究和开发利用。

7. 开发新药　中医药有"以毒攻毒"的理论和临床实践。药政管理和临床安全用药细则更要求中药新药进入市场前提供全面的毒理学资料和现代科学依据。

第二节　中药毒理学的基本特点

一、中药毒理学的基本特点

中药毒性主要由有毒中药引起,而临床用药错误、药证不符、配伍禁忌等也会引发不良反应。中毒药性具有以下毒理学特征。

1. 中药毒性的选择性　中药毒性是相对的,可能只对某种生物有毒或只对生物体内某一组织器官有毒性,中药毒性的选择性与组织的亲和力、组织器官对毒物的敏感性等因素有关。中药与组织的亲和力影响其在体内各组织的分布,亲和力的差异是中药毒性选择性的基础,组织中药物浓度越高则越易受损害。中药也可通过干扰组织中特定生化代谢过程而产生毒性。细胞分化越高或生化过程越复杂的组织和(或)器官对中药毒性越敏感,中药造成的损害也越大。此外,不同组织细胞的结构单元,对中药毒性的反应也有差异。

2. 中药毒性的相对性　一般来讲,中药不良反应与剂量密切相关(变态反应除外)。剂量过大,或用药时间过长,常用滋补中药如人参、甘草也有可能造成中毒;反之,剂量小时,常见的有毒中药也不一定引发毒性反应。《伤寒论》和《金匮要略》记载了37个含附子的方剂,有的在临床上广泛使用,但造成中毒的例子寥寥无几。除剂量外,中药的毒性与其炮制、配伍和用法有密切关系,如乌头中毒大多是服用生品、炮制不当或煎煮不得当所致。

3. 中药毒性的变异性　中药毒性的变异性具体是指同一中药在不同批次和不同配伍中,对不同对象产生不同的毒性。首先,某中药在某剂量时对某些患者有相当好的治疗效果,而其他患者使用时又发生了毒性反应,提示患者个体差异反映了中药毒性的变异。其次,由于生长环境和采收期的差异,不同批次的中药所含毒性成分的量有所不同,从而造成毒性的变异。再次,中药配伍的不同也会增强或减弱中药毒性。

4. 中药毒性的剂量-效应关系　中药的剂量高低决定药物在机体中引起反应的强弱。当剂量逐步增加时,中药会先后达到有效剂量及产生毒性效应的剂量。中药在机体中产生毒性的最低剂量,即中毒阈剂量。毒性作用的强弱与血药浓度有关,而血药浓度又与给药剂量和时间有关。这种毒性效应随着剂量的增加而增加的规律性变化即为剂量-效应关系(量效关系),这是评价药物毒性的重要指标。量效关系体现在量反应(以数或量分级表示的效应)和质反应(以阴性、阳性表示效应)。半数有效量(median effective dose, ED_{50})是指在量反应中能引起50%最大反应强度的药量,在质反应中指引起50%实验对象出现阳性反应时的药量。量反应的量效关系反映增加中药剂量时,引起较大程度的毒性反应。质反应的量效关系则反映升高中药剂量时,增加群体发生毒性反应的百分率。能达到最大效应但未引起毒性反应的剂量是临床安全用药的最大剂量。

常用评价中药毒性的两大指标是半数中毒剂量(median toxic dose, TD_{50})和半数致死剂量(median lethal dose, LD_{50}),分别是指一次给药后能够引起半数动物中毒和死亡的剂量。TD_{50}或LD_{50}越小,表示毒性越大,反之则毒性越小(图4-1)。

此外,中药毒性和安全性还可用如下指标进行评价。① 治疗指数(therapeutic index, TI),即LD_{50}/ED_{50}的比值,数值越大,表示中药产生毒性效应的剂量(LD)与有效剂量(ED)的差距越大。② 安全指数(safety index, SI)与安全范围(margin of safety),分别以LD_5/ED_{95}比值与LD_1/ED_{99}比值表示,其数值越大,表示中药的安全范围越大。

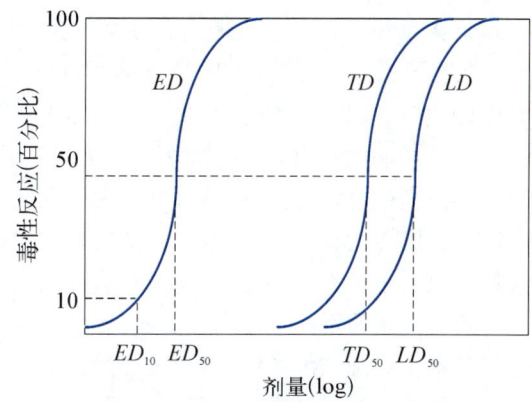

图4-1 中药有效剂量、治疗剂量及毒性剂量的示意图

只要把握中药的治疗指数,就能安全地使用中药防病治病,甚至以毒攻毒。临床上广泛使用三七活血止血,每次口服治疗量为1~5 g,无明显副作用,如每次口服10 g以上,可引起房室传导阻滞。马钱子中的士的宁是主要活性成分,同时也是主要毒性成分,用于再生障碍性贫血时每日剂量为2~6 mg,其安全范围非常小,成人口服致死剂量为0.03~1 g。常用西药对乙酰氨基酚的治疗指数也不大,常规治疗剂量为每日75 mg/kg,分多次服用,而一次急性给药150 mg/kg会导致肝毒性。由此可见,若能控制好剂量,有毒中药也可以发挥治疗效果。诚然,临床上不易准确测定中药或中药复方的有效剂量、毒性剂量、治疗指数等重要指标。

二、中药毒性研究的基本要求及方法

中药安全性评价是新药开发研究中的重要环节,主要包括一般药理学试验和急性毒性、长期毒性试验等。根据给药途径与剂型,某些中药需增加一些检测项目,如注射剂需进行刺激、溶血和过敏甚至三致试验等。最常规的项目是急性毒性、长期毒性试验。

(一) 急性毒性试验技术要点

急性毒性是指动物接受一次或24 h内多次接受一定剂量的受试药后,在一定时间内出现的毒性反应。急性毒性测试结果可为后续研发提供初步信息,其技术要点可概括如下。

1. 受试药 作为新药研究的样品,中药材要经过生药学鉴定,明确中药品种、产地及药用部位。加工炮制品种,应说明炮制方法。受试药物的提取工艺应基本稳定。受试中药复方新药研究则要求使用处方固定、质量稳定,工艺、质控指标恒定后的中试产品,并注明名称、来源、批号、含量(或规格)、保存条件及配制方法等。如不采用中试样品,应说明理由。试验若受限于给药容量或给药方法,可采用原料药进行试验,也应提供受试药物的溶媒、辅料批号、规格和生产厂家等。

2. 实验动物 动物实验应符合国家有关药物临床前安全性研究的要求,通常采用健康成年动物进行试验,雌雄各半,初始体重不应超过或低于平均体重的20%。如果受试中药拟用于儿童,应考虑采用幼年动物。一般应采用哺乳动物,根据具体情况,可选择啮齿类和(或)非啮齿类动物。如临床上为单性别用药,则可用指定的单一性别动物。

3. **分组**　实验设计应遵循对照、随机、重复的原则。试验分组时,设不同剂量组、空白组和(或)溶媒或赋形剂对照组。

4. **给药途径**　给药途径可采用多种方式,其中一种应与拟临床给药途径一致。经口给药前,动物应禁食不禁水。经口给药,给药容量小鼠一般每次不超过 40 ml/kg,大鼠一般每次不超过 20 ml/kg,其他动物及给药途径的给药容量可参考相关文献。

5. **观察期及观察内容**　一般观察期为用药后7~14日,如果毒性反应出现较慢,应适当延长观察时间。在进行急性毒性试验时,给药后应密切观察动物各方面的反应,包括体重、饮食、外观、行为、分泌物、排泄物、中毒反应及死亡情况等。对濒死及死亡动物应及时进行大体解剖,其他动物在观察期结束后进行大体解剖,必要时对病变的器官应进行组织病理学检查。

一般可测定的反应剂量有最大给药量、最大无毒性反应剂量、最大耐受量和致死量等。最大给药量是指在给药浓度和给药容量合理的条件下,单次或 24 h 内多次(2~3次)给药所得到的最大给药剂量。最大无毒性反应剂量是指受试物在一定时间内,按一定方式与机体接触,用灵敏的现代检测方式未发现损害作用的最高剂量。最大耐受量是指动物能够耐受而不引起动物死亡的最高剂量。致死量是指受试物引起动物死亡的剂量,测定致死量的方法和指标主要有最小致死量、半数致死量(LD_{50})。一般情况下,应测定最大无毒性反应剂量、最大耐受量或(和)最小致死量或(和)半数致死量。如只能测定最大给药量,可不必进行其他毒性反应剂量的测定。

(二) 长期毒性试验技术要点

长期毒性试验是指重复给药的毒性试验,反映动物反复接受药物后的毒性特征。通过长期毒性试验,可以预测受试药可能引起的临床不良反应,包括不良反应的性质、程度、剂量-效应和时间-效应关系、可逆性等;推测受试药临床毒性靶器官或靶组织;预测临床试验的起始剂量和重复用药的安全剂量范围;提示临床试验中需重点监测的指标,为临床试验中的解毒或解救措施提供参考信息。长期毒性试验技术要点可概括如下。

1. **实验动物**　中药新药安全性评价中,长期毒性试验除必须符合常规技术要求,还有一些特别要求。一般需采用两种动物进行,一种为啮齿类,常用大鼠;另一种为非啮齿类,常用 Beagle 犬或猴。试验应选择健康、体重均一的动物,雌雄各半,雌性应未孕。有时根据临床用药特点可选用单一性别动物,必要时可选用疾病模型动物进行试验。应根据研究期限的长短和受试药的使用人群范围确定动物的年龄,一般情况下,大鼠为 6~9 周龄,Beagle 犬为 6~12 月龄。每组动物的数量,大鼠可为雌、雄各 10~30 只,犬或猴可为雌、雄各 3~6 只。

针对临床用药超过 1 周、未在国内上市销售的非注射给药的中药复方制剂,长期毒性试验可先选一种啮齿类动物。当发现毒性时,再采用第二种非啮齿类动物进一步研究毒性情况。若该类处方中含有毒性药材(系指列入国务院《医疗用毒性药品管理办法》的中药品种)、无法定标准药材或有"十八反""十九畏"等配伍禁忌时,长期毒性试验则应选啮齿类和非啮齿类两种动物实施。

2. **给药方法与期限**　给药途径应与拟临床给药途径一致,如不一致,应有充分理由。动物原则上应每日给药,且每日给药时间相同。长期毒性试验给药期限的长短与临床适应证、用药人群相关。

当受试中药预期会长期使用,或用于反复发作性疾病等而需经常反复给药时,长期毒性试验应采用最长试验期限。当功能主治有多项时,长期毒性试验的给药期限应按照临床最长疗程来确定。如临床给药需采用多个疗程,疗程之间间隔时间应不足以使受试药可能对机体组织器官造成的损害恢复,长期毒性试验的期限则需参照多个疗程的时间之和。

3. 给药剂量　长期毒性试验通常应设至少3个剂量组和溶媒或赋形剂对照组,必要时还需设空白对照组和(或)阳性对照组。原则上,低剂量组应高于动物药效学试验的等效剂量或预期的临床治疗剂量的等效剂量,高剂量组则应使动物产生毒性反应,甚至可引起少量动物死亡的量(对于毒性较小的中药,则可尽量采用最大给药量),并在高、低剂量之间至少应再设一个中剂量组。如出现未预期的毒性反应或不出现毒性反应时,可在设计更长时间的长期毒性试验时适当调整剂量。给药时,应保证受试药的均一性和稳定性。局部给药时,应尽可能保证给药剂量的准确性及与局部充分接触的时间。

4. 观察指标　长期毒性试验包括常规需观察的指标,还应根据受试药的特点增加相应的观察指标。常规需观察的指标有:

(1) 一般状况观察:动物外观体征、行为活动、腺体分泌、呼吸、粪便、摄食量、体重、给药局部反应等。

(2) 血液学指标:白细胞计数及其分类、血小板计数、血红蛋白、红细胞计数、血细胞比容、平均红细胞血红蛋白、平均红细胞容积、平均红细胞血红蛋白浓度、网织红细胞计数、凝血酶原时间等。当受试药可能对造血系统有影响时,应进一步进行骨髓的检查。

(3) 血液生化学指标:一般检测指标包括天冬氨酸转氨酶、丙氨酸转氨酶、碱性磷酸酶、尿素氮、肌酐、γ-谷氨酰基转移酶(非啮齿类动物)、总蛋白、白蛋白、血糖、总胆红素、总胆固醇、三酰甘油、Na^+浓度、K^+浓度、Cl^-浓度、肌酸磷酸激酶等。

(4) 体温、眼科检查、尿液检查、心电图检查:非啮齿类动物还应进行体温、眼科、尿液、心电图检查等。尿液检查指标包括:尿液外观、比重、pH、尿糖、尿蛋白、尿胆红素、尿胆原、酮体、潜血、白细胞等。

5. 系统尸解和组织病理学检查

(1) 系统尸解:应对所有动物进行尸解,尸解应全面细致,为组织病理学检查提供参考。长期毒性试验中需进行组织病理学检查的脏器、组织有:脑(大脑、小脑、脑干)、脊髓(颈、胸、腰段)、垂体、胸腺、甲状腺、甲状旁腺、食管、唾液腺、胃、小肠和大肠、肝脏、胆囊、肾脏、肾上腺、脾脏、胰腺、气管、肺、主动脉、心脏、附睾、睾丸、卵巢、子宫、前列腺、乳腺、坐骨神经、膀胱、眼(眼科检查发现异常时)、视神经、骨髓、淋巴结(包括给药局部淋巴结、肠系膜淋巴结)和给药局部等。啮齿类动物可不进行胆囊、眼和视神经的病理组织学检查。

如有合理的理由说明中药复方制剂有一定的安全性,所检查的脏器和组织可减少为:心、肝、脾、肺、肾、脑、胃、小肠、大肠、垂体、脊髓、骨髓、淋巴结、膀胱、睾丸、附睾、子宫、卵巢、胸腺、肾上腺及给药局部组织等。此外,根据所含中药的性、味、功效及主治等不同情况,可能需增加相应的组织病理学检查;根据受试中药特性和初步试验结果,也可能需要进行更进一步的组织病理学检查。

(2) 脏器系数:需称重并计算脏器系数的器官有:脑、心脏、肝脏、脾脏、肺脏、肾脏、肾上腺、胸腺、睾丸、附睾、子宫、卵巢。

(3) 组织病理学检查:当所用动物为非啮齿类动物时,因动物数较少,应对所有剂量组、所有动物的器官和组织进行组织病理学检查。当所用动物为啮齿类动物时,应对高剂量组和对照组的器官和组织进行组织病理学检查,如果高剂量组出现组织病理学变化时,更低剂量组也应进行组织病理学检查以确定剂量-反应关系。若在尸检时发现器官和组织有肉眼可见的病理变化时,应对此脏器或组织进行详细的组织病理学检查,必要时还应增加其他器官组织的检查。如发现有异常变化,应附有相应的组织病理学照片。组织病理学检查报告应经检查者签名和病理检查单位盖章。尸检时,应对脏器和组织标本取材和保存。

6. 观察指标的时间和次数　应根据试验期限的长短和受试药的特点而确定试验期间观察指标的时间和次数,原则上应尽早、及时发现出现的毒性反应。

试验前,啮齿类动物至少应进行适应性观察5日,非啮齿类至少驯养观察1～2周,应对试验动物进行外观体征、行为活动、摄食量和体重检查,非啮齿类动物至少还应进行2次体温、心电图、有关血液学和血液生化学指标的检测。

试验期间,一般状况和症状的观察,应每日观察1次,饲料消耗和体重应每周记录1次。大鼠体重应雌雄分开进行计算。试验结束时应进行1次全面的检测。当给药期限较长时,应根据受试药的特点选择合适的时间进行中期阶段性的检测。在试验期间,对濒死或死亡动物应及时检查并分析原因。

长期毒性试验应在给药结束时对各组留存部分动物进行恢复期观察,以了解毒性反应的可逆程度和可能出现的延迟性毒性反应。恢复期观察期间除不给受试药外,观察内容与给药期间相同,检测指标亦相同。

7. 结果与分析　应客观反映整个过程中出现的各类信息,详细描述毒性表现、多类指标检测及病理组织学检查结果、数据处理的统计方法等。注重对实验结果充分和科学的全面分析,做出正确的评价。

第三节　中药的不良反应

本草医籍泛称之"毒",既包含现代意义的毒性作用,指药物使用不当对机体组织器官的损害;也包括药物引起的其他类型的不良反应,如副作用和变态反应等。

一、副作用

副作用是指治疗量中药产生的与治疗目的无关的作用。副作用多与治疗作用同时发生,可给患者带来不适与痛苦,但一般危害不大,大多可自行恢复。产生副作用的原因是药物作用比较广泛,选择性低。如用麻黄止咳平喘时,患者会出现中枢兴奋、失眠等。用延胡索止痛时,可致嗜睡、眩晕、乏力等。用大黄治疗便秘时,其活血化瘀功效可导致妇女月经过多,故一般月经期忌服。

二、毒性反应

毒性是指剂量过大或用药时间过长而产生的对机体组织器官造成的损害,一般后果比较严重,有时较难恢复。对容易产生毒性反应的药物应严格掌握剂量及疗程。现列入国务院"毒性药品管理品种"范围,受《医疗用毒性药品管理办法》(1988年颁布)及卫生部药政局关于《医疗用毒性药品管理办法》的补充规定(1990年颁布)约束的中药计27种,包括砒石(红砒、白砒)、砒霜、水银、生马钱子、生川乌、生草乌、生白附子、生附子、生半夏、生南星、生巴豆、斑蝥、青娘虫、红娘虫、生甘遂、生狼毒、生藤黄、生千金子、生天仙子、闹羊花、雪上一枝蒿、白降丹、蟾酥、洋金花、红粉、轻粉、雄黄。

2015版《中华人民共和国药典》收载的毒性中药见表4-1。

表4-1 2015版《中华人民共和国药典》收载的毒性中药

分 类	数 目	药 材 与 饮 片
小毒	31	丁公藤、九里香、土鳖虫、大皂角、川楝子、小叶莲、飞扬草、水蛭、艾叶、北豆根、地枫皮、红大戟、两面针、吴茱萸、苦木、苦杏仁、金铁琐、草乌叶、南鹤虱、鸦胆子、重楼、急性子、蛇床子、猪牙皂、绵马贯众、绵马贯众炭、紫萁贯众、蒺藜、榼藤子、鹤虱、翼首草
有毒	42	三棵针、干漆、土荆皮、山豆根、千金子、千金子霜、制川乌、天南星、制天南星、木鳖子、甘遂、仙茅、白附子、白果、白屈菜、半夏、朱砂、华山参、全蝎、芫花、苍耳子、两头尖、附子、苦楝皮、金钱白花蛇、京大戟、制草乌、牵牛子、轻粉、香加皮、洋金花、臭灵丹草、狼毒、常山、商陆、硫黄、雄黄、蓖麻子、蜈蚣、罂粟壳、蕲蛇、蟾酥
大毒	10	川乌、马钱子、马钱子粉、天仙子、巴豆、巴豆霜、红粉、闹羊花、草乌、斑蝥

中药主要的毒性反应有：

1. 心血管系统毒性 主要表现为心律失常、心悸、胸闷、循环衰竭，严重者死亡。可产生该类毒性的中药有：含乌头碱类的川乌、草乌、附子、雪上一枝蒿等；含强心苷类的蟾酥、万年青、夹竹桃叶等。

乌头类中药所含成分中以乌头碱毒性最强，可引起不同形式的心律失常。蟾毒类基本结构与强心苷元相似，对心脏毒性类似于洋地黄，可兴奋迷走神经中枢或末梢，并直接作用于心肌。电生理变化为静息期膜电位减小，去极速度及传导速度变慢，窦房结自律性降低，出现窦性心动过缓、房室传导阻滞、心室停搏和室性异位节律等心律失常。万年青、夹竹桃叶毒性反应与强心苷相似。

2. 中枢神经系统毒性 主要表现为口唇麻木、嗜睡、抽搐、惊厥、牙关紧闭、眩晕、意识模糊、烦躁不安、昏迷、瞳孔缩小或放大，严重者死亡。产生该类毒性的中药有：斑蝥、鬼臼、马钱子、曼陀罗、天南星、细辛、乌头类等。

马钱子所含士的宁为具有兴奋中枢神经系统作用的生物碱，首先兴奋脊髓反射，继而引起惊厥，进一步可兴奋延髓呼吸中枢和血管运动中枢，导致呼吸困难、衰竭而死亡。

3. 消化系统毒性 主要有以下表现。① 胃肠道反应：如恶心、呕吐、上腹不适、腹痛、腹泻等。② 肝毒性：如黄疸、肝肿大、肝炎、胆汁淤积、肝硬化、肝细胞坏死等。常见引起胃肠道反应的中药有：鸦胆子、了哥王、常山、苦楝皮、川楝子、巴豆、北豆根、芫花等。易致肝毒性的药物有：黄药子、千里光、川楝子、雷公藤等。已发现有肝毒性的成分有：靛玉红、斑蝥素、补骨脂酚、川楝素、吡咯里西啶生物碱等。

4. 呼吸系统毒性 临床上出现呼吸困难、肺水肿、呼吸麻痹、呼吸衰竭、甚至窒息死亡。中药易致呼吸系统毒性的有：苦杏仁、白果、山豆根、桃仁、商陆等。白果、苦杏仁等含有氰苷、氢氰酸。氰苷水解后产生大量的氢氰酸，可先兴奋后麻痹延脑生命中枢，抑制细胞色素氧化酶活性，阻碍新陈代谢，导致组织细胞窒息。商陆可致呼吸中枢麻痹。

5. 泌尿系统毒性 主要表现为尿少、尿闭、尿频、尿急、浮肿、血尿、蛋白尿、管型尿、尿毒症、肾功能衰竭。产生泌尿系统毒性的中药有：矿物类的砒石、砒霜、雄黄、水银、轻粉、红粉、铅丹；植物类的雷公藤、关木通等；动物类的斑蝥等。

马兜铃科植物如关木通、广防己、细辛、马兜铃、青木香等含马兜铃酸，具有肾毒性，早期可引起肾小管上皮细胞变性、坏死、萎缩或细胞脱落，导致肾小管功能障碍；后期出现肾间质纤维化、肾间质水肿，终末期出现肾衰，有些导致癌症。

6. **造血系统毒性**　可出现溶血性贫血、白细胞减少、粒细胞缺乏、再生障碍性贫血，严重者死亡。产生造血系统毒性的中药有：雷公藤、斑蝥、狼毒、芫花等。雷公藤多苷在治疗剂量即可抑制骨髓，产生造血系统毒性。雷公藤内酯也有骨髓抑制作用。

三、变态反应

变态反应是少数人对某些中药产生的病理性免疫反应，以过敏反应最常见。过敏反应的常见表现有药物热、皮疹、荨麻疹、哮喘、黏膜水肿，甚至过敏性休克。常见引起过敏反应的中药有：鸦胆子、威灵仙、天花粉、地龙、牛黄、冰片、僵蚕、蜈蚣等。中药中的大分子动植物蛋白是引起过敏反应的主要反应原，其他分子质量相对较大的成分也可能成为抗原或半抗原物质。

根据近年来的文献报道，中成药引起的过敏反应时有发生，其中又以注射剂引发的过敏反应最多，严重者死亡，这与注射剂的给药途径有关。中成药大多为复方制剂，且许多成分是大分子，具有较强的抗原性，进入体内易引起过敏反应。文献报道发生过敏反应的中成药有：双黄连注射液、复方丹参注射液、葛根素注射液、穿琥宁注射液、清开灵注射液、刺五加注射液、脉络宁注射液、莪术油注射液、鱼腥草注射液、复方桔梗片、牛黄解毒片、牛黄解毒丸、三金片、黄连上清片、复方大叶清片、龙胆泻肝丸等。

四、免疫抑制

随着中药毒性研究和安全性评价的广泛开展和不断深入，已经发现部分中药存在不同程度的免疫抑制作用，如雷公藤、防己等。

五、致畸、致癌、致突变

我国古代文献中即有半夏"孕妇服之，能损胎"的记载。研究发现，半夏特别是生半夏对胚胎有很大毒性。制半夏毒性减小，但加大剂量到 30 g/kg（相当于临床常用量的 150 倍左右）仍可产生胚胎毒性，导致部分孕鼠阴道出血，死胎率增加。

有些中药可导致细胞突变和癌变。雷公藤、槟榔、款冬花、千里光、石菖蒲、广防己、关木通、马兜铃、细辛、土荆芥、雄黄、砒霜、土贝母、野百合等过量长期使用均可增加致突变及致癌概率。20 世纪 80 年代国外报道槟榔有生殖毒性和致突变作用，并认为其毒性成分是槟榔鞣质。大剂量槟榔鞣质给予小鼠腹腔注射连续 10 日以上，染色体畸变。大鼠加服含槟榔饲料的癌变概率增加。

菖蒲（水菖蒲、石菖蒲）中的 α-细辛脑和 β-细辛脑有致癌、致突变作用。细辛所含黄樟醚、细辛脑等长期使用也使致癌、致突变概率提高。但这些中药常规剂量和常规疗程是否具有致突变性尚未达成共识。

第四节　中药成分的毒性

中药毒性是由相关有毒成分引起的毒性反应，毒性成分包括生物碱类、有机酸类、糖苷类、毒蛋白类、萜类及内酯类和重金属类等。

一、含生物碱类中药的毒性

生物碱是一类含氮的有机化合物,有比较强的毒性,中药毒性与所含生物碱的化学结构和性质有关。含生物碱的中药多属毛茛科、防己科、豆科、芸香科、马前科及茄科等。含颠茄类成分的有曼陀罗、莨菪根等,中毒症状常见面部潮红、口渴、吞咽困难、呕吐、视物不清、瞳孔散大,甚至呼吸麻痹、痉挛等,主要由副交感神经阻断引起。含乌头碱成分的有川乌、草乌、附子、雪上一枝蒿等,中毒症状常见口腔灼热、恶心呕吐、口舌甚至全身麻木,早期瞳孔缩小。严重者出现躁动、瞳孔散大、呼吸困难、手足抽搐、体温及血压下降、休克死亡。乌头碱的心脏毒性主要表现为严重复杂多变的心律失常,主要机制是对迷走神经有强烈的兴奋作用和直接作用于心室肌产生异位节律及形成折返激动。含雷公藤碱的中药有雷公藤、昆明山海棠等,可引起视丘、中脑、延脑、脊髓的病理改变,诱发肝脏、肾脏及心脏充血与坏死。马钱子中士的宁可选择性地兴奋脊髓,对中枢神经有强兴奋作用,达到中毒剂量则抑制呼吸中枢。

二、含有机酸类中药的毒性

有机酸包括一元、二元或多元羧酸,如酒石酸、枸橼酸、苯甲酸及马兜铃酸等芳香族有机酸。含马兜铃酸的中药有马兜铃、关木通、细辛、天仙藤、广防己、青木香等,马兜铃酸具有肾毒性和致癌性。其肾毒性主要是促肾间质纤维化,致肾小管间质性病变,引起急性肾衰竭和慢性肾衰竭。分子毒理研究显示,马兜铃酸直接刺激肾间质成纤维细胞或激活肾小管上皮细胞,分泌大量转化生长因子、血小板衍化生长因子、表皮生长因子等细胞因子,促进肾间质成纤维细胞分泌层粘连蛋白、纤维连接蛋白等,引发肾间质纤维化而致肾病变。此外,马兜铃酸的代谢产物马兜铃内酰胺氮离子具有很强的亲电能力,能与DNA碱基环外氨基亲电结合,生成相应的加合产物,使 RAS 基因和 P53 基因发生突变,故具有致突变性和致癌性。有文献报道马兜铃酸亦可导致肝癌,详情需要进一步研究。

三、含糖苷类中药的毒性

含糖苷类中药多属于夹竹桃科、纪毛科及百合科等植物。糖苷类包括强心苷、皂苷、氰苷和黄酮苷等,中毒症状多见头晕、头痛、恶心、呕吐、腹痛腹泻、心律不齐、视物模糊、血压下降等。洋地黄、万年青、八角枫、蟾酥、夹竹桃均含强心苷类成分,强心苷类成分可抑制心肌细胞膜上的 Na^+-K^+-ATP 酶,使心肌细胞内失去 K^+。小剂量有强心作用,较大剂量或长时间服用有心脏毒性,可出现传导阻滞、心动过缓、异位节律,甚至室颤死亡等。含氰苷类的中草药多属于蔷薇科、豆科、大戟科的木薯等植物及苦杏仁、桃仁、苹果仁等果仁。这类药物均有较强毒性,在体内容易被酶水解产生氰氢酸,可与细胞线粒体膜上氧化型细胞色素酶的三价铁结合,抑制细胞的氧化反应,导致组织缺氧,出现头晕、发绀、腹痛、瞳孔散大,严重者可因窒息及呼吸衰竭而死亡。含皂苷类的中药多属于豆科、无患子科等植物。商陆、木通、皂荚、白头翁、黄药子等含皂苷类成分,可引起黏膜强烈的刺激,产生腹痛、腹泻等胃肠刺激症状,大剂量可致中枢神经系统麻痹,长期服用尚可损害肝、肾功能等。芫花、广豆根等含黄酮苷类成分,既能刺激胃肠道引起恶心呕吐,也能导致肝脏损害,出现黄疸等症状。

四、含毒蛋白类中药的毒性

毒蛋白可分植物毒蛋白和动物毒蛋白，对胃肠黏膜有强烈的刺激、腐蚀作用，能引起广泛性内脏出血。植物毒蛋白多存在于植物的种子中。巴豆、苍耳子、蓖麻子、相思子均含有植物毒蛋白，常导致剧烈吐泻、呕血、血尿，甚至昏厥、死亡。巴豆因含毒性球蛋白可致红细胞溶解，并剧烈致泻。早期出现恶心、呕吐、腹痛、便血。严重时出现四肢厥冷、肌肉痉挛、脱水、电解质紊乱及昏迷等。苍耳子的毒性与一种细胞原浆毒蛋白有关，常损害肝、心、肾等内脏实质细胞，使细胞发生肿胀、坏死，并使毛细血管扩张，血管渗透性增加，引起广泛性出血。蜈蚣含有动物毒蛋白，具有溶血性；眼镜蛇和金环蛇毒可引起神经毒，心脏毒性。

五、含萜类及内酯类中药的毒性

大戟、芫花、黄药子、艾叶等含萜类及内酯类毒性成分，产生局部的强烈刺激作用，可抑制中枢神经系统。艾叶油可刺激皮肤，内服可刺激胃肠道及引起肝细胞损害。马桑中含有马桑内酯和吐丁内酯，能兴奋大脑，产生惊厥。

六、含重金属类中药的毒性

中药中的重金属主要包括砷、汞、铅等。

砒霜、雄黄等含砷类成分。砷化合物具有原浆毒作用，可与含巯基的酶结合，从而抑制酶的活性，严重干扰组织代谢，引起心、肝、肾和肠充血等中毒现象。急性中毒症状为腹痛、恶心、剧烈呕吐、腹泻、血便，甚至谵妄、抽搐、昏迷、急性肝肾衰竭。慢性中毒症状为砷性黑变病皮肤损害，掌跖皮肤过度角化，四肢远端感觉减退。严重者伴运动障碍，肝脏肿大、血清转氨酶活性升高，尿中出现蛋白质、红细胞管型等肝、肾损害。

水银、朱砂、轻粉、红粉等含汞类成分。汞化合物进入人体后，汞离子与酶蛋白的巯基结合，使酶失活，阻碍细胞呼吸与正常代谢，引起中枢神经和自主神经紊乱。急性中毒症状如头痛、乏力、恶心、腹痛、发热、寒战、口腔黏膜溃疡、出血、腹痛、水样便或血便、出血性紫癜样皮炎等。慢性中毒症状如头痛、多梦、失眠、记忆力减退、急躁、易激动、四肢腱反射亢进和眼睑、舌、手指出现意向性震颤、牙龈肿胀、易出血、牙龈萎缩、牙齿松动、脱落、蛋白尿、肾病综合征。

铅丹、密陀僧、黑锡丹等含铅类成分，铅中毒可造成卟啉代谢紊乱，阻碍血红蛋白合成，抑制骨髓造血功能，导致贫血、溶血；可引起胃肠炎性改变，以消化道症状为主。铅多亲和性，可损害肝、肾及脑等多个系统。急性或亚急性中毒症状有恶心、腹绞痛、便秘或腹泻、肠梗阻，伴有头痛、血压升高和肝肾损害，严重可致抽搐、谵妄、高热及昏迷等中毒性脑病。慢性中毒症状如腹部绞痛、关节痛、头痛、乏力、记忆力减退、焦虑、抑郁、动作反应迟缓、食欲不振、恶心、腹胀、便秘、低色素红细胞性贫血、网织红细胞增多等。

第五章 中药药动学

导学

本章介绍中药体内过程特点、中药成分体内浓度动态变化的规律、中药药动学研究方法概述和对未来研究的展望。

学习要求：
(1) 熟悉中药体内过程特点、中药成分体内浓度动态变化的规律。
(2) 了解中药药动学研究方法。

药物代谢动力学(drug metabolism and pharmacokinetics)简称药代动力学或药动学，是研究机体对药物的作用及规律。中药药动学是在中医药理论指导下，应用药物代谢动力学的基本原理，研究中药(包括其活性成分、组分、单味药材及中药复方)在机体内吸收、分布、代谢和排泄过程及动态变化规律的一门学科。

中药药动学主要是近 30 年发展起来的，对促进中医药的现代化具有重要的理论和实际意义，已成为中药现代化研究的热点。由于中药的复杂性，使得中药体内过程及动态变化规律有别于化学药品，还有其特殊性。虽然中药药动学研究近年来取得了明显进展，但仍然面临一些困难，中药药动学的理论体系和研究方法有待于进一步完善和发展。

第一节 中药体内过程

中药体内过程包括吸收(absorption, A)、分布(distribution, D)、代谢(metabolism, M)和排泄(excretion, E)过程(简称 ADME)。中药成分在这些过程和到达作用靶位的过程中，必须经过跨膜转运，包括被动转运和主动转运。与化学药品相比，中药的体内过程具有如下特点。

一、吸收

吸收是指药物从给药部位进入体循环的过程。中药常以口服形式给药，其所含成分主要经胃肠道吸收。中药在口服吸收过程中具有如下特点：① 中药含有多种成分，吸收机制具有多样性，有些成分以简单扩散方式吸收，而有些成分可能需药物转运体介导。② 许多临床有效的中药，其所含的有效成分原形吸收比较困难，生物利用度较低。③ 中药的许多成分在胃肠道可被代谢，如苷类成分大多原形不吸收,在肠道菌群作用下水解成苷元被吸收,这些苷常被称为"天然前药"。④ 影响中药口服吸收的药物因素方面,除了成分的理化性质(如脂溶性、分子大小等)、制剂因素(如崩解速度等)外,中药多种成分之间可能存在复杂的相互作用也会影响吸收。⑤ 影响中药口服吸收的机体因素方面,除了如胃排空速度、胃肠道功能状态和胃肠血流动力学状况等外,中医方剂常需方证对应用药,证候因素也会影响药物的吸收。因此,研究中药在胃肠道的吸收情况,对于中药现代化研究具有重要意义。

二、分布

分布是血液中的药物到达组织、脏器的过程。药物在体内的分布具有不均一性和动态性,即不同组织浓度并不相同,且随时间呈现动态变化。中药的分布受到器官血流量、体液 pH、组织亲和力、血浆蛋白结合率、组织屏障和药物转运体的影响,并具有如下特点:① 中药多成分之间的相互作用,可能会通过药物转运体或血浆蛋白结合等环节,影响中药成分的分布,使其在组织器官包括靶器官的浓度发生改变,如君药丹参配伍使药冰片或降香后,丹参素在脑中含量显著提高,其原因在于冰片或降香中的物质通过抑制 P-糖蛋白(P-glycoprotein, P-gp)的主动外排作用增加了丹参素在脑组织中的分布。② 中药的一些特性如"归经理论"与中药成分的分布特点相关,如麝香归心经,其"开窍醒脑"的功效与麝香中有效成分麝香酮容易透过血脑屏障,并在脑中分布较长时间有关。

三、代谢

代谢是指药物在体内所发生的化学变化,常常使药物灭活,当然也可能是代谢活化或代谢物仍具有药理活性。代谢的主要部位在肝脏,代谢反应主要包括Ⅰ相代谢和Ⅱ相代谢,参与Ⅰ相代谢的酶主要是细胞色素 P450(cytochrome P450s, CYPs),参与Ⅱ相代谢的酶主要是尿苷二磷酸-葡萄糖醛酸基转移酶(UDP-glucuronyltransferases, UGTs)、谷胱甘肽 S-转移酶(glutathione S-Transferases, GSTs)等。中药代谢的特点:① 除了肝脏代谢外,肠道菌群在口服中药后的多成分代谢中发挥重要作用。肠道菌群是复杂的微生态系统,可以产生各种代谢酶,主要有水解酶、氧化还原酶、裂解酶和转移酶等,其中 β-糖苷酶是研究较多的一种水解酶,可以将外源性的 β-糖苷类化合物转化为相应的苷元。中药中的有些成分经肠道细菌代谢后的产物极性降低、脂溶性增强,往往伴有代谢产物的药理或毒理活性增强,目前已经发现多种中药成分经肠道菌群代谢后发生转化,产生具有较强药理活性的代谢产物。② 中药成分在体内可发生广泛的代谢,不仅存在多成分经转化生成的多种代谢产物,并且成分间还可能发生相互转化,因此,中药的代谢产物体系具有复杂性。如大鼠口服大黄提取物后从大鼠的尿、胆汁、血中可检测到 130 种成分。大黄中的主要成分芦荟大黄素、大黄酸、大黄素、大黄酚除了以原形吸收入血外,芦荟大黄素、大黄酚在体内还会被代谢成大黄酸。③ 中药在体内的多种成分可能对代谢酶产生诱导或抑制,进而引起代谢性相互作用,如中药"十八反"配伍禁忌中的乌头反半夏,是因为半夏抑制了乌头碱减毒过程的代谢酶,使乌头碱在体内的停留时间延长,相对血药浓度增加,从而增加了乌头碱的毒性反应。

四、排泄

排泄是指血液中的药物及其代谢物排出体外的过程。中药及其代谢产物主要经肾脏排泄,肾小球的滤过、肾小管的分泌和重吸收功能均参与排泄过程。中药排泄特点：① 肾小球滤过原尿中的原形成分可以经被动扩散等方式被肾小管重吸收，尿液 pH 可以影响药物的解离度，改变药物重吸收的程度。中药某些成分可能会改变尿液的 pH，进而对其他成分的排泄产生影响。② 近年来的研究表明，肾脏表达的多种药物转运体参与药物的排泄过程，如 OCT－2 和多药及毒性化合物外排转运蛋白 1(multidrug and toxin extrusion protein 1, MATE1)共同介导小檗碱的肾脏排泄过程。此外，药物转运体可受到外源性物质的影响，中药某些成分可能通过影响转运体功能而影响其他成分排泄，如甲氨喋呤合用葛根素时其肾脏排泄被抑制，就是因为葛根素抑制了有机阴离子转运体(organic anion transporter, OAT)1 和 3 对甲氨喋呤的肾脏转运。

除经肾脏排泄外，部分中药成分及其代谢物，可随胆汁经胆管系统排入十二指肠。进入肠腔的中药成分及其代谢物可随粪便排出体外，亦有一些经肠道细菌水解后，重新被肠道吸收，如灯盏花乙素经胆汁排至小肠，被肠内微生物水解成苷元，再次被吸收后在 7 位羟基上发生葡萄糖醛酸化代谢，形成明显的肠肝循环。另一些中药含有大量生物碱，碱性成分有相当部分可经偏酸性的乳汁排泄，哺乳期妇女用药时必须考虑到这一情况。

第二节 中药成分体内浓度动态变化规律

药物在机体内，不仅随着时间变化不断地进行着吸收、分布、代谢和排泄，而且始终都处在一种动态变化的过程中。血液把体内过程的四个环节连接起来，并与药效部位相连结，血液中药物浓度变化综合反映了吸收、分布、代谢和排泄的动态变化过程。在药动学研究中，常测定血药浓度动态变化，以时间为横坐标，以血药浓度为纵坐标，绘出血药浓度-时间曲线(concentration-time curve，C－T 曲线)，并选定适合的速率方程进行分析，计算药动学参数，定量描述药物在体内动态变化(即动力学)的规律。定量描述药物在体内动态变化(即动力学)的规律。基本的药代动力学参数如下：

速率常数：是描述速率过程变化快慢的重要参数。常见的速率常数有：一级吸收速率常数(k_a)、一级总消除速率常数(k)、肾排泄速率常数(k_e)、双室模型中药物从中央室向周边室转化的一级速率常数(k_{12})、双室模型中药物从周边室向中央室转化的一级速率常数(k_{21})及双室模型中药物从中央室消除的一级速率常数(k_{10})。

药峰浓度和药峰时间：药物经血管外给药吸收后出现的血药浓度最大值称为药峰浓度，常以 C_{max} 表示；达到药峰浓度所需的时间为药峰时间，常以 t_{max} 表示。

血药浓度-时间曲线下面积：由血药浓度-时间曲线和时间轴围成的面积称为血药浓度-时间曲线下面积，常用 AUC(area under the curve，血药浓度-时间曲线下面积)表示。

生物半衰期：指药物在体内的量或血药浓度下降一半所需的时间，以 $t_{1/2}$ 表示。二室模型时 $t_{1/2\alpha}$、$t_{1/2\beta}$ 分别表示分布半衰期和消除半衰期。消除半衰期常写成 $t_{1/2}$。

表观分布容积：是体内药量与血药浓度的一个比例常数，以 V 表示。

清除率：指在单位时间体内机体能将相当于多少体积血液中的药物完全清除，常用 Cl 表示。

由于前述的中药体内过程的特点，使得中药 C－T 曲线具有如下特点(图 5－1)：① 单味中药及复方中药给药后,体内存在多种原形成分及代谢产物,采用现代的分析仪器可以测定血液中多种成分的浓度,因而,可以绘出多成分C-T曲线。② 通常的药物C-T曲线在血药浓度达到峰浓度后随时间下降,但由于中药多成分在体内可相互转化或受明显的肠肝循环影响可使血药浓度的变化呈现多样性,C-T曲线下降段的衰减可不明显,表现为平坦甚至多峰。③ 中药有些成分含量低、吸收困难或有广泛的首过效应使吸收进入体循环的药量减少,血药浓度较低,有时难以绘出完整的C-T曲线。④ 由于中药给药后体内有些成分(包括已知和未知成分)对代谢酶、转运体的不同作用,可能影响有效成分的吸收、分布、代谢和排泄过程,进而影响有效成分的动态变化。由于上述中药多成分C-T曲线的特点,使得多成分的药动学参数也表现为多变性。

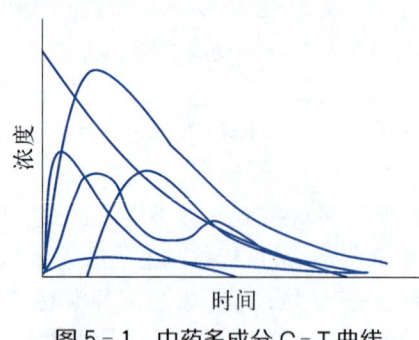

图5-1 中药多成分C-T曲线

第三节 中药药动学研究方法概述

一、中药成分体内浓度动态变化研究方法

中药单体成分,可采用化学合成药药动学的研究方法进行血药浓度-时间曲线研究。但中药组分、有效部位、单味中药及中药复方,由于成分的复杂性,研究方法与化学合成药有所区别,主要包括如下内容。

1. 中药体内成分群的研究 采用现代分析方法进行中药药动学研究,首先要确定中药的体内成分群,包括来源于中药的吸收成分群和在体内的代谢产物群。

(1)中药吸收成分群研究:运用高效液相色谱、液相色谱联用质谱、气相色谱联用质谱等技术,通过空白生物样品与给药后的生物样品对比分析,并通过标准对照品分析;或通过高分辨质谱的精确质量数分析,并与中药的相应谱图进行比较,可以确定中药的吸收成分群。

(2)中药代谢产物群研究:中药体内代谢产物群的分析是以单体化合物的研究为基础,并须结合中药自身的特点进行分析。代谢产物的分析是基于药物代谢后仍保留了原药分子骨架结构和一些亚结构,可采用液相色谱联用质谱、气相色谱联用质谱技术,根据代谢转化规律,对代谢产物的结构进行分析;亦可以利用高分辨质谱技术,通过代谢产物分析软件或质量亏损等技术筛选出代谢产物。代谢产物的确认须分离纯化后,经紫外、红外、核磁共振等进行结构鉴定。

2. 中药体内多成分浓度测定方法研究 在进行药动学研究中,采用现代分析技术测定血药浓度,必须建立可靠的生物样品成分浓度测定方法。

(1)生物样品药物浓度测定方法的建立:中药药动学研究中的生物样品定量分析方法学的要求与化学合成药相似,应该尽可能采用内标法,方法学考察包括专属性、线性及定量限、批内与批间精密度、准确度、回收率、基质效应、稳定性、稀释方法学及交叉干扰等。但中药需同时测定多种成分,各成分的结构差异较大,面临着比化学合成药更多的困难和问题。应该注意:① 须结合待测成分的结构特点、生物基质特性选择合适的前处理方法、检测方法。② 根据体内各成分水平高低确定相应成分的浓度范围。③ 注意考察多成分间的相互影响。

(2) 生物样品药物浓度测定方法的应用：在测定生物样品中的多成分浓度时应进行质量控制，以保证所建立的方法在实际应用中的可靠性。① 在每个分析批次中制备多成分随行标准曲线，并对高、中、低3个浓度至少双质控的样品进行测定，质控样品应包含在未知样品测试顺序中。如质控样品测定结果不符合要求，则该批样品测试结果作废。② 浓度高于定量上限的样品，应采用相应的空白介质稀释后重新测定。

3. 中药多成分体内动力学规律研究 动物或人体给予中药后，选择一定的时间间隔采集血样，运用前述的多成分浓度测定方法测定中药给药后多成分的浓度动态变化，绘制浓度-时间曲线，选择合适的动力学模型，进行动力学分析，计算多成分的动力学参数，定量描述多成分在体内动态变化的规律。

研究实例：经典方泻心汤由大黄、黄连和黄芩组成，采用液相高分辨质谱技术，分析确定大鼠灌胃给药后血浆中的80个成分；采用液相质谱联用技术，建立血浆11个有效成分（黄连碱、药根碱、小檗碱、巴马汀、黄芩苷、黄芩素、汉黄芩苷、汉黄芩素、大黄酸、大黄素和芦荟大黄素）的浓度测定方法，专属性、线性及定量限、精密度与准确度、回收率、基质效应、稳定性试验与交叉干扰均符合生物样品测定要求。大鼠灌胃给予泻心汤后，采用建立的方法测定不同时间的血浆多种有效成分浓度，绘制出8个成分的浓度-时间曲线(图5-2)，运用药动学软件进行动力学分析，计算出8个成分的药动学参数(略)。

二、中药成分体内过程研究方法

应用体内外模型可对中药化学成分的吸收、分布、代谢和排泄过程进行研究，阐明这些成分的体内过程特征。

1. 吸收过程研究方法 中药大多经口服给药，胃肠道是主要的吸收途径，研究胃肠道吸收特性的方法有多种，包括Caco-2细胞模型法、离体肠襻法、肠外翻囊法、在体肠回流法和体内吸收试验等。利用吸收模型可以阐明中药成分的吸收部位、吸收速度、吸收机制、生物利用度和影响因素等。例如，用Caco-2细胞模型评价小檗碱的跨膜转运机制，结果表明在小肠上皮细胞中其以被动扩散为主要方式吸收，属吸收中等的药物；但外排转运体P-gp特异性抑制剂维拉帕米可以显著减少小檗碱的外排，提示小檗碱为P-gp的底物，由P-gp介导外排。

2. 分布过程研究方法 动物(通常为大鼠)给药后，在吸收相、平衡相、分布相和消除相采集动物主要组织脏器，运用前述的生物样品测定方法，测定组织中的中药成分浓度，了解中药成分在体内分布、浓集或蓄积的主要组织脏器及在药效或毒性靶器官的分布情况，从而阐明药物的分布规律；若需进一步阐明药物组织分布的机制，可通过组织切片、转染细胞等方法进行研究。例如，黄连生物碱大鼠给药后，肾、肝等组织中的浓度明显高于血浆浓度，在组织中有浓集现象，转染细胞摄取实验表明主要机制为有机阳离子转运体(organic cation transporter,OCT)介导的摄取转运。

3. 代谢过程研究方法 中药给药后，可对整体动物的血、尿、粪或胆汁等体液或组织进行代谢物分析，还可采用肠及肝微粒体模型、肠菌代谢模型、肝细胞和重组代谢酶研究中药成分代谢稳定性、代谢产物、代谢动力学、介导代谢的亚型酶和代谢性相互作用等。例如，人参皂苷可在肠道微生物的作用下水解为苷元被吸收，并以苷元形式在体内发挥药效。又如黄连所含药根碱在人肝微粒体中可发生去甲基化和葡萄糖醛酸化代谢，酶反应动力学符合米氏方程，芳香胺氧化作用(CYP1A2)介

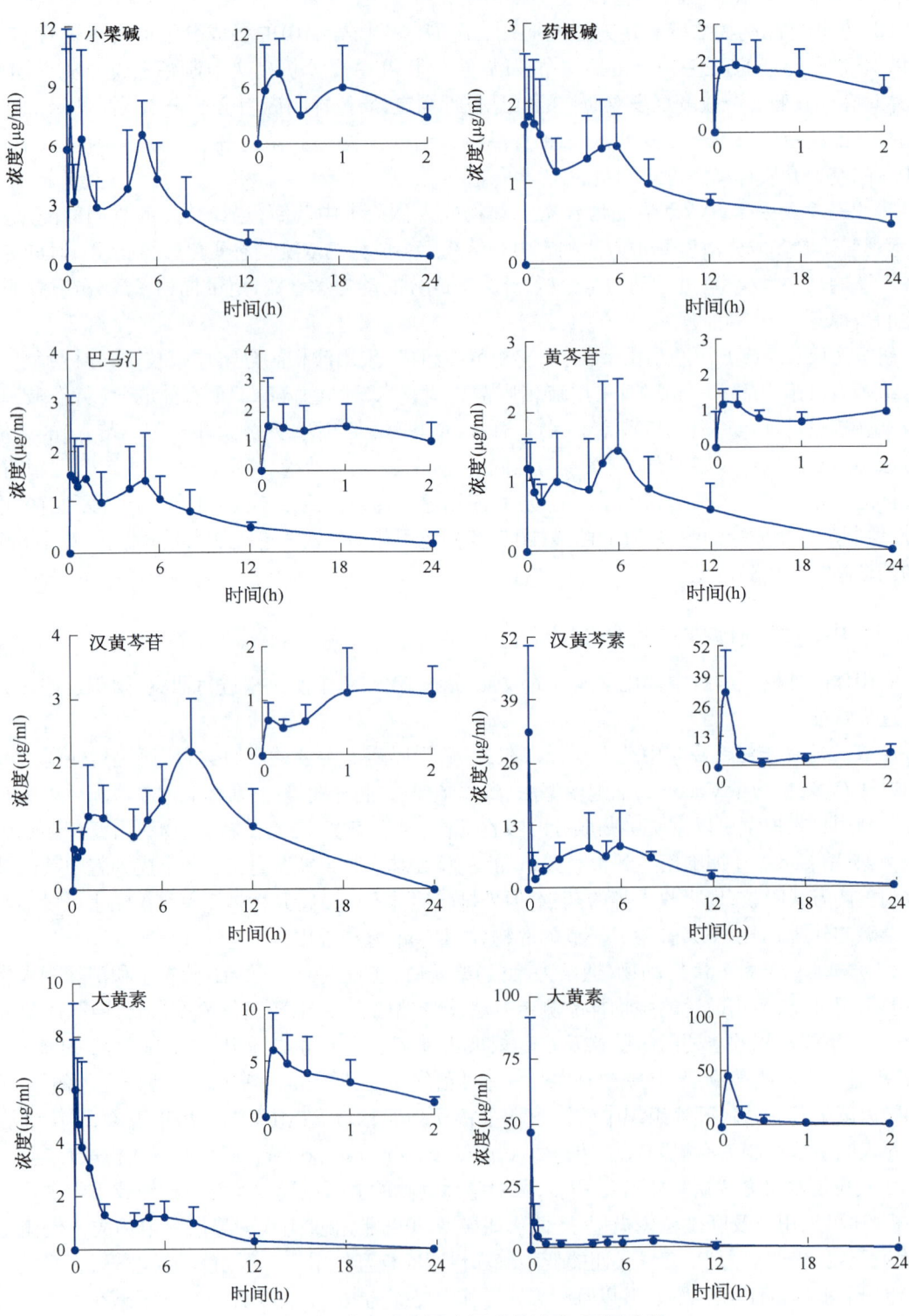

图 5-2 大鼠血浆泻心汤成分浓度-时间曲线

导去甲基化代谢,尿苷二磷酸葡萄糖醛酸转移酶 1A1(UGT1A)介导葡萄糖醛酸化代谢。

4. 排泄过程研究方法 动物(通常为大鼠)给予中药后,收集一段时间(5~7 个半衰期)的尿、粪和胆汁,测定样品中的中药成分浓度,计算各途径的排泄速率及排泄量,从而阐明主要排泄途径、排泄动力学规律及肠肝循环等。例如,大鼠体内丹参素 60% 以原形从尿中排泄,而隐丹参酮、丹参酮ⅡA 及代谢物主要通过粪便和胆汁排泄。

除了上述常用的方法外,现已建立了转染特定药物转运体的细胞模型,可用于研究中药成分的跨膜转运机制。

三、中药药动学相互作用研究

1. 单味中药中成分间药动学相互作用研究 动物分别给予单味中药和相应的单体成分,给药后测定不同时间血中成分浓度,绘制 C-T 曲线,计算药动学参数,比较单味中药与相应的单体成分药动学参数的差异,从而阐明单味中药中的其他成分对某一单体成分药动学影响的规律;若阐明成分相互影响的作用机制,可采用体外模型,从吸收、分布、代谢和排泄不同环节进行分析。例如,大鼠给予川芎提取物后,其所含丁烯基苯内酯 AUC 值为丁烯基苯内酯单独给予的 4.5 倍,进一步研究发现主要是由于川芎提取物中的藁苯内酯可代谢为丁烯基苯内酯所致。

2. 中药复方药动学相互作用研究 动物分别给予中药复方、相应的单味药及不同配伍组合,给药后测定不同时间的血中成分浓度,绘制 C-T 曲线,计算药动学参数,比较不同组之间成分药动学参数的差异,阐明复方配伍药动学相互作用的规律,并采用体外及体内模型,深入分析配伍对药效成分吸收、分布、代谢和排泄环节的影响,阐明复方配伍的多成分药动学相互作用的机制。例如,泻心汤不同配伍的大鼠体内药动学相互作用研究发现,黄连降低大黄游离蒽醌类成分血药浓度的 AUC,减少蒽醌类成分的吸收,而黄芩可对抗黄连减少蒽醌成分吸收的作用。进一步研究发现黄连通过抑制肠菌,使大黄中结合型蒽醌向游离型蒽醌的转化减少,并抑制游离型蒽醌跨肠黏膜转运,而使游离型蒽醌成分吸收减少;黄芩可抑制肠黏膜中游离型蒽醌的葡萄糖醛酸化代谢和减弱黄连的抑制作用,从而对抗黄连减少蒽醌成分吸收的作用。

3. 中药-化学药物药动学相互作用研究 临床上常有中药和化学药物联合使用,由于药物对转运体、代谢酶的诱导或抑制作用,影响了合用药物的吸收、分布、代谢和排泄的过程,进而改变了药物的药动学规律。如五味子提取物因可抑制 CYP3A4 和(或)P-gp 的表达,其与免疫抑制药他克莫司合用后,他克莫司的 AUC 和 C_{max} 可分别增高 164% 和 227%。

四、生物效应法中药药动学研究

中药有效成分不明或缺乏定量检测手段时,难以通过测定有效成分浓度进行药动学研究。由于效应的变化取决于体内药量的变化,故可以通过测定生物效应(药效或毒性)的经时过程来反映体内药量的动态变化。

1. 药理效应法(Smolen 法) 以中药的药理效应为指标,先分别求出该中药的量-效(dose-effect, D-E)关系和时-效(time-effect, T-E)关系,再根据 D-E 关系将 T-E 中的 E 转化成与效应相关的量,从而求出时间-体存量(time-dose, T-D)关系。求得的 T-D 关系,即可按药动学方法绘制 T-D 曲线,进行动力学模型分析和计算药动学参数。

2. 毒理效应法(急性累计死亡率法) 采用动物累计死亡率测定药物蓄积性的方法与药动学中多点动态检测的原则相结合以估测药动学参数,以急性累计死亡率为指标测定毒效-剂量关系,再测定第二次给药后不同时间的死亡率,根据毒效-剂量关系与时间-毒效关系,得出 T-D 关系,绘制 T-D 曲线,进行动力学模型分析和计算药动学参数。

第四节 中药药动学研究展望

虽然中药药动学研究取得了明显的进展,但由于中药化学成分的复杂性、中药药效的多样性、中医临床应用的辨证施治及复方配伍等中医药特色,使得中药药动学研究方法仍然存在一定的局限性,其研究仍然面临着一些困难和挑战,在未来需要进一步改进中药药动学研究的思路与方法。

一、中药药动学应重视反映中药作用整体观研究

中药是一个复杂的系统,其药效是多种化学成分共同作用所产生的,可认为是众多的活性成分组成的"活性分子群"共同作用的结果。因而,整体观是中药产生药效的一大特点。由于现代分析手段的进步和相关的数据处理软件等使得中药复方药动学研究可以对多种效应成分进行监测,获得中药血浆指纹谱或代谢物谱和多成分 C-T 曲线,然而现有多成分的 C-T 曲线有时并不一定反映中药或复方整体的药动学规律。因此,全面反映复方整体动态变化规律的方法仍需不断探索改进。

二、中药药动学-药效学的联合分析确定中药药效物质基础研究

中药药效的物质基础分析是中药现代化研究的难点。由于中药成分复杂,而真正的有效成分可能不清楚,且成分的体内过程还受多种因素的影响,许多中药的化学成分在体内发生了变化。同时,中药药效多样,常需要在一定的中医病证状态下发挥药效。因此,需要探索中药体内多成分的 PK-PD 的联合分析方法,以确定中药药效物质基础。如将中药给药后进入体内的化合物成分群联合药效相关指标进行联合分析,建立有中医药特色的 PK-PD 联合分析方法,从而阐明中药的药效物质基础。

三、中药药动学阐明中药多成分体内过程特征研究

一些中药给药后有效成分的血药浓度很低,如果能清楚这些成分吸收机制及影响因素、靶向器官分布的规律及机制、代谢产物及活性和代谢机制等体内过程的特征,有利于揭开中药多成分体内过程这一"黑箱",加深对中药药效物质基础的认识。然而,由于中药成分复杂、多成分间存在相互转化和共存成分的干扰等原因,使得研究中药整体给药后多成分代、转运规律和机制存在困难。因此,需要建立合适的方法,进行系统的研究,全面阐明中药多成分吸收、分布、代谢和排泄特征。

四、加强符合临床病证状态下的中药药动学规律研究

辨证论治是中医学的精髓,中药需在相应的中医病证状态下发挥药效。因此,研究病证状态下的中药药动学规律,对于指导临床用药更具有意义。虽然已有证候状态下中药药动学研究报

道,并提出"证治药动学的假说"。但是,目前的动物证候模型还存在明显缺陷,尚不足以模拟中医临床的证候特征。因此,需要进一步实践,探索不同证候状态下的中药药动学规律。

五、加强在中药新药研发过程中的中药药动学研究

由于中药药动学研究存在的上述困难,使得中药尤其中药复方药动学研究尚不能对中药新药(除一类中药)研发过程中的药效物质基础识别、质量标准制定、剂型改革和组方优化研究提供有益的基础研究资料。在中药新药的研发过程中,大多数药动学研究处于开发后期的佐证性研究,在研发早期包括药物设计阶段所能发挥的作用明显不足。今后应探索在中药新药研发过程中加强早期介入,开展 ADME 筛选与评价及中药毒代动力学的研究,以提高新药研发的成功率。

鉴于中药药动学研究方法存在的局限性,近年来不断出现中药药动学研究方法的探索性研究,如中药多组分整合的药动学研究、中药药动学-药效学联合研究、中药血清药物化学-药效学的联合研究、中药药代标示物(PK Marker)研究和指征药物代谢动力学研究等。中药药物代谢动力学是一门年轻的边缘学科,其研究方法仍在不断发展。随着现代分析手段的进步和多学科的交叉合作,不断探索、完善中药药动学研究方法体系,将会为中药新药研发和临床合理用药提供有力的支撑,并为推进中药现代化发挥更大的作用。

第六章 影响中药药理作用的因素

导学

本章介绍影响中药药理作用的诸多因素,重点介绍影响中药药理作用的药物因素。

学习要求:
(1) 掌握影响中药药理作用的药物因素,包括药材的品种、产地、采收季节、储藏条件、炮制、制剂、剂量、配伍和禁忌。
(2) 熟悉影响中药药理作用的机体因素,包括生理、病理和心理状态。
(3) 了解环境因素对中药药理作用的影响。

中药在发挥药效作用时,可受到诸多因素的影响。这些因素不但能影响中药作用的显效快慢、强弱、久暂,还能影响其作用性质。影响中药药理作用的因素很多,归纳起来主要有三个方面,即药物因素、机体因素及环境因素。

第一节 药物因素

中药材的来源、品种、产地、采收、储藏、炮制、制剂、剂量、配伍和禁忌都会影响中药的质量,从而影响其药理作用。

一、品种

中药的品种繁多,经历代本草不断增加,资源种数已达 12 800 余种。由于中国地域广阔,长期以来,一种药材多种来源的情况较为普遍,同名异物和同物异名现象较多。一些中药材外形相似,难于识别,中药品种混淆的现象时有发生,因此导致误收、误购、误用,影响临床疗效,甚至导致中毒。如将百合科植物粉条叶的地上部分误作瞿麦,香加皮误作五加皮。又如青蒿,有菊科黄花蒿 *Artemisia anna* L.和青蒿 *Artemisia apiacea* Hance.,前者含青蒿素,有抗疟作用,而后者不含青蒿素,无抗疟作用。再如石斛有 20 多种植物来源,大多是兰科石斛属植物的茎,少数是同科金石斛属植物。此外,贯众、独活、厚朴、大青叶等中药,亦分别来源于多种不同种属植物。正品药材与混淆品在化学成分和药理作用上有很大差异,如不同来源及品种的大黄,其泻下作用有明显差异。掌叶、唐古特等正品大黄中,致泻成分结合型蒽醌苷的含量高,有明显泻下作用。而一些混杂品,如华北、天山等大黄,其结合型蒽醌苷含量低,泻下作用很差。从测定的 ED_{50} 来看,正品大黄为 326～1 072 mg/kg,非正品大黄大于 3 500 mg/kg,甚至大于 5 000 mg/kg 时,也未能引起明显泻下作用,因此非正品大黄不能做泻下药用。而大叶柴胡根及茎有毒,将其误作柴胡使用,会出现恶心呕吐、阵发性抽搐、角弓反张等症状。木通有木通科植物木通和马兜铃科植物关木通之分,前者无毒,后者则可致急性肾功能衰竭。防己也有广防己及汉防己之分,广防己含有马兜铃酸等成分,具有较强的肾毒性。

可见,中药材的来源和品种是影响其药理作用的重要因素,为了保证中药材质量,应加强质量标准化研究。

二、产地

南朝医家陶弘景在《本草经集注》曰:"诸药所生,皆有境界。"《本草蒙筌》指出,中药"地产南北相殊,药力大小悬隔"。中药绝大部分是植物药和动物药,其自然生长环境具有一定的地域性,各地区的土壤、水质、气候、日照、雨量、微生物分布、微量及宏量元素等生态环境对药用动、植物的生长都会产生明显的影响,特别是土壤的酸碱度对植物药内在成分的质和量影响很大。同一种药物,由于产地不同,质量存在差异,作用也有差异,故而历代医家都十分重视"道地药材"。所谓"道地药材"是我国传统的优质中药材的代名词,质量稳定,疗效好,因而素有盛名。如甘肃的当归,宁夏的枸杞子,四川的黄连及附子,内蒙古的甘草,吉林的人参,山西的黄芪及党参,河南的牛膝及地黄,江苏的苍术,云南的三七及天麻等,都是享有盛名的道地药材。现代科学分析发现,道地药材不仅有效成分的含量明显高于非道地药材,而且药材成分组成上也存在差异,可能使药理作用也存在差异。但随着药材用量的增加,道地药材的产量已远远不能满足临床需要,为此,进行药材引种栽培和药用动物的驯养,成为解决道地药材不足的重要途径。目前认为,在发展药材生产时,应安排在道地药材的原产地种植,以充分保证药材质量。

三、采收季节

药用植物的根、茎、叶、花、果实、种子或全草都有一定的生长和成熟期,有效成分含量的高低,随其不同入药部位和植物的生长期而异,故采药时间应有所不同。《千金翼方》云:"不依时采取,与朽木无殊,虚费人工,卒无裨益。"例如,有人测定丹参的有效成分丹参酮ⅡA、丹参酮Ⅰ的含量,第四季度收获的丹参比其他季节收获者高 2～3 倍。人参中皂苷以 8 月后含量最高,故应在 8～9 月采收。薄荷的采收期应掌握在植株生长最旺盛时或开花初期,含油量最高。黄花蒿中的抗疟成分青蒿素,在 7～8 月花前盛叶期含量最高,可达 0.6%,开花后含量下降。金银花的抗菌有效成分绿原酸在花蕾中的含量也远较开放的花高,故宜在花含苞待放时采摘。可见,药物的采收时间对药材的质量有着十分重要的影响。叶类,或全植或地上部分一起入药的草本植物,一般在枝叶茂盛的花前期或初见花时采收,如臭梧桐、益母草等。花类药材,多半在花含苞欲放或初开时采收,如槐花、金银花等,而也有少数宜在花盛开时采摘,如菊花及旋覆花等。以果实和种子入药的药材,多数在果实成后采摘,如瓜蒌及枸杞等,少数宜在未成熟时采,如青皮。用根或根茎类的药材,一般在早春或深秋采挖。树皮类药材,如厚朴,一般在清明至夏至间剥取。

四、储藏条件

中药的储藏保管条件直接影响药材质量,一般要求药材储藏场所要干燥、通风、避免日光直射等。储藏时间、温度、湿度往往对药物所含成分有明显影响,如清热药三颗针,其所含小檗碱含量随着储藏时间的延长而逐渐降低。储藏3年者在见光、避光两种条件下,小檗碱含量分别降低约54%和40%,有效成分损失严重。又如刺五加储藏超过3年或在高温(40～60℃)、高湿(相对湿度74%以上)、日光照射等条件下储藏6个月,其所含丁香苷几乎消失殆尽。许多中药由于储藏条件不当,还会发生霉烂变质、虫蛀、走油等现象。

五、炮制

炮制前后,中药成分的质和量会发生变化,药理作用和临床疗效亦可随之而变。不同炮制方法影响作用如下。

1. 消除或降低药物的毒性或副作用　如附子中含有乌头碱,对心脏有毒性,可致心律失常甚至心室纤维颤动,经过浸漂、煎煮等炮制过程,使乌头碱分解破坏,毒性较生附子大大降低。芍药中含有的安息香酸(苯甲酸),对胃有刺激作用,芍药炒后安息香酸含量降低,对胃的刺激性减轻。首乌炮制后的毒性明显下降,制首乌醇渗漉液给小鼠灌服 LD_{50} 比生首乌醇渗漉液大20倍以上,制首乌醇渗漉液给小鼠腹腔注射 LD_{50} 比生首乌渗漉液大数十倍。

2. 增强药物的作用　如延胡索主要含生物碱延胡索甲素、乙素和丑素等,由于游离生物碱难溶于水,水煎液溶出量甚少,醋炒后,延胡索中生物碱与醋酸结合成易溶于水的醋酸盐,故水煎液中溶出的总生物碱含量增加,镇痛作用增强。又如杜仲中含杜仲胶较多,影响有效成分的煎出,炮制后则胶质破坏,故炒杜仲煎剂有效成分含量增加,降低血压作用较生杜仲煎剂强。

3. 利于储藏与稳定药效　许多有效成分为苷类的中药,同时大多含有分解苷类的酶。如不经炮制处理,苷类在酶的作用下将被分解而使药效减弱或失效。如苦杏仁中所含苦杏仁苷具有不稳定性,储藏过程中,在一定的温、湿度下,易被苦杏仁酶分解,使其含量降低。选择适当的炮制方法,既能最大限度地减少苦杏仁苷在炮制过程中的损失,又能完全破坏酶的活性,保证苦杏仁苷在储藏期间的稳定,从而保证苦杏仁炮制品的质量与疗效的稳定。

4. 改变药物的性能与功效　某些中药经过适当炮制,其内在成分有可能产生变化,出现某些新的成分,成为产生不同功效的物质基础。如生晒参炮制成红参后,其成分发生了变化,使生晒参原来没有的人参炔三醇、人参皂苷 Rh_2、20(R)-人参皂苷 Rh_1、20(S)-人参皂苷 Rg_3、20(R)-人参皂苷 Rg_2 等特殊成分出现在红参中,其中人参皂苷 Rh_2 对癌细胞增殖有抑制作用。又如生地黄有凉血功效,而熟地黄则有补血作用。

六、制剂工艺与剂型

陶弘景曰:"病有宜服丸者,服散者,服汤者,服酒者,服膏煎者,亦兼参用,察病之源,以为其制也。"同一种中药,选择不同的制剂工艺、辅料可制成不同的剂型。剂型和给药途径不同,往往影响药物的吸收和有效成分的血药浓度,并直接影响药理作用的强度和性质。如枳实、青皮的水煎液,口服未见有升高血压的记载,但制成注射剂静脉注射后却升压作用明显。传统的中药制剂有汤剂和丸、散、膏、丹,随着中药剂型的不断发展,目前除了中药常用的汤剂、丸剂、颗粒剂及片剂等剂型外,又开发出了胶囊剂、气雾剂、泡腾剂、缓释剂等30余种剂型。现在许多中药或古方制成片剂、颗粒剂、注射剂等广泛用于临床,不仅提高了疗效还扩大了应用范围。如丹参注射液、川芎嗪注射液、生脉注射液的疗效分别高于丹参、川芎、生脉饮的口服制剂,这也说明剂型改革对提高生物利用度从而提高药效有着重要的意义。但值得提出的是,由于中药成分复杂,中药注射剂在临床应用可能发生某些不良反应,因此,对中药注射剂的研制应严格把握质量,并加强临床安全性、有效性及稳定性评价。此外,中药制剂工艺及原料、辅料的变更,也可引起制剂有效成分含量及药物释放度的改变,从而影响制剂质量与临床疗效。

中药汤剂仍是目前应用最广泛、最多的剂型。对汤剂的煎煮方法历代医家积累了丰富的经验,既讲究"先煎、后入",又分"文火、武火"。不同的煎煮方法对中药药效有很大影响。煎煮方法不同,可影响煎液中活性成分的含量,从而影响方药的药效。如复方中大黄后下,避免了煎煮时间过长导致蒽醌类成分分解,使煎液中结合型的蒽醌溶出量多,泻下作用增强。同时,大黄煎煮时间越长,其所含鞣质释出越多,泻下作用也会减弱。一般而言,含挥发性成分较多的中药,如解表药和茎叶类中药,煎煮火力要强,时间要短;而补益类中药、籽实类和矿物类中药煎煮火候要温和,时间要长一些。另外,煎煮方法还会影响药物的毒性,如附子要先煎 30~60 min,使有毒成分乌头类生物碱分解而减毒。因此,汤剂煎煮方法应根据药物性质及用药目的加以适当调整。

七、剂量

剂量是指用药的分量,它是影响药理作用的重要因素。一般说来,在一定剂量范围内药物的作用会随着剂量的加大而增强,当剂量增大到一定程度,药效不再增强,不良反应逐渐显现,甚至使机体出现中毒反应直至死亡。此外,也有用量不同,作用性质不同的情况。如甘草小剂量(3~6 g)有调和诸药之功,中剂量(9~15 g)有清肺利咽之效,大剂量(15~30 g)则有解毒的作用。不仅单味药如此,复方也有类似情况。如桂枝与芍药配伍,随着两药用量比例的改变,会使药物产生不同效应,从而导致全方功效和主治的改变。因此,在临床实践中,要掌握好用药剂量,切不可忽视"量-效关系",调节好剂量才能发挥药物的最大疗效并控制不良反应。对于药性峻烈的中药,不但有服用剂量的限制,而且有明确的使用要求。如 2015 版《中华人民共和国药典》中指出,草乌一般炮制后用,生品内服宜慎;制草乌每次仅服用 1.5~3 g,宜先煎、久煎。细辛的用量为 1~3 g,散剂每次服用 0.5~1 g,外用适量。

八、配伍与禁忌

药物的配伍和禁忌均可影响药物的药理作用。

1. 配伍 所谓配伍是根据病情的需要和药物性能,选择两种以上药物配合应用。配伍得当,能增强疗效,减少不良反应;配伍不当,则可能降低疗效,甚至产生不良反应。

中药的配伍是古人在长期临床实践中总结出来的用药经验,谓之"七情"配伍,即单行、相须、相使、相畏、相杀、相恶、相反。"七情"实际是指药物间相互作用、相互影响的 7 种配伍关系。李时珍曰:"相须者,同类不可离也。相恶者,夺我之能也。相使者,我之佐使也。相畏者,受彼之制也。相反者,两者不合也。相杀者,制彼之毒也。"故七情中,除单行外,均反映药物与药物间的相互关系。

单行,是指一种药单独使用,一般针对比较单纯的病情,使用一种针对性比较强的药物而获得疗效。

相须,是指功效相同的药物伍用以相互助长疗效。如蜈蚣、全蝎均为息风止痉药,在抗戊四氮惊厥实验中,各单服 1 g,蜈蚣有效,全蝎无效;各单服 0.5 g,均不表现作用;两者合用,各为 0.5 g,抗惊厥作用非常明显。又如清热泻火的石膏、知母均能退热,石膏退热快,但作用弱而维持时间短暂,知母退热缓,但作用强而持久,两者合用,退热快且作用强而持久。

相使,是指功效不同的药物合用,辅药可以提高主药功效,如大黄与黄芩伍用,能提高黄芩清热泻火的功效。

相畏，是指两药同用时，一种药的毒性或副作用能被另一种药物减轻或消除。如生半夏和天南星的毒性能被生姜减轻或消除，即生半夏或天南星畏生姜。

相杀，即用一药能消除另一药的毒性或副作用，如生姜能减轻生半夏和天南星的毒性，即生姜杀生半夏和天南星。

由此可见，相畏与相杀是同一配伍关系从不同角度的两种提法。药理研究表明，采用相畏、相杀配伍是行之有效的减毒方法。如单用一定量的附子，能造成动物死亡；同样量的附子和甘草或干姜伍用，可完全避免动物死亡，说明甘草或干姜可杀附子的毒性。

相恶，是指两药合用后能互相牵制而使作用抵消或药效消失。如人参与莱菔子合煎，人参中的有效成分 Rg_1 的煎出率比人参单独煎煮明显减少。此外，在耐缺氧和负重游泳实验中，莱菔子、人参配伍组与人参组比较，小鼠抗应激能力明显减弱，显示莱菔子对人参有拮抗作用。瓜蒌加黑附片可使单味黑附片兴奋蛙心的作用消失。

相反，是指两药合用后可能发生不良反应。对中药"十八反"之一"甘草反甘遂"的研究表明，两药在煎煮过程中，由于甘草中的甘草皂苷有助溶作用，增加了甘遂的毒性成分甾萜类物质的溶出率，使煎液的毒性增加。又如甘草与芫花合用，无论是灌服还是腹腔给药，其 LD_{50} 均比单味药小，说明合用毒性增加。对"乌头反半夏"的研究结果表明，单独用乌头对小鼠的肝功能有一定影响，半夏与乌头配伍使用后肝、肾功能受损程度加剧，显示乌头本身有毒副作用，配伍半夏后可使其毒性加剧，对肝肾的损害加重。

概括地说，中药配伍用药的原则要求有：① 充分利用相须、相使配伍，产生协同增效作用。② 应用烈性、有毒药物时，采用相畏、相杀配伍，以消除或减弱毒性。以上均为用药之所求。③ 避免相恶配伍导致药效拮抗而削弱原有功效。④ 避免相反配伍增强毒性或导致其他不良反应。

中药的合理配伍，是在长期临床实践中总结出来的用药规律，并已得到和正在通过现代药理学研究证实。如桂枝汤具有解热、抗炎、镇痛、抑制流感病毒增殖、增强免疫功能等作用。实验证明，全方的作用明显优于方中诸药的各种组合，其中减去任何一味药都会影响疗效，说明方中各药的合理配伍，能取得最优药效。

2. 禁忌　为了用药安全，避免毒副作用的发生，必须注意用药禁忌。中药的用药禁忌主要有配伍禁忌，妊娠禁忌等。

(1) 配伍禁忌：七情中的相反、相恶是复方配伍禁忌中应当遵循的原则。有关对古人总结的"十八反""十九畏"的现代研究概况在本书第二章已有说明。

值得提出的是，近年来新发现有些中药由于配伍不当而影响疗效的情况，如生物碱能与鞣质发生沉淀反应，故含生物碱的一些中药如黄连、黄柏、三颗针、功劳叶等，与含鞣质的五倍子、地榆等配伍，可使水煎液中的生物碱含量减少，从而降低药效。这些新发现的"相反""相恶"现象应引起注意。此外，中西药合用也可出现不良反应，如元胡止痛片、三七片等与氨基糖苷类抗生素合用，可增加听神经的毒性；苍耳子、雷公藤与抗癫痫药合用，可加重肝损伤。

(2) 妊娠禁忌：某些药物可损害胎儿健康或导致孕妇流产，应作为妊娠用药禁忌。根据药物对孕妇和胎儿危害程度不同，可分为禁用和慎用两类。① 禁用药：大多是毒性较大或药性峻烈的药物，如川乌、草乌、水蛭、虻虫、三棱、莪术、巴豆、大戟、芫花、麝香、斑蝥等。② 慎用药：主要是活血祛瘀药、攻下药、行气药及温里药中的部分药物，如槟榔、细辛、桃仁、沉香等。

妊娠禁忌是自古就存在的一个有争议的问题，如半夏是妊娠禁忌中药，但中医传统又将它作为止吐中药应用。现代实验表明,半夏对妊娠过程有不利影响,如半夏汤灌胃给药可使妊娠大鼠阴道出血率、胚胎死亡率显著增高,注射给药对小鼠胚胎有致畸作用。又如芫花中的芫花萜、芫花素可引起多种怀孕动物流产,研究发现这些成分可引起子宫内膜炎症,使溶酶体破坏,促进前列腺素合成释放增加,使子宫平滑肌收缩而导致流产。而莪术中的萜类和倍半萜类化合物、牡丹皮的有效成分牡丹酚对鼠有抗早孕作用,水蛭、冰片、麝香酮等对小鼠有一定终止妊娠的作用,青蒿素及其衍生物均有明显的胚胎毒性。昆布的提取物可造成生殖系统毒性,薄荷油有抗早孕和抗着床的作用,机制与对滋养叶细胞的损害有关。妊娠禁忌中药的研究,对孕妇安全用药,提高人口素质有重要意义。中药新药研发既要求高效更应强调安全。

此外,尚有服药食忌。历代医籍中多有记载:在服药期间,某些食物不宜食用,否则可能会影响中药疗效。例如,服用发汗药物期间,禁食生冷食品;服用调理脾胃药物期间,禁食油腻食品;服用消肿理气药物期间,禁食豆类食品。除此之外,用药期间不可杂食高脂、腥膻陈臭之物,不宜多食刺激性食物等。对于历代先贤在实践中总结的经验体会,尽管其机制大多尚需研究探讨,但服药期间注意饮食的影响也是现代医学所提倡的。

第二节　机体因素

机体的生理状况、病理状态及心理因素等均会对药物的药理作用产生影响。

一、生理状况

年龄、性别、体质及遗传状况等的差异,均可影响中药的药理作用。此外,有一些药物的治疗剂量在不同种族或不同个体上,可相差数倍。

1. 年龄　婴幼儿正在发育阶段,许多器官、系统的发育尚未完善,老年人肝肾功能普遍减退,都会影响药物的体内代谢及排泄功能,故用量应适当减少。中医学认为幼儿为稚阳之体,不能峻补,故小儿通常不宜用参、茸滋补。老年人体虚,对药物耐受力较弱,故用攻泻祛邪药物时宜适当减量。

2. 性别　女性对药物比男性更敏感,中药剂量宜适当减小。妇女在月经、妊娠和授乳等生理过程期间对毒性中药的抵抗力较差。在妊娠期间,胚胎对有毒物质更为敏感。妇女由于怀孕、哺乳、激素等影响,药物应用在不同时期产生的药效也有不同。如益母草为妇科经产要药,具有双向调节作用,产后妇女使用可促进子宫复原,经期妇女使用又可治疗痛经。对于孕妇的用药要特别注意,如红花、大戟、麝香等能兴奋子宫,甚至引起痉挛;莪术、姜黄、水蛭等干扰孕激素;芫花、甘遂、丹皮酚等影响子宫内膜和胚胎的营养;半夏有致畸作用。催吐药、峻泻药则禁用于孕妇。

3. 身高、体重　身高、体重不同,意味着同药量的药物进入体内的表观分布容积不同,有可能影响血药浓度的高低。个体胖瘦的不同,多半由于体内脂肪含量的差别所致。能够被机体吸收的中药有效成分大多具有一定的脂溶性,体内脂肪组织可成为这些物质的临时储库,有助于药物缓慢发挥效应。而体型偏瘦的人,服药后药效作用可能出现更迅速。

4. 肠道内微生态环境　人体肠道内寄居着大量包括细菌在内的多种微生物,构成了肠道的微生态系统。健康成人肠道优势菌主要为拟杆菌、消化链球菌、螺菌等专性厌氧菌和双歧杆菌属及乳酸杆菌属,肠道菌群与人体之间存在复杂的动态平衡关系,在人体生理、生化、病理等过程中起着重要作用。传统中药主要以口服途径经消化道吸收而发挥药效。中药的许多成分在进入肠道之后不可避免地与肠道菌发生接触并相互作用。肠道菌群的存在,可影响中药某些成分的吸收、生物转化等,从而干预药物的效应。

不同类型的细菌能够产生不同的酶,并能催化不同类型的药物代谢反应。肠道菌对药物的作用主要是发生分解反应,使药物分子量相对减小、极性减弱、脂溶性增强而易于吸收,并且往往伴有药效或毒性作用的产生和加强。如在肠道菌的作用下黄芩中的黄芩苷转化成黄芩素,抗过敏作用增强。山栀子中的栀子苷转化为京尼平,促进胆汁分泌的作用加强。甘草所含甘草酸本身并不能被机体吸收,在肠道菌群作用下,分解为甘草次酸,能被机体吸收而显现其药理活性。番泻苷是大黄和番泻叶的主要成分,它本身并没有泻下活性,口服后在肠道经菌群代谢生成有泻下活性的大黄酸蒽酮而产生作用。

肠内菌群对药物的代谢作用受许多因素的影响,如种族、年龄和饮食结构的差异及抗菌药物的使用、代谢适应与酶抑制等。当机体肠道菌群种类、数量及寄生部位等发生变化时,中药的效应可能受到影响。滥用抗生素常导致肠道菌群失调,正常菌群的缺失可导致肠道大体形态异常和肠道动力异常,而很多疾病的发生与肠道菌群失调密切相关。同时,肠道菌群失调又会影响药物体内过程及其生物效应。因此,维持肠内微生态平衡既对人类健康具有极其重要的作用,也对维持中药正常作用的发挥具有重要意义。有些中药也能促进肠道内微生态平衡,如四君子汤可使肠道菌群失调模型小鼠的双歧杆菌和乳酸杆菌数量增加,而对正常菌群则无显著影响。黄连水煎剂调节抗生素性鼠肠道菌群失调,可使肠道肠球菌、肠杆菌、乳酸杆菌、双歧杆菌等有益菌的数量增加并恢复正常。

二、病理状态

患者的病理状态也可以影响药物的作用,如黄芩、穿心莲等,对正常体温者并无降低体温作用,而对发热患者却有解热作用。麻黄汤对有发热症状的患者有很强的发汗作用,但对无发热症状的患者,发汗作用则不明显。五苓散对正常犬或大鼠不产生利尿作用,但对水肿、小便不利者有利尿作用。重要实质性器官(如心脏、肝脏、肾脏、肺脏、脑组织等)如出现病理损伤(包括功能与形态两方面),则会极大地干预药物的作用。如肝肾功能减退时可影响药物在体内代谢和排泄,使药物的作用时间延长,同时可能增加不良反应的出现概率。

三、心理状态

中医的"七情五志"学说认为,喜、怒、忧、思、悲、恐、惊等情志活动与脏腑功能的盛衰、气血津液盈亏相关。现代研究亦发现,心血管疾病、溃疡性疾病、支气管哮喘和肿瘤等疾病与患者的心理因素密切相关。愉悦的情绪可提高大脑功能,使内分泌、免疫、体温等功能稳定,从而增强药物疗效;而抑郁情绪,使患者交感神经兴奋、内分泌紊乱、血液黏滞性升高,干预药物的体内过程。如抑郁引起厌食,使胃排空速率减慢,药物在胃内停留时间延长,吸收变慢,加之胃酸会破坏药物结构,导致药效降低。此外,使用安慰剂对许多慢性疾病,如头痛、高血压、心绞痛等,有时有效率可达30%以上。这不是药物的药理作用而是由精神因素所取得的疗效,称为"安慰剂作用(placebo action)"。在对中药新药临床评价时,为了排除安慰剂作用,常使用安慰剂对照和双盲法试验。总之,临床用药切不可忽视患者的心理因素、情绪状态。

四、长期用药引起的机体反应性变化

大部分中药长期服用会引起机体的反应性改变，如长期给动物服用寒凉药可使交感神经功能减弱、副交感神经功能增强，表现为心率减慢、尿中儿茶酚胺排出量减少、血浆中和肾上腺内多巴胺-β-羟化酶活性降低。此外，长期服用药物，机体可对药物产生耐受性及依赖性等。如长期使用罂粟壳易导致依赖性。慢性便秘患者长期泡服番泻叶可发生低血钾，并可能导致肝硬化，从而影响药物代谢。因此，中医学对于同一病证的治疗讲究守法不守方，不是长期使用同一个方子，而是要在使用一段时间后对药量、药味重新进行调整。

第三节 环境因素

患者所处的自然环境、社会环境及时辰节律也会对药物的药理作用产生影响。

一、居所气候

地理条件、气候寒暖、饮食起居和居住环境等对药物作用均有较大的影响。不同的地域，有不同的地理环境、气候特点、文化背景及饮食起居习惯等。山川河流、温湿度的高低及地磁的强弱，可影响人的情感及内分泌系统等，从而影响药物的效应。生活在北方寒冷地区的人对温热药耐受，而南方温热地区的人对温热药敏感。四时气候的变化也可影响药物疗效，如春夏腠理疏松，容易出汗，冬季腠理紧致，不易出汗，解表药在夏季发汗作用强，在冬季发汗作用弱。在饮食上，根据不同的疾病，选用不同的方药，配合适宜的饮食调养，具有事半功倍之效果，而一些饮食习惯（如烟、酒、茶、咖啡及调料等使用）也对中药的代谢有一定的影响。居住的环境也会对人体造成影响，从而影响药效。如噪声对机体具有较大的干扰，当噪声分贝数值大于120时，对中枢神经系统、心血管系统和消化系统等造成损伤，人体表现为烦躁不安、食欲减退、血压波动等，可直接影响药物的治疗效果。

二、时辰节律

生物活动表现昼夜节律，药物作用也常呈现此种昼夜节律变化。中医学强调服药要顺应四时之序，一日之中因昼夜晨昏的更替对人体气血运行、脏腑功能活动及疾病变化均有影响。李时珍《四时用药例》提出："岁有四时，病有四时。""春月宜加辛温之药，薄荷、荆芥之类，以顺春升之气；夏月宜加辛热之药，香薷、生姜之类，以顺夏浮之气；秋月宜加酸温之药，芍药、乌梅之类，以顺秋降之气；冬月宜加苦寒之药，黄芩、知母之类，以顺冬沉之气。"

中药的疗效与用药时辰也有密切关系。^{3}H-天麻素于不同时辰给予大鼠，体内过程呈现昼夜变化，戌时（20:00）给药吸收快，故见效快而作用明显；辰时（8:00）给药，血药达峰值（T_0）最迟，药效差；丑时（2:00）给药，AUC最小，反映生物利用度低。明代医家杨瀛州认为补肾药应在晨服。现代研究证明，具有补阳作用的右归丸可提高垂体-肾上腺轴的兴奋性。补阴药应在"阳消阴长"中滋

助,六味地黄丸、知柏八味丸、杞菊地黄丸等宜晚间服用,即"夕用六味"。又如附子、乌头所含乌头碱及参附注射液的急性毒性,动物对其敏感性存在昼夜节律。乌头碱在同样剂量下小鼠死亡率在午时(12:00)最高(66.7%),戌时(20:00)最低(13.3%),两组差异显著。参附注射液静脉注射时,子时(0:00)LD_{50}为 9.862 g/kg,午时(12:00)为 8.308 g/kg。又如雷公藤的乙酸乙酯提取物是一种治疗类风湿关节炎的药物,但有较大毒副作用。在 24 h 内按不同时辰,每 4 h 分组给小鼠用药,观察给药后 1 周内动物的死亡率,其毒性亦有明显的时辰节律,以午时(12:00)给药动物的死亡率最高,戌时(20:00)至次晨辰时(8:00)给药动物死亡率最低。动物致癌实验证实,巴豆油在夜间涂擦小鼠皮肤可使多数动物致癌,若在中午反复涂擦也很难致癌。

三、社会环境

来自工作圈、社交圈等社会环境的压力会对患者的心理造成一定的影响,从而使患者的内分泌及免疫等功能不稳定而影响药效。此外,医护人员及医疗环境也是一个十分重要的外在因素。医护人员的一言一行、遣方用药均可极大影响患者对疾病治疗的信心与效果。应在实施人道主义救助精神的前提下,营造温馨的就诊医疗环境,准确诊断、精心用药和娴熟操作,执行保护性医疗制度,最大限度减少各种不利因素对患者治疗的负面效应,充分调动其主观能动性,积极配合治疗,以期取得最佳治疗效果。

第七章 解表药

导学

本章介绍解表药的基本药理作用，常用单味中药麻黄、桂枝、荆芥、白芷、辛夷、细辛、柴胡、葛根及经典方桂枝汤、银翘散的主要药理作用和现代应用。

学习要求：

（1）掌握解表药的基本药理作用；麻黄、柴胡的药理作用、作用机制、现代应用及不良反应；葛根的心血管药理作用及现代应用。

（2）熟悉麻黄、柴胡与葛根的有效成分；桂枝、荆芥、白芷、辛夷、细辛、桂枝汤与银翘散的主要药理作用及现代应用；白芷、细辛的不良反应。

（3）了解麻黄、桂枝、荆芥、白芷、柴胡与葛根部分成分的药动学过程；与表证相关的主要病理变化。

第一节 概述

凡以发散表邪，解除表证为主要功效的药物，称为解表药。解表药多味辛，主要归肺、膀胱经，偏行肌表，具有发散表邪功效，主治外感表证。部分药物尚有利水、止咳平喘、透疹及祛风除湿、止痛等功效，用于水肿、喘咳、麻疹、风疹、风湿痹痛、疮疡初起等证而兼有表证者。

表证，是指外邪（外界的各种致病因素）侵犯人体浅表部位（皮肤、肌肉、经络）所出现的证候，临床表现主要有恶寒（或恶风）、发热、头身痛、骨节酸痛、无汗或有汗、鼻塞、喷嚏、流涕、咽喉痒痛、咳嗽、苔薄白、脉浮等，可见于现代医学的上呼吸道感染（普通感冒、流感、扁桃体炎等）及传染病初期（麻疹、流脑等）。上述症状中以恶寒尤为重要，是诊断表证的重要依据。恶寒常伴有皮肤血管收缩，体表血流量减少，散热减慢。现代医学认为上呼吸道感染的发病原因与机体受凉有一定关系，寒冷刺激作用于机体，可使体表皮肤血管收缩，并引起上呼吸道黏膜血管反射性收缩，抵抗力降低，原先存在于上呼吸道的病原微生物（病毒、细菌等）则乘机侵入黏膜上皮细胞并生长繁殖，导致炎症反应而出现上述临床症状。

表证有寒热虚实之分，根据解表药的性味和功效差异，可分为发散风寒药和发散风热药两类。发散风寒药又名辛温解表药，适用于风寒表证，代表药物有麻黄、桂枝、细辛、防风等，代表方有麻黄汤、桂枝汤等。发散风热药又名辛凉解表药，适用于风热表证，代表药物有柴胡、葛根、牛蒡子、薄荷等,代表方有银翘散、桑菊饮等。

解表药的主要药理作用如下。

1. **发汗**　中医学认为本类药物一般都具有发汗或促进发汗的作用,通过发汗使表邪从汗而解。解表药中以发散风寒药的发汗作用为强,其作用的发挥既与药物引起血管扩张及促进体表血液循环有关,也与环境等因素有关。如麻黄、麻黄汤、桂枝汤能促使实验动物汗腺分泌;生姜挥发油及生姜辛辣成分(姜酚及姜烯酚)能扩张血管,促进、改善血液循环而协助发汗;桂枝、葛根能扩张末梢血管,促进体表血液循环而增强麻黄的发汗作用等。

2. **解热**　大多数解表药具有不同程度的解热作用,如麻黄、桂枝、荆芥、羌活、生姜、细辛和柴胡等所含的挥发油,防风、蝉蜕和葛根的醇提取物,有效成分桂皮醛、柴胡皂苷,以及解表复方银翘散、桑菊饮、桂枝汤、麻杏甘石汤等,均能使发热实验动物的体温下降。解表药的解热作用机制,除与干预发热病理反应中的内生性致热原的释放、前列腺素 E(prostaglandin E, PGE)的合成等有关外,还与发汗、抗炎、抗病原微生物、扩张血管等作用相关。

3. **镇静、镇痛**　多数解表药或方剂具有不同程度的镇静、镇痛作用,如柴胡及柴胡皂苷,防风、荆芥、生姜挥发油,以及复方柴葛解肌汤、升麻葛根汤等,能减少实验动物的自主活动,协同镇静催眠药的催眠作用;荆芥、柴胡、羌活、辛夷、白芷以及九味羌活汤、桂枝汤等,可提高实验动物疼痛阈值,减轻疼痛反应。

4. **抗炎**　炎症是表证的重要病理改变之一,解表药具有良好的抗炎作用。如麻黄、桂枝、生姜、羌活、荆芥、细辛、白芷、菊花、桑叶、薄荷以及桂枝汤、银翘散等,对多种实验动物炎症模型有明显抑制作用,抗炎作用机制与兴奋下丘脑-垂体-肾上腺皮质轴,抑制外周炎症介质如组胺、前列腺素 E_2(PGE_2)、白介素-1(interleukin 1, IL-1)、肿瘤坏死因子 α(tumor necrosis factor-α, TNF-α)的产生,以及抑制炎症信号转导通路的某些环节有关。

5. **抗病原微生物**　表证是外邪客表所致,细菌、病毒、低温、高温等均可视为外邪。体内外实验表明,大多数解表药具有一定抗病毒、抗菌作用。如麻黄、桂枝、荆芥、辛夷以及桂枝汤、银翘散等对流感病毒增殖有抑制作用;麻黄汤、桂枝汤对呼吸道合胞体病毒、腺病毒3/7型、肠道孤儿病毒(enteric cytopathic human orphan virus, ECHO11)的增殖有不同程度的抑制作用;薄荷、野菊花、柴胡等对单纯疱疹病毒、肝炎病毒有一定抑制作用。抗病毒作用机制与诱导干扰素的生成,抑制炎症介质释放及调节免疫细胞因子水平有关。体外实验表明,本类药物大多数对呼吸道常见致病菌如金黄色葡萄球菌、溶血性链球菌等的生长有不同程度的抑制作用。

6. **抗过敏**　风邪袭肺,常可引起鼻痒、清涕、哮喘和皮肤痒疹等。解表药麻黄、桂枝、辛夷、生姜、荆芥、防风等及复方麻黄汤、桂枝汤、小青龙汤、银翘散等,对多种致敏剂所引起的过敏反应有不同程度的抑制作用,抗过敏作用机制与抑制肥大细胞脱颗粒、抑制抗体生成、抑制过敏介质释放、调控免疫细胞因子等有关。

7. **镇咳、祛痰、平喘**　解表药中兼具止咳平喘功效者,多数有止咳、化痰、平喘等作用。麻黄、细辛、生姜、荆芥、紫苏、辛夷、桑叶及麻黄汤、小青龙汤、麻杏甘石汤等,可减少动物咳嗽次数或促进气管分泌液的排泌,对抗致咳、致痉物质而产生镇咳、祛痰、平喘作用。

综上所述,解表药发散表邪功效与其发汗、抗病毒、抗菌、扩张外周血管等作用有关;镇静、镇痛、解热、抗炎、抗过敏、止咳、祛痰等作用则有利于缓解或消除表证的临床症状,是其解除表证的药理学基础。

第二节 常 用 药 物

麻黄

本品为麻黄科植物草麻黄 *Ephedra sinica* Stapf、中麻黄 *Ephedra intermedia* Schrenk et C. A. Mey.或木贼麻黄 *Ephedra equisetina* Bge.的干燥草质茎。

麻黄含有生物碱类、挥发油、黄酮类、多糖和酚酸类等多种成分。生物碱为麻黄的主要药理活性成分,其中苯丙胺类生物碱含量最高,即左旋麻黄碱(*l*-ephedrine)、右旋伪麻黄碱(*d*-pseudoephedrine)、左旋去甲基麻黄碱(*l*-norephedrine)、右旋去甲基伪麻黄碱(*d*-norpseudoephedrine)、左旋甲基麻黄碱(*l*-methylephedrine)和右旋甲基伪麻黄碱(dmethylpseudoephedrine)等,麻黄碱占生物碱总量的80%~85%。挥发油中含有 l-α-松油醇(l-α-terpineol)、2,3,5,6-四甲基吡嗪(2,3,5,6-tetramethylpyrazine)、1,4-桉叶素(1,4-cineole)和十六烷酸(hexadecanoic acid)等。

左旋麻黄碱　　　　　右旋伪麻黄碱

麻黄味辛、微苦,性温。归肺、膀胱经。具有发汗散寒、宣肺平喘、利水消肿的功效,用于风寒感冒、胸闷喘咳、风水浮肿。

【药理作用】

1. **发汗、解热**　麻黄水煎剂、挥发油与麻黄碱均可使大鼠足跖部汗液分泌增多,呈现发汗作用。温热环境或与桂枝配伍可增强其发汗作用,其发汗作用与中枢神经功能状态有关。生品麻黄提高大鼠足跖部汗液分泌量的作用强于蜜炙麻黄与清炒麻黄,提取部位发汗作用强弱依次为挥发油、醇提取部位、水提取部位、生物碱部位。挥发油是其发汗作用的主要药效部位之一。发汗作用与影响下丘脑体温调节中枢,使体温调定点下移,启动散热过程及阻碍汗腺导管对 Na^+ 重吸收有关。麻黄挥发油、麻黄配桂枝的馏出液和蜜沫麻黄煎液等,对实验性发热动物(兔、大鼠)均有解热效果。解热与其发汗导致散热有关。

2. **平喘**　麻黄、麻黄碱、伪麻黄碱和麻黄挥发油皆有平喘作用,生物碱部位平喘作用最强;2,3,5,6-四甲基吡嗪及 l-α-松油醇是从草麻黄中分离出的两种新的平喘成分。麻黄碱平喘作用机制如下:① 促进肾上腺素能神经和肾上腺髓质嗜铬细胞释放去甲肾上腺素和肾上腺素而间接发挥拟肾上腺素作用。② 化学结构与肾上腺素相似,直接激动支气管平滑肌上的 β-肾上腺素受体,松弛支气管平滑肌。③ 阻止过敏介质释放。④ 直接兴奋 α-肾上腺素受体,收缩末梢血管,有利于支气管黏膜肿胀的减轻。⑤ 抑制炎症介质的生成和释放。

3. **抗炎**　麻黄水提取物、醇提取物均可抑制多种炎症模型,降低由炎症引起的毛细血管通透性的增加、由炎性渗出引起的肿胀。麻黄生物碱中,伪麻黄碱的抗炎作用最强,甲基麻黄碱、麻黄碱次之。抗炎作用机制与抑制花生四烯酸的分泌和代谢有关。

4. **抗菌、抗病毒** 麻黄煎剂及麻黄挥发油对金黄色葡萄球菌、甲型溶血链球菌、乙型溶血链球菌、流感嗜血杆菌、肺炎双球菌、炭疽杆菌、白喉杆菌、大肠杆菌及奈瑟双球菌等,均有不同程度的体外抑制作用。麻黄挥发油对甲型流感病毒 PR_8 株感染小鼠有治疗作用。

5. **利尿** 麻黄中的 d-伪麻黄碱利尿作用最为明显,作用机制初步认为与扩张肾血管而增加肾血流量,以及阻碍肾小管对钠离子的重吸收有关。

6. **升高血压、加快心率** 麻黄碱能兴奋血管平滑肌 $α_1$ 受体使血管收缩,血压升高。具有作用缓慢、温和、持久,反复应用易产生快速耐受性的特点。麻黄碱能兴奋心肌 $β_1$ 受体使心率加快。

7. **兴奋中枢** 麻黄碱治疗剂量能兴奋大脑皮层和皮层下中枢,引起精神兴奋、失眠等症状,亦能兴奋中脑、延髓呼吸中枢和血管运动中枢。

8. **其他作用** 麻黄干浸膏能改善慢性肾衰大鼠的肾功能。麻黄提取物及麻黄水溶性多糖有抗氧化作用。草麻黄水煎液具有抗凝血作用。麻黄提取物能够明显抑制辣椒素诱导的舔足行为。

综上所述,麻黄的发汗解表、宣肺平喘功效与其发汗解热、平喘、抗炎、抗菌抗病毒等作用相关;利水消肿功效与其利尿作用相关。古人对于麻黄的中枢及心血管作用认识的虽然不多,但其活性明显,应重视其临床应用。

【药代动力学】

麻黄提取物口服后体内可检测到麻黄碱和伪麻黄碱,以麻黄碱为主。正常人口服麻黄粉胶囊后麻黄碱血浆浓度 4 h 达峰,而口服麻黄碱片剂及溶液后 2 h 达峰,$t_{1/2β}$ 为 5～6 h。麻黄碱和伪麻黄碱吸收快而完全;在体内分布较广,肾脏、脑、肺浓度最高,其次为肝脏和心脏;60%～70%原形经肾脏排泄,少量被代谢。麻黄水煎液可诱导肝药酶 CYP1A2 活性,加快茶碱的代谢。口服麻黄碱(麻黄碱、伪麻黄碱和甲基麻黄碱各 20 mg/kg),AUC_{0-t} 分别为 666.0 $\mu g\cdot$min/ml,650.8 $\mu g\cdot$min/ml,632.4 $\mu g\cdot$min/ml;C_{max} 分别为 4.15 μg/ml,4.08 μg/ml,3.59 μg/ml;平均保留时间(mean residence time,MRT)分别为 197 min,173 min,183 min。

【现代应用】

1. **上呼吸道感染** 麻黄及其复方常用于治疗感冒、流行性感冒的治疗。

2. **支气管哮喘** 麻黄碱片剂口服,可预防和缓解支气管哮喘。

3. **某些低血压症、鼻塞** 麻黄碱皮下或肌内注射可预防腰椎麻醉引起的低血压症等。0.5%～1%麻黄碱溶液滴鼻可消除由鼻黏膜肿胀(如过敏性鼻炎、鼻黏膜肥厚等)所引起的鼻塞。

4. **过敏性皮肤疾病** 麻黄碱可缓解荨麻疹和血管神经性水肿等过敏反应性皮肤症状。

【不良反应】

麻黄碱具有快速耐受性,短期内反复使用,作用逐渐减弱,停药一段时间后再用,作用可恢复。麻黄及麻黄碱过量使用可出现中枢兴奋所致的不安、失眠、血压升高、心率加快等。

【注意事项】

盐酸麻黄碱、盐酸伪麻黄碱、麻黄浸膏和麻黄提取物皆作为精神药品管理。运动员禁用麻黄碱。

FDA 禁止销售含麻黄碱类的膳食补充剂。含麻黄碱的非处方药品引起的不良反应,临床症状多表现为心肌梗死、心律失常、癫痫和意识丧失等,甚至出现死亡。因此 FDA 建议单剂量麻黄碱服用量不超过 8 mg,每日麻黄碱摄入总量应小于 24 mg,连续服用含麻黄植物的制剂不应超过 7 日。

桂枝

本品为樟科植物肉桂 *Cinnamomum cassia* Presl 的干燥嫩枝。

桂枝含有以桂皮醛为主的挥发性成分,尚含有有机酸类、鞣质类、糖类、甾体类和香豆素类等成分。挥发油主要含有桂皮醛(cinnamaldehyde)、桂皮醇(cinnamic alcohol)、甲氧基桂皮醛(methoxycinnamaldehyde)、苯甲醛(benzenepropanal)等。有机酸类成分以桂皮酸(cinnamic acid)为主。

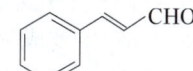
桂皮醛

桂枝味辛、甘,性温。归心、肺、膀胱经。具有发汗解肌、温通经脉、助阳化气、平冲降气的功效。用于风寒感冒、脘腹冷痛、血寒经闭、关节痹痛、痰饮、水肿、心悸、奔豚。

【药理作用】

1. 解热、镇痛 桂枝对多种发热模型动物有解热作用,挥发油中的桂皮醛及桂皮酸为主要有效成分,其解热作用与扩张皮肤血管,增加散热有关。桂枝对热刺激引起的小鼠疼痛反应有明显抑制作用。

2. 抗炎、抗过敏 桂枝煎剂和桂枝挥发油对急性、慢性和免疫损伤性炎症均有拮抗作用,其作用与抑制花生四烯酸代谢、影响炎症介质生成及抗氧化等有关。桂枝挥发油抗炎作用机制与抑制脂多糖(lipopolysaccharide,LPS)炎症信号通路中关键分子蛋白酪氨酸激酶活性及 NF-κB(nuclear factor κB,转录因子 κB)信号通路,减少炎症因子释放有关。桂枝抑制 IgE(immunoglobulin E,免疫球蛋白 E)所致肥大细胞脱颗粒释放介质,并抑制补体活性。桂枝能抑制透明质酸酶,表现出抗过敏作用,主要活性成分为多酚类物质。

3. 抗菌、抗病毒 桂枝浸出液、桂枝蒸馏液体外对金黄色葡萄球菌、白色葡萄球菌、大肠杆菌、白念珠菌、铜绿假单胞菌、变形杆菌、甲型链球菌、乙型链球菌、枯草芽孢杆菌等有抑制作用;对流感病毒亚洲甲型京科68-1株和 $ECHO_{11}$ 有抑制效果。桂枝挥发油及其主要成分桂皮醛对甲型流感病毒 A/PR/8/34 H1N1(hemagglutinin 1 neuraminidase 1)的增殖有抑制作用,作用机制与影响 Toll 样受体 7(toll-like receptors 7,TLR7,病原模式识别受体)的信号转导有关。

4. 镇静、抗惊厥 桂枝挥发油、水提取物和桂皮醛可减少小鼠自主活动,协同巴比妥类催眠药的催眠作用,对抗中枢兴奋药苯丙胺、士的宁、烟碱等所致的神经系统过度兴奋,抑制小鼠听源性惊厥。

5. 其他作用 桂枝尚有利尿、促进消化、扩张血管、改善微循环、抗血小板聚集、保护心肌、改善血管内皮功能障碍、增强胰岛素敏感性、抗抑郁等作用,桂皮醛为其主要有效成分。

综上所述,桂枝的发汗解肌功效与其解热、镇痛、镇静、抗炎、抗过敏、抗菌、抗病毒等作用相关;温通经脉、助阳化气功效与其扩张血管、改善微循环、抗血小板聚集、保护心肌、利尿等作用相关。

【药代动力学】

大鼠口服桂枝提取物后,血浆中可检测到桂皮酸及代谢物马尿酸,桂皮酸和马尿酸 $t_{1/2}$ 均为 20 min 左右。桂枝中桂皮醛在胃肠和肝中几乎全部转化为桂皮酸,桂皮酸吸收迅速而较完全,10 min 左右达峰;桂皮酸在体内分布较快;经代谢消除,主要代谢产物为马尿酸。与同量桂皮酸单体比较,桂枝口服后桂皮酸 AUC 增大,与桂枝中桂皮醛转化为桂皮酸有关。

【现代应用】

1. 上呼吸道感染 桂枝颗粒以及由桂枝、白芍、生姜、甘草和大枣组成的桂枝合剂可用于治疗外感风邪所致的头痛发热、鼻塞、干呕、汗出恶风等症。

2. 风湿性疾病　桂枝为主药的复方治疗风湿性关节炎属中医寒痹者有较好疗效,还可用于治疗类风湿关节炎、骨关节炎、强直性脊柱炎、肩周炎等。

荆芥

本品为唇形科植物荆芥 *Schizonepeta tenuifolia* Briq. 的干燥地上部分。

荆芥的主要成分有挥发油、单萜苷、黄酮、有机酸、三萜及甾体类化合物等。荆芥挥发油含量约1.8%,油中主要成分为右旋薄荷酮(*d*-menthone)、消旋薄荷酮、胡薄荷酮(pulegone)和少量右旋柠檬烯(*d*-limonene)等。单萜类化合物有荆芥内酯(schizonepetin)等。

荆芥味辛,性微温。归肺、肝经。具有解表散风、透疹、消疮的功效。用于感冒、头痛、麻疹、风疹、疮疡初起。

【药理作用】

1. 抗炎　荆芥煎剂、荆芥挥发油及荆芥酯类成分均有抗炎作用,能抑制炎症病理过程中的渗出、肿胀、白细胞聚集、肉芽组织增生,降低肺组织中中性粒细胞的浸润,尤其对炎症早期抑制作用较强。荆芥挥发油的抗炎作用机制与拮抗白三烯(leukotriene, LT)活性、抑制磷脂酶 A_2(phospholipidase A_2, PLA_2)活性和花生四烯酸(arachidonic acid, AA)代谢有关;亦与抑制 NF-κB 的激活而减少炎症介质释放有关。

2. 抗菌、抗病毒　荆芥煎剂体外对金黄色葡萄球菌和白喉杆菌有抗菌作用,对炭疽杆菌、乙型链球菌、伤寒杆菌等致病菌亦有一定抑制作用。荆芥醇提取物、荆芥穗总提取物、荆芥油、荆芥内酯对甲型流感病毒 A/PR/8/34(H_1N_1)感染小鼠具有保护作用。荆芥挥发油体外对 H_1N_1 的增殖亦有抑制作用;荆芥挥发油抗流感病毒的作用机制与 TLR7 信号转导通路中的关键分子髓样分化因子 88(Myd88)、肿瘤坏死因子受体相关因子 6(TNF receptor associated factor 6, TRAF6)的蛋白表达等有关。

3. 抗过敏　荆芥挥发油能抑制致敏豚鼠平滑肌变态反应的慢反应物质(slow-reacting substance of anaphylaxis, SRS-A)的释放和抑制大鼠被动皮肤过敏反应,荆芥穗有抗补体作用。

4. 其他作用　荆芥酯类提取物能抑制化学、热刺激引起的小鼠疼痛反应。荆芥内酯类提取物有发汗和改善血流流变学的作用。

综上所述,荆芥的解表散风、透疹、消疮功效与其抗炎、抗菌、抗病毒、抗过敏、镇痛、发汗等作用相关。

【药代动力学】

荆芥内酯是从荆芥中获得的单萜类化合物。大鼠口服荆芥内酯后,其绝对生物利用度为69.1%,达峰时间 0.7 h 左右, C_{max} 较高, $t_{1/2\beta}$ 为 3.2~3.7 h,大鼠体内有吸收迅速、消除较快的特点。具有中等强度的血浆蛋白结合率;以原形形式随尿液、粪便和胆汁排泄的量很少,可能主要以代谢产物的形式排出体外。

【现代应用】

1. 急性上呼吸道感染、流行性感冒　荆芥、防风制成的荆防合剂或荆防饮治疗效果较好。

2. 皮肤病　荆芥穗细粉撒布受治皮肤表面,荆芥与其他药物配伍外用或内服可治疗麻疹、荨麻疹、脚癣等皮肤病。

【不良反应】

荆芥内服有过敏反应的报告,表现为上腹部不适、腹痛、恶心、呕吐、胸闷、皮肤疼痛、瘙痒、瘀血及皮疹等。

【安全性评价】

荆芥油小鼠灌胃的 LD_{50} 约 1.1 ml/kg；荆芥炭脂溶性提取物小鼠腹腔注射的 LD_{50} 为 2.0 g/kg。

白芷

本品为伞形科植物白芷 Angelica dahurica（Fisch. ex Hoffm.）Benth. et Hook. f. 或杭白芷 Angelica dahurica（Fisch. ex Hoffm.）Benth. et Hook. f. var. formosana（Boiss.）Shan et Yuan 的干燥根。

白芷的化学成分主要为香豆素类物质、挥发油及多种微量元素。香豆素类主要成分为异欧前胡素（isoimperatorin）、欧前胡素（imperatorin）、白当归素（byakange licin）、水合氧化前胡素（oxypeucedanin hydrate）等线型呋喃香豆素。挥发油含量 0.5% 左右，主要有榄香烯（elemene）、十六酸（hexadecanic acid）、环十二烃（cyclododecane）、1-十五烯醇（1-pentadecanol）、丁子香酚（eugenol）等。

白芷味辛，性温。归胃、大肠、肺经。具有解表散寒、祛风止痛、宣通鼻窍、燥湿止带、消肿排脓的功效。用于感冒头痛、眉棱骨痛、鼻塞流涕、鼻衄、鼻渊、牙痛、带下、疮疡肿痛。

【药理作用】

1. 镇痛　白芷挥发油镇痛作用较为明显。作用机制与调节机体中枢部分单胺类神经递质含量、提高内源性镇痛物质含量、激活内源性镇痛系统等有关，但其作用并不由内源性阿片受体所介导。白芷挥发油镇痛作用的主要作用部位在中枢，同时对外周致痛因子 5-羟色胺（5-hydroxytryptamine, 5-HT）、NE 等也有一定的抑制作用，未发现挥发油存在躯体依赖性。白芷总香豆素亦表现出一定镇痛作用，作用部位既在中枢也在外周，其机制与减少一氧化氮（NO）的合成或释放有关。

2. 抗炎　白芷水提取物、醇提取物、醚提取物、醋酸乙酯部位、白当归脑和戊烯氧呋豆素均具有抗炎作用，作用机制与抑制环氧酶、减少炎症介质生成、抗多形核细胞趋化等有关。

3. 抗病原微生物　白芷体外对多种细菌，如大肠杆菌、宋氏痢疾杆菌、弗氏痢疾杆菌、变形杆菌、伤寒杆菌、铜绿假单胞菌、霍乱杆菌、人型结核杆菌和金黄色葡萄球菌等均有不同程度的抑制作用。白芷提取液对黏放线菌、枯氏锥虫、奥杜盎小芽孢癣菌的生长亦有一定抑制作用。

4. 光敏作用　白芷中所含欧前胡素、异欧前胡素、花椒毒酚、珊瑚菜素、氧化前胡内酯和异氧化前胡内酯等呋喃香豆素类化合物为"光活性物质"，能提高黑色素细胞的黏附和转移功能，可用于治疗白癜风。白芷制剂加黑光照射治疗银屑病的疗效与 8-甲氧基补骨脂素相当，其机制之一为香豆素类物质能通过与银屑病患者表皮细胞内 DNA 结合而抑制 DNA 合成，使迅速增殖的银屑病表皮细胞恢复至正常的增殖率而改善皮损。

5. 其他作用　白芷能抑制酪氨酸酶活性，减少皮肤黑色素的形成；白芷的香豆素类成分能抗炎保肝、促进脂肪分解和抑制脂肪合成；欧前胡素和异欧前胡素能抑制血小板聚集、降低血液黏度；总香豆素与佛手柑内酯通过抑制褪黑素代谢对睡眠有一定的改善作用；白芷挥发油有抗过敏、解痉、抗氧化、扩张血管等作用。白芷毒素在小剂量时能兴奋延脑呼吸中枢、血管运动中枢、迷走中枢和脊髓，大剂量时导致间歇性惊厥，继而导致麻痹。

综上所述，白芷的解表散寒、祛风止痛、宣通鼻窍、消肿排脓功效与其镇痛、抗炎、抗病原微生物等作用相关。其所含欧前胡素、异欧前胡素等呋喃香豆素类化合物有光敏作用。

【药代动力学】

大鼠口服白芷提取物后,血浆中可检测到欧前胡素。欧前胡素的代谢在大鼠体内呈二室模型分布,欧前胡素口服给药后吸收迅速,消除较快,达峰时间为 0.75 h,$t_{1/2\beta}$ 约为 5.5 h。川白芷提取物大鼠口服后,血浆中可检测到异欧前胡素,其在大鼠体内过程符合二室模型特征,达峰时间为 1.6 h,$t_{1/2}$ 约为 5 h。

【现代应用】

1. **头面部疼痛** 白芷在治疗头面部疼痛(偏头痛、眉棱骨痛、头痛、牙痛和三叉神经痛等)及疮疡肿痛方面疗效肯定。

2. **皮肤病** 白芷制剂用于银屑病、白癜风、面部色斑、痤疮等有效。

3. **结肠炎、鼻炎与鼻息肉** 白芷为主配伍其他药物治疗有效。

4. **妇科疾病** 白芷配伍可用于妇女慢性盆腔炎,外敷内服治疗乳痈有效。

【不良反应】

白芷制剂加黑光照射治疗银屑病时,患者不良反应有轻微头晕、恶心、上腹不适及皮肤瘙痒等,5.3%的患者血清转氨酶轻度升高。此外,因白芷酊剂外用会增加皮肤对长波紫外线的敏感性,增强紫外线的作用引起日光性皮炎,应予以注意。

辛夷

本品为木兰科植物望春花 *Magnolia biondii* Pamp.、玉兰 *Magnolia denudata* Desr.或武当玉兰 *Magnolia sprengeri* Pamp.的干燥花蕾。

不同品种和产地的辛夷挥发油含量高低不等,挥发油中主要有枸橼醛(citral)、丁香油酚(eugenol)、桉油精(cineole)、乙酸龙脑酯(bornyl acetate)、β-桉油醇(β-eudesmol)、樟脑(camphor)、β-蒎烯(β-pinene)等成分。

辛夷味辛,性温。归肺、胃经。具有散风寒、通鼻窍的功效。用于风寒头痛、鼻塞流涕、鼻鼽、鼻渊。

【药理作用】

1. **抗炎** 辛夷挥发油的抗炎作用确切,作用机制与抑制磷脂酶 A_2 活性、减少花生四烯酸代谢产物 LTs、PGs 生成有关。辛夷挥发油对豚鼠过敏性鼻炎有治疗作用,能缓解局部症状,改善局部黏膜的充血水肿,减少嗜酸性粒细胞和肥大细胞在炎症局部的浸润。辛夷挥发油对完全弗氏佐剂引起的原发性足肿胀和继发性足肿胀具有抑制作用。

2. **抗过敏** 辛夷的氯仿、甲醇、水提取物能对抗组胺引起的气管和肠道收缩;能抑制被动皮肤过敏反应,抑制组胺释放,拮抗乙酰胆碱作用。挥发油对动物过敏性哮喘气道炎症有治疗作用。

3. **抗菌** 辛夷挥发油中萜烯、萜醇及一些醛类成分能抗菌抑菌活性,对金黄色葡萄球菌、单增李斯特菌、大肠杆菌、鼠伤寒沙门菌等具有抑制作用,尤对其中的革兰阴性菌的抑制效果较好。辛夷提取物对灰葡萄孢菌的菌丝生长和孢子萌发具有抑制作用。

4. **改善记忆** 辛夷挥发油经嗅觉通路可改善自闭症模型小鼠的学习记忆能力,其机制可能与增加脑区内 5-HT 和 DA 的表达有关。

5. **保护肾脏** 辛夷挥发油能通过抑制糖尿病大鼠血清及肾组织中 P-选择素蛋白表达发挥肾保护作用,辛夷挥发油对肾缺血再灌注损伤具有保护作用。

6. **其他作用** 辛夷中木脂素成分具有抗血小板活化因子(platelet activating factor, PAF)活性作用,辛夷挥发油中的乙酸龙脑酯可通过调节母体和胎儿之间免疫平衡而预防流产。辛夷挥发油中的辛夷脂素具有降低二肾一夹型高血压大鼠血压的作用,能够改善高血压伴随的心肌肥厚症状,降压作用的机制与抗氧化和促进 NO 的释放有关。

综上所述,辛夷的散风寒、通鼻窍功效与其抗炎、抗过敏、抗菌等作用相关,抗氧化、改善记忆、保护肾脏是现代研究的新发现。

【现代应用】

1. **鼻炎、鼻窦炎** 辛夷常与其他中药组方使用。含辛夷制剂如辛夷鼻炎丸、苍辛气雾剂、鼻渊胶囊、鼻炎片和鼻炎灵片等,口服或局部给药对过敏性鼻炎、萎缩性鼻炎、急慢性鼻炎、鼻窦炎等有效,也能缓解感冒流涕、鼻塞不通。

2. **炎性疾病** 由药用灵猫香、辛夷组成的灵猫香散,可用于跌打损伤、血肿、陈伤新发、风湿劳损、关节劳损、关节疼痛。

细辛

本品为马兜铃科植物北细辛 Asarum heterotropoides Fr. Schmidt var. mandshuricum (Maxim.) Kitag.、汉城细辛 Asarum sieboldii Miq. var. seoulense Nakai 或华细辛 Asarum sieboldii Miq. 的干燥根和根茎。

细辛含挥发性、非挥发性成分及总马兜铃酸化合物。挥发性主要成分为甲基丁香酚(methyl eugenol)、黄樟醚(safrole)、3,5-二甲氧基甲苯(3,5-dimethoxytoluene)、榄香脂素(elemicin)、β-蒎烯(β-pinene)及 α-蒎烯(α-pinene)等。卡枯醇、左旋细辛脂素和左旋芝麻脂素为细辛中含量较高的非挥发性成分。

细辛味辛,性温。归肺、肾经,具有止痛通窍、止咳平喘、祛风散寒、通利血脉的功效,在治疗痰饮咳喘、关节疼痛、牙痛、鼻塞、风寒头痛等方面疗效显著;细辛还具有辛散温燥、温肺化饮、下气消痰的功效,可用于治疗气逆咳喘疾病。

【药理作用】

1. **解热、镇痛** 细辛挥发油对多种原因引起的家兔实验性发热、人工发热大鼠有解热作用。对正常豚鼠及大鼠具有降温作用。同时,细辛水提取液和挥发油对醋酸所致小鼠腹痛等具有镇痛作用,其中水提取液对皮肤疼痛的镇痛效果强于挥发油,对内脏疼痛的镇痛效果则弱于挥发油。

2. **镇静、催眠、抗惊厥** 细辛挥发油小剂量给药,使犬安静、驯服,减少其自主活动;大剂量有抗惊厥作用。细辛挥发油中含有甲基丁香酚,具有协同戊巴比妥钠催眠作用。

3. **局部麻醉** 细辛 50% 煎剂能阻滞蟾蜍坐骨神经冲动传导,其麻醉效果与 1% 普鲁卡因相当。细辛挥发油和 50% 细辛酊对人舌黏膜具有表面麻醉作用。

4. **抗炎作用** 细辛挥发油可抑制炎症过程的渗出、白细胞游走及肉芽组织增生,对甲醛、角叉菜胶、酵母及蛋清引起的大鼠踝关节肿胀、巴豆油引起的小鼠耳肿胀、组胺或 PGE 引起的毛细血管通透性增加、大鼠注射角叉菜胶引起的白细胞游走及大鼠肉芽增生均有抑制作用;并能降低炎症组织及渗出液中的组胺含量,但对 PGE_2、5-HT 含量无明显影响。细辛挥发油抗炎作用不仅与增强肾上腺皮质功能有关,还可阻碍炎症介质释放,降低毛细血管通透性,有效抑制白细胞游走及结缔组织增生。

5. **对呼吸系统的作用** 细辛挥发油中的甲基丁香酚可松弛豚鼠离体气管,对离体肺灌注量呈短暂降低,后持续增加,最长可维持 30 min。此外,细辛挥发油对组胺和乙酰胆碱所引起的支气管痉挛有对抗作用;甲基丁香酚对豚鼠气管亦有松弛作用。细辛醚也有一定平喘、祛痰作用。

6. **免疫抑制** 细辛水及其乙醇提取物均使速发型变态反应总过敏介质释放量减少。细辛乳剂、细辛煎剂灌胃给药,可使实验动物外周血 T 细胞数减少,胸腺与脾脏指数、溶血空斑数减少。细辛脂素具有一定抗排异反应作用,可提高器官移植存活率并减轻病理形态变化。

7. **抑菌作用** 细辛挥发油及黄樟醚有一定抗菌作用,体外实验可抑制溶血性链球菌、痢疾杆菌、伤寒杆菌、结核杆菌、枯草杆菌、黄曲霉菌、黑曲霉菌、白念珠菌等的生长。细辛挥发油对牙周炎主要致病菌(核梭形杆菌、中间普氏菌、牙龈卟啉单胞菌)具有抑制作用。

8. **其他作用** 细辛提取物可改善犬左室泵血功能和心肌收缩功能,增强离体兔、豚鼠心脏心肌收缩力,加快心率。细辛挥发油可增强豚鼠离体心脏冠脉流量,改善垂体后叶素诱导的家兔急性心肌缺血,提高小鼠减压缺氧耐受力。细辛中的消旋去甲乌药碱具有强心、扩张血管等功能。细辛中的活性成分 β-细辛醚可以抗抑郁,还可影响海马神经元的突触可塑性,改善 Aβ1-42 诱导的 PC12 细胞损伤和大鼠认知功能障碍;细辛挥发油作用后,皮肤角质层中的脂质和角蛋白构象发生紊乱,皮肤的渗透性增加,其促透机制与细辛挥发油紊乱皮肤角质脂质和蛋白质的流动性相关。

综上所述,细辛的祛风散寒、祛风止痛、通窍、温肺化饮功效与其解热、镇痛、镇静、抗炎抗风湿、抗菌、免疫抑制、松弛支气管平滑肌等作用相关。细辛改善心血管功能、保护神经等作用,是现代药理的新发现。

【现代应用】

1. **疼痛** 由细辛、闹羊花、防己和延胡索组成的止痛水,可用于头痛、牙痛、关节痛、痛经及各种神经痛。此外,外敷细辛末可治疗口腔溃疡、慢性唇炎、牙痛等。

2. **类风湿关节炎** 细辛配伍制附子、豨莶草使用有较好疗效。

3. **呼吸道疾病** 细辛配伍麻黄、防风、黄芩等药物,可用于治疗感冒、流感、支气管炎、过敏性鼻炎等疾病,如辛芩颗粒、苍辛气雾剂。

【不良反应】

细辛毒性较大,内服一般 1~3 g;研末外用适量;用量过大,可致面色潮红、头晕、多汗,甚至胸闷、心悸、恶心、呕吐;人每日用量超过 20 g 时,可有口唇、舌尖和趾指发麻感,停药后可以恢复;超量使用,会引起严重的中毒反应,呼吸逐渐减弱,神经反射消失,严重者可因呼吸麻痹而死亡。细辛对肾脏有一定毒性,长期使用细辛可引起肾组织损伤,肾功能不全者应慎用。

【安全性评价】

细辛挥发油所含黄樟醚系致癌物质,将其掺入饲料中,两年后 28% 大鼠出现肝癌。细辛少量长时间喂饲猫及家畜,可引起动物肝、肾脂肪性变。细辛水煎液能诱发雄性小鼠骨髓嗜多染红细胞微核和小鼠精子畸形,具有致突变作用。细辛水煎液在每日 33.0 g/kg 下可导致大鼠肾损伤。2015 版《中华人民共和国药典》对细辛中的马兜铃酸 I ($C_{17}H_{11}NO_7$) 含量制定了限量标准(为<0.001%),并严格规定了注意内容。

柴胡

本品为伞形科植物柴胡 *Bupleurum chinense* DC. 或狭叶柴胡 *Bupleurum scorzoneri folium* Willd. 的干燥根。前者习称"北柴胡",后者为"南柴胡"。

柴胡主要含柴胡皂苷、挥发油、黄酮类、甾醇和多糖等成分。挥发油含有戊酸(pentanoic acid)、庚酸(heptanoic acid)、己酸(hexanoic acid)、丁香酚(eugenol)、γ-十一酸内酯、对-甲氧基苯乙酮(4′-

methoxyacetophenone)、柠檬烯(limonene)、莰烯(camphene)、月桂醛(dodecyl aldehyde)等成分。柴胡皂苷主要为柴胡皂苷(saikosaaponin)a、b、c、d。黄酮类主要有槲皮素(quercetin)等。甾醇类主要为α-菠菜甾醇,尚有豆甾醇等。

柴胡皂苷 a

柴胡皂苷 b

柴胡味辛、苦,性微寒。归肝、胆、肺经。具有疏散退热、疏肝解郁、升举阳气的功效。用于感冒发热、寒热往来、胸胁胀痛、月经不调、子宫脱垂、脱肛。

【药理作用】

1. **解热、抗内毒素** 柴胡解热作用明确,柴胡煎剂、注射液、醇浸膏、挥发油和粗皂苷等,对伤寒、副伤寒疫苗和大肠杆菌液、发酵牛奶、酵母液及内生性致热原等引起的动物实验性发热,均有解热作用。柴胡皂苷、皂苷元 A 和挥发油是柴胡解热的主要物质,挥发油中解热主要成分为月桂醛、γ-古芸烯(γ-gurjunene)和2,4-癸二烯醛(2,4-decadien-1-al)、丁香酚、己酸等。柴胡总挥发油具有毒性低、解热效果好的优点,作用部位在下丘脑体温调节中枢,能抑制体温调定点的上移。柴胡水提取物的解热作用机制主要与降低血中炎症介质 IL-1β、IL-6、TNF-α、PGE_2 含量和调节下丘脑 cAMP 及精氨酸加压素(arginine vasopressin, AVP)合成分泌有关。

柴胡提取液对内毒素所致的血管内弥散性凝血(disseminated intravascular coagulation, DIC)模型大鼠有对抗作用,能降低内毒素致死小鼠的死亡率,对内毒素致热家兔有很好的解热作用。柴胡提取液体外对细菌内毒素有破坏作用,柴胡总皂苷是其抗细菌内毒素作用的主要物质,抗内毒素也是柴胡产生解热作用的重要途径之一。

2. **抗炎** 柴胡抗炎作用较好,对炎症渗出、毛细血管通透性升高、炎症介质释放、白细胞游走和结缔组织增生等多种炎症过程具有抑制作用。柴胡皂苷为主要有效成分,抗炎作用机制与刺激肾上腺,促进肾上腺皮质激素合成、释放有关。构效关系研究显示,柴胡皂苷元基本母核中环氧齐墩果烯骨架及4位碳原子上的侧链—CH_2OH 在抗炎效应上发挥重要作用。皂苷口服,抗炎作用弱,仅为肌内注射的十分之一,表明柴胡皂苷可能在消化道难吸收或易在消化道破坏失活。另有研究表明,以肿胀和渗出为指标,生柴胡抗炎作用优于醋柴胡。

3. **镇痛、镇静** 柴胡能抑制尾压刺激、热板和醋酸引起的小鼠疼痛反应,柴胡皂苷镇痛作用可部分被纳洛酮所拮抗。柴胡煎剂可减少实验动物的自发活动,抑制条件反射,协同环己巴比妥的催眠作用,对抗咖啡因和去氧麻黄碱的中枢兴奋作用。正常人口服柴胡粗制剂后可出现嗜睡、颈部活动迟钝、动作欠灵活等中枢抑制现象。

4. 保肝、利胆 柴胡、醋炙柴胡等对多种原因如四氯化碳、乙醇、伤寒疫苗、卵黄、霉米、D-半乳糖胺及α-萘硫氰酸酯等引起的动物实验性肝损伤有一定治疗作用,可降低血清天门冬氨酸转氨酶(aspartate aminotransferase, AST)、丙氨酸转氨酶(alanine aminotransferase, ALT)活性,减轻肝组织损伤。柴胡水浸剂和煎剂能增加实验动物的胆汁排出量,降低胆汁中胆酸、胆色素和胆固醇的浓度。

柴胡皂苷对肝细胞的保护作用机制如下:① 刺激垂体-肾上腺皮质系统,增加内源性糖皮质激素分泌,提高细胞应激能力。② 活化巨噬细胞,促进抗体、干扰素的产生。③ 抗过氧化损伤,降低过氧化脂质生成。④ 增强自然杀伤细胞(natural killer cell, NK)和淋巴因子激活的杀伤细胞(lymphokine activated killer cell, LAK)的活性。⑤ 抑制肝细胞凋亡。

5. 抗抑郁 柴胡对慢性应激抑郁模型大鼠、孤养加不可预见性刺激所诱发的抑郁症模型大鼠、束缚四肢法所制备的肝郁证模型大鼠的行为学、神经递质异常有改善作用。柴胡正丁醇提取部位与水提取部位、柴胡皂苷a是其抗抑郁作用的物质基础,作用机制与提高中枢NE、DA、5-HT浓度,抑制海马区 Caspase-3、Caspase-9 蛋白表达,促进海马区脑源性神经营养因子(brain-derived neurotrophic factor, BDNF)的表达及抗氧化等有关。另有研究表明,醋柴胡的疏肝解郁作用优于生柴胡。

6. 抗癫痫 柴胡注射液抑制毛果芸香碱致痫家兔和大鼠的脑电活动。柴胡皂苷、挥发油部位有抗癫痫的强直阵挛发作作用,水溶性部位对失神发作有拮抗作用。抗癫痫机制研究发现,柴胡皂苷a能通过抑制星形胶质细胞的激活而发挥抗癫痫作用,并能通过抑制 TNF-α 释放及肿瘤坏死因子受体1(tumor necrosis factor receptor 1, TNFR1)的高表达,抑制 TNF-α 与星形胶质细胞表面受体结合,降低神经元的兴奋性而抑制癫痫发作。

7. 抗菌、抗病毒 柴胡制剂体外对溶血性链球菌、金黄色葡萄球菌、霍乱弧菌、结核杆菌和钩端螺旋体有抑制作用;对流感病毒、肝炎病毒、呼吸道合胞病毒、人乳头瘤病毒、牛痘病毒等有抑制作用,并能抑制Ⅰ型脊髓灰质炎病毒引起的细胞病变。柴胡能降低鼠肺炎病毒所致小鼠肺指数的增高和死亡率。

8. 其他作用 柴胡皂苷肌内注射能降低实验性高脂血症动物的血脂水平,以三酰甘油的降低尤为显著;加速胆固醇及其代谢产物从胆汁和粪便排泄。柴胡影响脂质代谢的主要成分是皂苷a、d和皂苷元a、d。α-菠菜甾醇也能使高胆固醇动物的血浆胆固醇水平降低。

柴胡总皂苷对动物应激型、幽门结扎型、醋酸型、组胺型、无水乙醇型溃疡均有防治效果;柴胡多糖对乙醇、吲哚美辛、盐酸-乙醇所致的实验性胃黏膜损伤也有保护作用。

柴胡多糖、柴胡果胶多糖、柴胡皂苷等能促进机体的免疫功能,表现为增强库普弗(Kupfful)细胞的吞噬功能,提高巨噬细胞、NK的功能,提高淋巴细胞的转化率。柴胡皂苷d与柴胡皂苷a能提高小鼠血浆 IgA 和 IgG 水平,提高 T、B 细胞的活性和 IL-2 的分泌水平。柴胡果胶多糖可促进脾细胞 IgG 的生成。

柴胡尚有保护肾脏、兴奋子宫及其周围组织、调节胃肠运动功能等作用。

综上所述,柴胡的疏散退热功效与其解热、抗炎、镇痛、镇静、抗癫痫、抗菌、抗病毒、抗内毒素等作用相关;疏肝解郁功效与其保肝、利胆、抗抑郁及抗溃疡等作用相关;升举阳气功效与调整子宫、胃肠道平滑肌运动有关。

【药代动力学】

大鼠经口给予柴胡50%乙醇提取物,血中检测到柴胡皂苷a、c和d,AUC皂苷a>皂苷c>皂苷d。柴胡皂苷原形口服后的胃肠道吸收较差,但吸收会随着被水解的程度增加而增加。柴胡皂苷可经肠菌糖苷酶分解成柴胡苷元。柴胡皂苷a吸收差、生物利用度低,静注浓度-时间曲线呈二室模型,V_d为22 L/kg,$t_{1/2\beta}$为2 h左右;大鼠口服柴胡提取物,皂苷a和c的$t_{1/2\beta}$4~6 h,皂苷d $t_{1/2\beta}$10 h。柴胡皂苷静脉注射给药和灌胃给药后,在体内的暴露程度和药动学行为有很大的区别,相比于静脉给药,灌胃给药后的柴胡皂苷生物利用度极低,但是消除半衰期延长;且较给予单体皂苷,同时给予多种皂苷后各单体柴胡皂苷的消除会更加缓慢。

【现代应用】

1. 体温升高　柴胡口服液、柴胡滴丸、柴胡注射液可用于治疗感冒、流行性感冒及疟疾等引起的体温升高。

2. 支气管炎、咳嗽　柴胡镇咳片用于感冒引起的咳嗽及支气管炎。

3. 肝炎　柴胡复方制剂用于治疗急、慢性肝炎,对改善症状,回缩肿大的肝脏、脾脏,恢复肝功能有较好效果。

4. 高脂血症　柴胡加适量罗汉果混合水煎服用,可使血脂(三酰甘油和胆固醇)下降。

5. 流行性腮腺炎、单疱病毒性角膜炎　柴胡及柴胡注射液对治疗有效。

【不良反应】

大剂量口服柴胡制剂既可出现嗜睡、工作效率降低等中枢抑制现象,还可出现食欲减退、腹胀等现象。柴胡煎剂口服偶见过敏反应,表现为皮疹、瘙痒、身热、烦躁等。柴胡注射液所致不良反应的临床表现包括过敏反应、休克、皮疹、头晕恶心、肾功能损害、肺水肿、寒战、高热、呼吸困难、腹痛腹泻等,其中头晕恶心和过敏反应占较大比例。儿童禁用。应予以注意柴胡煎剂和柴胡皂苷注射有溶血作用。

【安全性评价】

柴胡皂苷d是导致柴胡产生毒性的主要成分之一。小鼠灌胃柴胡皂苷d的最大耐受量为770 mg/kg,腹腔注射的LD_{50}为62 mg/kg,死亡小鼠急性毒性表现为安静怠动,继而出现走路不稳、呼吸急促、间歇性抽搐、神经抑制而死亡。存活小鼠在14日观察期内体重增长缓慢,死亡小鼠解剖观察,有肝脏病变,其他未见异常。

葛根

本品为豆科植物野葛 *Pueraria lobata* (Willd.) Ohwi 的干燥根。

葛根的有效成分主要为异黄酮类化合物,包括葛根素(puerarin)、大豆苷(daidzin)、大豆苷元(daidzein)等;还含葛根苷类化合物,包括葛根苷(pueraside) A、B、C 等;三萜及三萜皂苷类化合物,包括槐二醇(sophoradiol)、大豆皂醇(soyasapogenol) A、B,葛根皂醇 A、C 和 B 的甲酯(kudzusapogenol A,C,B methylester)等;香豆素类化合物,包括 6,7-二甲氧基香豆素(6,7-dimethoxycoumarin)、香豆雌酚(coumestol)、葛根酚(puerarol)等。另含尿囊素(allantion)、β-谷甾醇(β-sitosterol)、脂肪酸、淀粉及微量元素钾、镁、钙、锌等。

葛根味甘、辛,性凉。归脾、胃、肺经。具有解肌退热、生津止渴、透疹、升阳止泻、通经活络、解酒毒的功效。用于外感发热头痛、项背强痛、口渴、消渴、麻疹不透、热痢、泄泻、眩晕头痛、中风偏瘫、胸痹心痛、酒毒伤中。

葛根素

【药理作用】

1. 解热 葛根煎剂及其黄酮类成分葛根素,对多种实验性发热动物模型均具有解热作用。葛根素还能抑制热原的合成和释放,减轻脂多糖诱导的发热。解热机制可能与扩张皮肤血管、促进体表血液循环而加快散热有关。

2. 降血糖 葛根煎剂及葛根素具有降血糖作用。作用机制可能与激活胰高血糖素样肽-1受体(glucagon-like peptide 1 receptor, GLP-1R)通路,改善胰岛β细胞生存,增加脑垂体、胰腺组织β内啡肽(β-endorphin,β-EP)合成,增加胰岛素分泌,抑制α-葡萄糖苷酶,上调脂肪、骨骼肌组织葡萄糖转运体4(glucose transporter 4, GLUT4)基因的表达,促进葡萄糖的摄取利用有关。此外,葛根能通过降低炎症因子TNF-α水平和单核细胞趋化蛋白水平、降低血液黏稠度、改善微循环而减轻糖尿病并发症。

3. 对心血管系统的作用

(1) 降血压:葛根、葛根总黄酮及葛根素对多种高血压动物有降压作用,降压作用机制与抑制肾素-血管紧张素系统活性、降低儿茶酚胺的含量有关。葛根素能降低高血压患者内皮素的过量释放,纠正循环中血栓素A_2(thromboxane A_2, TXA_2)与前列环素PGI_2的平衡失调。此外,葛根素有β受体阻断作用,表现出降压、减慢心率和降低心肌耗氧量等作用。

(2) 舒张血管、改善微循环障碍:葛根素能抑制血管平滑肌细胞增殖,舒张血管,保护血管内皮功能,调节内皮血管活性物质释放。葛根素呈现内皮依赖性舒血管效应,该作用与激活NO系统及ATP敏感的钾通道有关。葛根素可通过对血浆内皮素(endothelin, ET)、肾素和血管紧张素Ⅱ(angiotensin Ⅱ, Ang Ⅱ)三者水平的平衡调控来保护血管功能。葛根素对各种因素所致的内皮损伤有保护作用,并通过抗氧化、抑制促凝因子的释放与活性,增加抗凝血物质的释放而改善微循环。

(3) 保护缺血心肌:葛根素对全心缺血心肌的超微结构有良好保护作用。葛根素能降低缺血与再灌流时心肌的氧消耗量,减少缺血引起的心肌乳酸的产生,改善缺血再灌后心肌超微结构,并能通过减少Ang Ⅱ的释放而延缓心力衰竭的发生。

(4) 抗心律失常:葛根素能对抗由乌头碱、氯化钡、氯化钙、氯仿-肾上腺素和急性心肌缺血等所致的动物心律失常。其抗心律失常的电生理机制与延长心肌细胞动作电位时程(action potential duration, APD)、抑制延迟整流钾电流有关。葛根黄酮和大豆苷元亦有抗心律失常作用。

(5) 抗血栓、改善血流流变性:葛根素抑制二磷酸腺苷(adenosine diphosphate, ADP)或ADP联合5-HT诱导的大鼠、家兔、绵羊及正常人血小板聚集。能改善糖尿病患者、老年不稳定型心绞痛患者的血流状态,降低血液黏度。

4. 神经保护 葛根总黄酮、葛根素能减轻脑组织神经元凋亡,对缺氧缺血性脑损伤后的脑神经发挥保护作用,作用机制与降低Caspase-3活性、减轻脑缺血再灌注损伤后炎症反应、抑制一氧化氮合酶(nitric oxide synthase, NOS)表达而减少NO的过量生成等有关。

微管系统参与多种细胞功能。微管由微管蛋白及微管相关蛋白组成,Tau蛋白是含量最高的微管相关蛋白。阿尔茨海默症(Alzheimer's dementia, AD)患者脑内Tau蛋白过度磷酸化,并丧失正常生物功能。葛根素能改善痴呆动物的学习记忆能力,作用机制与其抑制Tau蛋白的过度磷酸化、减轻胆碱能神经元损伤、增加胆碱乙酰转移酶(choline acetyl transferase, ChAT)活性和功能、催化乙酰胆碱(acetylcholine, ACh)合成、抑制β-淀粉样肽的神经毒性等有关。

5. **防治骨质疏松**　骨形态发生蛋白-2(bone morphogenetic protein-2, BMP-2)是转化生长因子β超家族成员之一,在调节成骨过程的趋化、分化和骨形成细胞的有丝分裂中发挥重要作用。葛根素具有抗骨质疏松的作用,可诱导BMP-2表达并促进成骨细胞增殖、提高碱性磷酸酶活性和矿化结节的形成;促进骨钙蛋白分泌、骨桥蛋白和骨保护素的表达,从而治疗骨质疏松。

6. **保肝**　葛根可有效降低急性肝损伤大鼠模型的ALT、AST活性,增加谷胱甘肽含量,有助于保护受损肝脏。葛根还具有抗脂质过氧化、抗纤维化、清除氧自由基和抑制促炎症因子表达的作用,减缓肝细胞病理性损伤,恢复肝脏功能。

7. **其他作用**　葛根尚有降脂、抗氧化及解酒等作用。

综上所述,葛根的解肌退热、生津止渴功效与其解热、降血糖等作用有关;其降低血压、舒张血管、改善微循环障碍、保护缺血心肌、抗心律失常、抗血栓、改善血流流变性及神经保护、保肝活性、抗骨质疏松等作用则是近年来药理研究的新发现。

【药代动力学】

大鼠经口给予葛根提取物后,血浆中检测到葛根素、大豆苷元及相应的代谢产物;葛根素、大豆苷元吸收均较快,血浆浓度10 min左右达峰。葛根素可被肠道细菌转化为大豆苷元和毛蕊异黄酮,葛根素口服吸收差,犬口服生物利用度约6%,但吸收较快,血浆浓度1 h左右达峰,食物可延缓其吸收;药-时过程为二室模型,分布快而广,血浆蛋白结合率为24.6%,肾脏浓度较高,肝、脾次之,可通过血脑屏障,$t_{1/2\alpha}$为1 h;大鼠体内主要代谢为大豆苷元及相应的硫酸和葡萄糖醛酸Ⅱ代谢物,尿中主要排泄物为葛根素,消除慢,$t_{1/2\beta}$ 15 h;葛根素在人及大鼠体中主要由肾脏排泄,而小鼠主要排泄途径为肠道。葛根素的排泄与给药途径密切相关:静脉及口服后尿排泄量分别为34%及1.85%,粪排泄量8.9%和35.7%,表明口服给药时葛根素吸收较少,生物利用度较低。而静脉给药,由肾脏清除,在体内分布迅速,消除快,无蓄积。

【现代应用】

1. **偏头痛、高血压**　葛根素片、葛根总黄酮口服治疗可缓解偏头痛,改善高血压患者的头痛、项强、头晕、耳鸣症状。

2. **缺血性脑血管病、突发性耳聋**　葛根素片、葛根素注射液、愈风宁心颗粒(由葛根制备)等治疗可改善患者症状。

3. **冠心病、心绞痛**　葛根素注射液(胶囊、滴丸)、愈风宁心颗粒、葛兰心宁软胶囊(含葛根总黄酮、绞股蓝总皂苷、山楂提取物)、心血宁片(含葛根提取物、山楂提取物)等,可缓解症状,改善心电图。

4. **糖尿病并发症**　葛根素注射液可改善糖尿病周围神经病变症状,提高运动、感觉神经传导速度。

5. **眼底病**　葛根素注射液可用于眼底病,如视网膜动、静脉阻塞和视神经萎缩等。

此外,葛根素注射液对颈椎病、软组织损伤、高血脂等有一定改善效果。

【不良反应】

葛根素注射液在临床应用中有发生不良反应的报道,引起的不良反应表现有药物热、过敏性药疹、过敏性休克、速发性喉头水肿、震颤、过敏性皮疹、面部血管水肿、消化道出血、溶血反应、肾绞痛、血红蛋白尿、丙氨酸转氨酶升高、心脏停搏、窦房结抑制等,患者不良反应潜伏期有长有短,临床应用时应予以注意。

【安全性评价】

葛根安全性高。大鼠和兔分别以 516.7 mg/kg、273 mg/kg 腹腔和静脉注射葛根素,用药 2 周,观察 30 日后的血象、肝功能及病理组织学(心、肝、肾)检查均未见异常改变。Ames 实验、染色体畸变分析、微核测定、致畸试验、精子畸形试验等表明葛根素无致突变和致畸作用。

第三节 常用方剂

桂枝汤(《伤寒论》)

【组成】

桂枝去皮 9 g、芍药 9 g、炙甘草 6 g、生姜切 9 g、大枣擘 12 枚 6 g。

【功效与主治】

解肌发表,调和营卫。主治外感风寒表虚证,症见恶风发热、汗出头痛、鼻鸣干呕、苔白不渴、脉浮缓或浮弱。

【药理作用】

1. **抗病毒** 桂枝汤煎剂可抑制流感病毒亚洲甲型鼠肺适应株 FM_1 滴鼻感染所致肺炎模型小鼠的肺部炎症反应,降低肺指数,减少肺组织中增殖的病毒颗粒,增强单核巨噬细胞的吞噬功能。体外对副流感病毒-Ⅰ(HA_2)、呼吸道合胞病毒(respiratory sycytial virus, RSV)、腺病毒 3 型、7 型(human adenovirus, AdV_3、AdV_7)、ECHO11、柯萨奇 B 族病毒 4、5、6 型(coxsackievirus, $CoxB_4$、$CoxB_5$、$CoxB_6$)、单纯疱疹病毒Ⅰ、Ⅱ型(herpes simplex virus, HSV-Ⅰ、HSV-Ⅱ)等所致的 Hep-2 细胞病变有不同程度的抑制作用;含桂枝汤的大鼠血清对 HSV-Ⅰ、HSV-Ⅱ、$CoxB_4$、$CoxB_5$ 和副流感病毒所致 Hep-2 细胞病变亦有抑制作用。

2. **抗菌** 桂枝汤体外对金黄色葡萄球菌、耐甲氧西林金黄色葡萄球菌(methicillin-resistant staphylococcus aureus, MRSA)、枯草杆菌、甲型链球菌、变形杆菌和铜绿假单胞菌的生长有一定抑制作用。

3. **解热** 桂枝汤灌服对啤酒酵母、霍乱、伤寒、副伤寒甲乙四联菌苗、IL-1、干扰素和 TNF-α 等所致动物实验性发热有明显解热作用,其作用机制与降低模型动物血清的 IL-1 和 TNF-α,血浆和下丘脑的 PGE_2 水平有关。

4. **抗炎** 桂枝汤能抑制模型动物急性炎症反应,并抑制佐剂性关节炎模型大鼠的原发与继发性足肿胀,降低继发性关节炎关节液中 IL-1β 和 TNF-α 的浓度。全方合煎抗炎作用最强,桂枝是其中发挥抗炎作用的主要药物。桂枝汤中苯丙烯类化合物是其抗炎物质基础,作用机制与抑制环氧化酶-2(cyclooxygenase-2, COX-2)和膜结合型前列腺素 E2 合酶-1(microsomal prostaglandin E synthase-1, mPGES-1),从而抑制 PGE_2 分泌有关。

5. **镇静、镇痛** 桂枝汤能减少小鼠自主活动,协同戊巴比妥钠的中枢抑制作用;对抗热刺激与化学刺激引起的疼痛反应。

6. **对汗液分泌的调节** 桂枝汤能促进正常及汗腺分泌受抑的流感病毒感染小鼠的发汗;对阿托品或安痛定肌注大鼠所致的汗腺分泌受抑或亢进的病理模型,桂枝汤能分别增强或抑制汗腺分泌。

7. **调节免疫功能** 桂枝汤对正常动物的非特异性免疫功能无明显影响,但能改善流感病毒感染所致病毒性肺炎小鼠的免疫功能、增强免疫功能低下模型小鼠肠道黏膜的免疫功能。桂枝汤能抑制迟发型超敏反应、减少胶原诱导的免疫性关节炎小鼠外周血T淋巴细胞数、抑制脾脏淋巴细胞功能,从而可能诱导免疫耐受和免疫抑制。桂枝汤乙醇提取物和石油醚萃取物能抑制T细胞和B细胞增殖。

8. **其他作用** 桂枝汤对胃肠道运动有双向调节作用,调节机制与影响胃动素、胃泌素、生长抑制素及血管活性肠肽(vasoactive intestinal peptide, VIP)水平有关。桂枝汤还具有抗过敏、降血糖、改善学习记忆的作用;亦能改善高血脂动物血脂、血流流变学、动脉粥样硬化、炎性病变及肝细胞脂肪病变,预防糖尿病大鼠心脏自主神经损伤、减轻自主神经重塑,保护交感神经损毁所致的心肌损伤等。

综上所述,桂枝汤的解肌发表、调和营卫功效与其解热、抗病毒、抗菌、抗炎、镇痛、镇静、抗过敏、调节免疫功能等作用相关。

【药代动力学】

大鼠灌胃给予桂枝汤后血浆中可检测到桂皮酸、马尿酸、芍药苷和甘草次酸。桂皮酸可迅速吸收进入体内,并代谢产生马尿酸,1 min即可检测到,并随时间呈动态变化。桂皮酸和芍药苷吸收快,分别在5 min和0.5 h达峰,桂皮酸转化为马尿酸速度较快,马尿酸在0.5 h达峰,三者消除$t_{1/2}$均为1~2 h,甘草次酸在11 h达峰,消除$t_{1/2}$为6 h左右。

【现代应用】

1. **上呼吸道感染** 桂枝汤对普通感冒、流行性感冒、呼吸道炎症等疗效良好。
2. **出汗异常** 桂枝汤加味治绝育术后自汗、低热,外感多汗、局限性多汗症和黄汗症有效。
3. **颈椎病、肩周炎** 桂枝汤加葛根治颈椎病有效,加草乌浸酒治肩周炎有效。
4. **过敏性疾病** 桂枝汤对荨麻疹、多形红斑、皮肤瘙痒、过敏性鼻炎等过敏性疾病有效。

【安全性评价】

大鼠口饲桂枝汤饮片煎剂20~80 g/kg连续12周,未见毒性反应。正常受精小鼠妊娠第5~15日连续口饲桂枝汤5~20 g/kg,无致畸胎作用。

银翘散(《温病条辨》)

【组成】

连翘30 g,金银花30 g,苦桔梗18 g,薄荷18 g,竹叶12 g,生甘草15 g,荆芥穗12 g,淡豆豉15 g,牛蒡子18 g。

【功效与主治】

辛凉透表,清热解毒。主治温病初起,症见微恶风寒、无汗或有汗不畅、头痛口渴、咳嗽咽痛、舌尖红、苔薄白或薄红、脉浮数。

【药理作用】

1. **解热** 银翘散是治疗表热证的代表方,银翘散煎剂、袋泡剂、丸剂、滴鼻剂、颗粒剂、蜜丸口服给药对多种致热剂如伤寒菌苗、脂多糖(革兰阴性菌)、三联疫苗、五联疫苗、内生性致热原(endogenous pyrogen, EP)、2,4-二硝基苯酚和啤酒酵母等所引起的实验动物发热均有明显的解热作用。解热作用机制与解除致热原对热敏神经元的抑制,并抑制冷敏感神经元(cold-sensitive neuron, CSN)发放冲动有关,为中枢解热剂,但不全同于阿司匹林类解热镇痛药。银翘散对EP合成无明显影响,提示解热作用可能在于阻断 EP 产生以后的环节。其解热作用发挥与降低发热模型动物下丘脑组织中 cAMP 的含量有关。

拆方研究显示,方中解表药物荆芥、薄荷、牛蒡子、淡豆豉解热作用显效快而维持时间短,清热药物金银花、连翘、苦桔梗、竹叶、生甘草、芦根显效慢,但作用维持时间长,故解热作用以全方效果最好。

此外,煎煮方式对银翘散的效果有显著影响,以传统砂锅煎煮方式的解热效果最佳;煮沸 3 min 或 6 min 的银翘散解热效果最佳;用传统煎煮法以薄荷、荆芥后下煎煮 3 min 和 5 min 较好。

2. **抗炎**　银翘散煎剂、片剂、袋泡茶、滴鼻剂和银翘解毒颗粒剂等均有抗炎作用,对多种致炎剂如组胺、前列腺素、蛋清、巴豆油、二甲苯等所致的动物炎症模型有抑制作用,以抗组胺性渗出为佳。银翘散对内毒素血症动物的早期炎症变化有抑制作用,可降低 IL-1β、IL-6、TNF-α、IL-8 等炎症细胞因子水平。

3. **抗菌、抗病毒**　银翘散浓缩袋泡剂、煎剂体外对金黄色葡萄球菌、乙型溶血性链球菌、甲型链球菌、肺炎球菌、卡他球菌、白喉杆菌、大肠杆菌、铜绿假单胞菌、沙门菌、白念球菌等有一定的抑制作用,煎剂对耐药性金黄色葡萄球菌亦有抑制作用。银翘散中的金银花提取物中有效成分绿原酸、异绿原酸 A 和连翘提取物中有效成分连翘酯苷、连翘苷及连翘脂素都对大肠杆菌、金黄色葡萄球菌有抑制作用。

银翘散体内给药对多种呼吸道病毒感染模型动物有保护作用,如甲 3 亚型流感病毒(H_3N_2)、甲 I 型流感病毒、流感病毒亚洲甲型鼠肺适应株(FM1)、流感 A_2 病毒、呼吸道合胞病毒等,作用机制与提高呼吸道分泌型免疫球蛋白 A (secretory immunoglobulin A, sIgA)水平、抑制 Th1(辅助性 T 细胞)细胞亚群优势反应,及降低炎症因子 TNF-α 及升高 γ-干扰素(interferon-γ, IFN-γ)水平而减少炎性损伤或抑制 Fas/FasL 介导的凋亡信号转导途径等有关。此外,鸡胚法、细胞法显示银翘散对 H9 亚型、H5 亚型禽流感病毒有直接灭活、抑制增殖的作用。银翘散中金银花、连翘、牛蒡子是其抗甲型流感病毒鼠肺适应株 A/FM1/47(H1N1)的主要活性药物。

4. **其他作用**　银翘散尚有镇痛、抗过敏作用。银翘散能增强小鼠非特异性和细胞免疫功能,提高小鼠的游泳耐力时间,提高免疫抑制小鼠网状内皮系统的吞噬功能、外周血 CD^{4+} T 细胞的数量及免疫器官指数,提高寒冷应激并伴肺炎链球菌感染模型动物呼吸道黏膜的免疫功能。

综上所述,银翘散的辛凉透表、清热解毒功效与其解热、抗炎、抗菌、抗病毒、抗过敏、镇痛及促进免疫功能等作用相关。

【药代动力学】

以对鲜酵母所致发热大鼠的解热效应为指标,银翘散解热作用的最小起效剂量为 0.18 g/kg,作用期为 6.4 h,体内生物效应消除半衰期为 1.1 h。以抑制二甲苯所致小鼠皮肤毛细血管通透性增高为指标,灌服银翘散的抗炎作用最低起效剂量为 1.5 g/kg,药效半衰期为 4.5 h,达峰时间为 2.3 h,作用维持时间约为 16.2 h。

【现代应用】

1. **感染性疾病**　银翘散对肺炎、扁桃体炎、急慢性咽喉炎等呼吸道感染患者的发热等症状有改善作用;银翘散或银翘散加减,或配合常规治疗对风疹、流行性腮腺炎、水痘、手足口病、疱疹性咽喉炎、病毒性心肌炎等感染性疾病,获得良好疗效。

2. **皮肤变态反应性疾病**　用本方加减治疗过敏性皮炎、药物性皮炎、荨麻疹、牛皮癣、湿疹、银屑病、玫瑰糠疹、过敏性紫癜、青春期痤疮等,均可获得较好效果。

【安全性评价】

灌胃给予 Wistar 大鼠银翘散口服液 10~40 g/kg 连续 30 d,无明显亚急性毒性。

第八章 清热药

导学

本章介绍清热药的基本药理作用,常用单味中药黄芩、黄连、苦参、金银花、连翘、大青叶与板蓝根、鱼腥草、北豆根、地黄、牡丹皮、栀子、知母、夏枯草、青蒿及常用方剂黄连解毒汤、白虎汤和清营汤的主要药理作用和现代应用。

学习要求:

(1) 掌握清热药的基本药理作用;黄芩、黄连、苦参、金银花、知母和青蒿的药理作用、作用机制、现代应用及不良反应。

(2) 熟悉黄芩、黄连、苦参、金银花、知母及青蒿的有效成分;连翘、大青叶与板蓝根、鱼腥草、北豆根、地黄、牡丹皮、栀子、夏枯草和黄连解毒汤、白虎汤、清营汤的主要药理作用及现代应用。

(3) 了解黄芩、黄连、苦参、金银花、连翘、大青叶与板蓝根、鱼腥草、北豆根、地黄、牡丹皮、栀子、知母和青蒿的主要成分药动学过程;大青叶与板蓝根、鱼腥草和北豆根的不良反应;与里热证相关的主要病理变化。

第一节 概述

凡以清解里热为主要功效,用以治疗里热证的药物,称为清热药。清热药药性寒凉,味多苦、辛,沉降入里,具有清热泻火、清热解毒、清热燥湿、清热凉血或清虚热等功效,主要用于里热证候。

中医学认为,温、热、火三者属性相同,程度有异,温盛为热,热极为火,故统称为热。里热证是由于外感六淫、入里化热,或因五志过激、脏腑偏盛,内郁化火所致的一类证候。临床主要表现为高热烦渴、温毒发斑、神昏谵语、痈肿疮毒、溲赤便结、苔黄脉数等。里热证多见于现代医学中的多种急性传染病、感染性疾病,也包括一些非感染性疾病,如某些变态反应性疾病、出血性疾病和肿瘤等。

根据里热证发病原因、病情发展变化阶段的不同可分为实热和虚热两类,实热又可进一步分为气分热、营血分热、湿热和热毒疮疡等多种类型。热在气分常与感染性疾病的急性期有相似的临床表现,如壮热、汗出、口渴、舌苔黄燥、脉洪大等。热入营血多表现为发热烦躁、神昏谵语,或血热妄行如吐血、衄血、肌肤发斑等,常见于感染性疾病并伴有凝血系统功能紊乱的衰竭期等。湿热内蕴或湿邪化热所致的湿热证,多表现烦热口苦、黄疸、泻痢、小便黄赤等,常见于一些慢性感染性疾病及真菌感染性疾病,如肝炎、胆囊炎、肠炎、阴道炎、湿疹等。热毒证由火热壅盛引起,可表现为疮痈、疖肿、丹毒、斑疹、咽喉肿痛、痄腮、痢疾等,常见于感染性疾病所引起的发热以及伴随的病理变化,包括多种化脓性感染(如疮疡、肺痈、肠痈等)和部分病毒感染(如流感、乙脑等)。虚热是指阴液受损,精亏血少所致阴虚内热之证,多表现为骨蒸潮热、手足心热或夜热早凉、低热不退、口干咽燥、大便秘结等,常见于感染性疾病后期、久病大病后的虚弱等。

根据里热证不同类型和药物性能的差异,清热药可分为以下方面。① 清热泻火药:主要用于清解气分实热,常用方药有石膏、知母、栀子和白虎汤等。② 清热凉血药:主要用于清解营血分实热,常用方药有地黄、玄参、牡丹皮和清营汤等。③ 清热燥湿药:主要用于清解湿热,本类药物部分还兼有解毒的作用,常用方药有黄芩、黄连、黄柏和黄连解毒汤等。④ 清热解毒药:主要用于治疗各种热毒证,常用方药有金银花、连翘、大青叶、板蓝根、蒲公英和五味消毒饮等。⑤ 清虚热药:常用方药有地骨皮、银柴胡和青蒿鳖甲汤等。

清热药的应用以《黄帝内经》"热者寒之"和《神农本草经》"疗热以寒药"为指导原则,用其寒凉药性以清除里热。

清热药的主要药理作用如下。

1. 抗病原微生物 病原微生物可视为外邪,是引起各种感染、炎症,形成里热证候的重要因素。研究表明,许多清热药对细菌、病毒、真菌、原虫、螺旋体等病原微生物有不同程度的抑制作用。

(1) 抗菌:不少清热药对许多细菌有不同程度的抗菌作用。如体外实验证实,金银花、连翘、黄芩、黄连、大青叶、板蓝根、鱼腥草、连翘、北豆根等对革兰阳性菌、革兰阴性菌都有一定的抑制作用;知母、蒲公英、黄柏有抗变形链球菌作用,黄连、黄芩、秦皮等对幽门螺杆菌有抑制作用。此外,黄连、黄柏、黄芩、蒲公英、苦参、紫花地丁、金银花、地黄、紫草等对多种皮肤真菌(如堇色毛癣菌、许兰黄癣菌、铁锈色小芽胞癣菌等)也有抑制作用。

值得指出的是,上述抗菌作用大多为中药粗提取物的体外实验结果,口服粗提取物中的有些抗菌组分并不一定能够吸收进入血液循环。包括清热药在内的多数中药的体外抗菌强度并不强,但却对细菌感染所致的里热证有效,如牡丹皮、知母、黄连等在未达抑菌浓度时就能减轻细菌的毒力和对组织的损害作用。这些研究提示,有时体外抑菌强度与体内治疗效应并不一致,清热药的抗感染机制具有多种途径,仅以体外抗菌作用强度来衡量清热药的作用是不充分的。

(2) 抗病毒:研究表明,金银花、连翘、鱼腥草、贯众、黄芩、大青叶、赤芍、板蓝根、黄柏、牡丹皮、地骨皮等对流感病毒亚甲型有抑制作用;蒲公英、败酱草、夏枯草、赤芍、金银花等对单纯疱疹病毒有抑制作用;大青叶对乙脑病毒、腮腺炎病毒和赤芍对副流感病毒、肠道病毒均有一定的抑制效果;夏枯草、栀子、蚤休、半枝莲等对乙型肝炎病毒有抑制作用;金银花、射干、贯众、鱼腥草等对ECHO11等也有抑制作用。

2. 抗细菌毒素、降低细菌侵袭力 病原菌致病可通过毒素和侵袭力两种方式。毒素对宿主有毒,能直接破坏机体的结构和功能,如内毒素与外毒素;侵袭力是指细菌突破机体的防御功能,在体内定居、繁殖及扩散、蔓延的能力。清热药的作用表现于:

(1) 中和、降解内毒素:内毒素(endotoxin)是革兰阴性菌细胞壁上的脂多糖,主要由细菌死亡细胞壁崩解时释放出来。内毒素可引起发热、炎症、循环障碍、休克和DIC等。近年来,虽然抗生素的种类不断增加,但绝大部分抗生素对内毒素无效。内毒素脂多糖分子由菌体特异性多糖、非特异性核心多糖和类脂A三部分构成。清热方药中黄连、金银花、大青叶、板蓝根、蒲公英、败酱草和黄连解毒汤等能够直接中和、降解内毒素或破坏其结构,同时,可抑制内毒素诱导的炎症介质合成与过度释放,有效地控制病情,降低死亡率。

(2) 拮抗外毒素:外毒素(exotoxin)是细菌在生长繁殖过程中分泌到体外的代谢产物,主要成分为蛋白质,许多革兰阳性菌与部分革兰阴性菌均可产生。通常外毒素毒力较强,对机体组织有选择性的毒害作用,如霍乱弧菌、痢疾杆菌、大肠杆菌产生肠毒素能选择性地侵袭肠道,导致腹泻。小檗碱能使霍乱弧菌毒素所致的腹泻潜伏期延长和腹泻程度减轻,显示其有抗外毒素的作用。

(3) 降低细菌侵袭力:如透明质酸是结缔组织的基质成分之一,甲型链球菌可产生透明质酸酶,分解细胞间质的透明质酸,使之在组织中扩散,造成感染蔓延。部分清热药如射干等有抗透明质酸酶的作用,因此可阻止细菌、毒素在结缔组织中的扩散,降低细菌的侵袭力。又如,金黄色葡萄球菌可产生凝固酶,凝固酶能使血浆或体液中的纤维蛋白原变成纤维蛋白,沉积于细菌表面,使细菌不易被吞噬细胞吞噬。黄芩、知母、牡丹皮、黄连及黄连解毒汤在低于抑菌浓度时就能抑制凝固酶的形成,有利于细菌在体内被消灭。

3. **解热** 发热是里热证的主要症状,细菌、病毒、内毒素均可引起内生致热原释放而致热。内毒素作用于体内的中性粒细胞、嗜酸性粒细胞和单核巨噬细胞系统,使之产生 IL-1、IL-6 和 TNF-α 等细胞因子。这些细胞因子被称为内生致热原,其作用于宿主的下丘脑体温调节中枢,促使体温升高。大部分清热药及其复方具有解热作用,如石膏、知母、黄芩、黄连、金银花、鱼腥草、大青叶、板蓝根、青蒿和白虎汤、清瘟败毒饮、黄连解毒汤等对动物实验性发热模型均有较好的解热作用。初步认为清热方药可抑制内生致热原的产生,或中和、降解内毒素以及阻断发热的病理环节而发挥解热作用。清热方药的解热作用与解表方药有所不同,解表方药解热时一般伴有明显发汗,清热方药解热时发汗可不明显,两者解热机制可能有所不同。

4. **抗炎** 炎症是里热证的主要表现之一,也是急性感染性疾病的重要病理过程。许多清热药对实验性炎症的多个环节有抑制作用。如大青叶、板蓝根、金银花、连翘、黄连、黄柏、黄芩等能抑制多种致炎剂引起的毛细血管通透性增加和炎症渗出。清热药的抗炎作用机制主要有:① 兴奋垂体-肾上腺皮质系统,抑制炎症反应,如知母等。② 抑制多种炎症介质的合成与释放,如黄芩、紫草等抑制环氧化酶、脂氧化酶,使 PGE、LTB_4 等的合成、释放减少。

5. **调节免疫功能** 许多清热药能增强机体免疫功能,如大青叶、金银花、鱼腥草、地黄、白花蛇舌草等能促进单核巨噬细胞系统的吞噬活性;鱼腥草、地黄、北豆根、蒲公英、白花蛇舌草等能促进细胞免疫;鱼腥草、地黄等能促进体液免疫。同时,部分清热药及其成分又能抑制多种类型变态反应,如黄芩、苦参等能抑制肥大细胞脱颗粒,抑制过敏介质释放并对抗其作用。苦参、穿心莲能抑制迟发型超敏反应,牡丹皮可抑制免疫溶血反应及局部过敏反应(Arthus 反应)等。但清热药抑制变态反应与免疫抑制剂、糖皮质激素不同,清热药可能只干预免疫过程的某个环节,而后者对多个环节均有影响。

6. **抗肿瘤** 清热解毒是中医治疗恶性肿瘤的基本治则之一。热毒是促使肿瘤发展和病情恶化的因素之一,目前治疗肿瘤的中药中,清热解毒药所占比例较大。研究表明,许多清热解毒药如青黛、苦参、紫草、山豆根等对多种实验性肿瘤均有抑制作用。

此外,清热药及其所含主要有效成分还具有其他广泛的药理活性,如小檗碱、黄芩苷有降血糖作用;七叶一枝花、穿心莲、苦木、龙葵等则具有抗蛇毒作用;黄芩、赤芍、牡丹皮、牛黄、栀子有镇静作用;黄连、黄芩、牡丹皮有降低血压作用;黄芩、连翘、蒲公英等有保肝作用;黄芩、黄芩素和黄芩苷有清除自由基作用等。

综上所述,清热药的药理作用相当广泛,其中清热泻火、清热解毒、清热凉血、清热燥湿、清虚热等功效与其抗病原微生物、抗细菌毒素、降低细菌侵袭力、解热、抗炎作用相关;调节免疫功能、抗肿瘤与其传统功效也具有密切的相关性。

第二节 常用药物

黄芩

本品为唇形科植物黄芩 *Scutellaria baicalensis* Georgi 的干燥根。

黄芩主要含有多种黄酮类化合物,包括黄芩苷(baicalin)、黄芩素(黄芩苷元,baicalein)、汉黄芩苷(wogonoside)、汉黄芩素(wogonin)和新黄芩素(skullcapflavone)Ⅰ、Ⅱ等。

黄芩苷   黄芩素

黄芩味苦,性寒。归肺、胆、脾、小肠、大肠经。具有清热燥湿、泻火解毒、止血、安胎的功效。用于湿温、暑湿、胸闷呕恶、湿热痞满、泻痢、黄疸、肺热咳嗽、高热烦渴、血热吐衄、痈肿疮毒、胎动不安。

【药理作用】

1. 抗病原微生物

(1) 抗菌:黄芩对常见致病菌具有广谱抗菌作用。体外实验表明,黄芩煎剂对金黄色葡萄球菌、肺炎球菌、痤疮丙酸杆菌、沙门菌、溶血性链球菌、脑膜炎球菌、白喉杆菌、炭疽杆菌、大肠杆菌、痢疾杆菌、铜绿假单胞菌、伤寒杆菌、副伤寒杆菌、变形杆菌、霍乱弧菌、淋球菌、幽门螺杆菌、钩端螺旋体等有抑制作用。黄芩水浸剂对堇色毛癣菌、同心性毛癣菌、许兰黄癣菌等皮肤真菌有不同程度的抑制作用。黄芩素对皮肤病酵母型真菌有较高选择性抑制作用。黄芩素与氟康唑或其他抗菌药合用可协同抑制白念珠菌生物被膜的形成,达到抗菌效果。

(2) 抗病毒:黄芩对流感病毒、呼吸道合胞体病毒、肝炎病毒、柯萨奇病毒、艾滋病病毒(human immunodeficiency virus, HIV)、登革热病毒、仙台病毒有一定的抑制作用。黄芩煎剂体外对流感病毒 PR_8 株、亚洲甲型流感病毒、流行性出血热病毒均有一定的对抗作用,可减轻感染流感病毒小鼠的肺部病变和延长存活时间。黄芩煎剂、黄芩苷能抑制乙型肝炎病毒(hepatitis B virus, HBV)DNA 复制,对 HBV 抗原(HBsAg、HBcAg、HBeAg)亦有抑制作用。黄芩苷、黄芩素还可抑制 HIV 逆转录酶活性,具有一定的抗 HIV 作用。

2. 抗炎、抗过敏 黄芩对急、慢性炎症反应均有抑制作用。黄芩素、黄芩苷、汉黄芩素均能抑制角叉菜胶致大鼠足肿胀,黄芩、黄芩素对大鼠佐剂性关节炎亦有抑制作用。黄芩素可抑制血小板花生四烯酸代谢中环氧化酶与脂氧化酶,从而抑制炎症介质 PGE 和 LT 的合成。黄芩还对变态反应有抑制作用。黄芩、黄芩苷、黄芩素等能稳定肥大细胞膜,减少组胺、SRS-A 等过敏介质的释放,从而产生抗过敏的作用。黄芩苷、黄芩素对豚鼠离体气管过敏性收缩及豚鼠过敏性哮喘有抑制作用,对豚鼠被动性皮肤过敏反应亦有抑制作用。

3. **解热** 黄芩水提取物、黄芩醇提取物、黄芩总黄酮、黄芩苷对酵母、伤寒菌苗、内毒素、2,4-二硝基酚等所致的多种实验性发热大鼠有解热作用。

4. **保肝、利胆** 黄芩素、黄芩苷对 CCl_4、D-半乳糖胺、利福平与异烟肼、乙醇和卡介苗加内毒素等所致的动物实验性肝损伤有保护作用。黄芩素可抑制培养的大鼠肝星状细胞增殖,提示有抗肝纤维化作用。黄芩素能抑制自由基对肝细胞的细胞毒性。黄芩醇提取物及其黄酮类成分可抑制大鼠肝匀浆中脂质过氧化的发生。黄芩煎剂、黄芩乙醇提取物、黄芩素、黄芩苷具有利胆作用,可促进实验动物胆汁分泌量增加。

5. **抗血小板聚集** 黄芩所含的多种黄酮类成分有抑制血小板聚集作用。黄芩素、汉黄芩素、千层纸素、黄芩新素Ⅱ及白杨素能不同程度抑制胶原或 ADP、AA 诱导的血小板聚集。黄芩乙酸乙酯、甲醇或水提取物能对抗由内毒素诱导的 DIC 及大鼠血小板和纤维蛋白原的减少。

6. **降血压、调节血脂** 黄芩的多种制剂对高血压模型动物及正常犬有降血压作用,其降血压机制与阻滞钙通道、扩张血管有关。黄芩苷可抑制 NE、KCl 及 $CaCl_2$ 所致的大鼠主动脉收缩,提示其可通过阻滞受体及电压依赖的 Ca^{2+} 内流而松弛血管平滑肌。

黄芩中黄酮类成分黄芩素、黄芩苷、汉黄芩素、黄芩新素Ⅱ均有降血脂作用。对实验性高脂血症大鼠,汉黄芩素、黄芩新素Ⅱ可升高血清高密度脂蛋白胆固醇(high-density lipoprotein-cholesterol, HDL-C)水平,降低血清三酰甘油(triglyceride, TG)。黄芩素和黄芩苷还能降低肝组织的胆固醇和三酰甘油含量。

7. **其他作用** 黄芩苷对艾氏腹水瘤,黄芩素和汉黄芩素对小鼠黑色素瘤细胞均有抑制作用。黄芩素可抑制肿瘤发展和转移,直接诱导肿瘤细胞死亡,并抑制肿瘤血管生成。黄芩煎剂和浸剂及黄芩苷有一定镇静作用。黄芩素、黄芩苷具有抗自由基损伤、抗心肌缺血和神经细胞保护作用。黄芩素还具有利尿作用,并可改善糖尿病大鼠肾脏病理变化。

综上所述,黄芩的清热燥湿、泻火解毒功效与其抗菌、抗病毒、抗炎、解热、保肝、利胆等作用相关。抗血小板聚集也与其传统功效主治具有相关性。内毒素诱导的 DIC 可使体内血小板和纤维蛋白原大量消耗,并继发激活纤维蛋白溶解,引起严重的、广泛的全身性出血。黄芩的抗血小板聚集作用可减少体内血小板和纤维蛋白原大量消耗,防治 DIC 的继发性出血,因此,与传统中医认为其可用于血热出血症相吻合。

【药代动力学】

大鼠灌服黄芩水煎剂后,血浆中主要为黄芩苷、汉黄芩苷、黄芩素和汉黄芩素的代谢物。黄芩苷在胃有少量吸收,而黄芩素在胃和小肠吸收良好。黄芩苷口服绝对生物利用度约为 40%,较黄芩素偏低。黄芩素、汉黄芩素及其代谢物在肝、肾和肺中均有分布。黄芩苷可透过血脑屏障。黄芩苷在肠内经菌群代谢为黄芩素而被吸收,被吸收或静脉注射的黄芩素在体内可还原为黄芩苷,并被小肠分泌排出。胆汁可分泌黄芩苷,并促进黄芩素吸收。

【现代应用】

1. **呼吸道感染性疾病** 黄芩单用,但更多的用以其为主的复方煎服。由黄芩、金银花、连翘组成的双黄连系列制剂,包括粉针剂、口服液、气雾剂等已在临床广泛用于治疗呼吸道感染性疾病。

2. **流行性腮腺炎** 单用黄芩或以其为主的复方煎服,或双黄连针剂注射,有一定效果。

3. **病毒性肝炎** 黄芩苷片有较好的疗效。

此外,黄芩对泌尿系统感染、烧或烫伤、流脑、猩红热、蜂窝织炎、沙眼、钩端螺旋体病等亦有一定效果。

【不良反应】

黄芩口服不良反应少,含黄芩的复方注射剂有引起过敏反应的报道。

黄连

本品为毛茛科植物黄连 *Coptis chinensis* Franch.、三角叶黄连 *Coptis dletoidea* C.Y.Cheng et Hsiao 或云连 *Coptis teeta* Wall.的干燥根茎。

黄连含有多种生物碱,主要为小檗碱(berberine,黄连素),含量高达3.6%以上。其次为黄连碱(coptisine)、药根碱(jatrorrhizine)、甲基黄连碱(worenine)、巴马汀(palmatine)等。

小檗碱　　　　　　　　黄连碱

黄连味苦,性寒。归心、脾、胃、肝、胆、大肠经。具有清热燥湿、泻火解毒的功效。用于湿热痞满、呕吐吞酸、泻痢、黄疸、高热神昏、心火亢盛、心烦不寐、心悸不宁、血热吐衄、目赤、牙痛、消渴、痈肿疔疮;外治湿疹、湿疮、耳道流脓。酒黄连善清上焦火热,用于目赤、口疮。姜黄连清胃和胃止呕,用于寒热互结、湿热中阻、痞满呕吐。萸黄连疏肝和胃止呕,用于肝胃不和、呕吐吞酸。

【药理作用】

1. **抗病原微生物**

(1) 抗菌:黄连抗菌谱广,对革兰阳性和革兰阴性细菌、结核杆菌、真菌类均有抑制或杀灭作用,主要抗菌成分为生物碱类。体外实验表明,黄连和小檗碱的抗菌作用基本一致,对葡萄球菌、链球菌、肺炎球菌、霍乱弧菌、炭疽杆菌及除宋氏以外的痢疾杆菌均有抗菌作用;对枯草杆菌、结核杆菌、百日咳杆菌、白喉杆菌、鼠疫杆菌、布氏杆菌也有抗菌作用;对大肠杆菌、变形杆菌、伤寒杆菌作用较弱。黄连对某些特殊病原菌如幽门螺杆菌、厌氧菌亦有抗菌作用。巴马汀、药根碱对白念珠菌、卡尔酵母菌有抗真菌作用。黄连抗菌强度与浓度、配伍有关,低浓度抑菌,高浓度则杀菌。小檗碱单用时,金黄色葡萄球菌、溶血性链球菌与福氏痢疾杆菌极易产生抗药性,但与青霉素、链霉素、金霉素、异烟肼、对氨基水杨酸无交叉抗药性。临床上多用以黄连为主的方剂如香连丸或黄连解毒汤增强杀菌效果,延缓抗药性的产生。黄连的抗菌环节涉及:① 影响细菌糖代谢中间环节丙酮酸的氧化脱羧过程。② 破坏细菌结构,能引起金黄色葡萄球菌中隔变形,在细胞质和拟核中,染色颗粒消失,核糖体出现高电子密度团块。③ 抑制细菌 DNA 复制。④ 干扰细菌蛋白质合成等。

(2) 抗病毒:黄连对多种病毒有抑制作用,如柯萨奇病毒、流感病毒、风疹病毒、单纯疱疹病毒、新城鸡瘟病毒等。黄连的水提取液对兔角膜细胞型单纯疱疹有抑制作用。

(3) 抗原虫：黄连体外及体内对阿米巴原虫、滴虫、热带利什曼原虫、锥虫均有抑制作用。

2. 抗细菌毒素、抗腹泻 黄连和小檗碱能提高机体对多种细菌内毒素的耐受能力。如黄连和小檗碱可改善多种微生物毒素引起的毒血症。黄连和小檗碱还可对抗由大肠杆菌和霍乱弧菌毒素引起的腹泻，减轻炎症反应，降低死亡率，对后者的作用与其对抗霍乱弧菌肠毒素所致炎症及肠绒毛水肿有关。小檗碱还能对抗蓖麻油、番泻叶引起的小鼠非感染性腹泻。

3. 抗炎、解热 黄连的甲醇提取液对多种致炎剂所致的大鼠实验性足肿胀及肉芽肿有抗炎作用。局部用药也能减轻肉芽肿的发展。无论口服还是皮下注射，小檗碱都有抗急性炎症作用，如抑制醋酸所致小鼠腹腔毛细血管渗透性增加、组胺所致大鼠皮肤毛细血管渗透性增加。小檗碱还可抑制二甲苯引起的小鼠耳郭肿胀、角叉菜胶引起的大鼠足趾肿胀。此外，棉球法、巴豆油肉芽肿气囊法及受精卵法，都显示小檗碱有抑制肉芽组织生长的作用，其抗炎机制与刺激促皮质激素释放有关。

黄连注射剂对白细胞致热原性发热有解热作用，并使脑脊液中 cAMP 含量下降，表明其解热作用与抑制中枢发热介质的生成或释放有关。

4. 降血糖和调血脂 传统中药黄连被应用于"消渴症"；在印度，黄连也作为民间"土方"用于糖尿病治疗。早在 20 世纪 80 年代，黄连素就用于治疗 2 型糖尿病，能使患者血糖降低，血清胰岛素水平上升，并未见明显副作用。现代药理学研究表明，小檗碱发挥良好的降糖作用主要是通过：① 激活蛋白激酶 C，增加胰岛素受体 mRNA 的表达，促进胰岛素分泌。② 阻断由游离脂肪酸引起的胰岛素抵抗。③ 促进脂肪细胞对葡萄糖的摄取，促进葡萄糖的转运，以及抑制蔗糖酶、麦芽糖酶等的活性从而减少肠道对葡萄糖的吸收。④ 通过刺激腺苷-磷酸(adenosine monophosphate, AMP)活化蛋白激酶活性，降低身体质量指数，并改善葡萄糖耐受量以及激活脂肪细胞和肌细胞的 AMP 激酶，增加脂肪燃烧，减少脂肪合成。⑤ 促进胰岛 β 细胞的再生与功能恢复等。

在调节血脂异常方面，小檗碱与他汀类疗效比较，对 HDL-C、低密度脂蛋白-胆固醇(low-density lipoprotein-cholesterol, LDL-C)的变化作用相似，但降总胆固醇(total cholesterol, TC)的疗效超过辛伐他汀，降 TG 的疗效超过阿托伐他汀。小檗碱通过上调低密度脂蛋白受体(low-density lipoprotein receptor, LDLR)表达、抑制肝细胞内脂质合成和抑制脂肪细胞分化等作用机制，有效降低 TC、TG 和 LDL-C 合成。除此之外，也有研究发现，在高脂饮食诱导的非酒精性脂肪性肝病大鼠的肝细胞中，小檗碱能够作用于肝细胞，减少大鼠肝细胞内脂肪堆积；减少前脂肪细胞的分化；激活 AMP 依赖的蛋白激酶途径，上调脂肪分解有关基因，抑制脂肪合成基因的表达，降低 TG 水平，达到调节血脂的效果。

5. 抗溃疡 黄连有抗溃疡作用。其主要有效成分为生物碱，其中黄连总碱、小檗碱、黄连碱等均有抗溃疡活性作用。口服黄连甲醇提取物，对盐酸-乙醇所致大鼠胃黏膜损伤有保护作用，对水浸-束缚应激性胃溃疡有抑制效果。小檗碱皮下注射对幽门结扎性胃溃疡有抑制作用。黄连总碱对水浸-束缚应激、乙醇、幽门结扎、醋酸等所致胃溃疡有抑制作用。

6. 抗肿瘤 大量研究表明，小檗碱对宫颈癌、口腔癌、食管癌、胃癌、结肠癌、黑色素瘤、神经胶质瘤和白血病细胞等均有抑制作用。

7. 其他作用

(1) 抗心律失常：小檗碱、药根碱均有抗心律失常作用。小檗碱能防治氯化钙、乌头碱、氯化钡、肾上腺素、电刺激以及冠脉结扎所致的室性心律失常。小檗碱抗心律失常的作用机制与延长心肌细胞的动作电位时程和有效不应期、消除折返冲动，拮抗肾上腺素的作用，降低心肌自律性，

抑制心肌 Na^+ 内流有关。

(2) 正性肌力：小檗碱在一定剂量范围内，对动物离体心脏及整体心脏均显示出正性肌力作用。小檗碱正性肌力作用机制可能是通过促进 Ca^{2+} 跨膜内流，导致心肌细胞内 Ca^{2+} 的增加而产生。也可能是通过阻止 K^+ 外流，延长动作电位时程，使慢通道开放时间延长，内向 Ca^{2+} 流增加，从而使心肌收缩力增强。

(3) 负性频率：小檗碱静脉注射可使清醒动物或麻醉动物心率先加快而后缓慢持久地减慢，且随剂量的增大，心率减慢更显著。

(4) 降低血压：麻醉犬、猫、大鼠静脉注射小檗碱有降血压作用，随剂量增加，降血压幅度与时间也增加，重复给药无快速耐受性。小檗碱的降血压作用与阻断血管 α 受体有关。

(5) 抑制血小板聚集：小檗碱对 ADP、AA、胶原及钙离子载体（A_{23187}）诱导的血小板聚集和 ATP 释放均有不同程度的抑制作用。其中，对胶原诱导的血小板聚集抑制作用最强。小檗碱抑制血小板聚集的作用机制与拮抗血小板膜上 α 受体，阻滞 Ca^{2+} 内流，升高血小板内 cAMP 浓度有关。

(6) 抗心肌缺血：小檗碱能增加离体猫心冠脉流量，减轻兔、大鼠冠脉结扎所致实验性心肌梗死的范围和程度，对缺血心肌有保护作用。

(7) 抗脑缺血：黄连水煎液及多种生物碱对实验性脑缺血动物模型有保护作用，能延长脑缺血模型动物存活时间，减少模型动物大脑皮层梗死面积。其抗脑缺血作用与增加局部血流量，抗氧自由基作用及抗缺血再灌注损伤有关。

此外，黄连还具有镇静、抗缺氧、抗辐射损伤等作用。

综上所述，黄连的清热燥湿、泻火解毒功效与其抗病原微生物、抗细菌毒素、抗腹泻、解热、抗炎等作用相关。降血糖、抗溃疡、抗肿瘤作用与其传统功效主治有一定的相关性。黄连对心血管药理活性及抗脑缺血、抗血小板聚集等作用亦引起广泛关注。

【药代动力学】

黄连给大鼠灌胃后，血浆中可检测到小檗碱、黄连碱、表小檗碱、药根碱、巴马汀等生物碱。人口服小檗碱 400 mg 后，血浆中峰浓度约为 0.4 ng/ml，t_{max} 约为 10 h，$t_{1/2\beta}$ 约为 29 h。犬灌胃小檗碱 150 mg 后，血浆中峰浓度约为 4 ng/ml，t_{max} 约为 20 h，$t_{1/2\beta}$ 约为 18 h；灌胃巴马汀 300 mg 后，血浆中峰浓度为 8 ng/ml，t_{max} 约为 5 h，$t_{1/2\beta}$ 约为 32 h。

黄连生物碱主要为被动吸收，口服给药绝对生物利用度低于 1%。黄连生物碱在体内分布较广，胃、小肠、结肠、脑、心、肝、脾、肺、肾、睾丸、子宫中均有分布，多数组织中的浓度均高于血浆，肝脏最高。黄连生物碱主要经过代谢消除，代谢产物主要经肾及胆汁排泄。

【现代应用】

1. 细菌性痢疾、肠易激综合征　黄连对痢疾杆菌、大肠杆菌、金黄色葡萄球菌引起的肠道感染，包括痢疾有较好疗效，可用单味黄连粉剂、煎剂或黄连为主的方剂。单用小檗碱即可有效缓解肠易激综合征（irritable bowel syndrome，IBS）的相关症状，联合应用小檗碱与抗抑郁药帕罗西汀，对患者的神经系统和胃肠道功能进行双重调节。小檗碱可因其耐受性良好、价格低廉并能有效减轻 IBS 的症状，可作为治疗 IBS 的一线药物。

2. 糖尿病　2 型糖尿病患者在严格控制饮食治疗的基础上，可口服黄连或其复方制剂作为辅助治疗。

3. 消化性溃疡　可用小檗碱口服，或与维酶素、雷尼替丁合用治疗幽门螺杆菌阳性十二指肠球部溃疡。

4. 心律失常 小檗碱口服治疗室性早搏、房性早搏有效，对抗心律失常化学合成药药效差者有时也有效。

此外，黄连与其他中药组方还可用于治疗前列腺炎、胆囊炎、卒中、高血压病、高脂血症等。

【不良反应】

口服黄连水煎剂不良反应小。少数患者口服黄连或小檗碱可出现上腹部不适、恶心、呕吐等。黄连及其制品中小檗碱等有时会引起过敏反应，应予注意。特别是小檗碱注射剂使用时有引起休克或血管扩张、血压下降、心脏抑制等反应的报道，故针剂已停用。

【安全性评价】

小鼠灌胃 3 g/kg 以上黄连水煎剂可见死亡及肝功能改变，LD_{50} 为 5 g/kg 左右。小鼠灌服小檗碱 LD_{50} 为 392 mg/kg，腹腔注射为 24 mg/kg。麻醉兔静脉注射小檗碱 15 mg/kg 会引起全心抑制；犬静脉恒速滴注 0.1% 小檗碱，初期心脏兴奋，后期可见血压下降、心肌抑制。

苦参

本品为豆科植物苦参 *Sophora flavescens* Ait. 的干燥根。

苦参含有多种生物碱，主要有效成分为苦参碱(matrine)和氧化苦参碱(oxymatrine)、脱氢苦参碱(sophocarpine，亦称槐果碱)、氧化槐果碱(N-oxysophocarpine)、槐定碱(sophoridine)、白金雀花碱(supanine)、槐胺碱(sophoramine)等，还含有黄酮类化合物苦参醇(kurarinol)、苦醇(kushenol) A～O、苦参素(kusherin)等，以及氨基酸类和脂肪酸类物质。

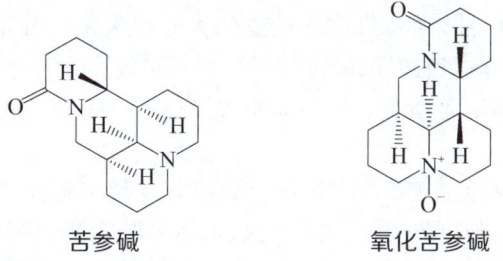

苦参碱　　　　　　氧化苦参碱

苦参味苦，性寒。归心、肝、胃、大肠、膀胱经。具有清热燥湿、杀虫、利尿的功效。用于热痢、便血、黄疸尿闭、赤白带下、阴肿阴痒、湿疹、湿疮、皮肤瘙痒、疥癣麻风；外治滴虫性阴道炎。

【药理作用】

1. 抗病原微生物

(1) 抗菌：苦参水提取物体外对多种细菌有抗菌活性。苦参生物碱如苦参碱、氧化苦参碱、槐定碱、槐果碱为主要抗菌有效成分。苦参碱、氧化苦参碱对金黄色葡萄球菌、结核杆菌、麻风杆菌有抑制作用，苦参碱对痢疾杆菌、大肠杆菌、变形杆菌、乙型链球菌有抑制作用。苦参中分离出的苦参醇对引起口腔龋齿的变形链球菌有抗菌作用。苦参煎剂在体外对一些常见的皮肤真菌也有抑制作用。

(2) 抗病毒：体内、体外实验表明，苦参碱有抗柯萨奇 B 组病毒的作用，能消除该病毒引起的细胞病变，延长病毒感染小鼠的存活时间，其抗病毒机制与抑制病毒蛋白质合成有关。苦参碱制剂能抑制乙型肝炎 HBeAg 复制，改善病理性肝炎的症状与体征。

此外，苦参对阴道滴虫、鞭毛虫、阿米巴原虫等具有一定的抑制效果。

2. 解热、抗炎　苦参注射液或氧化苦参碱静脉注射对四联菌苗引起的家兔发热有解热作用。苦参碱、氧化苦参碱能对抗巴豆油、冰醋酸、角叉菜胶、蛋清等致炎剂所引起的急性炎症反应，其抗炎机制与抑制 TNF 及 IL-6 生成有关。苦参碱、氧化苦参碱对巴豆油和冰醋酸诱发的正常小鼠或摘除肾上腺小鼠炎症反应均有抑制作用。提示其抗炎作用可能并非直接影响垂体-肾上腺系统所致。

3. 免疫抑制与抗过敏　苦参生物碱如苦参碱、氧化苦参碱、槐胺碱、槐定碱、槐果碱均有免疫抑制作用，其中苦参碱的免疫抑制作用较强。氧化苦参碱对Ⅰ～Ⅳ型过敏反应均有抑制作用，对大鼠被动皮肤过敏反应和 Arthus 反应均有抑制作用，其抗过敏机制与稳定细胞膜，抑制肥大细胞脱颗粒释放过敏介质有关。

4. 抗肿瘤　苦参生物碱体外对肝癌、胃癌、大肠癌、胆管癌、肺癌、鼻咽癌、卵巢癌、宫颈癌、淋巴肉瘤、白血病细胞等多种肿瘤细胞有抑制作用。苦参碱对二乙基亚硝胺诱导的大鼠原发性肝癌有防治作用。苦参碱能够诱导急性 T 淋巴细胞白血病细胞在 G_0/G_1 期的阻滞和凋亡。苦参碱与其他抗肿瘤药联合应用，可产生协同效应，缓解肿瘤耐药性的产生。苦参及其成分抗肿瘤作用可能涉及如下机制：① 诱导癌细胞凋亡。② 促进癌细胞分化。③ 抑制癌细胞 DNA 合成。④ 抑制肿瘤新生血管形成。⑤ 直接细胞毒作用。

5. 对心血管系统的作用

（1）抗心律失常：苦参及其生物碱、黄酮类成分有抗心律失常作用。苦参碱、氧化苦参碱和苦参总碱对肾上腺素诱发的小鼠、大鼠心律失常有对抗作用；苦参碱对结扎大鼠冠脉左前降支诱发的心律失常有对抗作用；苦参总碱对哇巴因诱发的豚鼠心室纤颤，也有对抗作用。槐果碱能对抗氯化钙、乌头碱、哇巴因以及冠脉阻塞再灌注诱发的犬心律失常。苦参抗心律失常作用与其对心脏的负性频率、降低异位节律点自律性、减慢传导和延长有效不应期等作用有关。

（2）正性肌力、负性频率：苦参及其生物碱能增强心肌收缩力，减慢心率。其正性肌力作用与激活钙通道有关。

（3）扩张血管、抗心肌缺血：苦参注射液能扩张兔耳及肾脏血管，增加其流量。苦参碱可增加麻醉犬冠脉流量和兔离体心脏冠脉流量，并可对抗垂体后叶素所引起的大鼠急性心肌缺血，增加冠脉流量，保护心肌。

（4）抗脑缺血：缺血前 30 min 腹腔注射苦参碱，对沙土鼠单侧结扎颈总动脉 7 h，以及 SD 大鼠中动脉阻塞 1 h 再灌流 24 h 所致的脑水肿均有防治作用。

6. 平喘　苦参生物碱能缓解组胺、乙酰胆碱所致的兔实验性支气管痉挛，其作用主要与抑制 SRS-A 释放有关。苦参碱有对抗乙酰胆碱激活 M 受体及竞争性拮抗 H_1 受体的作用，被视为是治疗喘息性支气管炎的药理基础之一。

7. 保肝　氧化苦参碱对 CCl_4 和 D-半乳糖胺所致小鼠肝损伤有保护作用，使血清 ALT 活性降低，肝细胞炎性浸润减少。

8. 抗胃溃疡　苦参及苦参碱对多种实验性大鼠胃溃疡模型有不同程度的保护作用。

此外，苦参碱及氧化苦参碱还具有一定降压、镇静、镇痛以及调节血脂、抗氧化、升高白细胞等作用。苦参碱灌胃，可延缓蓖麻油所致小鼠湿便排出时间，减少排便量。

综上所述，苦参的清热燥湿功效与其抗病原微生物、解热、抗炎等作用相关。苦参的抗肿瘤作用和对心肌、脑缺血的作用则是近年来对其活性研究的新进展，其相关作用的价值有待于临床进一步验证。

【药代动力学】

Beagle 犬灌胃给予苦参配方颗粒后血浆可检测到氧化苦参碱、苦参碱。Beagle 犬灌胃给予氧化苦参碱后,血液中同时检测出了氧化苦参碱和苦参碱,说明氧化苦参碱在体内能代谢为苦参碱。家兔体内苦参碱和氧化苦参碱的药动学过程符合二室模型,$t_{1/2\alpha}$ 分别约为 4.4 min 和 6 min, $t_{1/2\beta}$ 分别是 79 min 和 30 min。氧化苦参碱大鼠体内药动学过程与家兔体内过程相似。

【现代应用】

1. **肠道感染** 用于治疗细菌性痢疾、肠炎。
2. **呼吸道感染** 用于治疗急性扁桃体炎、小儿肺炎。
3. **肝炎** 苦参碱制剂临床上主要用于治疗慢性活动性肝炎和慢性迁延性肝炎,对急性黄疸型肝炎也有作用。
4. **妇科炎症感染** 对滴虫性阴道炎、霉菌性阴道炎、宫颈炎、盆腔炎、阴部湿疹、外阴瘙痒等有效。
5. **皮肤病** 苦参制剂对各种湿疹、脂溢性皮炎及银屑病、疥疮、足癣、体癣等皮肤病均有较好疗效。
6. **心律失常** 苦参制剂对多种心律失常有效,尤其对冠心病引起的期前收缩疗效较好,对心房纤颤也有一定效果。
7. **白细胞减少症** 苦参总碱对多种原因引起的白细胞减少症有效。对肿瘤患者放疗、化疗引起的白细胞减少也有较好疗效。
8. **支气管哮喘及喘息性支气管炎** 苦参片及苦参总碱片等制剂治疗支气管哮喘及喘息性支气管炎有较好疗效。

此外,苦参对急性乳腺炎、烫伤、中耳炎、阴道滴虫病、痔疮等均有一定疗效。

【不良反应】

苦参制剂常见胃肠道刺激反应,如上腹部灼热感、恶心、呕吐、泛酸、腹泻、食欲减退等,临床反应率达 30% 左右。少数患者出现头昏、耳鸣、烦躁、颤抖、手指麻木等症状,为避免这些不良反应,使用剂量不宜过大。此外,苦参制剂还可引起过敏反应,轻者表现为皮疹、荨麻疹,注射用药时偶见过敏性休克。

【安全性评价】

苦参总碱小鼠灌胃给药 LD_{50} 为 586 mg/kg,腹腔注射给药 LD_{50} 为 147 mg/kg。苦参碱小鼠肌内注射 LD_{50} 为 74 mg/kg,氧化苦参碱小鼠肌内注射 LD_{50} 为 257 mg/kg,苦参总黄酮小鼠静脉注射 LD_{50} 为 103 mg/kg。

金银花

本品为忍冬科植物忍冬 *Lonicera japonica* Thunb. 的干燥花蕾或带初开的花。

金银花主要含绿原酸类化合物如绿原酸(chlorogenic acid)和异绿原酸(isochlorogenic acid)。此外,还含有黄酮类化合物如木犀草酸(luteolin)、木犀草素-葡萄糖苷、忍冬苷(lonicnei)、皂苷、挥发油、肌醇(inositol)、鞣质等。

金银花味甘,性寒。归肺、心、胃经。具有清热解毒、疏散风热的功效。用于痈肿疔疮、喉痹、丹毒、热毒血痢、风热感冒、温病发热。

绿原酸

【药理作用】

1. 抗病原微生物

(1) 抗菌：金银花抗菌范围广，抗菌主要成分是绿原酸及异绿原酸。体外实验表明，金银花对金黄色葡萄球菌、链球菌、大肠杆菌、痢疾杆菌、肺炎球菌、铜绿假单胞菌、脑膜炎链球菌、藤黄微球菌、蜡状芽孢杆菌、结核杆菌等均有较好的抑制作用。体内实验表明，金银花对金黄色葡萄球菌、肺炎球菌感染小鼠有保护作用，可延长存活时间，降低致死率。金银花对口腔病原菌如变形链球菌、幽门螺杆菌有抗菌作用。

(2) 抗病毒：金银花体外对流感病毒、呼吸道合胞病毒、疱疹病毒、腺病毒、柯萨奇病毒、埃可病毒、艾滋病病毒、登革热病毒等有抑制作用。金银花对感染流感病毒小鼠有保护作用，可减轻肺部炎症，降低致死率。最新研究表明，金银花中含有的一种微小核糖核酸（microRNAs）MIR2911可通过摄食进入血液和肺部组织，并靶向流感病毒复制所必需的基因 PB2 和 NS1，从而抑制包括 H1N1、H5N1 和 H7N9 在内的甲型流感病毒（influenza A virus, IAV）复制；此发现部分阐明了金银花抗病毒的作用机制。

2. 抗内毒素 在金银花提取液中加入内毒素后温育，用鲎试验法测定，发现金银花提取液可降低内毒素含量。金银花提取物腹腔注射，可使铜绿假单胞菌内毒素中毒的小鼠存活率提高。金银花注射液对内毒素所致家兔发热和DIC家兔肾小球微血栓的形成有抑制作用。

3. 解热、抗炎 急性炎症和发热是"热证"的主要表现，为急性感染的重要病理过程。金银花对酵母、内毒素、IL-1β 等多种致热原所致发热有解热作用。

金银花有抗炎作用，注射给药时能抑制蛋清、角叉莱胶等所致大鼠足肿胀，并能抑制大鼠巴豆油性肉芽囊肿的炎性渗出和炎性增生。金银花的抗炎作用与抑制 PGE_2、组胺、5-HT、TNF-α 和 IL-β 等炎症介质的合成释放有关。

4. 增强免疫功能 金银花煎剂和注射液能促进腹腔巨噬细胞、外周血白细胞的吞噬功能，增加血清溶菌酶活性，从而提高机体的非特异免疫功能；能激活 T 淋巴细胞功能，提高淋巴细胞的转化率。其作用与绿原酸有关。

5. 抗肿瘤 金银花中提取分离出的多酚能诱导 U937 和 A549 细胞凋亡；金银花中的黄酮类化合物木犀草素对不同类型的肿瘤细胞具有抑制作用。

6. 其他作用 金银花具有利胆、保肝、降低血浆三酰甘油和胆固醇、降血糖、抗氧化等作用。金银花及其有机酸类化合物绿原酸、异绿原酸均具有抗血小板聚集作用。金银花中咖啡酰奎宁酸对新生大鼠心肌缺氧或过氧化诱导的细胞毒性有保护作用。

综上所述，金银花的清热解毒、疏散风热功效与其抗菌、抗病毒、抗内毒素、解热、抗炎及增强免疫功能等作用相关。绿原酸是金银花所含的主要有效成分之一。

【药代动力学】

家兔灌服金银花提取物后，血浆中绿原酸药-时曲线呈双峰，t_{max1} 均为 0.5 h 左右，t_{max2} 均为 5 h。人服用金银花，绿原酸经尿排泄，$t_{1/2\beta}$ 为 1 h 左右。大鼠灌服绿原酸后吸收迅速，t_{max} 均为 0.5 h，$t_{1/2\alpha}$ 为 12~40 min，$t_{1/2\beta}$ 为 4~7 h。

【现代应用】

1. 呼吸道感染性疾病 金银花及以金银花为主的复方广泛用于急性咽炎、急性扁桃体炎、流感、支气管炎、肺炎等。常用方剂有银翘散、清营汤、新加香薷饮等。常用制剂有银黄注射液、双黄连注射液等。

2. 其他感染性疾病　金银花及以金银花为主的复方也常用于急性菌痢、钩端螺旋体病、急性皮肤感染、传染性肝炎、急性淋巴管炎等疾病的治疗。

【不良反应】

金银花毒性低,口服未见毒性反应。但绿原酸有致敏原性,少数患者注射用药可致过敏反应。金银花提取物有一定溶血作用。

【安全性评价】

绿原酸给幼年大鼠灌胃 $LD_{50} > 1\ g/kg$。

连翘

本品为木犀科植物连翘 *Forsythia suspensa* (Thunb.) Vahl 的干燥果实。

连翘的主要成分有苯乙醇苷如连翘酯苷(forsythoside) A、B、C、D、E、H、I、J 和毛柳苷、泽丁香酚苷、连翘酚(forsythol)等;木脂素及其苷类,如连翘苷(phillyrirs)、表松脂素(epipinoresinol)、forsythialanside E 等;五环三萜类,如白桦脂酸、齐墩果酸及熊果酸等。此外,尚含挥发油、黄酮类、醌苷类和一些醇、酯、酸类化合物。

连翘酯苷 A

连翘苷

连翘味苦,性微寒。归肺、心、小肠经。具有清热解毒、消肿散结、疏散风热的功效。用于痈疽、瘰疬、乳痈、丹毒、风热感冒、温病初起、温热入营、高热烦渴、神昏发斑、热淋涩痛。

【药理作用】

1. 抗病原微生物

(1) 抗菌:连翘抗菌谱广,对多种革兰阳性菌、革兰阴性菌均有抑制作用。在体外实验中,对金黄色葡萄球菌、肺炎链球菌、溶血性链球菌、淋球菌、痢疾杆菌、伤寒杆菌、副伤寒杆菌、大肠杆菌、白喉杆菌、结核杆菌、霍乱弧菌、变形杆菌、鼠疫杆菌及真菌均有抑制作用,其抗菌有效成分为连翘酯苷、连翘苷、连翘酚和挥发油。各成分对不同病菌抗菌强度不一,如连翘酚对金黄色葡萄球菌和志贺痢疾杆菌抗菌力强,连翘酯苷对金黄色葡萄球菌的最低抑菌浓度在 $2\ mmol/L$ 以下;挥发油对金黄色葡萄球菌也有抗菌作用。

(2) 抗病毒：体外抗病毒实验表明，连翘对柯萨奇 B_5 病毒、埃可病毒、呼吸道合胞病毒等有抑制作用，对亚洲甲型流感病毒、鼻病毒-17 型等也有抑制作用。其抗病毒机制可能与诱生干扰素有关。

2. **抗炎、镇痛** 连翘能降低小鼠腹腔毛细血管通透性，抑制大鼠蛋清性足肿胀，并对大鼠巴豆油性肉芽肿有抗渗出作用。连翘多种提取物如水溶性提取物、挥发油等均具有抗炎活性。连翘对化学刺激引起的疼痛模型有镇痛作用。

3. **抗过敏** 研究表明，连翘酯苷 A 对卵清蛋白诱导的过敏性哮喘有一定的防治作用，且对其诱导的哮喘模型小鼠能显著减弱其肺的组织病理学改变。

4. **解热、抗内毒素** 连翘水煎液灌服可使枯草杆菌毒素静脉注射所致的家兔发热下降。连翘提取液在体外实验中可破坏内毒素，抑制内毒素的毒性作用。

5. **保肝** 连翘能对抗 CCl_4 所致的大鼠肝损伤，可降低血清 ALT 活性，减轻肝细胞变性和坏死，并使肝细胞内肝糖原和核糖核酸含量大部分恢复和接近正常。连翘酯苷 B 为其保肝有效成分之一。

6. **镇吐** 连翘有镇吐作用，其煎剂灌胃，对洋地黄所引起的鸽呕吐和皮下注射阿扑吗啡所致的犬呕吐均有抑制作用。初步认为，其镇吐机制与抑制延脑催吐化学反应区有关。

此外，连翘提取物还具有神经保护作用，能够减少多巴胺能神经元的丢失；连翘酯苷能改善学习记忆障碍，对短暂性脑缺血所致损伤也有保护作用。

综上所述，连翘的清热解毒、消肿散结、疏散风热功效与其抗菌、抗病毒、抗炎、镇痛、抗过敏、解热、抗内毒素、保肝等作用相关。

【药代动力学】

大鼠静脉注射连翘酯苷 A 10 mg/kg，体内过程符合二室模型。$t_{1/2\beta}$ 约为 20 min，与血浆蛋白结合率为 63%～69%，具有分布快、血药浓度下降迅速等特点。连翘苷给大鼠灌胃后，在 0～12 h 内血液中可被检测到，连翘苷在体内代谢较快，但其代谢物代谢速率较慢，其代谢物可能对连翘苷的药理活性有较大的贡献。

【现代应用】

1. **急性呼吸道感染疾病** 如上呼吸道感染、肺部感染、流感等。常用以连翘为主的复方，治疗效果显著。

2. **皮肤化脓性感染** 如对疮疖痈肿、丹毒有一定疗效。

3. **急性传染性肝炎** 连翘对急性肝炎有效，可降低血清 ALT。

4. **呕吐** 连翘对多种原因所致呕吐有效，尤以对胃热呕吐效佳。

此外，连翘尚可治疗其他炎症，如乳腺炎、淋巴管炎、化脓性中耳炎、泌尿系统等感染；对过敏性紫癜和颈淋巴结核也有效。

【安全性评价】

连翘煎剂小鼠灌胃给药 LD_{50} 为 172 g/kg，连翘酯苷小鼠腹腔注射药 LD_{50} 为 2 g/kg。

大青叶与板蓝根

大青叶为十字花科植物菘蓝 *Isatis indigotica* Fort.的干燥叶，板蓝根为其干燥根。

大青叶与板蓝根两者主要成分近似，主要有吲哚类化合物，如靛蓝（indigotin）、靛玉红（indirubin）、菘蓝苷（isatan）B 等；有喹唑酮类化合物，如 4(3H)喹唑酮、色胺酮（trytanthrin）等；其他类成分有黑芥子苷(sinigrin)、葡萄糖芸薹素(glucobrassicin)、新葡萄糖芸薹素(neoglucobrassicin)、告伊春(goitrin)、表告伊春(epigoitrin)、腺苷(adenosine)、有机酸、氨基酸和多糖等。

大青叶与板蓝根味苦,性寒。归心、胃经。大青叶具有清热解毒、凉血消斑的功效,用于温病高热、神昏、斑疹、痄腮、喉痹、丹毒、痈肿。板蓝根具有清热解毒、凉血利咽的功效,用于瘟疫时毒、发热咽痛、温毒发斑、痄腮、烂喉丹痧、大头瘟疫、丹毒、痈肿等。

靛玉红

【药理作用】

1. 抗病原微生物

(1) 抗菌:大青叶、板蓝根及其提取物有广谱抗菌作用,对金黄色葡萄球菌、表皮葡萄球菌、甲型链球菌、脑膜炎链球菌、淋病链球菌、卡他球菌、肺炎链球菌、流感杆菌、白喉杆菌、大肠杆菌、铜绿假单胞菌、短小芽孢杆菌和枯草杆菌等均有一定的抑制作用,而且对 MRSA、耐药铜绿假单胞菌、产超广谱 β-内酰胺酶的肺炎克雷伯菌和大肠杆菌等耐药菌株仍有效,还有杀灭钩端螺旋体的作用。

(2) 抗病毒:大青叶、板蓝根有抑制乙型脑炎病毒、腺病毒、腮腺炎病毒的作用;高浓度有杀灭出血热病毒、单纯疱疹病毒的作用;有抑制乙型肝炎病毒 HBsAg 活性的作用。板蓝根能够有效地对抗流感病毒的不同亚型和毒株引起的感染,包括严重急性呼吸道综合征病毒株引起的感染(SARS)。板蓝根水提取物在体外能有效抑制人 H1N1、H7N9 禽流感病毒,机制可能与其抑制禽流感病毒对宿主的黏附有关,且板蓝根多糖可以抑制流感病毒血凝素活性。大青叶所含 4(3H)喹唑酮具有抑制流感病毒和柯萨奇病毒活性作用。板蓝根对流感病毒的神经氨酸酶有抑制作用。大青叶煎剂灌胃对柯萨奇病毒 B_3 所致小鼠病毒性心肌炎有保护作用。腹腔注射板蓝根注射液,对感染流感病毒株 FM1 小鼠有降低肺指数和致死率的作用。

2. 抗内毒素 鲎试验法、家兔热原检查法研究表明,大青叶有抗大肠杆菌 $O_{111}B_4$ 内毒素作用。体外试验发现,大青叶氯仿提取物的1‰溶液稀释 64 倍后仍有破坏内毒素作用。抗内毒素强度与其所含有机酸类、氨基酸类等成分密切相关。板蓝根、板蓝根注射液及板蓝根中分离的多种组分均有抗内毒素作用。对内毒素攻击小鼠有保护作用,可抑制内毒素发热、内毒素诱导的细胞因子及炎症介质的生成与释放,降低致死率。大青叶、板蓝根抗内毒素成分包括 4(3H)喹唑酮、有机酸等。

3. 提高免疫功能 大青叶、板蓝根对机体特异性免疫功能和非特异性免疫功能均有促进作用。大青叶能促进刀豆蛋白 A(concanavalin A, Con A)、LPS 诱导的小鼠脾淋巴细胞增殖,促进淋巴细胞分泌 IL-2,提高腹腔巨噬细胞吞噬功能。腹腔注射板蓝根多糖可提高小鼠外周血白细胞及淋巴细胞数,增强正常小鼠和免疫抑制小鼠对二硝基氯苯诱发的迟发型过敏反应,诱导体内淋巴细胞转化和增强脾细胞中的 NK 活性。

4. 抗炎 大青叶总有机酸提取物对二甲苯致小鼠耳郭肿胀及醋酸致腹腔毛细血管通透性增加均有抑制作用。板蓝根的醇提取物能抑制巨噬细胞释放炎症介质,如 NO、PGE_2 和促炎症细胞因子,对二甲苯致小鼠耳郭肿胀、角叉菜胶致大鼠足跖肿胀、大鼠棉球肉芽组织增生及醋酸致小鼠毛细血管通透性增加均有抑制作用。大青叶中分离得到生物碱色胺酮对 COX-2 酶有抑制作用。此外,从板蓝根中分离出的依靛蓝双酮有清除次黄嘌呤与黄嘌呤氧化酶系统产生的过氧化物、刺激中性粒细胞、抑制 5-脂氧化酶的活性和降低细胞分泌白三烯 B4 水平的作用。

5. 其他作用 板蓝根有效成分靛蓝的混悬液给大鼠灌胃,对四氯化碳引起的肝损伤有一定的保护作用。大青叶与板蓝根还具有抗肿瘤作用,这与其所含成分靛玉红有关。

综上所述,大青叶与板蓝根的清热解毒、凉血利咽功效与其抗病原微生物、抗内毒素、抗炎和提高免疫功能等作用相关。

【药代动力学】

板蓝根总生物碱给大鼠灌胃,其有效成分表告依春 $t_{1/2\beta}$ 为 5 h 左右, C_{max} 为 4 μg/ml 左右。

【现代应用】

1. **上呼吸道感染** 多用于治疗感冒发热、咽喉肿痛、腮腺炎、扁桃体炎、支气管炎等。

2. **病毒性肝炎** 板蓝根对急性肝炎疗效较好,可单用,也可与其他中药组方应用。

3. **流行性乙型脑炎** 大青叶、板蓝根制剂用于乙脑早期,可减轻发热、头痛、呕吐、抽搐和脑膜刺激症状。

此外,板蓝根冲剂、板蓝根注射液肌注还用于病毒性心肌炎、病毒性皮肤病,如水痘、单纯疱疹、带状疱疹等。

【不良反应】

大青叶、板蓝根口服不良反应少,偶可引起恶心、呕吐、食欲不振等。用板蓝根注射液肌内注射或静脉注射,少数患者可有过敏反应,表现有皮炎、药疹、呼吸困难,甚至过敏性休克,应引起注意。

鱼腥草

本品为三白草科植物蕺菜 *Houttuynia cordata* Thunb.的新鲜全草或干燥地上部分。

鱼腥草主要含有挥发油和黄酮成分。挥发油中有效成分为癸酰乙醛(鱼腥草素,decanoylacetaldehyde,通常说鱼腥草素指癸酰乙醛的亚硫酸氢钠加成物。)和月桂醛(lauraldehyde),两者均有鱼腥草特异气味;并含有甲基壬酮、癸醛、癸酸、α-蒎烯、δ-柠檬烯、莰烯、乙酸龙脑酯、苏樟醇、石竹烯等。全草含阿福豆苷(afzerin)、金丝桃苷(hyperin)、槲皮素、槲皮苷、异槲皮苷、芦丁、绿原酸,并含阿朴啡类生物碱、吡啶类生物碱、蕺菜碱(cordarine)等。

鱼腥草素钠

鱼腥草味辛,性微寒。归肺经。具有清热解毒、消痈排脓、利尿通淋的功效。用于肺痈吐脓、痰热喘咳、热痢、热淋、痈肿疮毒。

【药理作用】

1. **抗病原微生物**

(1) 抗菌:鱼腥草煎剂体外试验对金黄色葡萄球菌、溶血链球菌、肺炎链球菌、白喉杆菌、卡他球菌、结核杆菌、大肠杆菌和痢疾杆菌均有抑制作用,并对钩端螺旋体也有较强的抑制作用。鱼腥草的乙醇提取物对 MRSA 有抑制作用。鱼腥草素是其抗菌主要成分,鱼腥草素与甲氧苄胺嘧啶(trimethoprim, TMP)配伍还有协同作用,抑菌效果显著增强。此外,其对多种致病性真菌如白念珠菌、皮肤癣菌有抑制作用。鱼腥草抗菌有效成分主要在挥发油部分,其鲜品抗菌作用优于干品。

(2) 抗病毒:鱼腥草对多种病毒有抑制作用。鱼腥草的水蒸馏物对 HSV-1、流感病毒、HIV-1 有直接抑制作用,且无明显细胞毒性。鱼腥草注射液对流行性出血热病毒(epidemic hemorrhagic fever virus, EHFV)有一定的抑制作用。鱼腥草滴眼液对腺病毒 3 型、7 型和单疱病毒 I 型均有抑制细胞病变的作用。鱼腥草煎剂对亚洲甲型流感病毒京科 68-1 株有抑制作用,并能延缓 ECHO11 的细胞病变,对流感病毒感染小鼠有预防和保护作用。鱼腥草醇提取物滴鼻或腹腔注射,对甲型流感病毒 FM1 感染的小鼠有保护作用。鱼腥草注射液对感染 H1N1 甲型流感病毒小鼠有减轻肺损害、降低致死率作用。此外,鱼腥草还有抑制乙肝病毒的作用。

2. 解热　鱼腥草注射液对酵母引起的大鼠发热和内毒素所致家兔发热有解热作用,其解热机制与抑制下丘脑中枢发热介质 cAMP 升高和促进 AVP 释放有关。

3. 抗炎　鱼腥草煎剂对大鼠甲醛性足肿胀有抑制作用,并能促进组织再生和愈合。鱼腥草素是其抗炎有效成分之一,鱼腥草注射液、鱼腥草素、槲皮素、槲皮苷及异槲皮苷等对多种致炎剂引起的动物炎症反应有抑制作用。其抗炎机制与影响花生四烯酸的代谢有关。

4. 免疫调节功能　鱼腥草提取物雾化吸入,能增加大鼠肺巨噬细胞吞噬功能。鱼腥草能增加小鼠玫瑰花结形成细胞、红细胞凝集素效价及溶血素效价,增强天然杀伤细胞活性;对 X 线辐射和环磷酰胺所致外周血白细胞减少有恢复作用。鱼腥草还能促进绵羊红细胞免疫所致的 IgM 的生成。鱼腥草能调节口腔上皮细胞的人 β-防御素 2(human β-defensin 2,hBD2)、分泌性白细胞蛋白酶抑制因子(secretory leukocyte protease inhibitor, SLPI)、IL-8 和 CC 趋化因子配体 20(CC chemokine ligand 20,CCL20)的表达,从而增强口腔的先天性免疫作用。

5. 利尿　鱼腥草可扩张肾动脉和肾小球毛细血管、增加肾血流量、促进尿液形成。利尿作用与鱼腥草所含槲皮苷等成分有关。

6. 平喘、止咳　鱼腥草油能拮抗 SRS-A 对豚鼠肺条的收缩作用;对吸入卵白蛋白致豚鼠过敏性哮喘有保护作用。鱼腥草煎剂给小鼠灌服对氨水刺激所引起的咳嗽反应有抑制作用。鱼腥草油还能拮抗乙酰胆碱对呼吸道平滑肌的收缩作用,可舒张气管、支气管平滑肌,缓解平滑肌痉挛。

7. 降血糖　鱼腥草提取物口服可以降低血糖水平,并能提高链脲霉素诱导的糖尿病小鼠的胰岛素水平;其对血糖的调节主要是通过增加肝细胞膜上葡萄糖转运体 2(Glucose transporter 2, GLUT-2)和脂肪组织细胞膜上葡萄糖转运体 4(Glucose transporter 4, GLUT-4)的水平,从而促进葡萄糖转运而实现;它还可降低链脲霉素诱导的糖尿病小鼠胰腺细胞中凋亡蛋白 caspase-3 的水平,减少胰岛细胞凋亡,有助于维持胰岛素水平。

此外,鱼腥草尚有镇静、止血、降血脂、扩张冠状动脉等作用。

综上所述,鱼腥草的清热解毒、消痈排脓、利尿通淋功效与其抗菌、抗病毒、抗炎、促进免疫功能、平喘、止咳、利尿等作用相关。鱼腥草挥发油所含癸酰乙醛是鱼腥草主要药效成分。

【药代动力学】

合成鱼腥草素口服吸收较慢。给大鼠静脉注射后分布在肺、气管、心、肝、肾、胆囊等脏器,其中以肺和气管中含量最高。合成鱼腥草素静脉注射后体内代谢迅速,主要经呼吸道排出体外,尿和粪中极少。鱼腥草素给家兔静脉注射的体内过程属二室模型,$t_{1/2\alpha}$ 和 $t_{1/2\beta}$ 分别为 4 h 和 76 h 左右,分布和消除过程均较缓慢。

【现代应用】

1. 呼吸道感染　鱼腥草注射液可用于治疗急慢性支气管炎、肺炎、肺脓疡等。

2. 五官科炎症　鱼腥草口服制剂、注射液对扁桃体炎、咽炎、化脓性中耳炎有效;下鼻甲注射可用于治疗慢性鼻炎、鼻窦炎,有助于消除脓涕。

3. 尿路感染　鱼腥草注射液可以增加肾血流量及尿液生成,常用于尿路感染的频尿涩痛。

此外,鱼腥草还可用于治疗腮腺炎、慢性宫颈炎、盆腔炎、附件炎、尿道炎及皮肤科炎症等。

【不良反应】

鱼腥草口服无明显毒性,但有腥臭味,有刺激性。少数患者使用鱼腥草注射液发生过敏反应。

主要表现为皮肤红肿、瘙痒、皮疹、发热，一般停药或给予抗变态反应治疗即可消除。严重的不良反应有呼吸困难、急性肺水肿、急性喉头水肿、过敏性休克，应予警惕。

北豆根

本品为防己科植物蝙蝠葛 *Menispermum dauricum* DC.的干燥根茎。

北豆根主要含有生物碱，如蝙蝠葛碱（dauricine）、蝙蝠葛新诺林碱（dauricinoline）、蝙蝠葛苏林碱（daurisoline）、青藤碱（sinomenine）、蝙蝠葛壬碱（menisperine）及粉防己碱（tetrandrine）等。

蝙蝠葛碱　　　　　　　　　蝙蝠葛苏林碱

北豆根味苦，性寒；有小毒。归肺、胃、大肠经。具有清热解毒、祛风止痛的功效。用于咽喉肿痛、热毒泻痢、风湿痹痛。

【药理作用】

1. **抗菌、抗病毒**　北豆根脂溶性总碱、多酚羟基碱和蝙蝠葛碱对肺炎链球菌、金黄色葡萄球菌、白喉杆菌、脑膜炎球菌、甲型链球菌、奈氏球菌等呼吸道致病菌有抑制作用，对临床分离出的耐药性金黄色葡萄球菌也有一定的抑制作用，其中以蝙蝠葛碱作用最强。北豆根水提取液对乙型肝炎病毒的 DNA 合成有抑制作用，表现出一定的抗肝炎病毒作用。北豆根水煎液还能抑制白念珠菌生长。

2. **抗炎**　蝙蝠葛碱对多种实验性炎症如巴豆油所致小鼠耳郭肿胀、大鼠角叉菜胶性足肿胀、佐剂性关节炎、溃疡性结肠炎、组胺及前列腺素E所致毛细血管通透性增加、羟甲基纤维素所致白细胞游走反应、肉芽肿增生模型都有抑制作用，表明蝙蝠葛碱对急、慢性炎症均有抑制作用。同时，能降低肾上腺内抗坏血酸含量，摘除双侧肾上腺后其抗炎作用减弱，提示抗炎机制与肾上腺皮质激素样作用有关。

3. **增强免疫功能**　北豆根总碱腹腔注射能改善环磷酰胺所致免疫功能抑制，增强小鼠单核细胞吞噬功能，拮抗环磷酰胺减少小鼠胸腺 DNA 含量的作用。北豆根总碱能增强小鼠超敏反应，并增加外周血 T 淋巴细胞百分率，提高模型小鼠血清溶血素生成能力。

4. **抗心律失常**　北豆根总碱、蝙蝠葛酚性碱和蝙蝠葛碱对多种实验性心律失常，包括氯化钡诱导大鼠心律失常、乌头碱诱发心律失常、哇巴因诱发豚鼠心律失常、氯仿诱发小鼠室颤、大鼠冠脉结扎缺血再灌注引起心律失常等均有效，具有广谱抗心律失常作用。初步认为北豆根总碱是一种钠通道阻滞剂，同时有钙通道阻滞剂作用。抑制 Na^+、Ca^{2+} 内流是其抗心律失常电生理基础。

5. **降低血压** 蝙蝠葛碱对麻醉猫和大鼠静脉注射有降低血压作用,可扩张阻力血管,降低总外周阻力。蝙蝠葛碱可轻度抑制 Ca^{2+}-ATP 酶活性,使肌质网钙摄取下降,同时抑制 Na^+、Ca^{2+} 内流,Ka^+ 外流,通过阻断电压依赖和受体激活的钙通道,达到松弛血管平滑肌、扩张血管的作用。

6. **抗心肌缺血** 蝙蝠葛碱可增加冠脉流量,改善大鼠、犬左冠脉前降支结扎所致心电图改变,缩小心肌梗死范围,抑制血浆乳酸脱氢酶(lactate dehydrogenase, LDH)和肌酸磷酸激酶(creatinine phosphokinase, CPK)活性升高。

7. **抗血小板聚集** 蝙蝠葛碱能抑制 ADP、花生四烯酸、肾上腺素诱导的动物和人血小板聚集,使血小板内 TXA_2 的合成和释放减少,并减少凝血酶诱导时血小板膜糖蛋白Ⅳ(glycoprotein Ⅳ, GP Ⅳ)再分布及血小板内凝血酶敏感蛋白(thrombospondin, TSP)的释放,从而抑制急性心肌梗死患者血小板不可逆性聚集,对防治血小板活性增高所致心、脑血管疾病和动脉粥样硬化的发生和发展具有积极意义。

8. **其他作用**

(1) 抗脑缺血:蝙蝠葛碱能延长小鼠缺氧后存活时间,改善脑缺血再灌注损伤所致脑皮层组织及线粒体超氧化物歧化酶(superoxide dismutase, SOD)活性下降、丙二醛(malonaldehyde, MDA)含量升高、线粒体能量代谢障碍,发挥神经保护作用。

(2) 抗肿瘤作用:蝙蝠葛酚性碱能有效抑制胰腺癌细胞株 BxPC-3 荷瘤裸鼠肿瘤细胞的生长,改善 BxPC-3 荷瘤裸鼠瘤组织的病理形态。此类生物碱具有广谱抗肿瘤作用,如诱导人宫颈癌 Hela 细胞株凋亡,抑制胃癌细胞生长等。

(3) 抗肝纤维化:蝙蝠葛碱和蝙蝠葛酚性碱可有效改善 CCl_4 诱导肝纤维化大鼠的肝纤维化指标及其肝功能指标,改善肝脏和脾脏指数,改善肝组织形态结构,其抗肝纤维化的机制主要是通过下调 TNF-α 和 TGF-β1 蛋白表达来实现的。

此外,蝙蝠葛碱还具有一定的镇痛、镇咳、祛痰、局麻、解痉等作用。

综上所述,北豆根的清热解毒、祛风止痛功效与其抗菌、抗病毒、抗炎、增强免疫功能等作用相关,其主要有效成分是蝙蝠葛碱。蝙蝠葛碱对心血管系统的作用则是药理研究对北豆根药用价值的新发现。

【药代动力学】

蝙蝠葛碱静脉注射后,在大鼠体内分布迅速且广泛;口服给药后,血药浓度-时间曲线呈双峰现象;静脉注射及灌胃给药后,各脏器药物浓度均高于血浆药物浓度。家兔静脉注射北豆根碱后,血药浓度-时间曲线符合二室模型。药物自中央室向周边室分布很快,$t_{1/2\alpha}$ 约为 5 min,药物从中央室消除也较快,$t_{1/2\beta}$ 约为 1 h,V_d 值大于实际的体液体积,说明北豆根碱因脂溶性强而在体内广泛分布。除脑和睾丸外,蝙蝠葛苏林碱在兔体内组织分布以肺脏含量最高,其他各组织器官中药物浓度显著高于血浆中药物浓度。且蝙蝠葛苏林碱在心脏中的浓度较高,这将有利于其发挥良好的抗心律失常作用。犬静脉注射蝙蝠葛苏林碱和蝙蝠葛碱后血药浓度均呈双指数衰减,在犬体内药代动力学行为也符合二室开放模型,从中央室向周边室迅速分布,从中央室消除也较快,V_d 远大于实验犬体液的体积,说明蝙蝠葛苏林碱和蝙蝠葛碱在犬体内分布广泛,这可能与蝙蝠葛苏林碱和蝙蝠葛碱脂溶性强、容易进入细胞有关。

【现代应用】

上呼吸道感染 如咽喉肿痛、急性扁桃体炎、咽炎及慢性支气管炎等,可用北豆根胶囊或北豆根片。

【不良反应】

北豆根有小毒,毒性成分为其所含生物碱。蝙蝠葛碱致动物中毒时呈中枢神经系统兴奋,可出现惊厥,严重时呼吸麻痹死亡。临床超量服用北豆根,可出现恶心、呕吐、胸闷、心悸、呼吸急促、腹痛、腹泻加剧等症状。北豆根临床毒性反应与用药过量有关,且其毒性具有可逆性,停药或减量后毒性症状会随时间延长而减退消失,但服用剂量过大、中毒时间过长后将对脑神经有不可逆损伤。

【安全性评价】

小鼠灌服北豆根总碱制成的北豆根片 LD_{50} 为 5.3~6.8 g/kg。大鼠灌服北豆根片 1.20 g/kg,每日 1 次,连续 6 周,肝、脾、肾的脏器指数出现异常,肝、脾组织学轻度改变,停药 2 周后恢复正常。

地黄

本品为玄参科植物地黄 Rehmannia glutinosa Libosch. 的新鲜或干燥块根。

地黄主要化学成分有糖类、环烯醚萜苷类和氨基酸等活性成分,如水苏糖、棉子糖、葡萄糖、毛蕊花糖、半乳糖及梓醇(catalpol)、二萜梓醇(dihydrocatalpol)、毛蕊花糖苷、地黄苷(rehmannioside)等,还含氨基酸和多种微量元素。梓醇是一种不稳定的环烯醚萜苷类化合物,是地黄中主要的化学成分,由于炮制方法的不同,其在生、鲜、熟地黄中的含量也不同,含量为 2%~10%。毛蕊花糖苷和梓醇含量在 2015 版《中华人民共和国药典》中被作为地黄的质量评价标准之一。

梓醇

地黄味甘,性寒。归心、肝、肾经。具有清热凉血、养阴生津的功效。用于热入营血、温毒发斑、吐血衄血、热病伤阴、舌绛烦渴、津伤便秘、阴虚发热、骨蒸劳热、内热消渴。

【药理作用】

1. 促进造血功能、止血 地黄水煎剂可升高贫血小鼠红细胞和血红蛋白量,促进骨髓多功能造血干细胞和红系造血祖细胞的增殖。地黄多糖可刺激小鼠的造血功能,促进正常小鼠骨髓造血干细胞的增殖,促进粒单系祖细胞(colony forming unit-granulocyte-monocyte, CFU - GM)和早期、晚期红系祖细胞(burst forming unit-erythroid, BFU - E; colony-forming unit erythrocyte, CFU - E)的增殖分化,升高外周血白细胞数量。从地黄多糖中进一步分离纯化的有效成分地黄寡糖对正常和快速老化小鼠也有相似的促进造血功能作用,且与其促进造血微环境中某些细胞分泌多种造血生长因子而增强造血祖细胞的增殖有关。地黄苷 A 可升高模型小鼠的白细胞数、红细胞数、血小板数、网织红细胞数、骨髓有核细胞数和 DNA 含量。

地黄煎液给小鼠灌胃,可拮抗阿司匹林诱导的小鼠凝血时间延长。

2. 下调 β-肾上腺素受体-cAMP 系统功能 阴虚患者常伴有 β-肾上腺素受体-cAMP 系统功能偏亢,M-胆碱受体-cGMP 系统功能偏衰的现象。地黄水煎液能改善甲状腺功能亢进的阴虚患者交感肾上腺素能神经兴奋症状,使血浆 cAMP 含量趋向正常。地黄中的梓醇具有对 β-肾上腺素受体-cAMP 系统的调整作用,能有效地下调甲状腺功能亢进动物对异丙肾上腺素的反应,提示梓醇是地黄滋阴作用的有效活性成分之一。

3. 降血糖 地黄所含梓醇对四氧嘧啶、链脲佐菌素诱导的小鼠、大鼠糖尿病模型均能降低其血糖水平、血脂水平,改善糖耐量。地塞米松诱导 3T3 - L1 脂肪细胞建立胰岛素抵抗(insulin resistance，IR)细胞模型,经梓醇干预后,3T3-L1脂肪细胞培养液中葡萄糖消耗量增加。梓醇可提高 Glut4 的蛋白表达,提示梓醇改善胰岛素抵抗可能与直接促进葡萄糖摄取和转运有关。梓醇能促进肝糖原合成,提高葡萄糖利用度。

地黄低聚糖也可部分预防葡萄糖及肾上腺素引起的高血糖症。地黄寡糖可调节实验性糖代谢紊乱,地黄寡糖灌胃或腹腔注射,对2型糖尿病大鼠的血糖有降低作用,其机制可能与增加肝糖原合成和促进胰岛素分泌有关。同时,地黄寡糖对地塞米松诱导的3T3-L1脂肪细胞胰岛素抵抗也具有改善作用。

4. 镇静　地黄对中枢神经系统有抑制作用。地黄可抑制小鼠的自主活动,协同阈下剂量巴比妥的催眠作用,可拮抗苯甲酸钠咖啡因(安钠咖)对小鼠的兴奋作用。

5. 增强免疫功能　地黄可提高机体的免疫功能,增强B淋巴细胞抗体产生,增加血清中溶血素含量,促进免疫低下小鼠的体液免疫功能；还可刺激T淋巴细胞转化成致敏淋巴细胞,能提高淋巴细胞 DNA 和蛋白质的合成,对活性淋巴细胞的 IL-2 的产生有增强作用,促进免疫低下小鼠的细胞免疫功能。地黄多糖可升高环磷酰胺致免疫抑制模型小鼠腹腔巨噬细胞吞噬功能,促进溶血素和溶血空斑形成,促进淋巴细胞转化。地黄寡糖可提高老年或去胸腺大鼠脾淋巴细胞增殖率。增强免疫的有效成分为多糖类。

6. 抗脑缺血再灌注损伤和神经保护作用　地黄梓醇能减轻脑缺血再灌注损伤,减少神经元死亡,降低脑梗死面积。梓醇可抑制 LDH 的释放,减轻 1-甲基-4-苯基-1,2,3,6-四氢吡啶(1-methyl-4-phenyl-1,2,3,6-tetrahydropyridine，MPTP)诱导的细胞毒性损伤。生地黄煎颗粒能够在一定程度上下调大脑中动脉栓塞(middle cerebral artery occlusion，MCAO)造模后引起的Nogo-A 蛋白表达升高。Nogo-A 作为一种强烈的神经纤维再生抑制剂,能有效抑制神经轴突的发育生长,并间接阻断神经纤维的再生。因此,下调 Nogo-A 蛋白的表达有利于中枢神经缺血后的神经再生。

7. 其他作用　地黄水煎剂对小鼠实验性四氯化碳肝损伤有保护作用,能防止肝糖原减少。地黄低聚糖能抑制小鼠 Lewis 肺癌生长,并能增强抗癌基因 $p53$ 的表达。地黄抗肿瘤作用与其增强机体免疫功能密切相关,所含多糖为其抗肿瘤的有效成分之一。地黄及其提取物尚具有一定抗炎、保护胃黏膜、抗骨质疏松、降低血压等作用。

综上所述,地黄的清热凉血、养阴生津功效与其促进造血功能、止血、下调 β-肾上腺素受体-cAMP 系统功能、降血糖、镇静、增强机体免疫功能等作用相关。

【药代动力学】
梓醇在大鼠体内的药动学过程符合二室模型,吸收和消除呈一级动力学特征。大鼠灌胃 50 mg/kg、100 mg/kg 和 200 mg/kg 梓醇后, $AUC_{0\rightarrow\infty}$ 与剂量呈正比,消除较快,无明显蓄积作用,该剂量下梓醇口服的绝对生物利用度为67%, $t_{1/2\beta}$ 与给药剂量无关。

【现代应用】
1. 紫癜　常单用或与其他药物组成复方用于血小板减少性紫癜、过敏性紫癜。
2. 各种出血症　用于功能性子宫出血、肺结核、支气管扩张咯血、急性传染病导致的高热、出血、斑疹等。
3. 糖尿病　可与山茱萸、山药等配伍,治疗早期糖尿病,防治并发症。

此外,地黄与其他中药配伍还可用于风湿性及类风湿关节炎、湿疹、神经性皮炎、高血压等。

牡丹皮

本品为毛茛科植物牡丹 Paeonia suffruticosa Andr. 的干燥根皮。

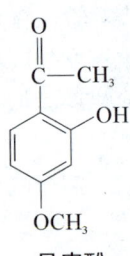
丹皮酚

牡丹皮主要含牡丹酚(丹皮酚, paeonol)、牡丹酚苷(paeonoside)、牡丹酚原苷(paeonolide)、芍药苷(paeoniflorin)、苯甲酰芍药苷(benzoylpaeoniflorin)、氧化牡丹苷、四乙酰葡萄糖、五素葡萄糖、羟基芍药苷(oxypaeoniflorin)和牡丹酚新苷(apiopaeonoside),还含有没食子酸(gallic acid)等。

牡丹皮味苦、辛,性微寒。归心、肝、肾经。具有清热凉血、活血化瘀的功效。用于热入营血、温毒发斑、吐血衄血、夜热早凉、无汗骨蒸、经闭痛经、跌仆伤痛、痈肿疮毒。

【药理作用】

1. **抗菌** 牡丹皮水提取物体外对金黄色葡萄球菌、溶血性链球菌、肺炎球菌、枯草杆菌、大肠杆菌、伤寒杆菌、副伤寒杆菌、痢疾杆菌、变形杆菌、铜绿假单胞菌、百日咳杆菌、霍乱弧菌等有抗菌作用。对铁锈色小芽孢杆菌等皮肤真菌有不同程度的抑制作用。

2. **抗炎** 牡丹皮水提取物、丹皮总苷和丹皮酚均有不同程度的抗炎作用,而牡丹皮水提取物在治疗过敏性炎症方面具有更大的潜力。牡丹皮水煎液、丹皮总苷、丹皮酚灌胃或丹皮酚腹腔注射,可抑制二甲苯致小鼠耳郭肿胀,对角叉菜胶、甲醛、蛋清等多种致炎剂所致大鼠足肿胀有不同程度抑制作用,能降低内毒素所致小鼠腹腔毛细血管通透性的升高,对牙周炎引起的牙龈组织炎症和牙槽骨损伤起到抑制作用。其抗炎机制可能与抑制炎症细胞因子、炎症介质如 PGE_2、IL-1、IL-2、IL-6 及 TNF-α 的合成与释放有关。小胶质细胞激活介导的中枢神经系统炎症过程在许多神经退行性疾病中起着重要作用。近年来,丹皮酚被发现能通过激活小胶质细胞中的 AMPK-α〔adenosine 5 - monophosphate (AMP)- activated protein kinase,即 AMP 依赖的蛋白激酶〕来减轻神经炎症。

3. **镇痛、解热** 牡丹皮水煎液灌胃、丹皮酚皮下注射,均可提高小鼠热刺激痛阈值,抑制醋酸所致小鼠扭体反应;丹皮酚皮下注射还可抑制甲醛所致小鼠疼痛反应。丹皮酚对霍乱、伤寒、副伤寒三联疫苗引起的发热有解热作用。

4. **镇静、抗惊厥** 牡丹皮流浸膏灌胃,对小鼠自发活动及多种实验性癫痫模型有抑制作用,可对抗小鼠最大电惊厥及戊四唑、士的宁、氨基脲所致惊厥反应。丹皮酚、丹皮总苷亦有类似作用。丹皮酚静脉注射,对电刺激猫脑干网状结构和丘脑下部引起的觉醒反应有抑制作用。

5. **调节免疫功能** 牡丹皮水煎液及其有效成分具有增强特异和非特异性免疫功能作用。牡丹皮水煎液、丹皮酚灌胃,可提高小鼠腹腔巨噬细胞的吞噬功能,提高小鼠血清抗体浓度,增加脾脏指数、胸腺指数,提高淋巴细胞转化率。

丹皮酚对Ⅱ、Ⅲ和Ⅳ型变态反应均有抑制作用,可抑制豚鼠皮肤血管炎(FCV)、大鼠反向皮肤过敏反应(passive cutaneous ana-phylaxis reaction, RCA)、大鼠主动和被动 Arthus 型足肿胀以及豚鼠补体经典途径的溶血活性,对二硝基氟苯引起的小鼠接触性皮炎亦有抑制作用。

6. **对心脑血管系统的作用**

(1) 抑制血小板聚集:牡丹皮提取物能抑制 ADP、胶原和肾上腺素诱导的人血小板聚集,减少 TXA_2 的生成。丹皮酚体内和体外均能抑制凝血酶诱导的血小板聚集,并能抑制凝血酶诱导的大鼠血小板 5 - HT 释放。牡丹皮提取物中检测到 4 种活性成分,分别为氧化牡丹苷、四乙酰葡萄糖、五素葡萄糖和苯甲酰芍药苷,这些活性成分能明显上调热休克蛋白70(heat shock protein 70, HSP-70)和冠状蛋白1B(coronin-1B)的表达,从而提高细胞应激能力和调节细胞骨架重排,降低血小板黏附率。

(2) 抗心肌缺血、脑缺血:牡丹皮水煎醇沉提取液静脉注射,可改善因结扎冠脉引起的心外膜电图缺血改变,并能降低心肌耗氧量、增加冠脉流量和降低心排血量。丹皮酚灌胃或腹腔注射能缩小缺血再灌注模型大鼠心肌梗死范围,减少心室颤动及室性心动过速的发生,降低缺血再灌注损伤大鼠心肌组织MDA含量和血清肌酸磷酸激酶活性,提高心肌组织SOD活性和谷胱甘肽(glutathione-SH,GSH)含量,增强抗氧化防御系统功能,保护心肌细胞超微结构。丹皮酚对大鼠反复性短暂脑缺血再灌注所致脑损伤具有保护作用,可降低沙土鼠脑缺血再灌注后炎性反应。

(3) 抗动脉粥样硬化:丹皮酚可抑制高脂饲料所致实验性动脉粥样硬化斑块形成,降低鹌鹑血清TC、TG、LDL-C、VLDL含量,提高HDL-C含量。丹皮酚抗动脉粥样硬化作用与抑制平滑肌细胞异常增生和保护血管内皮细胞有关,可呈浓度依赖性地抑制人胎儿平滑肌细胞的增殖,并对高脂血清刺激的平滑肌细胞异常增生有抑制作用,也可升高高脂血症大鼠血清NO水平和血浆前列环素含量,降低血浆内皮素含量,保护高脂血症大鼠动脉内皮细胞功能。丹皮酚通过调节乙酰化酶SIRT1蛋白及其底物的表达来保护内表皮细胞对抗氧化应激造成的早衰。SIRT1蛋白的主要功能是应激条件下减少细胞凋亡及衰老,增加细胞存活率。

(4) 抗室性心律失常:丹皮酚对缺血性心律失常具有明显改善作用,丹皮酚能降低心肌细胞miRNA-1表达水平,促进心肌细胞增殖,抑制细胞凋亡。miRNA-1是一种只在心肌和骨骼肌细胞中呈特异性分布的内源性非编码微小RNA,miRNA-1在心肌细胞的增殖、分化和凋亡中的调节作用已被证实。

7. 抗肿瘤 丹皮酚对人白血病细胞K562、人乳腺癌细胞T6-17和MCF-7、肝癌细胞BEL7404、移植性肝癌Hep A、人白血病肿瘤细胞株K562/ADM、人肺癌细胞NCI-1975、人食管癌细胞Eca-109、人胃癌AGS细胞、人舌癌TCA8113细胞、宫颈癌细胞系HeLa、人大肠癌细胞株HT-29等多种肿瘤细胞具有抑制增殖作用。丹皮酚对于大鼠肝癌前病变具有一定程度的预防、保护作用,这种保护机制可能与改善肝功能、提高抗氧化能力和抑制脂质过氧化反应有关。丹皮酚还能逆转肿瘤多药耐药性,对多种化疗药物有增敏作用。

8. 保肝 丹皮总苷灌胃对CCl_4、D-半乳糖胺、乙醇所致化学性肝损伤有保护作用。能降低血清ALT、AST活性,减轻肝脏变性和坏死程度,促进肝脏糖原合成和提高血白蛋白含量,降低肝匀浆脂质过氧化产物MDA的含量及提高血清和肝脏谷胱甘肽过氧化物酶活力。丹皮总苷灌胃对卡介苗(bacille Calmette-Guerin,BCG)联合LPS所致免疫性肝损伤有保护作用。

此外,牡丹皮还有肾脏保护、抗糖尿病肾病、降血糖、抗早孕等作用,丹皮酚具有拮抗卵蛋白诱导的过敏性哮喘作用。

综上所述,牡丹皮的清热凉血功效与其抗菌、抗炎、镇痛、解热、镇静、抗惊厥等药理作用相关,活血化瘀功效则主要与其抗血小板聚集、抗心脑缺血、抗动脉粥样硬化等作用有关。

【药代动力学】

丹皮酚在肠道各部位的吸收速率按空肠、回肠、十二指肠、结肠顺序下降,药物在肠道内的吸收机制为被动扩散。小鼠一次性灌胃50 mg/kg丹皮酚,体内药动学过程符合单室模型一级吸收,药物进入体内迅速分布,代谢消除也较快。

【现代应用】
1. 皮肤病　丹皮酚软膏及注射液可用于皮肤湿疹和皮肤瘙痒症。
2. 发热、头痛、神经痛、肌肉痛、风湿性关节炎和类风湿关节炎　用丹皮酚片或丹皮酚注射液有较好疗效。
3. 原发性血小板减少性紫癜　重用牡丹皮组方常获良效。

【安全性评价】
丹皮酚50%花生油剂小鼠灌胃给药 LD_{50} 为 5 g/kg。

栀子

本品为茜草科植物栀子 Gardenia jasminoides Ellis 的干燥成熟果实。

栀子主要含有多种苷类,如羟基栀子苷(gardenoside)、栀子苷(京尼平苷,geniposide)及其水解产物京尼平(genipin)等。此外,尚含有 β-谷甾醇、藏红花苷、栀子素、藏红花酸、熊果酸等成分。

京尼平苷　　　　　京尼平

栀子味苦,性寒。归心、肺、三焦经。具有泻火除烦、清热利湿、凉血解毒的功效。外用消肿止痛。用于热病心烦、湿热黄疸、淋证涩痛、血热吐衄、目赤肿痛、火毒疮疡;外治扭挫伤痛。

【药理作用】
1. 抗病原微生物

(1) 抗菌:栀子水提取物与醇提取物对金黄色葡萄球菌、卡他球菌、淋球菌、脑膜炎双球菌有不同程度的抑制作用。对毛癣菌、黄癣菌、小芽孢癣菌等多种皮肤真菌有抗菌作用。

(2) 抗病毒:栀子提取物对柯萨奇 B_3 病毒、埃可病毒、乙肝病毒、甲型流感病毒、副流感病毒 1 型、呼吸道合胞病毒、单纯疱疹病毒、腺病毒 3 和 5 型等病毒的增殖有抑制作用。栀子提取物可降低流感病毒性肺炎小鼠致死率,延长存活时间;对于实验性疱疹病毒性角膜炎有治疗作用;可抑制柯萨奇 B_3 病毒所致小鼠病毒性心肌炎,减少心肌组织病毒量和减轻病变程度。栀子还能抑制丙型肝炎病毒在裸鼠体内的复制。

2. 镇静、镇痛　栀子醇提取物给小鼠腹腔注射能减少小鼠的自发活动,具有镇静作用,且与环己巴比妥钠有协同作用,能延长睡眠时间;栀子醇提取物及京尼平苷对醋酸诱发的小鼠扭体反应有抑制作用。

3. 解热、抗炎　栀子醇提取物灌胃,对酵母所致大鼠发热有解热作用,生品的解热作用较强。栀子醇提取物、水提取物、乙酸乙酯提取物和京尼平苷均具有一定的抗炎和治疗软组织损伤的作用,栀子总苷是其抗炎的主要成分。栀子对二甲苯所致耳郭肿胀、醋酸所致小鼠腹腔毛细血管通透性增高、甲醛及角叉菜胶所致大鼠足肿胀、大鼠棉球肉芽组织增生均有抑制作用。栀子总苷还对大鼠佐剂性关节炎和家兔膝关节炎均有治疗作用。栀子能抑制胶原蛋白引起的大鼠关节炎模型的关节肿胀、骨膜细胞增生,抑制细胞因子 TNF-α、IL-1β 的产生与释放。栀子对二硝基氯苯所致小鼠耳迟发性超敏反应性炎症亦有抑制作用。

4. 利胆、保肝 《药性论》载栀子能"利五淋,解五种黄疸,明目"。栀子的水提取物、醇提取物及藏红花苷、藏红花酸、栀子苷、栀子素、京尼平苷均可促进胆汁分泌。京尼平静脉及十二指肠内给药均有利胆作用,京尼平苷则通过水解生成京尼平而发挥利胆作用。胆石症患者口服栀子水煎剂,超声波观察可见胆囊收缩明显,排空加速。栀子还能减轻 CCl_4、D-半乳糖胺引起的肝损害。对异硫氰酸 α-萘酯大鼠急性黄疸模型,可使血清胆红素、ALT 和 AST 活性均降低。京尼平苷、藏红花酸可降低急性酒精性肝损伤小鼠血清 AST、ALT 活性,减少肝脏 MDA 生成,减轻肝脏病理损害。京尼平苷对 D-半乳糖胺和脂多糖诱导的肝细胞凋亡和肝衰竭有保护作用。

5. 抗胰腺炎 栀子提取物对急性胰腺出血坏死大鼠有改善胰腺、肝、胃、小肠血流,降低早期致死率作用。栀子及其提取物能促进大鼠胰腺分泌,降低胰酶活性,对胰腺细胞膜、线粒体膜、溶酶体膜均有稳定作用,可减轻胰腺炎,能使胰腺细胞膜结构、功能趋于正常。

6. 抗抑郁 栀子的提取物在强迫游泳试验和尾部悬吊试验中显示出抗抑郁潜力。实验显示,栀子提取物单次给药后能够使海马中脑源性神经营养因子的表达增加。

此外,栀子及其提取物还具有降低血压、降低血糖、调节脂代谢、抗动脉粥样硬化、抗血栓、抗焦虑、抗肿瘤、抗氧化、保护神经细胞、调节胃肠运动等作用。

综上所述,栀子的泻火除烦、清热利尿、凉血解毒功效与其解热、镇静、镇痛、抗菌、抗炎、保肝、利胆等作用相关。

【药代动力学】
栀子苷大鼠灌胃后的药动学过程符合二室模型,栀子苷在大鼠肠道中的吸收呈现出一级动力学过程,灌胃给药后血药浓度出现双峰现象,表明可能存在肝肠循环。栀子苷家兔灌胃和直肠给药的药动学特征符合二室模型,直肠给药相对于灌胃给药达峰时间短、峰浓度高。栀子苷大鼠静脉注射,$t_{1/2\beta}$ 约为 39 min,消除快,体内过程符合三室模型。

【现代应用】
1. 急性黄疸型肝炎 栀子煎剂治疗急性黄疸型肝炎有一定疗效。
2. 胆囊炎、胆结石 由栀子、茵陈、金钱草等组成的复方有较好疗效。
3. 扭挫伤 生栀子粉用蛋清和面粉调敷患处,或用温开水调成糊状,加少许乙醇调敷均有效。

【安全性评价】
栀子苷具有肝毒性。栀子 3.08 g/kg 的水提取物、1.62 g/kg 的醇提取物、0.28 g/kg 的栀子苷,分别给大鼠连续灌胃给药 3 日,导致肝重增加,肝指数增大,血清 ALT、AST 活性增高,总胆红素含量增加。光镜下可见肝细胞肿胀、坏死,大量炎症细胞浸润等形态改变。因此,栀子给药剂量不宜过大。栀子醇提取物小鼠灌胃 LD_{50} 为 107 g/kg,腹腔注射 LD_{50} 为 17 g/kg。

知母

本品为百合科植物知母 *Anemarrhena asphodeloides* Bge. 的干燥根茎。

知母主要含有甾体皂苷、黄酮类等,其中甾体皂苷种类较多,如知母皂苷(timosaponin) A-Ⅰ、A-Ⅱ、A-Ⅲ、A-Ⅳ、B-Ⅰ及 B-Ⅱ。皂苷元主要为菝葜皂苷元(sarsasapenin)等。黄酮类主要为芒果苷(mangiferin)、异芒果苷(isomangiferin)和知母聚糖(anemarans) A、B、C、D 等。

芒果苷　　　　　　　　　　　　知母皂苷 A-Ⅲ

知母味苦、甘，性寒。归肺、胃、肾经。具有清热泻火、滋阴润燥的功效。用于外感热病、高热烦渴、肺热燥咳、骨蒸潮热、内热消渴、肠燥便秘。

【药理作用】

1. 抗病原微生物　　知母煎剂体外对伤寒杆菌、痢疾杆菌、白喉杆菌、金黄色葡萄球菌、白色葡萄球菌、铜绿假单胞菌、大肠杆菌、甲型链球菌、乙型链球菌、肺炎双球菌有抗菌作用。知母乙醇、乙醚提取物对结核杆菌 $H_{37}RV$ 有抑制作用，对小鼠实验性结核杆菌感染有一定疗效，芒果苷是其抗结核杆菌的有效成分之一。知母对某些致病性皮肤真菌及白念珠菌也有一定的抑制作用。体外实验芒果苷对流感病毒 A、单纯疱疹病毒Ⅰ、Ⅱ型有抑制作用，可阻止病毒在细胞内复制。

2. 解热　　知母提取物经皮下注射对大肠杆菌所致的家兔发热有解热作用。知母解热特点慢而持久，解热的有效成分是芒果苷、菝葜皂苷元，解热机制与抑制 Na^+-K^+-ATP 酶的活性和前列腺素的合成，使产热减少有关。

3. 抗炎　　知母水提取物能抑制二甲苯致小鼠耳郭肿胀和醋酸致腹腔毛细血管通透性增高，且具有剂量依赖性。知母总多糖具有抗炎活性，能促进肾上腺分泌糖皮质激素及抑制炎症组织 PGE 的合成或释放，是其发挥抗炎作用的重要途径。芒果苷亦具有相似的抗炎作用。

4. 下调 β-肾上腺素受体-cAMP 系统功能　　阴虚生内热是中医临床实践的总结，现代医学研究发现阴虚患者大多呈 β-肾上腺素受体-cAMP 系统功能偏亢、M-胆碱受体-cGMP 系统功能偏衰的现象，表现为产热增加，血中 cAMP 的含量升高。对细胞水平的调控机制研究发现，以 β 受体为"门户"、cAMP 为第二信使的细胞调控机制遍及全身。交感神经、肾上腺都通过 β 受体影响细胞功能。β 受体又与 M 受体互相制约，对维持细胞正常的生理功能具有重要意义。知母能使血、脑、肾上腺中多巴胺-β-羟化酶活性降低，NE 合成和释放减少；知母及其皂苷元能抑制过快的 β 受体蛋白合成，下调过多的 β 受体，使甲状腺素和氢化可的松所致阴虚模型动物脑、肾中 β 受体功能下降，血中 cAMP 含量减少，从而导致 β-肾上腺素受体-cAMP 系统功能降低。这可能是知母清热泻火的重要机制之一。

5. 降血糖　　《神农本草经》称本品"主消渴热中"，其生津润燥的功效与降血糖作用有关。知母水提取物对正常家兔、四氧嘧啶制备的糖尿病家兔和小鼠以及胰岛素抗血清所致糖尿病鼠均有降血糖作用，并可使小鼠血中酮体减少。知母皂苷具有 α-葡萄糖苷酶抑制剂的作用，能提高小鼠糖耐量,降低餐后血糖,并降低四氧嘧啶诱发的糖尿病小鼠血糖水平。知母提取物可以通过激活腺苷酸活化蛋白激酶来改善小鼠的高血糖症和胰岛素抵抗。知母水提取物的发酵乳能降低链脲佐菌素导致的糖尿病小鼠,并显著改善糖尿病小鼠的脂质代谢。知母聚糖能降低正常小鼠和高血糖大鼠的血糖,增高肝糖原含量,增加骨骼肌对 $^3H-2$ 脱氧葡萄糖摄取能力。知母多糖也可降低四氧嘧啶型糖尿病家兔血糖。知母总酚对链脲佐菌素及四氧嘧啶诱发的小鼠血糖升高及四氧嘧啶所致大鼠糖尿病有降血糖作用。

6. **改善学习记忆** 知母皂苷能拮抗东莨菪碱、亚硝酸盐、乙醇等所致的记忆获得障碍、记忆巩固障碍及记忆再现障碍,改善三氯化铝致痴呆模型大鼠学习记忆能力的下降,抑制海马和齿状回内β淀粉样前体蛋白阳性神经元的生成。知母皂苷 B-Ⅱ能对东莨菪碱引起的学习记忆缺陷起到保护作用,机制可能是通过抑制乙酰胆碱酯酶(acetyl cholinesterase, AChE)和防止氧化应激损伤。知母、知母皂苷元能提高衰老早期小鼠脑 M 受体数量,其作用强度与用药时间密切相关,能延缓增龄时脑组织内脑源性神经营养因子的减少而对胆碱神经元起到保护作用,这可能是其改善学习记忆功能的重要机制之一。

7. **降血脂** 知母皂苷有降血脂作用,可降低实验性高脂血症鹌鹑血清 TC、TG、LDL-C、HDL-C 含量,提高 HDL-C/TC 比值,缩小斑块面积,减轻动脉粥样硬化程度。

8. **抗肿瘤作用** 知母皂苷 A-Ⅲ能诱导人类黑色素瘤 A375-S2 细胞的凋亡和自噬,并显示出对正常细胞的低毒性。同时,它能通过抑制 COX-2 的表达来抑制黑色素瘤细胞的迁移,并可以逆转人类慢性粒细胞白血病 K562/ADM 细胞的多药耐药性。知母提取物对人肝癌细胞 HepG2 和人胃癌细胞 SGC7901 显示出抗增殖活性。

9. **其他作用** 知母皂苷能减轻大鼠脑缺血再灌注损伤,其作用机制与抗自由基损伤、减轻炎症反应、减少内皮素-1 释放有关。知母皂苷对人血小板聚集有抑制作用。知母皂苷 A-Ⅲ的抗血栓形成作用与抑制血小板的聚集、黏附和活化有关。知母能保护肾上腺皮质,减轻糖皮质激素的副作用。知母成分芒果苷有镇静、利胆等作用,异芒果苷有镇咳、祛痰、利尿作用。

综上所述,知母的清热泻火、滋阴润燥功效与其抗病原微生物、解热、下调β-肾上腺素受体-cAMP 系统功能、抗炎、降血糖、降血脂等作用相关;改善学习记忆等作用则是药理学研究的新进展,其应用价值尚待于进一步研究。

【药代动力学】

大鼠灌服知母提取物,芒果苷、新芒果苷、知母皂苷 D、知母皂苷 B-Ⅱ、知母皂苷 B-Ⅲ、知母皂苷Ⅲ等成分可被吸收入血。知母皂苷 B-Ⅱ给大鼠灌胃,绝对生物利用度约为 1‰,t_{max} 约为 2 h,$t_{1/2\beta}$ 约为 3 h。人口服芒果苷后,t_{max} 约为 1 h,$t_{1/2\beta}$ 约为 8 h;体内经甲基化、葡萄糖醛酸化和硫酸化代谢。

【现代应用】

1. **感染性疾病** 用知母配伍石膏(如白虎汤)等治疗流行性出血、肺炎、流行性脑膜炎、乙型脑炎等体温升高有一定的疗效。

2. **糖尿病** 常与天花粉、麦冬等配伍,用于糖尿病的辅助治疗。

3. **肺结核低热** 可单用知母,或用二母散(知母、贝母),疗效较好。

夏枯草

本品为唇形科植物夏枯草 *Prunella vulgaris* L.的干燥果穗。

夏枯草主要含有有机酸类成分迷迭香酸等，黄酮类成分槲皮素、木犀草素等，三萜类成分 Vulgaside I, ursone 等，挥发性成分角鲨烯、肉豆蔻酸等。此外，还含有甾类、香豆素类等。

夏枯草味辛、苦，性寒。归肝、胆经。具有清肝泻火、明目、散结消肿的功效。用于目赤肿痛、目珠夜痛、头痛眩晕、瘰疬、瘿瘤、乳痈、乳癖、乳房胀痛。

【药理作用】

1. **抗炎**　夏枯草乙醇提取物通过抑制 p38 MAPK/ERK 信号通路来调节 TNF-α 诱导的黏附分子的表达，进而发挥对主动脉平滑肌细胞的保护作用。研究还发现，夏枯草茎叶与果穗水提取物均能减轻小鼠耳郭肿胀。

2. **抗糖尿病**　夏枯草对四氧嘧啶诱导的 1 型糖尿病具有较好的治疗效果，夏枯草中富含咖啡酸部分能够使血清中胰岛素的含量增加，还能够抑制碳水化合物水解酶 α-淀粉酶和 α-葡萄糖苷酶的活性。此外，从夏枯草中提取得到的五环三萜类化合物能够抑制糖原磷酸化酶并提高 3T3-L1 脂肪细胞胰岛素敏感性，从而达到降低血糖的作用。

3. **抗病原微生物**　夏枯草总黄酮提取液对金黄色葡萄球菌、大肠杆菌有抑菌作用，夏枯草煎剂、醇浸剂体外对结核杆菌有抑制作用，对实验性结核病小鼠有一定的治疗作用。夏枯草提取物在人喉表皮样癌细胞 Hep-2 细胞中对 RSV 有抑制作用，既能抑制 RSV 的吸附和生物合成，又能直接杀死病毒，而且其对细胞的毒性比利巴韦林小，抗病毒指数大于比利巴韦林，安全范围更大。此外，夏枯草中的木脂素-碳水化合物复合物能够抑制 HSV-1 和 HSV-2，机制研究表明其可能与木脂素-碳水化合物复合物能够直接灭活 HSV-1，阻断 HSV-1 与非洲绿猴肾细胞 Vero 细胞的结合，并抑制 HSV-1 向 Vero 细胞的渗透相关。

4. **抗抑郁作用**　夏枯草水提取物可通过提高海马组织中单胺类神经递质的含量、降低炎症因子的含量来产生抗抑郁作用。

5. **降压作用**　夏枯草多种制剂，多种途径给药及对多种实验动物都具有降低血压作用。正常及肾型高血压犬灌服夏枯草有降血压作用，从夏枯草中提取的夏枯草总皂苷静脉注射麻醉大鼠有降血压作用。

6. **抗心肌梗死及抗凝血**　夏枯草总皂苷腹腔注射，可减少冠脉结扎大鼠室性早搏、室性心动过速与心室颤动的发生，缩小心肌梗死范围，降低大鼠致死率。夏枯草煎剂灌服，可对抗皮下注射肾上腺素加冰水应激所致血瘀证大鼠的凝血酶原时间缩短、优球蛋白溶解时间延长，并可改善血流流变性。

此外，夏枯草具有抑制骨质疏松、提高细胞免疫、抗氧化、镇静、催眠等作用，还能减轻东莨菪碱所致大鼠记忆障碍。夏枯草还有抑制结石形成、减少肾组织草酸钙结石沉积等作用。

综上所述，夏枯草的清肝泻火、明目、散结消肿功效与其抗病原微生物、抗炎、降血压等作用相关。

【现代应用】

1. **镇痛**　夏枯草膏可用于治疗头痛、乳痈肿痛。

2. **消炎**　夏枯草胶囊、颗粒剂可用于治疗甲状腺肿大、淋巴结结核和乳腺增生症。

3. **高血压**　夏枯草口服液、颗粒剂、胶囊等用于原发性高血压，可降低血压，夏枯草煎煮液可预防高血压和动脉粥样硬化。

4. **皮肤病**　夏枯草用于治疗小儿湿疹、荨麻疹、痤疮及外用治疣等，取得较好效果。

青蒿

本品为菊科植物黄花蒿 *Artemisia annua* L.的干燥地上部分。

青蒿主要含有倍半萜类的青蒿素(artemisinin)、青蒿甲、乙、丙、丁、戊素(artemisinin Ⅰ、Ⅱ、Ⅲ、Ⅳ、Ⅴ)、青蒿酸(artemisic acid)、青蒿酸甲酯(methylareannuate)、青蒿醇(artemisinol)等,以及黄酮类和挥发油类成分。

青蒿味苦、辛,性寒。归肝、胆经。具有清虚热、除骨蒸、解暑热、截疟、退黄的功效。用于温邪伤阴、夜热早凉、阴虚发热、骨蒸劳热、暑邪发热、疟疾寒热、湿热黄疸。

【药理作用】

1. 抗病原微生物

(1) 抗疟原虫:本品截疟功效与其抗疟原虫作用有关。青蒿素是青蒿的主要抗疟成分,具有高效、速效、低毒等特点。青蒿素分子含有过氧化物桥结构(C—O—O—C),与二价铁反应生成自由基。完整的过氧化物桥结构是抗疟效应必需基团,衍生物如无此结构则无抗疟活性。对青蒿素化学结构进行改造,人工合成的二氢青蒿素、蒿甲醚、蒿乙醚和青蒿琥酯等衍生物,保留了原有的过氧桥结构,稳定性更好,杀伤疟原虫的作用更强,对鼠疟、猴疟和人疟均有抑制作用,对耐药性的疟疾也有很好的治疗作用。体内实验证明,青蒿素对疟原虫的红细胞内期有直接杀灭作用,对疟原虫红细胞前期和外期无影响。疟原虫体内亚铁离子以高浓度亚铁血红素分子的形式存在。青蒿素与疟原虫体内的亚铁反应生成自由基,破坏疟原虫的膜结构,抑制疟原虫表膜、线粒体膜、核膜、内质网膜等,阻断以宿主红细胞为营养的供给,从而杀灭疟原虫。青蒿素与以往所有抗疟药的结构完全不同,这类新药的发现为抗疟药的研究开辟了一个全新的领域。

恶性疟原虫普遍对氯喹等多种抗疟药产生抗药性,抗氯喹恶性疟已遍及全球 80 多个国家和地区,占恶性疟流行区的 85% 以上。我国云南从 20 世纪 80 年代中期以来逐渐停止使用氯喹治疗恶性疟,开始使用青蒿素类药物。青蒿素在体外,不管是对氯喹敏感的还是耐药的间日疟原虫都能在纳摩尔数量级的浓度发挥作用。通过对使用抗疟药物患者的大量临床观察和统计发现,仅一小部分患者表现出轻微的神经毒性反应,然而这些毒副不良反应及耐药现象都是极为少见的。仅在非洲大陆,每年以青蒿素为基础的药物处方治愈病例约 250 万例,青蒿素的发现改变了寄生虫疾病的疗法。全世界每年感染疟疾的患者接近 2 亿,目前青蒿素已被广泛用于疟疾肆虐的地区。当应用综合疗法,使用青蒿素治疗时,它能够降低疟疾的总死亡率 20%,降低儿童疟疾死亡率 30%。仅在非洲,每年超过 10 万人因此得救。

(2) 抗菌、抗病毒:青蒿水煎液对表皮葡萄球菌、卡他球菌、炭疽杆菌、白喉杆菌有抑制作用;对金黄色葡萄球菌、痢疾杆菌、铜绿假单胞菌、结核杆菌等亦有一定的抑制作用。青蒿挥发油对多种皮肤癣菌有抑杀作用。此外,青蒿有抗流感和柯萨奇 B 组病毒的作用。青蒿中的谷甾醇和豆甾醇也有一定的抗病毒作用。

(3) 抗血吸虫:青蒿素对各种血吸虫有杀伤作用,人工合成的蒿甲醚、蒿乙醚、青蒿琥酯和还原青蒿素等青蒿素衍生物对血吸虫幼虫的杀伤作用最好。

(4) 抗新孢子虫:新孢子虫病是由犬新孢子虫寄生于多种动物引起的,广泛分布于世界各地,主要危害是引起孕畜的流产或死胎,以及新生儿的运动神经障碍。青蒿素对新孢子虫具有一定的抑制作用,在体外实验中,与乙胺嘧啶、亚甲基联用,可发挥抗新孢子虫协同作用。

2. 抗内毒素 青蒿醇渗漉液、青蒿素灌胃,可降低内毒素诱导的动物(大鼠或小鼠)肝、肺、肾等组织病理损伤,降低血浆内毒素水平,降低内毒素休克致死率。

3. 解热、镇痛、抗炎 青蒿水提取物、乙酸乙酯提取物、正丁醇提取物有解热作用,可使发热动物体温降低。青蒿花前期采收有效成分含量高,解热作用强。

青蒿水提取物灌胃,可提高小鼠热刺激痛阈,减少醋酸腹腔注射诱导的小鼠扭体次数,抑制蛋清、酵母等所致大鼠、小鼠足肿胀。青蒿素对多种致炎症因子诱导的巨噬细胞释放促炎症细胞因子如TNF-α、IL-6等有抑制作用,还可减轻脓毒症大鼠的脏器组织炎症反应导致的损害。疟疾患者体内有较高水平的促炎细胞因子,TNF-α和IL-12分别在疟疾患者高热和肝损伤的发生中起主要作用。多种倍半萜内酯化合物包括青蒿素类成分均可削弱NF-κB的活性,从而抑制促炎因子的释放。

4. 抗肿瘤 青蒿素类化合物对多种人类和动物肿瘤细胞均具有抑制作用,包括黑色素瘤细胞、肾癌细胞、中枢神经系统肿瘤细胞、肺癌细胞、卵巢癌细胞、白血病细胞、胰腺癌细胞、弥漫性大B细胞淋巴瘤等,且对多药耐药肿瘤细胞具有活性。青蒿素类化合物自身毒性小,与多种化合物联合应用具有增效作用。

5. 调节免疫功能 青蒿多种提取物对T淋巴细胞增殖及人体补体均呈抑制作用。青蒿素对小鼠迟发性变态反应有免疫抑制作用,又能增强巨噬细胞吞噬功能。

6. 抗组织纤维化 青蒿素衍生物青蒿琥酯通过上调细胞凋亡因子Fas、FasL、Caspase-3 mRNA的表达,降低胶原合成,促进胶原分解,从而抑制人胚肺成纤维细胞增殖,促进细胞凋亡,发挥抗肺纤维化作用。

此外,青蒿挥发油成分有祛痰、镇咳、平喘作用。

综上所述,青蒿的清虚热、除骨蒸、解暑热、截疟功效与其抗疟原虫、抗菌、抗病毒、解热、抗炎、抗内毒素等作用相关。《本草纲目》曰:"青蒿治疟疾寒热。"事实上,青蒿素抗疟原虫作用的发现正是源自古人用青蒿截疟临床经验的积累。青蒿素的抗菌、抗病毒、解热、抗炎、抗内毒素作用也与其清虚热、除骨蒸等传统功效相吻合。青蒿素抗血吸虫病、调节免疫功能、抗肿瘤等作用则是现代药理研究的新进展。

【药代动力学】

青蒿素吸收快、分布广、排泄快、代谢迅速,可通过血脑屏障,在脑内清除较慢,有利于脑型疟的治疗。大鼠灌胃青蒿素150 mg/kg后,吸收迅速完全,但血药浓度低,维持时间短。体内过程符合二室模型,$t_{1/2\beta}$约为30 min。小鼠腹腔注射青蒿素,$t_{1/2\alpha}$为1 h,$t_{1/2\beta}$为2 h。人口服青蒿素片1 000 mg,C_{max}为466 μg/L左右,t_{max}约为2 h。

【现代应用】

1. 疟疾 青蒿素及其衍生物对各种疟原虫有效,临床上使用青蒿素治疗间日疟、一般恶性疟及抗氯喹恶性疟,具有高效、速效、低毒、安全等特点,特别是对抗氯喹疟疾和脑型恶性疟疗效突出。但其复发率高,可加大药物剂量,同时并用速释和缓释剂型,在总剂量相等时,适当缩短给药间隔时间,或与伯氨喹等其他抗疟药配伍使用,以降低其复发率。

2. 高热 青蒿水煎液对各种体温升高,特别是虚热有一定的疗效。

3. 血吸虫病 青蒿素、蒿甲醚和青蒿琥酯用于感染日本血吸虫尾蚴后的早期治疗,可降低血吸虫感染率和感染程度,并可预防血吸虫病的发生,常用于急性感染的治疗和预防。

4. **皮肤真菌病和神经性皮炎** 青蒿油擦剂外用,对手、足、体、股癣和神经性皮炎均有效。

5. **慢性支气管炎** 青蒿挥发油制剂治疗慢性支气管炎有较好祛痰、镇咳、平喘作用。

此外,青蒿及有效成分对鼻炎、口腔黏膜扁平苔藓、系统性红斑狼疮、盘状红斑狼疮、尿潴留等均有一定的治疗效果。

【不良反应】

青蒿、青蒿素不良反应较少。青蒿素毒性低,其浸膏片口服,少数患者可出现恶心、呕吐、腹痛、腹泻等消化道症状。青蒿注射液偶可引起过敏反应。

【安全性评价】

青蒿素小鼠灌胃、肌内注射、静脉注射的 LD_{50} 分别为 3.8 g/kg、0.84 g/kg、0.63 g/kg。青蒿素水混悬液大鼠灌胃 LD_{50} 为 5.6 g/kg,青蒿素油混悬液大鼠肌内注射 LD_{50} 为 2.6 g/kg。恒河猴连续 14 日肌内注射青蒿素油混悬液 96 mg/kg、192 mg/kg 可引起多种脏器组织的损伤,表现为骨髓红系和粒系细胞数目减少,成熟发育障碍,巨核细胞增生;心肌细胞变性和灶性坏死;肝、肾营养不良性改变;淋巴组织萎缩。停药后 35 日,上述病变明显减轻或消失,表明青蒿素的毒性反应是可逆的。青蒿素有一定胚胎毒性和较弱的致畸作用。

第三节　常用方剂

黄连解毒汤(《外台秘要》)

【组成】

黄连 9 g,黄芩 6 g,黄柏 6 g,栀子擘 9 g。

【功效与主治】

泻火解毒。主治三焦火毒证,症见大热烦躁、口燥咽干、错语不眠,或热病吐血、衄血;或热甚发斑,或身热下利,或湿热黄疸;或外科疮疡疔毒;小便黄赤、舌红苔黄、脉数有力。另也用于湿热黄疸、痢疾等病证的治疗。

【药理作用】

1. **抗病原微生物** 黄连解毒汤对多种细菌有抑制作用,对金黄色葡萄球菌、表皮葡萄球菌、乙型链球菌、变形杆菌、痢疾杆菌等的抑制作用强。对甲型链球菌、大肠杆菌、伤寒杆菌、铜绿假单胞菌、沙雷菌抑制作用弱。方中各药在抗菌作用上具有协同效果,单用黄连或小檗碱,金黄色葡萄球菌、痢疾杆菌易产生抗药性,可在原抑菌浓度 32 倍环境生长。用本方则可提高抗菌作用,耐药菌株仅能在 4 倍抑菌浓度生长,说明细菌对黄连解毒汤较之小檗碱难于形成耐药性。黄连解毒汤对感染金黄色葡萄球菌小鼠有保护作用,能降低致死率。此外,对感染流行性乙型脑炎病毒小鼠亦能提高存活率,有一定抗病毒作用。

2. **抗毒素** 黄连解毒汤有对抗细菌毒素的作用,可降低金黄色葡萄球菌、溶血素和凝固酶效价;能对抗内毒素,使内毒素血症时肾、脑等重要生命脏器的营养性血流量增加,炎症细胞吞噬异物活性的下降幅度减少,并能降低内毒素所致大鼠、小鼠的休克死亡率。黄连解毒汤不仅通过加强单核吞噬细胞系统的吞噬功能,加速内毒素的廓清来发挥作用,而且对细菌毒素的直接中和亦是其主要作用机制之一。采用显色基质偶氮法进行体外抗内毒素的研究表明,黄连解毒汤有较显著的减毒作用,其作用机制是直接破坏、降解内毒素。

3. **抗炎、解热** 黄连解毒汤水煎剂对醋酸所致小鼠腹腔毛细血管通透性增加及二甲苯所致小鼠耳郭肿胀有抑制作用。黄连解毒汤能抑制角叉菜胶所致小鼠背部气囊内白细胞数,减少 PGE_2 的生成。黄连解毒汤的抗炎作用主要与抑制 IL-1、IL-2、NO、PGE_2、TNF-α、TNF-β 等炎症因子生成释放,抑制致炎症因子所诱导的中性粒细胞与血管内皮细胞黏附,干预炎症信号通路中相关信号分子的表达等有关。

黄连解毒汤对啤酒酵母致热大鼠有解热作用;对伤寒-副伤寒甲-副伤寒乙三联疫苗引起家兔发热亦有解热作用。

4. **其他作用**

(1) 抗脑缺血:黄连解毒汤提取物对结扎双侧颈总动脉造成急性大鼠不完全性脑缺血缺氧有保护作用,能对抗缺血引起的大脑组织 SOD 活力下降,降低缺血引起的大脑含水量和过氧化脂质含量的异常升高。黄连解毒汤对 NO、谷氨酸、H_2O_2 所致大鼠皮层神经元损伤有保护作用。其抗脑缺血缺氧机制可能与多途径抑制缺血缺氧致神经细胞内钙超载有关。黄连解毒汤提取物还可延长 $NaNO_2$ 致缺氧及常压密闭环境致缺氧小鼠的存活时间。

(2) 抗血栓:黄连解毒汤能显著延长小鼠体外凝血时间,家兔灌服黄连解毒汤能延长血浆凝血酶原时间、白陶土活化部分凝血活酶时间及凝血酶时间,并能抑制 ADP 引起的血小板聚集。

(3) 防治动脉粥样硬化:黄连解毒汤可抑制高脂饲料诱发的家兔动脉粥样硬化的形成,其作用机制可能与抑制钙在动脉沉积、抑制胶原增生、抑制血管平滑肌细胞增殖、清除自由基等有关。

(4) 改善记忆力:黄连解毒汤对东莨菪碱所致记忆获得障碍、亚硝酸钠所致记忆巩固障碍及乙醇所致记忆再现障碍均有改善作用;对缺血再灌注损伤性记忆障碍及 D-半乳糖致小鼠衰老模型有改善学习记忆作用。

(5) 抗肝损伤:黄连解毒汤能降低 CCl_4 诱导的急性肝损伤大鼠血清 AST、ALT 活性,阻止肝损伤的发展,降低 TG 水平,减少肝内 TG 积聚。

(6) 降血糖:黄连解毒汤能拮抗四氧嘧啶诱导的小鼠高血糖;能改善链脲佐菌素加高糖高热量喂饲建立的糖尿病大鼠的糖耐量和胰岛素抵抗,降低空腹血糖。

此外,黄连解毒汤有一定的降低血压、延长睡眠时间、镇痛、抗应激、保护胃黏膜、调节免疫功能等作用。

综上所述,黄连解毒汤的泻火解毒功效与其抗病原微生物、抗毒素、抗炎、解热等作用相关。黄连解毒汤的抗脑缺血、抗血栓、防止动脉粥样硬化、改善记忆力、抗肝损伤、降血糖等作用则是现代药理研究的新进展。

【药代动力学】

大鼠灌服黄连解毒汤后,血中检测到黄芩苷、汉黄芩苷、小檗碱、巴马汀、药根碱和栀子苷。黄芩苷和汉黄芩苷血浆 C-T 曲线呈双峰现象,t_{max1} 和 t_{max2} 分别为 40 min 和 6~8 h;$t_{1/2\beta}$ 约为 5 h。小檗碱和巴马汀 t_{max} 为 2.5 h,$t_{1/2\beta}$ 为 8~10 h;栀子苷 t_{max} 约为 1 h,$t_{1/2\beta}$ 为 4 h。黄连解毒汤给大鼠灌胃,小檗碱、黄芩苷体内过程符合一室模型,栀子苷体内过程符合二室模型。

【现代应用】

1. **感染性疾病** 败血症、脓毒血症、痢疾、肺炎、泌尿系感染、流行性脑脊髓膜炎、乙型脑炎等属热毒的患者，均可用之。

2. 脑血管病及脑血管障碍后遗症　黄连解毒汤用于原发性高血压、脑梗死、脑出血、血管性痴呆等症，可改善脑损伤恢复期患者的头昏、头痛、失眠、烦躁、记忆力下降等症状。

3. 糖尿病　黄连解毒汤可作为辅助治疗，具有降低血糖、改善胰岛素抵抗等作用。

此外，黄连解毒汤对顽固性湿疹皮炎、宫颈糜烂、带状疱疹、急性肛窦炎、胃溃疡、顽固性鼻出血等均有一定疗效。

白虎汤（《伤寒论》）

【组成】

石膏 50 g，知母 18 g，甘草 6 g，粳米 9 g。

【功效与主治】

清热生津。主治气分热盛证，症见壮热面赤、烦渴引饮、汗出恶热、脉洪大有力。也用于胃火亢盛之头痛、牙痛、消渴等。

【药理作用】

1. 解热　白虎汤对酵母、菌苗及 2,4-二硝基酚所致的动物发热有解热作用。石膏的解热作用较快但短暂，知母解热虽缓和但作用持久，单用石膏或知母的解热作用都没有合用效果好，两者合用可使体温下降快而持久。白虎汤的解热机制有不同报道，仍有待于进一步研究。

2. 抗病原微生物　白虎汤煎剂对葡萄球菌、溶血性链球菌、肺炎链球菌、伤寒杆菌有抗菌作用，对痢疾杆菌、大肠杆菌、霍乱弧菌也有抑制作用。对感染流行性乙型脑炎病毒小鼠有保护作用，可降低感染致死率。

综上所述，白虎汤的清热生津功效与其解热、抗病原微生物等作用相关。

【现代应用】

1. 流行性乙型脑炎　白虎汤已成为治疗本病的主方之一，用本方加减治疗，用药后体温一般当日即下降，症状多数在 2 日内减轻。

2. 流行性出血热　可使患者全身中毒症状得到改善，尤其是神经精神症状。发热期及时、足量用药是治愈的关键。本方水煎口服治疗可缩短病程，减轻低血压休克期和少尿期症状或越过此两期。

3. 肺炎　白虎汤可用于细菌性或病毒性肺炎的治疗，大剂量白虎汤治疗大叶性肺炎、以白虎汤为主治疗支气管肺炎或麻疹合并肺炎等均有一定疗效。

此外，本方加减还可用于流感、麻疹、钩端螺旋体病、疟疾、痢疾等诸多疾病引起的发热，可降低病死率及后遗症的发生率。

清营汤（《温病条辨》）

【组成】

水牛角粉 30 g，生地黄 15 g，玄参 9 g，竹叶心 3 g，麦冬 9 g，丹参 6 g，黄连 5 g，金银花 9 g，连翘 6 g。

【功效与主治】

清营解毒，透热养阴。主治热入营分证，症见身热夜甚、神烦少寐、时有谵语、目常喜开或喜闭、口渴或不渴、斑疹隐隐、脉细数、舌绛而干等。营分证是温热病发病过程中较为严重的阶段，与现代医学的感染性疾病极期或败血症期相似。

【药理作用】

1. 解热 清营汤对内毒素所致家兔发热有解热作用,可抑制"营热阴伤"证模型家兔体温升高。

2. 抗炎 清营汤能抑制二甲苯所致小鼠耳郭肿胀,抑制致炎剂引起大鼠、小鼠毛细血管通透性增高及大鼠足肿胀。

3. 抗凝血 清营汤能延长凝血酶原时间,增加纤溶酶原激活物,减少纤溶酶原激活物抑制物。

此外,清营汤还具有抗氧化及心肌保护的作用。

综上所述,清营汤的清营解毒、透热养阴功效与其解热、抗炎、抗凝血等作用相关。

【现代应用】

1. 感染性疾病 清营汤可用于流行性乙型脑炎、流行性脑脊髓膜炎、流行性出血热等感染性疾病属邪热入营证候者。

2. 血栓闭塞性脉管炎、皮肤病 清营汤还被用于血栓闭塞性脉管炎、药物性皮炎、接触性皮炎、银屑病等治疗。

第九章 泻下药

导学

本章介绍泻下药的基本药理作用,常用单味中药大黄、芒硝、番泻叶、芦荟、甘遂及经典方大承气汤、麻子仁丸的主要药理作用和现代应用。

学习要求:
(1) 掌握泻下药的基本药理作用;大黄的药理作用、作用机制和现代应用。
(2) 熟悉大黄的有效成分;大承气汤、麻子仁丸的药理作用和现代应用。
(3) 了解大黄、芒硝、番泻叶、芦荟、甘遂和麻子仁丸的不良反应;与里实证相关的病理变化。

第一节 概述

凡能引起腹泻或滑利大肠、促进排便的药物,称为泻下药。泻下药具有泻下通便、消除积滞、通腑泻热、祛除水饮等功效,主要用于里实证,如热结便秘、寒积便秘、肠胃积滞、实热内结、水肿停饮等。

里实证,是指热、寒、燥、水积聚所出现的证候。由肠胃实热内结、阴亏津枯,或水饮内停所致的一类证候,其临床表现主要有便秘、发热、腹痛等,包括:① 外邪入里化热,结于胃肠所出现的证候。症见壮热烦渴、腹痛便秘等。② 停饮、瘀血、食滞、虫积等所致的证候。从现代医学角度看,肠胃实热内结证多见于急性单纯性肠梗阻、粘连性肠梗阻、蛔虫性肠梗阻、急性胆囊炎、急性胰腺炎、急性阑尾炎等多种急腹症,也见于某些急性感染性疾病,症见高热、腹痛、谵语、神昏、烦躁、惊厥等。而阴亏津枯证多见于老人及产后便秘者,或见于大病后期及临床各科手术后体质虚弱者,因肠推进性蠕动减弱而引起便秘。水饮内停证则见于渗出性胸膜炎、腹膜炎、肝硬化腹水、右心功能不全等,主要表现为胸腹部积水。

根据泻下强度的不同,泻下药可分为攻下药、峻下逐水药和润下药3类。攻下药既能泻下通便,又能清热泻火,不但适用于实热积滞、燥屎坚结、大便秘结等里实证,还用于热病神昏、谵语发狂或火热上炎等证,主要包括大黄、芒硝、番泻叶、芦荟等,代表方为大承气汤、大黄牡丹汤(寒下)、大黄附子汤(温下);峻下逐水药泻下作用峻猛,能引起剧烈腹泻,使体内积水从大小便排出,适用于水肿鼓胀、胸胁停饮而正气未衰者,主要包括牵牛子、芫花、大戟、甘遂、商陆、巴豆,代表方为十枣汤、舟车丸;润下药适用于年老津枯、产后血虚、热病伤津及失血等所致的肠燥津枯便秘,主要包括火麻仁、郁李仁,代表方为麻子仁丸、润肠丸等。

泻下药的主要药理作用如下。

1. 泻下　泻下药及其复方以不同方式使胃肠蠕动增加,产生不同程度的泻下作用。根据其作用机制,可分为刺激性泻药、容积性泻药及润滑性泻药。

(1) 刺激性泻药:主要有大黄、番泻叶、芦荟、巴豆、牵牛子等。大黄、番泻叶、芦荟所含的结合型蒽苷类物质是其泻下有效成分,口服后抵达大肠,在细菌酶的作用下水解为苷元,刺激大肠黏膜下神经丛,使肠蠕动增加而产生泻下作用。牵牛子所含牵牛子苷、巴豆所含巴豆油和芫花中芫花酯均能强烈刺激肠黏膜,增加肠运动,产生剧烈泻下作用。

(2) 容积性泻药:芒硝主要成分为硫酸钠,口服后硫酸根离子在肠腔内不被吸收使肠腔形成高渗状态,抑制肠道水分吸收,肠腔大量水分致肠容积增大,机械性刺激肠壁,促进肠蠕动而泻下。

(3) 润滑性泻药:火麻仁、郁李仁等因含大量油脂而润滑肠道、软化粪便,同时油脂在碱性肠液中能分解产生脂肪酸,对肠壁具有温和的刺激作用,使肠蠕动增加而产生缓泻作用。

2. 利尿　峻下逐水药芫花、甘遂、牵牛子、商陆、大戟在引起腹泻的同时均有较强的利尿作用,使体内潴留的水分从大、小便排出而消除水肿。大黄的蒽醌类成分亦有轻度利尿作用,其机制与抑制肾小管上皮细胞 Na^+-K^+-ATP 酶有关。

3. 抗病原微生物　大黄和芦荟所含大黄酸、大黄素和芦荟大黄素,对多种细菌、真菌、病毒有抑制作用。商陆、大戟、芫花、番泻叶、巴豆等对肺炎球菌、流感杆菌、痢疾杆菌及某些皮肤真菌具有抑制作用。

4. 抗炎　大黄和商陆均有抗炎作用,可抑制炎症早期的渗出及后期的肉芽组织增生。大黄素可抑制单核细胞分泌 $TNF-\alpha$、$IL-1$、$IL-6$、$IL-8$ 等炎症细胞因子而抗炎;商陆皂苷通过兴奋垂体-肾上腺皮质系统而抗炎。

5. 其他作用　大黄有利胆保肝作用。大黄、芦荟、商陆、芫花、大戟均有一定抗肿瘤作用。

综上所述,泻下药的泻下通便、消除积滞、通腑泻热、祛除水饮功效主要与泻下、利尿、抗菌、抗炎等药理作用有关。

第二节　常 用 药 物

大黄

本品为蓼科植物掌叶大黄 *Rheum palmatum* L.、唐古特大黄 *Rheum tanguticum* Maxim. ex Balf.或药用大黄 *Rheum officinale* Baill.的干燥根和根茎。

大黄主要含蒽醌类衍生物及其蒽酮等。蒽醌类物质以结合型蒽苷和游离型苷元两种形式存在,结合型蒽苷是游离型苷元和葡萄糖的结合物,占主要部分,有大黄素甲醚葡萄糖苷(physcionmonoglucoside)、芦荟大黄素葡萄糖苷(aloe-emodin monoglucoside, aloeemo-din-1-O-β-D-glucopy-ranoside)、大黄素葡萄糖苷(emodin monoglucoside)、大黄酚葡萄糖苷(chysophanol monoglucoside, chrysophanol-1-O-β-D-glucopyranoside)、大黄酸葡萄糖苷(rheinmonoglucoside)、大黄酸苷(rheinoside) A~D；游离型苷元仅为少部分，但活性高，如大黄酸(rhein)、大黄酚(chrysophanol)、大黄素(emodin)、芦荟大黄素(aloe-emodin)和大黄素甲醚(physcin)。蒽酮为蒽醌的还原产物，主要有大黄二蒽酮(rheidin) A、B、C，掌叶二蒽酮(palmidin) A、B、C 和番泻苷(sennoside) A~F 等。大黄生药中鞣质含量很高，没食子酸(gallic acid)和儿茶素(catechin)是两类鞣质单体。此外，尚含有多糖类、二苯乙烯类(芪类)、苯丁酮类、色原酮类、有机酸类等成分。

大黄酚	$R_1=CH_3$	$R_2=H$
芦荟大黄素	$R_1=CH_2OH$	$R_2=H$
大黄酸	$R_1=COOH$	$R_2=H$
大黄素	$R_1=CH_3$	$R_2=OH$
大黄素甲醚	$R_1=CH_3$	$R_2=OCH_3$

大黄中部分蒽醌类化合物及衍生物

大黄味苦，性寒。归脾、胃、大肠、肝、心包经。具有泻下攻积、清热泻火、凉血解毒、逐瘀通经、利湿退黄的功效。用于实热积滞便秘、血热吐衄、目赤咽肿、痈肿疔疮、肠痈腹痛、瘀血经闭、产后瘀阻、跌打损伤、湿热痢疾、黄疸尿赤、淋证、水肿；外治烧烫伤。除了生用，大黄还有酒炙、蒸制、炒炭等多种炮制品。酒大黄善清上焦血分热毒，用于目赤咽肿、齿龈肿痛；熟大黄泻下力缓、泻火解毒，用于火毒疮疡；大黄炭凉血化瘀止血，用于血热有瘀出血症。

【药理作用】
1. 对消化系统的作用
(1) 泻下：大黄具有泻下作用。其导泻主要成分为结合型蒽苷和二蒽酮苷，以番泻苷 A 作用最强。大黄导泻作用部位主要在大肠，实验表明大黄对结肠电活动有兴奋作用；大黄素可刺激肠壁，使推进性蠕动幅度增强而排便。

大黄泻下作用机制与以下环节相关：① 大黄口服后，大部分结合型蒽苷未被小肠吸收而抵达大肠，在大肠被细菌酶水解成大黄酸蒽酮，刺激肠黏膜及肠壁肌层内神经丛，促进结肠蠕动而致泻。有小部分结合型蒽苷被小肠吸收，经肝脏代谢还原为大黄酸蒽酮，由胆汁或血液转运至大肠而发挥泻下作用。② 大黄酸蒽酮、大黄素具有胆碱样作用，可兴奋肠平滑肌上 M 胆碱受体，促进结肠蠕动，该作用可被阿托品阻断。③ 大黄酸蒽酮可抑制肠平滑肌细胞膜上 Na^+-K^+-ATP 酶，抑制 Na^+ 从肠腔转运吸收，使肠腔内渗透压升高，肠腔容积增大，机械性刺激肠壁，从而使肠蠕动增强。④ 通过对结肠上皮细胞水通道蛋白(aquaporin, AQP)的调节效应，使结肠对水的吸收减少和(或)肠液分泌增加，肠腔容积增大而致泻。此外，大黄素尚可刺激肠壁组织中的肠嗜铬细胞(enterochromaffin cell, EC cell)分泌 5-HT，通过 5-HT 受体的介导，促进肠道收缩和肠液分泌而导泻。

大黄素对小肠运动亦具有增强作用，炭末推进实验表明，大黄素灌胃给药，可以刺激小肠壁，反射性地使肠推进幅度增强，有利于排便。

煎煮时间与炮制方法可影响大黄泻下效能。生大黄泻下作用峻猛，临床上用于攻下时，当用生品且不宜久煎；酒制后，泻下作用缓和；炒炭后不仅不泻下，反能止泻止血。研究表明，生大黄煎煮 10 min 左右，蒽苷溶出率最高，泻下作用最强；经久煎或炮制后，结合型蒽苷显著减少，而鞣质溶出增加，故使泻下作用减弱而收敛作用相对增强，这也是引起继发性便秘的原因。

(2) 保肝利胆：大黄蒽醌类衍生物、大黄酸、大黄素、芦荟大黄素、大黄多糖等对多种实验性肝损伤动物模型有明显保护作用，可减轻肝细胞肿胀、变性和坏死，降低血清丙氨酸转氨酶、碱性磷酸酶活性；升高总蛋白、白蛋白含量；改善微循环，恢复肝组织的正常代谢和血液供应，促进肝细胞再生。大黄对肝损伤的保护作用与其抗炎、抗氧化、改善肝微循环、抗肝细胞凋亡等作用有关。此外，大黄酸可以明显促进对乙酰氨基酚的排泄、降低其在体内的暴露水平，从而防治对乙酰氨基酚导致的肝损伤。大黄素对动物实验性脂肪肝具有改善作用。大黄素能使血清透明质酸及粘连蛋白显著降低，肝组织胶原蛋白含量减少，从而改善肝纤维化。大黄通过泻下作用使滞留在肠道的病原菌毒素和肠源性有毒物质排泄加速而减少吸收，可使血氨下降，防治肝昏迷。大黄对乙肝病毒也有一定抑制作用。大黄可疏通肝内毛细胆管，促进胆汁分泌，并促进胆囊收缩，松弛胆总管括约肌，使胆汁排出增加，还使胆汁中胆红素和胆汁酸排泄增加。

(3) 保护胃肠黏膜：对于不同诱因的胃黏膜损伤和胃溃疡动物模型，大黄表现出抗消化性溃疡、保护胃黏膜作用。其作用机制主要是：① 减少胃液分泌，降低胃酸和胃蛋白酶含量。② 促进胃黏膜 PGE_2 生成，增强胃黏膜屏障功能。大黄素、芦荟大黄素、大黄酚、大黄酸等对幽门螺杆菌均有抑制作用。

大黄对肠黏膜屏障有明显保护作用。大黄通过泻下作用使滞留在肠道的病原菌毒素以及肠源性有毒物质排泄加速，减少对肠黏膜的伤害；通过维持肠道菌群平衡、促进肠黏液分泌、抗内毒素、抗氧化、抗炎症反应，促进胃肠功能恢复。

大黄对治疗应激性胃肠黏膜病变和中毒性麻痹，预防肠源性感染、多器官功能衰竭，均具有重要意义。

(4) 抑制胰酶活性：急性胰腺炎是由于胰腺分泌的胰酶自身消化胰腺所致。大黄及大黄素、芦荟大黄素、大黄酸等单体能抑制胰激肽释放酶、胰蛋白酶、胰脂肪酶、胰淀粉酶等多种胰酶的分泌和活性，从而减弱胰酶对胰腺细胞自身的消化作用。大黄能促进急性胰腺炎模型动物病理损伤的修复，能防治糜蛋白酶或乙醇诱发的急性水肿型或出血坏死型胰腺炎的发生和发展。

2. 利尿、改善肾功能 大黄素、大黄酸、芦荟大黄素有利尿作用。利尿机制与其对肾小管 Na^+-K^+-ATP酶的抑制作用有关，使 Na^+ 重吸收减少，排出增加。

大黄能治疗氮质血症，延缓慢性肾衰的发展，此作用通过多环节实现：① 使肠道对氨基酸的吸收减少，抑制体蛋白尤其肌蛋白的分解，导致尿素等含氮废物合成减少。② 在利尿同时，促进尿素氮和肌酐随尿液排出体外。③ 延缓肾小球硬化、肾间质纤维化，抑制肾代偿性肥大等。大黄还可通过扩血管等作用防治急性肾衰。大黄、大黄酸可降低糖尿病大鼠尿蛋白排出量，减轻肾脏肥大，降低糖尿病肾损害。

3. 抗感染

(1) 抗病原微生物：大黄对多种细菌均有不同程度的抑制作用，以大黄酸、大黄素、芦荟大黄素抗菌作用较强，对葡萄球菌、淋病双球菌较敏感，其次为白喉杆菌、炭疽杆菌、伤寒杆菌和痢疾杆菌。大黄对多种致病厌氧菌、真菌、幽门螺杆菌、阿米巴原虫、阴道滴虫亦有抑制作用。其抗菌机制与抑制细菌核酸和蛋白质合成以及糖代谢有关。大黄体外对流感病毒、单纯疱疹病毒、乙肝病毒、柯萨奇病毒等均有不同程度抑制作用。大黄素的抗病毒作用较强，但存在细胞毒性和诱导突变的安全隐患。

(2) 抗炎：大黄煎剂对多种炎症动物模型均表现抗炎作用，对炎症早期的渗出、水肿和炎症后期的结缔组织增生均有抑制作用。大黄对切除双侧肾上腺的大鼠仍有抗炎作用，且在抗炎同时不降低肾上腺内的维生素 C 含量,说明其抗炎作用不是通过兴奋垂体-肾上腺皮质系统而实现的,大黄本身也不具有皮质激素样作用。大黄素可以抑制 NF－κB 活化,抑制细胞间黏附分子-1(intercellular adhesion molecule－1,ICAM－1)、血管细胞间黏附分子(vascular cell adhesion molecule－1,VCAM－1)、内皮细胞白细胞间黏附分子-1(endothelial-leukocyte adhesion molecule－1,ELAM－1)的表达,这可能是大黄素抗炎的部分机制。大黄素还可抑制 TNF－α、诱导型一氧化氮合酶 (inducible nitric oxide synthase,iNOS)、IL－10、细胞质 IκB－α、IκK－α 和 IκK－γ 等炎症相关基因的表达。大黄素对人中性粒细胞具有抗炎活性而没有细胞毒性,这是通过抑制中性粒细胞产生过氧化物的效应来实现的。

4. 对血液系统的作用

(1) 止血:对上消化道出血、咯血、衄血等,大黄止血作用确切、迅速,大黄炒炭止血效果较好。其止血成分为 d-儿茶素、没食子酸、大黄酚和大黄素甲醚等。止血作用机制为:促进血小板的黏附和聚集;增加血小板数量和纤维蛋白原含量;降低抗凝血酶Ⅲ(antithrombin－Ⅲ,AT－Ⅲ)活性;收缩损伤的局部血管,降低毛细血管通透性。

(2) 对微循环和血流流变性的影响:目前研究认为,大黄对微循环和血流流变性具有双向调节作用。

5. 其他作用

(1) 抗肿瘤:大黄多种成分对多种实验性肿瘤具有抑制作用,尤其大黄素对多种肿瘤细胞系及体内移植瘤模型抗肿瘤效应较强,其抗肿瘤机制与阻滞细胞周期进程,抑制肿瘤细胞增殖、转移,诱导肿瘤细胞凋亡,抑制肿瘤血管生成和侵袭,增加肿瘤对化疗敏感性和逆转肿瘤多药耐药等有关。大黄还能抑制癌细胞的呼吸及氨基酸、糖代谢中间产物的氧化和脱氢过程,抑制 DNA、RNA 及蛋白质的生物合成。

(2) 调节血脂:大黄醇提取物可使高脂模型动物血清 TC、TG、LDL－C 及过氧化脂质降低;并能降低动脉粥样硬化指数及主动脉胆固醇的沉积。大黄酸可抑制 TNF－α 诱导的人血管平滑肌细胞增殖,而产生抗动脉粥样硬化作用。大黄酚可通过下调肝细胞胆固醇调节元件结合蛋白(sterol-regulatory element binding proteins,SREBPs)及靶基因的表达,从而降低肝细胞内 TC、TG 含量,减轻肝细胞脂肪变性。

综上所述,大黄的泻下攻积、清热泻火、凉血解毒、逐瘀通经、利湿退黄功效与其泻下通便、保肝利胆、利尿、抗菌、抗炎、调节血脂等作用相关;大黄对消化系统的其他作用以及改善肾功能、抗肿瘤作用,则是对其功效的现代研究进展。其主要药效物质是大黄蒽醌类衍生物。

【药代动力学】

机体对大黄游离型苷元成分芦荟大黄素、大黄酸、大黄素、大黄酚的吸收速度较快,口服给药 5 min 后,血中即可检测到大黄酸。大黄酸在大鼠血浆中的浓度能达到微克级,而大黄素、芦荟大黄素和大黄酚仅达纳克级。这可能是由于大黄酸在大黄蒽醌提取物中含量最高,而另外 3 个成分含量较低,且大黄素和芦荟大黄素能在体内被氧化并转化为大黄酸。大黄蒽醌类化合物主要分布于肾、肝、心和血中,并依次减少。大黄酸主要经肾脏排泄。大黄酸在体内残留时间较长,大鼠灌服或静脉注射大黄酸后,48 h 内均可检测到血液中的大黄酸;静脉注射 2 日,口服给药 7 日,在组织中仍可检测到大黄酸。经肠道单次给大黄酸 25 mg/kg,收集 5 日内尿样及粪样,大黄酸在尿液中回收率为 37%,粪便中为 53%。

结合型蒽醌以番泻苷 A 为主,经口服给药后在血液中并未被检测到结合型蒽醌及衍生物。大鼠口服番泻苷 2.3 h 后,于肠内检测到芦荟大黄素蒽酮和大黄酸蒽酮;在给予抗生素干扰肠道菌群后,由番泻苷转化的总蒽酮的量明显减少。

【现代应用】

1. 便秘　大黄单用如大黄流浸膏或与其他中药伍用可治疗多种便秘,尤其对热结便秘者适宜。

2. 急腹症　对急性肠梗阻、急性胰腺炎、急性胆囊炎、急性阑尾炎等多种原因引起的急腹症,以大黄为主药的复方疗效显著。

3. 黄疸型肝炎　可用大黄制剂,如总蒽醌胶囊等。

4. 急、慢性肾功能衰竭　大黄煎液口服或灌肠能有效地降低血清尿素氮和肌酐浓度。

5. 急性感染性消化系统疾病　对菌痢、肠炎、胆管蛔虫等症以大黄单味药或组方应用有较好疗效。

6. 出血性疾病　单味大黄粉或复方制剂用于上消化道出血、衄血、痔疮出血、胆管术后止血有较好疗效。

7. 其他　大黄还可用于治疗胃溃疡、高脂血症、子宫内膜异位症、慢性前列腺炎等。

【不良反应】

大黄毒性低,治疗剂量(3~15 g)应用比较安全,但过量或久用则有不良反应。

生大黄尤其是鲜大黄服用过量,可引起恶心、呕吐、腹痛、黄疸、头昏。长期过量服用蒽醌类泻药可致肝损害及电解质紊乱,如低血钾。

长期应用大黄及大黄复方制剂,可引起肠神经丛麻痹,即"泻剂性肠炎"。孕妇及月经期、哺乳期慎用。

【安全性评价】

国外资料表明,芦荟大黄素在多种细胞株的污染物致突变性检测(Ames)试验中显示有致突变作用;大黄素及其他蒽醌类化合物在多种细胞株试验中表现有遗传毒性作用,需警惕。大黄在美国及欧洲地区为限制性使用植物药。

大黄总蒽酮长期大量使用可致大鼠肾功能不全,出现肾脏近曲小管上皮细胞不同程度的肿胀变性,致使小管腔变窄,部分上皮细胞脱落,此毒性反应停药后可逆。

芒硝

本品为硫酸盐类矿物芒硝属芒硝经加工精制而成的结晶体,又称玄明粉。

芒硝主要成分为含水硫酸钠($Na_2SO_4 \cdot 10H_2O$),占 96%~98%,尚含少量硫酸镁、硫酸钙和氯化钠等。

芒硝味咸、苦,性寒。归胃、大肠经。具有泻下通便、润燥软坚、清火消肿的功效。用于实热积滞、腹满胀痛、大便燥结、肠痈肿痛;外治乳痈、痔疮肿痛。

【药理作用】

1. 泻下　芒硝为容积性泻药,口服后主要成分硫酸钠解离产生大量硫酸根离子不易被肠壁吸收,使肠内渗透压升高,阻止肠腔内水分吸收,致肠腔扩张,刺激肠壁引起肠蠕动增加而致泻。同时,硫酸钠本身对肠壁也有刺激作用。芒硝泻下作用的速度与饮水量有关,饮水量多,泻下作用出现快,反之则较慢。一般于服药后 4~6 h 排出稀便。

2. 利胆　口服小剂量芒硝,可刺激十二指肠壶腹部,反射性地引起胆囊收缩、胆管括约肌松弛,从而促进胆汁排出。

3. **抗炎** 芒硝外敷具有抗炎作用,10%～25%硫酸钠外敷可加快淋巴循环,增强单核吞噬细胞的吞噬功能。

综上所述,芒硝的泻热通便、润燥软坚功能与其泻下作用相关,清火消肿功能与其抗炎作用相关。有效成分为硫酸钠。

【现代应用】

1. **便秘** 温开水溶后内服,可用于通便、清肠。
2. **急性乳腺炎** 用芒硝局部外敷。此外,芒硝外用还可回乳。
3. **胆绞痛** 用大剂量芒硝,20～30 g,治疗胆囊炎、胆结石、胆管蛔虫引起的胆绞痛效果良好。此外,3%芒硝坐浴可治疗痔疮、肛裂、肛瘘等常见肛肠病急性炎症期。外敷可用于防治长期肌内注射引起的局部炎症,也可用于留置针引起的静脉机械性炎症。

【不良反应】

口服芒硝时,如浓度过高,可引起幽门痉挛,产生胃不适,影响胃排空。芒硝含钠离子多,故水肿患者慎用。孕妇忌用。

番泻叶

本品为豆科植物狭叶番泻 *Cassia angustifolia* Vahl 或尖叶番泻 *Cassia acutifolia* Delile 的干燥小叶。

番泻叶主要含蒽醌类及其衍生物,约 1.5%。二蒽酮类成分主要为番泻苷(sennoside) A、B、C、D、G;蒽醌衍生物主要有大黄酸(rhein)、大黄酚(chrysophanol)、大黄素(emodin)、芦荟大黄素(aloe-emodin)等。

番泻叶味甘、苦,性寒。归大肠经。具有泻热行滞、通便、利水的功能。用于热结积滞、便秘腹痛、水肿胀满。

【药理作用】

1. **泻下** 本品导泻的主要有效成分为番泻苷 A、B,作用机制同"大黄"。
2. **抗菌** 体外实验中,番泻叶水浸液对奥杜盎小芽孢癣菌和星形奴卡菌等皮肤真菌抑菌有效,其水提取物则仅对伤寒杆菌有效,醇提取物对葡萄球菌、白喉杆菌、伤寒杆菌、副伤寒杆菌、大肠杆菌等有抑制作用。
3. **止血** 番泻叶口服可增加血小板及纤维蛋白原,缩短凝血时间、血浆复钙时间、凝血活酶时间及血块收缩时间,有助于止血。30%番泻叶水浸液,在胃镜直视下喷洒于胃黏膜出血病灶,能即刻止血。

综上所述,番泻叶的泻热行滞、通便功效与其泻下、抗菌作用相关。其有效成分为蒽醌类及其衍生物。

【现代应用】

1. **便秘** 番泻叶 2～6 g,开水泡服,适用于热结便秘、习惯性便秘及老年便秘。小剂量可起缓泻作用,大剂量则可攻下。若热结便秘,腹满胀痛者,可与枳实、厚朴配伍(煎剂宜后下),以增强泻下导滞的作用。
2. **急性机械性肠梗阻** 在补液,胃肠减压基础上,由减压管注入番泻叶浸液,辅以灌肠效果较好。此外,对腹部手术后促进肠功能恢复、消化功能障碍及并发症(肠粘连、感染)有较好疗效。

3. 清肠 口服番泻叶浸泡液可用于椎管内麻醉术前、肠镜胃镜等介入检查治疗前、放射线检查前的肠道清洁准备。其效果可靠,方法简单,副作用小,特别适用于老年、小儿以及有痔疮、肛裂的患者,较口服蓖麻油、硫酸镁、甘露醇有明显优势。

4. 腹水 番泻叶能泻下行水消胀。单味泡服,或与牵牛子、大腹皮同用,以增强泻下行水之功。

5. 急性胰腺炎 番泻叶粉、胶囊对急性胰腺炎有一定的治疗作用。

【不良反应】

服用剂量过大后可出现腹痛,但排便后自行缓解。本品可使盆腔充血,故妇女月经期及妊娠期慎用。

芦荟

本品为百合科植物库拉索芦荟 *Aloe barbadensis* Miller、好望角芦荟 *Aloe ferox* Miller 或其他同属近缘植物叶的汁液浓缩干燥物。前者习称"老芦荟",后者习称"新芦荟"。

蒽醌类及其衍生物是芦荟中的主要活性成分,主要有芦荟素(aloin)、芦荟大黄素(aloemodin)、芦荟大黄素苷(aloin barbaloin)、芦荟皂苷(aloesaponarin)、芦荟苦素(aloesin)、高塔尔芦荟素(homona-taloin)芦荟大黄酚(chrysophenol)、蒽酚(anthranol)等20余种成分,此外,尚含有多糖、氨基酸、酯类、有机酸、维生素、矿物质、酶类等。

芦荟味苦,性寒。归肝、胃、大肠经。具有泻下通便、清肝泻火、杀虫疗疳的功效。用于热结便秘、惊痫抽搐、小儿疳积;外治癣疮。

【药理作用】

1. 泻下 芦荟大黄素是芦荟致泻作用的主要活性成分,但芦荟属于轻泻药,泻下作用比较温和。芦荟排便作用与促进大肠蠕动、增加肠道水分、软化大便有关。

2. 保肝 芦荟总苷对动物实验性肝损伤有保护作用,能降低乙醇、CCl_4 或硫代乙酰胺引起的血清 ALT 活性升高。利用非酒精性脂肪性肝炎细胞模型研究发现,芦荟大黄素可使肝细胞培养液中 ALT 和 AST 活性、丙二醛、TNF-α、内毒素含量下降,SOD 活性升高,说明芦荟大黄素可防治肝细胞脂质过氧化损伤,并减轻炎症反应,从而保护肝细胞。

3. 抗菌 对葡萄球菌、链球菌、白喉杆菌、枯草杆菌、副伤寒杆菌、痢疾杆菌、大肠杆菌等均有抑制作用。芦荟凝胶可抑制幽门螺杆菌。芦荟浸出液对皮肤真菌、铜绿假单胞菌、结核杆菌有一定抑制作用。

此外,芦荟及芦荟多糖既能促进免疫功能,还可促进烫伤愈合。芦荟蒽醌有一定降血糖作用。

综上所述,芦荟的清肝热、通便功效与其泻下、保肝、抗菌作用相关。芦荟泻下的主要成分为蒽醌类及其衍生物。

【现代应用】

1. 便秘 用于治疗热结便秘、功能性便秘,尤其对老年性便秘具有特殊的疗效,一般服用 8~12 h 即可通便。

2. 外科感染 对痈肿、扭伤、烧伤,以鲜芦荟叶捣碎外敷或绞汁涂患处,对局部炎症有消炎止痛作用,可促进软组织再生,加速愈合。以芦荟叶肉或芦荟凝胶敷于褥疮创面,促愈效果明显。

3. 肝炎 芦荟煎剂用于慢性或迁移性肝炎,对改善肝脏病变,恢复肝功能有较好疗效。

【注意事项】

孕妇慎用。

甘遂

本品为大戟科植物甘遂 Euphorbia kansui T.N. Liou ex T.P. Wang 的干燥块根。

甘遂含萜类,主要有巨大戟二萜醇型(ingenane)、假白榄酮型(jatrophane)二萜类化合物,大戟醇型(euphane)、甘遂醇型(triucallane)三萜类化合物。其他成分还有棕榈酸、柠檬酸、齐墩果酸类等多种有机酸,以及异东莨菪素、β-谷甾醇、鞣质等。

甘遂味苦,性寒;有毒。归肺、肾、大肠经。具有泻水逐饮,消肿散结的功效。用于水肿胀满、胸腹积水、痰饮积聚、气逆咳喘、二便不利、风痰癫痫、痈肿疮毒。

【药理作用】

1. 泻下　甘遂能刺激肠壁,使肠管强烈蠕动,加速肠推进,并能增加肠液分泌,产生泻下作用。甘遂研末给犬灌服,可引起峻泻;小鼠灌服生甘遂乙醇浸膏,对约半数动物有泻下作用,醇提残渣无泻下作用,提示甘遂的泻下成分溶于乙醇。另研究发现,甘遂石油醚、乙酸乙酯、氯仿提取部位均有泻下作用,为甘遂泻下作用的有效部位。但经醋炙后相应部位的泻下作用减弱。

2. 利尿　甘遂水煎剂对正常大鼠和健康人均无利尿作用,而对水肿患者有利尿作用。甘遂乙醇及乙醚浸剂使实验性腹水大鼠的排尿量增加。生甘遂与醋甘遂均可使癌性腹水模型大鼠的尿量增加,使腹水减轻,血清肾素(plasma renin activity, PRA)、Ang Ⅱ、醛固酮(aldosterone, ALD)、抗利尿激素(antidiuretic hormone, ADH)水平降低。甘遂中的二萜类成分可能是其主要利尿活性成分。

3. 保护胰腺组织　甘遂能减少急性出血坏死性胰腺炎模型大鼠肠道细菌总数,促进内毒素自肠道排出,降低肠腔内毒素。甘遂通过降低 COX-2 的表达,纠正 TXA_2/PGI_2 之间的失衡而改善胰腺微循环,也可通过下调血清 TNF-α、IL-6 水平而保护胰腺组织。

4. 其他作用

(1) 抗肿瘤:体外实验显示,甘遂及其多种成分具有抗肿瘤活性作用。甘遂大戟萜酯 A 及甘遂大戟萜酯 B 对多种人体肿瘤细胞株如白血病 HL-60TB、肺癌 H-322、结肠癌 SW-620、黑色素瘤 SK-MEL-5 和肾脏癌细胞 A-498 等有选择性细胞毒作用。甘遂甲酯及衍生物能导致人胃癌细胞株 SGC-7901 生长抑制和凋亡。甘遂对肝癌 SMMC-7721、肺腺癌 1342、胃腺癌 MGc80-3 及 BEL-7402 细胞生长有明显抑制作用。但其抗肿瘤作用尚缺少整体实验的支持。

(2) 免疫抑制:甘遂水煎醇沉液能使小鼠胸腺减轻,抑制小鼠抗羊红细胞抗体产生;甘遂可抑制小鼠脾细胞在体外由植物血凝素(phytohaemagg lutinin, PHA)和 Con A 诱导的淋巴细胞转化;能抑制抗羊红细胞诱导的迟发型超敏反应。提示甘遂对免疫系统有抑制作用。

综上所述,甘遂的泻水逐饮功效与其泻下、利尿等作用有关;消肿散结功效可能与抗肿瘤等药效作用有关。

【现代应用】

1. 急性胰腺炎　甘遂治疗重症急性胰腺炎可有效改善症状和预后。

2. 腹水　对于肝硬化腹水,用甘遂研末内服或甘遂饼敷脐外用均能通利小便、消除腹水。对于肾性水肿,可用甘遂末敷脐取效。

3. 肠梗阻　甘遂为末,每次 1.5 g,用 20 ml 温水调开,经胃管注入,对急性肠梗阻治疗有较好疗效。

【不良反应】

生甘遂毒性较大,用醋炮制后泻下作用减弱,毒性也显著降低。甘遂对肠黏膜有较强的刺激作用,引起炎症、充血及蠕动增加;甘遂的刺激性成分主要为甘遂大戟二萜醇类化合物,醋制后刺激性显著降低。

甘遂对体虚患者及孕妇禁用。

【安全性评价】

小鼠灌服生品 LD_{50} 为 20~32 g/kg,醋制品及甘草制品 LD_{50} 分别为 103 g/kg,160 g/kg。小鼠灌胃生品1周,肝肾明显损伤,醋制品不明显;甘遂的石油醚部位和乙酸乙酯部位既是其药效学部位,又是其毒性部位,甘遂大戟二萜醇类是毒性成分,具有类似巴豆酸和斑蝥素的作用,中毒潜伏期约 30 min 至 2 h。

甘遂有凝集、溶解红细胞及麻痹呼吸和血管运动中枢的作用。甘遂注射液致突变试验,包括小鼠骨髓细胞染色体畸变分析和基因突变试验,均为阴性结果。用甘遂注射液引产后对小鼠再次受孕率无影响,但不同剂量下均有胚胎毒性;对存活仔胎无致畸作用。

第三节 常用方剂

大承气汤(《伤寒论》)

【组成】

大黄 12 g,厚朴 24 g,枳实 12 g,芒硝 9 g。

【功效与主治】

峻下热结。主治阳明腑实证,症见大便不通、频转矢气、脘腹痞满、腹痛拒按,甚或潮热谵语、手足濈然汗出、舌苔黄燥起刺或焦黑燥裂、脉沉实;或热结旁流、下利清水;或里热实证之热厥、痉病或发狂等。

【药理作用】

1. 对胃肠道的影响

(1) 促进胃肠蠕动:大承气汤具有促进胃肠蠕动作用,能增强肠道推进功能,增加肠道容积。能升高血浆胃动素(motilin, MTL)水平,增强胃电活动的幅度与频率,增强胃肠平滑肌兴奋性,使胃肠内容物易于排出。

大承气汤对正常和便秘模型小鼠均有促进排便和增加肠蠕动作用。机制研究发现,大承气汤通过加强胃肠道 Cajal 间质细胞(interstitial cells of Cajal, ICCs)起搏电流,促进胃肠蠕动;通过修复小肠肌间神经丛胆碱能神经- ICC -平滑肌网络结构损伤而改善胃肠运动障碍;通过提高大鼠肠平滑肌细胞内钙调蛋白(calmodulin, CaM)活性,激活蛋白激酶,调节蛋白质的磷酸化,使平滑肌收缩增强。

(2) 促使肠套叠还纳:大承气汤对家兔实验性肠套叠有促进还纳的作用,并使肠蠕动增强,肠容积随之增大。切断迷走神经后,还纳时间仅稍有减慢,静脉注射给药则无效,说明此作用是药物直接作用于肠道的结果。

(3) 保护肠屏障:大承气汤可降低肠黏膜通透性,保护肠屏障。大承气汤能降低血中内毒素及 TNF - α 含量;改善肠黏膜微循环,增加肠血流量;降低回肠末端 COX - 2 及高迁移率族蛋白

1(high mobility group box 1，HMG-B1)的表达,保护肠道免疫屏障;能提高血清中 NO 含量,提高 SOD 活性,从而发挥保护肠屏障功能。

2. 抗内毒素 大承气汤抗细菌内毒素、减轻机体毒血症状作用显著,该作用与下列环节相关:① 通过增强肠推进功能,通便排气,排除肠道内毒素积聚,减少肠源性内毒素吸收。② 抑制肠道病原菌繁殖,通过泻下驱除过度繁殖的革兰阴性菌,并促进肠道有益菌增殖,通过对肠道菌群的调整,恢复肠道微生态平衡,从而减少内毒素的产生。③ 抑制炎症介质的产生和释放。大承气汤及其主要入血单体成分大黄酸、没食子酸、柚皮素、厚朴酚和厚朴酚对实验性肠源性内毒素血症模型大鼠有治疗作用,能拮抗大鼠体内的内毒素,减轻内毒素对脏器造成的损伤,其作用机制与降低 IL-10、IL-1β 和 TNF-α 等炎症细胞因子水平、调节促炎症介质与抗炎症介质恢复平衡有关。

3. 抗菌 体内和体外实验表明,大承气汤对金黄色葡萄球菌、大肠杆菌和变形杆菌有一定抑制作用,并能抑制或改善细菌引起的肠道炎症和粘连。大承气汤可有效减轻重症急性胰腺炎(severe acute pancreatitis,SAP)大鼠腹腔内压力,减少腹腔感染发生率。

4. 抗炎 大承气汤能降低毛细血管通透性;减少炎性渗出,抑制炎症的扩散。能改善肠梗阻对小肠组织的损伤程度,减轻大鼠肠组织坏死脱落和血管病变,降低中性粒白细胞、炎症细胞的数量。大承气汤通过诱导淋巴细胞增殖,促进 $CD3^+$ T 淋巴细胞成熟,降低血清 TNF-α、IL-1、IL-6 炎症因子含量,重建促炎症和抗炎症细胞因子的平衡,提高机体的细胞免疫反应。

此外,大承气汤能促进实验性肺损伤修复,其对肺损伤保护作用的机制与清除肠源性内毒素、降低 TNF-α 等炎症因子水平、调节免疫、稳定肺泡上皮细胞和肺泡毛细血管内皮细胞、降低肺血管通透性、减轻肺水肿等有关。大承气汤还能减少胰腺组织中 MDA 含量,增加组织过氧化物酶(myeloperoxidase,MOP)、SOD 活性,清除氧自由基,减轻脂质过氧化反应,阻断 SAP 的"瀑布"样级联反应,改善机体的免疫状态。

【临床应用】

1. 肠梗阻 本方加减治疗肠梗阻,如急性单纯性肠梗阻、粘连性肠梗阻、蛔虫性肠梗阻、恶性肠梗阻等,能加快肠系膜血管血流速度,改善梗阻肠段的血液淤滞和缺血状态,减轻坏死程度,疗效较佳。

2. 术后胃肠功能恢复 用大承气汤保留灌肠可促进术后肠功能恢复,肠鸣音次数增加,肠蠕动有改善。

3. 急性胰腺炎 以大承气汤为主治疗,采用口服或经胃管灌入给药,可以抑制胰腺分泌,缓解症状,减轻炎症和胰腺病损,降低胰腺炎的早期死亡率。大承气汤对重症急性胰腺炎并发症,如肝脏损伤、胆管感染、胃和十二指肠溃疡等消化道损伤尚有一定的防治作用。

4. 急性肺炎 对急性肺炎伴有便秘者,以大承气汤通腑泻热,可抑制炎症发展。对小儿肺炎伴高热病者,在常规治疗的基础上加用大承气汤,可以促进患儿康复。

5. 解毒 大承气汤促进胃肠排空,有助于各种毒物的排出,如急性有机磷农药中毒、铅中毒、食物中毒等,其良好的导泻作用能加快毒物的排除,提高抢救的成功率。

6. 其他 由血栓、高血脂、血流不畅等所致的脑梗死、颅内压升高、高血压脑出血及肝性脑病、流行性出血热、蛛网膜下腔出血、脑血管病意识障碍、头痛、肺源性心脏病心衰、眩晕等属里实证的相关病证,可用大承气汤加减以减轻症状。还可用于结肠镜检前的肠道清洁。

【不良反应】

1. 电解质紊乱 用量过大,引起剧烈腹泻,水、电解质丢失。

2. 继发性便秘　久服大黄及大黄复方制剂可出现继发性便秘。其原因是肠壁神经感受细胞应激性降低,不能产生正常蠕动和排便反射,形成不服大黄就不能排便的所谓泻剂依赖性便秘。

【注意事项】

年老、体弱、孕妇等慎用。

麻子仁丸(《伤寒论》)

【组成】

麻子仁 20 g,芍药 9 g,枳实炙 9 g,大黄 12 g,厚朴炙 9 g,杏仁 10 g。六味为末,蜜炼为丸,如梧桐子大,每服 10 小丸,约 9 g。

【功能与主治】

润肠泻热,行气通便。主治胃热津伤并存病证,症见胃燥肠热便秘、脾津不足、大便硬结或可达十余日不行,或有轻微腹满痛,但痛苦不明显,小便频数而赤。

【药理作用】

1. 泻下　麻子仁丸中的麻仁、杏仁富含油脂,配甘润的蜂蜜,泻下作用缓和。麻子仁丸能改善便秘模型小鼠的通便功能。麻子仁丸及现代制剂麻仁片和麻仁软胶囊均能促进小鼠小肠和大肠中炭末推进百分率,增加正常或燥结便秘模型小鼠的粪便粒数与重量;促进豚鼠离体回肠平滑肌的运动能力;加强家兔在体肠的运动幅度。

观察不同时辰用药对麻子仁丸药效影响,发现酉时(17~19 时)较辰时(7~9 时)服用作用明显,能促进津伤肠燥便秘模型动物的大肠蠕动,缩短排便时间;但对小肠蠕动和肠道水分含量,不同时间服药无显著差别。从整体看麻子仁丸酉时服药优于辰时服药。

2. 抗肠粘连　麻子仁丸对腹腔肠粘连模型小鼠有抗粘连作用;也可减少家兔肠粘连模型肠粘连的发生。

3. 其他作用　麻子仁丸可以调节链脲佐菌素糖尿病模型大鼠的糖、脂代谢紊乱,使空腹血糖(fasting blood glucose, FBG)水平下降;血清 TC、TG、LDL-C 含量降低,阻止血清 HDL-C 含量下降而调节血脂。还可以降低血清肌酐、尿素氮水平,对糖尿病肾病有一定的治疗作用。

【现代应用】

1. 便秘　麻子仁丸对肠胃积热型便秘疗效显著。可随证加减用于习惯性便秘、老年人便秘、产后便秘、痔疮术后便秘、肿瘤化疗所致便秘、糖尿病便秘和精神药物所致便秘。

2. 肠梗阻　用于胃柿石、功能性肠梗阻效果较好;也用于肛门疾病手术后,促进手术后肠功能恢复。

临床上还可用于便秘型肠易激综合征等。

【注意事项】

麻子仁丸虽为润肠缓下剂,但含有攻下破滞药,故孕妇忌服。习惯性流产、体虚、年老者不宜常服。

第十章 祛风湿药

导学

本章介绍祛风湿药的基本药理作用,常用单味药独活、雷公藤、秦艽、防己、五加皮、豨莶草及经典方独活寄生汤的主要药理作用和现代应用。

学习要求:

(1) 掌握祛风湿药的基本药理作用;独活、雷公藤的药理作用及现代应用,雷公藤的有效成分和不良反应。

(2) 熟悉秦艽、防己的药理作用及其有效成分、现代应用;雷公藤的作用机制。

(3) 了解雷公藤、防己的药代动力学;五加皮、豨莶草和复方独活寄生汤的药理作用、现代应用;与痹证相关的主要病理变化。

第一节 概 述

凡以祛除风寒湿邪、解除痹痛为主要功效的药物,称祛风湿药。祛风湿药主要具有祛风散寒除湿的功效,临床主要用于风寒湿邪所致的肌肉、经络、筋骨、关节等处疼痛、麻木和关节肿大,经脉拘挛,屈伸不利等症的治疗。

"痹"是"闭"的通假字,表示闭塞不通。痹证,是指由于风、寒、湿、热等外邪侵袭人体,闭阻经络,气血运行不畅所出现的证候,以肌肉、筋骨、关节发生酸痛、麻木、屈伸不利,甚或关节肿大、灼热等为主要临床表现。痹证日久,容易出现下述3种病机衍变:一是风寒湿痹或热痹日久不愈,气血运行不畅日甚,瘀血痰浊阻滞经络,出现皮肤瘀斑和关节肿大、屈伸不利等症;二是病久使气血伤耗,因而出现不同程度的气血亏虚的证候;三是痹证日久不愈,复感于邪,病邪由经络而病及脏腑,出现脏腑痹病证候,其中以心痹较为常见。痹证的临床特征常见于现代医学的结缔组织疾病、自身免疫性疾病、骨与骨关节病及软组织疾病等,如风湿热、风湿性关节炎、类风湿关节炎、硬皮病、系统性红斑狼疮、强直性脊柱炎、慢性纤维组织炎等。

根据不同药性及功效特点,祛风湿药分为祛风湿散寒药、祛风湿清热药、祛风湿强筋骨药3类。祛风湿散寒药大多味辛、苦,性温,入肝、脾、肾经。辛以祛风,苦以燥湿,温以胜寒,具有祛风胜湿、散寒止痛、疏通经络等功效,适用于风湿痹痛属寒者,代表药物有独活、威灵仙、川乌、乌梢蛇、雷公藤等。祛风湿清热药大多味辛、苦,性寒,入肝、脾、肾经。寒以清热,故多具祛风胜湿、通络止痛、清热消肿等功效,宜用于风湿热痹、关节红肿热痛等,代表药物有秦艽、防己、豨莶草等。祛风湿强筋骨药大多味苦、甘,性温,入肝、肾经。苦以燥湿,甘温补益,故具有祛风湿、补肝肾、强筋骨等功效,主要用于风湿日久累及肝肾所致的腰膝酸软、无力、疼痛等,亦可用于肾虚腰痛、骨痿及卒中后遗半身不遂等,代表药物有五加皮、桑寄生、狗脊等。

本类药物的主要药理作用如下。

1. 抗炎 祛风湿药中的大多数具有抗炎作用,不同药物的抗炎作用强度、环节、有效成分及作用机制有所不同。秦艽、独活、雷公藤、五加皮等能降低炎症急性期毛细血管的通透性,抑制炎症渗出,从而减轻肿胀,其作用机制与兴奋垂体-肾上腺皮质系统功能有关。防己及汉防己甲素能抑制炎症介质释放,其抗炎作用机制主要是通过抑制细胞内游离钙浓度升高,抑制磷脂酰肌醇代谢并增加细胞内cAMP水平,从而干扰跨膜信号传递而实现。五加皮的抗炎作用机制与抑制COX-2活性有关。雷公藤及其多苷类化合物对炎症时的血管通透性增高、炎症细胞趋化、PGE_2和其他炎症介质的产生和释放及炎症后期的纤维增生等,均有抑制作用,其抗炎作用机制与兴奋下丘脑-垂体-肾上腺皮质系统功能有关。

2. 镇痛 秦艽、防己、独活、清风藤、五加皮等均有不同程度的镇痛作用,可提高实验动物的痛阈。清风藤碱的镇痛作用部位在中枢神经系统,其镇痛强度约为吗啡的1/10。

3. 对免疫功能的作用 雷公藤、五加皮、独活、豨莶草、青风藤对免疫功能具有抑制作用。雷公藤能抑制溶血素抗体的形成,并对移植物抗宿主反应和迟发型超敏反应均有抑制作用,对单核吞噬细胞吞噬功能亦有抑制作用,同时可抑制多种细胞因子的合成,并可在转录水平影响细胞因子的表达,有抑制抗体生成的作用。独活提取物能抑制2,4-二硝基氯苯引起的小鼠皮肤迟发型超敏反应。汉防己甲素能抑制IL-1和TNF-α的产生。秦艽的醇提取物体外实验,对有丝分裂原诱导的小鼠脾脏细胞和胸腺细胞的增殖有抑制作用。

此外,有少数祛风湿药对免疫功能具有增强作用,如五加皮可激发T、B淋巴细胞的功能,对小鼠T、B淋巴细胞增殖反应有增强效应。

4. 其他作用 粉防己、秦艽、清风藤、独活、臭梧桐、蝮蛇、川乌等有一定降血压作用,其中大部分药物有直接扩张血管作用。雷公藤、粉防己等有一定抗肿瘤作用。

第二节 常用药物

独活

本品为伞形科植物重齿毛当归 *Angelica Pubescens* Maxim. f. *biserrata* Shan et Yuan 的干燥根。

独活主要含有挥发油和香豆素。挥发油中主要含单萜类及其衍生物,占总挥发油22%;倍半萜类及其衍生物,占总挥发油的17%。香豆素化合物主要为简单香豆素、呋喃香豆素、吡喃香豆素、双香豆素。此外,还含有植物甾醇、有机酸和糖类化合物。

独活味辛、苦,性微温。归肾、膀胱经。具有祛风除湿、通痹止痛的功效。用于风寒湿痹、腰膝疼痛、少阴伏风头痛、风寒夹湿头痛。

【药理作用】

1. 抗炎 独活具有抗炎作用,可减轻炎症急性期的症状。独活水煎液灌胃对小鼠急性腹膜炎和二甲苯所致耳肿胀有抑制作用。独活挥发油对大鼠角叉菜胶所致足肿胀也有抑制作用,一次给药,作用时间可维持 4 h 以上。

2. 镇痛 独活水煎液灌胃可减轻炎症性疼痛,如对醋酸致小鼠扭体反应有抑制作用。独活提取物灌胃可提高热刺激致小鼠疼痛模型的疼痛阈值。

3. 抑制免疫功能 独活提取物对晶体牛血清白蛋白引起的Ⅲ型超敏反应和 2,4 -二硝基氯苯所致的迟发型超敏反应有抑制作用。

4. 其他作用

(1) 延缓脑衰老:独活及其醇提取物通过修复大脑皮层、海马、纹状体不同部位的膜磷脂结构,抵御自由基及炎症损伤,从而提高衰老模型小鼠的学习记忆能力,延缓脑老化。

(2) 抑制肠平滑肌作用:独活挥发油对乙酰胆碱所致豚鼠回肠平滑肌痉挛有抑制作用。

综上所述,独活的祛风除湿、通痹止痛功效与其抗炎、镇痛和抑制免疫功能作用相关。

【现代应用】

风湿性关节炎 常与其他药物配伍,可以减轻风湿疼痛症状。

雷公藤

本品为卫矛科雷公藤 *Tripterygium wilfordii* Hook.f.的根。

雷公藤主要含有生物碱类、二萜类、三萜类、倍半萜类化合物。生物碱类成分是有效成分之一,主要有雷公藤碱(wilfordine)、雷公藤次碱(wliforine)等。二萜类成分是雷公藤生物活性和毒性主要成分,主要有雷公藤甲素(triptolide)、雷公藤乙素(tripdiolide)等。三萜类成分主要有雷公藤内酯甲(wilforlide A)、雷公藤内酯乙(wilforlide B),雷公藤红素(celastrol)等;倍半萜类成分主要有雷公藤素(wilfornide)等。此外,尚含有谷甾醇、多糖及挥发油等化合物。

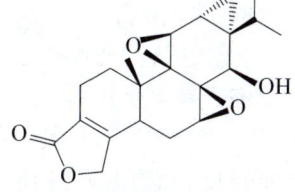

雷公藤甲素

雷公藤味苦,性寒;有大毒。归心、肝经。具有祛风除湿、活血通络、消肿止痛、杀虫解毒的功效。用于类风湿关节炎、风湿性关节炎、跌打损伤等。

【药理作用】

1. 抗炎 雷公藤对炎症的血管通透性增加、炎症细胞趋化、炎症介质的产生及炎症后期的纤维增生等具有抑制作用。雷公藤内酯醇和雷公藤多苷是其抗炎作用主要有效成分。雷公藤的抗炎作用机制与抑制炎症相关核转录因子(如 NF-κB、Oct-1 等)的活性,减少炎症部位炎症介质如 NO、PGE_2、$IL-1\alpha$、$IL-1\beta$、$TNF-\alpha$、$IL-6$ 等的产生,抑制趋化因子对外周血 T 淋巴细胞的趋化作用有关。

2. 抑制免疫 雷公藤对特异性和非特异性免疫均有抑制作用。① 雷公藤及其提取物可抑制 T 细胞的增殖和 T 细胞的活性。雷公藤内酯醇能使活化的 $CD4^+$、$CD8^+$ T 淋巴细胞凋亡。② 雷公藤具有抑制 B 细胞增殖和抗体生成作用。③ $TNF-\alpha$ 和 $IL-6$ 等细胞因子对炎症起促进作用,是自身免疫性疾病中造成病理性损害的主要原因。雷公藤甲素能抑制 $TNF-\alpha$、$IL-6$ 等细胞因子的生成,从而抑制炎症反应。④ 雷公藤及其提取物能使大鼠胸腺、脾脏、淋巴器官萎缩,淋巴组织内淋巴细胞坏死,数目减少。

3. **抗肿瘤** 雷公藤的多种成分具有抗肿瘤作用。雷公藤内酯醇的抗瘤谱较广,有抗血液系统肿瘤和各种实体肿瘤的作用,对早幼粒白血病、T细胞淋巴瘤、乳腺癌、肝细胞癌、胆管癌、胃癌、胰腺癌、宫颈癌、前列腺癌、膀胱癌等肿瘤细胞具有抑制增殖、促进凋亡和控制转移的作用,与其他化疗药物有抗肿瘤的协同作用。

雷公藤甲素能延长L615白血病小鼠存活时间,抑制乳癌和胃癌细胞系集落形成,可诱导肿瘤细胞凋亡并使肿瘤细胞对TNF-α诱导的细胞凋亡敏感。雷公藤甲素在体外对白血病K562细胞和急性骨髓白血病HL-60细胞有细胞毒性作用。雷公藤多苷能诱导HL-60细胞凋亡,还能通过抑制卵巢功能,使雌二醇、孕酮处于低水平状态,引起血清促卵泡素和促黄体生成素的增加,使子宫肌瘤细胞凋亡。雷公藤素和雷公藤醇对P-388小鼠白血病细胞株的生长有抑制作用。雷公藤素D对A-549人肺腺癌有抑制作用。

雷公藤抗肿瘤作用主要通过以下几个途径产生。① 诱导肿瘤细胞凋亡:雷公藤内酯醇能诱导多种肿瘤细胞凋亡,使细胞DNA断裂、染色质凝集、凋亡小体形成等。② 抗血管形成:雷公藤内酯醇能抑制血管内皮细胞生长和肿瘤的毛细血管形成。③ 影响肿瘤细胞周期:雷公藤内酯醇主要作用于细胞周期中的S期,属于烷化剂类抗癌药物,可抑制DNA的合成。

4. **其他作用**

(1) 抗生育:雄性大鼠灌服雷公藤总苷(10 mg/kg)8周,全部动物失去生育能力,但性行为和血液睾酮水平及各脏器组织光镜检查无明显改变。连续给予雷公藤提取物30日,雄性大鼠抗生育的平均有效率为97%,在停用50日后,90%的受试大鼠能够恢复生育能力。雷公藤抗生育的机制与睾丸变态期精子细胞组蛋白-精核蛋白取代反应受阻,导致附睾精子核蛋白异常有关。

(2) 抗菌:雷公藤对金黄色葡萄球菌、607分枝杆菌、枯草杆菌、无核杆菌有抑制作用,对革兰阴性菌也有一定作用。对真菌尤其是白念珠菌抑制作用较显著。抑菌主要成分是雷公藤红素。

(3) 抗艾滋病:雷公藤生物碱具有一定的抗艾滋病作用。

综上所述,雷公藤的祛风除湿、活血通络、消肿止痛功效与其抗炎、抑制免疫等作用相关。

【药代动力学】

雷公藤甲素给大鼠口服生物利用度较高,一般可达72%以上。SD雄性大鼠灌胃0.6~2.4 mg/kg后,血浓度在15 min内达峰,随剂量增加C_{max}可由250 μg/L上升至550 μg/L左右,消除相半衰期为16~22 min,消除率为每小时3.6 L/kg。

Beagle犬口服雷公藤片(含雷公藤甲素33 μg)后,雷公藤甲素的主要药动学参数:C_{max}约为2.78 μg/L,t_{max}约为1.75 h,$t_{1/2\beta}$为2.59 h左右,Cl约为每小时2.70 L/kg,$AUC_{(0\sim9)}$约为每小时11.54 μg/L,$AUC_{(0\sim\infty)}$为每小时13.18 μg/L左右。

【现代应用】

1. **类风湿关节炎、强直性脊柱炎** 雷公藤和雷公藤多苷对类风湿关节炎等有较好治疗作用。

2. **肾病综合征** 可用雷公藤多苷片治疗。

3. **贝赫切特综合征** 用雷公藤制剂治疗平均疗程2个月,特点为奏效快、作用强、疗效确切。

4. **自身免疫性肝炎** 雷公藤多苷有较好疗效。

5. **银屑病** 临床治疗银屑病,除传统的雷公藤水煎剂外,外用可选雷公藤内酯软膏,内服主要用雷公藤多苷片,用于治疗脓疱型、红皮病型及关节型银屑病,也可用于寻常型银屑病的急性进行期。

6. 红斑狼疮　雷公藤对各型红斑狼疮均有明显疗效,轻型单用本药,重型合用激素则疗效更好。

【不良反应】

1. 消化系统反应　雷公藤致消化系统不良反应发生频率最高,且在正常剂量范围内就可发生,主要表现为恶心、呕吐、胃部不适、腹痛、腹鸣、腹泻、便血、食欲减退、口干、食管下部烧灼感等。约有三分之一的患者服用雷公藤后会导致血清 ALT 活性升高,严重者出现黄疸、肝肿大、肝脏出血及肝坏死,多发生在用药后 2~4 周。

2. 皮肤黏膜损害　发生色素沉着、黄褐斑、红斑、口腔及唇糜烂、指(趾)甲变薄及软化、脱发等。

3. 骨髓抑制　雷公藤对骨髓有抑制作用,可引起白细胞、红细胞、血小板及全血细胞减少,还可引起弥散性血管内凝血、再生障碍性贫血、类白血病反应和继发性白血病。

4. 生殖系统毒性　男性表现为精子数量显著减少、活动力下降、畸形率增加,造成生育能力下降或不育,长期用药可造成性欲减退、睾丸萎缩、男性乳房增大,男性少儿可因药物致青春期性腺发育障碍而引起生殖器发育不良。女性因卵巢功能受抑制而表现为月经紊乱如月经增多、减少或闭经,育龄妇女可致不孕。

5. 心血管系统毒性　主要表现为心慌、胸闷、气短、心律失常等,心电图改变显示有房室传导阻滞、结性逸搏、室性早搏及心肌损害,常发生于超常用量及原有心血管疾病的患者。严重中毒者可出现血压急剧下降、心肌供血不足,甚至出现心源性休克、心力衰竭。

6. 泌尿系统损害　雷公藤中毒患者中有三分之一有肾损害,其损害主要类型为急性肾功能衰竭,表现为少尿或无尿、浮肿、血尿、蛋白尿、管型尿、腰痛或伴肾区叩击痛和氮质血症、酸中毒,甚至因急性肾功能衰竭而死亡。

7. 神经系统毒性　引起神经细胞变性并导致神经系统损害,主要表现为头晕、头痛、乏力、失眠或嗜睡,肌肉疼痛、四肢麻木、抽搐,并可导致听力减退、复视、记忆力减退、周围神经炎、脑水肿等。

8. 免疫抑制　治疗剂量的雷公藤对免疫功能有抑制效应,超量则会引起淋巴器官的萎缩、淋巴细胞凋亡和免疫功能降低。

【禁忌】

儿童、育龄期有孕育要求者、孕妇和哺乳期妇女禁用;心、肝、肾功能不全者禁用;严重贫血、白细胞和血小板减少者禁用;胃、十二指肠溃疡活动期及严重心律失常者禁用。

秦艽

本品为龙胆科植物秦艽 *Gentiana macrophylla* Pall.、麻花秦艽 *Gentiana straminea* Maxim.、粗茎秦艽 *Gentiana crassicaulis* Duthie ex Burk. 或小秦艽 *Gentiana dahurica* Fisch. 的干燥根。

秦艽主要含有裂环烯醚萜苷类化合物,主要有:龙胆苦苷(gentiopicroside)、獐牙菜苦苷(swertiamain)、当药苦苷(swertamarin)、当药苷(sweroside)等。秦艽本不含生物碱,在提取分离过程中使用氨液,使得化学性质不很稳定的龙胆苦苷与氨水反应,形成秦艽碱甲素(gentianine)、秦艽碱乙素(gentianidine)及秦艽碱

龙胆苦苷

丙素(gentianal)等。此外,尚含有三萜、甾体类化合物和糖、挥发油等。

秦艽味辛、苦,性平。归胃、肝、胆经。具有祛风湿、清湿热、止痹痛、退虚热的功效。用于风湿痹痛、中风半身不遂、筋脉拘挛、骨节酸痛、湿热黄疸、骨蒸潮热、小儿疳积发热。

【药理作用】

1. 抗炎　粗茎秦艽的水提取物和醇提取物对巴豆油引起的小鼠耳郭肿胀和角叉菜胶引起的大鼠足跖肿胀均有抑制作用,抗炎主要有效成分为龙胆苦苷,其作用机制与兴奋垂体-肾上腺皮质功能有关。

2. 镇痛　粗茎秦艽的水提取物和醇提取物对于化学刺激产生的疼痛有镇痛作用,如可抑制腹腔注射醋酸引起的小鼠扭体反应。

3. 抑制免疫功能　秦艽水煎液连续灌胃7日,能抑制绵羊红细胞(sheep red blood cells, SRBC)所致的小鼠迟发超敏反应(delayed-type hypersensitivity, DTH)。秦艽醇提取物对小鼠胸腺淋巴细胞和脾脏淋巴细胞的增殖有抑制作用。

4. 保肝、利胆　龙胆苦苷对小鼠 CCl_4 急性肝损伤模型有保护作用,表现在能降低 ALT、AST 活性,增加肝组织中谷胱甘肽过氧化物酶(glutathione peroxidase, GSH-Px)活力。此外,龙胆苦苷还有利胆作用。

综上所述,秦艽的祛风湿、清湿热、止痹痛功效与其抗炎、镇痛、抑制免疫和保肝利胆作用相关。

【现代应用】

1. 风湿性及类风湿性关节炎　秦艽配伍其他药物可治疗风湿性及类风湿关节炎。

2. 小儿急性黄疸型肝炎　以秦艽为主随证加用其他中药可治疗小儿急性黄疸型肝炎。

防己

本品为防己科植物粉防己 *Stephania tetrandra* S.Moore 的干燥根。

粉防己含有多种生物碱,主要有汉防己甲素(粉防己碱,tetrandrine)含量约1%,汉防己乙素(防己诺林碱,demethyltetrandrine)含量约0.5%,其余为轮环藤酚碱(cyclanoline)、汉防己丙素(hanfangchin C)、汉防己(hanfangchin) B_6、氧化防己碱(oxofangchirine)和防己菲碱(stephanthrine)。此外,尚含有黄酮苷、多糖、酚类、有机酸、挥发油等。

汉防己甲素 R=CH₃
汉防己乙素 R=H

防己味苦,性寒。归膀胱、肺经。具有祛风止痛、利水消肿的功效。用于风湿痹痛、水肿脚气、小便不利、湿疹疮毒。

【药理作用】

1. 抗炎　汉防己甲素对多种炎症反应的各个环节均有不同程度的抑制作用,可使大鼠急性炎症时血管的通透性降低,阻止中性粒细胞的游走。体外实验结果表明,汉防己甲素能抑制中性粒细胞的黏附、趋化及吞噬,抑制过氧化氢、超氧阴离子产生;降低磷脂酶 A_2 活性,阻止人单核细胞和中性粒细胞产生前列腺素和白三烯。汉防己甲素抑制人单核巨噬细胞产生 IL-1 和 TNF-α,抑制淋巴细胞产生 TNF-β。此外,汉防己甲素还可增强肾上腺皮质功能而参与抗炎。

2. 抑制免疫功能　粉防己及汉防己甲素具有抑制免疫功能作用。粉防己醇提取物对小鼠脾脏和胸腺淋巴细胞增殖均有抑制作用。汉防己甲素能选择性地抑制 T 细胞依赖性免疫反应,尤其是淋巴细胞增殖和分化阶段。体外实验结果表明,汉防己甲素能抑制丝裂原诱导的淋巴细胞转化及混合淋巴细胞反应,并抑制抗体生成,抑制迟发性超敏反应,抑制小鼠移植心脏的排斥反应,延长其存活时间。

汉防己甲素能抑制 ConA 刺激的人淋巴细胞磷酸肌醇代谢、胞质 Ca^{2+} 浓度的升高和蛋白激酶的活性,从而抑制以磷酸肌醇分解产物三磷酸肌醇和二酰甘油为第二信使的跨膜信号传递系统。汉防己甲素抑制此系统是其抗炎和抑制免疫的共同机制之一。

3. 对心血管系统的作用

(1) 降压:汉防己甲素对麻醉猫、犬、豚鼠和清醒的正常大鼠、高血压大鼠均有降低血压作用。静脉注射汉防己甲素,能即刻引起舒张压和平均动脉压的下降,而心率和收缩压不变。汉防己甲素的降压作用与阻滞 Ca^{2+} 内流,扩张外周血管有关。

(2) 抗心肌缺血再灌注损伤:汉防己甲素能使冠脉结扎犬的心肌梗死范围缩小,心电图 S-T 段抬高的程度降低,血中磷酸激酶活性降低。对心肌缺血再灌注损伤也有保护作用,尤以对心肌舒张功能及冠脉循环的保护作用更为显著。

(3) 抗心律失常:汉防己甲素可对抗多种因素导致的心律失常。可以拮抗氯化钡引起的心律失常;缩短哇巴因致室性早搏及室性心动过速的持续时间;对大量 Ca^{2+} 引起大鼠心室颤动致死具有一定的保护作用;能降低麻醉大鼠冠脉血流阻断 5 min 后复灌所致心律失常的严重程度,减少室速和室颤的发生率。

(4) 阻滞 Ca^{2+} 通道:汉防己甲素具有阻滞 Ca^{2+} 通道的作用,是一种天然可逆性 L 型钙通道阻滞剂。研究表明,6 $\mu mol/L$ 的汉防己甲素可阻断 50% 以上的跨膜 Ca^{2+} 内流。

4. 抗脑缺血　汉防己甲素能提高脑细胞对缺血缺氧的耐受性。汉防己甲素腹腔注射可降低脑静脉血中乳酸脱氢酶和磷酸肌酸激酶活性。汉防己甲素的脑缺氧保护作用与抑制 L-型及 N-型钙通道开放,减少 Ca^{2+} 内流,减轻细胞内钙超载引起的损伤有关。

5. 抑制胶原增生及组织纤维化　汉防己甲素能抑制器官与组织的纤维及胶原增生。如汉防己甲素能抑制肝纤维化的形成,其机制可能在于抑制储脂细胞的增殖分化,减少Ⅳ型胶原在肝组织中的沉积。

6. 抗矽肺　动物实验及临床观察表明,汉防己甲素具有抗矽肺作用,可减轻肺纤维化程度,抑制矽肺组织中Ⅰ、Ⅲ型胶原基因的转录,从而减少病变组织中胶原蛋白的合成,还具有保护肺泡表面活性物质的作用,并可抗肺动脉高压,降低肺总阻力和肺动脉压,而对体循环总阻力、体动脉压及血气均无不良影响,其作用机制主要是:① 阻滞 Ca^{2+} 内流,拮抗血管收缩因子而扩张肺血管、降低肺动脉压力。② 阻止胶原合成,促使胶原降解而阻抑肺血管发生结构重建。

7. 其他作用

(1) 抗肿瘤:汉防己甲素具有一定抗肿瘤作用,表现为:① 抑制多种肿瘤细胞的生长。② 诱导肿瘤细胞凋亡:汉防己甲素通过激活含半胱氨酸的天冬氨酸蛋白水解酶(caspase)、诱导细胞内活性氧族等途径,诱导肿瘤细胞的凋亡。③ 阻滞肿瘤细胞增殖周期:汉防己甲素能使肿瘤细胞阻滞于 G_1 期,从而抑制肿瘤细胞增殖。④ 放疗和化疗增敏作用:汉防己甲素可协同化疗,增敏对卵巢癌、鼻咽癌的抑制作用。⑤ 逆转肿瘤细胞的多药耐药性(multidrug resistance, MDR):汉防己甲素的小分子复合物和新型衍生物均能逆转肿瘤细胞的多药耐药性,其作用机制与其具有钙拮抗作用、干扰 MDR 细胞上 Pgp 的药物外排和逆转 MDR 细胞凋亡抗性有关。⑥ 抗血管新生作用:肿瘤生长依赖于血管生成,通过阻断肿瘤血管生成而抑制肿瘤生长、浸润和转移。体内外实验均表明,汉防己甲素有抗血管生成作用。

(2) 抗糖尿病:防己水煎液能降低链脲佐菌素致糖尿病小鼠的血糖。汉防己甲素能降低糖尿病大鼠的血糖,增加血清胰岛素浓度及降低血浆胰高血糖素浓度。实验表明,汉防己甲素的降血糖作用除了与促进胰岛素分泌及抑制胰高血糖素有关外,还与其消除氧自由基、抑制脂质过氧化、保护体内抗氧化酶活性及对受损胰岛 β 细胞的修复有直接关系。

(3) 抗血小板聚集及抗凝血:汉防己甲素在体外能抑制 ADP、AA 和胶原诱导的血小板聚集,也可抑制由卡西霉素和 PAF 所致的血小板聚集,并浓度依赖性抑制卡西霉素诱导的血小板释放 PAF,其抑制血小板聚集作用与抑制 Ca^{2+} 内流和内源性 PAF 释放有关。汉防己甲素在体外能促进家兔纤维蛋白溶解和抑制凝血酶引起的血液凝固过程,具有抑制血栓形成的作用。

(4) 抗肾缺血再灌注损伤:汉防己甲素对大鼠急性缺血再灌注肾损伤有保护作用,可降低血清肌酐和尿素氮水平。其部分机制可能是改善肾脏血流动力学,增加肾损伤大鼠的肾小球滤过率和肾血浆流动,降低肾小管上皮细胞凋亡,减轻肾组织细胞损伤,促进肾组织修复。通过抑制 Ca^{2+} 内流而间接抑制磷脂酶 A_2 活性,影响花生四烯酸及其代谢产物释放,减少多种炎症介质合成。

(5) 抑制瘢痕:汉防己甲素能抑制皮肤成纤维细胞的生长,抑制细胞外基质过度产生和积聚,减轻瘢痕增生。

综上所述,防己的祛风止痛功效与其抗炎、抑制免疫等作用相关。对心血管系统作用、抗脑缺血作用、抗胶原增生及组织纤维化作用则是现代研究对其活性的新认识。汉防己甲素是防己的主要活性成分。

【药代动力学】

健康成年人口服汉防己甲素,吸收后主要分布于肝、肺、肾脏等组织器官。体内代谢呈现二室模型,大部分以原形存在,少部分代谢转化为汉甲素-N-氧化物异构体和 N-2-去甲基汉防己甲素。体内消除相 $t_{1/2}$ 为 90 min,Cl 为每小时 38.6 L/kg。

【现代应用】

1. **风湿痛、关节痛、神经痛** 汉防己甲素片和汉防己甲素注射液用于治疗均有一定效果。

2. **矽肺** 汉防己甲素片和汉防己甲素注射液可用于改善单纯矽肺(即硅肺)Ⅰ、Ⅱ、Ⅲ期及各期煤矽肺症状。

3. **肺癌** 可用汉防己甲素片与小剂量放射联合治疗。

4. **其他** 防己及与其他药组方也用于肺纤维化和肺动脉高压、肝纤维化及门脉高压、高血压、心绞痛、阵发性室上性心动过速等的治疗。

【安全性评价】

汉防己甲素(20 mg/kg)连续给大鼠用药 21 日,大部分实验动物的肝、肾和肾上腺均出现不同程度的实质细胞变性、坏死,甚至发生灶状坏死和继发性炎症细胞反应。当剂量增加 2 倍(每日 40 mg/kg)及 4 倍(每日 80 mg/kg),实验动物的肝、肾和肾上腺的毒性损害逐渐加重。当剂量加大至每日 400 mg/kg,全部大鼠均于 7 日内死亡。家兔静脉注射汉防己甲素 10 mg/kg 后立即出现严重急性毒性反应,表现为尖叫、全身发抖、心脏和呼吸衰竭、死亡。

五加皮

本品为五加科植物细柱五加 *Acanthopanax gracilistylus* W. W. Smith 的干燥根皮。

五加皮主要含有皂苷和挥发油。五加苷(eleutheroside)B、D是皂苷类主要成分。挥发油中主要含有马鞭草烯酮(verbenone)和反式马鞭草烯醇(transverbenol)。

五加皮味辛、苦,性温。归肝、肾经。具有祛风湿、补益肝肾、强筋壮骨、利水消肿的功效。用于风湿痹痛、筋骨痿软、小儿行迟、体虚乏力、水肿、脚气。

【药理作用】

1. 抗炎 五加皮的乙醇提取液对蛋清或甲醛诱导的大鼠关节炎有抑制作用。体外与体内实验研究结果表明,五加皮醇提取物对COX-1和COX-2均有抑制作用,在相同剂量时,对COX-2的抑制率大于COX-1。实验结果提示,抑制COX是五加皮抗炎作用的机制之一。

2. 抗肿瘤 五加皮提取液对白血病细胞株MT-2的增殖有抑制作用,抑制率与其浓度有较好的量效关系;醇提取液连续灌胃15日,能改善腋下接种白血病细胞株MT-2的荷瘤小鼠的一般情况,缩小肿瘤结节,延长生存期。五加皮提取液抗肿瘤的作用机制可能与其提高单核细胞对肿瘤细胞的吞噬作用,促进单核细胞产生TNF-α、IL-12等细胞因子有关。

3. 其他作用 ① 五加皮水煎液有抗疲劳作用。② 五加皮水煎液有抗应激作用。③ 五加皮水煎液可降低四氧嘧啶所致高血糖大鼠的血糖。④ 五加皮注射液对小鼠实验性肾毒血清肾炎有治疗作用。

综上所述,五加皮的祛风湿功效与其抗炎作用相关;抗肿瘤及其他作用则是现代研究对其生物活性的新发现,其临床应用价值尚待于深入探索。

【现代应用】

1. 坐骨神经痛 五加皮配伍其他药可治疗坐骨神经痛。

2. 风湿性关节炎 五加皮配伍独活、桂皮等可治疗风湿性关节炎。

豨莶草

本品为菊科植物豨莶 *Siegesbeckia orientalis* L.、腺梗豨莶 *Siegesbeckia pubescens* Makino 或毛梗豨莶 *Siegesbeckia glabrescens* Makino 的干燥地上部分。

豨莶草主要含有黄酮类、倍半萜类、二萜类、三萜类、内酯类、有机酸等化合物,二萜类主要有对映-海烯松型二萜和对映-贝壳杉烷型二萜两大类。

豨莶草味辛、苦,性寒。归肝、肾经。具有祛风湿、利关节、解毒的功效。用于风湿痹痛、筋骨无力、腰膝酸软、四肢麻痹、半身不遂、风疹湿疮。

【药理作用】

1. 抗炎、镇痛 豨莶草酒蒸炮制品煎液对大鼠慢性棉球肉芽肿和二甲苯致小鼠耳郭肿胀两种炎症模型均显示出抗炎作用。腺梗豨莶中的主要成分对映-17-羟基-贝壳杉烷-19-羧酸可能通过抑制诱生型一氧化氮合酶和COX-2蛋白起到抗炎作用。豨莶草乙醇提取物对小鼠单克隆抗体组合诱导的类风湿关节炎有抑制作用,能降低血清和组织中IL-1β、IL-6、IL-17、基质金属蛋白酶-3(matrix metalloproteinase, MMP-3)的水平。豨莶草煎剂及其活性部位(含奇任醇85%)均可减轻大鼠佐剂性关节炎(adjuvant arthritis, AA)的炎症反应,还可降低AA大鼠血黏度、血沉(erythrocyte sedimentation rate, ESR)、血清ICAM-1、循环免疫复合物(circular immune complex, CIC)和IgG水平。作用机制主要涉及抑制COX-2,减少致炎症细胞因子如多种白介素及TNF-α等。

豨莶草具有镇痛作用,能提高小鼠热板法、醋酸扭体法实验的痛阈值。

2. 改善血流流变学，抗血栓形成　豨莶草可改善急性血瘀大鼠模型血流流变学及凝血功能，能明显降低全血黏度、血细胞比容、红细胞聚集指数；对部分凝血活酶时间(activated partial thromboplastin time，APTT)、凝血酶原时间(prothrombin time，PT)有明显延长作用。腺梗豨莶乙醇提取物可降低急性血瘀大鼠模型血浆纤维蛋白原含量，降低内皮细胞分泌 ET，降低血小板的最大聚集率，升高血小板的 cAMP/cGMP 比值，以及降低 TXA_2 含量，从而抗血栓形成。腺梗豨莶的主要成分对映-16β,17-二羟基-贝壳杉烷-19-羧酸具有抑制血小板聚集和抗血栓形成的作用。

3. 抗脑缺血　豨莶草醇提取物可降低急性不完全脑缺血大鼠、小鼠脑血管通透性，减轻脑组织水肿。豨莶草还可增加麻醉犬的脑血流量，降低脑血管阻力。豨莶草总黄酮可改善局灶性脑缺血损伤大鼠神经功能缺陷，减轻脑水肿，减小脑梗死面积，降低脑组织 MDA 含量，提高脑组织 SOD 及 GSH-Px 的活性。

4. 其他作用　复方豨莶草可降低高尿酸血症动物血清尿酸、肌酐、尿素氮水平，对尿酸盐性肾脏损伤有修复作用。

豨莶草的水提取物、醇提取物均对链脲佐菌素引起的大鼠高血糖有防治作用，能降低动物饮水量，降低血糖；提高糖尿病大鼠胰岛素敏感性，提高糖耐量；改善胰岛素抵抗。

综上所述，豨莶草的祛风湿、利关节功效与其抗炎、镇痛、改善血流流变学等作用相关；抗脑缺血及其他作用则是现代研究的新发现，其意义尚待于进一步探索。

【现代应用】

1. **关节炎**　豨莶草为主配伍其他中药可减轻关节炎症状。
2. **局部瘀血肿胀**　豨莶草为主配伍其他药外洗，能治疗软组织损伤或骨折术后引起的局部瘀血肿胀。

【安全性评价】

急性毒性实验小鼠灌胃给药后，多数动物出现活动减少、皮毛蓬松、口唇发紫、呼吸急促、蜷缩、倦怠、行动缓慢等中毒症状。豨莶水煎醇沉物的 LD_{50} 约相当于生药 414 g/kg，而水煎剂的 LD_{50} 相当于生药 147 g/kg。豨莶草水煎剂的毒性成分主要存在于极性大的水溶性部分及正丁醇部分。

第三节　常用方剂

独活寄生汤（《备急千金要方》）

【组成】

独活 9 g，桑寄生 6 g，杜仲 6 g，牛膝 6 g，细辛 6 g，秦艽 6 g，茯苓 6 g，桂心 6 g，防风 6 g，川芎 6 g，人参 6 g，甘草 6 g，当归 6 g，芍药 6 g，干地黄 6 g。

【功效与主治】

祛风湿，止痹痛，益肝肾，补气血。主治痹证日久、肝肾两虚、气血不足证，症见腰膝疼痛、肢节屈伸不利或麻木不仁、畏寒喜温、心悸气短、舌淡苔白、脉细弱。

【药理作用】

1. 抗炎 独活寄生汤具有抗炎作用,可抑制佐剂性关节炎大鼠原发性和继发性足跖肿胀,抑制毛细血管通透性增加,减轻小鼠耳郭肿胀度。

对小鼠胶原性关节炎(collagen induced arthritis,CIA)模型,独活寄生汤水煎液灌服后,能显著降低关节指数和抗Ⅱ型胶原(CⅡ)抗体水平。同时,抑制模型小鼠内源性脾脏 IL-1β 的产生,提高 IFN-γ 水平。

独活寄生汤能降低膝骨性关节炎(knee osteoarthritis,KOA)关节滑液中 TNF-α、IL-1β 和 C 反应蛋白的产生,从而抑制炎症因子对关节软骨的破坏,延缓关节软骨的退变。

2. 镇痛 独活寄生汤水煎液具有镇痛作用,能减少醋酸导致的小鼠扭体次数,提高热板实验小鼠痛阈值。

3. 改善微循环 在对小鼠耳郭正常微循环及肾上腺素引起微循环障碍的实验中,独活寄生汤能增加毛细血管管径,增加毛细血管开放数,延长肾上腺素引起血管收缩的潜伏期,对抗肾上腺素引起的毛细血管闭合。

【现代应用】

1. 类风湿关节炎 该方可使关节疼痛减轻,红肿消退,活动恢复正常,晨僵明显改善,可预防关节畸形,恢复关节功能,且效果稳定,停药后无反弹现象。

2. 强直性脊柱炎 独活寄生汤加减可改善强直性脊柱炎症状。

3. 中老年腰腿痛 独活寄生汤可减轻相关症状。

4. 其他 该方在临床上还用于慢性关节炎、坐骨神经痛、颈椎病、腰椎间盘突出症、膝关节炎等疾病的治疗。

第十一章 化湿药

导学

本章介绍化湿药的基本药理作用,常用单味中药苍术、广藿香、厚朴、砂仁及经典方藿香正气散、平胃散的主要药理作用和现代应用。

学习要求:

(1) 掌握化湿药的基本药理作用;苍术、广藿香和藿香正气散的药理作用及现代应用。

(2) 熟悉厚朴、砂仁和平胃散的药理作用及现代应用。

(3) 了解与湿困脾胃相关的主要病理变化;藿香正气散的不良反应。

第一节 概述

具有化湿运脾作用的药物,称为化湿药。化湿药具有疏畅气机、宣化湿浊、健脾醒胃等功效,主要用于湿困脾胃、湿阻中焦证。此外,湿温、暑湿等证也可选用。

中医学认为,脾胃为后天之本,主运化。湿与水,异名同类,湿为水之渐,水为湿之积。脾喜燥而恶湿,湿性重浊黏滞,若湿浊内阻中焦,则脾胃运化失常。脾为湿困,可出现食欲不振、消化不良、脘腹痞满、呕吐泛酸、大便溏薄、食少体倦、舌苔白腻等。《黄帝内经》提出:"湿淫于内,治宜苦热,佐以酸淡,以苦燥之。"化湿药大多辛香苦燥,能芳香辟秽、宣化湿浊,适用于湿困脾胃、身体倦怠、脘腹痞满、胃纳不佳、口甘多涎、大便溏薄、舌苔白腻等。

从现代医学角度分析,湿困脾胃、湿阻中焦证与消化系统疾病如急慢性胃肠炎、痢疾、过敏性肠炎、胃溃疡、胃无力或胃下垂、胃肠功能紊乱、消化不良等疾病相关。

常用的化湿药主要有厚朴、广藿香、佩兰、苍术、草豆蔻、白豆蔻、砂仁等,具有化湿作用的常用复方有藿香正气散、平胃散、藿胆丸等。

化湿药的主要药理作用如下。

1. 调节胃肠运动 本类药物均含挥发油,具有健胃祛风的功效,对胃肠运动有刺激或调整作用。佩兰能促进胃肠内容物的排空;砂仁可兴奋肠管平滑肌,促进肠管运动。同时,对乙酰胆碱、氯化钡等引起的离体肠肌痉挛,厚朴、苍术、藿香等则有程度不等的解痉作用。

2. 抗溃疡 苍术、厚朴、砂仁等化湿药,具有较强的抗溃疡作用,其主要作用环节如下。① 保护胃黏膜：厚朴乙醇提取物对四氯化碳-乙醇所致胃黏膜损伤、厚朴酚对应激性溃疡，均有保护作用。从苍术中提取的氨基己糖具有促进胃黏膜修复的作用。苍术还能提高胃液中前列腺素的含量，保护胃黏膜免遭多种外源性因素的损伤。② 抑制胃酸分泌：厚朴酚能明显对抗四肽胃泌素及氨甲酰胆碱所致胃酸分泌增多。砂仁可抑制胃酸分泌，对幽门结扎性及应激性胃溃疡有较好的预防作用。

3. **促进消化液分泌** 厚朴、广藿香、砂仁、白豆蔻、草豆蔻、草果等均含有挥发油，通过刺激嗅觉、味觉感受器，或温和地刺激局部黏膜，反射性地增加消化腺分泌。

4. **抗病原微生物** 体外实验表明，厚朴、厚朴酚、苍术提取物、广藿香酮对金黄色葡萄球菌、溶血性链球菌、肺炎球菌、百日咳杆菌、大肠杆菌、枯草杆菌、变形杆菌、痢疾杆菌、铜绿假单胞菌等具有抑制或杀灭作用。其中，尤以厚朴抗菌谱广，抗菌活性较强。苍术对黄曲霉菌，藿香对许兰黄癣菌、趾间及足跖毛癣菌和鼻病毒，厚朴对丝状真菌、肝炎病毒，佩兰、砂仁、白豆蔻对腮腺炎病毒、流感病毒等，均有一定抑制作用。

此外，化湿药还具有不同程度的抗过敏、抗炎、祛痰等药理作用。

综上所述，化湿药的疏畅气机、宣化湿浊、健脾醒胃等功效主要与调节胃肠运动、促进消化液分泌、抗溃疡、抗病原微生物等药理作用相关。

第二节 常用药物

苍术

本品为菊科植物茅苍术 *Atractylodes lancea* (Thunb.) DC. 或北苍术 *Atractylodes chinensis* (DC.) Koidz. 的干燥根茎。

茅苍术根茎挥发油含量 5%～9%，北苍术根茎含挥发油约 1.5%，挥发油的主要成分为苍术醇(atractylol)、β-桉叶醇(β-eudesmol)和茅术醇(hinesol)等，此外，还含有苍术酮(atractylone)、苍术素(atractylodin)等。

苍术味辛、苦，性温。归脾、胃、肝经。具有燥湿健脾、祛风散寒、明目的功效。用于湿阻中焦、脘腹胀满、泄泻、水肿、脚气痿躄、风湿痹痛、风寒感冒、夜盲、眼目昏涩等。

β-桉叶醇

【药理作用】

1. **调节胃肠运动** 苍术煎剂、苍术醇提取物在一定剂量范围内能对抗乙酰胆碱、氯化钡所致胃肠平滑肌痉挛，对肾上腺素所致小肠运动抑制也有一定对抗作用；对正常胃平滑肌则有轻度兴奋作用。苍术丙酮提取物、β-桉叶醇及茅术醇对氨甲酰胆碱、Ca^{2+}及电刺激所致小肠收缩加强，均有明显抑制作用。茅术醇、β-桉叶醇能促进正常小鼠的胃肠运动，β-桉叶醇对新斯的明负荷小鼠引起的胃肠运动加快有明显的拮抗作用。

2. **抗溃疡** 茅苍术及北苍术对胃溃疡有较强的抑制作用，两种苍术均能显著降低溃疡动物的胃液量、总酸度、总消化能力及胃黏膜损害，水溶液部分与挥发油部分抗胃溃疡作用相当。苍术抗溃疡作用机制主要有以下两个方面。① 抑制胃酸分泌：北苍术挥发油中的苍术醇能抑制皮质激素的释放，减轻皮质激素对胃酸分泌的刺激；茅苍术所含 β-桉叶醇有抗 H_2 受体作用，能抑制胃酸分泌，并对抗皮质激素对胃酸分泌的刺激作用。② 增强胃黏膜保护作用：北苍术可使胃黏膜组织血流量增加，从苍术中提取的氨基己糖具有促进胃黏膜修复的作用。

3. **保肝** 苍术及 β-桉叶醇、茅术醇、苍术酮和苍术多糖对 CCl_4 和 D-氨基半乳糖胺诱发的肝细胞损害均有防治作用。此外，苍术煎剂对肝脏蛋白质合成有促进作用。

4. **抗病原微生物** 苍术提取物具有消除耐药福氏痢疾杆菌、铜绿假单胞菌 R 质粒的作用，能降低细菌耐药性的产生。苍术浸出液对金黄色葡萄球菌、枯草杆菌黑色变种芽孢有杀灭作用。苍术浸出液体外试验对红色毛癣菌、石膏样毛癣菌等真菌有抑制作用。苍术酮有抗流感病毒 A 引起肺损伤的作用。

5. **利尿** 苍术水提取液可增加湿阻中焦模型大鼠排尿量。苍术有效成分 β-桉叶醇可通过抑制 Na^+-K^+-ATP 酶活性而阻止 Na^+ 重吸收，增加排尿量。

此外，苍术还有一定降血糖、抗炎、抑制高脂饮食所致肥胖的作用，苍术酮和苍术素分别有抗肝癌细胞和抗结肠癌细胞增殖的作用。

综上所述，苍术的燥湿健脾、祛风湿功效与其调节胃肠运动、抗溃疡、抗病原微生物、利尿作用相关。

【现代应用】

1. **腹泻** 以苍术为主的复方可用于胃肠功能紊乱导致的腹泻。

2. **空气消毒** 用苍术制备的消毒剂具有使用方便、杀菌作用强、无刺激性、无残留污染等优点。亦有用熏蒸方法进行空气消毒，以预防水痘、腮腺炎、猩红热、感冒和气管炎等。

广藿香

本品为唇形科植物广藿香 *Pogostemon cablin* (Blanco) Benth. 的干燥地上部分。

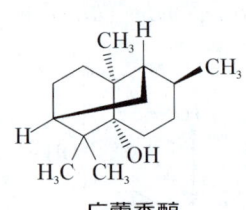
广藿香醇

广藿香含挥发油约 1.5%，其中主要成分是广藿香醇（patchouli alcohol），占 52%～57%，其次是广藿香酮（pogostone）。其他成分有苯甲醛、丁香油酚、桂皮醛、广藿香吡啶等。此外，尚含有多种倍半萜及黄酮类成分。

广藿香味辛，性微温。归脾、胃、肺经。具有芳香化浊、和中止呕、发表解暑的功效。用于湿浊中阻、脘痞呕吐、暑湿表证、湿温初起、发热倦怠、胸闷不舒、寒湿闭暑、腹痛吐泻、鼻渊头痛等。

【药理作用】

1. **促进胃液分泌** 广藿香所含挥发油可刺激局部胃黏膜，促进胃液分泌，增强消化能力。

2. **抗病原微生物** 体外试验表明，广藿香具抗细菌、抗真菌、抗病毒等作用。其所含广藿香酮可抑制金黄色葡萄球菌、肺炎链球菌、溶血性链球菌、大肠杆菌、痢疾杆菌、铜绿假单胞菌。广藿香煎剂、水浸出液、醚浸出液、醇浸出液对许兰黄癣菌、趾间及足跖毛癣菌等多种致病性真菌有抑制作用，广藿香酮为抗真菌的主要有效成分。广藿香醇具有抗柯萨奇病毒、腺病毒、甲型流感病毒作用。广藿香黄酮类物质也有抗病毒作用，可抑制消化道、上呼吸道鼻病毒生长繁殖。广藿香煎剂对钩端螺旋体有抑制作用。

3. **调节胃肠运动** 广藿香水提取物、去油水提取物和挥发油均可抑制乙酰胆碱及氯化钡引起的离体兔肠痉挛性收缩，以挥发油的抑制作用最强。在整体实验中，挥发油对正常小鼠肠推进运动则无明显影响。

4. 抗溃疡　广藿香水提取物有抗结肠炎和结肠溃疡作用。广藿香醇对乙醇、吲哚美辛和应激所致胃溃疡具有保护作用,并能促进胃黏膜再生。广藿香醇对幽门螺杆菌尿素酶引起的胃黏膜上皮损伤有保护作用,广藿香醇可降低幽门螺杆菌对酸的抵抗能力。

此外,广藿香醇对脂多糖引起的乳腺炎和肺损伤有保护作用,还有抗肺癌、胆囊癌作用;广藿香挥发油有抗炎、抗光老化作用;广藿香水提取物有抗炎抗过敏作用。

广藿香的芳香化浊、和中止呕、发表解暑功效与其促进胃液分泌、抗病原微生物及调节胃肠运动和抗溃疡等作用相关。

【现代应用】

1. 急性胃肠炎　广藿香用于治疗急性胃肠炎有一定疗效。
2. 口臭　广藿香煎剂,时时漱口,可去口臭。

厚朴

本品为木兰科植物厚朴 *Magnolia officinalis* Rehd. et Wils. 或凹叶厚朴 *Magnolia officinalis* Rehd. et Wils. var. *biloba* Rehd. et Wils. 的干燥干皮、根皮及枝皮。

厚朴主要含有多种酚类、挥发油和少量生物碱。酚类物质约占5%,包括厚朴酚(magnolol)、四氢厚朴酚(tetrahydromagnolol)、异厚朴酚(isomagnolol)及和厚朴酚(honokiol)等。挥发油约占1%,主要为β-桉叶醇(machilol),其次为愈创醇(guaiol),还有α-蒎烯、β-蒎烯、莰烯等。生物碱类成分主要为厚朴碱(magnocurarine)、柳叶木兰花碱(salicifoline)、木兰花碱(magnoflorine)、番荔枝碱(anonaine)等。

厚朴味苦、辛,性温。归脾、胃、肺、大肠经。具有燥湿消痰、下气除满的功效。用于湿滞伤中、脘痞吐泻、食积气滞、腹胀便秘、痰饮喘咳等。

【药理作用】

1. 调节胃肠运动　厚朴煎剂在一定剂量范围内对肠管产生兴奋作用,但加大剂量则产生抑制作用。厚朴酚和厚朴碱对组胺所致十二指肠痉挛有一定抑制作用。厚朴碱静脉注射使麻醉猫在体小肠张力下降。

2. 抗溃疡　厚朴生品、厚朴姜炙品、厚朴酚有抗胃溃疡作用。厚朴酚腹腔注射或皮下注射对结扎幽门、水浸应激等所致实验性胃溃疡有抑制作用,可减少由应激、胃泌素、氨甲酰胆碱所致胃酸分泌增多。厚朴抗溃疡作用与其抑制胃酸分泌过多有关。

3. 促进消化液分泌　厚朴含有挥发油,通过刺激嗅觉、味觉感受器,或温和地刺激局部黏膜,反射性地增加消化腺分泌。

4. 抗病原微生物　厚朴抗菌作用较强,抗菌谱较广。厚朴酚对金黄色葡萄球菌、大肠杆菌、链球菌有抑制作用。厚朴酚对体内炭疽杆菌具有抗菌活性,还能抑制幽门螺杆菌生长。厚朴醇提取物对致病性皮肤真菌及结核杆菌有一定抑制作用。厚朴酚、和厚朴酚、四氢厚朴酚等可抑制口腔中变形链球菌,具有抗龋齿作用。

5. 抗炎镇痛　厚朴醇提取物具有较好的抗炎镇痛作用。和厚朴酚可抑制花生四烯酸代谢,减少炎症介质释放而起到抗炎作用。

6. 止咳平喘　厚朴及厚朴皮、叶、花水提取物均对小鼠氨水致咳模型有镇咳作用。

此外,厚朴还具有一定的中枢抑制、肌松、保肝护肾、抗氧化、抗过敏等作用。

厚朴的燥湿消痰、下气除满功效与其调节胃肠运动、抗溃疡、促进消化液分泌、抗病原微生物及抗炎镇痛等作用相关。

【现代应用】

1. 细菌性痢疾　厚朴粉 4.5～9 g，冲服，每日 2～3 次，治疗菌痢有较好疗效。

2. 腹痛腹胀　厚朴 9～15 g，与其他药物一起加水分煎两次，每日 3 次，治疗胸部胀痛、胃胀、肝区和下腹胀痛有较好疗效。

3. 肌强直　厚朴 9～15 g，加水分煎两次，顿服，治疗肌强直有一定疗效。

【安全性评价】

厚朴中有毒成分主要是厚朴碱（木兰箭毒碱），其小鼠腹腔注射的 LD_{50} 为 45.6 mg/kg。大剂量厚朴可致呼吸肌麻痹而死亡。长期灌服厚朴甲醇提取物，对小鼠肾脏有明显损害。含厚朴提取物化妆品有引起过敏性皮炎的报道。

砂仁

本品为姜科植物阳春砂 *Amomum villosum* Lour.、绿壳砂 *Amomum villosum* Lour. var. *xanthioides* T.L.Wu et senjen 或海南砂 *Amomum longiligulare* T.L.Wu 的干燥成熟果实。

砂仁主要含有挥发油、黄酮、无机盐、有机酸等。挥发油占 1.7%～3%，主要成分是乙酸龙脑酯（borneol acetate）、樟烯（camphene）、柠檬烯（limonene）、樟脑（camphor）、龙脑（borneol）等。黄酮类成分有槲皮素、异槲皮苷、豆蔻素等。无机盐有锌、锰、钴、镍、铜及铁盐等。有机酸类主要有香草酸、硬脂酸、棕榈酸等。

砂仁味辛，性温。归脾、胃、肾经。具有化湿开胃、温脾止泻、理气安胎的功效。用于湿浊中阻、脘痞不饥、脾胃虚寒、呕吐泄泻、妊娠恶阻、胎动不安。

【药理作用】

1. 调节胃肠运动　砂仁水提取液可促进胃排空及肠蠕动，其作用机制与增加血液及胃肠道内胃动素及 P 物质有关。砂仁挥发油对肠运动具有显著抑制作用，挥发油主要成分乙酸龙脑酯对胃排空无影响，对番泻叶所致的腹泻具有止泻作用。研究表明，乙酸龙脑酯的作用部位可能在小肠。

2. 抗病原微生物　砂仁醇提取液对枯草芽孢杆菌、大肠杆菌、沙门菌、铜绿假单胞菌、金黄色葡萄球菌等均具有一定的抑制作用。挥发油对红色毛癣菌、须毛癣菌、石膏样小孢子癣菌、金黄色葡萄球菌和粪肠球菌均表现有不同程度的抑制作用。

3. 镇痛　砂仁水提取液及乙酸龙脑酯具有镇痛作用，乙酸龙脑酯一般表现为外周镇痛作用，大剂量时又具有中枢镇痛作用。

4. 抗溃疡　砂仁挥发油对实验性胃溃疡具有保护作用，可增加溃疡愈合百分率，减轻炎性细胞浸润。

此外，砂仁还具有抗氧化、抗肝纤维化、增加胆汁分泌、调节肠道菌群、抗过敏等作用。

砂仁的化湿开胃、温脾止泻功效与其调节胃肠运动、抗溃疡、镇痛、抗病原微生物等作用相关。

【现代应用】

1. 胃、十二指肠溃疡　以砂仁为主的复方可用于治疗胃及十二指肠溃疡。

2. 食滞不化、腹胀、胃痛、呕吐、中暑　可用砂仁驱风油口服 3～6 滴。

3. 伤风、鼻塞、头晕、头痛、风湿骨痛、神经痛、蚊虫咬伤　可用砂仁驱风油外用，涂抹患处。

第三节 常用方剂

藿香正气散（《太平惠民和剂局方》）

【组成】

藿香 9 g，大腹皮 3 g，白芷 3 g，紫苏 3 g，茯苓去皮 3 g，半夏曲 6 g，白术 6 g，陈皮去白 6 g，厚朴去粗皮，姜汁炙 6 g，苦桔梗 6 g，炙甘草 6 g。

【功效与主治】

解表化湿，理气和中。主治外感风寒、内伤湿滞证，症见霍乱吐泻、恶寒发热、头痛、脘腹疼痛、舌苔白腻。

【药理作用】

1. 解痉 藿香正气散能抑制十二指肠过度收缩运动及由组胺、乙酰胆碱、氯化钡所致的回肠痉挛性收缩，对抗水杨酸毒扁豆碱引起的肠痉挛。也能对抗垂体后叶素引起的子宫收缩，但对胆囊、膀胱平滑肌的收缩影响不明显。

2. 抗菌 对藤黄八叠球菌、金黄色葡萄球菌、甲型和乙型副伤寒杆菌、痢疾杆菌、变形杆菌等均有抑制作用。

3. 增强胃肠道吸收功能 能增加腹泻模型动物对葡萄糖和水分的吸收。

4. 加强胃肠道屏障功能 可保护肠道上皮细胞的完整性，降低 TNF-α 等炎症介质介导的一系列生物效应，阻止肠屏障的损伤，提高肠道细胞膜的流动性。对硫酸镁致腹泻模型动物，能促进受损伤肠段的修复。

5. 其他作用 藿香正气散还有镇吐、解热等作用。

藿香正气散的解表化湿、理气和中功效与其解痉、抗菌、增强胃肠道吸收和屏障功能以及镇吐、解热等作用相关。

【现代应用】

1. 感冒 适用于四时感冒，尤对夏季感冒兼有胃肠症状患者效果良好。

2. 急性胃肠炎、结肠炎 应用本方或本方加减治疗胃及十二指肠球部溃疡、急慢性结肠炎有较好效果。对急性胃肠炎腹泻显效快、效果好，对成人、婴幼儿腹泻效果均良好。

3. 功能性消化不良 临床资料显示，藿香正气软胶囊单用或与促胃动力药合用治疗功能性消化不良，可使患者腹部饱胀等症状缓解，食欲增加，消化能力改善。

4. 其他 现代临床研究表明，藿香正气散对腹泻型肠易激综合征、夏季空调综合征、晕车、痔疮、梅尼埃病、嗜睡等均有改善症状效果；对多种皮肤病如足癣、夏季皮炎、荨麻疹、带状疱疹、蚊虫叮咬也有一定疗效。

【不良反应】

服用藿香正气水后偶见过敏性药疹，甚至过敏性休克。

平胃散（《太平惠民和剂局方》）

【组成】
苍术去黑皮，捣为粗末，炒黄 15 g，厚朴去粗皮，涂生姜汁，炙 9 g，陈皮 9 g，炙甘草 6 g。

【功效与主治】
燥湿运脾，行气和胃。主治湿滞脾胃证，症见脘腹胀满、不思饮食、呕吐恶心、嗳气吞酸、肢体沉重、倦怠嗜卧、常多自利、舌苔白腻而厚、脉缓。

【药理作用】
1. 调节胃肠运动　平胃散可促进大鼠胃排空及小肠运动，其作用机制可能与兴奋胆碱能系统有关。

2. 改善菌群失调　平胃散可提高湿困大鼠肠道内乳酸杆菌数量，降低大肠杆菌数量；也可增加化疗后肠道内双歧杆菌数量，降低肠道内大肠杆菌数量。

3. 调节水液代谢　平胃散可增强湿阻中焦大鼠胃肠水通道蛋白的活性，降低大鼠血浆醛固酮，提高心钠素水平，抑制抗利尿激素的释放，从而调节体内水液代谢。

平胃散的燥湿运脾、行气和胃功效与其调节胃肠运动、改善菌群失调、调节水液代谢等作用有关。

【现代应用】
1. 急、慢性胃肠炎　应用本方加减治疗急性胃炎、肥厚性胃炎、胆汁反流性胃炎、慢性非萎缩性胃炎、特发性溃疡性结肠炎等均有较好的疗效。

2. 胃、十二指肠溃疡　本方或本方加减治疗胃、十二指肠溃疡，可改善溃疡引起的上腹部胀满疼痛、嗳气吞酸等症状。X 线检查显示经本方治疗后溃疡面减小或消失，疗效确切。

3. 湿疹　临床资料显示，以平胃散为基础方治疗急性湿疹疗效肯定，但对慢性湿疹效果不明显。

4. 其他　现代临床研究表明，平胃散对腹泻型肠易激综合征、胃下垂、食积、小儿流涎、非酒精性脂肪性肝病、中风后眼睑水肿下垂等也有一定疗效。

第十二章 利水渗湿药

导学

本章介绍利水渗湿药的基本药理作用,常用单味中药茯苓、猪苓、泽泻、薏苡仁、茵陈、金钱草、车前子及经典方五苓散、茵陈蒿汤的主要药理作用和现代应用。

学习要求:

(1) 掌握利水渗湿药的基本药理作用;茯苓、泽泻、车前子、茵陈的药理作用、作用机制、主要药效物质及现代应用;五苓散的现代应用。

(2) 熟悉猪苓、薏苡仁、金钱草和五苓散、茵陈蒿汤的药理作用、现代应用。

(3) 了解猪苓、泽泻、茵陈及五苓散、茵陈蒿汤的不良反应;茯苓的药动学;与水湿证相关的主要病理变化。

第一节 概述

凡以通利水道、渗泄水湿为主要功效,用以治疗水湿内停证的药物,称为利水渗湿药。利水渗湿药主要归膀胱、脾、肾经,多为甘淡渗利、苦寒降泻之品,具有利水消肿、利水通淋、利湿退黄等作用,主治水湿壅盛所致的水肿、癃闭、淋浊、痰饮、泄泻等病证。水湿致病,既可溢于肌肤而呈水肿,也可同其他外邪(如湿热)相夹杂,侵犯人体某一脏腑、部位,如湿热熏蒸而发黄疸等。水湿内停主要与脾、肾、肺、膀胱和三焦等功能失调有关,肺失通调、脾失转输、肾失开合、膀胱气化无权而致水湿内停,主要表现为水肿、淋浊、痰饮、泄泻、癃闭等;与热邪夹杂熏蒸、蕴而发黄,导致黄疸。淋证以小便频急短涩、淋沥不尽、尿道刺痛、欲出未尽、小腹拘急、痛引腰腹及脐中为证候特征。因此,水湿所致的疾病与现代医学的泌尿系统感染或结石、肾脏病变、慢性支气管炎时的痰液积留以及胸水、腹水等体腔内的异常液体和各种原因所致的水肿、代谢异常、变态反应性疾病、黄疸型肝炎、消化系统功能低下等疾病有关。

根据作用性质不同,利水渗湿药可分为利水消肿、利水通淋和利湿退黄3类。利水消肿药包括茯苓、猪苓、泽泻、玉米须、薏苡仁、半边莲等;利水通淋药包括车前子、木通、萹蓄、瞿麦、滑石等;利湿退黄药包括茵陈、金钱草、垂盆草等。具有利水渗湿的复方主要有五苓散、茵陈蒿汤、猪苓汤、参苓白术散、八正汤等。

利水渗湿药的主要药理作用如下。

1. 利尿 茯苓、猪苓、泽泻、萹蓄、石韦、玉米须、海金沙、瞿麦、车前子、金钱草、茵陈和八正散、五苓散、茵陈蒿汤、猪苓汤等均具有不同程度的利尿消肿作用。其中，猪苓、泽泻利尿作用较强。如泽泻煎剂、浸膏对人和动物均有利尿作用，可使尿中钠、钾、氯及尿素的排泄量增加。其作用与药材的采集时间、药用部位、给药途径、炮制方法及实验动物的种属有关。

2. 利胆 茵陈、半边莲、金钱草、玉米须和茵陈蒿汤等均有利胆作用，可松弛胆管括约肌、加速胆汁排泄。在增加胆汁分泌的同时，也增加胆酸、胆红素的排泄量。

茵陈的利胆退黄作用与其诱导肝微粒体二磷酸尿核苷葡萄糖醛酸转移酶（UDP glucuronosyltransferase，UDPGT）活性密切相关，该酶促进了胆红素的葡萄糖醛酸化，使结合胆红素生成增加，从而促进胆红素代谢。茵陈、金钱草、虎杖可上调胆囊收缩素（cholecystokinin，CCK）及胆囊收缩素受体（cholecystokinin-receptor，CCK-R）表达，还能促进胆囊动力功能恢复，收缩胆囊、扩张奥狄括约肌、增加胆汁流量、降低胆汁内胆固醇含量、促进胆汁排泄。

3. 保肝 猪苓、泽泻、茵陈、垂盆草、虎杖和茵陈蒿汤、茵陈五苓散等均具有明显的保肝降酶作用，对 CCl_4 或 D-半乳糖胺所致的大鼠急性肝损伤均有显著的保护作用。

利水渗湿药可通过多种环节发挥保肝作用。茵陈和茵陈蒿汤具有一定抗肝炎病毒和抑制病毒复制作用；茵陈、泽泻和五苓散能抑制脂质过氧化损伤，促进肝细胞修复；茵陈能防治肝纤维化；泽泻和五苓散能调节脂质代谢，干扰外源性胆固醇的吸收，影响内源性胆固醇的代谢，减轻脂肪肝形成；猪苓能促进肝细胞再生，恢复肝功能；五苓散能促进乙醇在体内氧化，加速消除，防止乙醇导致的肝损害并防止脂肪肝的形成。

4. 调血脂 泽泻、车前子、茵陈、虎杖和五苓散、茵陈蒿汤等均有调血脂作用。虎杖、大黄能促进肠蠕动，抑制外源性脂质吸收，增加胆固醇的排泄。泽泻能减少合成胆固醇原料乙酰 CoA 的生成，减少内源性脂质的合成。茵陈和茵陈蒿汤能诱导肝微粒体酶，促进胆固醇排泄。

5. 消除结石 金钱草、海金沙、车前子、石韦、玉米须、泽泻和五苓散具有显著的防止结石形成、溶解结石、促进结石排出的作用。

6. 抗病原体 茯苓、猪苓、茵陈、金钱草、薏苡仁、车前子、滑石、石韦、萹蓄、海金沙等有一定抗菌作用。金钱草对乙肝病毒，石韦对甲型流感病毒、单纯性疱疹病毒，有一定抑制作用。车前子、茵陈、萹蓄等具有抗真菌作用。茵陈具有抗病毒、抗螺旋体作用。

7. 抗肿瘤 薏苡仁、茯苓、茵陈、猪苓、泽泻、玉米须、虎杖等体外试验均具有一定抗肿瘤作用。

8. 其他作用 猪苓、茯苓、茵陈、玉米须、薏苡仁能增强单核巨噬细胞吞噬功能、细胞免疫和体液免疫应答反应，促进荷瘤机体低下的免疫功能恢复正常，提高机体免疫监视作用而抑制肿瘤。茯苓能升高白细胞数，减弱化疗或放疗药物的毒性反应。薏苡仁、猪苓、茯苓、茵陈等能促进 IL、IFN-γ、TNF-α、NK 水平升高，增强对癌细胞的杀伤作用，抑制肿瘤细胞分裂、增殖、生长而发挥辅助抗肿瘤作用。

综上所述，利水渗湿药的通利水道、渗利水湿功效主要与其利尿、利胆、保肝、调血脂、消除结石、抗病原微生物等作用有关；而其抗肿瘤作用主要通过调节免疫功能而实现。

第二节　常用药物

茯苓

本品为多孔菌科真菌茯苓 Poria cocos (Schw.) Wolf 的干燥菌核。

菌核中主要化学成分为茯苓聚糖(pachyman)、茯苓素(poria cocos)、茯苓酸(pachymic acid)；尚含有蛋白质、麦角甾醇及无机盐成分钾、钠、镁、磷等。

茯苓味甘、淡，性平。归心、肺、脾、肾经。具有利水渗湿、健脾宁心的功效。用于水肿尿少，痰饮眩悸，脾虚食少，便溏泄泻，心神不安，惊悸失眠。

【药理作用】

1. 利尿　茯苓对不同种属的动物及不同生理、病理状态个体的利尿作用有差异。茯苓对健康动物和人利尿作用不明显，但可增加水肿患者尿液排出，尤其对于浮肿严重的肾炎患者及心脏病患者，茯苓利尿作用均显著。所含茯苓素是茯苓利尿的有效成分，茯苓素因其化学结构与醛固酮相似，可与肾小管细胞质膜的醛固酮受体结合，拮抗醛固酮活性，提高尿中 Na^+/K^+ 比值，产生排钠利尿作用。

2. 增强免疫功能　茯苓多糖、羧甲基茯苓多糖、茯苓素具有增强机体免疫功能的作用，表现为：① 增强腹腔巨噬细胞的吞噬作用，对抗 ^{60}Co 照射所致外周血白细胞减少。② 增强细胞免疫反应，使玫瑰花结形成率及植物血凝素诱发的淋巴细胞转化率上升，增强脾脏抗体分泌细胞数和特异的抗原结合细胞数，能增强 T 淋巴细胞的细胞毒性作用。③ 增加免疫器官胸腺、脾脏及淋巴结重量，增多脾脏抗体分泌细胞数。④ 诱生干扰素、白细胞介素、肿瘤坏死因子等多种细胞因子。⑤ 提高机体的造血功能，恢复衰退的造血功能，改善老年人的免疫功能，对骨髓有保护作用。茯苓对免疫系统、免疫组织、免疫器官都具有很好的改善保护作用，有助于改善机体免疫情况，增强抗感染能力。

3. 抗肿瘤　茯苓多糖、羧甲基茯苓多糖、羟乙基茯苓多糖与茯苓素均有抗肿瘤作用。羧甲基茯苓多糖能改善荷瘤小鼠 NK 的杀伤活性，提高小鼠单核巨噬细胞吞噬功能，诱生 IL-2、IFN-γ、TNF-α，提高免疫活性和杀伤肿瘤效应。茯苓多糖对生长迟缓的移植性肿瘤作用尤为显著，对 S180 细胞膜磷脂酰肌醇转换具有抑制作用。硫酸酯化茯苓多糖有体内外抗胃腺癌作用。茯苓多糖及羧甲基茯苓多糖具有抗白血病作用。茯苓素在体内外均有增强巨噬细胞产生 TNF 的能力，在体内对小鼠移植性肿瘤细胞 S180 有抑制生长作用，其作用强度与 TNF-α 水平呈正相关。此外，茯苓多糖、羧甲基茯苓多糖、茯苓素与环磷酰胺、丝裂霉素、更生霉素、5-氟尿嘧啶等抗癌药合用可增强抑瘤效果，提高抑瘤率。

茯苓的抗肿瘤作用机制主要与增强机体免疫功能、激活免疫监视系统有关，也有一定直接细胞毒作用。

4. 保肝　茯苓对 CCl_4 所致的肝损伤有明显的保护作用，可降低血清 ALT 活性，防止肝细胞坏死。采用复合因素(皮下注射 CCl_4、高脂低蛋白质膳食、饮酒)刺激建立动物肝硬化模型，茯苓可减轻肝硬化程度、降低肝内胶原含量、增加尿羟脯氨酸排出量，具有促进肝硬化动物肝脏胶原蛋白降解和抑制肝内纤维组织增生的作用。羧甲基茯苓多糖在细胞株培养中对 HBsAg 和 HBeAg 分泌有较好的抑制作用，也可以促进肝细胞再生。

5. **抗动脉粥样硬化** 茯苓配合有氧运动可预防高脂饮食所致血脂异常，减轻血管内皮和管壁损伤程度，具有良好的抗动脉粥样硬化作用。

此外，茯苓对幽门结扎所形成的溃疡有预防作用，并能降低胃酸含量。

综上所述，茯苓的利水渗湿、健脾宁心功能与其利尿、增强免疫功能等作用相关。其主要有效成分是茯苓多糖、茯苓素等。茯苓抗肿瘤、抗动脉粥样硬化、抗过氧化损伤作用则是现代研究的新发现。

【药代动力学】

硫酸化茯苓多糖经灌服给药后，在测定的时间段内（0.33～8 h），在血浆中有分布，给药后 1.5 h 达到峰值，并在 0.75～2 h 时间段内维持较高的血药浓度。

^{3}H-茯苓素静脉注射 50 mg/kg 后，体内过程属于二室模型，吸收相半衰期约为 0.3 h，消除相半衰期为 1.4 h。口服给药达峰时间为 1.2 h，峰浓度为 5.149 μg/ml。肾排泄占全部放射量的 56.7%，肠道排泄为 33.1%，体内存在肝肠循环。静脉注射后组织中的放射量以肝、肾、肺含量最高。

【现代应用】

1. **水肿** 水肿患者用茯苓治疗，利水消肿作用明显。
2. **肿瘤** 茯苓多糖口服液可增强机体免疫功能，减少放化疗患者的不良反应。
3. **其他** 以茯苓为主药治疗胃下垂合并胃炎及溃疡病者，能改善症状；茯苓粉治疗由轮状病毒感染所致婴幼儿秋冬季腹泻有显效。

猪苓

本品为多孔菌科真菌猪苓 *Polyporus umbellatus* (Pers.) Fries 的干燥菌核。

菌核中主要成分为猪苓多糖（glucan）、麦角甾醇（ergosterol）、蛋白质、氨基酸、维生素、微量元素及无机盐等。人工栽培猪苓菌核，以猪苓菌核产量、外观质量和猪苓多糖含量为综合指标，确定 4 年生猪苓菌核采收期较科学；断面色白、未完全被蜜环菌浸染的菌核中猪苓多糖含量较多，质量较好。

猪苓味甘、淡，性平。归肾、膀胱经。具有利水渗湿的功效。用于小便不利、水肿、泄泻、淋浊、带下。

【药理作用】

1. **利尿** 猪苓利尿能抑制肾小管对电解质和水的重吸收，主要增加钠、钾、氯的排出，从而产生利尿作用。猪苓汤能促进慢性肾功能不全患者尿和钠、钾、氯的排泄。
2. **保肝** 猪苓多糖能减轻 CCl_4、D-半乳糖胺引起的肝损伤，降低血清 ALT 活性，促进病变肝脏的再生和修复；猪苓多糖注射液对乙型肝炎 E 抗原（HBeAg）、乙肝病毒的脱氧核糖核酸（HBV-DNA）转阴有一定疗效。
3. **提高免疫功能与抗肿瘤** 猪苓多糖可增强荷瘤小鼠及化疗小鼠腹腔巨噬细胞的吞噬能力，提高 T 细胞免疫活性，从而促进免疫功能。猪苓多糖能促进 IFN-γ、TNF-α 水平升高，与 IFN-γ、TNF-α、IL-2 共同作用使肿瘤细胞癌基因表达下降，抑制肿瘤细胞分裂增殖，从而发挥抗肿瘤作用。猪苓多糖具有广谱抗肿瘤活性,能抑制肿瘤生长和增强肿瘤患者免疫功能,与化学药物配伍使用可增强后者疗效和减轻不良反应。

4. **抗辐射、抗突变** 猪苓多糖能逆转辐照大鼠造血功能和免疫功能的损伤;含猪苓的制剂能提高放疗小鼠骨髓 DNA 含量,恢复造血功能,升高放疗后小鼠的脾脏指数。猪苓多糖能降低由环磷酰胺诱导的小鼠骨髓细胞微核率和精子畸形率,具有一定的抗突变作用。

5. **抗菌** 猪苓提取物对大肠杆菌、金黄色葡萄球菌具有抑菌作用,且抑菌作用随着浓度的增加而增强。

综上所述,猪苓的利水渗湿功能与其利尿、提高免疫功能作用相关。猪苓抗肿瘤、保肝等作用则是现代药理研究对其功效认识的新进展。

【药代动力学】
麦角甾酮与麦角甾醇在尿液中以原形排泄,在给药后 18 h 达到最大排泄量,累计尿排量-时间曲线发现给药后 48~60 h 时间段尿液中仍残存少量麦角甾酮与麦角甾醇,但整体排泄量已趋于平稳。

【现代应用】
1. **水肿** 猪苓与其他中药组方常用于治疗各种水肿,有良好疗效。

2. **肝炎** 猪苓多糖与干扰素等药物联合应用能显著提高近期 HBeAg 转阴率和 HBV – DNA 转阴率,改善肝功能,抑制肝炎病毒复制。

3. **肿瘤** 用猪苓多糖胶囊或注射液肌注,配合化疗、放疗,辅助治疗肺癌、肝癌、鼻咽癌、急性白血病等,可以改善症状、缩小病灶、减少放化疗药物的毒性反应。

【不良反应】
猪苓多糖注射液不良反应临床表现复杂多样,涉及机体多个器官系统损伤,主要有关节痛、肌肉痛、皮疹、淋巴结肿大,甚至过敏性休克。其出现时间多发生于用药后的前 10 min 内,使用猪苓多糖注射液需加强监测,以减少不良反应的发生。

泽泻

本品为泽泻科植物泽泻 *Alisma orientale* (Sam.) Juzep.的干燥块茎。

泽泻主要含有泽泻萜醇 A(alisol A)、泽泻萜醇(alisol)B、23-乙酰泽泻醇 B(alisol B 23-acetate)、泽泻萜醇 A、B、C 的醋酸酯,表泽泻萜醇 A(epialisol A)、泽泻醇(alismol)、泽泻素(alismin)等化学成分。

泽泻味甘、淡,性寒。归肾、膀胱经。具有利水渗湿、泄热、化浊降脂的功效。用于小便不利、水肿胀满、泄泻尿少、痰饮眩晕、热淋涩痛、高脂血症。

【药理作用】
1. **利尿** 泽泻煎剂和浸膏对人和动物均有利尿作用,使尿中钠、钾、氯、尿素的排泄量增加。泽泻的利尿作用可因药材的采收时间、药用部位、产地、给药途径、实验动物和炮制方法的不同而各异。冬季采收泽泻利尿效果较强,春季采收泽泻利尿效果较差。泽泻须稍有利尿作用,泽泻草根无利尿作用。生品、酒炙、麸炒者有利尿作用,盐炙者无利尿作用。其利尿有效成分主要为泽泻醇 B 和 24-乙酰泽泻醇 A。泽泻利尿作用的机制有:① 直接作用于肾脏的集合管,抑制 Na^+-K^+ 交换,促进排钠。② 抑制肾脏 Na^+-K^+-ATP 酶的活性,减少 Na^+ 重吸收等。③ 增加血浆心钠素(atria natriuretic peptide, ANF 或 ANP)的含量,ANF 是从心房组织释放的一种低分子多肽,具有排钠利尿作用。

2. 抑制肾结石形成　泽泻水提取液在人工尿液中能有效抑制草酸钙结晶的生长和自发性结晶,并随着人工尿液的离子强度降低和pH升高,抑制活性增强。体内实验能明显降低肾组织 Ca^{2+} 含量和减少肾小管内草酸钙结晶形成,从而抑制实验性肾结石形成;体外实验能明显抑制草酸钙结晶的生长和聚集。泽泻醋酸乙酯部位是其抑制尿草酸钙结石形成的有效部位,其机制主要是通过抑制肾组织内草酸钙晶体的形成来抑制尿结石的形成。此外,泽泻较强的利尿作用也有助于肾结石的排出。

3. 调血脂、抗动脉粥样硬化　泽泻醇提取物、泽泻醇浸膏、醇浸膏的醋酸乙酯提取物均有降低高脂血症动物的 TC、TG、LDL 和升高 HDL 的作用,对高脂血症有预防和治疗作用。调脂有效成分有泽泻萜醇 A 醋酸酯、泽泻萜醇 B 醋酸酯、泽泻萜醇等,作用机制可能与其干扰外源性胆固醇的吸收和内源性胆固醇代谢有关。

泽泻醇溶性部位能抑制实验性动脉粥样硬化,抗动脉粥样硬化的机制在于:提高血中 HDL 的含量及其与 TG 的比值,促进胆固醇的代谢和排泄;泽泻抑制 LDL 进入内皮细胞,从而预防 LDL 对内皮细胞的损伤;另外泽泻提取物也有增强纤溶酶活性、抗血小板聚集、抗血栓作用,因而能从调血脂、抑制内皮细胞损伤、抗血栓等多方面抑制动脉粥样硬化的发生、发展。

4. 保肝、抗脂肪肝　泽泻提取物对各种原因引起的动物肝损伤和脂肪肝都具有一定的保护作用。泽泻保肝的活性成分为泽泻醇 B 23-乙酸酯和泽泻多糖。泽泻多糖能使急性肝损伤小鼠血清中 AST、ALT 活性降低,MDA 含量降低。泽泻醇 B 23-乙酸酯可通过激活法尼醇 X 受体(farnesoid X receptor,FXR),促进小鼠部分肝切除后的再生;通过调控 FXR 介导的胆汁酸转运体和合成酶对 α-异硫氰酸萘酯(alpha-naphthylisothiocyanate,ANIT)所致肝损伤及胆汁淤积具有保护作用;对 CCl_4 所致小鼠肝毒性发挥保护作用。此外,泽泻在盐制后能增强保肝降酶的作用,缓解 D-半乳糖胺引起的急性肝损伤,促进肝细胞对脂肪的代谢,增加脂蛋白的合成,抑制肝内脂肪堆积,改善肝功能,增加 SOD、过氧化氢酶(catalase from micrococcus lysodeikticu,CAT)、GSH 的活性,减少自由基对肝脏细胞的损伤。

5. 保护血管内皮细胞　泽泻对过氧化氢诱导损伤的血管内皮细胞有明显的保护作用,能改善细胞的形态和生长增殖状态,维持细胞的正常结构与功能。其机制可能与增加血管活性物质 NO 的生成以及提高抗氧化能力,清除自由基对血管内皮细胞的损害有关。此外,泽泻醇提取物可使糖尿病模型动物血糖降低,其降低血糖作用与促进胰岛素的释放有关。

综上所述,泽泻的利小便、清湿热功效与其利尿、抑制肾结石、调血脂作用相关。泽泻保肝、保护血管内皮细胞等作用则是现代药理研究对其功效认识的新发现,其临床应用价值尚待于进一步研究。

【现代应用】

1. 水肿　一般与茯苓、车前子等合用治疗急性肾炎时的尿少、浮肿。
2. 泌尿系统疾病　泽泻配伍海金沙、车前子等治疗肾性水肿、尿石症、肾盂肾炎及尿路感染,均获较好疗效。
3. 高脂血症　泽泻可降低高脂血症血清 TC、TG 及 β 脂蛋白。
4. 动脉粥样硬化　泽泻治疗动脉粥样硬化,可以降低 TG、TC、LDL,升高 HDL,改善血流流变学。
5. 脂肪肝　泽泻配伍其他中药治疗脂肪肝疗效较好。

此外,泽泻用于治疗梅尼埃病、高血压、糖尿病、慢性脑供血不足等,有一定的辅助性治疗作用。

【不良反应】

泽泻因含刺激性物质,内服过量可引起胃肠炎、恶心呕吐、腹痛腹泻。泽泻可致过敏反应,如皮疹、过敏性哮喘等;接触皮肤引起发疱等。长期大剂量服用泽泻水提取物可导致慢性肾毒性,24-乙酰泽泻醇 A 是泽泻肾脏毒性的主要成分,其毒性作用与其含量成正相关。

薏苡仁

本品为禾本科植物薏苡 *Coix lacryma-jobi* L.var. *mayuen* (Roman.) Stapf 的干燥成熟种仁。

薏苡仁主要含有甘油三油酸酯、薏苡仁酯、α-单亚麻酯、油酸和亚油酸、薏苡多糖、蛋白质、氨基酸、维生素和无机元素等。

薏苡仁味甘、淡,性凉。归脾、胃、肺经。具有利水渗湿、健脾止泻、除痹、排脓、解毒散结的功效。用于水肿、脚气、小便不利、湿痹拘挛、脾虚泄泻、肺痈、肠痈、癌肿。

【药理作用】

1. 增强免疫功能 薏苡仁油可增强小鼠腹腔巨噬细胞吞噬能力,增强 NK 细胞的活性,诱生干扰素,诱导肿瘤细胞凋亡。薏苡仁水提取液及多糖能拮抗环磷酰胺所致免疫功能低下小鼠的免疫器官重量减轻和白细胞数量减少,增加小鼠腹腔巨噬细胞的吞噬百分率及吞噬指数,增加血清溶血素含量,及促进 T 淋巴细胞转化。

2. 抗肿瘤 薏苡仁有较强的抗肿瘤作用,主要通过破坏癌细胞的 DNA,诱导癌细胞凋亡,抑制其增殖及抑制肿瘤血管形成,上调抑癌基因、下调癌基因,从而产生抗肿瘤效应。在发挥抗肿瘤效应的同时,对周围正常组织无明显影响。抗肿瘤的有效物质包括薏苡仁酯、薏苡仁油、薏苡仁醇提取物、乙醚脱脂的薏苡仁丙酮提取物等。薏苡仁油抗肿瘤的机制可能为:① 薏苡仁油能干扰肿瘤细胞周期、诱导肿瘤细胞凋亡、抑制肿瘤细胞的增殖。② 抑制血管内皮生长因子蛋白的阳性表达和血管形成,从而阻止肿瘤的生长和转移。③ 通过调节细胞因子水平、NK 细胞和 T 淋巴细胞活性,提高机体免疫功能,延长生存期。此外,薏苡仁酯、薏苡仁油与化疗药物如 5-氟尿嘧啶或顺铂合用能增强后者的抗癌疗效,也能增强放射线对癌细胞的敏感性。

3. 调节血脂 薏苡仁水提取物对高血脂模型大鼠可降低 TG、LDL-C、TC,升高 HDL-C,改善肝细胞脂肪浸润。

4. 其他作用

(1) 抗辐射:薏苡仁酯对辐射后小鼠具有促进白细胞数的恢复,增加胸腺、脾脏指数等作用,也具有促使骨髓有核细胞快速释放、加快外周血白细胞数量恢复的作用。

(2) 抗肝氧化损伤:薏苡仁多糖可显著增强 CCl_4 致肝损伤模型动物 SOD、GSH-Px 的活性,明显抑制肝细胞 MDA 含量的异常上升。

(3) 降血糖:薏苡仁多糖能降低肾上腺素或四氧嘧啶诱导的糖尿病小鼠血糖,薏苡仁降低血糖作用与提高体内 SOD 活性、抑制氧自由基对胰岛 β 细胞膜的损伤有关。薏苡仁能改善实验型 2 型糖尿病大鼠胰岛素抵抗,增强肝葡萄糖激酶的活性,改善糖代谢紊乱、糖耐量异常,降低血乳酸水平,增加肝、肌糖原的储存。

综上所述,薏苡仁的健脾渗湿功效与其增强免疫等作用相关。薏苡仁抗肿瘤、降血糖、调血脂等作用则是现代药理研究对其功效认识的新发现。

【现代应用】

1. 肿瘤 临床以注射用薏苡仁油静脉滴注,作为放疗、化疗的辅助治疗手段,对气阴两虚、脾虚湿困型原发性非小细胞肺癌及原发性肝癌有一定的增效作用,可改善近期症状与远期疗效,在改善恶病质、提高生存质量、提高机体免疫功能、保护骨髓造血功能等方面均有良好作用。薏苡仁油可增高晚期肝癌患者外周血 $CD3^+$ 细胞、$CD4^+$ 细胞及 $CD4^+/CD8^+$ 细胞比值,提示对晚期肝癌患者的免疫功能有一定的改善作用,常联合肝动脉化疗栓塞术(transcatheter arterial chemoembolization, TACE)治疗肝癌患者,可一定程度恢复肝功能、升高免疫细胞数、改善疾病症状、抑制不良反应。

2. 扁平疣、传染性软疣　薏苡仁煎剂内服治疗扁平疣、寻常疣有较好疗效。

3. 水肿　与其他中药组方,用于肾性水肿等可使水肿消退。

4. 类风湿关节炎　薏苡仁汤能减轻类风关节炎患者的关节压痛、肿胀、疼痛等症状。

【安全性评价】

薏苡仁油对小鼠灌胃的最大给药量为 32.8 g/kg,薏苡仁油对家兔完整皮肤或破损皮肤均未见刺激性作用,对家兔直肠亦未见刺激性作用。

茵陈

本品为菊科植物滨蒿 *Artemisia scoparia* Waldst. et Kit. 或茵陈蒿 *Artemisia capillaris* Thunb. 的干燥地上部分。

茵陈的主要化学成分有茵陈色原酮(capillarisin)、绿原酸(chlorogenic acid)、水溶性多糖、水溶性多肽、滨蒿内酯(scoparone)、对羟基苯乙酮(*p*-hydroxy acetophenone)、咖啡酸(caffeic acid)、7-甲氧基香豆素(7-methoxycoumarine)、蓟黄素(cirsimaritin)、6,7-二甲氧基七叶苷元、挥发油、微量元素等。

茵陈色原酮

茵陈味苦、辛,性微寒。归脾、胃、肝、胆经。具有清利湿热、利胆退黄的功效。用于黄疸尿少、湿疮瘙痒。

【药理作用】

1. 利胆　茵陈是中医治疗黄疸的要药。黄疸的形成是由于血清胆红素的增高,中医学认为其病因为肝胆失于疏泄、胆汁不循常道而外溢所致。临床应用与动物实验表明,茵陈有利胆退黄作用,对于治疗胆管结石和胆汁引流不畅有明显的疗效。现代药理研究表明,茵陈有松弛胆道括约肌、促进胆汁分泌、增加胆汁中胆酸和胆红素排出量等作用。其作用机制在于改善肝功能,扩张胆管,收缩胆囊,增加胆酸、磷脂、胆固醇的分泌排泄,使胆汁分泌量增加,加速胆汁排泄。其利胆的有效成分较多,主要有茵陈色原酮、滨蒿内酯、绿原酸、咖啡酸、对羟基苯乙酮、茵陈黄酮、蓟黄素、6,7-二甲氧基七叶苷、7-甲氧基香豆素等。

2. 保肝　茵陈具有保护肝细胞膜完整性及良好的通透性,防止肝细胞坏死,促进肝细胞再生及改善肝脏微循环,抑制葡萄糖醛脱酶活性,增强肝脏解毒,减轻肝纤维化等作用。茵陈总黄酮可降低 CCl_4 致肝损伤模型大鼠血清 ALT 和 AST 的活性,具有肝细胞的保护作用。此外,茵陈总黄酮还能降低肝组织羟脯氨酸含量及抑制肝纤维化;茵陈中 6,7-二甲氧基香豆素具有抗脂质过氧化和抗肝细胞坏死的作用,并可降低血清 ALT 活性及组织中胆固醇、三酰甘油、丙二醛的含量,升高血清白蛋白,降低白蛋白/球蛋白比例;茵陈生药材中含有丰富的 Zn、Mn 等机体所必需的微量元素能直接参与酶的合成,促进肝细胞再生,保护肝细胞完整性;茵陈色原酮、东莨菪内酯、茵陈黄酮等对 CCl_4 诱发的肝细胞毒性也具有治疗作用。

3. 降血糖、降血压、调血脂　茵陈提取物具有降低胰岛素抵抗大鼠血糖和血压的作用,其降压作用机制可能与其降低肾素-血管紧张素系统活性和提高 NO 水平有关。茵陈中的香豆素、黄酮、二咖啡酰奎宁酸可抑制 α-糖苷酶、蛋白酪氨酸磷酸酶的活性,从而发挥降血糖作用。茵陈可降低高脂血症大鼠血清 TC、TG、LDL - C 含量和肝脏 MDA 含量,升高血清中 HDL - C 的含量和 SOD 活性,不同程度地减轻高脂血症大鼠肝脏脂肪变性;茵陈中黄酮类物质具有减轻高胆固醇症家兔的动脉粥样硬化,减少内脏脂肪沉着和主动脉壁胆固醇含量的作用。

4. 解热、镇痛、抗炎 茵陈水煎剂、茵陈醇提取物、滨蒿内酯对家兔实验性发热有解热作用。茵陈具有抗炎、镇痛作用,6,7-二甲氧基七叶苷元、香豆素类可能是其所含主要有效成分。

5. 其他作用 茵陈的多种活性成分具有抗肿瘤作用。茵陈可延长荷瘤小鼠的存活期,抑制小鼠移植肿瘤的生长。茵陈蒿对肿瘤细胞有细胞毒作用,瘤细胞被阻滞于 G_0/G_1 期;能抑制致癌物黄曲霉素 B_1、亚硝酸钠或 N-甲基苄胺致癌、致突变作用,抗癌的有效成分为香豆素类、茵陈色原酮等。

茵陈体外试验对多种致病菌具有较弱抑制作用。茵陈抗菌活性的主要成分是茵陈炔酮、对羟基苯乙酮。滨蒿内酯腹腔注射可延长过敏介质诱发的豚鼠哮喘潜伏期,减轻哮喘发作严重程度,具有一定的平喘作用。

综上所述,茵陈的清湿热、退黄疸功效与其利胆、保肝、解热、抗炎、镇痛作用相关。茵陈抗肿瘤、调血脂作用则是近年来药理研究的新发现,其临床价值有待于进一步研究。

【现代应用】

1. 急、慢性肝炎 茵陈常与其他中药配伍治疗黄疸性肝炎、病毒性肝炎有效率较高,如成药制剂黄疸茵陈颗粒(由茵陈、黄芩、制大黄、甘草组成)。茵陈退黄胶囊(由茵陈、苦参、龙胆、黄芩、郁金、神曲、大黄、山楂组成)等。

2. 黄疸、胆石症及胆管感染 茵陈临床用于治疗胆石症及胆管感染,其利胆、抗胆管感染、减轻肝细胞损害和恢复肝功能等作用较显著。

3. 高脂血症 茵陈、茵陈五苓散加味治疗高脂血症有一定疗效。

此外,茵陈用于治疗胆管蛔虫症有较好疗效。茵陈用于辅助治疗肝癌、胆囊癌、胰腺癌,可使症状改善、疼痛减轻、瘤体缩小。

【不良反应】

少数患者在服用茵陈后,可出现轻度恶心、上腹饱胀、灼热感或腹泻,个别出现头晕、心慌、心律失常等反应。

【安全性评价】

小鼠灌胃茵陈二炔酮的 LD_{50} 为 7 mg/kg,小鼠灌胃 6,7-二甲氧基香豆素的 LD_{50} 为 497 mg/kg,死亡前有阵发性惊厥。

金钱草

本品为报春花科植物过路黄 *Lysimachia christinae* Hance 的新鲜或干燥全草,又名大金钱草。

金钱草主要化学成分有槲皮素、山柰素、酚性成分、黄酮类、苷类、鞣质、挥发油、氨基酸、胆碱、甾醇、内酯类、对羟基苯甲酸等。

金钱草味甘、微苦,性凉。归肝、胆、肾、膀胱经。具有除湿退黄、利尿通淋、解毒消肿的功效。用于湿热黄疸、胆胀胁痛、热淋、石淋、小便涩痛、蛇虫咬伤等。

【药理作用】

1. 利胆排石 金钱草煎剂有明显的利胆作用,能促进胆汁分泌、排泄,降低胆汁中游离胆红素

和 Ca^{2+} 的含量,提高总胆汁酸的含量,从而抑制胆红素结石的形成。

2. **利尿排石** 金钱草具有利尿排石作用,排石和溶石作用机制与其利尿、酸化尿液、加速 Ca^{2+} 与草酸排泄、抗炎、抗氧化、护肾、影响结石抑制因子等作用有关。金钱草黄酮类化合物及金钱草多糖为主要有效成分,金钱草黄酮类成分中羧基及酚羟基可以与尿液中的 Ca^{2+} 络合,降低游离 Ca^{2+} 浓度,减少草酸钙的过饱和度,从而抑制草酸钙晶体的生长。

3. **抗炎** 金钱草对多种炎症模型均有明显的抑制作用,其抗炎的有效部位为总黄酮及酚酸类物质。

4. **其他作用**
(1) 促进体内铅排除:金钱草中含有黄酮类、氨基酸、胆碱、糅质、甾醇成分,这些成分可与铅离子形成可溶性络合物。
(2) 降低血清尿酸水平:能降低高尿酸血症(hyperuricemia,HUA)小鼠的血清尿酸水平,但对正常小鼠血清尿酸水平无影响。
(3) 抗移植排斥:金钱草对小鼠的细胞和体液免疫,尤其是细胞免疫有一定的抑制作用,并与环磷酰胺合用有协同效应,主要是作用于胸腺髓质的网状上皮细胞,从而使T细胞的发育成熟受到阻碍,并影响B细胞的正常发育。

综上所述,金钱草的除湿退黄、利尿通淋、解毒消肿功效与其利胆排石、利尿排石、抗炎作用相关。促进体内铅的排出和抗移植排斥作用是近年来发现的药理作用,其应用价值尚需进一步观察。

【现代应用】

1. **黄疸** 常与茵陈、虎杖等合用治疗肝胆疾病引起的黄疸。

2. **胆石症** 以单味金钱草汤剂或以金钱草为主的复方如排石汤治疗胆管结石、胆囊结石有显著疗效。

3. **胆管感染** 金钱草冲剂对胆管感染有良效。

【不良反应】

临床有患者对金钱草发生接触性皮炎和过敏反应的个案报道。

车前子

本品为车前科植物车前 *Plantago asiatic* L.或平车前 *Plantago depressa* Willd.的干燥成熟种子。

车前子的主要化学成分为车前子多糖、毛蕊花糖苷、异毛蕊花糖苷、车前素、车前子苷、京尼平苷酸、豆甾醇等多糖类、苯乙醇苷类、生物碱类、黄酮类、环烯醚萜类以及甾体类化合物。

车前子味甘,性寒。归肝、小肠、肺、肾、膀胱经。具有清热利尿、渗湿通淋、明目祛痰的功效。用于热淋涩痛、水肿肿满、暑湿泄泻、目赤胀痛、痰热咳嗽等。

【药理作用】

1. **利尿** 车前子具有利尿作用,且温和而持久。车前子醇提取物具有利尿作用,可以增加大鼠尿量和尿中 Na^+、K^+ 和 Ca^{2+} 含量,下调肾脏髓质 AQP_1 与 AQP_2 的 mRNA 表达,进而产生利尿作用。此外,车前子提取物也能改善高尿酸血症和减少尿中结石形成。

2. **调节免疫功能** 车前子多糖是巨噬细胞免疫调节物质,可提高免疫抑制小鼠腹腔巨噬细胞的吞噬活性、促进淋巴细胞转化;对树突状细胞的分化成熟也具有促进作用,可促进靶细胞表型和功能的成熟,表现为较好的免疫增强作用。

3. **镇咳、祛痰** 车前子煎剂和车前子苷具有一定的镇咳作用。车前子苷是车前子的活性成分,具有祛痰、镇咳的作用。

4. **调血脂、抗氧化** 车前子挥发油具有调血脂作用,芳樟醇是其挥发油中的主要成分,不仅可以同时抑制羟甲基戊二酰辅酶 A 还原酶在体内外的表达,而且对小鼠有降胆固醇作用。车前子具有调节血脂作用,并有防止高脂血症大鼠血管内皮细胞损伤的作用。车前子提取物可降低大鼠血清 TC、TG 和脂质过氧化物水平,能提高超氧化物歧化酶活性,还可减轻脂质代谢紊乱。

5. **抗炎** 车前子具有抗炎作用。车前子提取物中梓醇、桃叶珊瑚苷和京尼平苷的混合物对 COX-2 具有抑制作用,桃叶珊瑚苷为主要抗炎物质。

6. **对肠道作用** 车前子多糖能缩短便秘模型小鼠的首次排黑便时间、提高小鼠排便粒数、增加粪便含水量以及增加小肠墨汁推进率,具有润肠通便的作用。对正常小鼠具有一定的缓致泻作用,提高肠道内水分和炭末推进百分率,改善其排便情况。

7. **其他作用** 车前素对糖尿病小鼠空腹血糖具有降糖作用;车前子多糖能延缓葡萄糖的扩散并对 α-淀粉酶的活性有抑制作用;车前子提取物具有抑制前列腺增生、抗动脉粥样硬化和延缓衰老等作用。

【药代动力学】
灌胃车前素 20 mg/kg 时,车前素在大鼠体内迅速吸收,在约 1 h 内达到血药浓度最大值,表观分布容积为约 19 L/kg,半衰期约为 9 h,生物利用度达 70.1%。

【现代应用】
1. **高血压** 车前子可用于治疗老年性高血压。
2. **痛风** 车前子单用水煎服或煎煮代茶饮用于痛风治疗,可降低尿酸水平。
3. **泌尿系统结石** 以车前子为主药的中药复方,可以促进泌尿系统结石排出,用于泌尿系统结石的治疗。

第三节 常用方剂

五苓散(《伤寒论》)

【组成】
茯苓 9 g,泽泻 15 g,猪苓 9 g,桂枝 6 g,白术炒 9 g。

【功效与主治】
温阳化气,利湿行水。主治阳不化气、水湿内停所致水肿,症见小便不利、水肿腹胀、呕逆泄泻、渴不思饮。

【药理作用】
1. **利尿** 五苓散 50% 醇提取物有明显的利尿作用。与呋塞米相比较,五苓散利尿作用缓和,持续时间较长,且不破坏水、电解质平衡。输尿管造瘘动物在清醒状态下静注本品也可使尿量明显增加,并可使尿中 Na^+、K^+、Cl^- 等电解质排出量增加。因此,其利尿机制与抑制肾小管对 Na^+、

Cl^-的重吸收有关。五苓散可增加水肿机体 ANP 的释放,提高血浆 ANP 的浓度,促进 Na^+ 和水的排出。五苓散可增强正常家兔离体输尿管平滑肌的张力和活动力。

2. **抑制尿路结石生成**　五苓散水提取液在体外和体内均能抑制尿路结石形成,减少肾脏尿草酸钙含量,抑制草酸钙结晶在肾脏中生成,抑制尿路结石的生成。

3. **肾保护**　五苓散能拮抗 ET-1 对系膜细胞刺激增殖作用,缓解细胞外基质增生及抑制肾小球硬化发展。五苓散提取液对大鼠多柔比星肾病综合征表现出较好的综合治疗效果。对多柔比星造成的肾小球滤过膜结构和功能的损害有一定保护作用,可减少大分子蛋白质漏出,改善多柔比星肾病大鼠肾组织局部的血流动力学指标,增加肾组织的血液供应。

4. **止泻**　五苓散可能通过增加结肠对水分的吸收,来达到"利小便以实大便"的效果。五苓散能明显提高小鼠结肠组织结肠 AQP-4 mRNA 的表达,AQP-4 在胃肠黏膜层腺细胞等组织有表达,参与结肠对肠腔内水分的吸收过程。

5. **抗脂肪肝及肝损害**　五苓散可使乙醇加高脂饲料诱发的高脂血症模型动物血中 TC、TG、LDL-C 明显下降,提高 SOD 活性。五苓散对乙醇引起的 GSH 耗竭有预防作用,从而降低乙醇性肝损害。

6. **降血压**　五苓散提取液灌胃,可使大鼠肾性高血压和自发性高血压血压下降,且作用温和,此作用与五苓散利尿和调节肾素-血管紧张素-醛固酮系统(renin-angiotensin-aldosterone system, RAAS)系统作用有关。

【现代应用】

1. **水肿**　本方可用于肝硬化腹水、特发性水肿、单纯性下肢浮肿、组织器官积液、羊水过多症。

2. **泌尿系疾病**　用于泌尿系感染、泌尿系结石(肾结石、输尿管结石、膀胱结石、尿道结石等),具有缓解症状、排除结石的作用。

3. **腹泻**　五苓散治疗多种原因导致的腹泻,疗效较好。

4. **其他**　该方在临床上还用于心力衰竭、妊娠高血压综合征和生殖系统感染、胃肠炎腹泻等辅助治疗。

【不良反应】

本方服用过多,可出现头晕、目眩、口淡、食欲减退、胃纳差等不良反应。

茵陈蒿汤(《伤寒论》)

【组成】

茵陈蒿 18 g,山栀 12 g,大黄 6 g。

【功效与主治】

清热,泄热,利湿,退黄。主治湿热黄疸,症见身热、面目周身黄如橘色、小便黄赤、大便不畅、胸腹胀闷、口渴、苔黄腻、脉弦滑数者。

【药理作用】

1. **保肝作用**

(1) 抗肝损伤:茵陈蒿汤对 CCl_4、D-半乳糖胺、ANIT、乙醇等所致急性肝损伤模型均有良好的保护作用,可改善肝功能,其作用机制在于促进肝细胞再生,降低脂质过氧化物含量,减轻其对肝细胞的氧化损伤。

(2) 抗肝纤维化:对硫代乙酰胺(thioacetamide, TAA)、二甲基亚硝胺(dimethylnitrosamine,

DMN)诱导的肝纤维化模型,茵陈蒿汤可以改善肝组织胶原沉积及降低肝组织羟脯氨酸含量。KCs 是肝脏内特化的巨噬细胞,其活化后释放的 CD68 作为 KCs 经典途径释放的炎症趋化因子,在肝纤维化过程中发挥重要作用。肝纤维化模型动物肝组织 α-平滑肌肌动蛋白(α-smooth muscle actin, α-SMA)、CD68$^+$ 细胞(为纤维化标志之一)数明显增加,分泌的 TNF-α 也明显增加。茵陈蒿汤降低肝组织 α-SMA 的 mRNA、CD68 及 TNF-α 蛋白表达。茵陈蒿汤还可以降低其他纤维化相关细胞因子的 mRNA 及蛋白表达。

2. 利胆　茵陈蒿汤能促进胆汁分泌和排出。茵陈蒿汤水煎液及醇提取液十二指肠给药,均可使胆汁流量明显增加,给药后 1 h 利胆作用达到高峰,至 2.5 h 胆汁流量恢复到给药前水平。同时,胆汁中固体物的排出亦增加。

茵陈蒿汤还可以降低胆总管括约肌张力,尤其对痉挛状态下的括约肌松弛作用更显著。其利胆作用机制主要是促进毛细胞管胆汁的形成与排出。此外,茵陈蒿汤内含有一种 β-葡萄糖醛酸苷酶抑制物质,能抑制肝脏疾患时升高的 β-葡萄糖醛酸苷酶活性,从而减少胆红素及有害物质从肠道再吸收,间接促进胆红素排出体外。

3. 降低血脂　茵陈蒿汤能降低高脂血症小鼠血清 TC、TG、LDL-C 水平。

4. 保护胰腺组织　茵陈蒿汤对去氧胆酸钠诱发急性胰腺炎模型的胰腺病变具有保护作用。

5. 解热、抗炎、抗菌　茵陈蒿汤对家兔人工发热有解热作用。此外,茵陈蒿汤对金黄色葡萄球菌、大肠杆菌和痢疾杆菌均有抑制作用。

【现代应用】

1. 黄疸　本方用于急性传染性黄疸型肝炎、中重度高胆红素血症、肝癌术后黄疸、新生儿母乳性黄疸。

2. 胆囊炎　本方可改善急、慢性胆囊炎症状。

3. 脂肪肝　本方可缓解酒精性脂肪肝形成与发展。

4. 胰腺炎　本方用于急性胰腺炎,可改善症状。

【不良反应】

本方服用过量,可出现腹痛、腹泻。

第十三章 温 里 药

导学

本章介绍温里药的基本作用，常用单味中药附子、肉桂、干姜、吴茱萸及经典方四逆汤、吴茱萸汤的主要药理作用和现代应用。

学习要求：

（1）掌握温里药的基本药理作用；附子的药理作用、作用机制、现代应用及不良反应与安全性评价。

（2）熟悉附子的有效成分；肉桂、干姜、四逆汤的主要药理作用及现代应用。

（3）了解吴茱萸、吴茱萸汤的主要药理作用及现代应用；附子、肉桂、干姜、吴茱萸的药物代谢动力学；与里寒证相关的病理变化。

第一节 概 述

凡以温里祛寒为主要功效，治疗里寒证的药物，称为温里药，又称祛寒药。温里药药性多温热，味辛，具有辛散温通、温里散寒、温经止痛、助阳、回阳等功效，主要用于寒邪内盛、心肾阳虚所致里寒证的治疗。

里寒证常见两方面病证：一是心肾阳气虚弱，症见畏寒蜷卧、腰膝冷痛、夜尿频多；甚至心肾阳衰，常见汗出不止、四肢厥冷、呼吸微弱、脉微欲绝的"亡阳证"，与现代医学的心功能不全，甚至休克相似，治宜温肾助阳，回阳救逆；二是寒邪入里，脾胃阳气受抑，出现脾胃虚寒证，常见脘腹冷痛、呕吐泄泻等，与现代医学的某些消化道疾病相似，如胃肠道的急慢性炎症、溃疡、胃肠功能紊乱等，治宜温中散寒。此外，寒邪有时也可侵犯肌肉、骨关节、经络，其表现与现代医学的神经痛、风湿性关节炎等相似，治宜温经止痛。

常用的温里药物有附子、肉桂、干姜、吴茱萸、丁香、小茴香、高良姜、丁香、胡椒等，常用复方有四逆汤、吴茱萸汤、理中丸、参附汤等。

温里药的主要药理作用如下。

1. 对心血管系统的作用

（1）兴奋心脏：温里药对心脏的作用主要表现为正性肌力、正性频率和正性传导作用，能改善心功能。如附子、肉桂、干姜、吴茱萸等可使心肌收缩力增强，心率加快，心排出血量增加。

(2) 扩张血管、改善循环：附子、肉桂等温里药可扩张血管，增加组织血流量，提高耐缺氧能力；部分温里药所含的挥发油或辛辣成分可使体表血管、内脏血管扩张，改善微循环，使全身产生温热感。

(3) 抗休克：附子、肉桂等及其复方对失血性、内毒素性、心源性等休克能提高动脉压，延长实验动物存活时间和存活百分率。此外，对单纯缺氧性休克等亦有防治作用。温里药抗休克的作用机制主要与其兴奋心脏、扩张血管及改善微循环有关。

2. 对消化系统的作用

(1) 改善消化功能：干姜、高良姜等芳香和辛辣成分能直接刺激口腔和胃黏膜，改善局部血液循环，增加胃蛋白酶活性和唾液淀粉酶活性，增加胃液分泌，有助于提高食欲和促进消化吸收。丁香、高良姜、草豆蔻可增加胃酸分泌，提高胃蛋白酶活力。

(2) 调节胃肠运动、促进胆汁分泌：肉桂、干姜、吴茱萸、丁香、胡椒等性味辛热，含有挥发油，对胃肠道有温和的刺激作用，能使肠肌兴奋，增强胃肠张力，促进蠕动；附子、丁香、小茴香等能抑制小鼠的胃排空；肉桂、干姜、吴茱萸能缓解胃肠痉挛性收缩。

(3) 抗溃疡：肉桂、干姜、高良姜对实验性胃溃疡具有保护作用。

(4) 镇吐：干姜浸膏、吴茱萸、丁香、花椒等有镇吐作用。

3. 兴奋肾上腺皮质系统　　附子、肉桂、干姜对肾上腺皮质系统有兴奋作用。附子可兴奋下丘脑，使促肾上腺皮质激素释放激素（corticotropin releasing hormone, CRH）水平升高，进而促进肾上腺皮质激素的合成。

4. 抗炎、镇痛　　附子、乌头、干姜、丁香、高良姜等均具有抗炎作用，附子、乌头、肉桂、干姜、吴茱萸等均有不同程度的镇痛作用。

5. 其他作用　　部分温里药具有局部麻醉作用，如附子、乌头、花椒等；部分温里药具有兴奋交感神经作用，使产热增加，如附子、肉桂、干姜等。

综上所述，温里药的回阳救逆功效与其强心、扩血管、改善循环、抗休克作及增强交感-肾上腺皮质系统功能等作用有关；温中散寒功效主要与改善消化功能、抗溃疡、镇吐等作用有关；温经止痛与抗炎、镇痛等作用有关。

第二节　常用药物

附子

本品为毛茛科植物乌头 *Aconitum carmichaelii* Debx. 的子根的加工品。

附子中含有多种生物碱，主要为二萜类、异喹啉、多巴胺类生物碱等。其中，二萜类生物碱包括双酯型生物碱如乌头碱（aconitine）、新乌头碱（又名中乌头碱, mesaconitine）、次乌头碱（hypaconitine）等，具有毒性；异喹啉生物碱包括去甲乌药碱（demethylcoclaurine）、去甲猪毛菜碱（salsolinol）；多巴胺类生物碱有氯化甲基多巴胺（coryneine choriole）等。此外，水溶性成分还有吡咯化合物、尿嘧啶、香豆酸苷、附子苷等化合物。

	R	R'
乌头碱	C_2H_5	OH
次乌头碱	CH_3	H

乌头碱

附子味辛、甘,大热;有毒。归心、肾、脾经。具有回阳救逆、补火助阳、散寒止痛的功效。用于亡阳虚脱、肢冷脉微、心阳不足、胸痹心痛、虚寒吐泻、脘腹冷痛、肾阳虚衰、阳痿宫冷、阴寒水肿、阳虚外感、寒湿痹痛。

【药理作用】

1. 对心血管系统的作用

(1) 强心:临床和多种动物实验显示,附子能增强心肌收缩力,增加心排出血量,改善血流动力学,具有抗心力衰竭作用。附子的强心成分主要有去甲乌药碱、氯化甲基多巴胺、去甲猪毛菜碱、附子苷等。

附子增强心肌收缩力作用明确,并发现其药效物质为耐热的水溶性成分,但具体是什么成分则有不同的观点。最初有文献报道,从日本附子 Aconitum japonicum Thunb. 中分得去甲乌药碱,具有强心活性。因此,许多文献普遍认为附子的强心成分是去甲乌药碱。虽然曾有报道我国学者1984从国产附子中分得去甲乌药碱,但含量很低,仅为1/1 500 000,此后则鲜有从国产附子中分离到更高浓度去甲乌药碱的报道。如此低的含量对增强心肌收缩力作用并无多大实际意义,不能解释附子的强心作用。国内学者于1975年合成了去甲乌药碱,并发现其为 β-肾上腺素受体部分激动剂,可兴奋 β_1 和 β_2 受体。但去甲乌药碱加快心率和增加氧耗作用并不利于治疗慢性心衰。

至今已发现并分离出不少其他具有心血管活性作用的物质,如水溶性生物碱氯化甲基多巴胺、去甲猪毛菜碱等。其中,去甲猪毛菜碱为弱 β-肾上腺素能兴奋剂,对 β-和 α-肾上腺素能受体均有兴奋作用。氯化甲基多巴胺是一种 α-肾上腺素能受体兴奋剂。由于这些成分含量较低,也难以解释为附子强心作用的主要物质基础。

附子苷是一种新发现的化合物,也有强心作用,对正常动物的血压和心率无影响而能增加心衰动物心肌收缩力,与附子水溶性部分的作用相当。附子苷的强心作用可能因激活 L 型钙通道,促进细胞外 Ca^{2+} 进入细胞内,而使心肌收缩力增强,也可能与激活心室肌细胞膜上的钠-钙交换机制,从而产生正性肌力作用有关。因此,可初步认为附子苷是附子的强心有效成分之一,但其含量仍偏低。附子强心的其他物质基础尚待于进一步研究。

(2) 抗缓慢型心律失常:附子能改善窦房结功能、改善房室传导,加快心率,对心动过缓者恢复窦性心律,从而对抗缓慢型心律失常。

(3) 调节血压:附子对血压正常或高血压者的血压影响不大,但可升高低血压患者血压。氯化甲基多巴胺和去甲猪毛菜碱为附子升高血压作用的有效成分,前者为 α 受体激动剂,后者对 β 受体和 α 受体均有兴奋作用。

(4) 改善循环:附子注射液静脉给药,可增加重要组织器官血流量,降低血管阻力,改善血液循环。附子也能增加脑和冠状动脉血流量,改善缺血心肌营养性血流量。这对脑和心肌缺血具有一定的保护和改善作用。

(5) 抗休克:附子对失血性休克、内毒素性休克、心源性休克等多种休克均有治疗作用,可延长休克动物的存活时间和存活百分率。附子的抗休克机制与其强心、调节血压和改善循环等作用有关。

2. 抗炎　附子对多种炎症模型有抑制作用。抗炎作用通过多途径实现,附子既可抑制炎症介质的释放,也可通过兴奋下丘脑-垂体-肾上腺皮质系统产生抗炎作用。目前认为乌头碱类生物碱为其抗炎作用有效成分。

3. 镇痛　附子及其生物碱对机械、热和化学刺激引起的疼痛均有镇痛作用,其镇痛作用与通过介导脊髓水平 κ-阿片受体有关。

4. 兴奋下丘脑-垂体-肾上腺皮质系统　附子可使促肾上腺皮质激素释放激素含量增高,促进肾上腺皮质激素合成,具有肾上腺皮质激素样作用,可提高机体抗应激能力。此作用为其抗寒冷的作用机制之一。

5. 提高交感神经的兴奋性　阳虚表现为交感神经-β受体-cAMP 系统功能低下,附子水提取物能增加"阳虚"模型动物 β 受体数目及 cAMP 系统的反应性,使之趋于正常。附子可使脑中的 NE、DA 增加,这在一定程度上阐明了附子的助阳机制。但附子可使阴虚证恶化。

6. 其他作用　附子尚有局部麻醉作用。

综上所述,附子的回阳救逆、补火助阳功效与其强心、调节血压、改善循环、抗休克、抗心律失常、增强交感神经反应性等作用相关;散寒止痛功效与其抗炎镇痛、兴奋下丘脑-垂体-肾上腺皮质系统等作用相关。

【药代动力学】

大鼠灌胃给予附子总生物碱后血浆中可检测到乌头碱、新乌头碱和次乌头碱,其中以新乌头碱浓度最高,浓度-曲线符合二室模型;乌头碱、新乌头碱和次乌头碱均在 15 min 达峰,分布相 $t_{1/2}$ 分别约为 3 min、15 min 和 2 h,消除相 $t_{1/2}$ 分别为 15 h、21 h 和 17 h。附子镇痛、抗炎效应 $t_{1/2}$ 分别为 1 h 和 8 h;以死亡为指标消除相 $t_{1/2}$ 为 17 h。

乌头类生物碱易从黏膜吸收,在消化道及皮肤破损处更易于吸收;灌胃给药后吸收较快,还可从大鼠食管和胃中吸收,分布较广,肝和肺中浓度较高,主要由唾液和尿中排出,乌头碱、新乌头碱原形尿排泄约 30%,次乌头碱原形尿排泄约 15%,尿中检测到多种代谢物。

【现代应用】

1. 休克　以附子为主组成的四逆汤、参附汤对各种休克具有辅助治疗作用。

2. 缓慢型心律失常　以附子为主的麻黄附子细辛汤可以治疗病态窦房结综合征。

3. 风湿性关节炎、关节痛、腰腿痛、神经痛　附子为主的麻黄附子细辛汤等可减轻疼痛,改善活动能力和其他症状。

【不良反应】

附子为毒性较大的中药,多发生于用药后 0~3 h,中毒症状主要以神经系统、循环系统和消化系统的表现为主。常见恶心、呕吐、腹痛、腹泻;头晕眼花、口舌、四肢及全身发麻、畏寒,严重者出现瞳孔散大、视觉模糊、呼吸困难、手足抽搐、躁动、大小便失禁、体温及血压下降等。生附子对心脏毒性较大,心电图表现为一过性心率减慢,随即出现房性、室性期外收缩和心动过速、心室颤动等。附子炮制后毒性降低,原因是其毒性成分乌头碱类物质发生水解,而乌头碱的半水解产物苯甲酰乌头原碱类的急性毒性虽然明显降低,但仍保留其母体化合物乌头碱的致心律失常作用,能抑制心肌收缩功能,表现为降低心室收缩压和左室收缩压力变化最大速率。

【安全性评价】

附子的毒性物质为双酯型二萜类生物碱,主要为乌头碱、新乌头碱、次乌头碱等乌头属类生物碱。双酯型乌头碱遇高热易被破坏,分解为毒性较小的生物碱。附子炮制后双酯型生物碱的分解或水解增多,毒性也降低。乌头碱经加热水解成苯甲酰乌头原碱,毒性只有乌头碱的1/200,如果继续加热水解则可变成毒性更小的乌头原碱,毒性仅为苯甲酰乌头原碱的1/10～1/5。用水浸泡也可以降低附子的毒性。

实验测定附子煎剂及各种提取物急性毒性的LD_{50}值文献报道差异很大,原因在于除受产地影响外,还与附子炮制条件的不同,煎煮时间、提取方法及提取液加热浓缩时间不同而使附子中生物碱发生不同程度分解破坏有关。

小鼠口服乌头碱的LD_{50}为1.8 mg/kg,静脉注射LD_{50}为0.12～0.27 mg/kg。人口服乌头碱0.2 mg即可引致中毒,3～4 mg可引起死亡。

肉桂

本品为樟科植物肉桂 *Cinnamomum cassia* Presl 的干燥树皮。

肉桂中含挥发油(桂皮油)1%～2%,其主要成分为桂皮醛(cinnamic aldehyde,占挥发油的75%～90%),并含少量桂皮酸(cinnamic acid)、乙酸桂皮酯(cinnamyl acetate)、乙酸苯丙酯(phenyl-propyl acetate)、2-邻甲氧基桂皮醛(2-methoxycinnamaldehyde)、松柏醛(coniferaldehyde)等。还有多酚类如原花青素、儿茶素、表儿茶素及其多聚体化合物。此外,尚含水杨醛、香兰素、丁香酚、肉桂苷、香豆素、多糖等。

肉桂辛、甘,大热。归肾、脾、心、肝经。具有补火助阳、引火归元、散寒止痛、温通经脉的功效。用于阳痿宫冷、腰膝冷痛、肾虚作喘、虚阳上浮、眩晕目赤、心腹冷痛、虚寒吐泻、寒疝腹痛、痛经经闭。

【药理作用】

1. 对心血管系统的作用

(1) 改善心功能、抗心肌缺血:肉桂能扩张冠状血管、促进心脏侧支循环开放,改善心肌血液供应,对缺血心肌有保护作用。抗心肌缺血的成分为桂皮醛、桂皮酸和邻甲氧基桂皮醛。抗心肌缺血机制与抗氧化、抗炎和增加NO含量有关。此外,桂皮醛能增加离体心脏的收缩力,加快心率。

(2) 扩张血管,改善循环:肉桂、桂皮醛等能使外周血管扩张,外周血循环阻力下降,体表血液循环增加。

2. 对消化系统的作用

(1) 增强消化功能:桂皮油对胃黏膜有缓和的刺激作用,能使消化液分泌增加,增强消化功能。

(2) 对胃肠运动的影响:肉桂水煎液可抑制小肠蠕动,缓解胃肠痉挛性疼痛,有止泻作用。桂皮油可促进肠蠕动。

(3) 抗溃疡:肉桂及肉桂苷对多种实验性溃疡具有对抗作用,这与抑制胃液分泌和胃蛋白酶活性、增加胃黏膜氨基己糖的含量、增加胃黏膜血流量有关。

3. **调节内分泌系统** 肉桂对下丘脑-垂体-肾上腺皮质轴有兴奋作用,能升高血浆皮质醇含量,促进肾上腺释放儿茶酚胺,同时能抑制阳虚模型动物的胸腺萎缩。还具有改善性功能的作用,能提高血浆睾丸酮水平,同时降低血浆三碘甲腺原氨酸水平。

4. **抗炎、镇痛** 肉桂对急性和慢性炎症反应均有抑制作用。肉桂对机械、热和化学刺激引起的疼痛均有镇痛作用。

5. **抗血栓形成** 肉桂可预防静脉或动脉血栓形成,具有抗血小板聚集和抗凝血作用,丁香酚、松柏醛、桂皮醛类成分等可抑制血小板聚集。

6. **其他作用** 肉桂可降低血糖,并可抑制脂肪细胞分化,降低脂质蓄积,对2型糖尿病导致的肥胖症有改善作用。肉桂树皮精油能抑制牙龈卟啉单胞菌,可作为牙周病的天然抗菌剂,肉桂醛是抗菌的主要活性物质。肉桂还具有调节免疫功能、镇咳祛痰平喘、抗过氧化损伤、抗病毒、增加胆汁分泌量和抗肿瘤等作用。

综上所述,肉桂的补火助阳、引火归元、散寒止痛、温通经脉功效与其改善心功能、抗心肌缺血、扩张血管、兴奋下丘脑-垂体-肾上腺皮质轴、增强消化功能、抗溃疡、抗炎镇痛等药理作用相关。

【**药代动力学**】

桂皮醛可在胃肠和肝中几乎全部转化为桂皮酸,桂皮酸吸收迅速且较完全,10 min 左右达峰;桂皮酸在体内分布较快,主要代谢产物为马尿酸。桂皮酸 $t_{1/2\alpha}$ 为 20 min 左右, $t_{1/2\beta}$ 为 55 min 左右。

【**现代应用**】

1. **胃肠功能失调** 胃肠受寒,腹痛泻痢,用丁香、肉桂等量研粉,成散剂,每次用量 0.6~1.5 g 有效。八味肉桂胶囊(肉桂、木香、白芍、豆蔻、高良姜、荜茇、小茴香、甘草)用于脾胃虚寒所致的胃脘冷痛,食欲不振,消化不良。

2. **腰痛** 肉桂粉或以肉桂为主的复方治疗肾阳虚腰痛和风湿性及类风湿脊柱炎、腰肌劳损等,效果良好。

3. **降血糖、降血脂** 肉桂提取物可以辅助降血糖和降血脂。

干姜

本品为姜科植物姜 *Zingiber officinale* Rosc.的干燥根茎。

干姜含挥发油,主要成分为姜烯(zingiberene),占 33.99%,还有姜酮(zingiberone)、姜醇(zingiberol)、姜烯酚(shogaol)、β-没药烯(β-bisabolene)、α-姜黄烯(α-curcumene)等,辣味成分有姜辣素(gingerol)、姜烯酮(zingerone)、姜酚(gingerol)等。

干姜辛、热。归脾、胃、肾、心、肺经。具有温中散寒、回阳通脉、温肺化饮的功效。用于脘腹冷痛、呕吐泄泻、肢冷脉微、寒饮喘咳。

【**药理作用**】

1. **对消化系统的作用**

(1) 助消化:干姜挥发油对消化道有轻度刺激作用,能改善局部血液循环,增加胃液分泌,增加胃蛋白酶活性和唾液淀粉酶活性;干姜挥发油还可使肠张力、节律及蠕动增强,排出胃肠积气,提高消化能力。

(2) 解痉:干姜煎剂可抑制肠自发收缩活动和胃肠推进运动,缓解胃肠痉挛,对抗番泻叶引起的腹泻。干姜石油醚提取物能对抗蓖麻油引起的腹泻。

(3) 镇吐:干姜浸膏有镇吐作用,姜酮及姜烯酮的混合物是镇吐的有效成分。

(4) 抗溃疡：干姜可对抗多种实验性溃疡,对胃黏膜细胞有保护作用,可能与干姜增加胃壁黏液分泌量有关。

(5) 利胆保肝：干姜可增加胆汁分泌量,对 D-半乳糖胺引起肝细胞损伤有保护作用。

2. 对心血管系统的作用

(1) 兴奋心脏：干姜可增加心肌收缩力,加快心率,有效成分为 8-姜辣素、姜酚。

(2) 扩张血管：生姜挥发油、姜酚及姜烯酚能使周围血管扩张,促进血液循环。干姜有扩张外周血管作用,可对抗寒冷引起的血压升高。姜烯酚给大鼠静脉注射,可使其血压出现一过性降低后上升,然后又持续下降,呈三相变化。姜烯酚能抑制 NE 对肠系膜血管的收缩作用。$PGF_{2\alpha}$ 对小鼠离体肠系膜血管收缩作用有较好的量效关系,干姜对 $PGF_{2\alpha}$ 浓度-收缩曲线的最大反应有抑制作用。

(3) 抗缺氧：含干姜大鼠血清对培养乳鼠心肌细胞缺氧、缺糖性损伤有较好的保护作用。干姜醚提取物能延长常压耐缺氧和氰化钾中毒模型小鼠的存活时间。

3. 镇痛 干姜醚提取物、水提取物和挥发油都有镇痛作用,能对抗化学性、热刺激引起的疼痛。

4. 抗炎、抗过敏 干姜醚提取物、水提取物对急性炎症有抗炎作用,此作用可能与促进肾上腺皮质的功能有关。干姜对过敏性肠肌收缩有抑制作用,对过敏性支气管痉挛有保护作用。

5. 抗血栓 干姜具有抗血栓形成的作用,干姜挥发油有一定抗凝血作用。姜辣素、姜烯酚具有抗血小板聚集作用。

此外,生姜、姜酮、姜烯酮等对伤寒杆菌、霍乱弧菌、沙门菌、葡萄球菌、链球菌、肺炎球菌等有一定抑制作用。

干姜的温中散寒、回阳通脉、温肺化饮功效与其解痉、抗溃疡、利胆保肝、镇痛、加强心肌收缩力、扩张血管、对抗寒冷引起的血压升高、抗炎、抗过敏等作用相关。

【药代动力学】

大鼠灌胃姜提取物(含 53% 6-姜酚),血中 6-姜酚 10 min 达峰;分布到血流丰富的肝、脾、肾和肺组织;消除相 $t_{1/2}$ 约 1.8 h,尿中主要为葡萄糖醛酸结合物。6-姜酚血浆蛋白结合率为 92%。姜酮在大鼠体内过程符合二室模型;灌胃给药血药浓度 0.5 h 达峰,吸收率为 72%;快速向组织分布,人血浆蛋白结合率约为 55%;分布相 $t_{1/2}$ 约 15 min,消除相 $t_{1/2}$ 为 47 h,从尿液排泄约 28%,粪便约 13%,胆汁 11%。人口服给予生姜提取物后,血浆中可检测到姜酚和姜烯酚的葡萄糖醛酸结合物,t_{max} 约为 1 h,消除相 $t_{1/2}<2$ h。

【现代应用】

呕吐、晕车、晕船 干姜粉治疗晕船效果较好,也可用于手术后恶心、呕吐以及胃寒呕吐等。

吴茱萸

本品为芸香科植物吴茱萸 *Euodia rutaecarpa* (Juss.) Benth.、石虎 *Euodia rutaecarpa* (Juss.) Benth. var. *officinalis* (Dode) Huang 或疏毛吴茱萸 *Euodia rutaecarpa* (Juss.) Benth. var. *bodinieri* (Dode) Huang 的干燥近成熟果实。

吴茱萸果实中含吴茱萸碱(evodiamine)、吴茱萸次碱(rutaecarpine)、羟基吴茱萸碱(hydroxyevodiamine)、吴茱萸卡品碱、吴茱萸因碱等生

吴茱萸碱

物碱;吴茱萸内酯(又称柠檬苦素)、吴茱萸苦素、吴茱萸内酯醇等苦素类成分;含挥发油约0.4%,其化学成分为吴茱萸烯、月桂烯、罗勒烯等。

吴茱萸辛、苦,热;有小毒。归肝、脾、胃、肾经。具有散寒止痛、降逆止呕、助阳止泻的功效。用于厥阴头痛、寒疝腹痛、寒湿脚气、经行腹痛、脘腹胀痛、呕吐吞酸、五更泄泻。

【药理作用】

1. 对消化系统的作用

(1) 调节胃肠平滑肌运动:吴茱萸煎剂低浓度促进、高浓度抑制离体肠平滑肌运动。吴茱萸煎剂可对抗阿托品、肾上腺素等抑制肠肌的作用,较大剂量能对抗乙酰胆碱、组胺等兴奋肠肌的作用。灌服吴茱萸煎剂,可抑制番泻叶引起的腹泻。

(2) 抗溃疡:吴茱萸煎剂、挥发油和吴茱萸多糖、吴茱萸内酯灌胃对多种实验性胃溃疡(包括冷水应激和幽门结扎模型)有对抗作用。

2. 镇痛、抗炎 吴茱萸对炎性疼痛有镇痛作用,主要有效成分为吴茱萸碱、吴茱萸次碱、吴茱萸内酯。吴茱萸碱和吴茱萸次碱可抑制PGE_2,吴茱萸碱还可抑制COX-2和NF-κB,并对实验性结肠炎有改善作用。

3. 对心血管系统的作用

(1) 改善心功能:吴茱萸对离体和在体心脏均可增强心肌收缩力,增加心排出血量。有效成分为吴茱萸碱,机制与活化电压依赖性钙电流有关。此外,吴茱萸水煎剂对应激状态心肌损伤还有一定的保护作用,吴茱萸次碱对心脏缺血、过敏损伤有一定保护作用。

(2) 降低血压:吴茱萸对正常及肾性高血压动物均有较好的降压作用。其机制主要与扩张外周血管、促进组胺和内源性降钙素基因相关肽(Calcitonin gene related peptide, CGRP)释放有关。主要有效成分为吴茱萸碱。

(3) 促进血液循环:吴茱萸可增加组织器官血流量,包括脑、内脏和皮肤。

4. 其他作用 吴茱萸使动物体内血栓形成时间和白陶土部分凝血活酶时间(kaolin partial thromboplastin time, KPTT)延长,吴茱萸次碱还可延长出血时间。通过热像图检查法观察,吴茱萸可使大鼠尾皮温升高,此作用与其可以改善外周循环有关。此外,体外实验显示,吴茱萸对霍乱弧菌、铜绿假单胞菌、金黄色葡萄球菌、白念珠菌有一定抑制作用。吴茱萸碱对感染哥伦比亚脑-心肌炎SK病毒的小鼠有保护作用。

综上所述,吴茱萸的散寒止痛、降逆止呕、助阳止泻功效与其调节胃肠平滑肌运动、抗溃疡、镇痛、抗炎、促进血液循环等作用相关。

【药代动力学】

大鼠灌胃给予吴茱萸后,血浆检测到去氢吴茱萸碱和吴茱萸内酯,去氢吴茱萸碱2 h浓度达峰,消除$t_{1/2}$为10 h;吴茱萸内酯0.5 h左右浓度达峰,消除$t_{1/2}$为5.5 h。大鼠灌胃给予吴茱萸碱20 min血药浓度达峰,消除$t_{1/2}$为8 h左右。吴茱萸内酯、吴茱萸碱和吴茱萸次碱为指标成分,主要分布于肺组织中,其次在肝、脑、脂肪,而尿中较少。

制吴茱萸提取物中吴茱萸碱和吴茱萸次碱在空肠、回肠和结肠中均可吸收,并可被外排,由耐药相关蛋白2(multidrug resistance associated protein 2, MRP-2)介导,但不受P-gp影响。吴茱萸碱在人肝微粒体中被代谢成羟化吴茱萸碱和N-去甲基吴茱萸碱,主要由CYP3A4、CYP2D6和CYP1A2介导。吴茱萸次碱在大鼠体内可发生I相和II相代谢,主要以代谢物从尿消除。

与单体给药相比,大鼠灌胃给予吴茱萸后去氢吴茱萸碱C_{max}有所降低,$t_{1/2}$延长,而吴茱萸内酯

C_{max}增高。表明吴茱萸共存成分对去氢吴茱萸碱、吴茱萸内酯的药动学有影响。

【现代应用】

消化系统疾病 可用于呕吐、消化不良。吴茱萸煎服或吴茱萸汤(吴茱萸、人参、生姜、大枣)可治疗神经性呕吐,复方胃痛胶囊(含吴茱萸)用于寒凝气滞血瘀所致的胃脘刺痛,嗳气吞酸,食欲不振;浅表性胃炎和胃、十二指肠溃疡。

【安全性评价】

小鼠单次灌服吴茱萸水提取物 5 g/kg 或每日灌服 0.63 g/kg,连续 7 日,或大鼠单次灌服吴茱萸乙醇提取物≥30 g/kg,或每日灌服吴茱萸水提取物 2~8 g/kg 连续 35 日,或小鼠单次灌服吴茱萸挥发油 1.35 ml/kg,均造成肝脏损伤,血液 ALT、AST 活性升高,肝细胞水肿和脂肪变性甚至坏死。吴茱萸挥发油小鼠 LD_{50} 为 2.70 ml/kg。肝损伤机制与氧化应激后诱导脂质过氧化和炎症有关。也有研究发现吴茱萸碱(334 ng/ml,10%)可引起心功能异常。

第三节 常用方剂

四逆汤(《伤寒论》)

【组成】

附子 15 g,干姜 6 g,炙甘草 6 g。

【功效与主治】

温中祛寒,回阳救逆。用于阳虚欲脱、冷汗自出、四肢厥逆、下利清谷、脉微欲绝。

【药理作用】

1. **改善心功能** 四逆汤具有强心作用,可使心衰模型动物心肌收缩和舒张能力增强、心排出血量增加。四逆汤的强心作用主要取决于附子的有效成分;干姜有强心效应,单用较附子弱,合用增强附子强心作用;单味甘草虽无强心作用,但可减少附子的不良反应。三药配伍后,强心效应增加,不良反应减少。四逆汤还具有减轻心肌线粒体氧化损伤、保护心肌作用。

2. **改善心肌缺血** 四逆汤对急性心肌缺血损伤具有保护作用,可降低心肌缺血动物血清 LDH、CPK、AST 活性,表明其可减轻心肌细胞损伤、坏死。作用机制有以下方面。① 减轻自由基损伤:四逆汤可增加缺血心肌超氧化物歧化酶活性、降低丙二醛含量,降低缺血心肌氧自由基的浓度。② 改善血流流变性,降低全血黏度。③ 改善冠脉循环、增加缺血心肌营养性血流量。④ 保护线粒体 ATP 酶,改善缺血心肌能量代谢。⑤ 增加心肌 NO 含量。

3. **抗休克** 四逆汤对失血性休克、内毒素性休克、心源性休克等多种休克有对抗作用,能使休克动物血压升高。四逆汤抗休克作用强于组方中各单味药,抗休克作用机制与其强心、升压、扩张冠脉、改善微循环作用密切相关。

4. **其他作用** 四逆汤预防用药可缩小动脉粥样硬化的主动脉内膜脂质斑块,具有抗动脉粥样硬化作用。作用机制与调节脂代谢(降低血清 TC、TG、LDL-C、载脂蛋白 B)、保护血管内皮细胞功能等因素有关。

此外,四逆汤具有一定增强免疫功能、保护肠黏膜、抗脑缺血等作用。
综上所述,四逆汤的回阳救逆功效与其强心、抗休克、抗心肌缺血等作用相关。

【药代动力学】

四逆汤大鼠口服后,乌头碱、新乌头碱、次乌头碱的 t_{max} 均为 1 h 左右,消除较快,$t_{1/2}$ 约 2 h。Caco-2 细胞模型和 Rhodamine-123 摄取实验表明,甘草苷、6-姜酚可通过抑制 P-gp 的活性增加乌头碱的吸收。

四逆汤以抗实验性心率减慢和死亡为指标推算的体存量衰减属二室模型,消除 $t_{1/2}$ 为 6~7 h。

【现代应用】

1. 休克 对感染性、失血性休克有较好治疗作用。

2. 心力衰竭 可改善心衰患者的血流动力学,缓解症状。

3. 冠心病 对心肌缺血有一定疗效。

吴茱萸汤(《伤寒论》)

【组成】

吴茱萸 9 g,人参 9 g,生姜 18 g,大枣 4 枚。

【功效与主治】

温中补虚,降逆止呕。主治肝胃虚寒、浊阴上逆证,症见食后泛泛欲呕或呕吐酸水或干呕或吐清涎冷沫、胸满脘痛、巅顶头痛、畏寒肢凉甚则伴手足逆冷、大便泄泻、烦躁不宁、舌淡苔白滑、脉沉弦或迟。

【药理作用】

1. 对消化系统的作用

(1) 镇吐:吴茱萸汤可抑制胃运动、缓解胃痉挛、抑制呕吐,机制与抗 M 胆碱受体、组胺受体和 5-HT 受体有关,因为这些受体兴奋,可使胃肠平滑肌收缩增强。方中镇吐作用以吴茱萸最重要,配伍生姜镇吐作用加强,全方作用最佳。

(2) 止泻:能抑制肠运动、缓解肠痉挛、促进肠吸收,具有止泻作用。

(3) 抗溃疡:能减少胃液分泌量、降低胃液的酸度,抑制胃蛋白酶活性,对多种溃疡模型具有防治作用。抗溃疡机制与促进 PGI_2 的合成和释放(因为内源性 PGI_2 有抑制胃分泌及增强胃黏膜屏障保护作用)、增强胃黏膜防御能力、促进胃黏膜修复、提高抗氧化能力有关。

2. 镇痛 对热刺激和化学性刺激引起的疼痛有镇痛作用,并有一定的镇静作用,对偏头痛小鼠模型也有一定改善作用。配伍生姜、人参、大枣可增强吴茱萸的镇痛作用,生姜的协同作用优于人参和大枣,全方镇痛作用最佳。

3. 改善免疫功能 对脾虚证小鼠能增加胸腺重量,提高单核巨噬细胞系统的吞噬活性。能提高机体免疫功能。

此外,吴茱萸汤能提高机体的耐疲劳和抗应激能力,促进机体的恢复作用。

综上所述,吴茱萸汤的温中补虚,降逆止呕功效与其镇吐、止泻、抗溃疡、镇痛和提高免疫功能等作用相关。

【现代应用】

1. 头痛、眩晕 包括偏头痛、经行头痛、高血压头痛和梅尼埃综合征引起的眩晕。

2. 消化道疾病 治疗伴有呕吐、腹痛及腹泻等症状的消化系统疾病,包括急慢性胃炎、消化性溃疡、肿瘤化疗毒性反应等。

【安全性评价】

急性毒性试验表明,炮制品吴茱萸组成的吴茱萸汤 LD_{50} 约为 50.4 g/kg,与生品吴茱萸汤 LD_{50} 13.5 g/kg 相比,毒性降低。

第十四章 理气药

导学

本章介绍理气药的基本药理作用，常用单味中药枳实与枳壳、陈皮、青皮、香附、木香及经典方柴胡疏肝散的主要药理作用和现代应用。

学习要求：
(1) 掌握理气药的基本药理作用；枳实与枳壳的药理作用、作用机制、现代应用。
(2) 熟悉枳实与枳壳的有效成分；陈皮、青皮和柴胡疏肝散的主要药理作用及现代应用。
(3) 了解香附、木香的主要药理作用及现代应用；与气滞证、气逆证相关的病理变化。

第一节 概 述

凡以疏畅气机、调整脏腑功能为主要功效，治疗气滞证、气逆证的药物，称为理气药。理气药善于行散气滞，故又称行气药。理气药药性大多性温，味辛、苦，具有理气健脾、疏肝解郁、理气宽胸、行气止痛、破气散结等功效，主要用于气机不畅所致的脘腹胀痛、嗳气吞酸、恶心呕吐、胁肋胀痛、抑郁不乐、疝气疼痛、乳房胀痛、胸闷胸痛、咳嗽气喘等症的治疗。

气机不畅是指情志内郁、饮食失调、感受外邪等多种致病因素作用于脏腑、经络或形体四肢所出现的证候。气机不畅有气滞和气逆之分，气滞的临床特点是胀、闷、痛。由于气机阻滞的脏腑部位不一，临床证候也有所不同：脾胃气滞可表现为脘腹胀满疼痛、便秘或腹泻、嗳气泛酸，常见于现代医学消化系统疾病如各种胃炎、消化不良、溃疡病等；肝郁气滞可表现为胁肋疼痛、胸闷，常见于急慢性肝炎、肝硬化、胆囊炎、胆石症、乳房胀痛、月经不调、疝气疼痛及抑郁症、焦虑症等；肺气壅滞表现为胸闷咳喘，常见于现代医学呼吸系统疾病如支气管哮喘等。气逆则有呕吐、呃逆或喘息等主要临床症状：肺气上逆表现为咳嗽、喘息等，常见于现代医学呼吸系统疾病如呼吸道感染、支气管哮喘等；胃气上逆表现为呕吐、反胃、呃逆等，常见于现代医学消化系统疾病如各种胃炎、胆囊炎等。

气机不畅所致气滞证常以实证为主，治宜疏畅气机。常用的理气药主要有枳实与枳壳、青皮、陈皮、香附、木香、沉香、大腹皮、甘松、香橼等，常用方药有柴胡疏肝散等。

理气药主要药理作用如下。

1. 调节胃肠运动 理气药对胃肠运动多具有双向调节作用,通过兴奋或抑制作用,可使失调的胃肠运动恢复正常。

(1) 兴奋胃肠运动:多数理气药能兴奋在体胃肠平滑肌,表现为肠管的收缩节律加快,收缩幅度加强,胃肠平滑肌张力加大。枳实、枳壳、木香、大腹皮对胃排空具有促进作用;木香、大腹皮、陈皮、砂仁、厚朴、薤白有促进小肠蠕动作用。理气药的这种兴奋胃肠道的作用,有利于恢复抑制状态的肠运动,增强蠕动,排出肠腔积气、积物。

(2) 抑制胃肠运动:部分理气药对离体胃肠平滑肌或痉挛状态的胃肠平滑肌具有松弛或解痉作用。如青皮、枳实与枳壳、香附等可降低家兔离体肠管的紧张性,减小其收缩幅度,减慢节律;对乙酰胆碱、毛果芸香碱、氯化钡等引起的痉挛性肠肌,其抑制作用更为明显,其中以青皮作用最显著。理气药的上述作用,主要与阻断 M 胆碱受体及直接抑制肠肌蠕动有关,部分与兴奋 α 受体有关。理气药所含成分如对羟福林、N-甲基酪胺、橙皮苷及甲基橙皮苷是其解痉作用的有效成分。

2. 调节消化液分泌 理气药对消化液分泌呈促进或抑制的双向作用,这与药物含不同成分和机体所处功能状态有关。陈皮、木香、厚朴、乌药、佛手等可促进胃液、肠液、胰液等消化液分泌,提高消化酶的活性,这些作用与其所含挥发油有关。但部分理气药又可对抗病理性胃酸分泌增多,如枳实与枳壳、陈皮、木香可降低病理性胃酸分泌增多,对多种实验性胃溃疡模型动物可使胃酸分泌减少,降低溃疡发病率,具有抗溃疡作用。

3. 利胆 肝的疏泄功能与胆汁分泌、排泄有关。大多数理气药具有促进胆汁分泌的作用,如香附、木香、陈皮、青皮、枳壳,能促进实验动物和人的胆汁分泌,使胆汁流量增加,青皮和陈皮能显著增加胆汁中胆酸盐含量,沉香则使胆汁中胆固醇含量降低。

4. 松弛支气管平滑肌 多数理气药有松弛支气管平滑肌作用。枳实、陈皮、甘松、香橼、沉香等均可松弛支气管平滑肌;青皮、陈皮、香附、木香、佛手能缓解支气管痉挛,扩张支气管,增加肺灌流量。

5. 调节子宫平滑肌 枳实、枳壳、陈皮、木香等能兴奋子宫平滑肌,而香附、青皮、乌药、甘松则抑制子宫平滑肌,使痉挛的子宫平滑肌松弛,张力减小,并有微弱的雌激素样作用。

6. 对心血管系统的作用 枳实与枳壳、青皮、陈皮的注射液对麻醉动物均可产生明显的升压效应。枳实、枳壳、青皮、陈皮具有收缩血管、兴奋心脏的作用,使心肌收缩力加强,心排血量及冠脉流量增加。理气药对心血管作用的有效成分是对羟福林和 N-甲基酪胺,以上作用在注射给药时才显示其心血管药理活性。

综上所述,理气药的理气健脾、疏肝解郁、理气宽胸、行气止痛、破气散结等功效与其调节胃肠运动和消化液分泌、利胆、松弛支气管平滑肌、调节子宫功能等作用有关。中医古代文献未见理气药有类似升高血压或抗休克的记载,这些是近现代的研究成果。

第二节 常用药物

枳实与枳壳

枳实为芸香科植物酸橙 Citrus aurantium L. 及其栽培变种或甜橙 Citrus.sinensis Osbeck 的干

燥幼果。枳壳为酸橙 Citrus aurantium L.及其栽培变种的干燥未成熟果实。

枳实与枳壳主要含有挥发油、黄酮苷、生物碱等成分,其中柠檬烯(limonene)是挥发油的主要成分;黄酮苷有新橙皮苷(neohesperidin)、橙皮苷(hesperidin)和柚皮苷(naringin)等;生物碱中有 N-甲基酪胺(N-methyl-tyramine)和对羟福林(synephrine)。

枳实与枳壳味苦、辛、酸,性微寒。归脾、胃经。枳实具有破气消积、化痰散痞的功效,用于积滞内停、痞满胀痛、泻痢后重、大便不通、痰滞气阻、胸痹、结胸、脏器下垂。枳壳具有理气宽中、行滞消胀的功效,用于胸胁气滞、胀满疼痛、食积不化、痰饮内停、脏器下垂。

【药理作用】

1. 调节胃肠平滑肌运动　枳实与枳壳对在体胃肠平滑肌主要呈兴奋作用,对离体平滑肌则主要呈抑制作用。枳实增强犬小肠肌电活动的作用可被阿托品阻断,说明枳实对在体平滑肌的兴奋作用与激动 M 受体有关。在枳实和枳壳的化学成分中,黄酮苷对离体胃肠平滑肌的收缩呈抑制作用,挥发油则呈先兴奋后抑制作用,对羟福林能抑制兔离体十二指肠及小肠的自发活动。

2. 抗溃疡　枳实、枳壳挥发油可减少大鼠胃液分泌量及降低胃蛋白酶活性,有助于抗溃疡。枳实对幽门螺杆菌有杀灭作用,有助于抗溃疡。

3. 调节子宫平滑肌　枳实和枳壳可兴奋家兔在体子宫,使子宫张力升高,收缩节律加强,收缩力增强甚至出现强直性收缩;枳实提高子宫紧张性的作用是临床用以治疗子宫脱垂的药理学基础,同时也表明《本草备要》谓"枳实孕妇忌用"的合理性。

4. 对心血管系统的作用

(1) 收缩血管和升高血压:枳实或枳壳注射液可升高血压,升压作用迅速,持续时间较长。能收缩肾、脑血管,减少股动脉血流量,增高外周阻力,并可提高离体主动脉条张力。枳实升压的有效成分是对羟福林和 N-甲基酪胺,对羟福林是 α 受体激动剂,N-甲基酪胺可促进内源性儿茶酚胺释放,间接兴奋 α 和 β 受体,其升压作用主要是兴奋 α 受体所致。

(2) 加强心肌收缩力:枳实注射液和对羟福林、N-甲基酪胺均能增强心肌收缩力,增加心排血量,增强心脏泵血功能。N-甲基酪胺能增加冠脉流量,降低冠脉阻力,有利于抗休克治疗。枳实的强心作用与兴奋 α 及 β 受体有关。枳实提取液低浓度可增大豚鼠心室肌细胞 L 型钙电流,有促进钙通道开放的作用;高浓度则可抑制心室肌细胞 L 型钙电流,有抑制钙通道开放的作用。

由于对羟福林及 N-甲基酪胺口服能收缩胃肠黏膜局部血管,在肠内易被碱性肠液破坏,传统煎剂和对羟福林、N-甲基酪胺口服的生物利用度低,故抗休克作用需要注射给药方能体现。

5. 其他作用　枳实尚具有利尿、抗炎、抗变态反应、抗血小板聚集及抑制红细胞聚集等作用。

综上所述,枳实、枳壳的理气行滞、散痞消胀功效与其调节胃肠平滑肌作用有关。升压和强心作用,则是现代药理研究新发现。

【药代动力学】

N-甲基酪胺家兔静脉注射后,其体内过程符合二室模型,分布迅速而广泛,在肾、肝、肺、小肠、心脏中的分布依次降低,代谢速度较快。

【现代应用】

1. 术后麻痹性肠梗阻　枳实配大黄、厚朴等治疗腹部术后麻痹性肠梗阻有良效。

2. 胃下垂、子宫脱垂、脱肛　单用枳实、枳壳水煎服,或配伍黄芪、白术等补中益气之品有效。

3. 消化不良　常与白术、神曲、山楂等药物配伍,治疗胃肠功能虚弱所致的消化不良,如枳实白术丸。

陈皮

本品为芸香科植物橘 *Citrus reticulata* Blanco 及其栽培变种的干燥成熟果皮。

陈皮主要含有挥发油、黄酮类、生物碱、肌醇等成分。挥发油中主要含柠檬烯(limonene)、γ-松油烯(γ-terpinene)、β-月桂烯等;黄酮类主要为橙皮苷(hesperidin)、新橙皮苷(neohesperidin)等。还有柑橘素、川陈皮素、二氢川陈皮素、5-去甲二氢川陈皮素和维生素 B_1 等。此外,陈皮中尚含对羟福林(synephrine)。

橙皮苷　　　　　　　　新橙皮苷

陈皮味苦、辛,性温。归肺、脾经。具有理气健脾、燥湿化痰的功效。用于脘腹部胀满、食少吐泻、咳嗽痰多。

【药理作用】

1. 对消化系统的作用

(1) 调节胃肠平滑肌运动:陈皮对在体胃肠平滑肌有兴奋作用,能促进小鼠胃排空和肠推进,其促进肠推进作用可能与胆碱能 M 受体有关。对离体胃肠道平滑肌,陈皮有抑制作用。

(2) 对消化液分泌的影响:陈皮挥发油能促进大鼠消化液分泌。陈皮水煎液能提高人唾液淀粉酶活性。甲基橙皮苷则能抑制病理性胃液分泌增多,有抗实验性胃溃疡作用。

(3) 利胆、保肝:甲基橙皮苷可增加大鼠胆汁及胆汁内固体物排出量,陈皮挥发油有溶解胆固醇结石的作用。陈皮提取物对肝损伤有保护作用,可降低血清 ALT 和 AST 活性。

2. 祛痰、平喘　陈皮或其有效成分川陈皮素能松弛气管平滑肌,使气管轻度扩张,并能抑制电刺激引起的豚鼠离体气管平滑肌收缩,对抗组胺、蛋清、乙酰胆碱等所致的动物离体支气管痉挛性收缩,减少致敏家兔肺组织慢反应物质的释放。陈皮挥发油可对抗二硝基氟苯诱导的豚鼠支气管迟发型超敏反应,能减少支气管肺泡灌洗液中嗜酸性粒细胞数,并能减轻氨水刺激诱发的小鼠咳嗽反应。陈皮挥发油中柠檬烯具有镇咳和刺激性祛痰作用。

3. 松弛子宫平滑肌　陈皮及甲基橙皮苷对大鼠离体子宫有抑制作用,并对乙酰胆碱所致子宫平滑肌痉挛有拮抗作用。

4. 其他作用

(1) 强心:陈皮水提取物和橙皮苷、甲基橙皮苷注射液能增强实验动物的心肌收缩力和收缩幅度,增加心排血量,增加脉压差和每搏心排血量,提高心脏指数、心搏指数和左室做功指数,短暂地增加心肌耗氧量,并能扩张冠状动脉,增加冠脉流量。

(2) 对血管和血压的影响:陈皮注射液及陈皮素类成分静脉注射能升高血压,但肌注或胃肠道给药则无升压作用。陈皮水溶性生物碱可升高动脉收缩压和平均动脉血压,增加脉压差,升高血管总外周阻力。陈皮可浓度依赖性地提高兔主动脉条张力,使主动脉平滑肌收缩。甲基橙皮苷注射液具有降压作用,其降压与直接扩张血管有关。

(3) 抗炎：橙皮苷、甲基橙皮苷能降低毛细血管的通透性,防止微血管出血,橙皮苷对大鼠巴豆油性炎症反应也有抑制作用,可减少渗出水肿。

此外,陈皮尚有抗血小板聚集、抗菌、杀虫、增强免疫、抗疲劳、抗细胞损伤、升高血糖等作用。

综上所述,陈皮的理气健脾、燥湿化痰功效与其调节胃肠平滑肌运动、促进消化液分泌、利胆、祛痰、平喘等作用相关。

【现代应用】

1. 消化不良　常用陈皮酊或橙皮糖浆治疗腹胀。

2. 呼吸道炎症　陈皮、蛇胆陈皮散,可用于治疗支气管炎、上呼吸道感染,对小儿百日咳亦有效。

【不良反应】

少数患者服用陈皮可致过敏及便血。

青皮

本品为芸香科植物橘 *Citrus reticulata* Blanco 及其栽培变种的干燥幼果或未成熟果实的果皮。

青皮主要含有挥发油、黄酮苷类等成分。挥发油主要有柠檬烯(limonene)和枸橼醛(citral)等,黄酮苷主要有橙皮苷(hesperidin)、枸橘苷(poncirin)、柚皮苷(naringin)等,此外,尚含有10余种氨基酸,少量对羟福林(synephrine)。

青皮味苦、辛,性温。归肝、胆、胃经。具有疏肝破气、消积化滞的功效。用于胸胁胀痛、疝气疼痛、乳癖、乳痈、食积气滞、脘腹胀痛。

【药理作用】

1. 松弛胃肠平滑肌　青皮煎剂和注射液对动物在体、离体胃肠平滑肌的收缩活动均呈抑制作用。青皮注射液对家兔、豚鼠离体肠平滑肌与胃平滑肌条具有抑制作用,使收缩幅度减小,并可拮抗乙酰胆碱的兴奋作用。应用阿托品或肾上腺素使离体肠平滑肌紧张性下降时,青皮可使其进一步舒张。青皮注射液可松弛麻醉犬的肠平滑肌,对在体家兔胃平滑肌、豚鼠肠平滑肌具有相似的效应,并对抗毒扁豆碱、乙酰胆碱、组胺所致的痉挛性收缩。青皮解痉作用机制可能与阻断M受体、兴奋α受体及直接抑制平滑肌有关。

2. 利胆、保肝　青皮可抑制胆囊的自发性或紧张性收缩,增加胆汁流量,促进 CCl_4 肝损伤大鼠的胆汁分泌,保护肝细胞功能。

3. 祛痰、平喘　青皮中柠檬烯具有祛痰作用。

4. 对心血管系统的作用

(1) 升高血压：青皮注射液可升高血压,且维持时间较长,但胃肠道给药无升压作用。青皮的升压作用可被妥拉苏林或酚苄明拮抗,表明升压机制是通过兴奋α受体而实现的。青皮升压的主要有效成分为对羟福林。

(2) 兴奋心脏：青皮注射液对蟾蜍在体心肌的兴奋性、收缩性、传导性和自律性均有正性作用,可缩短心动周期、窦-室兴奋传导时间、静脉窦动作电位4相去极化时间及心室肌动作电位时程和有效不应期。

(3) 抗休克：青皮注射液对多种动物的失血性、创伤性和肌松剂、内毒素、麻醉意外、催眠药中毒等所致各种休克，均具有抗休克效应；对急性过敏性休克及组胺性休克，也有较好的预防和治疗作用。

此外，青皮还有镇痛、抗血栓等作用。

综上所述，青皮的疏肝破气、消积化滞功效与其调节胃肠道、利胆、祛痰、平喘等作用有关。

【现代应用】

1. 慢性结肠炎 青皮、陈皮、枳壳等组方应用对慢性结肠炎有较好的疗效。

2. 消化不良 多与消食药、化湿药配伍使用。

香附

本品为莎草科植物莎草 *Cyperus rotundus* L.的干燥根茎。

香附主要含有挥发油，主要成分为α-香附酮(cyperone)、香附烯(cyperene)Ⅰ和Ⅱ、香附子醇(cyperol)、异香附醇(isocyperol)、柠檬烯(limonene)等，此外，尚含有黄酮类、三萜类化合物及生物碱等。

香附味辛、微苦、微甘，性平。归肝、脾、三焦经。具有疏肝解郁、理气宽中、调经止痛的功效。用于肝郁气滞、胸胁胀痛、疝气疼痛、乳房胀痛、脾胃气滞、脘腹痞闷、胀满疼痛、月经不调、经闭痛经。

【药理作用】

1. 松弛子宫平滑肌及雌激素样作用 香附对有孕或未孕子宫以及离体子宫均有抑制作用，使子宫平滑肌肌张力下降，收缩力减弱。香附石油醚、乙酸乙酯提取物能对抗缩宫素所致的子宫痉挛性收缩。α-香附酮能抑制离体子宫的自主活动，为香附治疗痛经的主要有效成分之一。香附挥发油对去卵巢大鼠有雌激素样活性，香附挥发油皮下注射或阴道给药可促进阴道上皮细胞角质化，香附烯Ⅰ为其主要有效成分。

2. 松弛肠道、支气管平滑肌 香附挥发油可松弛肠平滑肌，丙酮提取物可对抗乙酰胆碱所致的肠肌痉挛。α-香附酮对组胺喷雾所致的豚鼠支气管平滑肌痉挛有对抗作用，并有硝苯吡啶样电压敏感Ca^{2+}通道阻滞作用。

3. 利胆、保肝 香附水煎液对麻醉大鼠十二指肠给药，可明显增加胆汁流量及胆汁中固体物含量。对CCl_4所致肝损伤大鼠的胆汁分泌也有促进作用，并可降低血清ALT活性，对肝细胞有保护作用。

4. 解热、镇痛、抗炎 香附醇提取物可降低内毒素、酵母菌引起的大鼠体温升高，解热见效快，持续时间较长。香附醇提取物能提高小鼠痛阈值，其中的三萜类化合物为有效物质。香附醇提取物对角叉菜胶、甲醛引起的大鼠足肿胀有抑制作用。α-香附酮是香附抗炎、镇痛的主要成分，该作用与抑制前列腺素的合成与释放有关。

综上所述，香附的疏肝解郁、理气宽中、调经止痛功效与其松弛内脏平滑肌、促进胆汁分泌、抗炎镇痛和雌激素样作用有关。

【现代应用】

1. 月经不调、痛经、乳房胀痛 香附单独使用或与柴胡、当归等活血理气药配伍使用。

2. 胃炎和胃肠绞痛 用制香附、高良姜共研末内服，对胃肠疼痛有效。

木香

本品为菊科植物木香 *Aucklandia lappa* Decne. 的干燥根。

木香主要含有挥发油、木香碱(Saussurine)、菊糖等。其中挥发油的主要成分为木香内酯(costuslactone)、木香烃内酯(Costunolide)、二氢木香内酯(dhydrocostus lactone)、去氢木香内酯(dehydrocostus lactone)、异去氢木香内酯(isodehydrocostus lactone)、木香酸(costic acid)、α-木香烯(α-costene)等。

去氢木香内酯　　　　木香烃内酯

木香味辛、苦,性温。归脾、胃、大肠、三焦、胆经。具有行气止痛、健脾消食的功效。用于胸胁脘腹胀痛、泻痢后重、食积不消、不思饮食。煨木香涩肠止泻,用于泄泻腹痛。

【药理作用】

1. 调节胃肠运动　木香水煎剂对正常小鼠的胃排空和小肠蠕动均具有显著的促进作用,能改善精氨酸所致的大鼠胃排空障碍,并提高大鼠血清中胃动素的含量。木香烃内酯、去氢木香内酯有对抗麻黄碱、阿托品引起胃排空减慢的作用。而木香总生物碱、挥发油有对抗乙酰胆碱、组胺与氯化钡所致肠肌痉挛的作用。二氢木香内酯又可使离体肠运动节律变慢,有较强的抑制作用。

2. 抗溃疡　木香丙酮提取物、乙醇提取物能抑制氢氧化钠、氨水等诱发的胃黏膜损伤。

3. 利胆　木香水煎剂口服能缩小空腹时的胆囊体积,促进胆汁的分泌。其有效成分为木香烃内酯和去氢木香内酯,促进胆囊收缩的作用是使血中的胆囊收缩素或胃动素水平增高所致。

4. 松弛支气管平滑肌　木香对支气管平滑肌有解痉作用。木香水提取液、醇提取液、挥发油和总生物碱可对抗组胺或乙酰胆碱所致的气管及支气管痉挛性收缩,木香内酯和二氢木香内酯为其有效成分。

5. 镇痛　木香75%乙醇提取液有一定的镇痛作用。

6. 其他作用　二氢木香内酯静脉注射可使麻醉犬血压中度降低,降压作用时间持续较长。木香挥发油可抑制链球菌、金黄色葡萄球菌及白色葡萄球菌的生长。对多种致病性皮肤真菌也有抑制作用。木香水溶性成分对兔血小板聚集有明显抑制作用,对已聚集的血小板也有一定的解聚作用。

综上所述,木香的行气止痛、健脾消食功效与其调节胃肠运动、抗溃疡、利胆、松弛支气管平滑肌、镇痛等作用相关。其主要有效成分为木香挥发油。

【现代应用】

1. 胃肠道疾病　以木香为主的复方制剂,如香砂六君子汤等治疗小儿消化不良、急性胃肠炎、慢性胃炎、胃肠功能紊乱症、术后胃肠胀气,具有较好疗效。

2. 支气管哮喘　木香醇浸膏可控制支气管哮喘症状,防止复发,并有祛痰、镇痛作用。

3. 痢疾　与黄连配伍使用,如香连丸,对急性菌痢有治疗作用。

第三节 常用方剂

柴胡疏肝散（《证治准绳》）

【组成】
柴胡6 g,陈皮6 g,川芎4.5 g,香附4.5 g,枳壳4.5 g,芍药4.5 g,甘草1.5 g。

【功效与主治】
疏肝行气,活血止痛。主治肝气郁滞证。

【药理作用】
1. **抗抑郁** 柴胡疏肝散能改善抑郁症模型动物的行为学变化,降低脑组织海马区AChE的活性,提高海马区的神经递质乙酰胆碱、NE、DA和5-HT的水平。
2. **保肝** 柴胡疏肝散能降低急性肝损伤模型大鼠血清中ALT活性;减轻肝纤维化程度,抑制纤维组织的增生及肝细胞的变性、坏死。
3. **抗溃疡** 柴胡疏肝散对多种应激方法(束缚、冰水游泳、夹尾、电击等)引起的应激性胃溃疡有保护作用,可减轻胃组织病理损伤,减少溃疡指数。

综上所述,柴胡疏肝散的疏肝行气、活血止痛功效与其抗抑郁、保肝、抗溃疡等作用有关。

【现代应用】
1. **胃肠功能性疾病** 对功能性消化不良、胃肠功能紊乱、肠易激综合征、消化性溃疡、慢性胃炎等,临床效果较好。
2. **抑郁症** 对抑郁症有一定的疗效。
3. **肝胆疾病** 柴胡疏肝散对病毒性肝炎、乙型肝炎、脂肪肝、肝纤维化、胆囊炎、胆结石、黄疸等均有较好的疗效。
4. **妇科疾病** 对妇科疾病如经前乳胀、痛经、乳腺增生、盆腔炎、不孕症等有较好疗效。

第十五章 消食药

导学

本章介绍消食药的基本作用,常用单味中药山楂、麦芽、莱菔子及经典方保和丸的主要药理作用和现代应用。

学习要求:
(1) 掌握消食药的基本药理作用;山楂的主要药理作用。
(2) 熟悉山楂的有效成分及主要作用机制、现代应用;保和丸的主要药理作用、现代应用。
(3) 了解麦芽、莱菔子的主要药理作用;保和丸的不良反应。

第一节 概述

凡以消食化积为主要功效,用以治疗饮食积滞的药物,称消食药。消食药多味甘性平,主归脾、胃二经。具有消食导滞、健胃和中等功效,部分消食药还兼有行气、活血、祛痰等功效。主要用于宿食停留、饮食不消所致的脘腹胀满、嗳腐吞酸、恶心呕吐、不思饮食、大便失常、脾胃虚弱等。可见于现代医学某些消化系统疾病,如消化不良、胃肠功能紊乱等。常用消食药有山楂、麦芽、谷芽、神曲、莱菔子、鸡内金等,常用复方有保和丸、枳实导滞丸、健脾丸、大山楂丸、木香槟榔丸等。

消食药的主要药理作用如下。

1. 助消化 消食药大多具有增进食欲、促进消化的作用。其多含有消化酶,可促进食物消化。如神曲、山楂含有脂肪酶,可促进食物中脂肪的消化分解,擅长消"肉积";麦芽、谷芽、神曲均含有淀粉酶,可促进食物中碳水化合物的分解消化,擅长消"米面食积"。神曲尚含有胰酶、胃蛋白酶、蔗糖酶,有利于脂肪、蛋白质、蔗糖的分解。

山楂所含有机酸、维生素C等,能增加胃蛋白酶活性,促进蛋白质分解消化;麦芽可促进胃蛋白酶分泌;鸡内金能增强胃蛋白酶、胰脂肪酶活性,还可促进胃液、胆汁分泌。

消食药含有多种维生素,如麦芽、谷芽含有B族维生素;神曲含有丰富的复合维生素B;鸡内金含有维生素B_1和维生素B_2、烟碱及维生素C等。补充B族维生素可增进食欲,对维持正常消化功能有一定作用。

此外,神曲、麦芽、谷芽中含有酵母菌,也有一定助消化作用。

2. 调节胃肠运动 不同消食药对胃肠运动有不同的影响。山楂、鸡内金能增强胃蠕动,加速胃排空;山楂既能对抗乙酰胆碱、氯化钡引起的离体十二指肠痉挛性收缩,又能增加大鼠松弛状态的平滑肌收缩;莱菔子能增强动物离体回肠的节律性收缩,有利于消除肠道积气积物。

此外,山楂、莱菔子等药物尚具有改善心功能、降低血压、降血脂等作用。

综上所述,消食药的消食化滞、促进消化功效与其助消化、调节胃肠运动等作用有关。

第二节 常用药物

山楂

本品为蔷薇科植物山里红 Crataegus pinnatifida Bge. var. major N.E.Br. 或山楂 Crataegus pinnatifida Bge. 的干燥成熟果实。

山楂中主要含有黄酮类,如牡荆素(vitexin)、槲皮素(quercetin)、槲皮苷(quercitin)等;有机酸类如山楂酸、枸橼酸、绿原酸等;三萜类如熊果酸(ursolic acid)、齐墩果酸(oleanolic acid)等;尚含有胡萝卜素(carotene)、B族维生素B、大量维生素C等成分。

山楂味酸、甘,性微温。归脾、胃、肝经。具有消食健胃、行气散瘀、化浊降脂的功效。用于肉食积滞、胃脘胀满、泻痢腹痛、瘀血经闭、产后瘀阻、心腹刺痛、胸痹心痛、疝气疼痛、高脂血症。焦山楂消食导滞作用增强,用于肉食积滞、泻痢不爽。

【药理作用】

1. 助消化、调节胃肠运动 山楂含有多种有机酸和丰富的维生素C,能促进胃液和消化酶分泌,增强胃液酸度,提高胃蛋白酶活性,促进蛋白质的分解消化。还可促进胰液分泌,对抗阿托品引起的胰腺分泌减少;并增加胰淀粉酶、胰脂肪酶活性。山楂可调节胃肠平滑肌运动,因成分、炮制方法的不同对胃肠道功能的影响有差异。如山楂水提取物可显著增强大、小鼠胃肠平滑肌条的运动;山楂醇提取物能提高小肠推进率;山楂有机酸部位可促进胃肠运动。净山楂和焦山楂能明显促进胃肠运动,加速胃排空,且焦山楂作用优于净山楂。对正常小鼠和阿托品负荷小鼠的胃排空和小肠推进作用,以焦山楂效果最好,炒炭作用减弱。山楂水提取物可降低肠易激综合征模型大鼠血浆胃动素水平,抑制模型大鼠结肠黏膜5-HT和5-羟色胺受体3(5-HT3R)的过分表达,改善肠道消化功能。此外,山楂含有丰富的维生素也有改善食欲的作用。

2. 对心血管系统的作用

(1) 调节血脂、抗动脉粥样硬化(atherosclerosis, AS):山楂有降血脂作用。山楂总三萜酸体外对大鼠肝细胞合成14C胆固醇有一定的阻抑作用,并能上调HDL受体数量。山楂总黄酮可降低血清TC、LDL-C和载脂蛋白(Apo)B浓度,升高HDL-C和ApoA浓度。山楂中的槲皮素和金丝桃苷等能抑制3-羟基-3-甲基戊二酰辅酶A(HMG-CoA)还原酶活性,抑制内源性胆固醇的合成。山楂醇提取物能上调胆固醇7α-羟化酶(CYP7A1)的表达水平,加强胆固醇代谢,促进胆汁酸排出。山楂调节血脂作用机制与提高7α-羟化酶,抑制HMG-CoA还原酶、酰基辅酶A、胆固醇酰基转移酶活性,抑制内源性胆固醇的合成;并增加肝脏LDLR表达,促进肝脏对血浆胆固醇的摄取、促进胆固醇代谢有关。此外,还可通过调控多种脂肪代谢相关酶来调节三酰甘油和胆固醇水平。

山楂黄酮对原代培养的小牛胸主动脉内皮细胞和人脐静脉内皮细胞因氧化修饰低密度脂蛋白(oxidation type low density lipoprotein, Ox-LDL)诱导的损伤有保护作用,可以减少 LDL-C 脂质过氧化产物的形成;抑制内皮细胞对单核细胞的黏附作用,增强内皮细胞的抵抗力。山楂所含胡萝卜苷、熊果酸、β-谷甾醇均对 Ox-LDL 损伤的人微血管内皮细胞有修复作用。山楂有抗实验性动脉粥样硬化的作用。山楂醇浸膏、山楂核醇提取物能减少实验动物血中胆固醇及胆固醇酯在动脉壁的沉积,减轻动脉粥样硬化病变,缩小动脉粥样硬化斑块面积。山楂能提高血清卵磷脂胆固醇酰基转移酶(lecithin cholesterol acyltransferase, LACT)活性,使游离胆固醇不易聚积,有利于预防动脉粥样硬化。抗 AS 的机制与调节脂质代谢、降低 Ox-LDL 水平、抑制凝集素样氧化型低密度脂蛋白受体-1(lectin-like oxidized low-density lipoprotein receptor-1, LOX-1)的表达及提高 NO 水平,降低 ET-1 水平,改善内皮细胞功能有关。

(2) 抗心肌缺血:山楂对急性心肌缺血具有保护作用。山楂酸体外对乳鼠心肌细胞损伤有保护作用,能显著提高异丙肾上腺素致心肌细胞钙超载损伤,提高该心肌细胞存活率,同时使培养液中肌酸激酶(creatine kinase, CK)和 LDH 活性均减少。山楂黄酮能缩小兔实验性心肌梗死范围,增加缺血心肌营养血流量。山楂总黄酮、黄烷及其聚合物能降低结扎冠脉大鼠和家兔的血清 CPK 活性,缩小结扎冠脉大鼠的心肌梗死面积。

(3) 抗脑缺血:山楂提取物可降低血瘀合并脑缺血模型大鼠脑组织中葡萄糖和兴奋性氨基酸水平,减少缺血时的神经元损伤,并升高脑组织中舒血管活性肽水平,对缺血脑组织有保护作用。山楂总黄酮可降低大鼠局灶性脑缺血损伤后脑含水量和减轻脑水肿,减少大脑中动脉血栓所致的脑梗死范围。还能改善血瘀性脑缺血再灌注模型小鼠的血流流变性,减轻钙超载,对脑缺血再灌注损伤有保护作用,还能对抗缺血期间的肝糖原分解,减轻代谢性酸中毒。

(4) 扩张血管、降血压:山楂具有缓慢持久的降压作用。山楂总黄酮可舒张大鼠离体血管,其机制与抑制细胞外 Ca^{2+} 内流、抑制细胞内 Ca^{2+} 释放有关。山楂提取物可松弛血管平滑肌。山楂黄烷醇纯品具有温和的内皮依赖性血管舒张作用。山楂中的总黄酮、二聚黄烷及多聚黄烷可能是其发挥降压作用的有效成分。

3. 其他作用

(1) 增强免疫功能:山楂水煎液能增强小鼠红细胞 C_3b 受体花环率及红细胞免疫复合物(immunocomplex, Ic)花环率。所含谷甾醇能提高白细胞数量和巨噬细胞吞噬率,促进淋巴细胞的增殖。山楂多糖能增加小鼠胸腺、脾脏指数,提高小鼠腹腔巨噬细胞吞噬功能,促进溶血素和溶血空斑形成,促进淋巴细胞转化。

(2) 抗肿瘤:山楂丙酮提取液能抑制致癌剂黄曲霉菌素 B1(Aflatoxin B1, AFB1)的致突变作用。山楂中的谷甾醇对体外培养的 HepS、S180、EAC 细胞有抑制作用。所含熊果酸可促进 HepS 肝癌细胞凋亡。山楂多酚类化合物可以消除亚硝酸盐,阻断亚硝胺合成及其致癌作用,并能使接种艾氏腹水癌的动物生命延长。山楂酸可抑制肺腺癌细胞 A549、PC9 和 H1299 的增殖及迁移,并抑制由肺癌细胞诱导的破骨细胞分化,其机制与抑制 NF-κb 通路和激活线粒体凋亡通路有关。

(3) 降血糖:山楂提取物对 2 型糖尿病(diabetes mellitus, T2DM)大鼠模型有较好的降血糖作用,能降低血糖水平,增加血浆胰岛素释放量。山楂酸可对抗肾上腺素、葡萄糖引起的血糖升高,增加高血糖小鼠的肝糖原含量,降低肝糖原降解。山楂酸可降低 T2DM 的 FBG,对 2 型糖尿病大鼠的神经损伤有保护作用;能降低胰岛素抵抗大鼠的高血脂和改善氧化损伤,改善胰岛素抵抗。

(4) 抗肝损伤：山楂多酚的主要成分为绿原酸、儿茶素、芦丁、金丝桃苷，果皮含量均高于果肉。给小鼠喂食山楂果皮能减轻肝损伤，抑制肝细胞凋亡以及降低血浆中 ALT、AST 和碱性磷酸酶(alkaline phosphatase, ALP)的活性。此外，山楂能抑制炎症细胞因子，减轻肝脏炎症及通过抑制炎症因子($TNF-\alpha$，IL-1 和 IL-6)释放产生的氧化应激反应，提高抗氧化酶活性。果皮的效果均好于果肉。山楂酸对 CCl_4 导致的小鼠急性肝损伤具有保护作用，小鼠肝细胞肿胀缩小，肝细胞坏死和炎症细胞浸润减少；脂质过氧化产物 MDA 含量降低，抗氧化酶 SOD 升高，内源性抗氧化物质 GSH 含量升高。致炎症细胞因子 $IL-1\beta$ 和 $TNF-\alpha$ 的表达降低。山楂总黄酮能降低 CCl_4 所致的急性肝损伤大鼠的肝脏指数，减轻肝损伤的病变程度，降低血清中 ALT、AST、ALP 和总胆红素(total bilirubin, TB)水平以及肝组织中 MDA 及 $TNF-\alpha$ 和 IL-6 含量，同时升高 SOD 活性和 GSH 含量。

综上所述，山楂的消食健胃、行气散瘀、化浊降脂功效与其助消化、降血脂、抗动脉粥样硬化、抗心肌缺血等作用相关。

【现代应用】

1. 消化不良　山楂水煎服或服用大山楂丸、保和丸，可用于治疗消化不良。
2. 高脂血症　山楂煎剂、山楂粗粉、山楂丸、山楂精降脂片均可用于治疗高脂血症。
3. 高血压、冠心病　山楂糖浆或山楂黄酮类制剂可用于高血压、冠心病的治疗。
4. 产后腹痛、恶露不尽　山楂单用(丹溪经验方，红糖水煎服)或与当归、香附、红花等组成的复方(通瘀煎)煎服，有良效。

【不良反应】

山楂有轻微促子宫收缩的作用，孕妇慎用。进食高蛋白质及高脂肪食物后再进食山楂会引起胃石症(山楂含鞣质)。有空腹食用山楂引起肠梗阻的报道。

麦芽

本品为禾本科植物大麦 Hordeum vulgare L.的成熟果实经发芽干燥的炮制加工品。

麦芽的主要有效成分为淀粉酶，有 α 与 β 两种，并含有麦芽糖、B 族维生素及麦角类化合物、大麦芽碱等。

麦芽味甘，性平。归脾、胃经。具有行气消食、健脾开胃、回乳消胀的功效。用于食积不消、脘腹胀痛、脾虚食少、乳汁郁积、乳房胀痛、妇女断乳、肝郁胁痛、肝胃气痛。生麦芽健脾和胃、疏肝行气，用于脾虚食少、乳汁郁积。炒麦芽行气消食回乳，用于食积不消、妇女断乳。焦麦芽消食化滞，用于食积不消、脘腹胀痛。

【药理作用】

1. 助消化　《本草纲目》谓本品"消化一切米、面、诸果食积"。麦芽中含有淀粉酶、转化糖酶、蛋白酶等多种酶类成分，可促进碳水化合物、蛋白质的分解；麦芽煎剂能促进胃酸及胃蛋白酶的分泌，促进食物消化；所含 B 族维生素亦能增进食欲，促进消化。糖化力测定表明，生麦芽有较强的糖化力，炒麦芽的糖化力则大大降低，焦麦芽的糖化力更低。因此，麦芽促消化宜生用或微炒。麦芽生品及不同炮制品能增强胃肠运动功能，降低胃残留率，增加小肠推进率，提高血浆 MTL 和血清胃蛋白酶原(pepsinogen, PG)含量，且生麦芽强于炒麦芽强于焦麦芽。

2. 抑制乳腺分泌　《滇南本草》云，麦芽"治妇人奶乳不消，乳汁不止"。生麦芽、炒麦芽可以降低高催乳素血症模型大鼠的血清催乳素(prolactin, PRL)含量，并提高模型大鼠卵巢、子宫重量指数。麦芽提取物能抑制高泌乳素血症大鼠脑垂体 PRL 阳性细胞和 PRL mRNA 的表达;能抑制高泌乳素血症(high prolactin, HPRL)大鼠乳腺组织的增生。

临床上使用大剂量生麦芽(30 g 以上)可抑制乳汁分泌。

3. **其他作用** 从大麦芽中分离出的大麦芽碱类具有抗真菌作用,对红色毛癣菌的抑制作用较明显。小麦芽胚可降低高脂血症动物血清胆固醇酯(cholesteryl ester, CE)、TG 含量。麦芽胚在降低 CE、TG 的同时,升高 HDL-C,并对抗动脉粥样硬化的形成。

麦芽的行气消食、健脾开胃、回乳消胀功效与其助消化、抑制乳腺分泌等作用相关。

【现代应用】

1. **消化不良** 成人消化不良或小儿乳食不化,生麦芽研末冲服。
2. **乳汁郁积,妇女断乳** 乳汁郁积用生麦芽;回乳炒麦芽 60 g,水煎服。

【不良反应】

变质麦芽不得服用,因有剧毒真菌寄生,可致中毒。

莱菔子

本品为十字花科植物萝卜 *Raphanus sativus* L.的干燥成熟种子。

莱菔子含有少量挥发油,又含芥子碱、芥子碱硫酸氢盐、莱菔子素、邻苯二甲酸丁二酯、生物碱、黄酮类等。

莱菔子味辛、甘,性平。归肺、脾、胃经。具有消食除胀、降气化痰的功效。用于饮食停滞、脘腹胀痛、大便秘结、积滞泻痢、痰壅喘咳。

【药理作用】

1. **调节胃肠运动** 生或炒莱菔子能提高豚鼠离体胃幽门部环行肌紧张性和降低胃底部纵行肌紧张性,增强家兔离体回肠节律性收缩;炒莱菔子能对抗肾上腺素对兔离体回肠节律性收缩的抑制。莱菔子油能提高大鼠血浆 MTL 的含量,促进大鼠结肠运动。莱菔子油和水提浸膏对地芬诺酯引起的小鼠便秘有通便作用。

2. **镇咳、祛痰、平喘** 莱菔子可减少氨水引咳小鼠的咳嗽次数,生品作用较好;生莱菔子醇提取物能促进小鼠酚红排泌,有一定祛痰作用。炒莱菔子水提取液体外能对抗磷酸组胺引起的豚鼠离体气管收缩;灌胃给药能延长乙酰胆碱对豚鼠的引喘潜伏期。

3. **调节血脂** 莱菔子水溶性生物碱具有降脂作用,还能提高 HDL-C 含量,且其降脂作用随着用药剂量的增加而增强。莱菔子水溶性生物碱能降低 *ApoE* 基因敲除小鼠血脂水平,提高 HDL-C 含量,降低 TC、TG、LDL-C 含量,还能抑制小鼠胸主动脉 NF-κB 蛋白表达,提高小鼠胸主动脉内皮型 NOS 蛋白表达。炒莱菔子中提得的芥子碱对高脂血症模型大鼠也有降血脂作用。

4. **降血压** 莱菔子正丁醇提取部位、水溶性生物碱均对自发性高血压大鼠(spontaneously hypertensive rats, SHR)有降压作用,并提高大鼠心肌 NOS 活性和血清 NO 含量,降低血浆 AngⅡ含量,还能降低左室重量指数,改善 SHR 的心血管重构。莱菔子注射液对麻醉犬有降压作用,芥子碱硫氰酸盐可在胃肠道分解成芥子酸和胆碱,胆碱激活 NO-NOS 系统,使 NO 合成增多,扩张血管而降压。莱菔子素也有降压作用。

5. **其他作用**

(1) 抗氧化:莱菔子水溶性生物碱具有抑制脂质过氧化、对抗氧自由基损伤的作用,能显著提高 SHR 的血清 SOD 活性,降低 MDA 含量;还能提高 *ApoE* 基因敲除小鼠血清 NO 含量,提高

SOD 活性、降低 MDA 含量。

(2) 抗肿瘤：莱菔子素(SFN)对体外培养的人结肠腺癌细胞的生长增殖有抑制作用,能诱导结肠癌细胞株 Caco 2 的凋亡。莱菔子素为异硫代氰酸盐衍生物,可诱导机体产生Ⅱ型解毒酶,增加对致癌物的代谢解毒作用,可预防化学致癌物诱导的 DNA 损伤和多种肿瘤的发生。

(3) 改善性腺功能减退：莱菔子的甲醇提取物对 CCl_4 诱导的 SD 雄性大鼠性腺功能减退具有保护作用。能降低模型大鼠睾丸中 CAT、过氧化酶(peroxidse, POD)、GST、GSH－Px 和谷胱甘肽还原酶(glutathione reductase, GSR)水平,使大鼠睾丸内抗氧化酶、脂质过氧化物浓度(thiobarbituric acid reactive substances, TBARS)增加而 GSH 含量明显降低。血清中睾酮、卵泡生成激素(follicle-stimulating hormone, FSH)、黄体生成素(luteinising hormone, LH)浓度降低,雌二醇和催乳素水平升高。睾丸组织病理学检查证实,莱菔子对 CCl_4 诱导的大鼠曲细精管损伤有较好的保护作用,且呈一定的剂量依赖性。还能使抗氧化酶、过氧化脂质、还原型谷胱甘肽、雄性激素恢复至正常水平。

综上所述,莱菔子的消食除胀,降气化痰功效与其调节胃肠运动及镇咳、祛痰、平喘等作用相关。

【现代应用】

1. **术后腹胀气** 莱菔子配伍大黄、芒硝等服用,可促进手术后排气、排便功能的恢复。
2. **便秘** 炒莱菔子单用,或与大黄、木香配伍可治疗便秘。
3. **咳嗽、气喘** 莱菔子单用或以莱菔子为主的复方(三子养亲汤)可治疗咳喘痰多、胸闷兼食积者。
4. **高血压、高血脂** 单用炒莱菔子或服用以莱菔子为主的复方(二子降压汤)可改善高血压、高血脂。

鸡内金

本品为雉科动物家鸡 *Gallus gallus domesticus* Brisson 的干燥沙囊内壁。生用、炒用或醋制入药。

鸡内金主要成分有胃激素、角蛋白(keratin)、维生素(vitamin)B_1 与维生素 B_2、烟酸(nicotinic acid)、维生素 C 及谷氨酸(glutamate)、甘氨酸(glycine)、赖氨酸(lysaine)等多种氨基酸以及微量的胃蛋白酶(pepsin)、淀粉酶(diastase)等。还富含铁、铬、锰、钼、镁、锌、铜、铝、钴等多种微量元素。

鸡内金味甘,性平。归脾、胃、小肠与膀胱经。具有健胃消食、涩精止遗、通淋化石的功效。主治食积不消、呕吐泻痢、小儿疳积、遗尿、遗精、石淋涩痛、胆胀胁痛等。生鸡内金长于攻积、通淋化石,用于泌尿系统结石和胆道结石;健脾消积宜炒用,醋制可减腥气。

【药理作用】

1. **助消化** 鸡内金含少量胃蛋白酶和淀粉酶,鸡内金生品和炮制品水煎液均能提高大鼠胃液量和胃游离酸度,炮制品可增加胃蛋白酶分泌量,并增高胃液中胃蛋白酶和胰脂肪酶活性。鸡内金提取物能增强小肠推进运动,缩短复方地芬诺酯便秘模型小鼠首次排便时间,增加排便粒数和重量。其对胃肠动力的影响可能与所含胃激素有关;鸡内金的健脾胃功效与其锌、铁、钙含量高有关。

2. **其他作用**

(1) 降血糖、降血脂：鸡内金多糖能降低糖尿病高脂血症模型大鼠的血糖水平,能降低 TC、TG、LDL－C 水平,升高 HDL－C 水平。

(2) 改善血流流变学：鸡内金提取物可改善高脂模型家兔血流流变学异常，降低家兔全血低切、中切、高切黏度及血浆黏度；还可减少家兔血浆纤维蛋白原含量，延长活化部分凝血酶时间（APTT）与凝血酶时间（thrombin time, TT）。鸡内金多糖对高脂血症模型大鼠的血流流变学异常也有改善作用。

(3) 抗乳腺增生：给肝郁脾虚证乳腺增生模型大鼠灌胃生鸡内金粉混悬液，可减少乳腺小叶及腺泡的数量和直径，减轻上皮细胞增生。若与逍遥散合用效果更佳。

(4) 促进锶排泄：锶及钼是草酸钙结晶的抑制因子，能抑制结石形成，或使已形成的结石溶解。鸡内金能加速锶的排泄。其酸提取物服用后排锶效果优于煎剂。鸡内金临床上用于肾结石的治疗与其加速锶的排泄有关。

综上所述，鸡内金的健胃消食、通淋化石功效与助消化、促进锶排泄等作用相关。

【现代应用】

1. 消化不良　鸡内金单用，或与山药、白术配伍治疗消化不良。
2. 遗精、遗尿、小儿腹泻　鸡内金单用，或与金樱子、五味子配伍可进行治疗。
3. 尿路结石、胆道结石　内服鸡内金粉或与玉米须、鸡内金配伍治疗。

第三节　常用方剂

保和丸（《丹溪心法》）

【组成】
山楂18 g，六神曲6 g，半夏9 g，茯苓9 g，陈皮3 g，连翘3 g，莱菔子3 g。

【功效与主治】
消食，导滞，和胃。主治食积停滞、脘腹胀满、嗳腐吞酸、不欲饮食等证。

【药理作用】

1. 助消化　保和丸可增加胃蛋白酶活性，提高胰液分泌量和胰蛋白酶活性。

2. 调节胃肠运动　保和丸能对抗阿托品引起的小鼠胃肠功能的抑制，促进胃排空和提高肠推进率。可拮抗乙酰胆碱、氯化钡、组胺所致家兔和豚鼠离体回肠痉挛性收缩。对利血平致脾虚小鼠的胃肠功能低下，保和丸能促进胃排空和加快肠推进。保和丸还能提高大鼠血清GAS和血浆MTL水平。对胃肠运动的调节作用，是保和丸临床用于解痉止痛和止泻的药理学基础。

3. 抗溃疡　保和丸可减少胃酸分泌量和总酸排出量，促进损伤的胃黏膜的修复。加味保和丸对束缚水浸应激性胃溃疡动物模型大鼠的胃黏膜损伤有保护作用，能降低溃疡指数。可以减少幽门结扎模型大鼠的胃液量，降低胃液总酸度，减少总酸排出。

4. 降血脂　保和丸具有防治脂肪肝的作用，能减轻高脂饮食诱导的非酒精性脂肪肝大鼠脂质过氧化反应，降低血清ALT、AST、TC、TG、LDL-C和MDA水平，使HDL-C含量和SOD活性升高。保和丸对高脂饮食模型大鼠可提高血清脂联素（adiponectin, AdioP）水平，降低血清瘦素（leptin, LEP）水平，且干预效果与干预时间具有相关性。

综上所述,保和丸的消食、导滞、和胃功效与其助消化、调节胃肠运动、抗胃溃疡等作用相关。

【现代应用】

1. **消化不良**　可用于多种原因引起的消化不良,尤其是小儿消化不良、腹泻、疳积。保和丸无糖冲剂较传统丸剂效果更佳。

2. **胃结石**　本方合小承气汤对胃结石有一定疗效。

3. **脂肪肝**　本方合桃核承气汤对脂肪肝有治疗作用。

此外,保和丸加减对萎缩性胃炎、胃幽门不全梗阻有一定疗效,还可减轻化疗药物所致的胃肠道反应。

第十六章 止血药

导学

本章介绍止血药的基本作用,常用单味中药三七、蒲黄、白及、地榆及经典方云南白药的主要药理作用和现代应用。

学习要求:
(1) 掌握止血药的基本药理作用;三七的药理作用、作用机制、有效成分、现代应用及不良反应。
(2) 熟悉蒲黄、白及、地榆和云南白药的主要药理作用及现代应用。
(3) 了解蒲黄、云南白药的不良反应,三七的药代动力学;凝血和抗凝血过程及其在病理状态下的变化。

第一节 概 述

凡能促进血液凝固,制止体内外出血的药物,称为止血药。止血药药性有寒温之分,入血分,以归肝、心、脾经为主,具有凉血止血、温经止血、化瘀止血、收敛止血等功效。适用于因寒热失调、情志内伤、气血功能紊乱或外伤引起的血不循常道溢于脉外的各种出血证,如咳血、衄血、吐血、尿血、便血、崩漏、紫癜及创伤出血。

在生理状态下,血液存在着凝血和抗凝血两种对立统一的过程。两者相辅相成,保持动态平衡,使血液既能在血管内不停地流动,也能在损伤的局部迅速凝血、止血。在病理状态下,平衡被打破即可发生血栓栓塞性疾病或出血性疾病。造成出血的病因主要有血管壁损伤、血管通透性和脆性增加、凝血过程障碍(如血小板减少或功能障碍以及凝血因子缺乏或功能障碍)、纤维蛋白溶解系统功能亢进等。止血药能明显缩短凝血时间、凝血酶原时间、出血时间。

根据主要功效,止血药可分为化瘀止血、收敛止血、凉血止血、温经止血4类。常用止血药有三七、蒲黄、白及、地榆、大蓟、小蓟、仙鹤草、侧柏叶、槐花、紫珠及茜草等。

止血药的主要药理作用如下。

1. 收缩局部血管 三七、紫珠、小蓟、槐花能收缩局部小血管;白茅根、槐花能降低毛细血管通透性,增强毛细血管对损伤的抵抗力。

2. 促进凝血因子生成 三七能提高凝血酶活性;大蓟能促进凝血酶原激活物生成;小蓟含有

凝血酶样活性物质；白茅根能促进凝血酶原生成；艾叶、茜草等能促进凝血过程。

3. 提高血小板活性 三七能增加血小板数目，提高血小板的黏附性，促进血小板释放、聚集；白及能增强血小板因子Ⅲ的活性；地榆能增强血小板功能；蒲黄、小蓟、仙鹤草能增加血小板数目。

4. 抗纤维蛋白溶解 仙鹤草、大蓟、小蓟、艾叶可抑制纤维蛋白溶解而止血。

综上所述，止血药的收敛止血、化瘀止血等功效主要与其收缩局部血管、促进凝血因子生成、增强血小板功能、抗纤维蛋白溶解等药理作用有关。

第二节 常用药物

三七

本品为五加科植物三七 Panax notoginseng (Burk.) F. H. Chen 的干燥根和根茎。

三七的主要化学成分有三七总皂苷(panax notoginseng, PNS)、三七素(dencichine, β-N-草酰基-L-α_1-β-二氨基丙酸，又称田七氨酸、三七氨酸)、黄酮苷等。三七皂苷与人参皂苷相似，为达玛烷型四环三萜皂苷，总皂苷含量可达8%～12%，其中所含单体有人参皂苷 Rb_1、Rb_2、Rc、Rd、Re、Rf、Rg_1、Rg_2、Rh 等，以 Rb_1 和 Rg_1 含量最高。PNS 水解所得苷元主要为人参二醇(panaxadiol)和人参三醇(panaxatriol)，因无齐墩果酸而与人参不同。此外，还含有绞股蓝苷Ⅶ、Ⅹ，人参炔三醇，以及三七黄酮 A (槲皮素)、三七黄酮 B 等黄酮类成分。

三七味甘、微苦，性温。归肝、胃经。具有散瘀止血、消肿定痛的功效。用于咳血、吐血、衄血、便血、崩漏、外伤出血、胸腹刺痛、跌扑肿痛。

【药理作用】

1. 止血 三七散瘀血，止血而不留瘀，有"止血神药"之称，对出血兼有瘀滞者尤为适宜。多种动物实验显示，三七可缩短凝血时间和凝血酶原时间，增加血小板数目，提高血小板的黏附性，增强血小板的功能，如促使血小板伪足伸展、变形、聚集，并产生脱颗粒反应(主要是小颗粒、致密颗粒)，从而释放凝血物质，发挥止血作用。除增加血小板数量、增强血小板功能外，三七止血作用还与收缩局部血管、提高血液中凝血酶活性有关。三七素是三七止血的主要有效成分，由于其加热易被破坏，故三七止血宜生用。三七素的旋光异构体也有止血活性，但含量甚微。此外，三七中的槲皮苷亦有止血活性。

2. 抗血栓形成 三七可止血(促凝)也可抗血栓形成(抗凝)，对凝血系统具有双向调节功能。《玉楸药解》云："三七和营止血，通脉行瘀，行瘀血而敛新血。"PNS 可通过防止血小板数降低，减少凝血因子的消耗，抑制凝血酶诱发的 DIC；PNS 还可以升高血浆蛋白 C 的活性，促进抗凝活性和促纤溶活性。三七醇皂苷[(pana)trialsaponin 8, PTS]可抑制多种诱导剂诱导的血小板聚集，提高血小板 cAMP 含量，减少 TXA_2 的合成、抑制血小板 Ca^{2+} 内流。人参皂苷 Rg_1 能降低血小板 Ca^{2+} 含量或促进血管内皮细胞释放 NO，抑制实验性血栓的形成，激活尿激酶，促进纤维蛋白的溶解，并具有扩张血管、抗自由基等导致的内皮细胞损伤作用。

《医学衷中参西录》云："三七之性，既善化血，又善止血，人多疑之，然有确实可证之处。"三七既能止血又能活血,看似矛盾实则并不矛盾。究其原因,三七既含有止血成分又含有活血成分。止血作用的主要成分是三七素,其可以显著增加血小板数量,增强血小板凝聚而发挥止血功能,三七止血宜使用生品,一般见效较快,如局部外敷或口服消化道止血等。三七的活血作用主要是三七皂苷的效应。三七活血生熟均可,主要是内服使用,三七皂苷经过人体吸收后发挥抗血小板聚集、促进抗凝活性和促纤溶活性,从而抑制血栓形成,产生活血功效。三七的活血作用一般见效较慢,常需多次给药。

3. **促进造血** 三七"祛瘀生新",具有补血作用。《本草纲目拾遗》称三七"颇类人参,人参补气第一,三七补血第一"。GATA族蛋白是一组造血转录因子,可介导造血细胞对生长因子的反应,参与细胞增殖及分化有关基因的调控。PNS可促进再生障碍性贫血小鼠骨髓粒系、红系造血祖细胞增殖,诱导造血细胞GATA-1和GATA-2转录调控蛋白合成增加,并增高其与上游调控区的启动子和(或)增强子的结合活性而调控造血细胞增殖、分化及相关基因的表达,促进各类血细胞分裂生长和增殖,进而促进造血。三七皂苷Rb_1可以增加人红细胞膜蛋白α-螺旋度比例,即增加膜蛋白的有序性,改善红细胞膜功能。

4. **对心血管系统的作用**

(1) 抗心肌缺血:PNS可通过扩张冠状动脉,增加心肌细胞血氧供应,促进缺血区侧支循环的建立,减轻细胞形态改变。PNS还能增强心肌超氧化物歧化酶的活性,降低脂质过氧化物丙二醛水平,减少过氧化对心肌造成的损伤,抑制中性粒细胞内NF-κB的活化,减少ICAM-1的表达及中性粒细胞浸润,起到保护心肌的作用。

(2) 抗心律失常:PNS及三七二醇皂苷(panaxadiol saponins, PDS)对多种药物诱发的心律失常具有保护作用,可减慢心率、延长动作电位时程和有效不应期。三七皂苷Rb_1和人参皂苷Rg_1能对抗大鼠心肌缺血再灌注所致的心律失常。

(3) 调节血脂、抗动脉粥样硬化:PNS能降低血清TC、TG含量,提高HDL-C的水平,还可升高动脉壁PGI_2含量,降低血小板TXA_2水平,调节PGI_2和TXA_2之间的平衡,抑制动脉粥样硬化斑块的形成,并增加斑块的稳定性。

(4) 扩张血管:PNS能特异性地阻断血管平滑肌上受体依赖性钙通道,减少Ca^{2+}的内流,从而扩张血管。

5. **抗脑缺血** PNS可通过扩张脑血管,降低脑血管阻力,增加局部脑血流量,显著改善能量代谢,延缓缺血期间细胞内高能磷酸化合物的分解,保护脑组织。PNS的脑保护作用还与其上调HSP70、激活NF-E2相关因子2(NF-E2-related factor 2, Nrf2)介导的抗氧化应激通路、下调转铁蛋白、上调巢蛋白Nestin(Nestin属于第Ⅳ类中间丝蛋白,分布于细胞质内,参与细胞骨架构成,主要表达于神经上皮干细胞,体外培养Nestin阳性细胞可分化出神经和胶质细胞的前体细胞,因此Nestin被认为是神经前体细胞的标志之一,可被看作神经祖细胞,在脑缺血损伤中Nestin阳性细胞被认为参与了受损神经细胞的修复)、减少脑缺血再灌注后炎症因子的分泌、下调缺血核心区域促炎症因子的过分表达及上调抗炎症因子的表达,以及抑制神经细胞凋亡、保护血脑屏障、减轻脑水肿、减轻海马CA1区神经元损伤的程度有关。PNS能阻滞脑损伤后神经细胞内钙超载,抗自由基损伤,降低脑损伤后脑组织中的MDA水平。PTS可促进缺血边缘区的血管新生与改善微循环。人参皂苷Rg_1能提高海马脑区神经细胞的耐缺氧能力,防止神经细胞的缺氧损伤。

6. **抗炎、镇痛** PNS对多种实验性炎症模型具有抗炎作用,三七皂苷Rb_1为主要有效成分,其抗炎作用与兴奋垂体-肾上腺系统有一定的关系,但不完全依赖于该系统。PNS及三七皂苷

Rb1 对化学性和热刺激性疼痛均有镇痛作用。

7. **保肝** PNS 可减轻多种药物所致肝细胞变性坏死程度，抑制肝细胞间胶原纤维增生，减轻肝脏脂肪变性、炎症细胞浸润、促进肝脏蛋白质合成，增加 ^{3}H-胸腺嘧啶脱氧核苷（^{3}H-tritiated thymidine, ^{3}H-TdR）对受损肝脏 DNA 的掺入速率，增加 ^{3}H-亮氨酸对肝脏蛋白质的掺入速率，说明可促进肝细胞的再生。

8. **抗组织纤维化** PNS 具有较强的抗组织器官纤维化作用。PNS 可通过抑制肾成纤维细胞的增殖和分泌胶原，降低成纤维细胞整合素 $β_1$ 的表达水平，阻滞肾间质纤维化，还可促进成纤维细胞凋亡、改善肾脏微循环而对抗肾间质纤维化。PNS 可通过抑制肺组织蛋白酶-B、组织蛋白酶-D 和 Fas/FasL 的活性，调节 Bax/Bcl-2 的平衡，抑制肺上皮细胞的凋亡，促进成纤维细胞凋亡，进而防治肺纤维化。PNS 可通过上调肝纤维化大鼠 MMP-13，抑制基质金属蛋白酶抑制因子（tissue inhibitor of metalloproteinase, TIMP）-1 的表达，促进胶原降解，从而减轻大鼠肝纤维化程度。PNS 可降低心肌间质细胞胶原含量而预防心肌肥厚和心肌纤维化。

9. **其他作用** PNS 能直接通过杀伤肿瘤细胞、降低多种癌基因的异常表达、抑制肿瘤细胞增殖或转移、诱导肿瘤细胞凋亡等多种途径发挥其抗肿瘤作用；对神经系统具有镇静、益智、改善记忆作用；具有一定降低血糖、促进蛋白质合成和核酸代谢作用；能改善免疫功能。

综上所述，三七的散瘀止血、消肿定痛功效与其止血、抗血栓、促进造血、对心血管系统的影响、抗脑缺血、抗炎、镇痛等作用有关。

【药代动力学】

大鼠灌胃给予 PNS 后血浆可检测到原人参二醇型皂苷 Ra_3、Rb_1、Rd，原人参三醇型皂苷 Re、Rg_1，三七皂苷 R_1 和少量其他人参皂苷及去糖基化代谢物。口服三七皂苷 R1 和人参皂苷 Rg_1、Rd、Re、Rb_1 的 t_{max} 均为 50 min 左右，$t_{1/2β}$ 分别为 1 h、5 h、18 h、1 h 和 20 h，大多数三七皂苷主要经胆汁排泄。AUC 大小依次为 $Rb_1>Rd>Rg_1>R_1>Re$。

大鼠静脉注射三七素后浓度-曲线符合二室模型，血浆蛋白结合率约为 60%，在大鼠体内迅速分布于各组织和脏器，肾中浓度最高，其次为胰腺、脾、小肠及胃壁，在脑中浓度低，各组织清除较快。三七素在大鼠体内主要有两种代谢途径：酰胺键断裂，水解生成 3-氨基丙氨酸和草酸；可脱羧、脱氨再氧化生成草酰氨基酸。三七素主要以原形从肾排泄。

大鼠静脉注射 PNS 后，Rg_1 在大鼠体内各组织均有分布，其中脑和肺内分布较低，0.5 h 后大部分组织中的 Rg_1 浓度均高于血中浓度。鼻腔给予 PNS 后 Rg_1 的脑内浓度明显高于静注后脑组织浓度。

【现代应用】

1. **出血** 三七可用于多种原因引起的出血病症，如外伤出血、上消化道出血、眼前房出血、功能性子宫出血、痔疮出血等。

2. **心、脑血管疾病** 三七及三七总皂苷的现代制剂血栓通胶囊、血栓通注射液等可用于治疗冠心病、心绞痛、脑血栓等。

3. **外伤肿痛** 三七及其复方制剂具有良好的消肿止痛效果，可用于治疗跌打损伤，如软组织挫伤、扭伤、骨折等。

4. **肝炎** 口服生三七粉治疗慢性迁延性肝炎有较好疗效。

【不良反应】

少数患者服用后出现胃肠道不适及有出血倾向，如痰中带血、齿龈出血、月经增多等。如剂量较大，一次口服生三七粉 10 g 以上，可引起房室传导阻滞。个别患者可引起迟发性药疹。

蒲黄

本品为香蒲科植物水烛香蒲 *Typha angustifolia* L.、东方香蒲 *Typha orientalis* Presl 或同属植物的干燥花粉。

蒲黄的主要成分为黄酮类,如槲皮素(quercetin)、山柰酚(kaempferol)、异鼠李素(isorhamnetin)、柚皮素(naringenin)、泡桐素(paulownin)、香蒲新苷、异鼠李素-3-O-芸香糖苷、异鼠李素-3-O-新橙皮糖苷(isorhamnetin-3-O-neohesperidoside)、槲皮素-3-O-(2G-α-L-鼠李糖基)-芸香糖苷及山柰酚-3-O-新橙皮糖苷等。还含有甾醇类,如β-谷甾醇(β-sitosterol)、β-谷甾醇葡萄糖苷(β-sitosterol glucoside)等,另外含有多种多糖、酸性成分和氨基酸。

蒲黄味甘、性平。归肝、心包经。具有止血、化瘀、通淋的功效。用于吐血、衄血、咳血、崩漏、外伤出血、经闭痛经、脘腹刺痛、跌仆肿痛、血淋涩痛。

【药理作用】

1. **止血** 炒蒲黄和蒲黄炭均具有止血作用,可缩短凝血时间和出血时间,又能改善血流流变学。

《本草纲目》记载"蒲黄……生则能行,熟则能止。"临床上使用蒲黄基本认同生品行血,炒炭止血。有研究认为,蒲黄中的黄酮类物质在一定温度下可转化为具有止血作用的鞣质,增强止血作用。炮制的蒲黄炭品可以通过影响实验动物凝血系统的多个环节发挥止血作用,这与"蒲黄性味甘、平,具有止血、化瘀、通淋等功效,炒炭后其性转苦涩,止血作用增强"的文献记载相吻合。

2. **抗血小板聚集** 生蒲黄可延长小鼠凝血时间,较大剂量下可促进纤维蛋白溶解。蒲黄煎剂能抑制磷酸二酯酶活性,升高血小板内 cAMP,减少 TXA_2 的合成,使细胞内 Ca^{2+} 浓度降低,减少5-HT 释放,抑制 ADP、花生四烯酸和胶原诱导的家兔体内、外血小板聚集。蒲黄水浸液可增加家兔实验性颈静脉血栓的溶解率,抑制血小板黏附和聚集,轻度增加抗凝血酶Ⅲ的活性。蒲黄水提取液可分解纤维蛋白,促进纤维蛋白溶解,且不依赖纤溶酶系统存在。蒲黄黄酮类物质能刺激主动脉内皮细胞产生前列环素和促进纤溶酶原激活物(tissue type plasminogenactivator,t-PA)活性,从而抑制血小板聚集、抗血栓形成。蒲黄有机酸能抑制花生四烯酸诱导的家兔体外血小板聚集。蒲黄异鼠李素Ⅱ在体内、外均能抑制由 ADP 诱导的大鼠血小板聚集,并明显延长复钙时间。

3. **对心血管系统的作用**

(1) 抗心肌缺血:蒲黄可增加离体心脏冠脉流量,增加整体动物耐低气压、低氧的能力,改善心肌营养性血流量。蒲黄提取物可对抗垂体后叶素引起的心肌缺血。

(2) 调节血脂、抗动脉粥样硬化:蒲黄能抑制脂质在主动脉壁的沉积,抑制肠道对外源性胆固醇的吸收,并促进胆固醇的排泄,升高高密度脂蛋白胆固醇,降低血小板黏附和聚集,同时保护血管内皮细胞,减轻高脂血症对血管内皮的损伤,改善血流流变性与红细胞流变性,进而改善血液循环和微循环,有利于内皮细胞的正常代谢,抑制动脉粥样硬化斑块形成。

4. **兴奋子宫** 蒲黄对多种动物在体、离体子宫均有兴奋作用,剂量较大时甚至引起子宫痉挛性收缩。蒲黄具有良好的引产作用,对早期、中期妊娠均有明显效果。

5. **抗肾脏损伤** 蒲黄对多种肾脏损伤动物模型具有保护作用,可降低血肌酐和尿 N-乙酰-β-D-氨基葡萄糖苷酶(urine N-acetyl-beta-D-glucosamidase,NAG),减少近曲小管上皮细胞坏死及囊腔内有红细胞的肾小球数目。

此外,蒲黄尚具有加速血肿吸收,促进骨折愈合、骨母细胞及软骨细胞增生、骨痂形成,抗疲劳作用。蒲黄还具有糖皮质激素样作用,可抑制体液及细胞免疫。蒲黄总黄酮能促进脂肪细胞葡萄糖摄取和利用,改善高糖高胰岛素所诱发的胰岛素抵抗。蒲黄还具有抗结核作用。

综上所述,蒲黄的止血、化瘀、利尿通淋功效与其止血、抗血小板聚集、抗心肌缺血、抗动脉粥样硬化、降血脂和抗肾脏损伤作用相关。

【现代应用】

1. 出血 蒲黄可用于多种原因引起的出血疾病,如功能性子宫出血、流产或引产后出血、宫内节育器所致子宫异常出血、吐血、咳血、尿血、外伤出血等。

2. 冠心病、心绞痛 口服生蒲黄治疗冠心病轻度心绞痛患者,可使症状缓解或消失,能改善心电图。

3. 高脂血症 蒲黄片(蒲黄浸膏片)、蒲黄及其复方制剂可用于高脂血症的治疗,可降低总胆固醇和三酰甘油水平。

【注意事项】

蒲黄具有收缩子宫作用,故孕妇慎用。

【安全性评价】

早期妊娠小鼠灌胃给予蒲黄 5 g/kg、10 g/kg、20 g/kg,中期妊娠小鼠灌胃给予蒲黄 10 g/kg、20 g/kg 均有致流产及致死胎作用,且随剂量增加而作用增强,部分胚胎坏死吸收。上述剂量蒲黄无遗传毒作用。

白及

本品为兰科植物白及 *Bletilla striata* (Thunb.) Reichb.f.的干燥块茎。

白及的主要化学成分有白及胶(含联苄类化合物)、菲类衍生物(二氢菲类化合物、联菲类化合物、双菲醚类化合物、二氢菲并吡喃类化合物、菲类糖苷化合物等)、苄类化合物等。此外,还从白及中发现花色素、甾类、三萜类、酸类和酚类化合物,如大黄素甲醚、对羟基苯甲酸、对羟基苯甲醛等。

白及味苦、甘、涩,性微寒。归肺、肝、胃经。具有收敛止血、消肿生肌的功效。用于咯血、吐血、外伤出血、疮疡肿毒、皮肤皲裂。

【药理作用】

1. 止血 白及可通过缩短凝血时间、凝血酶生成时间,抑制纤维蛋白溶解系统,轻度增强血小板因子Ⅲ的活性,并加速红细胞沉降率而发挥较好的止血效果。白及的止血作用通常认为与其所含胶状成分有关。亦有研究表明白及多糖能缩短小鼠的出血时间和凝血时间,具有较好的促进止血、凝血作用。

2. 保护黏膜 白及煎剂对多种因素导致的胃黏膜损伤具有较好的保护作用,可促进溃疡愈合。其作用机制与其增加胃壁黏液分泌量和胃黏膜血流量,刺激胃黏膜合成和释放内源性前列腺素有关。同时,白及多糖能附着在胃壁上形成一层保护膜,阻止胃酸和胃蛋白酶对溃疡面的腐蚀,防治乙醇引起的胃黏膜损伤。

3. 促进伤口愈合 白及能加快伤口的愈合速度,促进创伤的愈合,其作用机制与其能提高创面组织中羟脯氨酸和蛋白质含量,以及提高血管内皮细胞生长因子和表皮生长因子的表达有关。此外,白及所含胶状成分可作为外源性重组人表皮生长因子载体,促进创面细胞 DNA 的合成,提高细胞的增殖能力,缩短伤口愈合时间,加速伤口愈合。白及多糖可通过增加羟脯氨酸含量、促进成纤维细胞增殖而显著促进糖尿病溃疡创面愈合。

4. 其他作用

(1) 抗菌：白及联菲类化合物在体外对金黄色葡萄球菌、枯草杆菌、蜡样芽孢杆菌、表皮葡萄球菌、粪肠球菌和加得那诺卡菌有一定抑制作用。白及抑菌活性组分主要存在于脂溶性部位，且须根抑菌作用强于块茎，白及粉凝胶体可辅助抑制耐药结核杆菌；对真菌如白念珠菌和须发癣菌的抑制作用较弱。白及联菲 A、B、C 对金黄色葡萄球菌以及与龋齿形成有关的突变链球菌也有抑制作用，其中 B 的作用较强。

(2) 抗肿瘤：白及葡甘聚糖影响肿瘤血管生长因子与其受体的相互结合，抑制内皮细胞生长，从而抑制肿瘤血管生成；白及多糖和齐墩果酸-3-O-α-L-鼠李糖-(1,2)-β-D-吡喃葡萄糖苷的抗肿瘤作用可能与其阻滞细胞周期相关。

此外，白及还具有抗氧化、预防肠黏连、抗纤维化等作用。

综上所述，白及的收敛止血、消肿生肌功效与其止血、促进伤口愈合、抗菌等作用相关。

【现代应用】

1. 出血 白及粉口服或 10% 白及胶浆口服，可用于上消化道出血，使大便潜血转阴。

2. 肛裂 白及粉加凡士林配成 50% 软膏，取少量涂于裂口上，每日 1 次，有良好疗效。

3. 口腔黏膜病变 白及粉与白糖 4∶6 配制混匀涂于患处，治疗复发性口疮、慢性唇炎、过敏性口腔炎。

4. 烧烫伤 白及(500 g)与大黄、黄柏、黄芩(各 200 g)制成膜剂用于 Ⅱ 度烧烫伤，可促进创面愈合，抑制体液渗出，控制和防止感染。

地榆

本品为蔷薇科植物地榆 *Sanguisorba officinalis* L. 或长叶地榆 *Sanguisorba officinalis* L. var. *longifolia* (Bert.) Yü et Li 的干燥根。

地榆的主要化学成分有皂苷类、酚类、黄酮类、蒽醌类、甾体类化合物。皂苷类成分主要为三萜及三萜皂苷类化合物，含量为 2.4%～4.0%。三萜皂苷类化合物以五环三萜类为主，其中乌苏烷型和齐墩果烷型最为常见。4 种主要酚类化合物为：4-O-β-D-吡喃葡萄糖-1-基-5-羟基-3-甲氧基苯甲酸甲酯、3,3′,4′-三甲基鞣花酸、(+)-儿茶素、(4α-8)-非瑟酮醇儿茶素。黄酮类成分含量在 3%～4%，结构类型主要是黄酮醇类衍生物及花色素类衍生物。地榆根茎中含有少量甾体成分，如 β-谷甾醇、胡萝卜苷和少量蒽醌类物质如大黄酚、大黄素甲醚等。

地榆味苦、酸、涩，微寒。归肝、大肠经。具有凉血止血、解毒敛疮的功效。用于便血、痔血、血痢、崩漏、水火烫伤、痈肿疮毒。

【药理作用】

1. 止血 地榆在体内外均表现出一定止血作用，多酚和单宁类成分被认为是有效物质。地榆中地榆皂苷 I 具有止血活性。地榆炒炭后鞣质及 Ca^{2+} 含量增加，吸附力增强，止血作用及促凝血作用增强。

2. 促进造血作用 地榆中地榆皂苷是促小鼠骨髓细胞体外增殖的主要活性部位，地榆皂苷也能增加鼠骨髓有核细胞和外周血白细胞、红细胞、血小板的数量，地榆总皂苷具有单独或协同细胞因子的促造血细胞增殖作用。

3. 抗菌 地榆抑制 6 种细菌效果由强到弱依次为金黄色葡萄球菌、表皮葡萄球菌、枯草杆菌、变形杆菌、甲型链球菌,对铜绿假单胞菌基本没有抑制作用。地榆可通过改变金黄色葡萄球菌细胞膜的通透性,破坏细胞的完整性。地榆鞣质在体外具有抗菌活性,能有效抑制革兰阳性菌,而对革兰阴性菌无明显的抑制作用。

4. **抗炎**　地榆水提取液能抑制 TNF-α 或干扰素 γ 诱导表皮细胞产生的炎症趋化因子,又能降低 IL-1β 水平,升高 IL-10 水平,下调 NF-κB 蛋白水平,发挥治疗小鼠溃疡性结肠炎的效果。地榆总三萜具有抗炎镇痛和增强免疫力低下小鼠非特异性免疫力的作用。

5. **抗烫伤**　地榆有良好的局部止痛作用,能消除皮肤黏膜的炎症,为治烧烫伤之要药。地榆含有大量鞣质,具有较强的收敛和收缩血管作用。鞣质与创面接触后,使组织蛋白凝固,形成一层保护膜,同时局部血管收缩,减少充血和渗出。

6. **其他作用**　地榆活性成分鞣花酸具有抗肿瘤及抗肿瘤血管生成作用,地榆总皂苷体内外均具抗肿瘤作用。地榆黄酮和地榆鞣质对 α-葡萄糖苷酶有竞争性抑制作用。地榆水煎液对蓖麻油或番泻叶致小鼠实验性腹泻有止泻作用。地榆可以增强免疫功能,镇吐,减少肾损害。地榆黄酮类成分具有延缓衰老及防辐射作用。

综上所述,地榆的凉血止血、解毒敛疮功效与其止血、促进造血、抗菌、抗炎、抗烫伤等作用有关。

【现代应用】

1. **炎症**　地榆及其复方制剂具有良好的抗炎效果,在临床上用于治疗溃疡性结肠炎、静脉炎和宫颈糜烂等各种炎症。

2. **出血症**　地榆中地榆皂苷Ⅰ具有止血活性,用于治疗发热性失血性疾病,包括咯血、鼻出血、子宫出血、血肿等。

3. **白细胞减少症**　地榆及其总皂苷广泛应用于白细胞减少症。

4. **烧伤、烫伤、痤疮、痔疮**　地榆鞣质有收敛止痛作用,地榆复方制剂用于治疗烧伤、烫伤等创口,地榆槐角丸为痔科常用药。

【注意事项】

地榆性寒酸涩,凡虚寒性便血、下痢、崩漏及出血有瘀者慎用。所含鞣质大量吸收易引起中毒性肝炎,故治疗烧烫伤,忌大面积外用。

第三节　常用方剂

云南白药

【功效与主治】

化瘀止血,活血止痛,解毒消肿。用于跌打损伤、瘀血肿痛、吐血、咳血、便血、痔血、崩漏下血、手术出血、疮疡肿毒及软组织挫伤、闭合性骨折、支气管扩张及肺结核咳血、溃疡病出血,以及皮肤感染性疾病。

【药理作用】

1. **止血**　云南白药可促进血小板释放凝血物质而发挥止血作用,对各种出血对抗作用较好。

可使血小板表面糖蛋白表达增加,活化血小板增多,血小板小管开放增多,机体出血时间和凝血时间缩短,并可通过增加血浆中纤维蛋白原的含量,缩短凝血酶形成时间,从而发挥止血功能。

2. 促进骨折愈合　云南白药可促进骨折愈合,缩短疗程。云南白药含药血清能增加大鼠骨髓间充质干细胞的 ALP 活性和钙结节量,对成骨细胞具有促进细胞增殖,增加 ALP 的活性和促进骨钙蛋白合成的作用。云南白药原药成分在骨折愈合的早期和中期具有提高骨折后骨痂内血管内皮生长因子(vascular endothelial growth factor, VEGF)表达的作用,可加速断端微血管新生重建,改善骨折肢体的血液循环,促进骨折愈合。

3. 改善心肌缺血　云南白药对心肌缺血具有保护作用,可改善冠脉循环,增加缺血心肌营养性血流量,增加心肌供氧,提高心肌对缺氧的耐受能力。对注射垂体后叶素导致的动物急性心肌缺血模型,云南白药能减轻心肌缺血症状。

4. 抗炎　云南白药具有较好的抗炎作用,可通过促进皮质激素分泌,抑制炎症介质如组胺和前列腺素的释放,降低毛细血管通透性,下调 TNF-α、IL-6、IL-1β 的基因表达,调节磷脂酶 A 和花生四烯酸代谢通路,激活成骨细胞中 PGE$_2$ 的合成,抑制 PGD$_2$ 的排出,以治疗类风湿关节炎。临床研究发现,类风湿关节炎患者活动期 CD4$^+$、CD25$^+$ 等调节性 T 细胞(regulatory cells, Treg)明显减少。对实验性类风湿关节炎动物模型,云南白药可通过上调 CD4$^+$、CD25$^+$ 调节性 T 细胞表达水平,降低关节组织中 NF-κB 受体活化因子配体(receptor activator of NF-κB ligand, RANKL)表达,从而发挥抑制炎症和关节骨破坏吸收。

此外,云南白药还具有一定增强机体非特异性免疫功能、兴奋子宫等作用,抑制铜绿假单胞菌和金黄色葡萄球菌的作用,并通过半胱天冬酶介导使血管肉瘤细胞凋亡而起到抗肿瘤的作用等。

综上所述,云南白药的化瘀止血、活血止痛、解毒消肿功效与其止血、促进骨折愈合、抗炎、抗心肌缺血等药理作用相关。

【现代应用】

1. 出血　云南白药可用于多种原因引起的出血,对外伤出血、上消化道出血、肺结核咳血、外周中心静脉置管引起的局部出血、痔疮手术后出血,癌症晚期患者出血并发症等有较好治疗作用。

2. 骨折　云南白药被称为"伤科圣药",可使骨折后的软组织肿胀减轻,加速骨折部位骨痂形成,促进骨折愈合。

3. 炎症　云南白药可用于多种炎症的治疗,如疮疡肿毒及软组织挫伤所致炎症。现代制剂云南白药气雾剂、云南白药膏可用于跌打损伤、瘀血肿痛、肌肉酸痛及风湿疼痛等,云南白药也可用于婴儿脐炎、宫颈炎、结肠炎、静脉炎、牙周炎、急性咽喉炎、肩周炎等。

【不良反应】

主要有过敏反应,如皮疹,偶见过敏性休克。少数有心血管系统反应,如房室传导阻滞等。偶见引起不全流产。

【注意事项】

服药后 1 日内忌食牛羊肉、豆类及其加工品、鱼类、酸冷食物。严重心律失常患者不宜使用。对云南白药有过敏史者忌用。云南白药有兴奋子宫的作用,可以造成流产,故无论内服外敷孕妇忌用。

第十七章 活血化瘀药

导学

本章介绍活血化瘀药的基本作用,常用单味中药丹参、川芎、银杏叶、益母草、红花、桃仁、延胡索、莪术及经典方血府逐瘀汤、补阳还五汤的主要药理作用和现代应用。

学习要求:

(1)掌握活血化瘀药的基本药理作用;丹参、川芎、延胡索、银杏叶的药理作用、有效成分及现代应用。

(2)熟悉益母草、莪术、红花、桃仁和血府逐瘀汤、补阳还五汤的主要药理作用及现代应用。

(3)了解丹参、川芎、益母草、红花、桃仁、延胡索、莪术、银杏叶的药代动力学、不良反应;与血瘀证相关的主要病理变化。

第一节 概述

凡能疏通血脉、祛除瘀血,用于治疗血瘀证的药物,称为活血化瘀药。活血化瘀药药性平或微寒、微温,味多辛、苦,主要归肝、心经。根据其功效特点可分为活血止痛药(川芎、延胡索、郁金、姜黄、乳香、没药等)、活血调经药(丹参、红花、桃仁、益母草、牛膝等)、活血疗伤药(马钱子、血竭等)、破血散结药(莪术、水蛭、斑蝥等)4类。

血瘀学说是中医学理论所特有的学说,认为"瘀证"为"积血之病也",当脏腑功能失调,气滞血行受阻,气虚血行无力或血液寒热失调,血寒凝结成块,"血脉不通",导致血瘀于脉内;或脉管损伤,血热妄行,血溢脉外,"血行失度",导致血瘀于脉外而致各种血瘀证。

现代医学认为,血瘀的发生与血液成分、血流状况、血管壁的改变有关,表现为血液体循环和微循环障碍、血液高黏滞状态、血小板活化和黏附聚集、血栓形成、组织和细胞代谢异常、免疫功能障碍等多种生理、病理改变。血瘀证与血液循环障碍关系最密切,主要表现为血流流变学异常、血流动力学异常和微循环障碍。瘀血既是病理产物,又是多种疾病的致病因素,故所致疾病涉及内、外、妇、儿等各科。血瘀证临床常见于现代医学的冠心病、心绞痛、心肌梗死、缺血性脑血管疾病、血栓闭塞性脉管炎、痛经、跌打损伤等疾病。

活血化瘀药的主要药理作用如下。

1. 改善血流流变性,抗血栓形成　血流流变学是研究血液及其组成成分在血管内的流变性质及其变化规律的学科。宏观血流流变学把血液看作为连续介质,研究血液、血浆宏观流变性质,如剪切率、剪切应力与黏度的关系,以及血管壁上剪切应力分布等;微观血流流变学则研究血液内部微观结构与血流流变性的关系,如红细胞流变性(红细胞变形、红细胞聚集)、血小板流变性(血小板黏附性、血小板聚集性)、白细胞流变性(白细胞聚集、白细胞黏附)等。血瘀证多表现为血液具有"浓、黏、凝、聚"的倾向。"浓",指血液中所含的成分浓度增加,表现为血细胞比容增加,血浆蛋白、血脂浓度增高等;"黏",指血液黏稠性增加,表现为全血和血浆比黏度增大;"凝",指血液的凝固性增加,表现为血浆纤维蛋白原增多、血浆纤维蛋白原活化倾向增强、血浆复钙时间缩短、凝血速度加快;"聚",指血细胞聚集性增加,表现为血小板对各种因素,如ADP、胶原等诱导的聚集率增高,红细胞沉降率加快、红细胞电泳速度减慢等。上述血流流变性异常可致血流缓慢,血小板易于在血管内膜损伤处黏附聚集,易致血栓形成,导致全身或局部血液及微循环障碍。目前认为,活血化瘀药可通过改善以下血流流变性作用而纠正血瘀证。

(1) 降低血液黏稠度:血液成分的变化及各类血液成分间的相互作用是影响血液黏稠度的因素。如高脂血症,由于血液中脂质代谢紊乱,脂蛋白分子结构和功能改变,促进循环中的红细胞、血小板聚集性增加,致使全血黏度增高,血流速度减慢。全血比黏度、全血还原黏度和血浆比黏度增大,主要反映血液黏滞性的增加;细胞电泳时间延长和红细胞沉降率提高,反映血细胞的聚集性增加。活血化瘀药可通过调整血液的成分及成分间的相互作用而降低血液黏度,如丹参、川芎具有降低全血黏度、血浆黏度和改善红细胞变形的能力。丹参、川芎和血府逐瘀汤、补阳还五汤等均具有一定的降血脂、改善血流流变性和抗血栓形成的作用。

(2) 抑制血小板聚集:丹参、川芎、红花、益母草等大多数活血化瘀药能减少或抑制血小板黏附和聚集。作用机制主要如下。① 抑制PAF释放:PAF是由血小板和多种炎症细胞产生的一种内源性磷脂,是迄今发现最强的血小板聚集诱导剂。丹参、川芎、当归和银杏内酯等有抗PAF作用。② 升高血小板内cAMP水平:cAMP是血小板活化抑制性第二信使,血小板中cAMP增加时可促进Ca^{2+}摄取,抑制其释放,降低血小板内游离Ca^{2+}水平,而抑制血小板的活化。丹参、川芎、川芎嗪等能升高血小板内cAMP水平。③ 抑制血小板磷酸肌醇系统:磷酸肌醇裂解产物三磷酸肌醇(inositol 1,4,5-triphosphate,IP_3)和二酰甘油(diglyceride,diacylglycerol,DG)作为第二信使在血小板活化中起重要作用。阿魏酸、川芎嗪能抑制磷酸肌醇裂解,从而抑制血小板活化。④ 抑制TXA_2合成和释放,升高PGI_2水平:TXA_2具有很强的促进血小板聚集作用,而PGI_2是TXA_2生理拮抗剂,可抑制血小板聚集。丹参、川芎等可降低血浆TXA_2含量及TXA_2/PGI_2比值。⑤ 钙拮抗作用:能使血小板胞质Ca^{2+}浓度升高,血小板聚集性增强。川芎、当归、桃仁及川芎嗪等有一定的钙拮抗作用。⑥ 抑制5-HT释放:5-HT是血小板活化时从致密颗粒释放的活性物质,能导致血管收缩和血小板进一步聚集。丹参、川芎等可抑制5-HT释放。

(3) 提高纤溶酶活性:丹参、红花、益母草等活血化瘀药能提高纤溶酶活性,促进已形成的纤维蛋白溶解,从而抗血栓形成。

(4) 抗凝血:丹参、川芎、赤芍、益母草、三棱、桃仁、水蛭等具有抗凝血作用。丹参酮ⅡA磺酸钠的抗凝效应主要是延长凝血酶原时间。红花与白芍合用有协同抗凝作用,使凝血酶原时间和凝血酶时间延长。

2. 改善血流动力学　血流动力学是研究血液在血管中流动的力学,包括血流量、血压、血流阻力等。血流动力学异常可使某些器官或部位的循环障碍,表现为血管痉挛、狭窄或闭塞,血管阻力增加,器官血流量减少。如冠心病患者冠脉供血、供氧不足,缺血性卒中患者脑循环障碍。活血化瘀药能扩张外周血管、降低外周阻力,增加器官血流量。川芎、红花、丹参、益母草、赤芍、延胡索等活血化瘀药具有扩张冠状动脉,增加冠脉流量及心肌营养血流量的作用,从而改善心肌供血、供氧。

3. 改善微循环 微循环一般是指微动脉与微静脉之间的微血管血液循环。血瘀证患者微循环障碍时常表现为微血管血流缓慢、淤滞,微血管内血栓形成,从而导致微血管缩窄或闭塞而阻塞微循环通路;同时,由于纤维蛋白降解物增多,增强组胺、激肽类物质作用,部分微血管区段扩张,通透性增加,血浆大量渗出,可造成局部血液浓缩,流动性降低,血管内红细胞聚集。大多数活血化瘀药具有不同程度的改善微循环障碍的作用,其主要作用环节为:① 改善微血流,使流动缓慢的血流加速。② 改善微血管形态;能解除微血管痉挛,使微血管襻顶淤血减少或消失,微血管轮廓清晰,形态趋于正常。③ 降低毛细血管通透性,使微血管周围渗血减少或消失。

4. 保护血管内皮系统功能 血管内皮对调节心、脑等重要脏器血流量具有重要影响。血管内皮细胞(vascular endothelial cell, VCEC)不仅是血液和血管平滑肌间的屏障,而且通过调控其合成的多种血管活性物质,对血管的舒缩功能及血流的流动性发挥着重要的调节作用,其中血浆 NO、ET 和 NOS 水平的高低可反映血管内皮的功能状态。活血化瘀药对急性心肌缺血动物可抑制 ET 分泌,提高 NOS 活性和 NO 水平,从而改善心肌缺血。活血化瘀药能增加缺血再灌注脑组织 NOS 活性,促进 NO 合成,发挥抗脑缺血作用。而在某些病理情况下,又能防止脑组织 NOS 活性和 NO 含量过度升高,避免过多的 NO 对神经元的毒性损害。

5. 其他作用

(1) 抗组织缺血损伤:缺血损伤时细胞间黏附分子表达上调,促进白细胞黏附、活化并产生大量的氧自由基和炎症因子如 TNF-α、IL-1β、IL-6、IL-8 等。活血化瘀药具有抑制缺血组织细胞间黏附分子表达上调、降低白细胞黏附率、抑制白细胞活化、清除氧自由基等作用,这是其抗组织缺血损伤的部分机制。

(2) 抑制组织异常增生:血管平滑肌细胞异常增生是高血压导致动脉粥样硬化和血管成形术后再狭窄的病理基础。活血化瘀药可抑制血管平滑肌细胞的迁移、增殖并诱导其凋亡,还可抑制胶原合成,促进其分解,防止组织异常增生。

(3) 镇痛:中医学有"瘀者不通,不通则痛"之说,疼痛是血瘀的重要症状之一。延胡索、乳香、没药等具有活血止痛功效的中药具有较强的镇痛作用。

综上所述,活血化瘀药的疏通血脉、祛除瘀血功效与其改善血流流变性、抗血栓形成、改善血流动力学、改善微循环等作用有关。

第二节 常用药物

丹参

本品为唇形科植物丹参 *Salvia miltiorrhiza* Bge.的干燥根及根茎。

丹参的有效成分分为水溶性和脂溶性两大类,其中水溶性主要是酚酸类和丹参多糖,如丹参酸(salvianic acid)A、B、C(丹参酸A又称为丹参素),丹酚酸(salvianolic acid)A、B、C、D、E、F、G、H、I、J等。丹参的脂溶性成分主要是二萜醌类化合物,现已分到40余种,包括丹参酮类(邻醌型)和罗列酮类(邻羟基对醌型)、如丹参酮Ⅰ(tanshinone Ⅰ)、二氢丹参酮Ⅰ(dihydrotanshinone Ⅰ)、丹参酮ⅡA(tanshinone ⅡA)、丹参酮ⅡB(tanshinone ⅡB)、异丹参酮Ⅰ(isotanshinone Ⅰ)、隐丹参酮Ⅰ(cryptotanshinone Ⅰ)等化合物。

丹参酮ⅡA

丹酚酸A

丹酚酸B

丹参味苦,性微寒。归心、肝经。具有活血祛瘀、通经止痛、清心除烦、凉血消痈的功效。用于胸痹心痛、脘腹胁痛、癥瘕积聚、热痹疼痛、心烦不眠、月经不调、痛经经闭、疮疡肿痛。

【药理作用】

1. **改善血流流变性** 丹参可降低实验动物全血黏度和血浆黏度,加快红细胞电泳速度,增加红细胞变形能力,降低白细胞黏附性,改善血流流变性。丹参对血瘀证患者血液的"浓、黏、凝、聚"倾向有较好的改善作用,如使冠心病、心肌梗死等患者的血液黏稠度、血细胞比容、纤维蛋白原等均有不同程度的降低,这主要与以下几方面作用有关。

(1)抑制血小板聚集:丹参酮ⅡA磺酸钠、丹参素、丹酚酸等均能抑制由ADP诱导的血小板聚集,这主要与其抑制磷酸二酯酶和血小板肌动蛋白激酶活性,从而使血小板内cAMP增多。TXA_2的合成与释放减少有关。

(2)抗凝血、激活纤溶系统:丹参素、丹参酮为抗凝作用的有效成分,其中丹参酮作用较强。丹参酮ⅡA磺酸钠可延长凝血酶原复钙时间和白陶土部分凝血活酶时间,丹参素也可延长凝血酶原时间,两者还可通过激活纤溶酶原-纤溶酶系统使纤维蛋白裂解而产生纤溶作用,促进血栓溶解。大剂量丹参注射液静脉注射可延长出、凝血时间。

(3)降血脂、抗动脉粥样硬化:丹参及其主要有效成分丹参酮ⅡA、丹酚酸B均可降低血浆三酰甘油,缩小主动脉粥样硬化斑块面积及降低主动脉壁的胆固醇含量。丹参素可减少细胞内胆固醇合成,抗脂蛋白氧化,使氧化脂蛋白对细胞的毒性作用减弱,具有抗动脉粥样硬化作用,其作用机制主要与调节脂质代谢、抗氧化、抑制细胞黏附、改善血流流变性及影响动脉粥样硬化相关基因表达等有关。

2. **抗血栓形成** 丹参酮ⅡA磺酸钠、丹参素、丹酚酸能抑制体外血栓形成,延长血栓形成时间,缩短血栓长度,减轻血栓重量。其抗血栓形成机制主要与抗凝血、抑制血小板聚集、激活纤溶系统、促进纤维蛋白裂解、影响前列腺素代谢等作用有关。丹参还可以通过抗氧化作用保护内皮细胞以预防深静脉血栓形成。

3. 改善微循环　丹参注射液可增加外周微循环障碍模型动物的微循环血流量和毛细血管网开放数目,扩张收缩状态的微动脉,促进侧支循环的建立。

4. 改善血流动力学　丹参具有直接扩张血管作用。丹参注射液、丹酚酸、丹参素、丹参酮ⅡA磺酸钠等可使心肌、脑、肾脏的供血量增加。丹参增加组织供血作用除与其扩血管作用有关外,还与其改善血液流变性和微循环有关。

5. 抗心肌缺血、防治心肌肥厚　丹参、丹参酮ⅡA磺酸钠、丹参素等对心肌缺血有保护作用,可增加冠脉血流量。丹酚酸、丹参酮ⅡA磺酸钠能缩小结扎冠脉左前降支引起的犬、猫心肌梗死范围。丹酚酸B可降低急性心肌缺血模型大鼠的左室舒张末期压,升高左室内压最大上升及下降速率,大剂量使用可提高左室收缩和舒张功能。丹参对心肌缺血再灌注损伤的治疗效果明显,其抗心肌缺血作用与以下几个方面有关:① 扩张冠脉,促进侧支循环开放,增加缺血区心肌血氧供应。② 调节心肌细胞的能量代谢,抑制细胞内游离钙超载。③ 降低脂质过氧化反应,减少细胞凋亡。④ 减慢心率,降低心肌耗氧量,扩张外周血管,减轻心脏负荷。⑤ 抑制炎症反应,调控凋亡蛋白与抗凋亡蛋白的平衡。

丹参能拮抗心室重构,抑制心脏局部醛固酮的合成,预防和逆转高血压左室肥厚。其中,丹参酮ⅡA可以逆转血管紧张素Ⅱ所致的心肌细胞肥大和心肌细胞蛋白合成速率增加,抑制心肌细胞的凋亡。此外,丹参酮通过减少钙内流、缩短动作电位时程而预防心律失常的发生。

6. 抗脑缺血　丹参能降低缺血所致脑卒中的发生率和死亡率,减轻脑水肿,改善脑组织微循环,减少脑缺血时兴奋性氨基酸的释放,减轻缺血再灌注后神经元死亡。丹参酮ⅡA对大鼠的局灶性脑缺血再灌注损伤有较好的保护作用,这与其改善脑线粒体能量代谢、抗组织氧自由基损伤和抗NO神经毒作用有关。丹参酮ⅡA磺酸钠注射液还能降低急性脑梗死患者D-二聚体水平(D-二聚体是一个特异性的纤溶过程标记物,机体血管内有活化的血栓形成及纤维溶解活动等均可导致D-二聚体升高),减缓血栓形成。丹酚酸可抑制缺血脑组织iNOS活性,从而防止NO含量过高,并可升高大脑能荷值和磷酸肌酸的含量,增强Na^+-K^+-ATP酶和Ca^{2+}-ATP酶的活性,改善脑缺血能量代谢,保护缺血性神经元损伤。乙酰丹酚酸A是丹参有效成分的衍生物,可预防大鼠大脑中动脉血栓形成,降低脑梗死范围,改善行为障碍。丹酚酸A、B及总丹酚酸对小鼠脑缺血再灌注引起的脑损伤有保护作用。

7. 促进组织的修复与再生　丹参能促进肝、骨、皮肤、伤口等多种组织的修复与再生,其中对肝组织的修复与再生作用较好。

(1) 保肝益肾:丹参可减轻乙醇、CCl_4所致的急慢性肝损伤模型的肝坏死和炎症反应,促进肝细胞再生及修复,防治肝纤维化。其作用机制主要与以下几方面有关:① 改善肝内微循环障碍。② 清除氧自由基、抗组织过氧化损伤。③ 阻滞Ca^{2+}内流。

丹酚酸B可改善肾功能,提高尿中PGE_2的排泄量,降低血清尿素氮和肌酐水平,升高谷胱甘肽含量,降低MDA含量,并对花生四烯酸代谢过程中的环氧酶活性有抑制作用,其肾脏保护机制可能与增强机体抗氧化损伤能力、减轻脂质过氧化损伤和影响前列腺素代谢等作用相关。丹参通过减少炎症细胞浸润,保护肾小球毛细血管,减少肾小管上皮细胞脱落和坏死,改善重症急性胰腺炎与梗阻性黄疸模型大鼠的肾脏病理改变,还可以保护腺嘌呤所致的慢性肾功能衰竭。

（2）促进骨折愈合：丹参主要通过改善骨折处局部血液供应,促进软骨细胞向成骨细胞转化,加速成纤维细胞生长,促进骨折部位纤维骨痂、原始骨痂、继发性骨痂的形成,对骨折愈合起促进作用。

（3）促进皮肤、伤口的愈合：疮疡、烧伤后期等残余创面长期不愈合主要与局部血液循环障碍和金黄色葡萄球菌感染有关。丹参酮可改善微循环,增加创面血管生长因子和成纤维细胞生长因子含量,促进新生毛细血管和成纤维细胞、上皮细胞的新陈代谢,加速创面的愈合,还可有效促进大鼠放射损伤合并局部创伤的溃疡和表皮创面愈合。

8. 其他作用 丹参注射液和丹参酮ⅡA还能抑制多种原因所致肺水肿,增加肺组织对放射性损伤的耐受,缓解博莱霉素所致的肺纤维化;改善出血性休克、缺血再灌注及多种物质引起的肾功能衰竭;促进乙酸、乙醇所致的大鼠胃黏膜溃疡愈合,防止复发。丹酚酸B可有效清除超氧阴离子和羟基自由基,抑制脂质过氧化反应,对DNA损伤有保护作用。丹酚酸A、B及总丹酚酸对樟柳碱或东莨菪碱引起的小鼠记忆获得障碍也具有改善作用。此外,丹参多糖还可促进肿瘤患者外周血T淋巴细胞的增殖,增强T淋巴细胞的细胞毒性,从而发挥抗肿瘤作用。

综上所述,丹参的活血祛瘀、通经止痛、清心除烦、凉血消痈功效与改善血流流变性、抗血栓形成、改善微循环、改善血流动力学、抗心肌缺血、防治心肌肥厚、抗脑缺血、促进组织修复与再生等多种药理作用有关。其主要有效成分是丹参酮、丹参素、丹酚酸等。

【**药代动力学**】

给大鼠或小鼠静脉注射^{35}S-丹参酮ⅡA磺酸钠,肝中分布最多,脾、肺、心、消化道次之,72 h后血中残留基本被清除。大鼠静脉注射丹参酮ⅡA的药-时曲线符合二室模型,血浆中丹参酮ⅡA迅速下降,表观分布容积大,$t_{1/2\alpha}$约5.3 min,$t_{1/2\beta}$约126 min。

隐丹参酮可从胃肠道吸收,以肝、肺分布最多,隐丹参酮及其活性代谢产物丹参酮ⅡA在血中维持的浓度较低,且消除较快。单剂量隐丹参酮静脉注射后,在猪体内的药代动力学模型为二室开放模型,$t_{1/2\alpha}$为2.4 min,$t_{1/2\beta}$为65 min,以脑、肺、心分布最多,易通过血脑屏障,以原形排出较少。

丹参素家兔静脉注射的药代动力学符合二室开放模型,$t_{1/2\alpha}$约0.17 h,$t_{1/2\beta}$为1.69 h。

健康志愿者口服丹参水煎剂200 ml(含丹参素20 mg)后消除半衰期$t_{1/2}$为1 h;丹参素可以原形从肾脏排泄,8 h内的累积尿药排泄率约为14%。

丹酚酸B有很高的血浆蛋白结合率,人血浆蛋白结合率和大鼠血浆蛋白结合率分别为89%和93%。

【**现代应用**】

1. 冠心病 丹参治疗冠心病、心绞痛、心肌梗死等,有较好的疗效,可减少心绞痛发作次数,不同程度地改善缺血心电图直至恢复正常。常用口服制剂有丹参片、丹参颗粒、丹参胶囊、丹参滴丸、复方丹参片、复方丹参胶囊等,丹参注射液、丹参酮ⅡA磺酸钠注射液疗效快于口服给药。注射用丹参多酚酸盐用于冠心病稳定型Ⅰ、Ⅱ级心绞痛,中医辨证为心血瘀阻证者,疗效较佳。

2. 脑缺血 丹参及其复方可治疗缺血性卒中,能改善患者症状和体征。

3. 肝炎和早期肝硬化 丹参广泛应用于迁延性、慢性肝炎和肝纤维化、早期肝硬化等各种肝病,可减轻症状,促进肝功能恢复。

4. 慢性肾功能不全 丹参可改善肾功能,临床上注射用丹参多酚酸盐、复方丹参注射液和以丹参为主要成分的复方制剂常用于慢性肾功能不全或肾衰竭患者的治疗。

此外,丹参制剂还可用于治疗血栓栓塞性疾病、病毒性心肌炎、肺源性心脏病、消化性溃疡、骨折、宫颈糜烂、痤疮、银屑病等。

【不良反应】

丹参注射液偶可引起注射部位红肿、疼痛和全身乏力、嗜睡、头痛、呃逆等；还可出现过敏性药疹、丘疹样荨麻疹，甚至过敏性休克。

川芎

本品为伞形科植物川芎 *Ligusticum chuanxiong* Hort.的干燥根茎。

川芎主要含生物碱、多糖、酚性成分及挥发油。生物碱主要有四甲基吡嗪（tetramethylpyrazine，又名川芎嗪，chuanxiongzine）；酚性成分有阿魏酸（ferulic acid）、大黄酸（chrysophanic acid）等；川芎挥发油主要成分为内酯类，包括藁本内酯（ligustilide）、丁基苯酞（butylphthalide）、3-丁叉苯酞（3-butylidenephthalide，又名丁烯基苯酞、亚丁基苯酞）、新蛇床内酯（neocinidilide）等。

川芎嗪　　阿魏酸　　藁本内酯

川芎味辛，性温。归肝、胆、心包经。具有活血行气、祛风止痛的功效。用于胸痹心痛、胸胁刺痛、跌仆肿痛、月经不调、经闭痛经、癥瘕腹痛、头痛、风湿痹痛。

【药理作用】

1. 对心血管系统的作用

（1）扩张血管、降低血压：川芎生物碱及酚性成分可以扩张冠脉，增加冠脉血流量，使心肌供氧量增加，也可扩张脑血管和肢体血管，能抑制氯化钾和去甲肾上腺素对家兔、大鼠离体胸主动脉条的收缩作用。川芎嗪能扩张犬的多种离体动脉条，如股动脉、冠状动脉、肠系膜动脉等。川芎嗪对大鼠离体主动脉的扩张血管作用与其阻断α受体、开放小电导钙激活钾通道（small conductance calcium activated potassium channel，SK_{Ca}）和ATP敏感型钾通道（ATP-sensitive potassium channel，K_{ATP}）等有关。

灌胃给予不同剂量川芎、川芎总生物碱、川芎嗪均能降低麻醉犬的外周阻力，对高血压大鼠产生不同程度的降压作用。川芎嗪能改善去甲肾上腺素造成的金黄地鼠微循环障碍，使微血管口径扩大，血液流速、流量及毛细血管开放数目增加。

（2）抗心肌缺血：川芎可改善异丙肾上腺素所致大鼠心肌缺血，垂体后叶素所致的家兔、小鼠心肌缺血。对结扎冠脉所致犬、家兔心肌梗死模型，川芎、川芎嗪、阿魏酸等能缩小梗死面积，减轻心肌损伤程度，其主要机制与扩张冠状动脉、降低心肌耗氧量、增强心肌耐缺氧能力、清除氧自由基、保护冠脉内皮细胞、促进心肌细胞能量代谢及钙拮抗等有关。

2. 抗脑缺血　　川芎苯酞、川芎嗪能明显改善大脑中动脉栓塞所致脑缺血大鼠的行为障碍，缩小脑缺血区梗死面积，保护神经元，减少脑水肿。川芎治疗缺血性脑血管疾病的主要药理学基础是可扩张脑血管，改善微循环，提高缺血脑线粒体膜的流动性，降低细胞内 Ca^{2+} 的超载，保护脑细

胞膜 Ca^{2+}/Mg^{2+}-ATP 酶活性。川芎嗪还能抑制家兔脑缺血再灌注期间血浆及脑组织脂质过氧化反应。川芎嗪、阿魏酸钠也可显著增加心脑复苏模型犬的脑血流量，对脑缺血再灌注损伤有明显的保护作用。Z-藁本内酯经鼻内预处理，可预防脑缺血。

3. 抑制血小板聚集、抗血栓形成 川芎可抑制 ADP 诱导的大鼠血小板聚集，改善大鼠血流流变性；对已聚集的血小板有解聚作用。川芎能抗体外血栓形成，能抑制大、小鼠体内血栓的形成。川芎抗血小板聚集、血栓形成的有效成分主要是川芎嗪、阿魏酸、苯酞。其作用机制主要有：① 抑制血小板花生四烯酸代谢，调节 TXA_2/PGI_2 的平衡。② 增加血小板 cAMP 含量，抑制血小板聚集和释放反应。③ 使血小板内 Ca^{2+} 浓度降低，减弱 Ca^{2+} 对血小板的激活效应。④ 增强 NOS 的活性，刺激血小板中 NO 的生成。

4. 松弛平滑肌 川芎生物碱、阿魏酸、内酯类对子宫平滑肌有解痉作用，内酯中以藁本内酯、丁基苯酞、3-丁叉苯酞为主要解痉成分，这一作用与其临床用于调经止痛的功效相关。川芎嗪还对白三烯 C_4 和 D_4、组胺、$PGF_{2\alpha}$、乙酰胆碱、氯化钡所致豚鼠离体气管条、肺动脉条的平滑肌收缩有一定抑制作用。

5. 其他作用 川芎可通过减轻氧化应激和炎症反应，从而减轻 D-半乳糖诱导的小鼠肝、肾损伤。川芎嗪能减轻兔、鼠的肝缺血再灌注损伤；可抑制大鼠应激性胃溃疡的发生；增加肾血流量，减轻肾小球的病理损害和保护肾功能。川芎嗪和川芎总苯酞还具有抗动脉粥样硬化作用。

综上所述，川芎的活血行气、祛风止痛功效与其扩张血管、降血压、抗心肌缺血、抗脑缺血、抑制血小板聚集和抗血栓、松弛平滑肌等作用有关。其主要有效成分是川芎嗪、阿魏酸、苯酞类成分等。

【**药代动力学**】

用 ^{14}C-川芎嗪给大鼠尾静脉注射后，血浆半衰期为 25 min，肝脏摄取率最高，其他依次为心脏、脾、脑、睾丸、肺、肾、肌肉、血浆，能通过血脑屏障。川芎嗪经生物转化后消除。正常人口服磷酸川芎嗪的药代动力学符合二室开放模型。

给大鼠静脉注射和灌胃阿魏酸后，主要分布在肝、肾和血液中，可通过胎盘屏障，分布于羊水、胎盘和胎体中，血浆蛋白结合率较低。给大鼠静脉注射、肌内注射和灌胃 ^3H-阿魏酸后，药-时曲线呈二室开放模型。

【**现代应用**】

1. 缺血性脑病 川芎及其制剂，如磷酸川芎嗪片、盐酸川芎嗪氯化钠注射液治疗脑供血不足、脑血栓形成、脑栓塞引起的脑梗死及脑外伤失语、新生儿缺血缺氧性脑病等有较好疗效。

2. 冠心病 川芎及其制剂治疗冠心病，可缓解症状，改善心电图，减少硝酸甘油的用量。

3. 血栓闭塞性脉管炎、动脉粥样硬化 川芎及其制剂有较好疗效。

4. 泌尿系统疾病 川芎及其复方可用于治疗慢性肾功能衰竭等疾病。

5. 呼吸系统疾病 川芎及其复方可用于治疗肺源性心脏病、肺纤维化、毛细支气管炎、哮喘性支气管炎、支气管哮喘等疾病。

此外，川芎及其制剂还可用于治疗高黏血症、突发性耳聋、偏头痛、过敏性紫癜、眩晕症等疾病。

【**不良反应**】

川芎嗪静脉滴注可偶发过敏反应，表现为轻度呼吸困难，全身皮肤出现斑丘疹、瘙痒等。大剂量川芎可引起剧烈头痛。

银杏叶

本品为银杏科植物银杏 *Ginkgo biloba* L.的干燥叶。

银杏叶主要含黄酮类化合物和萜烯内酯类化合物。黄酮类化合物约30多种,其含量在总提取物中占22.0%~27.0%,按化学结构,黄酮类又可分为单黄酮类、双黄酮类和儿茶素类,包括槲皮素(quercetin)、山柰黄素(kaempferol)、银杏双黄酮(银杏黄素,ginkgetin)、异银杏双黄酮(异银杏黄素,isoginkgetin)、7-去甲基银杏双黄酮(白果黄素,bilobetin)等。萜烯内酯类化合物在总提取物中含5.0%~7.0%,可分为二萜类和倍半萜类,其中二萜类主要有银杏内酯(ginkgolide)A,B,C,M,J等,占2.8%~3.4%;倍半萜类主要有白果内酯(bilobalide)A,占2.6%~3.2%。此外,还含有生物碱、氨基酸、多糖、酚类、微量元素等其他成分。

银杏叶味甘、苦、涩,性平。归心、肺经。具有活血化瘀、通络止痛、敛肺平喘、化浊降脂的功效。用于瘀血阻络、胸痹心痛、卒中偏瘫、肺虚咳喘、高脂血症。

【药理作用】

1. **改善血流流变性、抗血栓形成**　血栓形成与血小板聚集、血液黏度等多种因素有关。银杏内酯和银杏总黄酮均有降低血液黏度的作用。银杏叶制剂可使冠心病、慢性肺源性心脏病急性加重期及老年高血压患者高切全血黏度、低切全血黏度、血小板聚集率、纤维蛋白原、血细胞比容、红细胞聚集指数均降低。银杏内酯A、B、C、M、J和白果内酯均是天然PAF受体拮抗剂,可抑制血小板聚集,其中银杏内酯B的抗PAF的选择性最高,活性最强。此外,银杏双黄酮类化合物对胶原和ADP诱导的血小板聚集有抑制作用。异银杏双黄酮能缩短体外血栓长度,减轻血栓湿重、干重。银杏叶总黄酮能对抗胶原-肾上腺素所致的小鼠体内血栓形成,表明银杏叶可抑制体内外血栓的形成。

2. **改善微循环**　银杏叶注射液对内毒素所引起的微循环障碍有拮抗作用,可减轻小动脉痉挛,使小静脉血流速度减慢得到改善。

3. **抗心肌缺血**　多种动物实验表明,银杏叶提取物(Ginko Biloba extract,GbE)能扩张冠状动脉,增加冠脉血流量,对心肌缺血及心肌缺血再灌注损伤有保护作用。GbE、银杏内酯均能减轻犬冠脉前降支结扎所致心肌缺血范围,降低心肌耗氧量,并能增强缺血再灌注损伤时心肌收缩力,改善急性心肌梗死时心脏的泵血功能,降低心律失常的发生率。

4. **抗脑缺血损伤**　GbE、银杏黄酮、银杏内酯可扩张脑血管,增加脑血流量,降低缺血脑组织的含水量和脑组织毛细血管的通透性,减小脑缺血所造成的脑梗死体积,对脑缺血有保护作用。GbE对抗脑缺血和脑水肿的作用可能与下列机制有关:① 防止缺血缺氧引起的氧化磷酸化脱偶联反应,阻止脑缺血造成的细胞膜的离子转运紊乱,从而抑制细胞内的Ca^{2+}超载对脑细胞的损伤。② 具有内皮依赖性扩张脑血管作用,能抑制血管ET生成,促进NO释放,从而扩张血管,降低脑血管阻力,改善缺血区供血。③ 能抗氧化应激,抑制缺血区域脑组织过氧化损伤。④ 抑制PAF引起的血小板异常聚集、红细胞聚集,降低血浆黏度、全血黏度,改善血流流变性和抗血栓形成。⑤ 保护神经细胞。脑缺血后神经元兴奋性提高,谷氨酸含量剧增,过量的谷氨酸可加重神经元损伤。GbE及银杏内酯能降低细胞内Ca^{2+}浓度,对抗谷氨酸的神经毒性作用,促进神经再生与修复。

5. **改善学习记忆**　老年性痴呆与老年性记忆减退患者的脑内中枢M胆碱受体减少,胆碱乙酰转移酶活性降低。长期服用GbE能增加中枢尤其是海马部位的M胆碱受体数目,有利于脑缺血性损伤记忆功能的恢复,也有利于老年性痴呆与老年性记忆减退患者记忆功能改善。GbE还能抑制海马乙酰胆碱酯酶活性,增强胆碱乙酰转移酶活性,从而增加中枢乙酰胆碱的含量。银杏改善学习记忆作用与增强胆碱能神经功能和促进脑血流等作用有关。

6. **平喘** 哮喘是以呼吸道高反应性和呼吸道炎症并存为特征的气道慢性炎症性疾病。GbE能松弛支气管平滑肌,并能对抗组胺、乙酰胆碱引起的支气管痉挛。PAF是收缩气管的重要物质,白果内酯是PAF受体拮抗剂,可与该受体结合,抑制PAF和卵清蛋白诱导的支气管收缩反应,阻止抗原所致的支气管痉挛。银杏内酯对气道的嗜酸性粒细胞、炎性细胞浸润,气道上皮细胞损伤、脱落,黏液分泌,均有明显减轻作用。

7. **其他作用**

(1) 调血脂:GbE和银杏黄酮能降低高脂血症大鼠的血清和肝脏中TC、TG水平,提高血浆HDL-C含量,降低LDL-C含量、动脉硬化指数(atherosclerosis index, AI)及LDL-C/HDL-C的比值。

(2) 抗氧化应激:GbE中的还原性羟基功能团可清除自由基,提高SOD活性,抑制过氧化脂质生成,抗组织过氧化损伤。

(3) 增强机体免疫功能:GbE能促进正常和免疫功能低下动物免疫器官的发育,提高单核巨噬细胞的吞噬能力,对老年鼠脾脏自然杀伤细胞有增强作用,促进抗体的生成,增强机体的体液免疫功能。促进T淋巴细胞增殖,增强细胞免疫,促进细胞因子的分泌。

综上所述,银杏叶的活血化瘀、止痛、敛肺、平喘功效与改善血流流变学、抗血栓形成、改善微循环、抗心肌缺血、抗脑缺血、平喘等作用有关。其主要有效成分是黄酮类与内酯类化合物。

【药代动力学】

给予大鼠银杏叶提取物灌胃后,血浆中槲皮素、异鼠李素和山柰酚的$t_{1/2\beta}$分别为4 h、7 h、4 h,3个黄酮类成分在大鼠血浆中都显示二次达峰现象,双吸收峰的产生与黄酮糖苷类成分特殊的吸收机制有关。

大鼠静脉注射银杏叶黄酮类成分,槲皮素的药动学符合二房室模型,半衰期为7.8 min,山柰素和异鼠李素的药动学符合非房室模型,$t_{1/2\beta}$为14 h左右。

银杏黄酮类化合物主要是以苷元的形式被吸收,在血浆、尿液中几乎检测不到银杏黄酮的苷或苷元形式,以糖苷为主要成分的银杏叶提取物在体内仅有少部分转化为苷元。银杏黄酮类成分在体内主要以Ⅱ相代谢产物存在,其主要代谢途径为葡醛酸结合反应,介导其Ⅱ相代谢的主要酶为UGT1A9,在银杏黄酮的3种苷元(槲皮素、山柰酚、异鼠李素)中对槲皮素的代谢能力最强。银杏黄酮类成分能抑制CYP3A酶的活性。

大鼠静脉注射银杏萜内酯后,银杏内酯A、B、C及白果内酯的AUC分别为228 μg·h/L、140 μg·h/L、110 μg·h/L、33.3 μg·h/L,半衰期分别为0.97 h、1.02 h、0.67 h、1.13 h,银杏萜内酯的代谢也以Ⅱ相代谢为主。

银杏叶提取物主要成分银杏黄酮及银杏萜内酯的药动学特征主要受药物本身理化性质和机体胃肠道环境(溶解度、膜透过性、外排转运器的参与、广泛代谢等)的限制,其口服生物利用度较低。

【现代应用】

1. **冠心病** 银杏叶制剂如银杏片、银杏颗粒、银杏胶囊、银杏酮酯片、银杏叶提取物注射液等对冠心病心绞痛有较好的疗效,长期使用能减少心绞痛发作次数,改善心肌缺血症状。

2. **脑缺血、脑血栓** 银杏叶制剂治疗脑栓塞、脑缺血、脑血管痉挛以及外周动脉血液循环障碍等有较好的疗效。如银杏叶提取物注射液、银杏内酯注射液等适用于急性期脑梗死和脑梗死恢复期症见头晕目眩、口舌歪斜、言语謇涩、肢体麻木、头痛、半身不遂等。

3. 老年性痴呆 银杏叶提取物对血管性痴呆和阿尔茨海默病均有一定的延缓作用,长期服用可使患者认知、记忆力和注意力等有一定的改善。

4. 动脉粥样硬化 银杏叶制剂长期服用,可使高血脂患者 TC、TG 有所下降,HDL-C 有所上升,可防治动脉粥样硬化。

5. 支气管哮喘 银杏叶提取物及银杏内酯对支气管哮喘有效,可改善肺功能。

此外,银杏叶制剂对耳部血流及神经障碍如耳鸣、眩晕、听力减退、耳迷路综合征,眼部血流及神经障碍如糖尿病引起的视网膜病变及神经障碍、老年性黄斑变性、视力模糊、慢性青光眼,末梢循环障碍如各种动脉闭塞症、间歇性跛行症、手脚麻痹冰冷,以及化学性肝损伤、肺源性心脏病、慢性支气管炎等,均有一定疗效。

【不良反应】

不良反应较少。少数患者可引起食欲减退、恶心腹胀、便秘、口干、鼻塞、头晕及耳鸣等症状,个别患者可出现过敏性皮疹、过敏性休克等过敏反应。

益母草

本品为唇形科植物益母草 Leonurus japonicus Houtt.的新鲜或干燥地上部分。

益母草中主要含益母草碱(leonurine)、水苏碱(stachydrine)、益母草啶(leonuridine)、益母草宁(leonurinine)等多种生物碱。还含有槲皮素(quercetin)、芦丁(rutin)、前益母草素(prehispanolone)、益母草素(hispanolone)、前益母草乙素(preleoheterin)、芸香苷(rutoside)等。

益母草碱　　　　　　　　水苏碱

益母草味苦、辛,性微寒。归肝、心包、膀胱经。具有活血调经、利尿消肿、清热解毒的功效。用于月经不调、痛经经闭、恶露不尽、水肿尿少、疮疡肿毒。

【药理作用】

1. 调节子宫平滑肌收缩 益母草对子宫有双向调节作用,即对正常状态及收缩功能低下的子宫引起兴奋收缩,而对痉挛状态子宫则具有松弛作用。益母草的子宫兴奋作用较强,对多种动物离体、在体子宫均有兴奋作用,使子宫收缩节律加快,幅度增大,张力增强,其兴奋子宫有效成分为益母草碱;而对于缩宫素和 PGE_2 所致子宫收缩(类痛经反应),益母草则有松弛作用。益母草治疗产后子宫出血、复旧不全等主要与其兴奋子宫作用有关,而治疗痛经则与其缓解子宫过度收缩有关。

初步认为益母草兴奋子宫平滑肌作用机制与兴奋子宫平滑肌的 H_1 受体及肾上腺素 α 受体有关,通过 H_1 受体及肾上腺素 α 受体介导,影响子宫平滑肌与电活动相关离子转运。而益母草抑制子宫平滑肌作用与益母草总生物碱降低子宫平滑肌上 $PGF_{2α}$ 和 PGE_2 的含量,拮抗前列腺素作用有关。

2. **抗心肌缺血**　益母草中的生物碱是其抗心肌缺血作用的主要物质基础。益母草对急性心肌缺血损伤具有保护作用,可改善缺血引起的心电图改变,扩张冠状动脉,增加冠脉流量,减慢心率。对实验性心肌缺血再灌注损伤也有保护作用,能缩小心肌梗死面积,减少心肌细胞的坏死,对心肌细胞线粒体有保护作用。

益母草抗心肌缺血性损伤的作用环节主要涉及:① 扩张冠脉,增加心肌供血供氧。② 减轻脂质过氧化反应,降低氧自由基对心肌的损害。③ 降低心肌内 Ca^{2+} 超负荷,保护心肌细胞的结构和功能。

3. **改善血流流变性、抗血栓形成**

(1) 降低血液黏度:益母草碱、水苏碱是益母草降低血液黏度的主要成分。益母草能降低全血黏度、血浆黏度、红细胞聚集指数、血细胞比容及血浆纤维蛋白原,预防和抑制微血管血栓形成。

(2) 抑制血小板聚集:益母草及其提取物能抑制 ADP、胶原诱导的血小板聚集。此外,前益母草素是一种 PAF 的拮抗剂,能竞争性阻断血小板上的 PAF 受体产生抗血小板聚集作用。

(3) 抗血栓形成:益母草能抑制体外血栓形成,其主要表现为延长血栓形成时间,缩短血栓长度,减轻血栓重量。

4. **对泌尿系统的作用**

(1) 利尿:益母草碱、水苏碱能增加大鼠尿量,后者作用较强。其利尿作用可能与促进 Na^+ 排出,减少 K^+ 排出有关。

(2) 改善肾功能:益母草碱对甘油所引起的大鼠急性肾小管坏死模型,可降低血尿素氮含量,减轻肾组织损伤。益母草碱对庆大霉素所致的急性肾功能衰竭和对腺嘌呤所致慢性肾功能衰竭也有一定改善作用。

5. **脑保护作用**　益母草碱可通过拮抗兴奋性谷氨酸损伤、抑制自噬、保护认知障碍的突触可塑性,从而改善认知功能。益母草碱能减轻 AβPP/PS1 双转基因小鼠的认知缺陷(AβPP/PS1 双转基因小鼠可表达人类早老素和人鼠淀粉样前体融合体,人类早老素基因的 *DeltaE*9 突变会导致早发性老年痴呆),抑制小胶质细胞过度激活,促进神经元的存活。

6. **改善非酒精性脂肪肝病**　益母草乙醇提取物通过抑制脂肪生成预防脂肪肝,能抑制游离脂肪酸诱导 $HepG_2$ 细胞脂质的积累,对非酒精性脂肪肝病有改善作用。

此外,益母草还有增强机体免疫功能、抗炎镇痛、延缓衰老、降脂、兴奋呼吸中枢等作用。

综上所述,益母草的活血调经、利尿消肿功效与其调节子宫平滑肌收缩、改善血流流变性、抗血栓形成、利尿、改善肾功能等作用相关,其主要有效成分是生物碱类化合物。

【**药代动力学**】

灌胃给予大鼠益母草碱后,t_{max} 为 1 h,具有吸收快、分布迅速和代谢快的特点,主要以其代谢物益母草碱葡萄糖醛酸结合物的形式存在,消除过程符合线性动力学。大鼠静脉注射益母草碱,血药浓度-时间曲线呈二室开放模型,分布迅速,$t_{1/2\alpha}$ 为 5 min,$t_{1/2\beta}$ 为 6 h。

大鼠静脉注射盐酸水苏碱后呈二室开放模型,$t_{1/2\alpha}$ 为 12 min,$t_{1/2\beta}$ 为 101 min,表明水苏碱分布较迅速,排泄或代谢较快,尿中可检查到多种代谢产物。

【**现代应用**】

1. **产后子宫出血、复旧不全和痛经**　益母草膏、益母草流浸膏、益母草片、益母草颗粒等制剂广泛用于月经不调、痛经和产后子宫出血、子宫复旧不全等,疗效肯定,是临床安全有效的经产调理药。

2. **月经期偏头痛** 益母草注射液能减轻月经期偏头痛程度和伴随症状。

3. **冠心病、心绞痛** 益母草与其他中药组方治疗冠心病引起的心肌缺血有一定疗效。

4. **急、慢性肾炎** 益母草及以益母草为主的复方对急、慢性肾炎有一定疗效。

【不良反应】

益母草用量过大可出现毒副作用,主要表现肾小管间质损伤,可致急性肾功能衰竭,还可出现全身乏力、四肢麻木、多汗、腰痛、血尿或流产、子宫出血、血压下降,严重时甚至发生休克等症状。此外,益母草能导致过敏反应,患者出现皮肤发红、胸闷心慌、呼吸加快。生物碱类成分是益母草产生活性和导致肾毒性的主要物质基础。

影响益母草的肾脏不良反应因素包括:剂量、用药周期、植物基源基原、采收季节、复方配伍等因素。合理配伍(如与当归、川芎、木香配伍)可降低益母草的肾毒性。

红花

本品为菊科植物红花 Carthamus tinctorius L.的干燥花。

红花中主要含有色素、黄酮类、生物碱类、木脂素类、有机酸类、烷基二醇类及多炔类等。色素主要指红花黄色素和红色素,其中红花黄色素(safflor yellow, SY)为主要有效成分之一,红花黄色素中红花黄色素A(safflor yellow A, SYA)和羟基红花黄色素A(hydroxysafflor yellow A, HSYA)含量较高。黄酮类化合物主要以山柰酚为母体和以槲皮素为母体的糖苷组成。此外,还有红花苷、红花醌苷等苷类,红花多糖和亚油酸、棕榈酸、肉豆蔻酸、月桂酸、二棕榈酸、油酸等多种不饱和脂肪酸。

红花味辛,性温。归心、肝经。具有活血通经、散瘀止痛的功效。用于经闭、痛经、恶露不行、癥瘕痞块、胸痹心痛、瘀滞腹痛、胸胁刺痛、跌仆损伤、疮疡肿痛。

羟基红花黄色素A

【药理作用】

1. **抗凝血、抗血栓形成** 红花注射液和红花黄色素能延长凝血酶原时间,抑制血栓形成,降低血浆纤维蛋白原含量。抑制ADP、胶原、PAF诱导的血小板聚集,对已聚集的血小板有解聚作用。其抗血栓作用机制主要涉及以下环节:① 降低血液黏度,改善血流流变性。② 拮抗PAF受体,抑制PAF所致血小板黏附、释放及血小板内游离钙浓度的升高,从而抑制血小板的活化。③ 抑制TXA_2合成,促进PGI_2的合成。④ 提高组织型t-PA活性,降低纤溶酶原激活物抑制因子(plasminogen activator inhibitor, PAI)活性,使纤溶酶原转变为纤溶酶。

2. **扩张血管,降血压** 红花注射液和红花黄色素有扩张血管作用,能对抗由肾上腺素或去甲肾上腺素引起的血管收缩,从而降低血压。

3. **改善微循环** 红花和红花黄色素能增加外周微循环障碍模型动物的微循环血流量,使微血管扩张,微循环血流加速,毛细血管网开放数目增加。

4. **抗心、脑缺血所致损伤** 红花注射液、红花黄色素对急性心肌缺血损伤具有保护作用,能降低血清CPK和LDH的活性,并改善心肌缺血动物的血流动力学,降低冠脉阻力,增加冠脉流量,减慢心率,降低心肌耗氧量。红花注射液可改善心肌梗死大鼠左室前壁和后壁厚度,缩小左室舒张末期内径,通过升高左室收缩峰压(left ventricular systolic pressure,LVSP)、±dP/dt$_{max}$,降低左室舒张期末压(left ventricular end-diastolic pressure,LVEDP),改善心室的收缩和舒张功能,从而改善心室重构。相关作用机制有:① 减轻自由基损伤,能提高心肌 SOD 的活性,降低 MDA 含量,降低缺血心肌氧自由基浓度。② 缓解心肌缺血再灌注时心肌线粒体的损伤和 ATP 合成障碍,改善心肌能量代谢。③ 抑制 ET 的释放,增加 NO 含量,增加心肌供血供氧,改善心肌氧代谢。

红花和羟基红花黄色素 A 对脑急性缺血缺氧动物可提高其存活率,减轻脑组织病理性损伤,使异常脑电图恢复正常,对缺血脑细胞线粒体损伤有保护作用,可改善线粒体呼吸功能。红花注射液可抑制局灶性脑缺血再灌注损伤脑组织水肿和 Ca^{2+} 超载,对脑组织有保护作用。红花提取物预处理和治疗可降低模型大鼠脑梗死面积和神经功能缺损。羟基红花黄色素 A 可以通过激活己糖激酶Ⅱ蛋白,恢复线粒体能量,降低活性氧生成,抑制细胞凋亡,从而防止慢性缺氧诱导 H9c2 细胞凋亡,可通过抑制 TLR$_4$ 信号通路而缓解模型动物的心肌缺血再灌注损伤。

5. **兴奋子宫** 红花对小鼠、兔、犬等多种动物离体及在体子宫均有兴奋作用,表现为子宫收缩张力和节律均增加,大剂量甚至诱发子宫痉挛。对妊娠子宫的作用更加明显。

6. **其他作用** 红花尚有一定的降脂、免疫调节、增加胰岛素敏感性、抗疲劳的作用,羟基红花黄色素 A 能减轻小鼠肺纤维化,对大鼠酒精性肝损伤有保护作用。

综上所述,红花的活血通经、散瘀止痛功效与其抗凝血、抗血栓形成、扩张血管、改善微循环以及抗心肌缺血、抗脑缺血、兴奋子宫等作用相关,其主要成分是红花黄色素。

【药代动力学】

小鼠静脉注射红花黄色素后,血药浓度-时间曲线符合一室开放模型,$t_{1/2\beta}$ 约 42 min,红花黄色素分布较广,肝和肾中浓度最高,脑中浓度最低。

灌胃红花提取物(含羟基红花黄色素 A)和羟基红花黄色素 A 后分别检测大鼠血中羟基红花黄色素 A。体内药动学过程均符合二室模型,其药动学参数:C_{max} 分别为 4.9 mg/L、4.6 mg/L;t_{max} 均为 45 min;AUC_{0-6} 分别为 7.32 mg·h/L、8.68 mg·h/L;$t_{1/2\alpha}$ 分别为 15 min、41 min;$t_{1/2\beta}$ 分别为 1.2 h、1 h,表明红花中的羟基红花黄色素 A 在大鼠体内吸收比羟基红花黄色素 A 单体快,代谢比羟基红花黄色素 A 单体略慢,说明红花提取物中其他成分可影响羟基红花黄色素 A 的吸收和代谢。

健康受试者静脉给予羟基红花黄色素 A 后,血药浓度-时间曲线符合二室模型,$t_{1/2\beta}$ 为 3.3 h 左右,表明给予羟基红花黄色素 A 单体在健康人体内消除较为迅速。

【现代应用】

1. **冠心病** 红花常在复方中配伍使用。红花注射液、红花黄色素注射液治疗冠心病、心绞痛,可明显改善临床症状和心电图变化。

2. **脑梗死** 红花注射液对脑梗死有较好治疗作用。

3. **脉管炎** 红花及红花注射液对脉管炎有较好疗效。

此外,红花常用于治疗经闭、难产、死胎、产后恶露不行、痈肿、跌仆损伤等。

【不良反应】

少数患者在服用红花后出现口干、鼻出血、月经延长或提前、嗜睡、萎靡不振、共济失调等不良反应。

红花注射液引起的不良反应主要为过敏反应,如过敏性休克、全身性过敏反应(寒颤等)和药疹等皮肤过敏反应，还可引起剧烈头痛、诱发急性闭角型青光眼等。

超剂量红花煎剂灌胃妊娠大鼠有终止早期妊娠、延缓胚胎宫内生长，甚至引起导致胚胎死亡的毒性作用。孕妇慎用。

桃仁

本品为蔷薇科植物桃 Prunus persica (L.) Batsch 或山桃 Prusua davidiana (Carr.) Franch. 的干燥成熟种子。

桃仁中主要含有苦杏仁苷（amygdalin）。桃仁的其他化学成分包括脂质（中性脂、糖脂质、磷脂）、挥发油、甾醇、糖类（葡萄糖、蔗糖等）、蛋白质、氨基酸、维生素 B_1、苦杏仁酶、尿囊素酶（allantoinase）及微量元素 Fe、Mn、Mg 等。

桃仁味苦、甘，性平。归心、肝、大肠经。具有活血祛瘀、润肠通便、止咳平喘的功效。用于经闭痛经、癥瘕痞块、肺痈肠痈、跌仆损伤、肠燥便秘、咳嗽气喘。

【药理作用】

1. 改善血流流变性、抗血栓形成　桃仁提取物能降低寒凝血瘀证动物模型的全血黏度、血浆黏度、血细胞比容及纤维蛋白原，对血液"浓、黏、凝、聚"倾向有较好改善作用。

桃仁提取物能延长出血时间、凝血时间及实验性动脉血栓形成的时间。桃仁对 ADP 和凝血酶诱导的血小板聚集均有明显的抑制作用。

2. 改善血流动力学　桃仁提取物能降低血管阻力，增加器官血流量，对抗去甲肾上腺素收缩血管的作用。

3. 改善微循环　桃仁油能扩张动物耳郭微动脉、微静脉口径，增加毛细血管开放数量。

4. 抗组织纤维化　桃仁能增加肝血流量和提高肝组织胶原酶活性，抑制肝胶原等细胞外基质合成，促进其分解代谢，降低肝组织胶原含量，抑制肝纤维化。此外，桃仁还对乙醇、CCl_4、Fe^{2+}-半胱氨酸所致的肝损伤有保护作用。桃仁抗肝纤维化作用，与提高肝血流量和肝组织胶原酶活性，以及提高抗氧化能力、抑制脂质过氧化损伤有关。抗肝纤维化的主要成分是苦杏仁苷。

桃仁还可改善慢性肾纤维化动物肾组织病变，减缓肾间质的慢性炎症反应，调节细胞外基质降解失衡，减少细胞外基质的形成，减缓肾小管上皮细胞的转分化，延缓肾间质纤维的形成。

5. 抗炎、镇痛　桃仁提取物有较好的抗炎作用，对多种急性、慢性炎症模型都有抑制作用。桃仁提取物对化学刺激引起的疼痛有镇痛作用。桃仁抗炎作用的主要成分是苦杏仁苷。

6. 其他作用

(1) 镇咳：苦杏仁苷经肠道细菌水解后产生氢氰酸和苯甲醛，氢氰酸具有中枢镇咳作用。

(2) 改善学习记忆：桃仁提取物对痴呆动物空间学习记忆有改善作用，能提高 AD 模型动物大脑海马和皮质区 ChAT 活性，维持脑内 ACh 含量的动态平衡。

(3) 泻下：桃仁中含 45% 脂肪油，可润滑肠道，利于排便，属于润滑性泻药。

此外，桃仁尚有增强子宫平滑肌收缩、抗过敏、提高机体体液免疫等作用。

综上所述，桃仁的活血祛瘀、润肠通便功效与其改善血流动力学、抗凝血、抗血栓形成、抗炎、镇痛、泻下等作用相关，其主要有效成分是苦杏仁苷和脂类化合物。

【药代动力学】

大鼠灌服桃仁水提取液后，有效成分苦杏仁苷血药浓度-时间曲线符合一室开放模型。苦杏仁苷达峰时间为 13 min，消除相半衰期为 33 min，3 h 内即可消除完全。桃仁中富含的多种化学成分如油脂类、糖类、蛋白质类等物质，均有可能影响苦杏仁苷在大鼠体内的代谢过程。

【现代应用】

1. **早期肝硬化** 对多种原因所致肝纤维化有一定疗效。
2. **便秘** 常配伍火麻仁、郁李仁等治疗，其所含脂肪油起润肠通便作用。
3. **闭经、痛经** 常与红花、当归等配伍，发挥镇痛作用。

【不良反应】

临床应用桃仁过量可引起中枢神经系统症状，如眩晕、头痛、烦躁不安、瞳孔扩大、神志不清、抽搐；还能损害呼吸系统引起呼吸麻痹而死亡。

桃仁过量中毒是由于所含苦杏仁苷口服后在体内分解产生氢氰酸，氢氰酸与细胞线粒体内氧化型细胞色素氧化酶的 Fe^{3+} 结合形成氰化高铁细胞色素氧化酶，使之不能还原成还原型细胞色素氧化酶，以致呼吸链中断，使组织不能利用氧，导致组织缺氧。苦杏仁苷的毒性与给药途径有关系，以口服毒性最大。动物试验中，大剂量桃仁有一定的致突变和致畸作用。

延胡索

本品为罂粟科植物延胡索 *Corydalis yanhusuo* W. T. Wang 的干燥块茎。

延胡索含大量生物碱，已被鉴定的生物碱达 60 多种，其中延胡索乙素(dl-tetrahydropalmatine, dl - THP，消旋四氢巴马汀)、延胡索甲素(d-corydaline，延胡索碱)、延胡索丑素(corydalis L)和去氢延胡索甲素(去氢延胡索碱，dehydrocorydaline)的生物活性较强。延胡索乙素是延胡索的主要有效成分，其旋光异构体左旋四氢巴马汀(l - THP)，又名颅通定(rotundine)，有很好的镇痛效应。除生物碱外，延胡索尚含有大量淀粉，少量黏液质、树脂、挥发油等。

延胡索甲素　　　　　　　　延胡索乙素

延胡索味辛、苦，性温。归肝、脾经。具有活血、利气、止痛的功效。用于胸胁脘腹疼痛、经闭痛经、产后瘀阻、跌仆肿痛。

【药理作用】

1. **镇痛**　《本草纲目》谓本品"专治一身上下诸痛，用之中的，妙不可言"。生制延胡索、醋制延胡索等均有良好的镇痛作用，其镇痛作用的发挥主要依赖于生物碱。延胡索提取物可有效减轻急性、炎症性和神经性疼痛，且没有耐受性。延胡索总碱的镇痛效价约为吗啡的 40%。总碱中甲素、乙素、丑素均有镇痛作用，尤以延胡索乙素作用最强，是延胡索镇痛的主要有效成分，服用后约 30 min 内达峰值，维持约 2 h，对钝痛效果优于锐痛，与吗啡等麻醉性镇痛药相比副作用少而安全，无依赖性。研究初步认为，左旋四氢巴马汀的镇痛作用机制与脑内阿片受体无关，也与前列腺素的合成、释放无关。左旋四氢巴马汀是一个多巴胺受体阻断剂，对脑内多巴胺受体的两种亚型

(D1和D2)均有亲和力。其镇痛作用机制与阻断脑内D1受体,使纹状体亮氨酸脑啡肽含量增加有关,也可能与阻断纹状体、伏膈核、前额皮层等脑区的D2受体后加强脑干下行痛觉调制系统的抗痛功能有关。L-THP对小鼠的慢性炎症和神经性疼痛模型发挥出镇痛作用。

2. **镇静、催眠** 延胡索、左旋四氢巴马汀可减少小鼠自发活动和被动活动,对多种实验动物有镇静催眠作用,在催眠同时伴有同步的脑电变化。对睡眠时相的影响主要表现为增加慢波浅睡眠,减少快波和深度慢波睡眠,其催眠作用近似于生理性睡眠,但并非真正的生理性睡眠。延胡索镇静、催眠作用的产生主要与阻断脑内多巴胺受体有关,主要有效成分为延胡索乙素。

3. **对心血管系统的作用** 《雷公炮炙论》:"心痛欲死,速觅元胡。"提示古人很早就意识到延胡索具有治疗"心痛"的作用。

(1) 抗心肌缺血:延胡索醇提取物能减轻大剂量异丙肾上腺素所致的心肌缺血性坏死。延胡索乙素、去氢延胡索甲素可使冠脉血流量增加,而心肌耗氧量下降,能对抗缺血再灌注及自由基对心肌的损伤,使心肌梗死面积缩小,对心肌细胞膜有保护作用。延胡索还能扩张外周血管,降低外周阻力,有利于减轻心脏负荷。左旋四氢巴马汀主要通过抑制Ca^{2+}的跨膜流动而发挥作用。

(2) 抗心律失常:延胡索乙素能阻滞Ca^{2+}通道,降低乌头碱及心肌缺血再灌注所致心律失常的发生率;左旋四氢巴马汀能对抗儿茶酚胺、乌头碱、氯化钙、氯仿及电刺激、结扎冠脉等多种原因所致的实验性心律失常。

延胡索乙素是延胡索抗心肌缺血、抗缺血再灌注损伤及抗心律失常作用的主要有效成分。

4. **抗消化性溃疡** 延胡索总碱对大鼠幽门结扎性溃疡、水浸应激性溃疡、组胺致溃疡和饥饿诱发的溃疡,均可减少其动物模型的胃酸分泌,降低胃蛋白酶活性。皮下注射去氢延胡索甲素,对大鼠实验性胃溃疡,特别是幽门结扎或阿司匹林诱发的胃溃疡,有保护作用。

此外,延胡索乙素对大鼠大脑中动脉栓塞所致的脑缺血再灌注损伤,有缩小梗死区域,减轻脑水肿、神经功能障碍及病理损害的效应。

5. **其他作用** 延胡索醇提取物具有抑制血小板聚集作用。

综上所述,延胡索的活血、利气、止痛功效与其镇痛、镇静、催眠和对心血管系统的作用等相关,其主要有效成分是生物碱。

【药代动力学】

延胡索乙素的脂溶性高,吸收快,易于通过血脑屏障,并很快建立血脑平衡,血中消除较快,易于积聚在脂肪组织;延胡索乙素与血浆蛋白结合率高;在体内经代谢后以肾为主要途径排出体外,少数以原形排泄。家兔灌服延胡索水煎液,血中延胡索乙素的峰值时间为2 h,消除半衰期为16.7 h。家兔静脉注射左旋四氢巴马汀符合二室模型,$t_{1/2\alpha}$为13 min,$t_{1/2\beta}$为110 min左右。

【现代应用】

1. **疼痛** 适用于各种疼痛,如头痛、神经痛、分娩痛、痛经、风湿痛及各种手术后疼痛等。无明显依赖性和耐受性。成药制剂有硫酸延胡索乙素片。

2. **失眠** 硫酸延胡索乙素片、复方枣仁胶囊(含左旋延胡索乙素60 mg/粒)睡前服用有助于入睡,且次日无明显头晕、乏力等后遗效应。

3. **冠心病** 用延胡索醇浸膏片(含盐酸脱氢延胡索碱)治疗各类冠心病可降低急性心肌梗死率。

4. **胃溃疡** 口服延胡索制剂对慢性胃炎、胃溃疡、十二指肠溃疡有疗效。

【不良反应】

治疗剂量延胡索无明显不良反应,少数患者出现嗜睡、眩晕、乏力、恶心等现象。

【安全性评价】

猴一次性灌服延胡索乙素180 mg/kg,先出现短时兴奋,继而呈现较严重的抑制,表现为深度镇静和安定,随后发生四肢震颤等锥体外系症状。

莪术

本品为姜科植物蓬莪术 *Curcuma phaeocaulis* Val.、广西莪术 *C. kwangsiensis* S.G. Lee et C.F.Liang 或温郁金 *C. wenyujin* Y.H.Chen et C.Ling 的干燥根茎。

莪术根茎主要含挥发油,其主要成分为多种倍半萜类,有莪术酮(curzerenone)、莪术醇(curcumol)、莪术二酮(curdione)、β-榄香烯(β-elemene)、吉玛酮(germacrone)、姜黄素(curcumine)、龙脑(borneol)等。此外,还含有生物碱四甲基吡嗪和少量酚性成分。

莪术味辛、苦,性温。具有破血行气、消积止痛的功效。用于癥瘕痞块、瘀血经闭、胸痹心痛、食积胀痛。

【药理作用】

1. 抑制血小板聚集、抗血栓 莪术能对抗 ADP 和肾上腺素诱导的血小板聚集,有抗凝血及调节血流流变性的作用,且醋制后作用增强。β-榄香烯也可抑制血小板聚集,其主要机制为影响花生四烯酸的代谢,促进 PGI_2 合成和减少 TXA_2 生成。莪术油抗血栓形成的主要活性成分为姜黄素。

2. 镇痛 莪术不同炮制品对化学刺激、热刺激所致疼痛均有镇痛作用,其中醋炙莪术的镇痛作用强而持久。故《日华子本草》云"得酒醋良",有其科学依据。

3. 抗肿瘤 莪术油有抗肿瘤作用,主要有效成分为莪术醇、莪术酮、莪术二酮和β-榄香烯。莪术注射液对小鼠肉瘤 S180 有较好疗效,体外可抑制慢性髓细胞白血病 K562 细胞增殖,并诱导其凋亡。莪术提取物对人胃癌 AGS 细胞、乳腺癌 T47D 细胞具有细胞毒作用。莪术醇和莪术二酮对小鼠肉瘤 S37、宫颈癌 U14、艾氏腹水癌 ECA 也有较好的抑制率,可使癌细胞变性坏死。榄香烯对小鼠 Lewis 肺癌、大鼠 Walker-256 肉瘤、白血病 HL-60 等多种肿瘤细胞具有抑制和杀伤效应,对多种肿瘤细胞的 IC_{50} 在 20~50 μg/ml,而对人外周血白细胞的 IC_{50} 大于 250 μg/ml;β-榄香烯与放化疗协同作用,能缓解癌性疼痛,升高白细胞。

莪术抗肿瘤的作用机制主要涉及:① 莪术油及β-榄香烯对 L615 白血病细胞有直接细胞毒作用,可致肿瘤细胞变性坏死。② β-榄香烯能阻滞肿瘤细胞从 S 期进入 G_2、M 期,抑制其增殖并诱导其凋亡。③ β-榄香烯能影响肿瘤细胞核酸代谢。④ 莪术醇能改变癌细胞膜上通道蛋白的通透性,使膜电位发生变化,最终杀死癌细胞。⑤ 莪术能促进细胞免疫和体液免疫功能,莪术油和β-榄香烯能增强癌细胞的免疫原性,从而诱发或促进机体对肿瘤的免疫排斥反应。

4. 抗菌、抗病毒 莪术醇在体外能抑制金黄色葡萄球菌、β-溶血性链球菌、大肠杆菌、伤寒杆菌的生长;抑制呼吸道合胞病毒,灭活 A_1、A_3 型流感病毒。

5. **保肝、抗消化性溃疡**　莪术醇提取物及挥发油可减轻四氯化碳和硫代乙酰胺引起的小鼠实验性肝损伤、肝组织病变。莪术挥发油对大鼠幽门结扎性、水浸应激性胃溃疡和小鼠急性糜烂性食管炎模型有治疗作用。

综上所述,莪术的破血行气、消积止痛功效与其抑制血小板聚集、抗血栓、镇痛、抗肿瘤、抗消化性溃疡等作用有关。其主要有效成分是姜黄素、莪术醇、莪术酮、β-榄香烯等。

【药代动力学】

给大鼠灌胃 ^3H-莪术醇后 5 min 血浆中即可测到,15 min 达高峰,维持 1 h 左右。给大鼠静脉注射 ^3H-莪术醇后血浆药-时曲线呈二室模型,$t_{1/2\alpha}$ 为 33 min,$t_{1/2\beta}$ 为 12.5 h。在体内分布快而消除慢,主要分布在肝、肾,可通过血脑屏障,经肾和胆汁排泄,并存在肝肠循环。

【现代应用】

1. **消化系统疾病**　可行气破瘀、消积止痛,用于气滞血瘀、饮食积滞所致的胃脘疼痛、食欲不振、嘈杂饱胀,也可用于消化性溃疡、小儿肠炎。

2. **呼吸道疾病**　可治疗病毒引起的感冒、上呼吸道感染。

3. **妇科疾病**　复方莪术油栓用于治疗白念珠菌阴道感染、霉菌性阴道炎、滴虫性阴道炎、宫颈糜烂。

4. **肿瘤**　莪术及其复方,以及榄香烯注射液、榄香烯口服乳合并放化疗对多种癌症如肺癌、肝癌、食管癌、鼻咽癌等可增强疗效,降低放化疗的毒副作用。

【不良反应】

莪术油注射液可发生过敏样反应、皮疹、呼吸困难、过敏性休克,甚至死亡。对莪术油注射液过敏者禁用,过敏体质者慎用。

第三节　常用方剂

血府逐瘀汤(《医林改错》)

【组成】

桃仁 12 g,当归 9 g,红花 9 g,赤芍 6 g,牛膝 9 g,川芎 4.5 g,桔梗 4.5 g,柴胡 3 g,枳壳 6 g,生地黄 9 g,甘草 6 g。

【功效与主治】

活血化瘀,行气止痛。主治胸中血瘀证,症见胸痛、头痛日久不愈,痛如针而有定处,或有呃逆日久不止,或内热烦闷,或心悸失眠,或急躁善怒,或入暮潮热,或唇舌紫暗,舌有瘀点,脉弦。

【药理作用】

1. **改善血流流变性、抗血栓形成**　血府逐瘀汤能改善血液的"浓、黏、凝、聚"状态:① 使全血黏度、血浆黏度、血细胞比容、纤维蛋白原等下降,增加红细胞变形能力,使血液黏滞性降低。② 延长出血、凝血时间,提高正常家兔血浆 AT-Ⅲ 和 t-PA 活性,改善抗凝血功能和纤溶功能低下。

③ 抑制 ADP、胶原及花生四烯酸诱导的血小板聚集和促进血小板解聚,并可降低 TXA_2 含量和升高 PGI_2,使 TXA_2/PGI_2 比值显著降低,抑制血栓形成。

2. 改善微循环 血府逐瘀汤能改善高分子右旋糖酐所致的急性微循环障碍,扩张微血管,加快血流速度,增加毛细血管开放数量。血府逐瘀汤还能改善辐射损伤小鼠的骨髓微循环和糖尿病患者的甲襞微循环。

3. 抗心肌缺血 血府逐瘀汤对多种急性心肌缺血模型均有不同程度的保护作用,能改善心电图缺血性变化,减轻心肌细胞变性坏死程度,缩小心肌缺血梗死范围,降低 CPK、LDH 活性,还可改善急性心肌缺血心脏血流动力学,增加冠脉血流量,增加心肌供血供氧,降低心肌耗氧量,增强心肌收缩力及改善左心室的功能。初步认为该方对心肌缺血保护作用机制是:① 调节血管内皮细胞功能,其通过降低缩血管因子水平(如抑制 ET 的分泌)、提高舒血管因子水平(如促进 PGI_2 的分泌)和减少细胞黏附分子水平,从而舒张冠状动脉,增加冠脉流量,促进建立侧支循环。② 改善自由基代谢紊乱。

4. 抗脑缺血损伤 血府逐瘀汤能改善血流流变学,改善梗死区血液供应,降低血管通透性,从而使梗死灶水肿减轻,梗死灶缩小。

5. 抗动脉粥样硬化 血府逐瘀汤能降低动脉粥样硬化模型家兔血清 TC、LDL-C,明显减少主动脉斑块面积,抑制动脉增厚。该方抗动脉粥样硬化作用机制除与调节脂质代谢作用有关外,还与改善血流流变性、抑制血管平滑肌细胞(vascular smooth muscle cell,VSMC)增殖等有关。

6. 其他作用 血府逐瘀汤可改善创伤性脑损伤引起的神经炎症和认知功能,呈现神经保护作用。

综上所述,血府逐瘀汤的活血化瘀、行气止痛功效主要与其改善血流流变性、改善微循环、抗心肌缺血、抗脑缺血、抗动脉粥样硬化等药理作用相关。

【药代动力学】

家兔灌服血府逐瘀汤后,血浆中主要成分为单萜类和黄酮类化合物,包括阿魏酸、芍药苷、羟基芍药苷、苦杏仁苷、柚皮苷、新橙皮苷、柚皮苷元和新橙皮苷元。其中,阿魏酸、羟基芍药苷、苦杏仁苷、芍药苷、柚皮苷、新橙皮苷等成分为原型药,柚皮苷元和新橙皮苷元可能为原型药,也可能为柚皮苷和新橙皮苷经肠道代谢水解而成的 I 相代谢产物。

【现代应用】

1. 冠心病 冠心病患者用该方治疗有较好疗效。
2. 脑梗死 长期口服可预防脑梗死复发。
3. 椎-基底动脉供血不足性眩晕 使用该方可改善症状。
4. 其他 血府逐瘀汤还可用于治疗血管神经性头痛、失眠、肋软骨炎、下肢血栓性静脉炎、视网膜静脉阻塞、糖尿病视网膜病变及痛经、闭经、子宫内膜异位症等。

【不良反应】

本方活血祛瘀作用强,孕妇忌用。

补阳还五汤(《医林改错》)

【组成】

生黄芪 120 g,当归尾 3 g,赤芍 5 g,地龙 3 g,桃仁 3 g,红花 3 g,川芎 3 g。

【功效与主治】

补气,活血,通络。主治中风之气虚血瘀证,症见半身不遂、口眼歪斜、语言謇涩、口角流涎、大便干燥、小便频数、遗尿不禁。

【药理作用】

1. **改善血流流变性、抗血栓形成**　补阳还五汤可降低大鼠全血黏度、血浆黏度、血细胞比容、血沉、纤维蛋白原,提高红细胞膜流动性和变形能力,改善模型大鼠血液"浓、黏、凝、聚"异常。动物实验和临床观察均发现,该方可使血液血细胞比容、血小板聚集率下降,红细胞电泳速度加速,提示可增加红细胞表面电荷,抗红细胞聚集;可延长凝血酶原时间和凝血活酶时间,抗凝作用显著;具有抗血栓形成和溶栓作用。补阳还五汤的抗血小板聚集、抗血栓形成的机制可能与下列作用有关:① 调节 TXA_2/PGI_2 平衡。② 抑制 PAF 与受体的特异性结合。③ 增强血浆 t-PA 活性。

2. **改善微循环**　使用该方后可使微循环障碍的模型动物微血管开放数目增加,微血管口径扩张,微血管内的血流速度增加。

3. **保护脑缺血再灌注损伤**　补阳还五汤可扩张脑血管,降低脑血管阻力,增加脑血流量。补阳还五汤能缩小大鼠局灶性脑缺血皮层梗死范围,降低脑缺血再灌注损伤后脑组织含水量;降低再灌注后脑组织 MDA 含量,升高 SOD、GSH-PX 的活性,防止脑组织 NOS 活性及 NO 含量过度升高,促进脑组织局部自由基的清除,从而减轻由氧自由基介导的脂质过氧化反应。补阳还五汤可使脑组织缺血再灌注时,其兴奋性氨基酸-谷氨酸(glutamic acid, Glu)和天门冬氨酸(aspartic acid, Asp)含量降低,有益于防止脑神经损伤,并降低再灌注后脑组织 TXA_2 含量,提高脑组织 PGI_2 含量,调节脑内 TXA_2/PGI_2 的平衡;还能抑制再灌注损伤后脑组织中 Ca^{2+} 含量的升高,对抗脑缺血再灌注后脑细胞的钙超载。补阳还五汤可抑制脑缺血大鼠神经细胞凋亡,并由此改善脑缺血后的神经功能损伤。

4. **抗心肌缺血**　补阳还五汤能改善缺血再灌注后心肌损伤,增加心脏每分搏出量、左室射血分数,防止微血栓的发生。补阳还五汤可减少心肌耗氧量,提高冠心病患者血浆 SOD 活性,降低血清脂质过氧化物水平。

5. **降血脂、抗动脉粥样硬化**　补阳还五汤能降低高脂血症动物血清 TC、TG 水平,显著延缓主动脉粥样硬化斑块的形成,抑制平滑肌细胞的增生,还能升高 PGI_2 水平。降低血浆凝血因子Ⅶ(FVⅡ)促凝活性是其抗动脉粥样硬化作用的机制之一。

6. **修复神经损伤**　补阳还五汤能提高大鼠周围神经损伤后脊髓前角运动神经元和脊神经节感觉神经元存活率,减轻神经元胞体萎缩程度,有利于周围神经损伤后神经功能的恢复。补阳还五汤还能促进模型动物坐骨神经损伤后再生,其对神经系统损伤的修复作用与抑制谷氨酸的兴奋性神经毒性作用、提高神经元线粒体内琥珀酸脱氢酶的活性、改善再生神经血液循环、增强神经元的能量代谢有关。

【现代应用】

1. **脑血管疾病**　本方加减治疗各种急性闭塞性缺血性脑血管病均见较好疗效,如脑血栓、脑血管痉挛、椎-基底动脉供血不足性眩晕和卒中后遗症等。

2. **神经系统疾病**　本方为基础加减治疗各种神经损伤性疾病均有一定疗效,如带状疱疹后遗神经痛、坐骨神经痛、糖尿病周围神经病变等。

3. **冠心病心绞痛**　可改善冠心病心绞痛症状,也能减少无症状性心肌缺血的发作次数、缩短无症状性心肌缺血持续时间。

4. **高脂血症**　可降低高脂血症患者的血脂水平,改善血脂代谢及血液浓黏凝聚状态,减轻动脉粥样硬化。

第十八章 化痰止咳平喘药

导学

本章介绍化痰止咳平喘药的基本药理作用,常用单味中药桔梗、半夏、浙贝母、川贝母、苦杏仁、紫苏子及经典方小青龙汤、温胆汤的主要药理作用和现代应用。

学习要求:

(1) 掌握化痰止咳平喘药的基本药理作用;桔梗、半夏、川贝母、浙贝母、苦杏仁的药理作用、现代应用,主要物质基础及作用机制。

(2) 熟悉小青龙汤的药理作用、现代应用;半夏、苦杏仁的不良反应。

(3) 了解紫苏子和温胆汤的药理作用、现代应用;桔梗、浙贝母、小青龙汤的不良反应;苦杏仁苷的体内过程;中医痰证的现代认识。

第一节 概　述

凡以祛痰,缓解或制止咳嗽、喘息为主要作用的药物,称为化痰、止咳、平喘药。主要用于痰多咳嗽、痰饮喘息以及与痰饮有关的瘰疬瘿瘤等症。部分药物兼有抗炎、抗肿瘤作用。

中医学对痰的认识,分有形与无形两类,有形之痰咳吐可见,通常指呼吸道咳出的痰,多见于上呼吸道感染、急慢性支气管炎、肺气肿、支气管扩张等,一般咳嗽有痰者为多,痰多又易引起咳喘,因此痰、咳、喘三者关系密切,互为因果。无形之痰通常指停积于脏腑经络之间各种各样的痰证,如痰浊滞于皮肤经络可生瘰疬瘿瘤,常见皮下肿块、慢性淋巴结炎、单纯性甲状腺肿等;痰阻胸肋,则胸痛、胸闷、心悸,常见于冠心病、心绞痛、高血压、心力衰竭等;痰迷心窍,则心神不宁、昏迷、谵妄、精神错乱,常见于脑血管意外、癫痫、精神分裂症等。

现代药理研究表明,祛痰药多能止咳,而止咳、平喘药又多兼有化痰作用。代表药有桔梗、半夏、浙贝母、川贝母、苦杏仁、紫苏子等。

化痰止咳平喘药的主要药理作用如下。

1. 祛痰　桔梗、川贝母、前胡、紫菀、皂荚、款冬花、满山红等的煎剂或流浸膏口服均有祛痰作用,都能使呼吸道的分泌量增加,以上药物除贝母与其所含生物碱、满山红与其所含杜鹃素外,其余药物的祛痰作用大多与其所含皂苷有关。皂苷能刺激胃或咽喉黏膜,反射性地引起轻度恶心,增加支气管腺体的分泌,从而稀释痰液而发挥祛痰作用。

2. 止咳 苦杏仁、半夏、桔梗、款冬花、贝母、百部、满山红、紫菀等均有程度不等的镇咳作用。

3. 平喘 苦杏仁、浙贝母、桔梗、款冬花、枇杷叶等有一定的平喘作用。其平喘机制是多方面的,如苦杏仁苷在体内分解成微量的氢氰酸,抑制呼吸中枢,从而达到平喘作用;贝母素甲能扩张兔、猫支气管平滑肌;款冬花醇提取物小剂量对支气管有扩张作用。本类药物除直接抑制支气管痉挛外,还可通过改善哮喘患者的换气功能来缓解哮喘症状。

4. 其他作用 除呼吸系统外,一些心血管系统、消化系统、内分泌系统、神经系统疾病及部分肿瘤的病因病机与中医"痰证"相关。半夏的抗肿瘤、海藻的降血脂、天南星的抗惊厥等,与其治疗痰饮证有关。

综上所述,化痰止咳平喘药有不同程度的祛痰、止咳、平喘、降血脂、抗肿瘤等作用,是其解除痰多咳嗽、痰饮喘息以及与痰饮有关的瘰疬瘿瘤等证的主要药理学基础。

第二节　常用药物

桔梗

本品为桔梗科植物桔梗 *Platycodon grandiflorum* (Jacq.) A. DC. 的干燥根。

桔梗主要含桔梗皂苷(platycodin)。混合皂苷水解产生的苷元为桔梗酸(platycodic acid)类、桔梗二酸(platycogenic acid)类和远志酸(polygalacic acid)类 3 种主要类型,超过 50 种皂苷。其中桔梗酸类的桔梗皂苷(Platycodin)D 是桔梗最主要的活性成分和特征性成分。此外,桔梗还含有桔梗多糖、蛋白质、黄酮、植物甾醇、脂肪酸及多种氨基酸和微量元素等多种成分。

桔梗味苦、辛,性平。归肺经。具有宣肺、利咽、祛痰、排脓等功效。用于治疗咳嗽痰多、胸闷不畅、咽痛音哑、肺痈吐脓。

桔梗皂苷 D

【药理作用】

1. 祛痰、镇咳 现代研究发现,麻醉犬、猫灌服桔梗煎剂,能显著增加呼吸道黏液的分泌量,其作用与氯化铵相似;豚鼠多次灌服桔梗皂苷粗提取物,同样取得祛痰效果,桔梗的祛痰作用主要是其所含的皂苷经口服刺激胃黏膜,反射性地增加支气管黏膜分泌,使痰液稀释而被排出。桔梗皂苷 D 和 D_3 在体内和体外均能增加大鼠和小鼠呼吸道黏蛋白的释放。桔梗皂苷对机械刺激豚鼠气管黏膜所致咳嗽,有镇咳作用。

2. **抗炎** 桔梗对大鼠角叉菜胶性足跖肿胀、棉球肉芽肿及佐剂性关节炎等多种炎症模型均有抗炎作用,可以抑制 PGE_2 和 NO 分泌。桔梗皂苷能抑制 iNOS 和 COX-2,该作用与抑制 NF-κB 的活性、减少 iNOS 和 COX-2 基因表达有关。因此,桔梗对急性肺炎的治疗作用可能是通过调节 NF-κB 活性和炎症相关基因的表达实现。此外,腹腔注射桔梗总皂苷可使大鼠血浆皮质酮增加,提示其抗炎作用也与兴奋肾上腺皮质有关。

3. **抗肿瘤** 桔梗对包括肝癌、肺癌、乳腺癌在内的多种肿瘤具有抑制作用。桔梗水提取物可抑制肿瘤肺转移,提高 NK 的杀伤活性,延长小鼠的生存期。腹腔注射或者口服桔梗皂苷类成分也有抗小鼠血管新生、抑制肿瘤转移和肿瘤生长的作用。

4. **镇痛** 小鼠口服桔梗皂苷,对其腹腔注射醋酸及压尾法实验有镇痛作用。桔梗皂苷 D 脑室或膜内注射给药时,在甩尾、扭体和 40% 甲醛溶液等不同类型疼痛模型实验中,均显示有镇痛作用,其作用部位主要在中枢神经系统。

5. **其他作用**
(1) 桔梗的水或乙醇提取物灌服均可使正常和四氧嘧啶性糖尿病家兔血糖下降,且能抑制食物性血糖升高,醇提取物作用较水提取物强。
(2) 桔梗皂苷可降低大鼠肝内酯类物质含量,增加胆固醇和胆酸的排泄。
(3) 桔梗皂苷能抑制大鼠幽门结扎所致的胃液分泌增加;桔梗粗皂苷经大鼠十二指肠给药,可防止大鼠消化性溃疡的形成;对大鼠醋酸所致的慢性溃疡有效。
(4) 桔梗皂苷能抑制小鼠自发活动,延长环己巴比妥钠的睡眠时间,呈现一定的镇静作用。
综上所述,桔梗的宣肺利咽、化痰排脓功效与其祛痰镇咳、抗炎镇痛等作用有关。

【现代应用】

痰多咳嗽,慢性支气管炎 服用桔梗,或桔梗的复方制剂如由桔梗、款冬花、制远志和甘草组成的复方桔梗止咳片、口服液、糖浆等可改善症状。

【不良反应】

桔梗口服一般无毒副反应,偶见恶心、呕吐,重者可见四肢出汗、乏力、心烦。

【注意事项】

桔梗皂苷有很强的溶血作用,溶血指数为 1:10 000,故不能注射给药。

半夏

本品为天南星科植物半夏 *Pinellia ternata* (Thunb.) Breit. 的干燥块茎。

半夏主要含左旋麻黄碱(L-ephedrine)、葫芦巴碱(trigonelline)等生物碱,琥珀酸(succinic acid)、棕榈酸(palmitic acid)等有机酸,以及 β-谷甾醇(β-sitosterol)、挥发油、氨基酸、黄酮、凝集素等化学成分。

琥珀酸

半夏味辛,性温;有毒。归脾、胃、肺经。具有燥湿化痰、降逆止呕、消痞散结等功效。用于湿痰寒痰、咳喘痰多、痰饮眩悸、风痰眩晕、痰厥头痛、呕吐反胃、胸脘痞闷、梅核气;外治痈肿痰核。

【药理作用】

1. **镇咳、祛痰** 生半夏、姜半夏、清半夏煎剂灌胃,对电刺激猫喉上神经或胸腔注入碘液所致的咳嗽有镇咳作用,其镇咳作用部位可能在咳嗽中枢,有效成分为生物碱。清姜半夏的正丁醇提取物可延长小鼠咳嗽潜伏期和减少咳嗽次数,还可以增加小鼠气管酚红排泌量,具有较强的镇咳、祛痰作用。

2. **镇吐** 半夏能激活迷走神经传出活动而具有镇吐作用。半夏加热或加明矾、姜汁炮制的各种制品,对去水吗啡、洋地黄、硫酸铜引起的呕吐,都有一定的镇吐作用,其镇吐机制初步认为是抑制呕吐中枢,镇吐成分为生物碱、甲硫氨酸、甘氨酸等。

3. **催吐** 动物实验表明,生半夏有催吐作用,生半夏粉在120℃焙2~3 h,即可除去催吐成分,而不影响其镇吐作用,说明半夏催吐和镇吐分别属于两种不同成分。生半夏混悬液有明显的黏膜刺激作用,炮制后刺激性明显降低,其催吐作用与其所含2,4-二羟基苯甲醛葡萄糖苷有关,因其苷元有黏膜刺激作用。

4. **保护胃黏膜** 姜矾半夏和姜煮半夏可抑制胃液分泌,降低胃液酸度,包括游离酸和总酸,并抑制胃蛋白酶活性,对急性胃黏膜损伤有保护和促进恢复作用。半夏醇提取物对小鼠实验性胃溃疡有抑制作用,并有一定止痛、抗炎作用。但生半夏对胃黏膜有损伤作用。

5. **抗肿瘤** 半夏提取物及其多糖、生物碱、凝集素等成分具有抗肿瘤作用。半夏多糖具有使多形核白细胞 PMN 活化作用和抗肿瘤作用,能够抑制人胆管癌细胞的增殖及转移。体外实验表明,半夏炮制品总生物碱对慢性髓系白血病细胞 K562 的生长有一定抑制作用。半夏凝集素能引起细胞周期阻滞,抑制多种肿瘤细胞的增殖,其腹腔注射还能抑制恶性肉瘤细胞 S180 移植瘤小鼠肿瘤的生长。半夏中的葫芦巴碱对小鼠肝癌也有抑制作用。

6. **其他作用**

(1) 抗生育和抗早孕:半夏蛋白500 μg 兔子宫内注射,抗胚胎着床率达100%,其机制可能是半夏蛋白结合在子宫内膜腺管的上皮细胞膜上,改变了细胞膜功能所致。半夏蛋白30 mg/kg 小鼠皮下注射,抗早孕率可达100%。其机制是半夏蛋白可抑制卵巢黄体孕酮的分泌,使血浆孕酮水平下降,子宫内膜变薄,使蜕膜反应逐渐消失,胚胎失去蜕膜支持而流产。

(2) 降血脂:半夏灌胃,可以阻止或延缓食饵性高脂血症的形成,并对高脂血症有一定的治疗作用,可降低 TC 和 LDL-C。

(3) 镇静、催眠、抗惊厥:法半夏醇提取物能抑制小鼠自主活动,缩短睡眠潜伏期并延长睡眠时间,抑制中枢兴奋剂可拉明引起的小鼠惊厥作用。

综上所述,半夏的燥湿化痰、降逆止呕、消痞散结功效与其镇咳祛痰、镇静催眠、镇吐、保护胃黏膜及抗肿瘤等作用有关。

【现代应用】

1. **咳嗽痰多、支气管炎** 常与其他中药组成复方使用,如半夏止咳糖浆(姜制半夏、麻黄、苦杏仁、紫菀、款冬花、瓜蒌皮、陈皮、炙甘草)、复方半夏片(姜制半夏、麻黄、桔梗、前胡、陈皮、白前、细辛、款冬花、制远志)等。

2. **咽部异物感症** 中医称梅核气,用半夏厚朴汤有效。

3. **突发性失音** 用制半夏煎液加醋,加鸡蛋清含咽,治疗咽部充血水肿突发性失音。

【不良反应】

生半夏被列为有毒中药,味辛、麻舌,具有"戟人咽"的刺激性,对口腔、喉头、消化道、皮肤或黏膜有强烈刺激性,人误服后会发生肿胀、疼痛、失音、流涎、痉挛、呼吸困难,甚至窒息而死。半夏所含的具有特殊晶型的毒针晶,可刺入机体产生毒性,诱导机体产生强烈的炎症反应。凝集素蛋白亦为半夏致炎成分之一,能够刺激巨噬细胞,激活炎症小体并引起炎症因子的释放,导致炎症级联反应。半夏的毒性成分为不耐热,难溶于水的黏液质、黑尿酸及生物碱。因此,生半夏必须炮制后煎服。

【安全性评价】

现代研究表明,半夏水提取物灌胃可引起小鼠急性肝损伤,血清 ALT 和 AST 升高,肝细胞水肿、脂肪变性、坏死,并呈现一定的"量-时-毒"关系。

有文献记载,半夏可用于妊娠呕吐,治疗重症妊娠恶阻,对此需谨慎。现代研究显示,半夏对妊娠大鼠和胚胎均有毒性。制半夏粉的毒性虽减小,但制半夏汤剂和生半夏汤剂 30 g/kg 均可引起孕鼠阴道出血,胚胎早期死亡数增加,胎鼠体重降低,两组无差异。

生半夏和姜半夏注射剂分别给小鼠腹腔注射 10 g(生药)/kg,连续用药 10 日,采用骨髓细胞染色体分析技术,结果表明,两种半夏注射剂诱发致突变频率高于空白组,与致突变剂丝裂霉素 C 相近,提示对小鼠遗传物质具有损害作用。

浙贝母

本品为百合科植物浙贝母 *Fritillaria thunbergii* Miq. 的干燥鳞茎。

浙贝母鳞茎主要含贝母素甲(peimine)、贝母素乙(peiminine)、异贝母素甲(isoverticine)、胆碱(choline)等多种生物碱,还含浙贝母苷(peiminoside)、贝母醇(propeimine)、胡萝卜素(carotene)及多种二萜类化合物、脂肪酸。

浙贝母味苦,性寒。归肺、心经。具有清热化痰止咳、解毒散结消痈等功效。用于风热咳嗽、痰火咳嗽、肺痈、乳痈、瘰疬、疮毒。

贝母素甲　　　　　　贝母素乙

【药理作用】

1. 祛痰、镇咳　浙贝母醇提取物可使大鼠呼吸道分泌液增加。贝母素甲和贝母素乙,皮下注射或灌胃,对氢氧化铵引咳小鼠和机械刺激引咳豚鼠及电刺激喉上神经引咳猫,均有镇咳作用。

2. 松弛支气管平滑肌　贝母素甲 1∶1 000 000 对猫和兔离体肺灌流,每分钟可增加流出量 50% 以上,而 1∶10 000 则流出量减 20%,说明低浓度对支气管平滑肌表现扩张,高浓度则收缩。浙贝母醇提取物对组胺引起的豚鼠离体收缩的气管有松弛作用。

3. 其他作用

(1) 抗炎:浙贝母有抗二甲苯致小鼠耳肿胀和抑制角叉菜胶引起大鼠足跖肿胀的作用,能抑制小鼠腹腔注射醋酸所致毛细血管通透性增高;浙贝母碱能通过抑制 NF-κB 和丝裂原活化蛋白激酶(mitogen-activated protein kinases, MAPK)信号通路,阻断 LPS 刺激引起的炎症因子的释放。

(2) 镇静、镇痛：贝母素甲和贝母素乙,皮下注射可使小鼠自发活动减少;灌胃可使戊巴比妥钠引起的小鼠睡眠率提高,睡眠时间延长;皮下注射可抑制小鼠扭体反应。浙贝母醇提取物,亦能抑制小鼠扭体反应和甩尾反应。

(3) 收缩子宫平滑肌：贝母素甲可收缩子宫平滑肌,已孕子宫比未孕子宫敏感。阿托品不能消除其对子宫的收缩作用,但预先使用 α 受体阻滞剂酚苄明能减弱或消除其对子宫的作用。

综上所述,浙贝母的清热化痰、止咳平喘、解毒散结消痈功效与其祛痰镇咳、松弛支气管平滑肌、抗炎、镇静、镇痛等作用有关。

【现代应用】

急性呼吸道感染 浙贝母治疗急性气管炎、肺炎等引起的咳嗽多痰、痰稠色黄、口干咽痒等有较好疗效。

川贝母

本品为百合科植物川贝母 *Fritillaria cirrhosa* D.Don、暗紫贝母 *Fritillaria unibracteata* Hsiao et K. C. Hsia、甘肃贝母 *Fritillaria przewalskii* Maxim.、梭砂贝母 *Fritillaria delavayi* Franch.、太白贝母 *Fritillaria taipaiensis* P. Y. Li 或瓦布贝母 *Fritillaria unibracteata* Hsiao et K. C. Hsia var. *wabuensis* (S. Y. Tang et S. C. Yue) Z. D. Liu, S. Wang et S. C. Chen 的干燥鳞茎。按性状不同分别习称"松贝""青贝""炉贝"和"栽培品"。夏、秋二季或积雪融化后采挖,除去须根、粗皮及泥沙,晒干或低温干燥。

川贝母主要含西贝母碱(即西贝素, sipemine)、青贝碱(chinpeimine)、松贝碱甲和乙(sonpeimine A、B)、川贝母碱(fritimine)。暗紫贝母含蔗糖和松贝宁(songbeisine)。甘肃贝母含有岷贝碱甲、乙(minpemine A、B)。梭砂贝母先后分离出西贝碱、梭砂贝母碱(delavine)、梭砂贝母酮碱(delavinone)、川贝酮碱(chuanbeinone)、梭砂贝母芬酮碱(dalafrinone)等。太白贝母与川贝母、暗紫贝母、甘肃贝母所含生物碱种类一致,野生品与栽培品化学成分和药理作用无明显差异,其有效成分皂苷和生物碱含量略高于暗紫贝母,从川贝母复合群的化学成分看,太白贝母与川贝母无差异。从瓦布贝母分离出异浙贝甲素氮氧化物(isoverticine-β-N-oxide)、西贝素(sipemine)、异浙贝甲素(isoverticine)、西贝素氮氧化物(imperiatine-β-N-oxide)。此外,还含皂苷类成分。

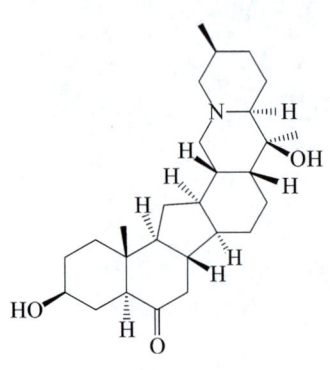

西贝母碱

川贝母味苦、甘,性微寒。归肺、心经。具有清热润肺、化痰止咳、散结消痈等功效。用于肺热燥咳、干咳少痰、阴虚劳嗽、痰中带血、瘰疬、乳痈、肺痈。

【药理作用】

1. **镇咳、祛痰** 川贝有镇咳和祛痰作用。川贝母流浸膏小鼠灌胃,对氨水刺激引起的咳嗽无明显镇咳作用,但能使小鼠呼吸道酚红分泌量增加。川贝母生物碱小鼠灌胃,对二氧化硫刺激引起的咳嗽也无明显镇咳作用,但有祛痰作用。猫腹腔注射川贝醇提取物,对电刺激喉上神经引起的咳嗽有镇咳作用;大鼠灌服川贝醇提取物或川贝总苷,均显示有祛痰作用。多种川贝母均有促进小鼠气管排泌作用,其中暗紫贝母对小鼠气管排泌作用较强,太白贝母与梭砂贝母作用相近。

2. 平喘　川贝母醇提取物能增强小鼠的耐缺氧能力,并对小鼠离体肺和支气管具有扩张作用。栽培品瓦布贝母可升高小鼠肺脏 cAMP 水平,具有良好的平喘作用。

3. 其他作用

(1) 松弛胃肠道平滑肌：西贝母碱对离体豚鼠回肠、兔十二指肠及在体犬小肠有松弛作用;能对抗乙酰胆碱、组胺和氯化钡所致的痉挛,作用与罂粟碱相似。

(2) 收缩子宫平滑肌：川贝母碱有兴奋子宫作用,可使豚鼠离体子宫张力增加。

(3) 对心血管影响：猫静脉注射川贝母碱可引起血压下降。犬静脉注射西贝母碱可引起外周血管扩张,使血压下降,此时心电图无变化。

(4) 抗菌：贝母碱对金黄色葡萄球菌和卡他球菌具有抗菌活性。

(5) 抗肿瘤：川贝母提取物可抑制肿瘤细胞增殖。

综上所述,川贝母的清热润肺化痰、止咳平喘、散结消痈功效与其镇咳祛痰、松弛平滑肌及抗肿瘤等作用有关。

【现代应用】

1. 急性呼吸道感染　川贝片或蛇胆川贝液等治疗急、慢性支气管炎及上呼吸道感染等引起的咳嗽、咳痰有效。

2. 咳嗽　对咳嗽少痰、阴虚久咳,川贝母有良好的止咳效果,可用川贝散等。

苦杏仁

本品为蔷薇科植物山杏 *Prunus armeniaca* L.var. *ansu* Maxim.、西伯利亚杏 *Prunus sibirica* L.、东北杏 *Prunus mandshurica*（Maxim.）Koehne 或杏 *Prunus armeniaca* L.的干燥成熟种子。

苦杏仁主要含脂肪油、苦杏仁苷(amygdalin)、蛋白质及多种游离氨基酸。此外,尚含有苦杏仁苷酶(amygdalase)、苦杏仁酶(emulsin)及樱苷酶(prunase)。

苦杏仁味苦,性微温;有小毒。归肺、大肠经。有降气止咳平喘、润肠通便等功效。用于咳嗽气喘、胸满痰多、肠燥便秘。

苦杏仁苷

【药理作用】

1. 祛痰、镇咳、平喘　苦杏仁苷灌胃,可减少二氧化硫致咳小鼠的咳嗽频数。兔耳静脉注射油酸造成呼吸窘迫症,以肺匀浆、支气管灌洗总磷脂、磷脂酰胆碱、肺含水量及病理观察等为指标,结果表明苦杏仁煎液能改善呼吸窘迫症兔病理、生化指标的异常。苦杏仁镇咳、平喘的有效成分为苦杏仁苷,口服后肠道细菌能将苦杏仁苷水解为苯乙醇腈,然后再分解为游离的氢氰酸而抑制呼吸中枢,达到镇咳、平喘的作用。

2. 抗炎、镇痛　苦杏仁的胃蛋白酶水解产物对大鼠棉球肉芽肿炎症有抑制作用;对佐剂引起的关节炎,能延长优球蛋白溶解时间,并抑制结缔组织的增殖,水溶性部分没有上述活性。大鼠灌服从杏仁中提得的蛋白质成分,对角叉菜胶性炎症有抗炎作用。杏仁的胃蛋白酶水解产物对乙酸引起的小鼠扭体反应有抑制作用。苦杏仁苷皮下注射,小鼠热板法和醋酸扭体法显示有镇痛作用,且无耐受性和竖尾反应及烯丙吗啡诱发的跳跃反应。

3. 改善免疫功能 苦杏仁苷对安静、饥饿及寒冷状态下的小鼠均能提高腹腔巨噬细胞对鸡红细胞的吞噬百分率及吞噬指数。苦杏仁苷小鼠肌内注射,能明显促进脾脏 T 淋巴细胞的增殖和增强小鼠脾脏 NK 细胞的活性,对小鼠肝库普弗细胞吞噬功能有促进作用。

4. 抗肿瘤 小鼠自由摄食苦杏仁可抑制艾氏腹水癌的生长,并使生存期延长。苦杏仁苷也能防治二甲基亚硝胺诱导的肝癌,可使肿瘤病灶缩小。临床上用苦杏仁苷治疗癌症胸水和晚期患者有一定效果。

5. 其他作用 苦杏仁水溶性部分的胃蛋白酶水解产物能降低 CCl_4 肝损伤大鼠血清 AST、ALT 活性和羟脯氨酸(hydroxyproline,Hyp)含量,抑制肝结缔组织的增生。苦杏仁苷有抗突变作用,能减少安乃近、甲硝唑、丝裂霉素等引起的微核多染性红细胞的数量。苦杏仁分解产生的苯甲醛可抑制胃蛋白酶的活性。一定浓度的苦杏仁苷能抑制 IL-1β 诱导大鼠椎间盘软骨终板细胞退变,显示有延缓椎间盘退变的作用。苦杏仁苷还能降低自发性动脉粥样硬化小鼠的 TC、TG 和 LDL-C。苦杏仁油尚有驱虫、杀菌作用。

综上所述,苦杏仁的降气止咳平喘、润肠通便功效与其祛痰镇咳、松弛支气管平滑肌、抗炎镇痛等作用有关。

【体内过程】

苦杏仁苷在人及兔体内的药动学过程均符合二室开放模型。药物分布于血液及血流量较丰富的器官和组织,还有相当部分分布于肌肉组织。人静脉给药的 $t_{1/2\alpha}$ 约为 6 min;$t_{1/2\beta}$ 为 120 min 左右;平均清除率约为每小时 99 ml。苦杏仁生品及霜制品口服后在血液和组织中均未检出苦杏仁苷原型,而检出了苦杏仁苷代谢产物野樱苷,且该成分在 8 h 内稳定。肾小球滤过是苦杏仁有效成分的主要排泄方式。苦杏仁苷口服给药易引起中毒。

【现代应用】

1. **咳嗽、支气管炎** 与麻黄等配伍治疗有效,成药有杏仁止咳合剂。
2. **支气管扩张、肺结核咳血** 苦杏仁与黄芩、百合、白及等配伍,治疗支气管扩张、肺结核咳血。
3. **便秘** 苦杏仁含丰富的脂肪油,起润肠通便作用。

【不良反应】

误服过量杏仁(儿童 10～20 粒,成人 40～60 粒),会引起组织窒息导致中毒,中毒症状表现为眩晕、头痛、呕吐、呼吸急促、心悸、发绀、血压下降、昏迷、惊厥等,抢救不当可致死亡。

【注意事项】

中毒急救 除常规处置和对症治疗外,苦杏仁中毒主要用亚硝酸钠和硫代硫酸钠解救。先静脉注射亚硝酸钠(3% 10 ml),使血红蛋白形成变性血红蛋白,后者与细胞色素氧化酶竞争氰基,形成氰化高铁血红蛋白,从而使细胞色素氧化酶恢复活性。随后注射硫代硫酸钠(25% 50 ml),在硫氰化酶的作用下,与氰化物反应,形成一种无毒的硫氰酸盐,迅速由尿排出体外。

紫苏子

本品为唇形科植物紫苏 *Perilla frutescens* (L.) Britt. 的干燥成熟果实。

紫苏子油脂含量达 40% 以上,其中有迷迭香酸(rosmarinic acid)、α-亚麻酸(α-linolenic acid)、亚油酸(linoleic acid)、油酸、棕榈酸。此外,还含有维生素和氨基酸类化合物。

紫苏子味辛,性温。归肺经。具有降气化痰、止咳平喘、润肠通便的功效。用于痰壅气逆、咳嗽气喘、肠燥便秘。

【药理作用】
1. 镇咳、祛痰、平喘 炒紫苏子水提取物、醇提取物和醚提取物均有不同程度的镇咳作用。炒紫苏子水提取物有良好的祛痰作用。对用氯化乙酰胆碱和磷酸组胺等量混合液诱导的哮喘模型,炒紫苏子水提取物和醚提取物都能产生平喘作用。
2. 抗过敏 炒紫苏子醇提取物能降低卵白蛋白(ovalbumin, OVA)致敏小鼠血清总 IgE 水平,亦能降低 IgE 所致的 Ⅰ 型过敏反应肥大细胞脱颗粒及组胺释放,降低 OVA 攻击小鼠死亡率,延长存活时间。炒紫苏子醇提取物通过降低小鼠血清 IgE 发挥抗过敏作用。
3. 其他作用 炒紫苏子醇提取物和水提取物小鼠灌胃可降低小鼠脑和血浆中 MDA 浓度和提高 SOD 活性,说明炒紫苏子醇提取物和水提取物有抗氧化作用。紫苏子油富含 α-亚麻酸,能降血脂,预防脑血栓和心肌梗死,促进神经系统、视网膜的发育,提高脑功能和学习记忆,预防老年痴呆症和抗肿瘤等。此外,紫苏子油还具有抗菌作用。

综上所述,紫苏子的降气化痰、止咳平喘、润肠通便功效与其镇咳祛痰、松弛支气管平滑肌、抗过敏等作用有关。

【现代应用】
1. 支气管炎 紫苏子配伍苦杏仁共研为末,加白蜜。用于慢性支气管炎的痰多咳喘。
2. 便秘 常与麻仁、苦杏仁等配伍使用。

第三节 常用方剂

小青龙汤(《伤寒论》)

【组成】
麻黄去节 9 g,芍药 9 g,细辛 3 g,干姜 6 g,甘草炙 6 g,桂枝去皮 9 g,半夏洗 9 g,五味子 9 g。

【功效与主治】
解表化饮,止咳平喘。用于风寒水饮、恶寒发热、无汗、喘咳痰稀。

【药理作用】
1. 平喘 小青龙汤水煎液对乙酰胆碱、组胺混合液和磷酸组织胺喷雾所致豚鼠哮喘有保护作用。用卵蛋白致敏制备大鼠哮喘模型,在激发哮喘后大鼠气道阻力增大,肺动态顺应性降低,血嗜酸性粒细胞数增多。小青龙汤灌胃治疗后,大鼠气道阻力减小,肺动态顺应性增大,血嗜酸性粒细胞数减少。小青龙汤醇提取液,对豚鼠离体气管平滑肌有直接松弛作用,并能拮抗组胺、乙酰胆碱和氯化钡对气管平滑肌的致痉作用,表明小青龙汤有平喘作用。

拆方研究发现,含细辛、桂枝、五味子的醇提取液,能对抗氯化钡所致气管平滑肌的痉挛性收缩,并直接松弛气管平滑肌;小青龙汤去麻黄、半夏后的醇提取液也有解痉作用,表明小青龙汤的平喘作用不单靠麻黄、半夏。麻黄、细辛、五味子水煎剂的解痉作用较麻黄、细辛、干姜的水煎剂为强,说明五味子在平喘中起重要作用。

小青龙汤平喘机制与以下环节有关。① 改善哮喘大鼠支气管黏膜水肿和管腔阻塞程度;抑制哮喘气道平滑肌上 Toll 样受体 4(TLR4)的表达,从而阻止哮喘大鼠气道基层细胞增生和平滑肌增厚,改善气道高反应性和气道重塑。② 能稳定肥大细胞膜,抑制肥大细胞脱颗粒,减少组胺、5-羟色胺分泌量。③ 能有效降低卵蛋白哮喘模型大鼠血浆 IL-4 水平、下调卵蛋白致敏大鼠体内 IL-5 和 IL-13 水平,减轻气道炎症反应。④ 哮喘大鼠肺组织的肾上腺糖皮质激素受体、β肾上腺素受体、cAMP 和血浆皮质酮含量降低。用小青龙汤治疗后能改善上述异常,上调β受体水平,增加 cAMP 和血浆皮质酮含量。⑤ 哮喘小鼠肺组织内 Th1/Th2 比值明显降低,小青龙汤可选择性地降低肺组织内 Th1、Th2 数量,逆转失衡的 Th1/Th2 比值,从而减轻气道炎症,降低气道高反应性,减轻哮喘的症状或减缓哮喘的发作。⑥ 小青龙汤可以选择性地上调抑癌基因 PTEN、下调基质金属蛋白酶 MMP-9 表达,从而改善呼吸道炎症;小青龙汤降低肺中嗜酸性粒细胞(embedded operation system, EOS)浸润及 IgE 介导的呼吸道炎症反应的作用,与其降低哮喘豚鼠 IgE、IL-5、粒细胞-巨噬细胞集落刺激因子(granulocyte-macrophage colony stimulating factor, GM-CSF)基因的过度表达有关。

2. 止咳 小青龙汤煎液对二氧化硫和浓氨水刺激引咳小鼠,能延长咳嗽潜伏期,减少咳嗽次数。

3. 抗过敏 小青龙汤对 OVA、人免疫球蛋白 G 及人分泌型免疫球蛋白 A 刺激的嗜酸性粒细胞脱颗粒反应有抑制作用;对小鼠迟发性过敏反应引起的皮肤肿胀,亦有抑制作用。小青龙汤提取物对蛋清和豚鼠抗蛋清 I 血清引起的豚鼠被动皮肤过敏反应,有抑制作用。其作用机制与抑制肥大细胞脱颗粒释放组胺有关,芍药所含的脯氨酸芍药花苷为有效成分之一。小青龙汤具有多靶点抗鼻过敏反应的作用,可能与其降低 IgE、LTC4 水平相关。

4. 增强免疫 小青龙汤在体给药对小鼠腹腔巨噬细胞功能有增强作用,并与剂量相关。小青龙汤能在升高慢性阻塞性肺疾病急性加重期患者干扰素水平的同时降低 IL-4,调节患者 Th1/Th2 型细胞因子水平,使机体的免疫应答得到调整,改善机体免疫。

5. 解热 小青龙汤口服液对兔耳静脉注射大肠杆菌内毒素所引起的发热,有解热作用。小青龙汤加生石膏、地龙,解热作用增强。

6. 其他作用 小青龙汤还具有抗炎、抑菌等作用。小青龙汤对组胺、5-羟色胺引起的炎症反应有抑制作用。对血小板聚集和血栓烷 A_2 的生成亦有抑制作用;对小鼠抗内毒素抗体的产生有促进作用。

综上所述,小青龙汤的解表化饮、止咳平喘功效与其松弛支气管平滑肌、镇咳、解热、抗过敏、抗炎等作用有关。

【现代应用】

1. 支气管哮喘 可缓解支气管哮喘。

2. 支气管炎 用于急慢性支气管炎、老慢支急性发作、毛细支气管炎和喘息型支气管炎等有良好疗效。

3. 过敏性鼻炎 可改善过敏性鼻炎的流涕、鼻塞、嗅觉障碍、鼻黏膜充血肿胀等症状。

4. 慢性阻塞性肺疾病(chronic obstructive pulmonary disease, COPD) 小青龙汤可广泛应用于 COPD 外寒内饮证、痰湿(饮)阻肺证患者。

5. 其他 可用于结核性渗出性胸膜炎、风湿痹痛、水肿、失音、泄泻、钩虫性气管炎、咳嗽变异性哮喘、小儿毛细支气管炎、肺源性心脏病等。

【不良反应】

小青龙汤治疗过敏性鼻炎,部分患者出现消化道症状和皮肤瘙痒感等副作用。

小青龙汤辛温偏燥,不宜久服。有些虚火上炎的患者服后会有喉痛、虚汗、口鼻发热、耳鸣、心跳、血压升高、大便秘结等。

温胆汤(《三因极一病证方论》)

【组成】
半夏汤洗7次6g,竹茹6g,枳实麸炒去瓤6g,陈皮9g,炙甘草3g,茯苓4.5g。

【功效与主治】
理气化痰,和胃利胆。主治胆郁痰扰证,症见胆怯易惊、头眩心悸、心烦不眠、夜多异梦;或呕恶呃逆、眩晕、癫痫。

【药理作用】
1. 祛痰　温胆汤方中半夏、陈皮、甘草有祛痰作用,全方祛痰效果更好。
2. 对中枢神经系统功能的影响　温胆汤可降低皮层 DA 含量、升高皮层及海马组织 3,4-二羟基苯乙酸(dopaceticacid, DOPAC)含量,该作用是温胆汤临床治疗抑郁症、小儿抽动-秽语综合征等精神类疾病的药理基础。
3. 抗心肌纤维化　温胆汤能抑制 SHR 心肌组织转化生长因子-β_1(transforming growth factor-β_1, TGF-β_1)和胰岛素样生长因子-1(insulin-like growth factor-1, IGF-1)mRNA 的表达,从而降低心肌细胞外基质胶原的合成,缓解或逆转心肌纤维化。
4. 镇静催眠　温胆汤煎剂小鼠灌胃7日后,可以减少小鼠自主活动次数,并可协同戊巴比妥纳延长小鼠睡眠时间。温胆汤镇静催眠作用较缓和。
5. 降低血脂　温胆汤口服给药可减轻高血脂模型大鼠体重,降低血清 TC、TG、LDL-C 含量,降低模型大鼠脂肪指数。温胆汤升高高血脂模型大鼠血清 SOD 活性、降低血清 MDA 含量,降低机体内脂质过氧化程度,从而降低细胞受损程度,对抑制由高血脂引起的动脉粥样硬化有重要作用。
6. 镇吐　温胆汤中半夏、生姜有一定的镇吐作用。

综上所述,温胆汤的理气化痰、和胃利胆功效与其祛痰、镇吐、镇静催眠、调节中枢神经系统功能等作用有关。

【现代应用】
1. 小儿抽动-秽语综合征　其归属于中医学风痰证。一般连续服用温胆汤1个月可使抽动症减轻、发作次数减少或消失。
2. 失眠　可延长失眠症患者的睡眠时间,改善睡眠质量。
3. 上呼吸道感染　服用温胆汤后可使上呼吸道感染患者咳嗽明显减少,痰易咯出。
4. 胃溃疡与十二指肠溃疡　煎服每日1剂连续1个月左右,可使临床症状和体征减轻,局部溃疡面减小,充血水肿减轻。

第十九章 安 神 药

导学

本章介绍安神药的基本作用,常用单味中药酸枣仁、远志、灵芝及经典方酸枣仁汤的主要药理作用和现代应用。

学习要求:
(1) 掌握安神药的基本药理作用;酸枣仁的主要药理作用及现代应用。
(2) 熟悉远志、灵芝的主要药理作用及现代应用。
(3) 了解酸枣仁汤的主要药理作用及现代应用;与心神不宁相关的主要病理变化。

第一节 概 述

凡以安定神志为主要功效,治疗心神不宁的药物,称为安神药。安神药大多性平,味甘,具有安神养心、平肝潜阳等功效,主要用于惊悸、烦躁不安、失眠、健忘、多梦及惊风、癫痫、癫狂等症。

心神不宁,可由多种病因引发。心火炽热或邪热内扰,症见躁动不安、惊悸失眠者,多偏于实;阴血不足、心神失养,症见虚烦不眠、心悸怔忡者,多偏于虚。现代临床医学上的心律失常、睡眠障碍、癫痫和精神失常等病与心神不宁有较大的关联。

安神药根据其性味和临床功效不同,可分为养心安神药和重镇安神药两类。养心安神药大多为植物种子、种仁类,具甘润滋养之性,故有滋养心肝、养阴补血、交通心肾等作用,主要用于阴血不足、心脾两虚、心肾不交等导致的心悸、怔忡、虚烦不眠、健忘多梦等症,代表药物有酸枣仁、柏子仁、合欢花、夜交藤等。重镇安神药大多为矿石、化石类,具有质重沉降之性,重则能镇,重可去怯,故有重镇安神、平惊定志、平肝潜阳等作用,主要用于心火炽盛、痰火扰心、惊吓等引起的心神不宁、心悸失眠及惊痫、癫狂、肝阳上亢等证,代表药物有朱砂、磁石、龙骨、琥珀等。

安神药的主要药理作用如下。

1. 镇静、改善睡眠 酸枣仁、远志、朱砂、磁石、龙骨、琥珀等,可使多种实验动物自主活动减少,并协同巴比妥类药物的中枢抑制作用。在睡眠时相方面,多数安神药延长非快速眼球运动睡眠(non rapid eye movement sleep, NREMS)深睡期的平均持续时间,对 NREMS 的浅睡期和快速眼球运动睡眠(rapid eye movement sleep, REMS)无明显影响。

2. 抗惊厥 酸枣仁、远志、朱砂、磁石、琥珀等能对抗士的宁或戊四氮所致的惊厥。对大鼠听源性惊厥、小鼠电惊厥等亦有一定程度的对抗作用。

3. 其他作用 酸枣仁、灵芝等具有抗心肌缺血作用。酸枣仁、灵芝、远志还有一定的降压作用。酸枣仁、灵芝、远志等具有免疫增强作用,可以改善机体的免疫功能。远志有祛痰作用,其所含皂苷能刺激胃黏膜,反射性地增强支气管分泌。

综上所述,安神药的安定神志功效与其镇静、改善睡眠、抗惊厥等作用有关,部分药物还有抗心肌缺血、降压等作用。

第二节　常用药物

酸枣仁

本品为鼠李科植物酸枣 *Ziziphus jujuba* Mill. var. *spinosa* (Bunge) Hu *ex* H. F. Chou 的干燥成熟种子。

酸枣仁主要含有皂苷、黄酮、生物碱、脂肪油及多糖。酸枣仁皂苷中有酸枣仁皂苷(jujuboside) A、B、D 和 E 等;黄酮中有斯皮诺素(spinosin)、酸枣黄素(zivulgarin)、当药素(swertisin)等;生物碱主要有环肽生物碱(cyclic peptide alkaloids)和异喹啉生物碱(isoquinoline alkaloids)两大类;脂肪油含量为32%,其中含有 8 种脂肪酸且多为不饱和脂肪酸。除此之外,酸枣仁中还含有阿魏酸(ferulaic acid)、植物甾醇和酸枣仁多糖等。

酸枣仁味甘、酸,性平。归肝、胆、心经。具有养心补肝、宁心安神、敛汗、生津的功效。用于虚烦不眠、惊悸多梦、体虚多汗、津伤口渴。

酸枣仁皂苷 A

【药理作用】

1. 镇静、改善睡眠 酸枣仁具有镇静和改善睡眠作用。酸枣仁能减少小鼠自主活动次数,增加阈下剂量戊巴比妥钠致睡眠动物数和延长阈上剂量戊巴比妥钠致小鼠睡眠时间。酸枣仁水煎剂可延长大鼠 NREMS 深睡期的持续时间，对 NREMS 的浅睡期和 REMS 无明显影响。酸枣仁注射液腹腔注射后，能缩短猫睡眠过程中的觉醒时间，延长 NREMS 时间，对 REMS 无明显影响。近年来的研究结果表明，酸枣仁镇静、改善睡眠作用的有效组分及有效成分为酸枣仁皂苷、酸枣仁生物碱、酸枣仁黄酮、酸枣仁油与酸枣仁皂苷 A。其作用机制可能与调节 γ-氨基丁酸（γ-aminobutyric acid，GABA）系统，影响中枢神经系统的单胺类神经递质含量有关。

2. **抗惊厥**　对于半数致惊厥量的戊四氮，酸枣仁水溶性提取物可降低动物惊厥率和死亡率。对士的宁所致惊厥，则仅能延长惊厥的潜伏期、延缓死亡时间，对死亡率无明显影响。

3. **抗抑郁**　酸枣仁水煎液、生物碱、皂苷和酸枣仁油均具有一定的抗抑郁作用。

4. **抗心肌缺血**　酸枣仁皂苷和酸枣仁皂苷 A 对心肌缺血以及缺血再灌注损伤具有一定的保护作用。作用机制主要涉及：① 减少心肌氧自由基的生成，减轻自由基对生物膜系统的损伤。② 减轻钙超载损害。③ 抗氧化，抑制细胞凋亡。

5. **降低血压**　酸枣仁皂苷灌胃后，可降低原发性高血压大鼠的血压，给药后 30 min 起效，能维持 7.5 h。

6. **降血脂**　酸枣仁总皂苷能降低高脂血症模型大鼠血清 TC、TG、LDL-C 含量。

7. **抗脑缺血**　谷氨酸的兴奋作用在急性脑缺血细胞死亡、再灌注损伤和迟发性神经元死亡中起重要作用。酸枣仁皂苷 A 对缺血及缺血再灌注脑损伤有神经保护作用，其机制可能与调节脑缺血损伤后海马区谷氨酸水平有关。

8. **其他作用**　酸枣仁具有一定的抗炎、抗溃疡、改善学习记忆功能和增强免疫功能等作用。

综上所述，酸枣仁的养心补肝、宁心安神功效与其镇静、改善睡眠、抗惊厥、抗抑郁等作用相关。

【现代应用】

1. **失眠**　酸枣仁及酸枣仁为主的复方可以改善失眠患者的睡眠质量。

2. **神经衰弱**　酸枣仁及酸枣仁为主的复方可治疗神经衰弱。

远志

本品为远志科植物远志 Polygala tenuifolia Willd. 或卵叶远志 Polygala sibirica L. 的干燥根。

远志主要含有皂苷、糖脂、叫酮、生物碱等化学成分。皂苷主要含细叶远志皂苷（tenuifolin）和远志皂苷（onjisaponin）A、B、E 等 20 余个远志皂苷。糖脂主要是寡糖酯类化合物，以蔗糖为共同的母核，分别命名为 tenuifoliside A~Q，以 3,6′-二芥子酰基蔗糖（3,6′-disinapoyl sucrose）为代表。叫酮主要包括含有荧光性的叫酮类化合物，共有 31 种，其中简单氧代叫酮 30 种，以远志叫酮Ⅲ（polygalaxanthone Ⅲ）为代表，叫酮糖苷 1 种。生物碱类主要有 1-丁氧羰基-β-咔啉（1-butoxycarbonyl-β-carboline）、1-乙氧羰基-β-咔啉（1-ethoxycarbonyl-β-carboline）等 7 个化合物。除上述成分外，远志还含有树脂、脂肪油、3,4,5-三甲氧基桂皮酸（3,4,5-trimethoxyl-cinnamic acid）和四氢非洲防己胺（tetrahydrocolumbamine）等化合物。

远志味苦、辛，性温。归心、肾、肺经。具有安神益智、交通心肾、祛痰、消肿的功效。用于心肾不交引起的失眠多梦、健忘惊悸、神志恍惚、咳痰不爽、疮疡肿毒、乳房肿痛。

【药理作用】

1. **镇静、改善睡眠**　远志具有镇静、改善睡眠作用。远志皂苷及黄酮能增加阈下剂量戊巴比妥钠致睡眠动物数。远志水煎液可减少电刺激睡眠剥夺大鼠的觉醒时间，延长其总睡眠时间。

2. 增强学习记忆功能 远志提取物、远志皂苷及远志皂苷元能够改善 AD 动物模型的学习记忆能力。作用机制主要涉及：① 促进海马齿状回神经发生。② 抑制海马 CA1 区神经细胞内 Tau 蛋白过度磷酸化,保护神经元功能。③ 提高脑内神经突触可塑性。④ 抑制神经细胞凋亡。⑤ 增强脑内胆碱能神经系统功能。⑥ 提高脑内单胺类神经递质含量。⑦ 抗氧化作用。

3. 镇咳 远志及其炮制品(蜜制、姜制、甘草炙)的水煎液均有镇咳作用,其中蜜制远志和甘草炙远志的镇咳作用较为显著。初步研究表明,远志皂苷 2D 和 3D 为远志镇咳作用的主要成分。

4. 祛痰 远志及其炮制品(蜜制、甘草炙)的水煎液均有祛痰作用。远志皂苷 3D 是其祛痰作用的主要成分。祛痰作用机制与其所含皂苷对胃黏膜刺激,反射性促进支气管分泌液增加有关。

5. 其他作用 远志对未孕大鼠子宫平滑肌有兴奋作用。远志皂苷 H 对离体兔回肠、脑主动脉条和豚鼠气管条等平滑肌均有兴奋作用。远志皂苷元可以促进体外培养的人神经干细胞增生和分化。远志寡糖脂类化合物具有神经保护作用。

综上所述,远志的安神益智、交通心肾、祛痰、消肿功效与其镇咳、祛痰、镇静和增强学习记忆功能等作用相关。

【现代应用】
1. 失眠、健忘 远志与酸枣仁、五味子等配伍,可改善睡眠质量,改善记忆。
2. 慢性支气管炎 远志酊、远志流浸膏,或远志配伍杏仁、桔梗等,有利于慢性支气管炎患者痰液排出。

【不良反应】
远志大剂量口服有恶心、呕吐等不良反应;远志皂苷具有溶血作用。

【安全性评价】
远志不同炮制品的醇提取液和水提取液的 LD_{50} 依次为：制远志醇提取液(3.12 g/kg)＜生远志醇提取液(3.80 g/kg)＜蜜远志醇提取液(4.81 g/kg)＜制远志水提取液(13.9 g/kg)＜生远志水提取液(14.0 g/kg)＜蜜远志水提取液(15.0 g/kg)。

灵芝

本品为多孔菌科真菌赤芝 Ganoderma lucidum (Leyss. ex Fr.) Karst. 或紫芝 Ganoderma sinense Zhao, Xu et Zhang 的干燥子实体。

灵芝含灵芝多糖(ganoderma lucidum polysaccharide)、甾醇类、三萜类、氨基酸类、生物碱类、核苷类、酶类、有机锗和无机离子等 10 大类 100 余种成分,其中灵芝多糖是灵芝的主要有效成分。

灵芝味甘,性平。归心、肺、肝、肾经。具有补气安神、止咳平喘的功效。用于心神不宁、失眠心悸、肺虚咳喘、虚劳短气、不思饮食。

【药理作用】
1. 对中枢神经系统的作用
(1) 镇静、抗惊厥、抗癫痫：灵芝及其孢子提取物均能延长戊巴比妥致小鼠睡眠时间,并增强利血平、氯丙嗪等中枢抑制药的中枢抑制作用,拮抗苯丙胺的中枢兴奋作用。灵芝孢子粉有抑制癫痫发作、减轻癫痫发作神经系统损伤的作用。其作用环节包括：增强抑制性氨基酸的表达,降低大鼠皮质和海马区兴奋性氨基酸及 N-甲基-D-门冬氨酸受体的表达;抑制星形胶质细胞增生,增强胶质细胞源性神经营养因子的表达;减弱 TNF-α、ET-1、神经细胞黏附分子-1(neural cell

adhesion molecule, NCAM-1)和 caspase-3 过度表达引起的戊四氮(pentylenetetrazol, PTZ)致慢性癫痫大鼠中枢神经系统的毒性损害。

(2) 抑制脑神经的退行性改变：灵芝发酵液能通过抑制脂质过氧化物的形成和提高抗氧化酶的活性，改善 D-半乳糖导致的脑超微结构变化。灵芝孢子对 6-羟多巴(6-hydroxydopamine, 6-OHDA)诱导的帕金森病(Parkinson's disease, PD)有脑保护作用，能促进大鼠脊髓前角受损运动神经元的存活。灵芝孢子油能改善 6-OHDA 所致 PD 模型大鼠的行为学，增加纹状体多巴胺及其代谢物含量，提高黑质多巴胺能神经元的残存率，减缓 PD 病变进程。灵芝多糖可提高海马内 SOD 活性，降低 MDA 含量，改善海马 CA_1 区神经元的退行性变化，增强老年性痴呆大鼠的学习记忆能力。对 β-淀粉样多肽 25~35 片段(Aβ-25-35)诱导的阿尔茨海默病模型大鼠脑组织内海马神经元退行性病变，灵芝多糖亦有一定保护作用，并能减轻脑组织内的神经炎症反应。此外，灵芝总苷和灵芝甾醇对脑缺血损伤小鼠神经细胞具有保护作用。

2. 改善免疫功能　灵芝水煎剂对正常小鼠免疫功能无明显影响，但能增加环磷酰胺免疫抑制小鼠的胸腺和脾脏指数，增强巨噬细胞吞噬功能，促进 T 淋巴细胞增殖和增强自然杀伤 T 细胞(nature killer T cell, NKT)活性。灵芝孢子粉可提高小鼠单核巨噬细胞吞噬能力、脾脏抗体生成细胞数和 NK 细胞活性。灵芝多糖是灵芝增强免疫的主要成分，其增强免疫的机制涉及：① 提高淋巴细胞 DNA 多聚酶活性，增加淋巴细胞 DNA 合成，促进淋巴细胞增殖，促进 T 细胞合成和分泌 IL-2 和 IL-3。② 增强蛋白激酶(protein kinase, PK) A 和 C 活性，从而加强巨噬细胞的吞噬功能。③ 提高 T 细胞内 Ca^{2+} 浓度与激活 T 细胞。

3. 抗肿瘤　灵芝孢子粉对 S180 肿瘤细胞和艾氏腹水型肿瘤细胞株的生长有抑制作用。灵芝醇溶酸性组分对肝癌生长有一定的选择性抑制作用。灵芝浸膏、灵芝发酵液、灵芝多糖、灵芝硒多糖等在抑制肿瘤生长的同时均有不同程度的增强机体免疫的作用，如灵芝发酵液能提高腹水型荷瘤小鼠 NK 细胞活性、淋巴细胞增殖率，以及血清 TNF-α 和 NO 含量，表明灵芝抗癌作用主要是通过增强机体免疫系统介导的。

4. 其他作用

(1) 调节物质代谢：灵芝多糖能促进蛋白质合成，通过对核酸蛋白质代谢的影响，调节细胞代谢功能。灵芝多糖具有较弱的降低血糖、升高胰岛素水平的作用。

(2) 抗心肌缺血：灵芝煎剂能减轻鹅膏菌所致心肌损伤。灵芝醇提取物能减轻家兔实验性心肌缺血。

(3) 保肝：灵芝对 CCl_4 等引起的急性动物肝损伤有保护作用，能抑制血清转氨酶活性升高，阻止 GSH 含量降低，促进部分切除肝脏小鼠的肝脏再生。灵芝三萜类化合物对 CCl_4、D-半乳糖胺、卡介苗与脂多糖联合攻击引起的小鼠肝损伤模型均有保护作用，可降低模型动物的血清 ALT 活性和肝脏 TG 含量，不同程度地减轻动物肝损伤。

(4) 抗炎：灵芝提取物对二甲苯诱导的鼠耳肿胀有抑制作用。灵芝中的三萜类成分具有抑制组胺释放的作用。灵芝多糖能抑制小鼠因巴豆油、烟雾和大肠杆菌内毒素所致的各种炎症反应，抑制角叉菜胶引起的大鼠关节肿胀。

此外，灵芝还有镇咳、祛痰、平喘、镇痛、抗心律失常等作用。

综上所述，灵芝的补气安神功效与其镇静、抗惊厥、抗癫痫、抑制脑神经退行性变、增强免疫、抗肿瘤、改善物质代谢、抗心肌缺血作用有关，灵芝的止咳平喘功效与其抗炎、祛痰、镇咳、平喘作用有关。

【现代应用】
1. 神经衰弱、失眠　灵芝片、灵芝颗粒、灵芝滴丸、灵芝胶囊(灵芝粉)等对神经衰弱、身体虚弱、失眠有一定疗效。
2. 体虚、乏力　可单用,也可与人参、白术、当归、熟地黄等补气、补血药及补益肝肾药同用。

第三节　常用方剂

酸枣仁汤(《金匮要略》)

【组成】
酸枣仁 15 g,茯苓 6 g,知母 6 g,川芎 6 g,甘草 3 g。

【功效与主治】
养血安神,清热除烦。主治虚劳虚烦不得眠、心悸盗汗、头目眩晕、咽干口燥、脉弦或细数等。

【药理作用】
1. 镇静、改善睡眠　酸枣仁汤能减少小鼠自主活动次数,增加阈下剂量戊巴比妥钠致睡眠动物数,延长阈上剂量戊巴比妥钠致小鼠睡眠时间。酸枣仁汤可减少失眠大鼠的觉醒时间,延长失眠大鼠总睡眠时间。酸枣仁汤可以增加血虚小鼠的日间 NREMS 持续时间,减少觉醒和睡眠之间转换次数。
2. 抗焦虑　酸枣仁汤具有抗焦虑作用,其有效组分为多糖和黄酮,作用机制为增加脑组织 γ-氨基丁酸 A 型(GABAA)受体量,提高 GABAA 的功能;升高脑内 β-内啡肽含量;提高杏仁核神经肽 Y 含量和影响血清细胞因子水平。
3. 抗抑郁　抑郁动物脑组织中 5-HT 和 NE 呈下降趋势,酸枣仁汤的抗抑郁作用与其升高脑组织中的 5-HT 和 NE 含量有关。
4. 其他作用　酸枣仁汤水煎液对实验性高脂血症大鼠具有降低血脂作用。

综上所述,酸枣仁汤的养血安神、清热除烦功效与其镇静、改善睡眠、抗焦虑和抗抑郁等作用相关。

【现代应用】
1. 失眠　酸枣仁汤无论对单纯性失眠症,还是对多种疾病伴有的失眠,均有较好的改善作用。
2. 焦虑症　酸枣仁汤可缓解焦虑症。

第二十章 平肝息风药

导学

本章介绍平肝息风药的基本作用,常用单味中药天麻、钩藤、地龙、牛黄、罗布麻叶及经典方天麻钩藤饮的主要药理作用和现代应用。

学习要求:

(1) 掌握平肝息风药的基本药理作用;天麻、钩藤的主要药理作用、有效成分及现代应用。

(2) 熟悉地龙、牛黄、罗布麻叶和天麻钩藤饮的主要药理作用、现代应用。

(3) 了解天麻、钩藤、地龙、罗布麻叶和天麻钩藤饮的药动学、不良反应;与肝阳上亢、肝风内动证相关的主要病理变化。

第一节 概 述

凡以平肝潜阳、息风止痉为主要功效,治疗肝阳上亢、肝风内动病证的药物,称为平肝息风药。本类药大多性寒或平,入肝经,具有平肝潜阳、息风止痉、清泄肝火、通络止痛等功效。根据功效的侧重不同,平肝息风药又分为用于肝阳上亢的平肝潜阳药和用于肝风内动的息风止痉药两大类,前者多为贝壳类药物,如石决明、珍珠母、牡蛎等;后者多为昆虫类及其他动物药,如地龙、全蝎、蜈蚣、僵蚕、牛黄、羚羊角等,常用复方有天麻钩藤饮。

肝阳上亢是由于肾阴不足,不能滋养于肝或肝阴不足,阴不维阳,而致肝阳亢盛。主要症状有头痛、目眩、面赤、耳鸣、舌红、脉弦滑或弦细等。肝阴不足和肝阳亢盛均可致肝风内动,故肝风内动有虚实之分。

现代医学认为,肝阳上亢、肝风内动证候与高血压病、脑血管意外及其后遗症的表现,如头晕、头痛、肢体麻木、震颤、抽搐、口舌歪斜、半身不遂等较相似。温病热极生风,出现痉证,表现为颈项强直、抽搐,甚至角弓反张等症状,与乙型脑炎、流行性脑脊髓膜炎、破伤风等急性传染病引起的高热惊厥相似。此外,癫痫、小儿惊厥、梅尼埃病、神经衰弱综合征与肝风内动的临床症状也有相似之处。

平肝息风药主要药理作用如下。

1. 镇静、抗惊厥 本类药物大多具有不同程度的镇静、抗惊厥作用。如天麻、钩藤、羚羊角、地龙、僵蚕、全蝎、牛黄等能减少动物的自主活动,增强戊巴比妥钠、硫喷妥钠、水合氯醛等药的中枢抑制作用,对抗戊四氮、咖啡因、士的宁或电刺激引起的惊厥。天麻、全蝎等还有抗癫痫作用。

2. **降血压**　天麻、钩藤、羚羊角、地龙、蜈蚣、全蝎、罗布麻叶和天麻钩藤饮等均有不同程度的降低血压作用,作用机制大多与中枢抑制作用有关。

3. **抗血栓**　天麻、钩藤、地龙等均有不同程度抗血小板聚集、抗血栓形成的作用,其中地龙抗血栓作用尤为显著。

4. **保护神经细胞**　脑损伤发生机制非常复杂,包括兴奋性氨基酸毒性、氧自由基损伤、Ca^{2+}超载、NO蓄积、胶质细胞异常、能量代谢异常、细胞凋亡等。天麻、天麻素、钩藤、异钩藤碱、天麻钩藤饮可通过影响上述因素起到保护神经细胞的作用。

5. **解热、镇痛**　地龙、羚羊角等具有解热作用,天麻、羚羊角、蜈蚣、全蝎等具有不同程度的镇痛作用。

综上所述,平肝息风药的平肝潜阳、息风止痉功效与其镇静、抗惊厥、降低血压相关。抗血栓是该类药物活血通络的药理学基础之一。

第二节　常用药物

天麻

本品为兰科植物天麻 *Gastrodia elata* Bl. 的干燥块茎。

天麻主要含有天麻素(天麻苷,gastrodin)、天麻苷元(对羟基苯甲醇,4 - hydroxybenzyl alcohol)、香荚兰醇(香草醇,3 - 甲氧基 - 4 - 羟基苯甲醇)、香荚兰醛(香草醛,3 - 甲氧基 - 4 - 羟基苯甲醛)、琥珀酸(succinic acid)、天麻多糖,其中天麻素含量较高,是天麻的主要有效成分。

天麻味甘,性平。归肝经。具有息风止痉、平抑肝阳、祛风通络的功效。用于小儿惊风、癫痫抽搐、破伤风、头痛眩晕、手足不遂、肢体麻木、风湿痹痛。

天麻素　　　　　　　　天麻苷元

【**药理作用**】

1. **镇静、催眠**　天麻、天麻素及其苷元能减少小鼠自发活动,抑制咖啡因、苯丙胺引起的中枢兴奋,增强氯丙嗪的中枢抑制作用,增加戊巴比妥钠的催眠作用,延长动物睡眠时间。家兔静脉注射天麻及天麻素后脑皮层电图出现高幅慢波,正常人口服天麻素或天麻苷元,脑电图出现嗜睡波型。其作用机制涉及:① 天麻素透过血脑屏障,在脑组织中以较高速度降解为天麻苷元,天麻苷元竞争性地与苯二氮䓬受体结合,从而显示镇静、抗惊厥的中枢抑制效应。② 降低下丘脑和肾上腺组织的酪氨酸羟化酶及多巴胺-β-羟化酶的活性,从而降低脑 DA、NE 含量。

2. 抗惊厥、抗癫痫 天麻注射液、天麻素及其苷元、天麻多糖能显著拮抗戊四氮所致惊厥,延长惊厥潜伏期,降低死亡率。天麻醇提取物皮下注射可抑制豚鼠实验性癫痫发作,作用较苯妥英钠缓慢,但持续时间较长。作用机制主要涉及:① γ-氨基丁酸转氨酶(GABA transaminase, GABA-T)是抑制性神经递质 GABA 的代谢酶,天麻苷元通过抑制 GABA-T,增强 GABA 作用,从而发挥抗惊厥作用。② 降低海马区兴奋性神经递质谷氨酸,提高海马区抑制性神经递质 GABA 的含量,降低大脑皮层的兴奋性,抑制癫痫的形成及发展。

3. 保护神经细胞 脑损伤发生机制非常复杂,包括兴奋性氨基酸毒性、氧自由基损伤、钙离子超载、NO 蓄积、胶质细胞异常、能量代谢异常、细胞凋亡等。天麻及天麻素对神经细胞有保护作用,其作用环节涉及:① 当各种原因引起脑损伤时,兴奋性氨基酸(excitatory amino acids, EAA)从神经末梢释放增加而摄取减少,使其在细胞外间隙蓄积,受体过度激活,从而引起兴奋毒性,导致神经元过度兴奋、坏死和凋亡,而 GABA 作为脑内最重要的抑制性递质,能拮抗 EAA 过度表达所产生的兴奋毒性,保护神经元免于损伤。天麻通过调节 EAA(主要为谷氨酸的释放和摄取),抑制 N-甲基-D-天冬氨酸(N-Methyl-D-aspartic acid, NMDA)受体活性,并可通过抑制 γ-氨基丁酸转氨酶,抑制 GABA 的降解,提高 GABA 的浓度,减少神经元的损伤。② 增加脑内超氧化物歧化酶活性,减少自由基浓度,抑制脂质过氧化,降低丙二醛含量,并抑制 NOS 活性,减轻 NO 过量产生所引起的细胞毒性作用。③ 调节细胞内外 Ca^{2+} 平衡,阻止细胞内 Ca^{2+} 超载。④ 抑制胶质细胞的过度增生,减轻胶质细胞纤维样改变程度。⑤ 维持神经细胞膜流动性,减少神经细胞膜损伤时 LDH 大量漏出,并能提高脑组织内 Na^+-K^+-ATP 酶活性,改善能量代谢。⑥ 抑制脑缺血再灌注损伤、缺氧后大鼠神经细胞的凋亡。

4. 改善记忆 天麻及天麻素能改善多种老年痴呆模型动物的学习记忆能力。作用机制主要涉及:① 增加脑内胆碱能系统功能。② 抗氧化作用。③ 抑制 β-分泌酶的表达,进而抑制 β 淀粉样斑块的形成。④ 上调神经营养因子的表达。

5. 降血压 天麻、天麻素对多种动物均有降压作用。大鼠腹腔注射或十二指肠给药,血压降低作用持续 3 h 以上。天麻降压作用与其扩张血管、降低外周阻力有关。天麻素还能增强中央动脉的顺应性,使主动脉、大动脉等血管弹性增强,提高血管对血压的缓冲能力。

6. 调血脂 天麻粉可降低高脂小鼠和高脂血症金黄地鼠的血清 TC、TG、LDL-C。

7. 抗血小板聚集、抗血栓形成 体内外实验显示,天麻有抗血小板聚集作用,能降低 ADP 诱发的急性肺血栓致小鼠死亡率。天麻素和天麻苷元有类似的作用。

8. 保肝 天麻素及天麻多糖能缓解 CCl_4、长春新碱及卡介苗加脂多糖诱导的肝损伤,提高肝细胞的抗氧化能力,从而保护肝细胞。

9. 其他作用

(1) 抗心肌缺血:天麻及天麻素可减慢心率,降低心肌耗氧量,对多种心肌缺血模型具有一定抗心肌缺血作用。

(2) 增强免疫功能:天麻浸出物可增强小鼠的特异性免疫功能。天麻苷可增强小鼠脾脏 B 淋巴细胞和巨噬细胞功能,提高机体非特异性和特异性免疫功能。

(3) 抗肿瘤:天麻素可降低人胃癌细胞 SGC-7901 细胞活力和增加其凋亡指数。天麻多糖能升高 H_{22} 荷瘤小鼠的白细胞水平及脾、胸腺器官指数,对 H_{22} 细胞增殖有抑制作用;与环磷酰胺合用可降低环磷酰胺对免疫系统的伤害。

综上所述，天麻的平肝、息风、止痉功效与其镇静、抗惊厥、降压、调血脂、保肝、益智、保护脑神经细胞等作用有关。

【药代动力学】

大鼠灌胃给予天麻水提取物后，血浆中主要可检测到天麻素、天麻苷元。天麻素灌胃给药后符合一室开放模型，吸收快，t_{max} 为 50 min 左右，绝对生物利用度为 81%；天麻素血浆蛋白结合率为 7.8%，苷元血浆蛋白结合率为 69%，天麻素分布较迅速，肾中浓度最高，可透过血脑屏障，但浓度较低，并在脑中迅速分解为天麻苷元；天麻素主要代谢为苷元和对羟基苯-吡喃葡萄糖醛酸苷。苷元主要经肾脏排泄，在体内不易蓄积。天麻素药代动力学存在种属特异性。

【现代应用】

1. 神经衰弱　天麻素制剂用于治疗多种神经衰弱，对头昏、耳鸣、肢体麻木、失眠有一定疗效。
2. 眩晕　对梅尼埃病、突发性耳聋、椎-基底动脉供血不足等引起的眩晕，天麻素注射液或天麻素胶囊有较好疗效。
3. 血管神经性头痛、三叉神经痛、坐骨神经痛　用天麻素注射液或天麻素胶囊治疗有止痛效果。
4. 老年性痴呆　天麻及以其为主组成的复方治疗老年性血管性痴呆，可改善患者神经功能缺损，提高生活自理能力。
5. 高血压　单用本品降压效果较弱，但能改善高血压患者头痛、耳鸣、肢体麻木、失眠等症状。
6. 癫痫、惊厥　香草醛片可作为癫痫小发作和各类型癫痫的辅助用药。

【不良反应】

天麻注射液肌内注射，少数患者可出现口鼻干燥、头昏、胃不适等症状，但不影响患者接受用药，也无须特殊处理。天麻注射液有偶致过敏反应甚至休克的报道。

【安全性评价】

小鼠天麻注射液静脉注射的 LD_{50} 为 36.5～43.5 g/kg。

钩藤

本品为茜草科植物钩藤 Uncaria rhynchophylla (Miq.) Miq. ex Havil.、大叶钩藤 Uncaria macrophylla Wall.、毛钩藤 Uncaria hirsuta Havil.、华钩藤 Uncaria sinensis (Oliv.) Havil. 或无柄果钩藤 Uncaria sessilifructus Roxb. 的干燥带钩茎枝。

钩藤含有生物碱类、三萜类、皂苷类及黄酮类等成分。吲哚类生物碱为含量较多的重要活性成分，主要有钩藤碱(rhynchophylline)、异钩藤碱(isorhynchophylline)、去氢钩藤碱(corynoxeine)、异去氢钩藤碱(isocorynoxeine)等。总生物碱含量约为 0.22%，其中钩藤碱含量占 34.5%～51%。此外，还含有金丝桃苷(hyperin)、儿茶素(catechin)等酚性成分。

钩藤碱 R＝—CH$_2$CH$_3$
去氢钩藤碱 R＝—CH＝CH$_2$

异钩藤碱 R＝—CH$_2$CH$_3$
去氢异钩藤碱 R＝—CH＝CH$_2$

钩藤味甘,性凉。归肝、心包经。具有清热平肝、息风定惊的功效。用于肝风内动、惊痫抽搐、高热惊厥、感冒夹惊、小儿惊啼、妊娠子痫、头痛眩晕。

【药理作用】

1. **降低血压** 钩藤、钩藤总生物碱和钩藤碱对正常、高血压大鼠(肾性、自发性高血压)均有降压作用。钩藤降压作用温和、缓慢、持久,静脉注射钩藤总生物碱或钩藤碱后血压呈三相变化,先降压,继之快速升高,然后持续下降,降压同时不减少肾血流量,重复给药无快速耐受现象。降压主要有效成分为钩藤生物碱,其降血压的强弱顺序依次为异钩藤碱>钩藤碱>钩藤总碱>钩藤非生物碱成分。钩藤降压机制较为复杂,主要涉及:① 降低血管平滑肌细胞 Ca^{2+} 浓度,主要是通过阻滞 L 型钙通道发挥作用。扩张血管,降低外周阻力。降压作用具有部分血管内皮依赖性。② 抑制心功能,降低心排血量,从而降低血压。③ 抑制血管运动中枢、阻滞交感神经和神经节、阻滞神经末梢递质的释放,从而使外周血管扩张,阻力降低。④ 抑制肾素-血管紧张素系统,降低血浆中 Ang Ⅱ、醛固酮含量,使血管扩张,血压下降。

2. **对心脏的影响** 钩藤具有负性频率、负性肌力和负性传导作用,以异钩藤碱的负性频率作用最强。钩藤碱可抑制心肌收缩力、减慢心率(负性频率)、延长有效不应期、降低心肌耗氧量。异钩藤碱在减慢心率的同时,抑制房室传导。钩藤碱和异钩藤碱能抑制肾上腺素诱发的异位节律,延长有效不应期和降低心肌的兴奋性。钩藤总碱对乌头碱、氯化钡、氯化钙诱发的心律失常均有对抗作用。钩藤碱和异钩藤碱的抗心律失常作用除了阻滞 L 型钙通道外,前者还与阻滞钾通道有关,后者则与抑制 Na^+ 内流有关。

3. **对中枢神经系统的作用**

(1) 镇静:钩藤、钩藤生物碱能减少小鼠的自主活动,对抗咖啡因致动物自发活动增加,抑制苯丙胺引起的中枢兴奋,并能加强戊巴比妥钠的镇静催眠作用。镇静作用可能与其降低皮层及海马 NE 的含量有关。

(2) 保护神经细胞:钩藤对中枢神经系统的突触传递过程有明显的抑制效应,具有抗癫痫和神经保护作用。钩藤总生物碱能明显降低脑缺血-再灌注后梗死范围及改善神经症状,使脑组织中的 SOD 活性增加,MDA 与 NO 的含量减少,对脑缺血-再灌注所致脑神经元损伤有保护作用。作用机制有以下几方面:① 阻滞细胞外 Ca^{2+} 内流和内 Ca^{2+} 释放,对大脑皮层神经元 L 型钙通道有阻滞作用,可明显缩短此通道的平均开放时间,延长其平均关闭时间,降低其开放概率,对脑缺血损伤皮层神经元内钙超载有抑制作用。② 钩藤碱与异钩藤碱是脑内兴奋性氨基酸 NMDA 受体的非竞争性拮抗剂。③ 抑制 NOS 活性,产生与 NOS 拮抗剂相似的作用,因此可抑制 NO 介导的癫痫发作及 NO 对脑缺血的损害。

(3) 抑制脑神经的退行性改变:钩藤提取物及异钩藤碱能通过抑制脑组织中 Tau 蛋白过度磷酸化、神经细胞凋亡、炎症反应及增强脑组织胆碱能系统功能和抗氧化的能力,改善阿尔茨海默病模型动物的学习记忆能力。钩藤提取物通过增强脑组织抗氧化能力来改善 MPTP 诱导的 PD 模型小鼠的行为学。

(4) 抗惊厥:钩藤抑制大脑海马和皮层中 IL-1β 和 BDNF 的基因表达,改善红藻氨酸诱导的大鼠癫痫发作。

(5) 抗抑郁:异钩藤碱具有抗抑郁作用,其作用机制为增加脑组织中 5-HT 和 NE 的含量。

4. **抑制血小板聚集和抗血栓形成** 钩藤碱、异钩藤碱能抑制花生四烯酸、胶原、凝血酶及 ADP 诱导的血小板聚集,抑制胶原诱导的 TXA_2 的生成,还能抑制血小板生成丙二醛、血小板因子Ⅳ的释放及凝血酶、ADP所引起的血小板内cAMP浓度下降。钩藤碱能降低小鼠实验性肺血栓形成的死亡率，可抑制静脉血栓及脑血栓形成。其抑制血小板聚集和抗血栓机制与抑制血小板膜释放花生四烯酸，升高血小板cAMP水平，抑制TXA_2合成和阻滞Ca^{2+}内流有关。

5. **其他作用** 解痉：钩藤碱、异钩藤碱、去氢钩藤碱能抑制乙酰胆碱引起的离体肠管收缩，钩藤碱能抑制缩宫素和高钾去极化后Ca^{2+}引起的离体子宫收缩。钩藤总碱能抑制组胺引起的豚鼠哮喘。

综上所述，钩藤的清热平肝、息风定惊功效与其降压、对心脏的影响、镇静、保护脑神经细胞、抑制脑神经的退行性改变、抑制血小板聚集和抗血栓等药效作用相关。

【药代动力学】

钩藤碱、异钩藤碱静脉给药后体内过程均符合二室模型。异钩藤碱口服吸收迅速，绝对生物利用度为42%～69%；分布快、广，$t_{1/2\alpha}$为2 min，肝中浓度较高，可通过血脑屏障；可被代谢，$t_{1/2\beta}$为1～2 h。大鼠灌服钩藤碱后，$t_{1/2\beta}$约为44 min，主要以原形经粪便和尿排泄，约10%被代谢成羟化代谢物及其葡萄糖醛酸结合物，其羟化主要由肝CYP2D、CYP1A1/2和CYP2C介导。

【现代应用】

1. **高血压** 天麻钩藤颗粒，用于高血压等所引起的头痛、眩晕、耳鸣、眼花、震颤、失眠。复方钩藤片用于肝肾不足所致头疼眩晕、心悸不宁、失眠多梦、健忘。

2. **惊痫** 常与羚羊角、天麻合用，如羚角钩藤汤。

3. **痴呆** 钩藤及以其为主组成的复方（钩藤散和天麻钩藤饮）用于老年性痴呆、血管性痴呆、记忆障碍等。

【不良反应】

钩藤不良反应少见，个别患者可出现心动过缓、头晕、皮疹、月经量减少等，但停药后可自行消除。

【安全性评价】

小鼠灌服钩藤总碱LD_{50}为650 mg/kg。钩藤碱和异钩藤碱静脉注射LD_{50}分别为105 mg/kg、80 mg/kg，腹腔注射LD_{50}分别为162 mg/kg、217 mg/kg。大鼠灌服钩藤总碱50 mg/kg和100 mg/kg，连续2个月，小剂量组有轻度的肾脏损害，停药后可恢复，大剂量组死亡动物心、肾、肝脏有病理性改变。

地龙

本品为钜蚓科动物参环毛蚓 *Pheretima aspergillum* (E. Perrier)、通俗环毛蚓 *Pheretima vulgaris* Chen、威廉环毛蚓 *Pheretima guillelmi* (Michaelsen) 或栉盲环毛蚓 *Pheretima pectinifera* Michaelsen 的干燥体。

地龙所含主要化学成分有蛋白质、氨基酸、酶类、酯类、核苷酸、微量元素及蚯蚓退热碱(lumbrofebrine)、蚯蚓素(lumbritin)、蚯蚓毒素(terrestro-Lumbrolysin)、蚓激酶(lumbrokinase)、蚯蚓纤溶酶(earthworm fibrinolytic enzyme)等。

地龙味咸，性寒。归肝、脾、膀胱经。具有清热定惊、通络、平喘、利尿的功效。用于高热神昏、惊痫抽搐、关节痹痛、肢体麻木、半身不遂、肺热喘咳、水肿尿少。

【药理作用】

1. **解热** 地龙水浸剂及蚯蚓退热碱对大肠杆菌毒素及温热刺激引起的家兔体温升高具有良

好的解热作用。解热作用主要是通过调节体温中枢,使散热增加。

2. **镇静、抗惊厥** 地龙的热浸液、醇提取液对小鼠及兔均有镇静作用,对戊四氮及咖啡因引起的惊厥有对抗作用,但不能拮抗士的宁引起的惊厥。

3. **抗血栓** 小鼠腹腔注射地龙注射液,凝血时间延长。体外实验表明,地龙提取液可使凝血酶时间、凝血酶原时间、复钙时间均延长。地龙中含有纤溶酶样物质,具有促进纤维蛋白溶解作用。地龙所含蚓激酶,大剂量时在高凝大鼠体内或正常大鼠体外均能抑制血小板聚集,且具有量效关系,这种抑制作用与用药后血浆中 TXA_2 含量的降低相关。蚓激酶为具有纤溶酶活性的丝氨酸蛋白酶,除能直接降解血中纤维蛋白原外,还能将纤溶酶原激活为纤溶酶,并能刺激血管内皮细胞释放组织型 t-PA,通过上述途径促进纤维蛋白溶解。与纤溶酶和蚓激酶不同的是,地龙中的胶原酶还可降解陈旧性血栓表面坚固的外壳蛋白而对陈旧性血栓起降解作用。

地龙的抗血栓作用与抗凝血、促纤溶、抑制血小板聚集等有关,主要有效成分为蚓激酶、纤维蛋白溶解酶和胶原酶等。

4. **平喘** 腹腔注射地龙液,可延长卵蛋白所致的豚鼠过敏性哮喘潜伏期,地龙醇提取液可增加大鼠和家兔气管肺灌流量,并能对抗组胺和毛果芸香碱引起的支气管收缩,提高豚鼠对组胺反应的耐受力,其作用机制与扩张支气管平滑肌及阻滞组胺受体有关。地龙的酸性成分,能够抑制过敏性哮喘小鼠 IL-5 和 IL-13 水平的升高和 IFN-γ 水平的降低,从而在一定程度上调整了 Th1/Th2 的平衡,起到了平喘的作用。

5. **降血压** 地龙的多种制剂具有确切降低血压作用。麻醉犬静脉注射地龙热浸液、乙醇浸出液,正常大鼠或肾性高血压大鼠灌服地龙提取液,均产生慢而持久的降压作用。自发性高血压大鼠喂食含地龙的饲料,可降低血压,还具有排钠利尿作用。

6. **其他作用**

(1) 改善免疫功能:可增强巨噬细胞的免疫活性。体内试验显示,地龙提取物可促进小鼠脾淋巴细胞转化,提高脾脏自然杀伤细胞功能及抗体依赖细胞介导细胞毒的活性。

(2) 抗肺纤维化:地龙水提取物可降低由博莱霉素所致肺纤维化模型小鼠的肺指数、肺组织胶原纤维羟脯氨酸含量,改善肺纤维组织增生状况。

(3) 抗氧化:地龙提取物能提高抗氧化酶活性,降低小鼠体内脂质过氧化水平。

(4) 促进伤口愈合:地龙提取物能促进大白兔背部创面肉芽组织的生长,从而起到促进创伤愈合的作用。

综上所述,地龙的清热定惊、通络、平喘功效与其解热、镇静、抗惊厥、抗血栓、平喘、降低血压作用相关。其他作用则是现代药理研究的新进展,其应用价值尚待于进一步观察。

【现代应用】

1. **高热、惊厥** 地龙对流感、上呼吸道感染、肺炎等引起的高热有退热疗效;能缓解肺炎、流脑、乙脑等所致高热惊厥。

2. **慢性支气管炎及支气管哮喘** 地龙粉单服或与其他药合用口服或用地龙注射液,均有较好疗效。

3. **高血压** 地龙酊口服对原发性高血压有较好疗效。

4. **血栓性疾病** 地龙提取物或地龙与其他中药配伍治疗脑血管栓塞、心肌梗死及静脉血栓形成均有一定效果。口服地龙提取物对高黏血症和缺血性卒中有效。缺血性脑血管病患者口服蚓激酶有效。蚓激酶肠溶胶囊可抑制缺血性脑血管病患者纤维蛋白原增高及血小板凝集率增高;溶栓胶囊(鲜地龙提取物)用于卒中半身不遂、肢体麻木等有效。复方地龙胶囊(地龙、川芎、黄芪、牛膝提取物)用于缺血性卒中引起的半身不遂、口舌歪斜、言语謇涩或不语、偏身麻木、乏力、心悸气短、流涎、自汗等有较好疗效。

【不良反应】

地龙对子宫有兴奋作用,能引起痉挛性收缩,孕妇慎用。地龙注射液肌注有引起过敏性休克的病例报道,故过敏体质者慎用。

牛黄

本品为牛科动物牛 Bos taurus domesticus Gmelin 的胆结石。

牛黄现有天然牛黄、人工培植牛黄和人工牛黄 3 种。人工牛黄是以胆酸(cholic acid)、去氧胆酸(deoxycholic acid)、胆固醇(cholesterol)、胆红素(bilirubin)及磷酸钙、硫酸镁、硫酸亚铁等无机盐混合而成。天然牛黄与人工培植牛黄主要含胆汁酸(bile acid)、胆色素(bile pigment)、胆固醇、肽类物质、牛磺酸等多种氨基酸、黏蛋白、多种微量元素以及维生素 D、类胡萝卜素等。人工牛黄缺乏肽类物质、氨基酸成分,其胆红素、胆酸、去氧胆酸的含量和比例均与天然牛黄有较大差异。

牛黄味苦、甘,性凉。归心、肝经。具有清心、豁痰、开窍、凉肝、息风、解毒的功效。用于热病神昏、卒中痰迷、惊厥抽搐、癫痫发狂、咽喉肿痛、口舌生疮、痈肿疔疮。

【药理作用】

1. 对中枢神经系统的作用

(1) 镇静:本品对中枢兴奋药有拮抗作用,对中枢抑制药有协同作用。天然牛黄能对抗由咖啡因、樟脑和印防己毒素等引起的小鼠中枢兴奋症状,并可增强水合氯醛、乌拉坦、吗啡或戊巴妥钠的镇静作用。人工培植牛黄、人工牛黄均有类似镇静作用。牛黄含有的牛磺酸具有中枢抑制作用。

(2) 抗惊厥:天然牛黄具有抗惊厥作用,可对抗樟脑、咖啡因、可卡因、印防己毒素、戊四氮或最大电惊厥休克法等所致的惊厥,并能延长惊厥潜伏期,但对士的宁所致惊厥无明显影响。牛黄抗惊厥作用具有上行性,以对樟脑、咖啡因所致皮层性惊厥抑制效果较强,对脑干性惊厥的抑制作用弱,对脊髓性惊厥无效。人工培植牛黄也有相似作用。天然牛黄中枢抑制作用与增加脑纹状体中抑制性氨基酸递质甘氨酸(glycine, Gly)、GABA 的含量有关。

(3) 镇痛:天然牛黄口服无明显镇痛作用,但口服或注射牛磺酸均有镇痛作用。人工牛黄镇痛的机制可通过阻断钠通道,降低感觉神经元的兴奋性,抑制神经兴奋的发生、传导,达到镇痛的作用。

(4) 解热:天然牛黄具有解热作用,人工培植牛黄、人工牛黄也有类似作用。牛黄对正常大鼠体温无明显降低作用,但对实验性体温升高动物则有不同程度的解热作用。该作用的产生与牛黄中含有的胆酸和牛磺酸有关。牛磺酸在下丘脑可能作为一种发热反应的抑制性介质而调节体温。牛黄含有的去氧胆酸亦有解热作用。

2. 对心血管系统的作用

(1) 兴奋心脏:多种动物实验显示,牛黄能使正常和心衰模型动物心肌收缩力增强,心率加快,其活性成分主要呈水溶性,可能是牛磺酸。

(2) 降低血压:多种动物实验显示,牛黄有一定的降压作用。牛黄及其所含成分的降压作用环节不同,分别与扩张血管、抗肾上腺素的作用及中枢性降压作用有关。

(3) 抗心肌缺血:牛黄可缩小心肌缺血再灌注后梗死面积,并增强缺血损伤心肌的耐受性,机制与抗自由基能力有关。

3. 对血液系统的作用

(1) 抗凝血：天然牛黄对胶原所致血小板聚集有弱的抑制作用；纤维蛋白平板法实验表明牛黄有纤溶活性作用。

(2) 改善造血功能：牛黄能促进红细胞生成，使失血动物的网织细胞增多，红细胞数和血红蛋白恢复时间缩短，具有抗贫血作用。

4. 改善免疫功能 牛黄能提高小鼠腹腔巨噬细胞的吞噬功能和脾细胞中抗体生成细胞的数量，并能促进脂多糖诱导的淋巴细胞转化。

5. 抗炎 牛黄对多种炎症模型有抑制作用。人工培植牛黄与天然牛黄作用类似。牛黄的抗炎作用因配伍不同而有明显变化，如与麝香、蟾酥配伍，抗炎作用增强。

6. 抗病原微生物 体外实验显示，牛黄能直接灭活流行性乙型脑炎病毒，对实验性乙脑病毒感染动物有保护作用。人工牛黄、去氧胆酸钠、胆酸与胆红素都具有相似作用。人工牛黄对金黄色葡萄球菌有抑制效应，而天然牛黄则无。

7. 对呼吸系统的作用 牛黄具有镇咳、祛痰、平喘作用。小鼠化学刺激引咳法显示天然牛黄有镇咳作用。天然牛黄和人工牛黄都能增加酚红排泌量，促进小鼠呼吸道分泌，具有一定的祛痰作用，猪胆酸和去氧胆酸可能为牛黄祛痰作用的有效成分。胆酸钠能直接扩张支气管，并能对抗组胺和毛果芸香碱引起的支气管痉挛。

8. 对消化系统的作用

(1) 调节肠平滑肌：牛黄能拮抗乙酰胆碱及氯化钡引起的离体肠管的致痉作用，对痉挛状态的肠平滑肌具有解痉作用。

(2) 利胆：能松弛胆管括约肌，促进胆汁排泄。

(3) 保肝：牛黄与人工牛黄均具有降低 CCl_4、D-半乳糖胺诱发血清 ALT 升高的作用，对肝损伤有保护作用。

9. 其他作用

(1) 抗肿瘤：牛黄对多种肿瘤具有治疗作用。人工牛黄对小鼠肉瘤 S180 及 S37 有抑制作用，但对艾氏腹水癌实体型及腹水型则无影响。人工牛黄具有抑制小鼠乳腺癌细胞肺转移，并与环磷酰胺有一定协同作用。体外培育牛黄能诱导人肝母细胞瘤 HepG2 细胞凋亡。牛黄能够抑制胃癌 BGC-823 细胞的增殖和诱导其凋亡，并与 5-氟尿嘧啶和顺铂有一定协同作用。

(2) 清除自由基：人工培植牛黄能提高缺氧小鼠的脑、肝、心肌组织及血清 SOD 活性，降低 MDA 含量，提高机体清除自由基的能力，减轻脂质过氧化对心、脑、肝等组织的损害。

【现代应用】

1. 高热惊厥 牛黄制剂如人工牛黄片，常用于治疗小儿高热惊厥、急性感染性疾病高热惊厥、乙型脑炎昏迷惊厥及卒中昏迷。

2. 急性呼吸道感染 急性肺炎、支气管炎、流感、上呼吸道感染等伴发热及局部炎症常用牛黄配伍其他中药治疗，均有良好疗效。

3. 其他 牛黄及含牛黄的中成药应用较广，可用于疖、疔毒、痈肿等皮肤病，有一定疗效。

【不良反应】

多种牛黄制剂如牛黄解毒片、牛黄上清丸、清开灵等，都曾报道能引起过敏反应如药疹、过敏性休克；牛黄解毒丸偶致消化道出血、血小板减少及其他严重反应。本品孕妇慎用。

【安全性评价】

牛黄毒性较低,小鼠灌服天然牛黄 $LD_{50}>15\ g/kg$,人工培植牛黄的 LD_{50} 与天然牛黄接近。

罗布麻叶

本品为夹竹桃科植物罗布麻 Apocynum venetum L. 的干燥叶。夏季采收,除去杂质,干燥。

罗布麻叶中主要有效成分是黄酮类及黄烷类。黄酮类成分主要为金丝桃苷、异槲皮苷和槲皮素 3-O-槐糖苷,含量为 0.2%~0.8%,其苷元主要为槲皮素、山柰素和异鼠李素;黄烷类成分主要是组成缩合鞣质的单体,目前已经从罗布麻叶中共分离出 13 种此类化合物,其中儿茶素含量为 0.13%。

罗布麻叶味甘、苦,性凉。归肝经。具有平肝安神、清热利水的功效。可用于肝阳眩晕、心悸失眠、浮肿尿少。

【药理作用】

1. 对心血管系统的作用

(1) 降血压:罗布麻叶能促使血管产生舒张作用,从而使血压下降,此舒张血管作用是通过刺激内皮释放 NO 和超极化因子共同完成的。

(2) 调血脂:罗布麻叶可降低血清 TC、LDL-C 含量,升高 HDL-C 含量,改善动脉硬化指数,烘烤过的罗布麻叶降脂和防止动脉硬化作用增强。

(3) 抑制血小板聚集:罗布麻叶提取物体外或体内给药对用凝血酶或 ADP 诱导的大鼠及人血小板的聚集均有抑制作用,且随着药物浓度的增加,抑制作用也增强。

(4) 抗糖尿病血管病变:罗布麻叶提取物可抑制非酶糖基化终末产物的形成,减缓糖尿病的血管病变,其中黄烷类成分作用较好。

2. 对神经系统的作用

(1) 抗抑郁:罗布麻叶浸膏可使脑内 5-HT 及 DA 含量升高,并可降低小鼠脑内单胺氧化酶的活性,其抗抑郁作用可能与其提取物中黄酮类成分金丝桃苷和异槲皮素有关。

(2) 镇静:小鼠口服罗布麻叶浸膏的醚溶物及罗布麻叶醚提取物后均显示有轻度镇静作用,其主要有效成分为金丝桃苷。

(3) 抗脑缺氧:罗布麻醇提取物通过抑制机体缺氧时脑、心组织的细胞膜脂质过氧化,从而延长小鼠在缺氧环境中的存活时间。

3. 其他作用

(1) 保肝:罗布麻叶水提取物对 CCl_4 或 D-半乳糖胺或脂多糖所致的小鼠肝损伤有保护作用,黄酮醇苷是其护肝作用的主要有效成分。

(2) 利尿:罗布麻叶浸膏对多种动物有利尿作用,其在利尿的同时相应增加钠、钾排泄量,但两者浓度并不增加,血钾浓度也无明显变化。

综上所述,罗布麻叶的平肝安神、清热利水功效与其降血压、调血脂、抑制血小板聚集、抗糖尿病血管病变、抗抑郁、镇静等作用相关。

【药代动力学】

罗布麻叶提取物主要为金丝桃苷和异槲皮苷。大鼠口服金丝桃苷的药动学行为符合一室模型,但尾静脉注射给药,药动学行为则符合二室模型。异槲皮苷大鼠灌胃后的半衰期约为 4 h,其在体内很容易被代谢成槲皮素的葡萄糖醛酸化产物。

【现代应用】

高血压 罗布麻叶降压作用温和,可使高血压患者的血压有不同程度降低,但不降低正常血压,在改善头痛、眩晕、心悸、失眠等症状方面奏效快,疗效较好。一般以高血压Ⅰ期、Ⅱ期较为适宜,或作为治疗高血压的辅助剂。成药制剂有罗布麻叶片、胶囊、颗粒、冲剂等。

【不良反应】

临床口服罗布麻煎剂、流浸膏有一定的刺激作用,偶尔出现恶心、呕吐、腹泻、上腹不适等症状。

【安全性评价】

大鼠亚急性毒性试验表明罗布麻叶无毒。小鼠口服罗布麻叶煎剂的 LD_{50} 为 66.9 g/kg。

第三节 常用方剂

天麻钩藤饮(《杂病证治新义》)

【组成】

天麻9g,钩藤后下12g,石决明先煎18g,牛膝12g,栀子9g,黄芩9g,杜仲盐制9g,益母草9g,桑寄生9g,首乌藤9g,朱茯神9g。

【功效与主治】

平肝息风,补益肝肾,清热活血。主治肝阳上亢之证,症见头痛、眩晕、失眠。

【药理作用】

1. **降血压** 天麻钩藤饮对多种实验性高血压动物和原发性高血压(肝阳上亢型)患者均具有降压作用。该药降压作用特点与机制:① 降压时对患者的心率无明显影响。② 通过降低血浆ET,促进 NO 的合成和降钙素基因相关肽释放,从而扩张外周血管,降低血压。③ 抑制 RAAS 异常激活,降低 SHR 心肌组织和血浆 Ang Ⅱ、血浆醛固酮含量。④ 抑制 SHR 血管平滑肌细胞膜 L-型电压依赖性 Ca^{2+} 通道,减轻高血压时平滑肌细胞的钙超载。

2. **防治心肌肥厚** 天麻钩藤饮能减少 Ang Ⅱ 生成,抑制 Ang Ⅱ 对心肌及血管平滑肌细胞的促增生作用,抑制心肌Ⅰ、Ⅲ型胶原生成,减轻醛固酮的促进心肌纤维化作用,提高心肌舒缩功能,缓解和逆转左心室肥厚和心肌纤维化。

3. **镇静、催眠、抗惊厥** 天麻钩藤饮能减少小鼠的自主活动,协同巴比妥类药物的中枢抑制作用,拮抗电惊厥。

4. **抑制脑神经的退行性改变** 天麻钩藤饮能改善多种帕金森病动物模型的运动功能受损。其作用机制主要涉及:① 减少多巴胺能神经元的损失。② 抗氧化作用。③ 抑制神经细胞凋亡。

【药代动力学】

用药物积累法,以动物死亡率为指标,天麻钩藤饮属于二室模型,按一级动力学消除。天麻钩藤饮表观分布半衰期为 7.5 h;表观消除半衰期为 39 h。

【现代应用】

1. **高血压** 天麻钩藤饮能有效降低肝阳偏盛型高血压患者的血压,改善患者头痛、眩晕、耳鸣等症状。

2. 神经系统疾病　可用于脑出血、脑梗死、面神经麻痹、癫痫、神经性头痛、强迫症、失眠、儿童多发性抽动症。

第二十一章 开窍药

导学

本章介绍开窍药的基本作用,常用单味中药麝香、石菖蒲、苏合香、冰片及经典方安宫牛黄丸的主要药理作用和现代应用。

学习要求:

(1) 掌握开窍药的基本药理作用;麝香的药理作用、作用机制、现代应用及不良反应。

(2) 熟悉麝香的有效成分;石菖蒲、苏合香、冰片和安宫牛黄丸的主要药理作用、现代应用。

(3) 了解石菖蒲、苏合香、冰片和安宫牛黄丸的不良反应;麝香、石菖蒲、冰片和安宫牛黄丸的药动学;与窍闭证相关的主要病理变化。

第一节 概述

凡以开窍醒神为主要功效,治疗窍闭证的药物,称为开窍药,又称芳香开窍药。开窍药药性多温,味辛,具有通关开窍、启闭醒神等功效。主要用于邪蒙清窍、神明内闭,以致神志昏迷等证的治疗。

闭证分寒闭和热闭。中风、中恶、秽浊蒙蔽所致的窍闭即"寒闭",与脑血管意外、中毒等引起的昏迷、神志不清、呕吐、泄泻及心源性疾病引起的休克等有关;热邪内陷心包所致的窍闭即"热闭",多见于现代医学的某些严重的全身感染性疾病,如流行性脑脊髓膜炎、流行性乙型脑炎、化脓性感染所致败血症等引起的高热昏迷、谵语、惊厥、抽搐以及中暑等,主要症状有神志昏迷、惊厥抽搐、牙关紧闭等。寒闭和热闭的治疗,分别采用"温开法"和"凉开法",如面青、身凉、苔白、脉迟之寒闭,须配伍温里祛寒之品;面红、身热、苔黄、脉数之热闭,须配伍清热泻火、解毒之品;窍闭神昏兼惊厥抽搐者,还须配伍息风止痉药。此外,开窍类方药还用于多种原因导致的冠心病心绞痛、昏迷、癫痫、老年性痴呆等。

开窍药的主要药理作用如下。

1. 调节中枢神经系统功能 可因药物及成分的不同,以及用药剂量、给药途径、动物种属和机体功能状态的不同,而表现出对中枢的兴奋或抑制作用。如樟脑对中枢神经有一定的兴奋作用;石菖蒲、冰片和安宫牛黄丸则对中枢神经表现为镇静作用,可拮抗戊四氮、苯丙胺等所致的中枢兴奋和惊厥作用；麝香对中枢既有兴奋又有抑制作用，对正常动物的自发活动有抑制作用，又能拮抗巴比妥类的中枢抑制作用。开窍药的开窍醒神功效与多方面药理作用相关，是一个综合作用，通过对中枢神经系统兴奋性的调节，使紊乱的中枢神经功能恢复正常。

2. 抗脑损伤　麝香能提高中枢耐缺氧能力，对缺氧性脑损伤有保护作用，能减轻脑水肿。麝香、冰片、石菖蒲和安宫牛黄丸等，对多种动物的脑缺血和脑缺血再灌注损伤有保护作用。石菖蒲配伍冰片，能降低高脂血症大鼠脑组织中内皮素含量，并升高降钙素相关肽含量，舒张脑血管，增加脑供血，改善脑循环。麝香配伍冰片，可增加脑缺血再灌注时脑组织中脑源性神经营养因子的表达；降低脑组织 NO 含量及降低兴奋性氨基酸如天冬氨酸的含量；降低脑组织 MDA 含量及提高 SOD 活性，减少自由基损伤。

3. 改善学习记忆　麝香、石菖蒲、苏合香、冰片等具有益智作用，可改善多种动物的学习记忆功能障碍。麝香能抑制动物脑内 MAO 活性；石菖蒲能抑制动物脑内 AChE 的活性，从而提高中枢与学习记忆功能相关的重要神经递质 ACh 等的水平。

4. 抗心肌缺血　麝香、石菖蒲、苏合香、冰片等可扩张冠脉，增加心肌血流量，降低心肌耗氧量，缓解心绞痛症状。石菖蒲挥发油能改善高黏血症大鼠的血流流变性，降低心肌缺血大鼠 ET 水平并提高 NO 的含量，可减轻心肌细胞的损伤。苏合香、冰片对缺血心肌亚微结构改变有保护作用。

5. 抗炎　麝香、冰片等具有抗炎作用。麝香可抑制炎症时毛细血管通透性增加和白细胞游走，减轻局部水肿，亦可抑制肉芽组织增生；冰片能抑制小鼠巴豆油性耳郭肿胀和大鼠蛋清性足跖肿胀。

综上所述，开窍药的通关、开窍、醒神、回苏等功效与其调节中枢神经系统功能、保护脑组织、改善脑循环、抗心肌缺血、抗炎等作用有关。

第二节　常 用 药 物

麝香

本品为鹿科动物林麝 *Moschus berezovskii* Flerov、马麝 *Moschus sifanicus* Przewalski 或原麝 *Moschus moschiferus* Linnaeus 成熟雄体香囊中的干燥分泌物。

麝香主要含有麝香酮(muscone)，含量 2.5%～5.4%，现已能人工合成；还含有麝香吡啶(muscopyridine)、雄性激素、胆甾醇酯、多肽等。

麝香味辛，性温，有特殊香气。归心、脾经。具有开窍醒神、活血通经、消肿止痛的功效。用于热病神昏、中风痰厥、气郁暴厥、中恶昏迷、经闭、癥瘕、难产死胎、胸痹心痛、心腹暴痛、跌仆伤痛、痹痛麻木、痈肿瘰疬、咽喉肿痛。

麝香酮

【药理作用】

1. 对中枢神经系统的作用

(1) 调节中枢的兴奋和抑制过程：麝香的有效成分麝香酮吸收后，可迅速透过血脑屏障进入中枢，影响中枢的兴奋和抑制过程。麝香对中枢兴奋和抑制过程的影响与其给药剂量及机体的功能状态密切相关。一般情况下，麝香对中枢神经系统小剂量时兴奋，大剂量则抑制。在中枢处于抑制状态时,麝香有兴奋作用,麝香、麝香酮能拮抗巴比妥类的中枢抑制作用,缩短巴比妥类的睡眠时间,减弱巴比妥类的麻醉作用;当中枢处于兴奋状态时,麝香有抑制作用,麝香、麝香酮可抑制正常动物的自发活动,拮抗戊四氮引起的惊厥并降低苯丙胺中毒动物的死亡率。这种双向作用与中医用麝香既治"中风不省"又治"惊痫"相符。

(2) 抗缺氧、保护脑组织:麝香注射液能延长动物常压缺氧时的存活时间,延长急性呼吸停止后脑电波的存在时间;对大脑中动脉缺血再灌注引起的神经元损伤有保护作用并促进神经功能的恢复。麝香酮能对抗局灶性脑缺血损伤,缩小脑梗死面积。麝香抗脑缺血、缺氧所致脑组织的损伤与麝香酮下调脑缺血时神经元谷氨酸转运体 mRNA 的表达,减少谷氨酸转运体逆向转运产生谷氨酸,减轻兴奋毒性,从而产生对脑缺血、缺氧损伤的保护作用有关。

(3) 改善记忆功能:麝香、麝香酮对多种学习记忆障碍和痴呆模型,有不同程度的改善作用。麝香、麝香酮的改善记忆功能、抗痴呆作用与其提高 SOD 活性,降低脑组织中 MDA 含量,以及抑制脑内 MAO 活性有关。

2. 对心血管系统的作用 麝香有正性肌力作用,能使心肌收缩力增强,心排血量增加;麝香能扩张冠状动脉,增加心肌血流量。麝香含有能增强儿茶酚胺类对 β 受体作用的物质,能选择性地增强异丙肾上腺素对心肌的正性肌力作用。麝香酮具有改善微循环障碍,增加心肌营养性血流量及扩张冠状动脉的作用。麝香提取物有降低血压作用。

3. 抗血小板聚集 麝香提取物可改善细菌内毒素诱发的 DIC,具有抑制血小板聚集及抗凝血酶的作用。麝香酮能抑制 ADP 诱导的血小板聚集,影响血小板收缩蛋白功能,抑制血浆凝块收缩。

4. 抗炎 麝香对急性、慢性炎症有效。多种途径给药,如口服、腹腔注射、静脉注射、皮下注射等,均对炎症病理发展过程的血管通透性增加、白细胞游走和肉芽形成产生抑制作用。麝香水提取物对巴豆油性耳郭肿胀、琼脂性关节肿、酵母性关节肿、佐剂性多发性关节炎,均具有抑制作用;对羧甲基纤维素引起的腹腔白细胞游走,亦有抑制作用。皮下注射麝香乳剂,对巴豆油引起的肉芽肿有抑制作用。

麝香抗炎的成分为多肽类物质,抗炎的机制比较复杂,可通过多种途径产生,而主要与增强机体肾上腺皮质功能有关。麝香还能抑制环氧化酶和脂氧化酶的活性,减少前列腺素和白三烯 B_4 等多种致炎物质的合成与释放。麝香含有的糖蛋白成分,可抑制血小板活化因子的生成,对中性粒细胞的趋化反应有抑制作用。

5. 兴奋子宫 麝香和人工合成的麝香酮,对离体和在体子宫均有兴奋作用,使子宫的收缩力增强,收缩频率加快。对妊娠子宫的兴奋性强于非妊娠子宫,对晚期妊娠子宫的兴奋性又强于早期妊娠子宫。

综上所述,麝香的开窍醒神功效与其调节中枢神经系统功能、抗缺氧、保护脑组织等作用相关;消肿止痛功效与其抗炎作用相关;活血通经功效与其抗血小板聚集、兴奋子宫作用相关。主要活性成分为麝香酮等。

【药代动力学】

大鼠灌胃给麝香酮,体内动力学过程符合二室模型。大鼠灌服麝香酮后到达血浆和脑组织的峰浓度时间约 1.5 h,血浆峰浓度为 3.14 mg/L,$t_{1/2\alpha}$ 约 1.2 h,$t_{1/2\beta}$ 约 2 h;脑组织 $t_{1/2\alpha}$ 为 0.9 h,$t_{1/2\beta}$ 约 1.2 h。表明麝香酮在肠胃道能迅速吸收,很快透过血脑屏障进入脑组织而发挥药效,在脑内和血浆中消除也快,脑内浓度的下降略快于血浆浓度,因此麝香酮不易在脑内蓄积,为解释麝香芳香走窜、临床用于急症提供了理论依据。

【现代应用】

1. 冠心病、心绞痛　用含麝香中药复方如麝香保心丸、麝香心脑通胶囊等可缓解心绞痛症状。

2. 中枢性昏迷　含麝香的复方制剂如醒脑静注射液、安宫牛黄丸等治疗流脑、乙脑等多种原因引起的高热昏迷及颅脑损伤性昏迷等有效。

3. 其他　含麝香制剂如六神丸、麝香正骨水,可用于治疗咽喉肿痛、跌打损伤等。外用麝香灸,可用于治疗面瘫、带状疱疹等。

【安全性评价】

结扎犬的冠脉左前降支,静脉注射麝香提取物 75～150 mg/kg,心肌梗死范围无明显缩小,且有诱发室颤的危险。培养心肌细胞处在缺氧、缺糖的情况下,麝香能加速其释放乳酸脱氢酶、琥珀酸脱氢酶、酸性磷酸酶。提示麝香制剂静脉过量给药,对心肌可能有潜在的损伤作用。但临床应用实际远不能达到上述剂量。

【注意事项】

孕妇忌用。

石菖蒲

本品为天南星科植物石菖蒲 *Acorus tatarinowii* Schott 的干燥根茎。

石菖蒲含挥发油,含量为 0.11%～0.42%,主要成分有 β-细辛醚(β-asarone),占挥发油的 83.75%,α-细辛醚(α-asarone)占 5.77%,还含有石竹烯、γ-细辛醚、细辛醛、龙脑、桉油、甲基丁香酚等 60 余种成分。非挥发性组分有黄酮、醌、生物碱、胆碱、有机酸、氨基酸、糖类等。

α-细辛醚　　　　　　β-细辛醚

石菖蒲味辛、苦,性温。归心、胃经。具有开窍豁痰、醒神益智、化湿开胃的功效。用于神昏癫痫、健忘失眠、耳鸣耳聋、脘痞不饥、噤口下痢。

【药理作用】

1. 对中枢神经系统的作用

(1) 镇静催眠:石菖蒲多种制剂均能使小鼠自发活动减少,与戊巴比妥钠合用有协同作用,使睡眠时间延长。石菖蒲挥发油对中枢有广泛的抑制作用,且起效快、持续时间长,能对抗麻黄碱的中枢兴奋作用,亦能解除独居小鼠的攻击行为。石菖蒲的镇静作用,可能与其降低中枢单胺类神经递质有关。

(2) 抗惊厥:石菖蒲水煎剂、提取物、挥发油均有抗惊厥作用。水煎剂能对抗戊四氮、回苏灵引起的惊厥;醇提取物能明显对抗最大电休克发作;挥发油及 α-细辛醚可对抗戊四氮和电惊厥,还能对抗侧脑室注射乙酰胆碱引起的惊厥大发作。石菖蒲挥发油中的 α-细辛醚是其抗惊厥的重要有效成分。

(3) 抗癫痫:石菖蒲及 α-细辛醚,可使戊四氮诱发的幼鼠癫痫发作所激发的海马区神经元凋亡细胞数减少,显示具有一定的脑保护作用。石菖蒲挥发油,对侧脑室微量注射海人藻酸(kainic acid,KA)所诱发的急性癫痫发作大鼠,可使其脑内海马区兴奋性氨基酸谷氨酸、天冬氨酸含量降低,升高海马的抑制性氨基酸γ-氨基丁酸的含量,从而调节癫痫动物脑内兴奋性与抑制性氨基酸的平衡,达到抗癫痫作用。石菖蒲的抗癫痫作用机制,与其对脑神经细胞的保护、调节脑内兴奋性与抑制性氨基酸有关。

2. **改善学习记忆** 石菖蒲水提取液、总挥发油、α-细辛醚、β-细辛醚,对记忆获得、记忆巩固、记忆再现等各类学习记忆障碍,均有不同程度的改善作用,可对抗东莨菪碱、亚硝酸钠、乙醇、戊巴比妥钠等造成的学习记忆障碍,提高学习记忆功能。菖蒲水提醇沉液可使 $AlCl_3$ 所致痴呆大鼠的学习记忆改善,缩短通过迷宫时间,使海马 CA3 区突触后膜致密性物质增厚,调节神经元细胞器的功能。石菖蒲挥发油可抑制缺血再灌注诱导的脑神经细胞凋亡,起到一定程度的神经元保护作用。石菖蒲改善学习记忆功能的作用环节,与其抗缺氧、保护脑神经细胞、调节中枢神经递质和功能的平衡,以及改善脑内的物质代谢、抑制神经细胞凋亡等作用有关。石菖蒲促进学习记忆的主要有效成分有β-细辛醚、α-细辛醚等。

石菖蒲水提成分、β-细辛醚能拮抗大鼠脑皮层 NMDA 受体与其配体的结合,该作用可能是其醒脑开窍、治疗脑损伤的重要药理机制之一。

3. **解痉、镇痛** 石菖蒲有松弛平滑肌的作用,石菖蒲总挥发油、β-细辛醚、α-细辛醚和去油煎剂,能对抗乙酰胆碱、组胺、氯化钡等所致的肠平滑肌痉挛;石菖蒲挥发油、α-细辛醚等能对抗乙酰胆碱、组胺、5-羟色胺所致气管平滑肌收缩;α-细辛醚能对抗垂体后叶素所致子宫平滑肌的收缩。小鼠扭体法、热板法试验表明,石菖蒲水煎醇沉液有镇痛作用。

4. **提高血脑屏障通透性** 用伊文思蓝、苯妥英钠为标示,小鼠灌服石菖蒲 4 h 后测定小鼠脑中伊文思蓝含量和苯妥英钠蓄积量,给药组高于对照组。大鼠连续灌服石菖蒲挥发油能使毛细血管内皮细胞之间的紧密连接变得松弛,说明石菖蒲能提高血脑屏障通透性。

此外,石菖蒲还有一定的利胆、抗心律失常、抗抑郁、平喘等作用。

综上所述,石菖蒲的开窍醒神、宁心安神功效与其镇静催眠、抗惊厥、抗癫痫、改善学习记忆作用相关;化湿和胃功效与其对平滑肌的解痉作用相关。

【药代动力学】

小鼠石菖蒲挥发油灌胃后,β-细辛醚体内过程为线性动力学过程,符合二室模型,$t_{1/2\alpha}$ 约 6.5 min,$t_{1/2\beta}$ 约 94 min。新西兰兔口服石菖蒲挥发油后,β-细辛醚体内过程为线性动力学过程,符合二室模型,$t_{1/2\alpha}$ 约 18 min,$t_{1/2\beta}$ 约 115 min。不同动物体内β-细辛醚的代谢吸收过程虽略有差异,但均表现为吸收快、分布快、代谢较迅速的特点。α-细辛醚在大鼠肠道的吸收呈现一级动力学特征,吸收机制为被动扩散。

【现代应用】

老年健忘及痴呆、卒中合并痴呆、脑血管意外综合征、癫痫等 石菖蒲及含石菖蒲的复方有一定的改善症状作用。

【安全性评价】

α-细辛醚为阳性诱变物质,能引起鼠伤寒沙门菌变种 TA100、TA98 的致突变作用。大鼠灌胃 185.2 mg/kg 时,大鼠骨髓细胞染色体畸变率增加。

苏合香

本品为金缕梅科植物苏合香树 *Liquidambar orientalis* Mill.树干渗出的香树脂经加工精制

而成。

苏合香的粗制品主要分为树脂和油状液体两部分。其中树脂部分由树脂酯类和树脂酸类组成,前者为树脂醇类与芳香族酸,主要成分为桂皮酸(cinnamic aicd)、苯甲酸(benzoic acid)结合而成的酯类;后者主要为齐墩果酮酸(oleanonic aicd)和3-表齐墩果酸(3-epi-oleanolic acid)。油状液体含桂皮酸及其酯类、苯乙烯(styrene)、香夹兰醛(vanilline)、苏合香素等。此外,还含有部分不饱和脂肪酸如亚油酸等。

桂皮酸

苏合香味辛,性温。归心、脾经。具有开窍、辟秽、止痛的功效。用于中风痰厥、猝然昏倒、胸腹冷痛、惊痫。

【药理作用】

1. 对心血管系统的作用

(1) 抗心肌缺血:苏合香的抗心肌缺血作用与其舒张冠脉而增加血流量及减慢心率、改善心肌氧代谢有关。对急性心肌缺血、缺氧时处于紧张状态下的冠状动脉,苏合香有舒张作用。苏合香脂能使急性心肌梗死犬的冠脉血流量增加,并减慢心率,降低心肌耗氧量及减少心脏动静脉血氧差。苏合香能拮抗15-甲基前列腺素引起的猪离体动脉条的收缩。

(2) 抗心律失常作用:苏合香可降低氯仿诱导小鼠心律失常的发生率。

2. 抑制血小板聚集、抗血栓形成　苏合香脂、桂皮酸对胶原、ADP、AA诱导的血小板聚集,有抑制作用。桂皮酸为主要有效成分,作用机制与提高血小板内的cAMP含量、抑制血栓烷合成酶、减少TXA_2的合成有关。苏合香混悬液,可使体外血栓形成长度缩短、重量(湿重和干重)减轻。苏合香体内外给药,能延长血浆复钙时间、凝血酶原时间、白陶土部分凝血活酶时间,降低血浆纤维蛋白原含量及促进纤溶酶活性。桂皮酸有抗凝作用。

3. 对中枢神经系统的作用　苏合香既能缩短戊巴比妥钠所致的睡眠时间,又能对抗印防己毒素对中枢神经系统的兴奋及抗动物电休克,显示对中枢神经的兴奋性具有一定调节作用。

苏合香可以延长脑缺血缺氧小鼠的存活时间,降低脑缺血大鼠模型脑含水量和毛细血管通透性,并能改善脑组织形态结构的改变,其机制可能与抑制炎症介质的释放、减轻炎症损伤及抗NO的神经毒性有关。

4. 其他作用　苏合香具有抗菌、抗炎、利胆、止泻及升高白细胞等作用。苏合香有温和的局部刺激作用,用于局部可缓解湿疹、瘙痒并能促进溃疡与创伤的愈合。

综上所述,苏合香的开窍、辟秽、止痛功效与其抗心肌缺血、抑制血小板聚集、抗血栓形成和对中枢神经系统等作用相关。主要成分为桂皮酸等。

【现代应用】

1. 冠心病、心绞痛　用含苏合香的复方制剂如冠心苏合丸、苏冰滴丸等,能解除胸闷、缓解心绞痛、改善心电图。苏冰滴丸含服,可缓解症状。

2. 卒中、中暑、昏迷　用含苏合香的复方制剂如苏合香丸等可改善症状。

3. 急性胆绞痛、急性胸腹痛　用含苏合香的复方制剂如苏合香丸等可缓解疼痛。

【不良反应】

过敏反应　口服苏合香丸有致过敏性休克的报道。

【注意事项】

苏合香为温开药,热闭或正气虚脱者忌服。孕妇忌服。

冰片

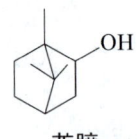
龙脑

天然冰片为樟科植物樟 Cinnamomum camphora (L.) Presl 的新鲜枝、叶经提取加工制成的结晶。药典亦收载合成龙脑为冰片来源。

冰片味辛、苦,性凉。归心、脾、肺经。具有开窍醒神、清热止痛的功效。用于热病神昏、惊厥、中风痰厥、气郁暴厥、中恶昏迷、目赤、口疮、咽喉肿痛、耳道肿痛、耳道流脓等。

【药理作用】

1. **促药物吸收和跨膜转运**

(1) 促进吸收:冰片能促进曲安缩松、双氯芬酸、甲硝唑、氟尿嘧啶、水杨酸、盐酸川芎嗪、醋酸曲安缩松等的透皮吸收,随着冰片浓度的增加,透皮吸收逐渐增加,冰片的促透皮作用部位主要在角质层;冰片能促进川芎嗪从鼻黏膜吸收。此外,冰片还可以促进秦皮甲素透过离体兔眼角膜,故眼科外用药中使用冰片,与其能促进药物透过角膜的作用有关。

(2) 促转运:冰片易透过血脑屏障,使血脑屏障细胞间紧密连接趋松散,加速物质经细胞间通道转运。冰片能增加血脑屏障通透性,使血脑屏障细胞吞饮小泡数量增多、体积增大,从而加速经细胞吞饮的物质转运,促进庆大霉素、卡马西平、丙戊酸钠、克林霉素、磺胺嘧啶、顺铂、川芎嗪、阿魏酸钠、泛影葡胺、槲皮素、地西泮等药物透过血脑屏障,增加其脑内浓度。这可能是冰片药性走窜、能引药上行功效的药理基础之一。

2. **抗心肌缺血** 冰片能使急性心肌梗死的麻醉犬冠状窦血流量增加,心率减慢,心肌耗氧量降低;使小鼠心肌营养性血流量增加。其抗心肌缺血机制与抑制儿茶酚胺类物质释放有关。

3. **保护脑细胞** 冰片可抑制脑外伤后脑血管 EC 中 iNOS 表达,减少脑外伤时白细胞和 EC 的黏附,促进神经胶质细胞的分裂与生长,对病理状态的脑组织可能有保护作用。

4. **抗炎、镇痛** 冰片有一定抗炎作用,外用能抑制小鼠巴豆油性耳郭肿胀,腹腔注射抑制大鼠蛋清性足跖肿胀;提高动物激光烧伤致痛模型的痛阈。

5. **其他作用** 体外试验表明,冰片对金黄色葡萄球菌、链球菌、肺炎球菌、大肠杆菌等有较弱抗菌作用,最低抑菌浓度为 10~15 mg/ml,最低杀菌浓度为 15~20 mg/ml。高浓度可破坏猪霍乱弧菌、黑曲菌、红毛癣菌等的细胞结构。龙脑和异龙脑还能延长戊巴比妥引起的小鼠睡眠时间。

综上所述,冰片的芳香走窜功效与其促进吸收和物质转运作用有关;苏醒神志功效与其抗心肌缺血、保护脑细胞作用有关;清热止痛功效与其抗炎、镇痛作用相关。

【药代动力学】

冰片经黏膜、皮下组织均易吸收,进入循环后透过血脑屏障进入脑组织。小鼠口服冰片 5 min 后即可进入脑组织;大鼠血清和脑组织中达峰时间分别为 20 min 和 45 min。脑和血液 $t_{1/2}$ 相近,分别为 228 min 和 231 min。因此,冰片不易在脑内蓄积。

大鼠按 0.303 g/kg 剂量一次灌服冰片,药-时曲线符合二室开放模型,t_{max} 为 0.5 h,C_{max} 为 16.02 μg/ml,$t_{1/2α}$ 为 18.3 min,$t_{1/2β}$ 为 115 min。

健康志愿者舌下含速效救心丸 20 粒,融化后温开水送服,约 10 min 冰片达最高血药浓度,C_{max} 为 192 ng/ml,药-时曲线符合二室开放模型,t_{max} 为 9.3 min,$t_{1/2α}$ 约 4 min,$t_{1/2β}$ 约 58 min,服药后 90 min 其血药浓度降到 20 ng/ml 以下。

【现代应用】
1. 冠心病、心绞痛　常组方使用,如冠心苏合丸、苏冰滴丸等。
2. 咽喉肿痛、口腔溃疡　用冰硼散少许吹敷患处,可消炎、减轻疼痛、促进溃疡愈合。

【不良反应】
不良反应较少。局部应用,冰片对感觉神经末梢有轻微刺激性,偶致过敏反应。

【安全性评价】
小鼠灌胃龙脑、异龙脑、合成冰片的 LD_{50} 分别为 2 879 mg/kg、2 269 mg/kg、2 507 mg/kg。

【注意事项】
孕妇禁用。

第三节　常用方剂

安宫牛黄丸（《温病条辨》）

【组成】
牛黄 30 g,郁金 30 g,黄连 30 g,黄芩 30 g,栀子 30 g,朱砂 30 g,雄黄 30 g,水牛角 30 g,麝香 7.5 g,冰片 7.5 g,珍珠 15 g。

【功效与主治】
清热解毒,镇惊开窍。主治热病邪入心包,症见高热惊厥、神昏谵语、中风昏迷等,以及脑炎、脑膜炎、中毒性脑病、脑出血、败血症见上述证候者。

【药理作用】
1. 对中枢神经系统的作用

(1) 脑保护：安宫牛黄丸对大鼠急性脑出血损伤有一定的保护作用,可减轻闭合脑损伤模型大鼠的脑水肿,保护其血脑屏障,降低毛细血管的通透性,从而提高脑组织对缺血和缺氧的耐受性;抑制大鼠脑出血后脑组织 MMP-9 和 TNF-α 的表达,抑制脑出血后的炎症反应。安宫牛黄丸能改善原发性高血压大鼠脑出血后神经功能缺损症状,抑制血压继发性升高,减轻出血急性期的脑组织损伤。安宫牛黄丸对结扎颈总动脉所致脑组织缺血、缺氧,对感染中毒、注射百日咳杆菌和大肠杆菌内毒素等多种原因造成的脑损伤模型动物,可明显降低脑组织的含水量、MDA 与 Ca^{2+} 浓度,减少脑脊液中 LDH 含量,提高 SOD 活性,并能使脑组织中琥珀酸脱氢酶(succinate dehydrogenase, SDH)、三磷酸腺苷酶(adenosine triphosphatase, ATPase)的活性趋于增强。

(2) 镇静：安宫牛黄丸的多种制剂灌胃、腹腔注射或静脉给药后,均可减少动物的自发活动。安宫牛黄丸注射液腹腔注射或静脉给药,可延长戊巴比妥钠及硫喷妥钠引起的动物睡眠时间和对抗苯丙胺所致的中枢兴奋。

(3) 抗惊厥：安宫牛黄丸注射液皮下注射,可对抗戊四氮所致的惊厥,使动物的惊厥潜伏期延长,死亡率降低。亦能抑制士的宁所致小鼠惊厥。

2. 抗炎　安宫牛黄丸灌胃、安宫牛黄丸注射液腹腔注射,可抑制注射蛋清所致大鼠踝关节肿胀和二甲苯所致小鼠耳郭肿胀,表明本方能抑制急性炎症反应。

3. **解热** 安宫牛黄丸灌胃给药,对皮下注射啤酒酵母所致发热,有解热作用。安宫牛黄丸注射剂腹腔注射或静脉注射,对实验动物静脉注射伤寒和副伤寒甲、乙三联疫苗所致发热,也有解热作用。

4. **抗肝昏迷** 安宫牛黄丸灌胃给药,对腹腔注射氯化铵诱发的大鼠肝昏迷,有防治作用,可使动物保持清醒状态,阻止脑电波由低幅快波向高幅慢波的发展。作用机制可能与降低血氨、调整机体的功能状态、增强肝脏的解毒功能相关。

综上所述,安宫牛黄丸的清热解毒、镇惊开窍功效与其对中枢神经系统的影响及抗炎、解热等作用相关。

【药代动力学】
安宫牛黄丸大鼠口服后,朱砂、雄黄中汞和砷的 t_{max} 约 1 h,汞主要分布在血液、肾;砷在血液浓度最高;汞和砷在正常大鼠和脑缺血模型大鼠体内的分布特点没有区别。大鼠服用纯品硫化汞、硫化亚砷后 24 h 检测粪便,90.2% 的汞和 26.4% 的砷被排出;服用安宫牛黄丸 24 h 后 82.8% 的汞和 24.4% 的砷被排出。服用安宫牛黄丸 120 h 后大鼠粪便排出的汞和砷与服用纯品硫化汞和硫化亚砷后排出的汞和砷差异无统计学意义。

【现代应用】
1. **脑血管意外** 在常规治疗的基础上,安宫牛黄丸口服或鼻饲可改善脑出血、脑栓塞等症状。
2. **急性感染性疾病伴高热、昏迷** 可缓解意识障碍、惊厥、抽搐等症状,并有苏醒作用。
3. **肝性脑病** 安宫牛黄丸口服或保留灌肠,早期用药则苏醒效果较好。
4. **其他** 用于颅脑损伤、肺性脑病或颅脑损伤综合征的治疗。

【不良反应】
有文献报道不当使用本品致体温过低,亦有个别患者引起过敏反应。

【注意事项】
安宫牛黄丸中的汞、砷等在体内有不同程度的蓄积,孕妇慎用。汞、砷主要分布于肝、肾、脑等组织,因此不宜长期服用,肝、肾功能不全者,应慎用,以免造成中毒而加重病情。同时,朱砂不宜与西药中的酶类制剂或具有还原成分的药物,如硫酸亚铁、亚硝酸钾等合用,否则会产生有毒性的汞盐;硫黄不宜与含硫酸盐、硝酸盐的药物合用,以免产生剧毒的三氧化二砷。

第二十二章 补虚药

导学

本章介绍补虚药的基本药理作用,常用单味中药人参、党参、黄芪、甘草、当归、枸杞子、白芍、何首乌、冬虫夏草、淫羊藿、鹿茸、杜仲、麦冬、石斛、大枣、肉苁蓉及经典方玉屏风散、四君子汤、四物汤、肾气丸、六味地黄丸和生脉散的主要药理作用与现代应用。

学习要求:

(1) 掌握补虚药的基本药理作用;人参、黄芪、甘草、当归、淫羊藿的药理作用、作用机制与现代应用。

(2) 熟悉人参、黄芪、甘草、当归、淫羊藿的有效成分;党参、枸杞子、白芍、何首乌、冬虫夏草及复方玉屏风散、四君子汤、四物汤、肾气丸、六味地黄丸、生脉散的主要药理作用和现代应用。

(3) 了解鹿茸、杜仲、麦冬、石斛、大枣、肉苁蓉的主要药理作用、现代应用;人参、黄芪、甘草、当归的药动学;与虚证相关的主要病理变化。

第一节 概述

凡能补充人体气血阴阳不足,改善脏腑功能,提高机体抗病能力,消除虚弱证候的药物,称为补虚药,亦称补益药或补养药。补益药具有补益气、血、阴、阳等功效,主要用于气、血、阴、阳不足所致的相应虚证治疗。

气、血、阴、阳是中医学对人体组成物质和功能的高度概括,当机体物质不足或功能低下时则产生虚证。虚证分为气虚、血虚、阴虚和阳虚 4 种类型。补虚药也相应分为补气药、补血药、补阳药和补阴药 4 类。补气药的主要功效是益气健脾、敛肺止咳平喘,常用方药如人参、黄芪、甘草及四君子汤等;补血药能促进血液的化生,主要用于治疗血虚证,常用方药有当归、白芍、何首乌、熟地黄、大枣及四物汤等;补阳药主要用于补益肾阳,代表方药有鹿茸、淫羊藿、补骨脂、肉苁蓉及肾气丸等;补阴药具有滋养阴液、生津润燥等功效,多用于热病后期及某些慢性病中出现的肺阴虚、胃阴虚及肝肾阴虚等,主要方药有沙参、麦冬、枸杞子、石斛及六味地黄丸。

气虚证是指人体的元气耗损，脏腑功能减退，与机体的抗病能力下降密切相关，主要表现为脾气虚和肺气虚。脾气虚证与现代医学中功能性消化不良、慢性胃炎、溃疡病及慢性腹泻等诸多消化系统的慢性疾病相似，治宜益气健脾；肺气虚证则表现为肺换气功能障碍，全身氧代谢障碍，免疫功能低下，出现咳、痰、喘等症状及呼吸道炎症反应，治宜补益肺气。血虚证是由于血液不足或血液的濡养功能减退而出现的病理状态，可见于现代医学中的贫血、白细胞减少症、血小板减少性紫癜、再生障碍性贫血等，治宜补气养血。阳虚证以脾肾阳虚为主，而肾阳为一身之元阳，在阳虚中占重要地位。肾阳虚诸证常见于现代医学中性功能障碍、遗精阳痿、慢性支气管哮喘、风湿性关节炎等病，治宜补肾壮阳。阴虚证是指机体精、血、津液等物质亏耗，阴津不足，不能制阳，阳气相对亢盛，出现阴虚内热、阴虚火旺和阴虚阳亢的各种证候。阴虚证可见于五脏六腑，但一般以肾阴亏虚为主，常见五心烦热、骨蒸潮热、消瘦、盗汗、咽干口燥和腰膝酸软、头晕耳鸣、记忆力减退、性欲减退、遗精、早泄等症状。阴虚证多见于热病后期及多种慢性消耗性疾病。治宜滋补各脏腑之阴。

补虚药的主要药理作用如下。

1. 调节机体免疫功能　虚证患者常见机体免疫功能低下，补虚药可增强机体免疫功能，起到扶正祛邪的功效，对于防治机体免疫功能低下及肿瘤、感染性疾病等具有重要意义。

（1）改善免疫器官萎缩：大多补益药可增加免疫器官胸腺或脾脏重量，对抗免疫抑制剂引起的免疫器官萎缩。如人参、麦冬、鹿茸、党参、黄芪、白芍及四物汤等能对抗环磷酰胺所致的免疫器官脾脏和胸腺重量减轻。

（2）改善非特异性免疫功能：补益药可升高外周血白细胞数量，如人参、黄芪、党参、灵芝、熟地黄、枸杞子等能对抗放疗、化疗引起的白细胞减少；补益药能增强巨噬细胞的吞噬功能，如人参、党参、黄芪、当归、枸杞子等。

（3）增强T淋巴细胞功能：补益药能增加外周血T淋巴细胞数，提高E花环形成率和T淋巴细胞酯酶染色阳性率，促进T淋巴细胞转化增殖，增强T细胞功能。如人参、灵芝能提高淋巴细胞的数量；山药、淫羊藿、香菇、桑寄生等可提高外周血中T细胞的比例；人参、黄芪、当归等多种补虚药均有提高淋巴细胞转化率的作用。

（4）增强B淋巴细胞功能：多数补虚中药具有促进抗体生成的作用，如人参、黄精、菟丝子、肉桂、冬虫夏草、淫羊藿及山药多糖等可不同程度地提高血清IgG、IgA、IgM等抗体水平。

此外，某些补虚药具有抑制免疫功能的作用，如沙参多糖可降低淋巴细胞的增殖转化率，对迟发型超敏反应有抑制作用。天门冬能抑制淋巴细胞溶血空斑的形成。还有一些补虚方药具有免疫增强和抑制的双向调节作用，如六味地黄汤。

2. 对内分泌系统的作用　大多数虚证患者有不同程度的内分泌功能减退，病理可见内分泌腺体发生变性或萎缩，补虚药具有改善内分泌功能的作用。

（1）增强下丘脑-垂体-肾上腺皮质轴功能：肾阳虚患者多数伴有下丘脑-垂体-肾上腺皮质轴功能减退，很多补益药都能增强下丘脑-垂体-肾上腺皮质轴的功能，如补气药人参、黄芪、白术、甘草；补血药熟地黄、当归、何首乌，补阳药巴戟天、淫羊藿、鹿茸、杜仲，补阴药玄参、生地黄、知母，以及生脉注射液等，均有促进肾上腺皮质功能的作用。

（2）增强下丘脑-垂体-性腺轴功能：补虚药鹿茸、紫河车、补骨脂、冬虫夏草、淫羊藿、人参、刺五加等均有增强性腺轴功能的作用。如淫羊藿具有雄激素样作用；鹿茸含雌二醇，具有雌激样作用；人参及人参皂苷具有兴奋垂体分泌促性腺激素作用。

(3) 调节下丘脑-垂体-甲状腺轴功能：补益药特别是温肾助阳药能增强垂体-甲状腺轴的功能。紫河车、红参具有增强甲状腺功能的作用；人参及补阳方剂如附子肉桂合剂具有调节甲状腺轴功能的作用；人参能防治过量甲状腺素引起的甲状腺功能亢进症和 6-甲硫氧嘧啶导致的甲状腺功能减低症。

3. **改善中枢神经系统功能** 补虚药对中枢神经系统的作用包括三方面，一是调节大脑皮层的兴奋性，改善神经递质传递功能。如人参增加中枢神经的 M 受体密度，增加海马齿状回基础突触传递活动，调节中枢神经系统功能。二是保护脑组织，提高脑组织抗氧化酶活性，抗氧自由基损伤，改善大脑的血氧和能量供应。如人参、黄芪、灵芝、肉苁蓉、淫羊藿等对脑缺血再灌注损伤均有保护作用。三是增强学习记忆功能，增加脑内蛋白质合成，促进大脑的发育。如人参、黄芪、党参、淫羊藿、枸杞子等对记忆获得、记忆巩固和记忆再现都有改善作用。

4. **对物质代谢的影响** 补虚药含有大量营养物质，可补充营养，纠正缺失，如四物汤富含维生素 B_{12}、叶酸和多种氨基酸、多种微量元素等，为红细胞和血红蛋白生成提供必需的原料。同时，补虚药可影响物质代谢过程。

(1) 促进蛋白质和核酸合成：如人参中的蛋白质合成促进因子及人参皂苷对生发活动旺盛组织的 DNA、RNA 及蛋白质的生物合成有促进作用；黄芪能促进血清和肝脏蛋白质的更新。

(2) 调节糖代谢：枸杞子、麦冬及六味地黄汤等对多种原因引起的高血糖均有一定降低血糖作用，并能减轻多种糖尿病并发症。如枸杞有对抗糖尿病大鼠视网膜组织氧化损伤的作用，六味地黄汤可减轻糖尿病神经病变的症状。有些补虚药具有双向调节血糖的作用，如黄芪多糖和人参。

(3) 改善脂质代谢：人参、当归、何首乌、枸杞子、淫羊藿及六味地黄汤能改善脂质代谢，降低高脂血症家兔血清胆固醇和三酰甘油的含量，并能减少脂质在主动脉壁的沉积。

5. **调节某些器官和系统的功能**

(1) 对心血管系统的影响：补虚药对心血管功能的影响比较广泛而且比较复杂。人参、党参、黄芪及生脉散、参附汤等均具有改善心功能、调节血压、抗休克的作用；黄芪、刺五加、当归、杜仲等有扩张血管和降低血压的作用；人参、黄芪、党参、当归、补骨脂、麦冬、女贞子等有抗心肌缺血作用，能扩张冠脉，增加冠脉血流量，改善心肌血氧供应，提高心肌抗缺氧能力，缩小心肌梗死面积；甘草、冬虫夏草、当归、麦冬及生脉散具有抗心律失常作用。

(2) 促进造血功能：补虚药具有促进或改善造血功能的作用。如人参、党参、黄芪、菟丝子、鹿茸、熟地黄、灵芝、何首乌、当归及四物汤等对实验性急性失血性贫血、缺铁性贫血、溶血性贫血均有一定的补血作用，能升高红细胞数量和血红蛋白含量，还能有效修复化学药品及放射线对造血组织的损伤，促进骨髓造血干细胞、祖细胞的增殖，恢复外周血细胞的数量。

(3) 改善消化系统功能：多数补气方药能调节胃肠运动。如人参、党参、黄芪、白术、甘草及四君子汤等能促进小肠吸收功能，缓解消化道平滑肌痉挛，并有抗溃疡，保护胃黏膜的作用。

6. **抗自由基损伤** 人参二醇皂苷具有抗脑缺血损伤与降低脑组织中脂质过氧化产物 MDA 的作用；甘草黄酮能减少肝组织还原性谷胱甘肽的消耗；人参、黄芪、肉苁蓉及四君子汤均有清除自由基及提高 SOD 活性作用。鹿茸提取物可降低老年小鼠脑和肝组织中的 MDA 含量。

综上所述，补虚药作用非常广泛，补充机体气血阴阳不足、改善脏腑功能、提高机体抗病能力、消除虚弱证候功效与其改善机体免疫功能与中枢神经系统及内分泌功能、促进物质代谢、调节某些器官和系统的活性、抗氧化损伤等作用相关。

第二节　常用药物

人参

本品为五加科植物人参 *Panax ginseng* C.A.Mey. 的干燥根。

人参的主要有效成分为人参皂苷(ginsenosides)，按苷元结构可将其分为 3 类：人参二醇类、人参三醇类和齐墩果酸类。人参二醇类主要有：$Ra_{1\sim3}$、$Rb_{1\sim3}$、Rc、Rd、Rg_3，其中 Rb_1 为活性较强的二醇类人参皂苷；人参三醇类主要有：Re、Rf、Rg_1、Rg_2、Rh_1，其中 Rg_1 为活性较强的三醇型人参皂苷；齐墩果酸类有 Ro。此外，还含有糖类，包括人参多糖(ginseng polysaccharides)、单糖、寡糖，以及氨基酸、多肽、蛋白质、酶、有机酸、生物碱、挥发油、微量元素等。

人参二醇　　　　　人参三醇　　　　　齐墩果酸

人参味甘、微苦，性平。归脾、肺、心经。具有大补元气、补脾益肺、生津养血、安神益智的功效。用于体虚欲脱、肢冷脉微、脾虚食少、肺虚喘咳、津伤口渴、内热消渴、久病虚羸、惊悸失眠、阳痿宫冷。

【药理作用】

1. 对中枢神经系统的作用

(1) 增强学习记忆功能：人参对多种化学药物造成的实验动物学习记忆获得、巩固和再现障碍均有改善作用。人参增强学习记忆能力的主要有效成分为人参皂苷 Rb_1 和 Rg_1。人参皂苷对衰老、脑缺血、药物、酒精、电休克和应激等多种学习记忆障碍模型动物的学习记忆缺损有保护作用。初步认为人参皂苷益智作用的机制是：① 保护神经细胞，抑制神经细胞的凋亡和坏死。② 扩张脑血管，改善脑缺血缺氧状态。③ 促进脑内 RNA 和蛋白质的合成。④ 促进脑内神经递质 ACh 的合成和释放，增加脑内 M 胆碱受体数目，提高脑内 DA 和 NE 的含量。⑤ 促进脑神经细胞发育，提高突触效能和结构的可塑性。

(2) 中枢神经兴奋性双向调节：人参对中枢神经系统功能既有兴奋作用，又有抑制作用。通过调节，使兴奋与抑制过程得到平衡，使紧张造成紊乱的神经活动得以恢复正常，以改善神经活动过程的灵活性，提高脑神经工作效率。人参对中枢神经功能的作用与其成分和机体的功能状态有关。人参皂苷 Rg 类有兴奋作用，Rb 类有抑制作用。当机体的中枢功能状态偏于亢奋时，Rb 类的抑制效应起主要作用;反之,机体中枢功能偏于抑制时,Rg 类的兴奋效应起主要作用。

(3) 抗脑缺血缺氧损伤:人参皂苷对脑缺血损伤有保护作用,其有效成分为 Rb_1、Rb_3、Rg_1、Rg_2、Rg_3、Re、Rh_1。人参皂苷抗脑缺氧损伤的机制是:① 抗氧化,促进 SOD 等自由基清除酶的表达,减少自由基的生成,降低 iNOS 活性,增加 eNOS 的活性。② 抗谷氨酸等兴奋性递质的毒性作用,抑制缺氧时脑组织 γ-氨基丁酸的耗竭。③ 抗炎,抑制炎症细胞浸润和黏附分子表达。④ 保护神经元,减少神经元细胞凋亡。

2. 改善免疫功能 人参皂苷和人参多糖是人参提高免疫功能的有效成分。人参皂苷对免疫功能有增强作用,能增强单核吞噬细胞、自然杀伤 T 淋巴细胞的活性,诱生 γ-干扰素和 IL-2,提高补体含量。人参多糖亦能增强单核吞噬细胞系功能,增加胸腺重量,促进抗体、补体的形成。

此外,人参皂苷具有延长动物寿命、促进神经干细胞体外培养增殖和延长细胞存活时间、延缓脑神经细胞衰老作用,这也与人参调节机体免疫功能、增强抗病能力有关。

3. 增强造血功能 人参对骨髓造血功能有刺激作用,能促进骨髓细胞的 DNA、RNA 及蛋白质合成,增加正常动物或贫血动物的红细胞数、白细胞数和血红蛋白含量。人参皂苷和人参多糖是其有效成分。人参皂苷具有类生长因子和协同生长因子的作用,对骨髓造血祖细胞、造血干细胞及其端粒酶活性有激活作用,对红系、粒系、巨核系细胞的分化及集落形成有促进作用。人参多糖也能促进人粒-单核系造血祖细胞的增殖与分化,其作用环节还涉及直接和(或)间接促进胸腺细胞、脾细胞及造血微环境中的基质细胞增殖,促进其分泌粒-巨噬细胞集落刺激因子。

4. 改善内分泌功能

(1) 增强肾上腺皮质功能:适量的人参对下丘脑-垂体-肾上腺皮质轴表现出兴奋作用,使其功能增强,人参皂苷 Rd、Rb、Rc、Rg 等均有兴奋垂体、促进垂体前叶分泌垂体 ACTH 的作用,其中 Rd 作用最强。人参皂苷能增加肾上腺重量,降低肾上腺内维生素 C 含量,提高尿中 17-羟类固醇排泄量,表明其具有拟肾上腺皮质激素样作用。

(2) 增强性腺功能:人参具有兴奋垂体分泌促性腺激素、促进性成熟的作用,有效成分为人参皂苷和人参多糖。人参皂苷对未成年动物具有加速性器官发育、促进性激素分泌的作用。人参能增加睾丸精子数量,增强精子活力。人参多糖可增加孕酮含量,保护卵巢生殖细胞功能。

此外,短期内大量应用人参可增强甲状腺功能,人参皂苷可使老龄动物血清中甲状腺素水平升高。

5. 改善物质代谢

(1) 促进核酸和蛋白质合成:人参能促进生发活动旺盛组织(如睾丸、骨髓等)的 DNA、RNA 及蛋白质的生物合成,其有效成分为人参皂苷。人参皂苷可激活 RNA 聚合酶活性,其中人参皂苷 Rb_1 和 Rd 作用较强。

(2) 调节血脂和抗动脉粥样硬化:人参有降血脂和抗动脉粥样硬化作用,表现为使血清 TC、TG 和非酯化脂肪减少,血清 HDL-C 升高,减少动脉管壁脂质沉积和内皮细胞损伤,抑制动脉粥样硬化斑块的形成。人参多糖及人参皂苷 Rb_1、Rb_2、Re、Rg_1 均有降血脂作用,以 Rb_2 最为突出。人参调节血脂作用机制主要与激活蛋白酯酶和脂质代谢酶,从而促进脂质代谢,及影响胆固醇及血中脂蛋白的合成、分解、转化、排泄有关。

(3) 调节血糖:人参对糖代谢有双向调节作用。人参皂苷和人参多糖对多种原因引起的高血糖均有一定降低作用。人参糖肽、人参皂苷和胰岛素样物质是其有效成分,作用机制可能是提高血中胰岛素水平和促进胰腺释放胰岛素,从而提高动物的肝糖原含量,增加葡萄糖去路,降低血糖。人参皂苷尚可预防运动性低血糖的发生,对低血糖者有回升血糖水平作用。

6. 对心血管系统的作用

(1) 增强心功能:人参能增加心肌收缩力,增加心排血量,其作用机制与促进儿茶酚胺的释放及抑制心肌细胞膜 Na^+-K^+-ATP 酶活性有关,后一机制与强心苷相似。人参改善心功能活性成分是人参皂苷,人参三醇型皂苷的作用强于人参二醇型皂苷。

(2) 抗心肌缺血缺氧损伤:人参对多种心肌缺血具有保护作用,表现为缩小心肌梗死范围,加速缺血性损伤心肌的恢复。有效成分为人参皂苷,其作用机制主要为:① 拮抗心肌缺血再灌注损伤后的细胞凋亡,Rb_1 抑制心肌细胞凋亡的作用较 Re 为优。② 抑制心肌中性粒细胞(polymorphic nuclear leukocytes,PMNs)的浸润和活化,抑制 PMNs 释放髓过氧化物酶;③ Rg_1 能减轻心肌细胞缺氧复氧损伤,保护心肌细胞。

(3) 抗心律失常:人参皂苷对多种原因引起的早搏、心动过速、心室颤动、心室扑动与室性停搏等心律失常均有对抗作用。人参皂苷中抗心律失常作用的活性成分有 Re、Rb、Rh、Rg、Ro 等。人参皂苷的抗心律失常作用与阻滞钙通道有关。人参二醇组皂苷 Rg_1 对大鼠心肌细胞 L、T 型钙通道有阻滞作用,Rh_1 抑制 L、T 型钙通道的活动,使其开放率减少,开放时间缩短。

(4) 扩张血管、调节血压:人参对整体动物的冠状动脉、脑血管、椎动脉、肺动脉均有扩张作用,可增加和改善相应器官的血液循环。人参扩张血管的主要有效成分是人参皂苷 Re、Rg_1、Rb_1、Rc。人参对血压有双向调节作用,既可使偏高的血压有所降低(但降低作用较弱),又可使低血压或休克患者血压回升。人参调节血压的作用与机体功能状态有关。

(5) 抗休克:人参对多种原因所致的休克有防治作用。人参皂苷能延长过敏性休克和烫伤性休克动物的生存时间,增强失血性急性循环衰竭动物的心肌收缩力。此外,人参皂苷可改善缺血性、心源性休克动物的异常血流流变状态,人参二醇皂苷能提高内毒素诱导的休克大鼠的肺组织抗氧化能力。

7. 抗肿瘤 人参对多种肿瘤细胞具有抑制作用,如大肠癌、胶质瘤、黑色素瘤、肝癌、胰腺癌、人喉癌等。人参抗肿瘤作用的主要有效成分是人参皂苷。其中,人参皂苷 Rg_3 和 Rh_2 的抗肿瘤作用较好。Rh_2 抗肿瘤的机制广泛,对肿瘤细胞增殖周期进行调控和诱导凋亡是其最基本的途径。Rg_3 抗肿瘤的作用机制是:① 抑制肿瘤内血管生成。抑制肿瘤细胞和血管内皮细胞的血管生长调控因子蛋白表达,通过不同靶点作用于肿瘤细胞影响肿瘤新生血管的生成。② 抑制肿瘤细胞增殖与浸润。③ 促进肿瘤细胞凋亡。④ 调控机体免疫功能等。

8. 其他作用

(1) 保肝:人参皂苷 R_o 对多种肝细胞损伤有保护作用,齐墩果酸具有抗肝炎作用。

(2) 抗溃疡:人参多糖对多种实验性胃溃疡均有抑制作用。

综上所述,人参的大补元气、补脾益肺功效与其改善机体免疫功能、促进造血功能、改善物质代谢、增强内分泌功能、改善心功能、抗心肌缺血、抗心律失常、扩血管、调节血压、抗休克等作用相关,生津止渴的功效与其降血糖作用相关,安神益智功效与其增强学习记忆功能、调节中枢神经系统的作用相关。

【药代动力学】

犬十二指肠给予人参总皂苷后用质谱分析可在血浆中检测到 Rb_1、Rb_2、Rb_3、Rc、Rd、Re、Rf、Rg 等人参皂苷,其中吸收达峰时间大多在 $0.5\sim1$ h;健康志愿者口服人参皂苷 Rg_3 后血浆药-时曲线符合二室模型,属一级动力学消除过程。

Rb_1 和 Rg_1 经消化道给药吸收较差,生物利用度低,其中 Rb_1 的胆汁排泄率低而血浆蛋白结合率高。Rg_1 具有明显的首过效应,其口服生物利用度仅为 1.9%,肠道菌群会促进 Rg_1 的转化,对其吸收不利。Rg_1 的胆汁排泄率高、血浆蛋白结合率较低,在肝和肾中的浓度最高,但在脑内检测不到。

【现代应用】

1. 休克 人参煎服或与其他中药合用可改善多种原因引起的休克症状。

2. 体质虚弱、倦怠乏力 单用或与其他补益药配伍使用有效。

3. 白细胞减少症 人参片或与其他补益药配伍使用有效。

4. 肺癌、肝癌 人参皂苷 Rg_3 制品(如参一胶囊)与化疗配合用药,有助于提高疗效,改善肿瘤患者的气虚症状,提高机体免疫功能。

5. 其他 人参还常用于慢性阻塞性肺疾病、糖尿病、血小板减少性紫癜、早衰、记忆力减退等的辅助治疗。

【不良反应】

药不对证,可出现体温升高、皮疹、全身瘙痒、便秘、腹胀、食欲下降、头痛、眩晕等。皮疹、全身瘙痒可能与过敏反应有关,对其有过敏反应者不宜使用本品。过量连续服用人参还可致失眠、心悸、血压升高、水肿、体重减轻等。出血如鼻出血,是人参急性中毒的特征。儿童使用人参不当可引起性早熟。

党参

本品为桔梗科植物党参 *Codonopsis pilosula* (Franch.) Nannf.、素花党参 *Codonopsis pilosula* Nannf.var.*modesta* (Nannf.) L.T.Shen 或川党参 *Codonopsis tangshen* Oliv.的干燥根。

党参主要含党参炔苷、党参苷(tangshenoside)、葡萄糖(glucose)、菊糖(inulin)、多糖、党参碱(codonopsine)、挥发油、黄酮类、植物甾醇、微量元素等。

党参味甘,性平。归脾、肺经。具有健脾益肺、养血生津的功效。用于脾肺虚弱、食少倦怠、咳嗽虚喘、气血不足、面色萎黄、心悸气短、津伤口渴、内热消渴。

【药理作用】

1. 对消化系统的作用

(1) 调整胃肠运动:党参能纠正多种实验性胃肠运动功能紊乱,主要表现为对蠕动过缓和(或)过剧的胃肠,能调节其收缩频率和幅度,使之趋于正常。党参调整胃肠运动的作用可能与选择性作用于胆碱能 M 受体或肾上腺素能 α 受体有关。

(2) 抗溃疡:党参可抑制大鼠基础胃酸分泌,降低胃蛋白酶活性,对多种实验性胃溃疡均有预防和治疗作用。党参炔苷是有效成分之一。党参抗溃疡的作用环节包括:① 抑制胃酸分泌,降低胃液酸度。② 促进胃黏液的分泌,增强胃黏液-碳酸氢盐屏障作用。③ 提高前列腺素的含量,刺激胃黏膜合成释放表皮生长因子。④ 促进胃肠上皮细胞增殖,修复胃肠黏膜。⑤ 提高胃肠黏膜生长抑素水平,抑制胃泌素和胃酸以及胃蛋白酶的分泌,保护胃肠黏膜。

2. 改善免疫功能 党参具有促进 T 淋巴细胞转化、增强 B 淋巴细胞增殖的作用,能提高抗体滴度,增强巨噬细胞吞噬活性。党参多糖是党参增强免疫功能的主要有效成分。

3. 对血液系统的作用

(1) 增强造血功能:党参可增加红细胞和血红蛋白含量,尤其对血虚模型动物作用更好,但对切除脾脏动物的效果降低,表明党参有影响脾脏促进红细胞生成的作用。党参多糖对脾脏代偿造血功能有促进作用,对骨髓造血功能无增强作用。

(2) 改善血流流变学:党参可抑制 ADP 诱导的家兔血小板聚集,降低全血和血浆比黏度,抑制体内外血栓形成。党参醚提取液可提高大鼠纤维蛋白溶解酶活性。党参总皂苷可降低 TXA_2 含量而不影响 PGI_2 的合成。

4. 对心血管系统的作用

(1) 抗心肌缺血:党参水提醇沉物灌胃给药或党参注射液腹腔注射,对异丙肾上腺素引起的心肌缺血有保护作用。党参注射液静脉注射可对抗垂体后叶素引起的大鼠急性心肌缺血。党参改善心肌缺血的作用环节包括:改善心肌能量代谢,提高心肌糖原;降低左心室舒张终末压,增加心肌的顺应性,有利于左心室心肌的血液供应,从而改善心肌缺血;抗氧自由基损伤,提高 SOD 和 GSH-Px 的活性。

(2) 改善心功能、抗休克:党参有增强心肌收缩力、增加心排血量、抗休克的作用。党参提取物能增加麻醉猫的心排血量而不影响心率。党参注射液可使晚期失血性休克家兔动脉压回升、动物生存时间延长。

(3) 调节血压:党参浸膏、醇提取物、水提取物均能降低麻醉犬与家兔的血压。党参的降压作用主要通过扩张外周血管所致,舒张血管平滑肌的作用可能与促进内皮细胞释放一氧化氮有关。党参可使晚期失血性休克家兔的动脉血压回升。

5. 对中枢神经系统的作用

(1) 镇静、催眠、抗惊厥:党参注射液腹腔注射能减少小鼠自主活动,增加异戊巴比妥钠阈下催眠剂量引起的睡眠小鼠数,延长异戊巴比妥钠引起的小鼠睡眠时间,延长乙醚对小鼠麻醉的时间。党参皂苷也可延长环己巴比妥所致的小鼠睡眠时间。党参注射液腹腔注射能延长硝酸士的宁和戊四氮所致小鼠惊厥潜伏期。

(2) 保护脑神经细胞:党参能改善 D-半乳糖引起的小鼠大脑组织神经细胞变性坏死、胶质细胞增生等典型病变,减轻模型动物神经退行性变及神经元丢失现象。党参可改善缺血再灌注脑细胞能量代谢,提高脑组织内 ATP 含量和 Na^+-K^+-ATP 酶活性。党参总皂苷是党参治疗脑卒中急性期的主要效应部位,对缺血再灌注损伤后神经细胞的坏死和凋亡过程均具有抑制作用。

(3) 增强学习记忆:党参能增强和改善小鼠的学习记忆能力。党参正丁醇萃取物能拮抗东莨菪碱引起的小鼠记忆获得障碍,改善亚硝酸钠引起的小鼠记忆巩固障碍及 40% 乙醇引起的小鼠记忆再现缺损,该萃取物不影响 ACh 的合成,可能与增强 ACh、M 受体的结合有关。

6. 其他作用
党参降低高脂血症家兔血清 LDL-C、TG 和 TC 的含量。党参无水乙醇提取物能对抗 CCl_4 所致小鼠肝损伤。党参多糖能增强机体对有害刺激的抵抗能力,此作用主要与兴奋垂体-肾上腺皮质轴的功能有关。党参多糖能改善胰岛素抵抗,降低糖尿病患者血糖。

综上所述,党参的补中益气、健脾益肺功效与其调整胃肠运动、抗溃疡、增强机体免疫功能、促进造血和改善血流流变学、抗心肌缺血、改善心功能、抗休克、调节血压等作用相关。

【现代应用】

1. 冠心病
复方党参片(党参、丹参、当归、北沙参、金果榄)口服有效,可改善心肌缺血引起的心绞痛及胸闷等。

2. 泻痢、脱肛
用党参(米炒)、怀山药(炒)、白术、炙黄芪、肉豆冠霜、茯苓、升麻(炙)、炙甘草、生姜等配伍后有一定疗效。

3. **消化性溃疡** 党参或党参与其他中药组成的复方如参芪健胃颗粒具有促进溃疡面快速愈合的作用。

4. **贫血** 单服潞党参膏滋有一定疗效。

5. **小儿泄泻** 潞党参膏滋对脾虚型小儿泄泻有较好疗效。

黄芪

本品为豆科植物蒙古黄芪 Astragalus membranaceus（Fisch.）Bge. var. mongholicus（Bge.）Hsiao 或膜荚黄芪 Astragalus membranaceus（Fisch.）Bge.的干燥根。

黄芪主要含多种黄酮类化合物和三萜类（黄芪皂苷Ⅰ～Ⅳ，astragaloside Ⅰ～Ⅳ）、多糖（astragalus polysaccharides）。此外，含有生物碱、葡萄糖醛酸及多种微量元素等。

黄芪味甘、性微温。归脾、肺经。具有补气升阳、固表止汗、利水消肿、生津养血、行滞通痹、托毒排脓、敛疮生肌的功效。用于气虚乏力、食少便溏、中气下陷、久泻脱肛、便血崩漏、表虚自汗、气虚水肿、内热消渴、血虚萎黄、半身不遂、痹痛麻木、痈疽难溃、久溃不敛。

黄芪皂苷Ⅳ（黄芪甲苷）

【药理作用】

1. **调节免疫功能** 黄芪煎液、黄芪注射液和黄芪有效成分对机体免疫功能主要产生增强作用。黄芪能提高巨噬细胞活性，活化中性粒细胞，提高外周血中白细胞的数量，增强小鼠 NK 活性，促进 T 淋巴细胞的增殖和转化，提高体内 T 细胞总数和辅助性 T 细胞(Th)数量，增强 B 淋巴细胞免疫功能，促进体内抗体的生成，提高体内 IL-2 水平。黄芪增强免疫的主要成分是黄芪多糖和黄芪皂苷Ⅰ。黄芪多糖能增加巨噬细胞的吞噬活性，促进浆细胞增生和抗体合成，增强免疫低下状态时的机体免疫和黏膜免疫功能。黄芪多糖能升高创伤小鼠脾淋巴细胞 IL-2mRNA 及 IL-2 受体 mRNA 水平，促进 IL-2 的生成及 IL-2 受体的表达，纠正创伤后细胞免疫功能低下。黄芪皂苷具有刺激脾细胞活性和增强 PHA 或 Con A 诱导的脾细胞活性作用。黄芪皂苷Ⅰ能兴奋巨噬细胞，促进 B 细胞增殖分化和浆细胞抗体合成，但对 T 细胞未见影响。黄芪水溶性黄酮类成分能促进 ConA 诱导的小鼠脾淋巴细胞的增殖，对细胞免疫功能具有促进作用。

2. **促进造血功能** 黄芪具有升高外周血细胞的作用，可防治因辐射而造成的小鼠外周血白细胞总数及骨髓有核细胞数的减少，促进造血干细胞的分化和增殖。黄芪注射液能促进^{60}Co 照射、环磷酰胺、氯霉素所致的贫血小鼠的红系、巨核系造血功能。黄芪多糖对人骨髓粒-巨噬细胞集落刺激因子、红细胞集落的形成均有促进作用，对造血功能障碍有改善作用，对血细胞下降有回升作用，能增强小鼠对环磷酰胺毒性的耐受性，促进丝裂霉素引起的骨髓抑制小鼠骨髓和脾脏造血祖细胞的增殖和成熟。黄芪多糖对造血系统的作用机制是：① 保护和改善骨髓造血微环境。② 促进外周造血干细胞的增殖和动员。③ 促进内源性造血因子的分泌等。

3. **对物质代谢的影响**

(1) 调节血糖：黄芪对糖代谢呈现双向调节作用。黄芪对正常小鼠的血糖含量无明显影响，却可降低葡萄糖负荷后的小鼠血糖水平,对抗肾上腺素引起的小鼠血糖升高和苯乙双胍引起的小鼠实验性低血糖,但对胰岛素性低血糖无明显影响。黄芪甲苷溶液具有促进糖尿病大鼠血浆胰岛素和C肽分泌的作用。

(2) 降低血脂:黄芪具有调节血脂代谢的作用。黄芪水煎液可降低高脂血症小鼠血清TC、TG、LDL-C的水平。黄芪多糖能降低高脂血症大鼠的血脂,减少肝脏脂质沉积。

(3) 促进蛋白质和核酸合成:黄芪水煎液能促进血清和肝脏蛋白质的更新,对体外培养的肝细胞、骨髓造血细胞DNA合成均有促进作用,黄芪多糖能增加小鼠脾脏RNA、DNA和蛋白质含量。

(4) 促进能量和脂肪代谢:黄芪黄酮可以调节脾虚水湿不化证大鼠的能量代谢和脂肪代谢,从而发挥健脾利水的作用。

4. 抗应激 黄芪有增强肾上腺皮质功能和抗疲劳作用。黄芪可增强大鼠和小鼠的肌力。黄芪水煎液能增强耐力,抗大鼠游泳疲劳,并使游泳应激大鼠血浆皮质醇含量提高、肾上腺重量增加、肾上腺皮质增厚、束状带细胞体积增大,表明黄芪增强大鼠抗应激能力与改善肾上腺皮质功能有关。黄芪多糖对多种小鼠缺氧模型具有改善作用,能纠正幽门创伤后小鼠细胞免疫功能紊乱,使正常及虚损小鼠抗寒生存时间延长,对正常及"阳虚"小鼠具有抗疲劳作用。

5. 抗氧化 黄芪可降低高脂血症小鼠血清过氧化脂质(lipoperoxide, LPO)水平,增强SOD、GSH-Px的活性。黄芪能通过提高SOD活性,抑制脂质过氧化和肝细胞内中性粒细胞的聚集、活化,而延缓肝缺血再灌注对大鼠肝脏的损伤。黄芪水煎剂能降低高脂饲料致肥胖大鼠的血清MDA及胰岛素水平。黄芪多糖能提高高脂血症大鼠肝脏和血液的抗氧化能力,减轻高脂饮食导致的氧化损伤。

6. 对心血管系统的作用

(1) 改善心功能:黄芪注射液具有增强心肌收缩力作用,使心脏收缩振幅增大,排血量增多,对中毒或衰竭心脏的作用较为明显。黄芪改善心功能作用的主要成分是黄芪皂苷。黄芪总皂苷能明显改善结扎左冠脉前降支造成的急性心肌梗死犬的心肌收缩、舒张功能,并以改善舒张功能为主,增加冠脉流量。黄芪改善舒张功能的机制与上调心肌肌质网钙泵基因表达有关。

(2) 保护心肌细胞:黄芪对病毒性心肌炎有防治作用。黄芪皂苷和黄芪多糖是黄芪抗病毒性心肌炎的主要成分。病毒性心肌炎的主要发病机制是病毒直接侵犯心肌及其引起的患者自身免疫反应。黄芪抗病毒性心肌炎的作用机制涉及:① 抑制病毒RNA复制。② 降低细胞内游离钙浓度,减轻钙超载。病毒感染心肌细胞后会引起细胞钙通道活化,Ca^{2+}内流增加。黄芪可抑制细胞内Ca^{2+}浓度上升而造成的心肌损害。③ 调控病毒性心肌炎心肌组织的 *Fas*、*FasL*、*bcl-2*、*Bax* 等相关凋亡基因转录,减少心肌细胞凋亡和损伤。④ 减轻细胞因子介导的心肌损害。黄芪使心脏组织中IL-2及TNF-α mRNA表达下降,IL-10 mRNA表达增强而减轻炎症反应。⑤ 抑制心肌穿孔素(穿孔素是一种能使细胞膜的通透性增加,导致靶细胞膜发生渗透性溶解,使DNA降解而致细胞凋亡的蛋白质)介导的细胞毒性作用。

黄芪尚能对抗缺血再灌注所引起的心肌损伤,能通过抑制微血管内皮细胞的NF-κB信号通路,降低炎症相关基因的激活,从而减轻心肌缺血再灌注损伤时的炎症反应,减轻心肌细胞损伤。

黄芪多糖可改善糖尿病心肌病变仓鼠心肌胶原沉积,减少心肌局部AngⅡ生成,从而减轻糖尿病心肌损伤。

黄芪对左心室肥厚有抑制作用,作用机制与下调心肌内皮素受体、组织胶原蛋白Ⅰ的表达有关。

(3) 调节血压：黄芪对多种动物有一定的降压作用。黄芪注射液长期腹腔给药可以缓解自发性高血压大鼠血压的升高，有效成分为黄芪皂苷Ⅰ和γ-氨基丁酸。黄芪皂苷Ⅰ颈外静脉给药对麻醉大鼠可引起降压作用。当实验动物血压处于休克水平时，黄芪又可使血压上升且保持稳定，表现出对血压双向调节作用。

7. 抗脑缺血 黄芪提取物对大鼠全脑缺血再灌注损伤有一定保护作用，可减轻全脑缺血模型大鼠的脑水肿和病理性损伤，抑制全脑缺血再灌注大鼠海马迟发性神经元死亡，对局灶性脑缺血再灌注大鼠脑组织中 TNF-α、IL-1β 的升高和神经元的凋亡有抑制作用。黄芪多糖亦能减少缺血再灌注对神经细胞的损害，减少缺血再灌注后神经元迟发性死亡。黄芪皂苷Ⅰ是一种脑组织保护剂，可以降低血脑屏障的通透性，保护脑组织。黄芪抗脑缺血作用环节包括：① 减轻缺血性脑损伤后兴奋性氨基酸的释放。② 清除氧自由基，抗脂质过氧化损伤。③ 抑制脑缺血时 IL-1β、TNF-α、IL-6 的表达，减轻炎症反应。④ 抑制神经细胞凋亡。⑤ 上调神经生长因子表达等。

8. 保肝 黄芪、黄芪注射液、黄芪总黄酮对硫代乙酰胺、对乙酰氨基酚、四氯化碳、D-半乳糖胺等所致的肝损伤有一定保护作用。黄芪对血吸虫、弓形虫、阻塞性黄疸、内毒素血症等所引起的肝损伤亦有保护作用。黄芪注射液可降低肝损伤小鼠血清 ALT 和 AST 的活性。初步认为黄芪抗肝损伤的环节涉及：① 改善患者肝脏蛋白质合成功能，保护肝细胞膜。② 抗肝细胞脂质过氧化。③ 抑制肝星状细胞增殖和胶原蛋白的合成，减少胶原纤维在肝脏内的沉积等。

9. 抗肿瘤 黄芪可作为抗肿瘤化疗药物的增效减毒剂。黄芪口服液可用于肺癌、胃癌、乳腺癌等恶性肿瘤辅助治疗。黄芪水煎液对放疗引起的骨髓抑制具有改善作用。黄芪注射液能增强树突细胞的抗肿瘤转移作用，促进荷瘤宿主的免疫应答，抑制肺癌转移。黄芪注射液辅助化疗可提升子宫内膜癌患者化疗的临床疗效。黄芪总提取物对荷瘤小鼠化疗引起的白细胞减少和免疫抑制有保护作用。黄芪多糖抗肿瘤作用与诱发肿瘤细胞凋亡有关。

10. 其他作用 黄芪还有抗溃疡、抗骨质疏松、抗急性肺损伤、抑制黑素原生成、促进组织修复等作用。

综上所述，黄芪的补气固表功效与其调节机体免疫功能、促进造血、改善物质代谢、抗应激、抗氧化等作用相关。

【药代动力学】

黄芪皂苷Ⅰ静脉注射 8 mg/kg 后体内分布较广，血药浓度-时间曲线为二室模型，$t_{1/2\alpha}$ 为 1.8 h，$t_{1/2\beta}$ 为 5.5 h，Cl 为 0.366 ml/kg，V_d 为 175.1 ml/kg，黄芪皂苷Ⅰ在大鼠体内呈线性消除。

【现代应用】

1. 上呼吸道感染　黄芪水煎液口服，可以预防感冒。

2. 病毒性心肌炎　黄芪注射液静脉滴注、黄芪颗粒口服有效。

3. 心力衰竭　黄芪注射液治疗老年性慢性心力衰竭有一定疗效。

4. 肝炎　黄芪煎液或以黄芪为主的复方治疗慢性肝炎、迁延性肝炎和慢性活动性肝炎能明显改善临床症状，并降低血清 ALT 活性。

5. 其他　黄芪煎液或以黄芪为主的复方可用于治疗消化性溃疡、慢性胃炎、慢性结肠炎，还用于糖尿病、糖尿病肾病、慢性肾炎等的辅助治疗。

甘草

本品为豆科甘草属植物乌拉尔甘草 *Glycyrrhiza uralensis* Fisch.、胀果甘草 *Glycyrrhiza inflata* Bat.或光果甘草 *Glycyrrhiza glabra* L.的干燥根及根茎。

甘草主要含三萜皂苷类和黄酮类、香豆素类、多糖、生物碱、氨基酸等。三萜皂苷类主要有甘草甜素(glycyrrhizin,又名甘草酸,glycyrrhizic acid)和甘草次酸(glycyrrhetinic acid)。黄酮类主要包括甘草素(liquiritigenin)、甘草苷(liquiritin)、异甘草苷(isoliquiritin)、新甘草苷(neo-liquiritin)、异甘草素(2,4,4 - trihydroxychalcone;isoliquiritigenin)等。此外,还含有阿魏酸(ferulaic acid)、甘草酸单铵、多种氨基酸、糖类、微量元素等。

甘草甜素(甘草酸)　　　　　甘草次酸

甘草味甘、性平。归心、肺、脾、胃经。具有补脾益气、清热解毒、祛痰止咳、缓急止痛、调和诸药的功效。用于脾胃虚弱、倦怠乏力、心悸气短、咳嗽痰多、脘腹与四肢挛急疼痛、痈肿疮毒,并能缓解药物毒性、烈性。

【药理作用】

1. 肾上腺皮质激素样作用　甘草浸膏、甘草甜素、甘草次酸对多种动物均具有去氧皮质酮样作用,能促进钠、水潴留及钾排出,显示盐皮质激素样作用。甘草浸膏、甘草甜素使大鼠胸腺萎缩、肾上腺重量增加,血中嗜酸性粒细胞和淋巴细胞减少,尿中游离型 17-羟皮质酮增加,显示出糖皮质激素样作用。甘草能使大鼠肾上腺内维生素 C 含量下降,说明具有兴奋垂体-肾上腺皮质样作用,但不能延长摘除肾上腺大鼠的存活时间,提示其并不真正具备糖皮质激素活性;单独用甘草酸对摘除肾上腺大鼠的胸腺无明显影响,对 ACTH 也无明显影响,此时加用一定量的糖皮质激素则甘草酸对胸腺等的抑制作用又可出现(作用强于单用糖皮质激素)。甘草流浸膏和甘草甜素对轻型肾上腺皮质功能减退症(艾迪森病)有治疗作用,但对重症肾上腺皮质功能减退患者和两侧肾上腺切除大鼠均无明显改善水电解质平衡作用。上述结果表明甘草制剂只有在肾上腺皮质功能存在的条件下才表现出皮质激素样作用。甘草具有皮质激素样作用的机制可能涉及:① 促进皮质激素的合成。② 甘草次酸在结构上与皮质激素相似,能竞争性地抑制皮质激素在肝内的代谢失活,从而间接提高皮质激素的血药浓度。

2. 调节机体免疫功能　甘草具有增强和抑制机体免疫功能的不同成分。甘草葡聚糖能增强机体免疫功能,对小鼠脾脏淋巴细胞有激活增殖作用,表现出致分裂原特性,与 ConA 合用有协同作用。甘草甜素通过抑制前列腺素合成的限速酶-磷脂酶 A_2 的活性而减少前列腺素的产生,并诱导 IL-1、IL-2 的产生,促进 IFN-γ 的分泌,增加 NK 活性等。甘草酸类主要表现为增强细胞免疫功能,但对体液免疫功能有抑制作用。甘草酸单铵有免疫抑制作用,能抑制 ^{3}H-TdR 掺入大鼠淋巴细胞 DNA,即抑制淋巴细胞 DNA 合成。

3. 对消化系统的作用

(1) 抗溃疡:甘草粉、甘草浸膏、甘草次酸、甘草素、甘草苷、异甘草苷对多种实验性溃疡模型均有抑制作用,能促进溃疡愈合。生胃酮(即甘草次酸的琥珀酸半酯二钠盐)具有加速胃溃疡面愈合、改善胃黏膜抵抗力的作用。甘草抗溃疡作用的机制涉及:① 抑制胃液、胃酸分泌。② 直接降低胃液酸度。③ 增加胃黏膜细胞的己糖胺成分,保护胃黏膜使之不受损害。④ 促进消化道上皮细胞再生(如甘草锌)。⑤ 刺激胃黏膜上皮细胞合成和释放有黏膜保护作用的内源性前列腺素。

(2) 解痉:甘草对胃平滑肌有解痉作用。甘草素、异甘草素等黄酮化合物对乙酰胆碱、氯化钡、组胺引起的肠管痉挛性收缩有解痉作用。甘草解痉作用的有效成分主要是黄酮类化合物,其中以甘草素的作用为最强。

(3) 保肝:甘草能抗多种实验性肝损伤。甘草水提取物有抗农药五氯硝基苯造成的肝损伤作用。甘草黄酮组分能降低 CCl_4 所致急性肝损伤小鼠血清 ALT、LDH 活性,降低肝组织 MDA 含量,也可抑制乙醇引起的小鼠肝脏 MDA 含量的增加和还原性谷胱甘肽的耗竭。甘草甜素或甘草次酸有抑制 CCl_4 引起的实验性肝硬化作用,可使血清 ALT 活性、血清 γ-球蛋白和肝胶原蛋白含量降低,即能抑制肝纤维组织增生和减轻间质炎症反应,也发现可使肝坏死和气球样变性明显减轻。甘草甜素能延缓、降低镉引起的血清 ALT 活性升高,减轻肝细胞肿胀、坏死及肝线粒体、滑面内质网病变的程度,减少染镉初期在肝脏的蓄积。甘草酸能不同程度地抑制肝纤维化大鼠肝组织Ⅰ型、Ⅲ型前胶原表达。甘草酸能诱导肝细胞 DNA 的合成。甘草酸二铵具有抗炎、保护肝细胞膜和改善肝功能的作用。

4. 镇咳、祛痰 甘草浸膏片含化后能覆盖在发炎的咽部黏膜上,缓和炎症对它的刺激,达到镇咳作用。甘草还能通过促进咽喉和支气管黏膜的分泌,使痰易于咳出,呈现祛痰作用。甘草流浸膏、甘草次酸、甘草黄酮对氨水和二氧化硫引起的小鼠咳嗽均有镇咳作用,并均有祛痰作用。甘草次酸胆碱盐皮下注射,对豚鼠吸入氨水和电刺激猫喉上神经引起的咳嗽,均有镇咳作用。

5. 抗炎、抗变态反应 甘草具有皮质激素样抗炎作用,对小鼠化学性耳郭肿胀、大鼠棉球肉芽肿、甲醛性大鼠足肿胀、角叉菜胶性大鼠关节炎等均有抑制作用。抗炎有效成分是甘草酸单铵盐、甘草次酸和总黄酮。其抗炎作用不依赖于垂体-肾上腺皮质系统,而与抑制炎症组织中致炎症因子 PGE_2 的生成和拮抗炎症介质组胺、5-羟色胺等的作用有关。

甘草水煎液能抑制大鼠被动皮肤过敏反应,降低小鼠血清 IgE 抗体水平。甘草酸单铵盐能抑制豚鼠支气管哮喘的发生,延长引喘潜伏期。甘草甜素能抑制鸡蛋清引起的豚鼠皮肤反应,并减轻过敏性休克症状。异甘草素等成分能抑制透明质酸酶的活性,并对由免疫刺激所诱导的肥大细胞组胺释放有抑制作用。

6. 抗菌、抗病毒 甘草抗菌成分以黄酮类化合物居多,体外实验对金黄色葡萄球菌、枯草杆菌、酵母菌、真菌、链球菌等有较弱的抑制作用。甘草甜素对 HIV、肝炎病毒、水疱性口腔病毒、腺病毒Ⅲ型、单纯疱疹病毒Ⅰ型、牛痘病毒有不同程度的抑制作用。

7. 解毒 甘草对误食毒物(毒蕈)、药物中毒(敌敌畏、喜树碱、顺铂、咖啡因、巴比妥)均有一定的解毒作用,能缓解中毒症状,降低中毒动物的死亡率。甘草解毒作用的有效成分主要为甘草甜素,作用的机制为:① 甘草甜素水解后释放出的葡萄糖醛酸可与含羧基、羟基的毒物结合,减少毒物的吸收。② 通过物理、化学反应沉淀毒物以减少吸收,如甘草酸类可沉淀生物碱。③ 通过肾上腺皮质激素样作用,改善垂体-肾上腺系统的调节功能,提高机体对毒物的耐受能力。④ 提高肝细胞色素 P450 的含量,增强肝脏的解毒功能。

8. **抗心律失常**　炙甘草提取液腹腔注射对氯仿诱发的小鼠心室纤颤、肾上腺素诱发的家兔心律失常、乌头碱诱发的大鼠心律失常、氯化钡和毒毛花苷 K 诱发的豚鼠心律失常均有抑制作用,能减慢心率、延长麻醉大鼠心电图的 P-R 间期。甘草总黄酮可延长乌头碱诱发的小鼠心律失常的潜伏期,减少氯仿诱发的小鼠心室纤颤发生率,对抗氯化钡、哇巴因、冠脉结扎诱发的小鼠和大鼠心律失常。

9. **降血脂、抗动脉粥样硬化**　甘草酸能抑制大鼠、小鼠、家鸽实验性血脂增高。小剂量(2 mg/d)可降低实验性动脉粥样硬化家兔的血清胆固醇含量,减轻动脉粥样硬化程度,大剂量(20 mg/d)能抑制大动脉及冠状动脉粥样硬化的发展,更大剂量(40 mg/d)时反而无效。甘草次酸能降低家兔或大鼠实验性动脉粥样硬化模型的血清胆固醇、β-脂蛋白及三酰甘油水平。自由基主要损害细胞膜包括血管内皮细胞膜及亚微结构并引发一系列有害的生化反应,导致细胞死亡。甘草中黄酮类成分普遍具有抗氧化活性,可以作为自由基清除剂。甘草总黄酮能降低患者血浆中的β胡萝卜素损耗,防止低密度脂蛋白氧化、被内膜下巨噬细胞吞噬、刺激平滑肌细胞增生和动脉壁斑块形成。

10. **其他作用**　甘草酸对黄曲霉素和二乙基亚硝胺诱发的大鼠肝癌前病变的发生有抑制作用。甘草甜素能增强环磷酰胺及长春新碱的抗癌活性,使腹水型肝癌小鼠的瘤块重量减轻。甘草甜素水解为甘草次酸单葡萄糖酸苷,对多种原因诱发的小鼠皮肤癌、肺癌有抑制作用。

甘草中的异甘草素具有抗血小板聚集作用。甘草甜素还有对抗环磷酰胺抑制小鼠骨髓造血功能的作用,对环磷酰胺所致的白细胞、血小板及血红蛋白减少均有回升作用。甘草锌对顺铂引起的肾脏、血液、生殖系统损害有一定的保护作用,但对顺铂的抗癌效果无明显影响,因此推荐其为抗癌药的减毒剂应用于临床。

综上所述,甘草的补脾益气功效与其肾上腺皮质激素样作用和调节机体免疫作用相关;清热解毒功效与其抗菌、抗病毒、抗炎、抗变态反应等作用相关;缓急止痛功效与其抗溃疡、解痉和保肝作用相关;祛痰止咳、调和诸药功效与其镇咳、祛痰、解毒作用相关。

【药代动力学】

大鼠灌胃甘草后血清中可检测到甘草苷、异甘草苷、异甘草素、甘草次酸等成分,其中甘草苷浓度最高。甘草次酸在大鼠体内药-时曲线符合二室开放模型,主要药动学参数为:$t_{1/2\alpha}$ 为 0.15 h,$t_{1/2\beta}$ 为 2.4 h,C_{max} 为 2 mg/L,Cl 为每小时 0.7 L/kg,V_d 为 2.5 L/kg,$AUC_{0\sim6h}$ 为每小时 1.3 mg/L。

【现代应用】

1. **支气管炎、咽喉炎**　甘草、甘草流浸膏可缓解症状。

2. **肾上腺皮质功能减退症**　甘草粉或甘草流浸膏口服,可使患者体力增强、血清钠增加、血压升高及皮肤色素沉着减退。但对重症患者需同时合用皮质酮才能奏效。

3. **胃及十二指肠溃疡**　甘草及甘草为主的复方口服对消化道溃疡有疗效。

4. **食物中毒**　甘草水煎后分数次口服,对误食毒蕈等中毒有较好的解毒作用。

5. **肝炎**　复方甘草酸苷临床上用于治疗各种类型肝病,如慢性乙型肝炎、慢性丙型肝炎、代偿期肝硬化、酒精性肝病、药物性肝病、脂肪肝等。甘草甜素片、甘草甜素胶囊口服对慢性乙型肝炎有较好的疗效。

6. **皮肤病**　用复方甘草酸苷注射液或胶囊或片剂(甘草酸苷、盐酸半胱氨酸、甘氨酸)治疗湿疹、荨麻疹、皮炎等有效。

【不良反应】

长期服用甘草流浸膏,可发生血压升高、浮肿、血钾降低,以及头痛、眩晕、心悸。甘草甜素每日剂量超过 500 mg,连续 1 个月,可产生假醛固酮增多症,停药后或给予螺内酯则症状改善或消失。

当归

本品为伞形科植物当归 Angelica sinensis (Oliv.) Diels 的干燥根。

当归含挥发油及水溶性成分。挥发油的主要成分是藁本内酯(ligustilide),其他为正丁烯内酯(n-butylidene phthalide)、当归酮(angelic ketone)、月桂烯(myrcene)和蒎烯类等多种成分。水溶性部分含有阿魏酸(freulic acid)、琥珀酸(sucinic acid)、烟酸(nicotinic acid)、尿嘧啶(uracil)。此外,还含当归多糖(angelica sinensis polysaccharide)、黄酮类化合物、多种氨基酸、维生素及无机元素等。

藁本内酯　　　　阿魏酸

当归味甘、辛、苦,性温。归肝、心、脾经。具有补血活血、调经止痛、润肠通便的功效。用于血虚萎黄、眩晕心悸、月经不调、经闭痛经、虚寒腹痛、风湿痹痛、跌仆损伤、痈疽疮疡、肠燥便秘。

【药理作用】

1. 对血液系统的作用

(1) 促进造血功能:当归能增加外周血白细胞、红细胞、血红蛋白及骨髓有核细胞数,这种作用在外周血细胞减少和骨髓受到抑制时较为明显。当归促进造血功能的主要有效成分为当归多糖,当归多糖能增加正常小鼠的白细胞、网织红细胞和血红蛋白,对化学药物苯肼及 $^{60}Co\gamma$ 射线照射引起的贫血小鼠造血功能也有促进作用,能刺激骨髓多能造血干细胞及造血祖细胞增殖、分化,使粒细胞、单系祖细胞和晚期红系祖细胞的产生率升高。体外培养亦表明,当归多糖能刺激正常和骨髓抑制小鼠粒细胞、单系祖细胞的增殖,对荷瘤小鼠的单系祖细胞也表现为促进作用。机制研究表明,当归可通过保护和改善造血微循环,直接或间接刺激造血微循环中的巨噬细胞和淋巴细胞等,使其分泌较高活性的红系造血调控因子,以促进红系造血。此外,当归的抗贫血作用可能与其所含维生素 B_{12}、烟酸、叶酸、亚叶酸等有关。

(2) 抑制血小板聚集及抗血栓形成:当归及阿魏酸钠体内或体外均能抑制各种诱导剂(如 ADP、肾上腺素、胶原、凝血酶等)诱导的血小板聚集。阿魏酸抑制血小板聚集的作用与其抑制血小板释放反应,升高血小板内 cAMP/cGMP 比值,抑制血小板膜磷脂酰肌醇磷酸化过程等环节有关。当归注射液能通过提高 PGI_2/TXA_2 比值而抑制血小板聚集。

当归和阿魏酸钠具有抗血栓形成作用,能抑制大鼠体外颈总动脉-颈外静脉旁路血栓的形成,减轻血栓重量。当归可降低血黏滞性,延长大鼠血浆凝血酶时间及凝血活酶时间,使血瘀模型大鼠、老年大鼠全血比黏度降低,红细胞电泳加速。当归注射液能减轻麻疹活疫苗激发的实验性慢性血管内凝血,降低急性脑缺血大鼠血浆 TXA_2 水平,纠正脑缺血 TXA_2/PGI_2 比值。临床药理学研究表明,急性脑血栓患者经当归治疗后,血流流变学特性改善,血液黏度降低,血浆纤维蛋白原含量降低,凝血酶原时间延长,红细胞及血小板电泳时间缩短。

2. **降血脂及抗动脉粥样硬化** 当归可降低高脂模型家兔血中 TG 水平,减少主动脉斑块面积和血清 MDA 含量,但 TC、HDL-C、LDL-C 无明显变化。阿魏酸添加到高脂饲料中喂饲大鼠,可抑制大鼠血清 TC 水平的升高,对 TG 和磷脂则无影响。阿魏酸降低胆固醇的作用机制之一为抑制肝脏内胆固醇合成的限速酶甲羟戊酸-5-焦磷酸脱羧酶的活性,进而降低血浆胆固醇含量。当归及其成分阿魏酸的抗氧化作用能保护血管壁内膜不受损伤;其降胆固醇作用可抑制脂质沉积于血管壁;抗血小板聚集作用又可阻止附壁血栓形成,三种药理作用互相协调,产生抗动脉粥样硬化的效应。血管平滑肌细胞(smooth muscle cells,SMC)的增殖是动脉粥样硬化形成的关键因素,氧自由基能明显增强血管平滑肌细胞的 *sis* 基因(生长因子型癌基因,其表达产物作为生长信号,可促进平滑肌细胞、成纤维细胞等生长增殖)表达,促使 SMC 增殖。当归提取液可能通过增加 SOD 活性,降低脂质过氧化物水平,升高 PGI_2、cAMP 水平,从而抑制 SMC 增殖,改善动脉粥样硬化。

3. **对心血管系统的作用**

(1) 抗心肌缺血:当归、当归注射液能增加麻醉犬的冠脉血流量,降低冠脉阻力,减少心肌耗氧量,可缩小犬结扎冠脉左前降支引起心肌梗死面积,改善缺血性心电图。当归有效成分阿魏酸能缓解垂体后叶素引起的心肌缺血,增加小鼠心肌对 ^{86}Rb 的摄取能力,改善心肌营养性血流量。大鼠离体心脏缺血再灌注实验表明,当归及阿魏酸钠可减少心肌细胞内 Ca^{2+}、Na^+ 蓄积,减少脂质过氧化产物 MDA 生成及 CPK、LDH、AST 释放,改善心功能及心肌超微结构。

(2) 抗心律失常:当归及其制剂对多种实验性心律失常模型有不同程度的对抗作用。当归注射液对肾上腺素致大鼠心肌缺血再灌注模型室性早搏发生率和心律失常总发生率有降低作用。当归总酸也有抗氯仿、肾上腺素、乌头碱和氯化钡等诱发动物心律失常的作用。当归醇提取液能对抗哇巴因引起的心室纤颤,而阿魏酸钠作用很弱。

(3) 改善血流动力学:当归、当归注射液和挥发油对冠状血管、脑血管、肺血管及外周血管均有扩张作用,能降低血压,改善心脏功能和血流动力学。当归对肺动脉高压大鼠模型肺动脉有扩张作用,能减轻慢性缺氧所致小鼠的肺动脉高压及右心室肥厚。当归水提醇沉液在降低麻醉犬血压的同时能增加外周血流量。对颈动脉注射花生四烯酸造成的大鼠急性脑缺血模型,当归注射液可改善其脑缺血症状。当归注射液可使心肌缺血再灌注家兔的左室内压、左室压最大上升及下降速率提高。

4. **调节子宫平滑肌兴奋性** 当归对动物子宫平滑肌呈兴奋和抑制两种作用。当归挥发油对多种动物未孕、早孕、晚孕及产后离体子宫均有直接抑制作用,使节律性收缩逐渐变小;对垂体后叶素、肾上腺素或组胺引起的子宫平滑肌收缩有对抗作用。而当归水溶性及醇溶性的非挥发性成分对麻醉动物未孕、早孕及产后在体子宫主要呈兴奋作用。

5. **改善免疫功能** 当归及其多种活性成分对机体免疫功能有促进作用。当归水浸液可提高正常小鼠及环磷酰胺致免疫功能抑制模型小鼠腹腔巨噬细胞吞噬鸡红细胞的能力。当归注射液能提高小鼠巨噬细胞吞噬功能,激活淋巴细胞产生抗体,促进溶菌酶的产生。当归多糖能拮抗泼尼松龙引起的小鼠免疫器官胸腺、脾脏重量减轻和外周血中白细胞数下降,并促进脾淋巴细胞的增殖,对 ConA 活化的小鼠胸腺细胞增殖也有促进作用。此外,当归尚有诱生 IFN 的作用。当归注射液能促进细胞因子 IL-2 的产生。

6. **保肝** 当归提取物对多种肝损伤模型有保护作用。当归能减轻四氯化碳致小鼠及大鼠肝损伤的炎症反应,降低血清转氨酶活性;改善 D -半乳糖胺肝损伤大鼠肝脏组织病理改变,提高肝糖原含量,增强葡萄糖-6-磷酸酶、5′-核苷酸酶、三磷酸腺苷酶及琥珀酸脱氢酶的活性,促进肝细胞功能的恢复。当归可减轻肝纤维化,提高肝细胞 SOD 活性,降低 MDA 含量。

此外,当归对神经损伤、肌肉萎缩及关节软骨损伤均有一定保护作用,可能有促进软骨损伤修复的作用。当归注射液对受辐射小鼠的卵巢有保护作用,能提高受照射雌性小鼠的受孕率。

综上所述,当归的补血活血、调经止痛功效与其促进机体造血功能、抑制血小板聚集、抗血栓、降血脂、抗心肌缺血、抗心律失常和扩张血管、降低血压、调节子宫平滑肌功能,以及增强免疫功能等作用相关。当归功效的物质基础主要是挥发油、多糖、阿魏酸等。当归尚有保肝、抗辐射和促进损伤组织修复等作用。

【药代动力学】

阿魏酸在大鼠十二指肠、空肠和回肠的吸收均较好,在结肠的吸收较差,吸收呈一级动力学过程的被动扩散。口服给药后阿魏酸约 10 min 血液浓度达峰值,消除半衰期约 13 min。阿魏酸钠片在 Beagle 犬体内的药动学过程符合两室模型,$t_{1/2\alpha}$ 为 0.2 h,$t_{1/2\beta}$ 为 2.2 h。当归挥发油透皮性能良好,0.5% 当归挥发油经皮渗透 12 h,藁苯内酯单位面积累积渗透量可达 1 102 $\mu g/cm^2$。藁苯内酯口服在大鼠体内符合二室模型,主要的药动学参数:$t_{1/2\alpha}$ 为 1.5 h,$t_{1/2\beta}$ 为 7 h,t_{max} 为 3.5 h。

【现代应用】

1. 贫血 对多种病因引起的血红蛋白、红细胞、白细胞减少,当归与其他中药组方使用有较好疗效。

2. 冠心病、脑血管疾病、脑动脉硬化 使用阿魏酸钠片、阿魏酸钠注射液及当归为主的复方有较好疗效。

3. 妇科病 复方当归注射液(当归、川芎、红花组成),可用于痛经、经闭。当归片或当归丸对痛经、月经不调、慢性盆腔炎等均有一定疗效。

此外,当归尚可用于治疗迁延性或慢性肝炎、腰腿痛、肩周炎、跌仆损伤、风湿痹痛、突发性耳聋等。

【不良反应】

复方当归注射液穴位注射可引起局部疼痛,并伴有发热、头痛、口干和恶心等反应,可自行缓解。复方当归注射液静脉滴注偶可引起过敏反应。

白芍

本品为毛茛科植物芍药 *Paeonia lactiflora* Pall. 的干燥根。

白芍的化学成分主要为单萜及其苷类、三萜类、黄酮及其苷类、鞣质类化合物、多糖类、挥发油等。单萜及其苷类化合物主要有:芍药苷(paeoniflorin)、苯甲酰羟基芍药苷、芍药苷元酮、氧化芍药苷、羟基芍药苷、苯甲酰芍药苷等。

白芍味苦、酸,性微寒。归肝、脾经。具有养血调经、敛阴止汗、柔肝止痛、平抑肝阳的功效。用于血虚萎黄、月经不调、自汗、盗汗、胁痛、腹痛、四肢挛痛、头痛眩晕。

芍药苷

【药理作用】

1. **抗血细胞减少**　白芍有补血作用,对失血性以及环磷酰胺所致的"血虚"小鼠模型,白芍可升高白细胞数、骨髓有核细胞数、红细胞数和血红蛋白含量。

2. **保肝**　白芍对实验性肝损伤有保护作用。白芍水提物对 D-半乳糖胺所致肝损伤可降低血浆 ALT 活性,减轻肝细胞变性坏死程度。白芍醇提取物对 AFB_1 引起的轻度大鼠急性肝损伤有预防或逆转作用,可使血清 LDH 与乳酸脱氢酶同工酶(LDH5)的活性有一定程度降低。白芍总苷腹腔注射也可预防 D-半乳糖胺或四氯化碳引起的肝损伤,降低血浆 ALT 活性,提高血清白蛋白及肝糖原含量,减轻肝脏病理形态学的改变。

3. **镇痛**　白芍不同炮制品均可提高小鼠痛阈值,抑制醋酸扭体反应。白芍有效成分白芍总苷及芍药苷均有一定的镇痛作用,白芍总苷肌内注射,呈剂量依赖性地抑制小鼠热板痛反应。白芍总苷能加强吗啡的镇痛效果,但纳洛酮对白芍总苷的镇痛作用无明显影响,提示白芍总苷的镇痛作用与阿片受体无关。

4. **调节消化道平滑肌运动**　芍药或芍药苷能对抗氯化钡引起的肠管收缩。芍药苷能抑制豚鼠离体小肠自发收缩活动,降低肠管张力。此外,芍药苷具有松弛胆总管括约肌的作用。白芍总苷可延长豚鼠离体结肠收缩时间,增强结肠收缩幅度,该作用可被阿托品阻断,提示白芍总苷可能通过兴奋 M 受体发挥作用。

5. **抗炎**　白芍提取物能对抗急性渗出性炎症及增生性炎症。如白芍总苷可抑制鸡蛋清致大鼠足肿胀和棉球肉芽肿,降低 CIA 大鼠滑膜细胞的过度增殖反应,改善 CIA 大鼠滑膜细胞超微结构的变化,对佐剂性关节炎大鼠和 CIA 大鼠滑膜细胞过度分泌的 IL-1、TNF 及 PGE_2 均有抑制作用。

6. **抗血栓**　白芍提取物有抗血栓作用,可减轻血栓湿重,对抗 ADP 及花生四烯酸诱导的血小板聚集。白芍总苷可改善"血瘀"大鼠血流流变学,抑制体内外血栓形成,降低血栓湿重和干重,延长血栓形成时间。

7. **抗心肌缺血**　白芍水提取物对实验性心肌缺血有保护作用,能对抗垂体后叶素引起的大鼠缺血性心电图改变,增加小鼠心肌对 ^{86}Rb 的摄取率,增加心肌营养性血流量。白芍总苷对杂种犬实验性急性心肌缺血具有保护作用,可减轻心肌缺血程度,降低血清磷酸肌酸激酶、乳酸脱氢酶活性。白芍总苷可降低游离脂肪酸和过氧化脂质含量,提高心肌抗氧化酶活性。

8. **抗动脉硬化**　白芍总苷具有良好的抗动脉硬化作用。其作用机制可能与降低血脂、抑制炎症介质的释放有关。对高胆固醇饲料外加腹腔注射维生素 D_3 制备的高血脂和动脉硬化模型大鼠,白芍总苷能降低模型大鼠血清 TC、TG、LDL-C 水平,升高血清 HDL-C/LDL-C 比值,降低血清 apoB 浓度,升高血清 apoA1/apoB 比值,降低模型大鼠动脉硬化指数,降低血清 TNF-α、IL-6、C 反应蛋白(Creactive protein, CRP)浓度,从而改善模型大鼠动脉组织的病理形态学变化,降低动脉中膜厚度/内腔半径的比值,即减少动脉壁厚度。

9. **调节免疫功能**　白芍水煎液能提高小鼠腹腔巨噬细胞的吞噬功能,促进脾细胞抗体的生成,增强小鼠对绵羊红细胞的体液免疫反应性,拮抗环磷酰胺对小鼠外周血 T 淋巴细胞的抑制作用,使之恢复正常水平。白芍总苷对环磷酰胺引起的绵羊红细胞溶血素的生成减少有一定的对抗作用,但对正常小鼠抗体生成及地塞米松引起的抗体生成抑制均无明显影响。此外,白芍总苷还有诱生干扰素作用,低浓度给药可促进脂多糖诱导的大鼠腹腔巨噬细胞产生 IL-1,高浓度给药则呈抑制作用。

10. **其他作用**　白芍对大鼠应激性胃溃疡有保护作用,并提高机体对缺氧、高温应激的抵抗能力。白芍提取物有保护肾脏功能的作用,能降低多种模型动物尿蛋白和血尿素氮含量。白芍总苷能保护系膜增生性肾小球肾炎大鼠的肾功能,减轻部分受损肾小球的病理改变。白芍总苷对大鼠全脑和局灶性脑缺血再灌注损伤模型具有保护作用。白芍总苷能对抗氧化应激反应及抑制局部巨噬细胞活性,从而对糖尿病引起的肾损伤起保护作用。此外,白芍、白芍总苷有一定的镇静及催眠作用。

综上所述,白芍的养血调经、柔肝止痛功效与其抗血细胞减少、保肝、镇痛、调节平滑肌运动、抗炎等作用相关,主要效应物质是芍药苷、芍药总苷。

【药代动力学】

大鼠白芍灌服后血浆可检测到芍药苷、芍药内酯苷、没食子酸等,其中芍药苷含量最高,其生物利用度为 3.12%,t_{max} 为 102 min,C_{max} 为 9.93 mg/L。大鼠静脉注射芍药苷后,血药浓度-时间曲线符合二室模型,药动学参数 $t_{1/2\alpha}$ 为 2.6 min,$t_{1/2\beta}$ 为 27.4 min。

芍药苷和芍药内酯苷在各组织中均能测到,其中小肠、胃、大肠及肾、脾、肝中浓度较高,容易在胃肠蓄积;芍药苷静注后迅速以原形出现于尿中,前 20 min 和 7 h 尿中累积排泄量分别占静注量的 36.85% 和 79.33%,7 h 胆汁中累积排泄量占静注量的 3.77%。

【现代应用】

1. 系统性红斑狼疮患者伴白细胞升高　白芍总苷用于治疗并发白细胞减少的系统性红斑狼疮患者可升高白细胞数,减少患者的糖皮质激素用量和感染发生率。

2. 类风湿关节炎　白芍总苷可缓解风湿患者病情。

3. 强直性脊柱炎　白芍总苷胶囊可使症状缓解,控制病情进展。

4. 颈椎骨质增生症　白芍木瓜汤对治疗颈椎骨质增生症有效。

何首乌

本品为蓼科植物何首乌 *Polygonum multiflorum* Thunb. 的干燥块根。

何首乌块根主要含磷脂、蒽醌类、葡萄糖苷类等。磷脂中卵磷脂约为 3.7%。蒽醌类含量达 1.1%,其中大黄酚与大黄素含量最多。葡萄糖苷主要为二苯乙烯苷,含量高达 1.2% 以上,为主要水溶性成分。此外,尚含有 β-谷甾醇、胡萝卜素、没食子酸、多种微量元素等。

何首乌味苦、甘、涩,性微温。归肝、心、肾经。制何首乌具有补肝肾、益精血、乌须发、强筋骨、化浊降脂的功效,用于血虚萎黄、眩晕耳鸣、须发早白、腰膝酸软、肢体麻木、崩漏带下、高脂血症。生何首乌具有解毒、消痈、润肠通便的功效,用于疮痈、瘰疬、风疹瘙痒、久疟体虚、肠燥便秘。

【药理作用】

1. 调节血脂与抗动脉粥样硬化　何首乌提取物能降低高脂血症大鼠血清总 TC、TG 含量,还可以减少高脂血症鹌鹑血清中 TC 的含量,提高 LDL-C 与 TC 比值,延缓动脉粥样硬化病变的产生。何首乌总苷能防止载脂蛋白 E 基因缺陷小鼠动脉粥样硬化病变形成。何首乌降血脂与抗胆固醇作用的有效成分主要是蒽醌类、二苯烯化合物和卵磷脂等。

2. 延缓衰老　何首乌能延长鹌鹑半数生存时间和果蝇的平均寿命,同时还可以延长果蝇二倍体细胞、大鼠二倍体成纤维细胞的传代数。何首乌能改善衰老动物脑内神经递质水平,降低脑内 B 型单胺氧化酶(B type monoamine oxidase, MAO-B)活性,提高脑组织中 5-HT、NE 和 DA 含量,提高中枢神经系统功能。何首乌可以提高小鼠脑和肝脏中蛋白质含量,增强老年机体 DNA 损伤的修复能力。何首乌乙醇提取物、何首乌多糖能降低 D-半乳糖模型小鼠脑组织和肾组织的 LPO

含量,升高血清、肝、肾组织中 SOD、GSH-P$_x$的活力,提示何首乌可能通过提高体内抗氧化酶活性、清除氧自由基的方式,来达到延缓衰老的目的。

3. **促进造血功能** 何首乌能促进小鼠粒系祖细胞的生长。何首乌提取液能增加小鼠骨髓造血干细胞和粒单系祖细胞产生率,并使骨髓红系祖细胞数量升高。

4. **改善免疫功能** 何首乌能对抗泼尼松龙和环磷酰胺所导致的老年小鼠脾、胸腺抑制性改变,提高脾内巨噬细胞的吞噬功能。何首乌乙醇浸膏能增强老年大鼠外周血淋巴细胞 DNA 损伤的修复能力。何首乌水煎醇提取物能改善小鼠 T 淋巴细胞及 B 淋巴细胞免疫功能,其中对 T 淋巴细胞作用较为显著。

5. **提高学习记忆能力** 何首乌能提高血管痴呆模型大鼠、D-半乳糖导致的衰老小鼠的学习记忆能力,还能缓解海人藻酸对大鼠脑 ACh 能神经元造成的毁损,保护大鼠胆碱能神经投射纤维。何首乌的多种提取物均能提高老龄小鼠学习记忆能力,何首乌多糖也能提高 D-半乳糖导致的衰老小鼠的学习记忆能力,降低脑内脂褐质含量及单胺氧化酶活性,提高脑内抗氧化酶活性。

6. **其他作用**
(1) 润肠通便:何首乌生用,润肠通便作用较强,其有效成分大黄酚可促进肠管运动。
(2) 抗炎、镇痛:何首乌乙醇提取物具有抗炎作用,能够抑制二甲苯导致的小鼠耳郭急性炎症肿胀和角叉菜胶导致的足跖肿胀,对醋酸所导致的小鼠腹腔毛细血管通透性增加也有抑制作用,能抑制小鼠的醋酸扭体反应,具有一定的镇痛作用。
(3) 抗骨质疏松:何首乌水煎剂对去卵巢大鼠骨量丢失具有一定的预防作用。

综上所述,何首乌的补肝肾、益精血、乌须发、强筋骨功效与其提高学习记忆能力、降血脂与抗动脉粥样硬化、促进造血功能、改善免疫功能、延缓衰老等作用相关。

【药代动力学】

小鼠和家兔静脉注射何首乌有效成分二苯乙烯苷后,符合二室模型,小鼠和家兔的药动学参数分别为:$t_{1/2\alpha}$ 为 1.9 min、2.7 min,$t_{1/2\beta}$ 为 8.3 min、13.5 min;K_{21} 为 6.6/h、4.2/h,K_{12} 为 3.8/h、3.0/h,K_{10} 为 16.0/h、11.2/h;Cl 为每小时 1.445 L/kg、2.208 L/kg。二苯乙烯苷在肠道吸收较差,在体内消除较快,在肝和肾内分布较多,而在脑内和睾丸内分布较少,胆汁排泄可能是二苯乙烯苷及其代谢物的主要排泄方式。

【现代应用】

1. **早衰** 首乌片及以何首乌为主药组成的多种中成药可用于肝肾两虚、精血不足而致的头晕目眩,耳鸣健忘,鬓发早白及早衰现象。

2. **贫血** 何首乌可改善患者的血象。

此外,何首乌还可用于失眠以及多种皮肤病的治疗。

【不良反应】

过量服用可致胃肠刺激,有腹痛、腹泻、恶心呕吐等消化道症状。大便稀薄者不宜使用。临床上报道少数患者服用何首乌会导致药物性肝损害,停药后即可恢复。

【安全性评价】

大鼠长期灌服(3~3.5 个月)何首乌对肝脏有一定的毒性作用。

冬虫夏草

本品为麦角菌科真菌冬虫夏草 *Cordyceps sinensis* (Berk.) Sacc. 寄生在蝙蝠蛾科昆虫幼虫上的

子座及幼虫尸体的复合体。

冬虫夏草含粗蛋白、脂肪、粗纤维素、碳水化合物、灰分、多种氨基酸,总量达 22.7%,还含有虫草酸(cordycepic acid)、冬虫夏草素(cordycepin)、虫草多糖等。

冬虫夏草味甘,性平。归肺、肾经。具有补肺益肾、止血化痰的功效。用于肾虚精亏、阳痿遗精、腰膝酸痛、久咳虚喘、劳嗽咯血。

【药理作用】

1. 调节免疫功能 冬虫夏草、虫草菌浸液可拮抗泼尼松龙或环磷酰胺引起的小鼠脾脏重量减轻。虫草粗提取物可加快小鼠血中胶体炭粒的廓清速度,提高小鼠腹腔巨噬细胞的吞噬指数和吞噬百分率,提高小鼠肝、脾巨噬细胞的吞噬功能。冬虫夏草能拮抗环磷酰胺的免疫抑制作用,提高小鼠的抗体形成细胞数和血清溶血素抗体水平。

冬虫夏草对淋巴细胞呈现双向调节作用。对 T 细胞受抑制的动物,冬虫夏草有保护或提升 T 细胞功能的作用。但冬虫夏草水煎液灌胃,却抑制正常 Balb/c 小鼠脾脏细胞对 Con A 或 LPS 诱导的脾脏淋巴细胞增殖效应,抑制小鼠产生 IL-1 和 IL-2。

2. 性激素样作用 冬虫夏草兼有雄性激素和雌性激素样作用。冬虫夏草可增加正常雄性大鼠血浆睾丸酮和皮质醇含量,增加动物体重、包皮腺、精囊、前列腺的重量。对去势幼年雄性大鼠,冬虫夏草能增加精囊-前列腺的重量。冬虫夏草还有促进兔睾丸的生精作用,使兔睾丸重量、睾丸重量指数及精子数均增加。冬虫夏草的雌激素样作用表现为增加雌性大鼠受孕百分率和产子数,提示冬虫夏草能调节母体内雌性激素水平,改善子宫内膜的功能。

3. 平喘 冬虫夏草和虫草菌丝的水提取液可扩张支气管,增强肾上腺素扩张支气管的作用。对乙酰胆碱引起的豚鼠哮喘有保护作用,并与氨茶碱有协同作用。冬虫夏草菌粉一定程度上可抑制阻塞性肺气肿肺功能的进行性恶化,并改善其通气功能,有效阻止阻塞性肺气肿病理改变的进一步发展。

4. 保护肾脏功能 冬虫夏草对肾炎、肾功能衰竭、药物和缺血造成的肾损伤均有防治作用,可延迟尿蛋白的出现,降低血清尿素氮和肌酐含量,增加肌酐清除率。冬虫夏草还能降低肾脏大部分(5/6)切除所致慢性肾功能不全大鼠的死亡率。冬虫夏草水提取液能减轻庆大霉素或环孢素 A 所致急性肾功能衰竭大鼠的肾小管损伤程度。从冬虫夏草子实体的甲醇提取物中分离得到的麦角甾醇类化合物,能改善 IgA 肾病模型小鼠的一般症状,抑制模型小鼠肾系膜细胞的增殖,减少系膜区 IgA 免疫复合物的沉积。冬虫夏草保护肾脏功能的作用环节涉及:① 稳定肾小管上皮细胞溶酶体膜,防止溶酶体的破裂。② 促进肾小管内皮细胞生长因子的合成释放,减少肾小管组织破坏而加快恢复。③ 抑制肾系膜细胞的增殖,减少系膜区 IgA 免疫复合物的沉积。

5. 增强造血功能 冬虫夏草结晶制剂能提高 CFU-E 和 BFU-E 产生率,对抗三尖杉酯碱对造血功能的损害。

6. 抗心律失常 冬虫夏草水提取液、醇提取液具有抗多种心律失常的作用。人工虫草菌丝体石油醚提取物抗心律失常作用较强,能对抗乌头碱所致大鼠的心律失常,缩短心律失常持续时间及减轻严重程度;对氯化钡所致心律失常也有一定对抗作用。

7. 保肝 冬虫夏草多糖能改善慢性丙型肝炎患者细胞免疫功能,改善肝功能,并具有一定抗肝纤维化作用。冬虫夏草可有效防止四氯化碳诱导的大鼠肝纤维化,抑制肝内储脂细胞的增殖和转化。虫草菌丝能减少肝内胶原总量及 I 型、III 型胶原在肝内的沉积。

8. 其他作用

(1) 抗系统性红斑狼疮：系统性红斑狼疮是多器官参与的自身免疫性疾病,其特征是产生大量自身抗体,引起Ⅱ型和Ⅲ型变态反应,导致多器官组织损伤。冬虫夏草提取液能延长狼疮性肾炎模型小鼠的存活时间,抑制狼疮小鼠自身免疫性疾病的进程,对淋巴结肿大和肾炎等并发症状有改善作用。

(2) 抑制器官移植排斥反应：冬虫夏草和虫草菌丝具有抗移植排斥作用。虫草菌粉能使同种异体皮肤移植小鼠的移植皮片存活时间延长。虫草菌丝口服液可延长异位心脏移植大鼠的存活时间。

此外,冬虫夏草还具有抗氧化、抗疲劳、降血糖等作用。

综上所述,冬虫夏草的补肺益肾功效与其调节机体免疫功能、平喘、性激素样作用、保护肾脏功能、增强造血功能、抗氧化损伤等作用相关。

【现代应用】

1. **慢性支气管炎、支气管哮喘、慢性阻塞性肺疾病**　可单味煎服或研粉吞服,也可与人参、蛤蚧等配伍使用。发酵冬虫夏草菌粉制剂如百令片亦有较好疗效。

2. **性功能低下症**　冬虫夏草在治疗性功能低下症方面有一定疗效。

3. **肾功能衰竭**　冬虫夏草对慢性肾功能衰竭患者有较好的疗效。

4. **慢性肝炎**　冬虫夏草或人工虫草菌丝粉制剂(如心肝宝胶囊)可治疗乙型慢性肝炎和慢性活动性肝炎。

5. **心律失常**　冬虫夏草或人工虫草菌丝粉制剂心肝宝胶囊对房性、室性早搏、心动过速、心动过缓有效。

淫羊藿

本品为小檗科植物淫羊藿 *Epimedium brevicornum* Maxim.、箭叶淫羊藿 *Epimedium sagittatum* (Sieb. et Zucc.) Maxim.、柔毛淫羊藿 *Epimedium pubescens* Maxim.、或朝鲜淫羊藿 *Epimedium koreanum* Nakai 的干燥地上部分。

淫羊藿亦称仙灵脾,其主要成分为黄酮类化合物,如淫羊藿苷(icariine, Ica)、去氧甲基淫羊藿苷(des-O-methy-icariine)、β-去氢甲基淫羊藿素(β-anhydroicaritine),还含有异槲皮素、木脂素、木兰素、金丝桃苷和多糖等20多种化合物。

淫羊藿味辛、甘,性温。归肝、肾经。具有补肾阳、强筋骨、祛风湿的功效。用于肾阳虚衰、阳痿遗精、筋骨萎软、风湿痹痛、麻木拘挛。

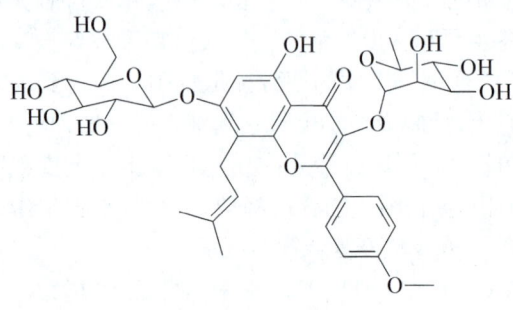

淫羊藿苷

【药理作用】

1. **性激素样作用**　淫羊藿能促进垂体-性腺轴的功能。淫羊藿水煎液口服能升高雄性小鼠血浆睾丸酮含量;修复大鼠睾丸间质细胞损伤,维持睾丸曲精管上皮正常生精周期;增加睾丸、肛提肌重量和雌性大鼠腺垂体的重量;能改善氢化可的松所致"阳虚"大鼠的阳虚症状,增加模型大鼠前列腺、精囊、肛提肌、海绵球肌、子宫、肾上腺及胸腺的重量,升高血浆睾丸酮或雌二醇的水平。淫羊藿苷是淫羊藿性激素样作用的主要有效物质之一。淫羊藿苷能促进离体培养的大鼠睾丸间质细胞睾丸酮的基础分泌,直接刺激卵泡颗粒细胞分泌雌二醇,高剂量时还能促进肾上腺皮质细胞分泌皮质酮。淫羊藿多糖对脑垂体内分泌功能有影响,能提高促卵泡激素水平。此外,淫羊藿中含有微量元素锰,易被人体吸收,而锰在人体中有促进性腺功能和性器官发育的作用。

2. 改善骨代谢 淫羊藿对骨质疏松有良好防治作用。淫羊藿可拮抗醋酸泼尼松引起的大鼠肾上腺皮质萎缩,同时能促进骨形成,提高成骨细胞的数量和活性,增加骨小梁面积及骨密度。对多种骨质疏松模型大鼠,淫羊藿总黄酮、淫羊藿苷能提高其股骨骨密度,促进骨形成率和矿化沉积率,促进基质细胞向成骨细胞分化。淫羊藿影响骨代谢的作用环节涉及:① 提高动物DNA合成率,促进DNA、RNA和蛋白质的合成。② 抑制破骨细胞的活性,同时又促进成骨细胞的功能,增加钙化骨形成。③ 增强下丘脑-垂体-性腺轴及下丘脑-垂体-肾上腺皮质轴等内分泌系统的功能,进而影响骨代谢。同时,淫羊藿总黄酮成分、淫羊藿苷以及其肠道代谢产物均可预防糖皮质激素诱导的激素性骨坏死模型中骨内循环系统的堵塞,其机制与抑制骨内血管内血栓形成和骨内血管外脂肪堆积相关。

3. 改善免疫功能 淫羊藿及其提取物对免疫器官、免疫细胞、免疫因子等均具有调节作用。有效成分主要为淫羊藿苷和淫羊藿多糖。淫羊藿水煎液口服能增加醋酸泼尼松龙致"阳虚"模型小鼠红细胞溶血素和血清抗体滴度,使免疫功能低下小鼠脾脏淋巴细胞数、脾脏溶血空斑形成细胞恢复到正常水平。淫羊藿多糖、淫羊藿总黄酮均可提高巨噬细胞对鸡红细胞的吞噬率和吞噬指数,拮抗环磷酰胺所致小鼠单核巨噬细胞吞噬功能降低,促进淋巴细胞转化,提高老龄大鼠的NK活性。淫羊藿多糖还具有刺激T细胞、B细胞增殖,诱生γ-IFN的作用,提高小鼠胸腺和脾脏细胞产生IL-2的能力。淫羊藿苷亦可提高小鼠胸腺和脾脏细胞产生IL-2能力,提高胸腺细胞对ConA的刺激反应。

4. 抗氧化损伤 淫羊藿总黄酮能恢复D-半乳糖致亚急性衰老模型小鼠受抑的T和B淋巴细胞增殖反应功能,提高衰老小鼠脾脏SOD活性,减少心、肝组织过氧化脂质和脂褐质形成。淫羊藿多糖可提高老龄小鼠血液及组织中SOD和GSH-Px的活性,降低老龄小鼠血清、肝脏和心肌组织中的脂褐质含量。

5. 对心血管系统的作用

(1) 扩血管、改善血流动力学:淫羊藿水煎液及醇浸出液能增加麻醉犬的冠脉流量。淫羊藿苷静脉注射可增加家兔和犬的脑血流量,降低脑血管阻力。淫羊藿总黄酮静脉注射亦能增加脑血流量和降低脑血管阻力,淫羊藿苷的扩血管作用机制与阻滞钙通道作用有关。

(2) 抗心律失常:淫羊藿提取物缩短毒毛花苷K及肾上腺素诱发的豚鼠实验性心律失常的持续时间。

6. 对血液系统的作用

(1) 增强造血功能:淫羊藿苷有促进小鼠脾脏淋巴细胞产生集落刺激因子(CSF)的作用。CSF是促进人和动物骨髓细胞增殖、分化、成熟及存活的一类糖蛋白,能促进骨髓造血和血细胞成熟。淫羊藿苷也可诱生IL-2、IL-3、IL-6,其中IL-3作用于骨髓多能干细胞可促进多种血细胞的分化增殖,IL-6协同IL-3支持多能干细胞的增殖,促进造血功能。淫羊藿多糖能提高DNA合成率,影响核酸的代谢,提高体外培养骨髓细胞的增殖率。

(2) 抗血栓形成:淫羊藿抑制家兔体外血栓形成。淫羊藿总黄酮能降低家兔全血黏度、抑制血小板聚集,延长凝血酶原时间。

7. 其他作用 淫羊藿有一定抗炎作用,淫羊藿总黄酮是其抗炎作用的有效成分。淫羊藿苷可诱导肿瘤细胞凋亡和分化,并恢复荷瘤小鼠低下的细胞免疫功能和红细胞免疫功能,发挥辅助抗肿瘤作用。淫羊藿水煎液能降低实验性高脂血症家兔β-脂蛋白胆固醇和三酰甘油含量。淫羊藿能延缓自然衰老动物下丘脑神经递质的变化,增加脑神经递质ACh的含量,改善老龄大鼠和小鼠的学习记忆能力。

综上所述,淫羊藿的补肾阳、强筋骨功效与其性激素样作用、改善骨代谢、改善免疫功能、抗氧化损伤、改善血流动力学、增强造血功能、抗血栓形成等作用相关。

【药代动力学】

淫羊藿苷静脉给药,其药-时过程符合二室开放模型特征,$t_{1/2\alpha}$约为9 min,$t_{1/2\beta}$为70 min。当静脉注射剂量小于22 mg/kg时,大鼠体内的消除为线性动力学,高于22 mg/kg时为非线性动力学。大鼠灌胃给药后,其药-时过程符合单室开放一级吸收模型特征。口服绝对生物利用度为12.0%,肝门静脉注射的绝对生物利用度为45%。淫羊藿苷广泛分布于各组织中,主要集中在肺、心、肝,肾次之,脾和脑较少。淫羊藿苷在肠道内代谢为淫羊藿次苷,后者也可吸收入血。淫羊藿在尿、胆汁和粪中24 h的排泄量分别占给药量的1.99%、0.066%和12.83%,淫羊藿苷的血浆蛋白结合率较高,为80%。

【现代应用】

1. **性功能减退** 淫羊藿、菟丝子各半,研成粉末,黄酒送服,有改善作用。

2. **骨质疏松** 临床上主要应用含淫羊藿的复方,如仙灵骨葆胶囊和芪骨胶囊治疗绝经后骨质疏松。

3. **其他骨与关节疾病** 含有淫羊藿的复方药物如仙灵骨葆胶囊可用于骨折、骨关节炎、骨无菌性坏死等疾病的治疗。

鹿茸

本品为鹿科动物梅花鹿 Cervus nippon Temminck 或马鹿 Cervus elaphus Linnaeus 的雄鹿未骨化密生茸毛的幼角。前者习称"花鹿茸",后者习称"马鹿茸"。

鹿茸含多种氨基酸,其中以甘氨酸含量最高。还含有胆固醇、卵磷脂、脑磷脂、神经磷脂、次黄嘌呤、雌二醇、雄激素和多胺、多糖、多肽、脂肪酸等。此外,鹿茸含有大量无机元素,如氮、钙、磷、硫、镁、钠、钾,以及锰、锌、铜、铁、硒、钼、镍、钛、钡、钴、锶等多种微量元素。

鹿茸味甘、咸,性温。归肝、肾经。具有壮肾阳、益精血、强筋骨、调冲任、托疮毒的功效。用于肾阳不足、精血亏虚、阳痿滑精、宫冷不孕、羸瘦、神疲、畏寒、眩晕、耳鸣、耳聋、腰脊冷痛、筋骨痿软、崩漏带下、阴疽不敛。

【药理作用】

1. **性激素样作用** 鹿茸兼有雄激素和雌激素样作用。鹿茸中性激素成分主要是雌二醇、睾酮。鹿茸乙醇提取液可使大鼠睾丸精原细胞数目、生精细胞层数增多。鹿茸乙醇提取物能明显增加老化小鼠血浆睾丸酮含量,但对正常小鼠血浆睾丸酮含量影响不明显。鹿茸精能促进未成年雄性大鼠及去势大鼠前列腺、精囊和包皮腺的生长。对未成年雌性小鼠皮下注射鹿茸精可促进子宫的发育,增加卵巢重量,并使去卵巢大鼠子宫、阴道代偿性增生。鹿茸产生雄激素作用的机制尚不清楚,可能涉及对雄激素、各种类固醇激素的调节,从而呈现雄激素样作用。此外,鹿茸能兴奋垂体-性腺轴,增加雄性激素和生长素的分泌。

2. **促进核酸和蛋白质合成** 鹿茸作为全身强壮剂,能提高机体的工作能力,对全身虚弱、久病之后的患者呈现复壮作用。喂饲含有鹿茸的饲料,可使小鼠、大鼠体重显著增加,加速未成年小鼠的生长发育。鹿茸能促进^{14}C-亮氨酸和^{14}C-尿嘧啶核苷掺入老化小鼠的肝、肾组织蛋白质和RNA的合成。鹿茸促进核酸和蛋白质合成的有效成分主要为多胺类物质,如腐胺、精脒等,机制可能与激活RNA聚合酶有关。鹿茸能促进小鼠脑内蛋白质合成,对小鼠记忆获得、记忆巩固、记忆再现三个阶段均有明显促进作用。

3. 促进骨生长　高剂量鹿茸能促进$TGF-\beta_1$在骨痂组织中的表达,增加大鼠骨折端骨痂厚度,提高骨折愈合质量。鹿茸多肽具有促进骨细胞和软骨细胞增殖的生物活性,能刺激软骨细胞和成骨样细胞的增殖,加速完全缺损性桡骨骨折大鼠的骨痂形成,促进骨折愈合,并增加羟脯氨酸和钙含量。鹿茸多肽还能促进家兔软骨细胞、表皮细胞的有丝分裂。离体实验中,鹿茸多肽促进^3H-TdR掺入培养的家兔肋软骨、人胚关节软骨及鸡胚头盖骨成骨样细胞中,促进其有丝分裂。动物实验证实,鹿茸多肽提取物能改善去卵巢大鼠的骨密度和血清中碱性磷酸酶、雌二醇、磷、钙、肌酐等骨质疏松指标变化。

4. 改善免疫功能　喂饲鹿茸提取物可增加小鼠脾脏细胞的玫瑰花结细胞数量,提高红细胞凝集素和红细胞溶血素含量。鹿茸精腹腔注射可增强正常小鼠和氢化可的松、环磷酰胺所致免疫抑制小鼠的巨噬细胞吞噬功能,升高血浆IgG含量;对绵羊红细胞免疫小鼠血浆IgG含量亦有升高作用。鹿茸发挥免疫增强及免疫调节作用的主要成分可能是鹿茸多糖。

5. 增强造血功能　健康成年家兔喂饲鹿茸粉或注射鹿茸浸出物,或小鼠喂饲含鹿茸的饲料,家兔或小鼠的红细胞数、网织红细胞数及血红蛋白含量均增加。鹿茸精注射液能促进乙酰苯肼所致溶血性贫血小鼠或肾脏大部分(5/6)切除所致肾性贫血大鼠的骨髓造血功能,加速红细胞和血红蛋白的生成。

6. 抗应激　鹿茸具有抗疲劳、耐缺氧、耐高温、耐低温等多种抗应激作用。鹿茸液能增加小鼠体重,延长小鼠的游泳时间和在-20℃环境中的存活时间。鹿茸抗应激作用与促进肾上腺皮质功能有关。

7. 抗组织氧化损伤　鹿茸提取物能降低衰老小鼠脑和肝组织中的MDA和MAO-B含量,升高SOD活性,但对正常小鼠影响不明显。鹿茸水提取物、鹿茸磷脂可降低老龄小鼠心肌脂褐质、血清胆固醇和三酰甘油含量。

8. 其他作用　鹿茸精有一定抗实验性心律失常作用。鹿茸多糖促进PGE_2的合成,具有抗胃溃疡作用。鹿茸口服液有抗小鼠实验性肝损伤作用。此外,鹿茸多肽对东莨菪碱致记忆障碍模型大鼠学习记忆障碍有一定的改善作用。

综上所述,鹿茸的壮肾阳、益精血、强筋骨功效与其性激素样作用、促进核酸和蛋白质合成、促进骨生长、增强机体免疫功能、增强造血功能、抗应激等作用相关。

【现代应用】

1. 性功能减退、不孕症　可单用研粉吞服,或注射鹿茸精注射液或配合其他中药治疗。
2. 神经衰弱、健忘症　单用研粉吞服,或注射鹿茸精注射液。
3. 贫血、白细胞减少　可制成20%的鹿茸血酒口服,或与当归、黄芪等配伍。
4. 其他　体虚腰痛、神经衰弱、功能性子宫出血、骨折、骨质疏松等,常与其他不同中药配伍使用。

【不良反应】

肌注鹿茸精引起的过敏反应发生率较高。

杜仲

本品为杜仲科植物杜仲 *Eucommia ulmoides* Oliv. 的干燥树皮。

杜仲化学成分主要有环烯醚萜类，包括杜仲醇（eucommiol）、杜仲醇苷（eucommioside）、脱氧杜仲醇、京尼平苷、京尼平苷酸、桃叶珊瑚苷等；苯丙素类，如氯原酸、咖啡酸、松柏酸、熊果酸等；木质素类及甾体类，包括双环氧木质素类（如松脂素二糖苷）、松脂酚类、丁香树脂醇类等。此外，还含有杜仲胶、多糖、黄酮类化合物、氨基酸、矿质元素、维生素等。

杜仲味甘、性温。归肝、肾经。具有补肝肾、强筋骨、安胎等功效。用于肝肾不足、腰膝酸痛、筋骨无力、头晕目眩、妊娠漏血、胎动不安。

【药理作用】

1. **降低血压** 杜仲水提取液口服对肾型高血压、自发性高血压大鼠等均有降低血压作用，降压作用一般起效较慢，需连续给药1周后起效。杜仲有扩张血管平滑肌作用，使外周血管扩张从而使血压下降。杜仲降压作用机制目前尚不十分清楚，可能与降低血浆血管紧张素Ⅱ的含量、增加大鼠血清 NO 的表达进而提高 NO 浓度有关。

2. **抗骨质疏松** 去势大鼠灌服杜仲提取物后，可提高去势大鼠血清中雌二醇含量，具有类雌激素样作用，有效阻止大鼠去势引起的骨丢失，进而抑制股骨质量下降和骨小梁减少，增加骨矿物质含量和骨密度，提高骨生物力学水平，预防由骨质疏松所致的骨折发生。其提取物还对维甲酸诱导的骨质疏松也有一定的预防作用。能诱导骨髓间充质干细胞向成骨方向分化，刺激成骨细胞增殖、分化和成熟，并抑制破骨细胞生长，同时杜仲具有保护关节软骨、抗骨性关节炎的作用，这都是杜仲防治骨质疏松的有力证据。杜仲中木脂素、桃叶珊瑚苷、京尼平苷、京尼平苷酸、山柰酚、黄酮类与上述作用相关。

3. **抗氧化** 杜仲有清除超氧阴离子和羟自由基活性的作用。杜仲提取液能阻止低密度脂蛋白胆固醇的氧化过程，原儿茶酸为主要有效成分之一。

4. **增强运动能力** 杜仲提取物可改善力竭大鼠物质代谢，延长运动时间，增强运动能力。大鼠连续口服杜仲提取物6周后与对照鼠比较，跑台运动至力竭时间延长，血液胰岛素和生长激素水平、肝糖原含量及血糖浓度提高，血乳酸和肌乳酸浓度降低。

5. **调节免疫功能** 杜仲煎剂能对抗氢化可的松、地塞米松的免疫抑制作用。从杜仲中分离的含环烯醚萜苷类和木脂素类提取物能增强网状内皮系统的吞噬能力，提高小鼠血中碳粒廓清率。同时，杜仲醇提取物可降低卡介苗与大肠杆菌脂多糖所致的肝损伤小鼠肝脾指数的升高和血清中 ALT、AST 活性的升高，亦能降低肝组织中 MDA 的水平，增加肝组织中 SOD 和 GSH-P_X 的活性。肝脏组织病理学也显示能对抗模型动物肝细胞的损伤。

6. **安胎** 杜仲叶浸膏可抑制垂体后叶素所致的子宫平滑肌强烈收缩，且作用随剂量增加而增强。杜仲叶冲剂能对抗垂体后叶素引起的小鼠流产，减少流产动物数，使产仔数量相对增多。

7. **其他作用** 杜仲提取物有一定调节血脂、降血糖、抗突变作用。

综上所述，杜仲的补肝肾、强筋骨、安胎等功效与其降血压、促进骨生长、抗氧化损伤、免疫调节、安胎作用相关。

【现代应用】

1. **风湿疼痛，腰膝酸软，无力** 杜仲颗粒，亦可与其他补肾中药合用（如杜仲壮骨胶囊），治疗腰膝酸软，筋骨疼痛、乏力、屈伸不利，步履艰难等。

2. 高血压 杜仲水煎代茶饮,或杜仲平压片、杜仲降压片口服,或杜仲与其他中药一起合用,有一定降低血压作用。

3. 习惯性流产 可用杜仲与菟丝子、阿胶等配伍水煎服。

枸杞子

本品为茄科植物宁夏枸杞 Lycium barbarum L.的干燥成熟果实。

枸杞子主要含有甜菜碱(betaine)、枸杞多糖(lycium barbarum polysaccharide,LBP)、β-胡萝卜素(β-carotene)、莨菪亭(scopoletin)、游离氨基酸、维生素及多种微量元素等。

枸杞子味甘,性平。归肝、肾经。具有滋补肝肾、益精明目的功效。用于虚劳精亏、腰膝酸痛、眩晕耳鸣、阳痿遗精、内热消渴、血虚萎黄、目昏不明。

【药理作用】

1. 改善免疫功能 枸杞子主要具有免疫增强作用。枸杞子可增强 ConA 激发的 T 淋巴细胞增殖反应,并可拮抗环磷酰胺对小鼠脾脏 T 细胞、NK 细胞的抑制作用。枸杞子能增强小鼠 B 细胞活性,促进 B 细胞分化增殖,提高血清 IgG、IgM 及补体 C_4 含量。枸杞子水提取物及醇提取物能促进单核吞噬细胞的吞噬功能,提高巨噬细胞的吞噬率及吞噬指数。枸杞煎剂、枸杞注射液对小鼠红细胞免疫有促进作用,对小鼠红细胞、C_{3b} 受体花环率及红细胞免疫复合物花环率均有提高作用。

枸杞子中的枸杞多糖是促进免疫功能的有效成分之一。枸杞多糖可作用于 T 细胞、B 细胞、巨噬细胞等主要免疫活性细胞,调节机体的免疫功能。枸杞多糖对环磷酰胺及 ^{60}Co 照射引起的白细胞数量减少有对抗作用,能增加外周血白细胞数量。但免疫系统中的免疫活性细胞并非是枸杞多糖的全部作用靶点,神经内分泌免疫调节网络可能亦是其发挥整体调节作用的重要环节。

2. 保肝 枸杞子水浸液对 CCl_4 损伤小鼠的肝脏有保护作用,能抑制脂肪在肝细胞内沉积,促进肝细胞新生。该作用的有效成分之一可能是甜菜碱,甜菜碱在体内起到甲基供应体的作用。枸杞多糖对肝脏有较好的保护作用,能抑制 CCl_4 引起的小鼠血清 ALT 和 AST 活性的升高,改善肝细胞组织形态学变性,减轻坏死,缩小肝小叶损伤面积,减少肝细胞中脂滴,增加 RNA、糖原含量,恢复粗面内质网平行排列及线粒体形态结构。

3. 降血脂 枸杞子液能降低血清 TC、TG、LDL-C 及肝内 TC、TG 的水平,具有一定的量效关系。

4. 降血糖 枸杞具有降血糖作用,可修复受损的胰岛 β 细胞并促进其再生。枸杞子提取物能使大鼠的血糖降低,糖耐量增高,这与枸杞子中含有胍的衍生物有关。枸杞多糖对链脲佐菌素引起的动物糖尿病有预防作用。此外,枸杞多糖对 α-葡萄糖苷酶具有非竞争性抑制作用。

5. 抗氧化损伤 枸杞子煎剂能使老年大鼠降低的 SOD 活力升高,血浆过氧化脂质含量下降。枸杞醇提取物可以提高 D-半乳糖所致衰老小鼠的学习记忆能力,并减少心、肺、脑组织脂褐质浓度,提高红细胞 SOD 活力,表明枸杞子改善记忆的作用与其促进体内自由基的清除有关。枸杞子提取液能提高小鼠皮肤中 SOD 的活性,增加皮肤中胶原蛋白含量,减少 MDA 的含量,具有延缓皮肤衰老的作用。枸杞子不同组分对 H_2O_2 导致的大鼠红细胞膜脂质过氧化均有不同程度抑制作用。枸杞多糖能降低肝组织的脂质过氧化程度,提高肝组织中 SOD 活性,维持机体氧化及抗氧化系统的动态平衡,从而使组织细胞免受自由基的侵害。

6. 保护视网膜 枸杞子具有保护糖尿病大鼠视网膜组织氧化损伤的作用,使糖尿病大鼠视网膜组织中维生素 C 含量、SOD 活性及 LPO 含量恢复至接近正常水平。枸杞子醇提取物和枸杞多糖对其他多种原因所致视网膜损伤也有一定的保护作用。枸杞子醇提取物能减轻高脂饮食和氢醌引起的小鼠视网膜色素上皮细胞损害,抑制视网膜色素上皮细胞下沉积物形成及Bruch膜增厚。枸杞多糖可抑制NMDA所致大鼠视网膜损伤,抑制蓝光损伤诱导的人视网膜色素上皮细胞的凋亡。上述作用的共同机制与抑制活性氧损伤有关。

7. 改善生殖系统功能 枸杞多糖对雄性大鼠睾丸组织损伤有良好的保护作用,能降低高温引起的生精细胞损伤,改善生精功能障碍,提高性激素水平,促进睾丸生殖细胞正常发育。枸杞多糖上述作用的机制可能涉及:① 促进垂体分泌性腺激素,对下丘脑-垂体-性腺轴产生多层次的调节作用,纠正热应激状态下所引起的下丘脑-垂体-性腺轴功能紊乱,使受不良因素刺激后的大鼠性激素水平提高。② 枸杞多糖能清除自由基,抑制脂质过氧化链式反应的启动和扩展。保护细胞膜免受氧化应激损伤,进而能在一定程度上降低活性氧自由基诱导对睾丸细胞DNA损伤,有利于维护睾丸细胞的正常结构和功能。临床研究显示,枸杞子可升高男性血中睾酮含量。同时,它能增加垂体和卵巢的重量,改善神经内分泌调节和正常排卵,对女性不孕症有良好的治疗作用。

8. 抗肿瘤 枸杞多糖能改善荷瘤小鼠的一般状况,延长腹水型(U14小鼠宫颈瘤、S180纤维肉瘤)荷瘤小鼠的生存时间,对移植性肿瘤S180的生长也有抑制作用,且能增强荷瘤鼠巨噬细胞的吞噬率和吞噬指数,增加脾细胞抗体生成,提高荷瘤鼠的脾细胞转化功能和细胞毒T淋巴细胞(cytotoxic lymphocyte, CTL)的杀伤能力。枸杞多糖配合放疗时则有放射增敏作用。枸杞多糖与环磷酰胺合用可提高后者的抑瘤率,有协同作用,并可拮抗环磷酰胺引起的白细胞减少的毒副作用。此外,枸杞多糖抗肿瘤作用机制可能也与其降低VEGF水平,减少肿瘤间质血管生成,抑制向肿瘤细胞提供生长所需的营养物质有关。

综上所述,枸杞子的滋补肝肾、益精明目功效与其对免疫功能的增强作用和保肝、降血脂、降血糖、抗氧化损伤、抗肿瘤及对改善生殖系统功能相关。

【现代应用】

1. 老年保健 口服枸杞子或复方枸杞子胶囊(枸杞子、山楂、大枣、甘草组成)可不同程度地提高机体免疫功能,降低血脂,改善睡眠。

2. 肿瘤 枸杞多糖辅助治疗可减少化疗对造血系统的抑制及胃肠道反应,并能改善免疫功能低下状态。

3. 视网膜病 口服枸杞子,对糖尿病视网膜病变患者有疗效。

4. 男性不育症 枸杞子可改善精液异常、生育功能障碍。

麦冬

本品为百合科植物麦冬 *Ophiopogon japonicus* (Thunb.) Ker-Gawl.的干燥块根。

麦冬中含有多种甾体皂苷、β-谷甾醇(β-sitosterol)、豆甾醇(stigmasterol)、黄酮类化合物,还含有麦冬多糖、氨基酸、维生素等。

麦冬味甘、微苦,性微寒。归心、肺、胃经。具有养阴生津、润肺清心的功效。用于肺燥干咳、阴虚痨嗽、喉痹咽痛、津伤口渴、内热消渴、心烦失眠、肠燥便秘。

【药理作用】

1. 心脏保护

(1) 改善心功能:麦冬能防止因结扎左冠脉前降支而造成的犬的心脏泵血功能减退,改善左室压力上升速率、心排血量及左心室作功等指标。麦冬注射液对失血性休克大鼠有抗休克、增强左心室功能的作用;能逆转失血大鼠心脏功能抑制,改善循环而使血压回升,呈现量效关系。此外,麦冬可抑制心肌纤维增生和胶原沉积,减少肾血管结扎造成的高血压模型大鼠左心室重量与体重比(LVW/BW)及胶原的含量。

(2) 抗心肌缺血:麦冬提取物有抗心肌缺血作用,表现为拮抗垂体后叶素、冠脉结扎引起的大鼠心电图 ST 段抬高,缩小心肌缺血梗死范围,减轻缺氧心肌亚微结构变化,并呈一定的量效关系。麦冬皂苷与糖类成分,可增加小鼠心肌营养血流量;同时,麦冬还可加快心肌损伤愈合速度,缩小坏死区域及梗死范围。麦冬抗心肌缺血作用可能与保护心肌的 SOD 活性,防止心肌细胞脂质过氧化及改善脂肪酸代谢有关。麦冬总皂苷体外对心肌细胞缺氧再给氧损伤具有保护作用。麦冬总皂苷是其抗心肌缺血的有效部位之一。此外,分子量小于 1 万的麦冬水提取物组分,也具有抗心肌缺血作用。麦冬多糖-1 能增强心肌对缺血缺氧的耐受能力,增加冠脉流量,保护缺血的心肌细胞,并能与机体协同促进心肌缺血再灌注大鼠内皮祖细胞的增殖和分化,恢复心脏功能。

(3) 抗心律失常:麦冬对多种实验性心律失常有预防和治疗作用。麦冬可阻断心肌细胞 β_1 受体,对抗异丙肾上腺素诱发的心律失常。麦冬注射液能对抗氯化钡引起的大鼠心律失常。麦冬总皂苷能作用于心肌细胞的钠、钙通道,减少细胞外 Na^+、Ca^{2+} 的内流,降低自律性,减慢传导,有利于单向阻滞变成双向阻滞而消除折返激动。

2. 改善免疫功能 麦冬有免疫促进作用,能增加小鼠的脾脏重量、增强巨噬细胞的吞噬作用,对抗环磷酰胺引起的小鼠白细胞减少,但对胸腺细胞无明显影响。麦冬多糖能增强小鼠对碳粒廓清能力,能刺激小鼠血清溶血素抗体的产生,对抗环磷酰胺和 $^{60}Co\gamma$ 射线照射引起的小鼠白细胞数下降。麦冬总皂苷能调节巨噬细胞的吞噬功能。

3. 抗过敏、平喘、镇咳 麦冬多糖能拮抗乙酰胆碱和组胺混合液刺激引起的正常豚鼠和卵白蛋白引起的致敏豚鼠的支气管平滑肌收缩,减少致敏豚鼠哮喘的发生。麦冬皂苷 D 能增加气管旁的神经元的静息膜电位数值,浓度依赖地激活向外离子电流(钾电流),抑制乙酰胆碱和缓激肽诱导的去极化反应,减弱气管副交感神经节神经元的兴奋性,发挥镇咳作用。

4. 镇静 麦冬煎液及其正丁醇粗提取物、乙酸乙酯粗提取物均有镇静作用。麦冬煎液对戊巴比妥钠阈下催眠有协同作用,可增强戊巴比妥钠的催眠作用,并能协同增强氯丙嗪的镇静作用,亦能拮抗咖啡因对小鼠的兴奋作用。

5. 抗氧化 麦冬水提取物可提高 D-半乳糖致衰老大鼠 SOD、GSH-Px 活性,降低 MDA 含量。麦冬注射液腹腔注射可使氟哌啶醇致痴呆大鼠脑组织 SOD、GSH-PX 活性增加。麦冬水溶性部位可直接清除多种 ROS 指标;麦冬多糖能增加亚急性衰老小鼠皮肤组织超氧化物歧化酶活力及羟脯氨酸含量,降低丙二醛含量,具有延缓皮肤衰老的作用。

6. 降血糖 麦冬多糖能抑制四氧嘧啶所致的兔血糖升高,抑制高脂高糖饲料和小剂量链脲佐菌素诱导的糖尿病大鼠血糖升高,对肾上腺素所致高血糖也有拮抗作用。口服葡萄糖耐量试验表明,麦冬多糖可能通过阻止葡萄糖在小鼠肠道的吸收而产生降血糖作用。麦冬多糖对 2 型糖尿病大鼠肾脏有保护作用,能降低糖尿病大鼠 FBG、肾脏指数、血肌酐(serum creatinine, Scr)及尿素氮水平,提高肾脏总抗氧化能力(total antioxidant capacity assay kit, T-AOC)及 H_2O_2 的含量。

7. 抗炎、抗血栓 麦冬醇提取物及其皂苷类成分对二甲苯、角叉菜胶、酵母多糖诱导的多种炎症动物模型有抑制作用,并可缓解下腔静脉结扎诱导的小鼠、大鼠静脉血栓形成和血管炎症。研究表明,非肌肉肌球蛋白重链ⅡA(nonmuscular myosin heavy chain ⅡA, NMMHC ⅡA)作为一种细胞骨架蛋白,参与血栓形成、细胞迁移等多种生理病理过程,内皮细胞的 NMMHC ⅡA 与 TNFR2 相互作用变化,可调节 PI3K/Akt 和 NF-κB 通路,影响组织因子(tissue factor, TF)表达,参与静脉血栓形成;麦冬皂苷类成分可干预 NMMHC ⅡA 与 TNFR2 相互作用,调节下游信号通路,抑制静脉血栓形成。

8. 改善肺损伤　鲁斯可皂苷元能降低脂多糖诱导的小鼠肺损伤,改善肺部多种组织病理学变化,其机制与抑制肺组织 NF-κB p65 活化和 TF、iNOS 的表达有关;并可减轻野百合碱诱导的大鼠肺动脉高压,改善血流动力学和肺血管重构。

9. 其他作用　麦冬皂苷类成分具有一定抑制肿瘤细胞增殖活性的作用。

综上所述,麦冬的养阴生津、润肺清心功效与其抗过敏、平喘、镇静、抗氧化、降血糖、改善肺损伤、抗心肌缺血、抗心律失常等作用相关。麦冬的改善免疫功能、抗炎、抗血栓、抗肿瘤活性等为现代药理研究揭示的作用,相关的用途有待于临床进一步验证。

【现代应用】

1. 口咽干燥、慢性咽炎　麦门冬汤(麦冬、半夏、人参、甘草、粳米)治疗有一定疗效。临床上该方还可用于治疗支气管哮喘、百日咳、肺炎、胃炎等。

2. 糖尿病　麦冬多糖胶囊可改善糖尿病患者的血糖,改善胰岛素抵抗。

石斛

本品为兰科植物金钗石斛(*Dendrobium nobile* Lindl.)、鼓槌石斛(*Dctidrobium chrysotoxum* Lindl.)、流苏石斛(*Dendrobium fimbriatum* Hook.)的栽培品及其同属植物近似种的新鲜或干燥茎。另有铁皮石斛(*Dendrobium officinale* Kimura et Migo)的干燥茎。铁皮石斛由于药效显著和形态特殊,习称为"铁皮枫斗",并在药典一部中单独列出。

石斛主要含多糖、芪类、氨基酸、矿质元素、生物碱、挥发油等成分,以多糖及芪类成分为主。金钗石斛含生物碱、倍半萜类、菲类、联苄类、多糖等,其中主要成分为石斛碱(dendrobine)、N-甲基石斛季铵碱(N-methyldendrobinium)、亚甲基金钗石斛素(nobilomethylene)、β-谷甾醇(β-sitosterol)、胡萝卜苷(daucosterol);铁皮石斛主要含有多糖类、氨基酸和微量元素、菲类及少量生物碱。

石斛味甘,性微寒。归胃、肾经。具有益胃生津、滋阴清热的功效。用于热病津伤、口干烦渴、胃阴不足、食少干呕、病后虚热不退、阴虚火旺、骨蒸劳热、目暗不明、筋骨痿软。

【药理作用】

1. 抗溃疡　铁皮石斛可增加动物血液中 6-酮-前列腺素的含量,降低 TXB_2、TL-8 及胃泌素的含量。鲜榨的铁皮石斛汁能降低应激性和化学性胃溃疡的溃疡指数,具有较好的抗胃溃疡作用。

2. 调节血糖　金钗石斛多糖与生物碱可降低肾上腺素性高血糖小鼠的血糖,对正常小鼠的血糖则无影响。金钗石斛总生物碱可降低四氧嘧啶诱导的高血糖,并对该高血糖环境中的胰腺功能具有一定保护作用。铁皮石斛能降低高血糖小鼠及糖尿病大鼠的血糖,其降血糖机制与促进胰岛 β 细胞分泌胰岛素相关。

3. 抗白内障　注射金钗石斛多糖可逆转半乳糖造成的晶状体浑浊,升高晶状体水溶性蛋白、谷胱甘肽含量,以及 SOD 活性,并降低 MDA 活性。金钗石斛提取物可改善过氧化氢损伤造成的小鼠白内障症状。

4. 改善免疫功能　石斛对免疫细胞有不同程度的调控作用。其中金钗石斛水煎液可以促进

ConA 刺激的小鼠脾淋巴细胞增长,促进小鼠巨噬细胞吞噬功能,延缓孤儿病毒 ECHO11 致病变作用。同时,金钗石斛多糖可促进淋巴细胞的有丝分裂,其倍半萜苷类成分对小鼠 T、B 淋巴细胞的体外增殖呈现促进与抑制双向调节作用。金钗石斛醇提取物中菲类成分可有效抑制小鼠肝星状细胞的体外增殖及纤维化活性。

5. **抗肿瘤** 石斛水提取物和水溶性多糖具有抗肿瘤活性的作用,其对体内肿瘤的抑制率与浓度成正比,且对荷瘤小鼠的免疫器官有一定的保护作用。此外,金钗石斛乙酸乙酯提取物对肿瘤细胞株 A-549 人体肺癌细胞、SK-OV-3 人体卵巢腺癌细胞和 HL-60 人体早幼粒细胞白血病具有抑制作用。

综上所述,石斛的益胃生津、滋阴清热功效与其抗溃疡、调节血糖、抗白内障、增强免疫功能等作用相关。增强免疫功能和抗肿瘤作用则为现代药理研究的新发现。

【现代应用】

1. **萎缩性胃炎** 本品配伍其他中药可辅助治疗萎缩性胃炎。
2. **白内障** 本品对糖尿病继发白内障有一定疗效。

大枣

本品为鼠李科植物枣 *Ziziphus jujuba* Mill.的成熟果实。

大枣主要含有机酸、三萜苷类、生物碱类、黄酮类、糖类、维生素类、氨基酸、挥发油、微量元素等成分。大枣含有丰富的糖类成分,糖类成分以多糖含量最多。大枣中有机酸类化合物大多属于三萜酸类,包含羽扇豆烷型、齐墩果烷型和乌苏烷型等。大枣中黄酮有芦丁、槲皮素、当药黄素、棘苷,6,8-二-C-葡萄糖基-2(S)-柚皮素、6,8-二-C-葡萄糖基-2(R)-柚皮素、Acylatedflavuone-C-glycoside Ⅰ、Acylatedflavuone-C-glycoside Ⅱ、Acylatedflavuone-C-glycoside Ⅲ。大枣中环磷酸腺苷含量丰富,也含有少量的环磷酸鸟苷。

大枣味甘、性温。归脾、胃经。具有补中益气、养血安神的功效。主要用于治疗脾气虚弱所致的消瘦、倦怠乏力、便溏等症。也用于治疗心失所养、心神无主的脏躁及虚烦失眠等症。

【药理作用】

1. **增强肌力** 大枣具有增加体重及增强肌力的作用。给实验小鼠连续每日灌服大枣煎剂 3 周,与对照组相比,小鼠的体重有增加,游泳时间也延长,提示大枣有增加体重和增强肌力的作用。

2. **对造血功能的作用** 大枣水提取物能促进气血双虚小鼠骨髓造血功能,该作用与促进血清粒-巨噬细胞集落刺激因子升高及改善能量代谢有关。大枣发酵液能延长小鼠对缺氧的耐受时间,增加全血血红蛋白含量,有较好的抗缺氧作用。

3. **对免疫系统的作用** 大枣乙醇提取物可促进小鼠脾细胞组织结构和改善免疫功能。大枣多糖能增强小鼠腹腔巨噬细胞的吞噬功能以及小鼠红细胞免疫功能,并对环磷酰胺所致的免疫抑制具有拮抗作用。水煎大枣能促进呼吸道黏膜 sIgA 的分泌,增强黏膜免疫的功能,并对放疗小鼠免疫功能有保护作用。

4. **抗肿瘤** 大枣多糖对肿瘤细胞的增殖有抑制作用。荷瘤裸鼠注射大枣多糖注射液对 S180 瘤细胞都具有一定的杀伤作用,且呈剂量依赖性。大枣多糖可以引起宫颈癌细胞的凋亡,诱导白血病 T 细胞凋亡。

5. **其他作用** 大枣内的黄酮类化合物具有镇静催眠的作用。

综上所述,大枣的补中益气、养血安神功效与其增强肌力、促进造血功能、提高免疫功能、镇静及催眠等作用相关。

【现代应用】

非血小板减少性紫癜 在用维生素C、维生素K和盐酸苯海拉明或用ACTH等治疗无效的情况下,改用大枣煎剂内服,一般在3日内即显效,出血点很快消退。

肉苁蓉

本品为列当科植物肉苁蓉 *Cistanche deserticola* Y.C.Ma 或管花肉苁蓉 *Cistanche tubulosa* (Schenk)Wight 的干燥带鳞叶的肉质茎。春季苗刚出土时或秋季冻土之前采挖,除去茎尖。切段,晒干。

肉苁蓉中主要含有苯乙醇苷类、环烯醚萜苷、木脂素苷、糖类等化合物,其中含量最高的为苯乙醇苷类化合物。

肉苁蓉味甘、咸,性温。归肾、大肠经。补肾阳、益精血、润肠通便的功效。用于肾阳不足、精血亏虚、阳痿不孕、腰膝酸软、筋骨无力、肠燥便秘。

【药理作用】

1. **抗疲劳** 肉苁蓉可提高大负荷训练小鼠的机体防御和清除自由基的能力,降低组织脂质过氧化损伤,增加氧运输系统能力,提高机体抗氧化能力,并防止组织氧化损伤。肉苁蓉能增加氢化可的松所致肾阳虚小鼠体重、自主活动次数,延长其运动时间,降低运动后血乳酸、尿素氮(urea nitrogen,BUN)含量。肉苁蓉能促进蛋白质合成,抑制氨基酸和蛋白质分解,提高运动训练大鼠血红蛋白含量和糖原的储备。

2. **延缓衰老** 肉苁蓉提取物苯乙醇苷成分能提高小鼠自然衰老的生殖能力,缩短大鼠交配时间,增加仔鼠的出生个数。肉苁蓉多糖能提高 D -半乳糖所致衰老小鼠学习和记忆能力降低,其作用与上调 cAMP 反应元件结合蛋白表达,从而抑制脑组织海马 CA1 区神经元丢失和凋亡相关。

3. **对造血系统的作用** 肉苁蓉多糖对骨髓抑制性贫血小鼠能促进骨髓 G_0/G_1 期细胞向 S 期细胞向 S 期细胞向 G_2/M 期细胞的转化,可促进巨核系、红系造血祖细胞的增殖与分化,减轻骨髓抑制,促进造血。

4. **抗骨质疏松** 肉苁蓉提取液可增加骨质疏松雌性小鼠的骨小梁形态和数目。同时,肉苁蓉水提取物可调节被切除卵巢小鼠血清中抗酒石酸盐酸性磷酸酶、骨钙素以及增加骨髓中成骨分化相关基因的 mRNA 表达水平。

5. **润肠通便作用** 肉苁蓉总提取物能改善白醋所致大鼠便秘,增加模型大鼠体重,缩短首粒排便时间,增加 6 h 内排便量,增强结肠收缩功能,提高血清胃动素和血管活性肠肽水平。肉苁蓉总寡糖对盐酸洛哌丁胺所致大鼠便秘,可升高血液中 5-羟色胺、血管活性肠肽、神经降压素和降低水通道蛋白 3 含量。提示肉苁蓉总寡糖可通过提高结肠收缩幅度,加强肠道收缩力,并调节胃肠激素和肠神经递质,以达到治疗便秘的目的。

6. **调节免疫功能** 肉苁蓉多糖可增强小鼠免疫功能,增加脾脏和胸腺重量。同时,激活人外周血的单核巨噬细胞系细胞,增强单核巨噬细胞的吞噬能力和促分泌细胞因子释放,从而发挥免疫调节功能。

综上所述,肉苁蓉的补肾阳、益精血、润肠通便功效与其增强免疫功能、抗疲劳、延缓衰老、抗骨质疏松、润肠通便、促进造血功能作用相关。

【现代应用】

神经根型颈椎病 肉苁蓉与其他中药配伍使用有一定疗效。

第三节　常用方剂

玉屏风散《医方类聚》

【组成】

防风 15 g，黄芪 30 g，白术 30 g。

【功效与主治】

益气固表止汗。主治表虚自汗，亦治虚人腠理不固，易感风邪。

【药理作用】

1. **改善免疫功能**　玉屏风散能提高正常小鼠胸腺和脾重指数，提高正常小鼠巨噬细胞的吞噬功能，对抗醋酸氢化泼尼松所致的吞噬功能降低，使其恢复至正常水平。玉屏风散总提取物及其总多糖尚可对抗环磷酰胺所致的小鼠腹腔巨噬细胞吞噬功能的减弱。

玉屏风散能使上呼吸道反复感染动物和患者的血清免疫球蛋白 IgA 增加，提高正常小鼠及腹腔注射环磷酰胺所致免疫抑制小鼠血清 IgG 及其亚群 IgG_1、IgG_2 的浓度。玉屏风散能促进正常小鼠溶血空斑形成及淋巴细胞的转化，增加小鼠血清溶血素抗体的产生。

玉屏风散可促进 T 淋巴细胞分裂增殖，增强 T 淋巴细胞介导的细胞免疫作用。可促进 ConA 活化的 T 细胞增殖及 LPS 活化的 B 细胞增殖，减少正常及免疫抑制小鼠 T_S 细胞、增加 Th 细胞数，使 B 淋巴细胞的百分数增加。

2. **抗过敏**　玉屏风散对杉树花粉症模型豚鼠有抗过敏作用，可减少模型动物喷嚏次数，搔鼻行为呈减少倾向，改善过敏体质。玉屏风散能降低变态反应性鼻炎患者血清 IgE 水平，抑制 IgE 的产生，抑制肥大细胞释放致过敏介质，从而减轻 I 型变态性反应症状。

3. **抗肾炎**　玉屏风散对实验性肾炎有一定保护作用，可减轻病变，促进肾炎的病理修复，在同时使用免疫抑制剂的情况下玉屏风散能改善各类肾小球肾炎患者的免疫功能。

4. **抗应激**　玉屏风散能增强机体耐低温、耐缺氧、抗疲劳能力，增强机体对有害刺激的防御功能。

【现代应用】

1. **呼吸道感染**　玉屏风散预防及治疗儿童反复上呼吸道感染及支气管哮喘疗效较好，对预防体虚感冒最有效。

2. **虚汗**　反复感冒，常出虚汗，主要原因在于气虚，玉屏风散对表虚自汗有较好疗效。

3. **过敏性疾病**　益气固表是防治慢性荨麻疹的基本大法，玉屏风散是防治慢性荨麻疹常用治疗方剂。治疗过敏性结膜炎、过敏性鼻炎也有较好疗效，可降低复发率。

4. **多发性疖肿**　发病机制往往与机体免疫力低下有关，可用玉屏风散防治。

5. **慢性肾炎**　肾小球肾炎患者如果经常伤风感冒，可使病情反复发作。在原有药物治疗的基础上加用玉屏风散,可起到提高疗效的作用。

四君子汤（《太平惠民和剂局方》）

【组成】

人参9g,白术9g,茯苓9g,炙甘草6g。

【功效与主治】

益气健脾。主治脾胃气虚、胃纳不佳之证,症见面色萎白、语音低微、气短乏力、食少便溏、舌淡苔白、脉虚弱。

【药理作用】

1. 对消化系统的作用

(1) 调节胃肠运动：四君子汤能抑制正常大鼠的胃肠推进功能,对利血平或甲基硫酸新斯的明所致胃肠运动亢进的大鼠,其抑制胃肠推进作用尤为明显,但对肌注阿托品的大鼠胃肠推进作用无明显影响。该方可促进 ^{60}Co 照射致腹泻大鼠小肠移行肌电复合波缺乏的恢复,减少腹泻大鼠数;对食醋法造成的"脾虚"小鼠小肠推进运动减慢有促进恢复作用。离体肠平滑肌试验表明,该方煎剂对家兔十二指肠自发活动呈抑制性影响,可拮抗乙酰胆碱引起的离体小肠的强直性收缩,又能部分解除肾上腺素对肠道的抑制。

(2) 促进消化和吸收：四君子汤能保护胃黏膜细胞,调整胃肠激素分泌,促进胃肠道对营养物质的吸收。该方能改善利血平、大黄和饥饿等多种方法所致脾虚模型的症状,增加脾虚小鼠胃主细胞内酶原颗粒的含量,升高脾虚大鼠 D-木糖吸收和血浆促胃液素含量,促进脾虚动物肠上皮细胞微绒毛生长,改善消化吸收功能。四君子汤可提高利血平造成脾虚模型大鼠的血浆和小肠胃动素含量,增强胃肠蠕动,同时又降低大肠中增高的 PGE_2 水平,抑制亢进的大肠活动,促进食物在肠道的消化吸收。四君子汤还可促进脾虚小鼠的胃肠推进,促进脾虚大鼠胃排空。小承气汤合并半量饮食可造成小鼠小肠糖吸收功能低下,体重下降,自主活动能力减弱,四君子汤治疗后上述各项指标均有明显改善,提示四君子汤具有纠正胃肠功能紊乱的作用。

(3) 抗胃肠黏膜损伤：四君子汤可改善脾虚大鼠胃黏膜细胞形态损伤,增强胃肠黏膜的屏障作用,其作用环节包括：增加脾虚动物胃肠细胞表面黏液糖蛋白;促进脾虚动物肠上皮细胞微绒毛生长,改善黏膜细胞增殖能力;提高空肠细胞膜 Na^+-K^+-ATP 酶的活性;增加胃黏膜血流量,扩张脾虚动物肠系膜微动脉,增加毛细血管开放数;降低脾虚动物胃肠黏膜自由基损伤程度。

2. 改善免疫功能　四君子汤能促进限食致营养不良小鼠萎缩胸腺的恢复及增加胸腺组织 DNA、RNA 的合成,可提高大黄致"脾虚"小鼠腹腔巨噬细胞的吞噬功能。四君子汤增强机体的细胞免疫功能表现为多个方面。四君子汤能促进环磷酰胺致 T 淋巴细胞转化率下降或地塞米松引起的小鼠外周血 T 细胞数量下降的恢复,对抗氢化可的松的抑制体外淋巴细胞增殖的作用,促进辐射损伤大鼠脾 T 细胞的增殖。四君子汤对处于不同免疫状态的机体体液免疫产生不同的效应。对正常小鼠血清抗 SRBC 抗体产生水平影响不大,小鼠加用环磷酰胺免疫功能受抑制后,本方则提高其 SRBC 抗体水平。此外,四君子汤对正常小鼠 NK 细胞活性影响不大,但可促进受环磷酰胺抑制的 NK 细胞、K 细胞的细胞毒活性的恢复,尤其对后者作用更明显。

3. 改善造血功能　四君子汤能提高贫血大鼠红细胞数、血红蛋白含量并增加血清中微量元素的含量;对环磷酰胺所致小鼠血小板减少和脾虚兼血小板减少症模型,本方可提高血小板数,缩短出血时间及保护肝脏;与四物汤组成的八珍汤可使失血造成的贫血家兔红细胞数、血红蛋白、网织红细胞的增长率提高。此外,该方对粒细胞系、单核细胞系及骨髓造血功能也有促进作用。

4. 促进代谢　四君子汤能提高小鼠的肝糖原含量,对小鼠由于饲料限制导致的肝脏 RNA 含量下降有改善作用。四君子汤加黄芪可改善大黄致脾虚动物肝脏合成 RNA 的能力,提高利血平致脾虚小鼠的能量代谢率。该方尚能改善过劳和饮食失节造成的脾虚模型大鼠的能量供应,提高肝组织线粒体琥珀酸脱氢酶及细胞色素氧化酶活性,减少线粒体损伤并改善能量代谢障碍。

5. 抗脂质过氧化　该方能提高红细胞膜的流动性,减少血清过氧化脂质和肝脏中脂褐质的含量。对小鼠吸入臭氧诱发的自由基反应,四君子汤有促进自由基清除,增强超氧化物歧化酶活力,抑制和降低血浆、脑、肝脂质过氧化物形成的作用。

6. 其他作用　四君子汤可增强垂体-肾上腺皮质系统功能,对抗外源性激素对垂体-肾上腺皮质系统的抑制作用。四君子汤尚有抗肿瘤、抗诱变效应,改善学习记忆等作用。

【现代应用】

1. **消化性溃疡**　用本方随证加减可改善多种原因引起的消化性溃疡疾病的症状。
2. **慢性胃炎**　本方随证加减,治疗多种胃炎。
3. **结肠炎**　以本方加黄芪、当归、元胡、木香等组成的复方可改善慢性溃疡性结肠炎。以本方为主加减可改善肠道易激综合征。

四物汤(《仙授理伤续断秘方》)

【组成】

熟地黄酒蒸 15 g,当归去芦,酒浸 9 g,白芍 9 g,川芎 6 g。

【功效与主治】

补血和血。主治营血虚滞证,症见心悸失眠、头晕目眩、面色无华、妇人月经不调、量少或经闭不行、脐腹作痛、舌淡、脉细弦或细涩。

【药理作用】

1. 对血液系统的作用

(1) 改善造血功能:四物汤对实验性急性失血性贫血、缺铁性贫血、溶血性贫血动物模型均能不同程度增加动物的红细胞、血红蛋白、网织红细胞等血液有形成分。本方富含维生素 B_{12}、叶酸、多种氨基酸、微量元素等,能促进小肠对铁、铜、锌等微量元素的吸收,为红细胞和血红蛋白生成提供必需的原料。四物汤还可提高血虚大鼠肝脾 ATP 酶活性和血虚小鼠红细胞膜 ATP 酶活性,使红细胞恢复正常形态和功能。此外,四物汤能修复化学药品及辐射对造血组织的损伤,促进环磷酰胺、$^{60}Co-\gamma$ 射线照射所致血虚小鼠骨髓造血干祖细胞、外周血细胞的恢复。骨髓的造血功能主要受集落刺激因子、白细胞介素和红细胞生成素三类造血生长因子调节。研究发现,四物汤能提高正常和血虚证小鼠血清红细胞生成素水平;刺激细胞因子 IL-1 生成;升高环磷酰胺、$^{60}Co-\gamma$ 射线照射小鼠骨髓造血祖细胞集落形成单位数量,包括粒系-巨噬系集落形成单位、红系集落形成单位及混合系集落形成单位;可使受照小鼠的骨髓干细胞增殖能力恢复正常,抑制骨髓造血干祖细胞的凋亡;动物实验显示,四物汤体内、外给药均可刺激派尔集合淋巴结(Peyer's Patch)产生细胞因子从而刺激骨髓细胞增殖。临床研究也证实,血虚证患者经四物汤治疗后,红细胞膜的 Na^+-K^+-ATP 酶、$Ca^{2+}-Mg^{2+}-ATP$ 酶活性增高。

(2) 抗血栓形成、抗凝血:四物汤具有抗体内外血栓形成和抗凝血作用,使活化部分凝血酶时间、凝血酶原时间、凝血酶时间延长。四物汤还可抑制血小板聚集；降低 TXA_2、血管性假血友病因子等促凝活性物质的浓度；促进 PGI_2 释放；增加组织型纤溶酶原激活因子含量。目前研究发现，体内凝血过程和病理性血栓形成的关键是 TF 途径启动，组织因子途径抑制物(tissue factor path way inhibitor, TFPI)是组织因子途径调节物，能抑制 TF 启动的外源性凝血，四物汤能抑制牛肺动脉血管内皮细胞分泌 TF，促进血管内皮细胞分泌 TFPI，通过抑制组织因子途径而表现抗血栓形成作用。

2. 改善微循环、改善血流流变学　四物汤灌胃给药，可使小鼠耳郭和肠系膜动脉扩张。四物汤对去甲肾上腺素引起的动脉收缩效应有拮抗作用。四物汤治疗后可以升高血管性痴呆大鼠脑组织中脑源性神经营养因子和表皮生长因子的表达。四物汤水提取物对人结膜微循环和血流流变学参数也有影响，可降低中切变率和高切变率时全血黏度，对低切变率时的全血黏度稍有降低作用，有改善急性血瘀模型大鼠血流流变性的作用。

3. 调节血脂、抗动脉粥样硬化　四物汤煎液和醇提取液灌胃或皮下注射给药均能提高大、小鼠 HDL-C 含量和降低 LDL-C、TG 含量，其中以降低 TG 的作用稍强。提示该方能减少胆固醇在肠道的吸收，加速胆固醇在体内的转化，增加 HDL-C 对血中胆固醇的转运，从而降低冠心病和动脉粥样硬化的危险。

4. 改善免疫功能　四物汤能提高正常小鼠的脾脏和胸腺指数，对抗辐射和环磷酰胺所致的免疫器官脾脏和胸腺重量降低；提高小鼠的抗体滴度、T 淋巴细胞酯酶染色阳性率和腹腔巨噬细胞吞噬百分率；促进 ConA 诱导的小鼠脾细胞数目增加，增强 T 细胞功能。细胞因子对免疫细胞的增殖与活化、机体免疫功能的调节发挥重要作用，四物汤能促进脂多糖激活的巨噬细胞释放 IL-1，增加小鼠脾细胞分泌 IL-6、IL-2 及提高淋巴细胞中 IL-6mRNA 的表达水平。四物汤的抗辐射损伤作用，可能与其免疫调节作用有关。四物汤对 ^{60}Co 照射小鼠的体液免疫、细胞免疫功能下降有保护作用，可促进电离辐射损伤小鼠的红细胞免疫功能及骨髓干细胞增殖能力的恢复。

5. 其他作用

(1) 双向调节子宫平滑肌兴奋性：四物汤对子宫的作用取决于子宫的功能状态，呈双向调节作用。对兴奋的子宫，呈现抑制作用；而对处于抑制状态的子宫，则显示兴奋作用。

(2) 抗氧化：四物汤能抑制臭氧在小鼠体内诱发的自由基反应，降低脑组织单胺氧化酶活性和血浆、脑、肝脂质过氧化物形成，增强小鼠血清超氧化物歧化酶活力，促进自由基消除，发挥抗过氧化损伤的作用。

此外，四物汤对恶性肿瘤放疗有增敏减毒作用，抗突变及保护实验性肝损伤等作用。

【药代动力学】

以血小板聚集抑制率作为药理效应指标，家兔口服四物汤后，最低起效剂量为 1.27 g/kg，符合开放一室模型，表观药效吸收相和消除相半衰期分别为 0.37 h 及 0.4 h，达峰时间为 0.56 h，效应维持时间为 1.9 h。

【现代应用】

1. 贫血　以四物汤为基本方加其他中药治疗各种原因所致贫血，常有良效。

2. 妇科病　本方可用于治疗黄体功能不全、痛经、月经过少、产后出血等。

3. 围绝经期综合征　四物汤加减治疗心肾两虚型围绝经期综合征(更年期综合征)有一定治疗效果。

4. 其他　以四物汤为基本方加减还可用于多种神经系统疾病、皮肤病、眼科疾病等。

肾气丸（《金匮要略》）

【组成】

干地黄 24 g，山药 12 g，山茱萸 12 g，泽泻 9 g，茯苓 9 g，牡丹皮 9 g，桂枝 3 g，附子炮 3 g。

【功效与主治】

温补肾阳。主治肾阳不足之证，症见腰腿酸软、半身以下常有冷感、小便不利或尿频、脉虚弱等。

【药理作用】

1. **改善内分泌功能** 肾气丸可促进幼龄雄性大鼠的睾丸、附睾等性腺组织发育，提高睾丸组织环磷酸腺苷水平，加快糖原和 DNA 合成。肾气丸也能上调老龄大鼠体内性激素水平，既能提高老年雌性大鼠的雌激素水平，也能增加雄性大鼠血清睾丸酮含量及睾丸重量。组织学观察发现，肾气丸可促进受损睾丸生精障碍的恢复，使支持细胞、间质细胞、附睾主细胞功能活跃，睾丸组织 cAMP 水平提高。

肾阳虚证表现有下丘脑-垂体-肾上腺皮质轴功能紊乱，并累及性腺轴及甲状腺轴。肾气丸可增高腺嘌呤致阳虚模型大鼠血清 ACTH 的含量，在升高血清 ACTH 的同时，上调垂体组织 ACTH mRNA 的表达，这可能是其治疗肾阳虚的作用机制之一。

2. **改善免疫功能** 肾气丸能增加小鼠外周血淋巴细胞转化率，提高血清中抗体含量。肾气丸水煎液能增强雌性 Swiss 小鼠腹腔巨噬细胞的吞噬指数，促进溶血素抗体形成，提高醋酸氢化可的松致阳虚小鼠脾淋巴细胞转化率和 NK 细胞的活性。肾气丸能促进环磷酰胺所致免疫抑制小鼠免疫功能的恢复，增加胸腺重量，促进巨噬细胞的吞噬功能和淋巴细胞的转化功能，增加小鼠脾脏有核细胞总数及脾脏抗体分泌细胞溶血空斑形成数。此外，肾气丸可增加环磷酰胺所致免疫功能抑制小鼠的骨髓有核细胞数和造血干细胞数，促进免疫抑制小鼠造血功能的恢复。

3. **改善糖、脂肪代谢** 本方可改善老年大鼠、小鼠因老化而降低的糖同化功能和胰岛分泌胰岛素的功能。肾气丸提取物能降低高糖饮食大鼠血清三酰甘油、胰岛素水平。肾气丸注射液能使清醒大鼠口服或静脉注射葡萄糖后血糖的峰值呈轻度降低倾向。肾气丸有改善胰岛素分泌的作用，以尿中排泄的 C 肽作为胰岛素分泌指标，观察肾气丸对糖尿病患者胰岛素分泌功能和糖尿病控制情况的影响。结果表明给药 6 个月、12 个月后患者尿中排泄的 C 肽均上升，停药后有下降趋势。

肾气丸能降低高脂血症鹌鹑血清 TC、TG 及血清过氧化脂质含量；减轻高脂家兔肝脏损害程度，减小主动脉弓粥样硬化斑块厚度。肾气丸长期服用有防止动脉粥样硬化的作用，喂以高胆固醇饲料的小鼠，自由饮用含肾气丸的饮水 12 个月后，可见小鼠肝、心、主动脉的脂质、胶原量降低。临床研究显示，肾气丸能降低健康老人血中的游离脂肪酸和动脉硬化指数，升高 HDL-C 含量，对糖尿病患者也有降低血脂、血浆 TC、TG 含量的作用。

4. **抗氧化** 肾气丸能降低 21 月龄雌性 C57BL 小鼠脑和肝中过氧化脂质代谢产物 MDA 含量，升高红细胞中 SOD、CAT、GSH-P$_x$ 的活性。肾气丸可降低老年鼠皮肤及血清中 MDA 含量，提高 SOD 活性，促进自由基代谢，减少自由基对细胞的损伤作用。对氢化可的松致阳虚小鼠，肾气丸能提高其血液和脑组织中抗氧化酶的活性，降低脑、胸腺和肾上腺组织中的 MDA 含量，在调整自由基代谢的同时，还能降低肾上腺、脑垂体组织细胞凋亡率。肾气丸预防白内障眼病的作用环节也与药物预防晶体中还原型谷胱甘肽量下降，提高白内障患者晶体抗氧化酶活性有关。

5. 其他作用

(1) 拮抗庆大霉素毒性：肾气丸能降低庆大霉素所致肾、听觉功能损伤豚鼠血浆尿素氮、肌酐含量，及肾小管上皮细胞坏死率和耳蜗外毛细胞缺损率。

(3) 抗辐射：肾气丸可对抗辐射引起的大鼠白细胞下降，降低辐射诱发的骨髓细胞染色体畸变率，防护辐射引起的荷瘤小鼠骨髓造血系统损伤，增加骨髓有核细胞数。

(4) 提高学习记忆功能：肾气丸能增强自然衰老大鼠的学习记忆能力。

(5) 改善肾功能：肾气丸可降低肾毒性肾炎小鼠的血清尿素氮、尿蛋白水平，改善肾组织病理变化。

此外，肾气丸有抗疲劳作用，能延长不同月龄小鼠的爬杆停留时间。肾气丸可增加骨质疏松大鼠股骨骨量、胫骨骨小梁数量和骨小梁厚度。

【现代应用】

1. 泌尿系统疾病　用本方加减治疗老年尿失禁、前列腺肥大、肾病综合征、产后尿潴留、顽固性遗尿、肾小球肾炎等有效。

2. 生殖系统疾病　对老年性阴道炎、妇女带下病、男性不育、精子减少症、阳痿及男性乳房发育症均有一定治疗效果。

3. 骨、关节疾病　本方可用于腰痛、骨质疏松、退变性椎管狭窄症治疗。

4. 内分泌系统疾病　本方可改善甲状腺功能减退症、糖尿病患者的症状。

此外，肾气丸对青光眼、视网膜出血、眼睑抽搐症、贫血、失眠症等均有一定疗效。

六味地黄丸（《小儿药证直诀》）

【组成】

熟地黄 24 g，山茱萸 12 g，干山药 12 g，泽泻 9 g，茯苓 9 g，牡丹皮 9 g。

【功效与主治】

滋补肝肾。主治肝肾阴虚、虚火上炎之证，症见腰膝酸软、头目眩晕、耳鸣耳聋、盗汗遗精，或骨蒸潮热、手足心热、消渴、虚火牙痛、舌燥喉痛以及小儿囟门不合、舌红苔少、脉细数。

【药理作用】

1. 免疫调节　六味地黄汤可从多个途径对抗环磷酰胺和地塞米松的免疫抑制作用，对抗环磷酰胺致小鼠胸腺、脾脏重量减轻。对血清特异性抗体水平和淋巴细胞转化功能下降，六味地黄汤可使其恢复至接近正常水平。对地塞米松所致的免疫功能低下模型小鼠，六味地黄汤能对抗小鼠腹腔巨噬细胞吞噬功能的下降。免疫功能低下是衰老的重要标志之一，六味地黄汤能提高老龄小鼠 T、B 淋巴细胞转化功能和巨噬细胞 Fc 及 C3b 受体的活性。

2. 抗炎　六味地黄汤能预防过度炎症反应，不同程度拮抗烫伤大鼠巨噬细胞吞噬活性以及脾脏淋巴细胞转化、增殖、分泌功能，降低血清 IL-6、IL-2、TNF 水平。此外，六味地黄汤可纠正免疫功能平衡失调，减轻空肠弯曲杆菌致敏造成的自身免疫模型小鼠的免疫炎症反应，降低血清抗核抗体和抗双链 DAN 抗体的水平，对模型小鼠异常亢进的抗体生成反应和脾细胞增殖反应也有调节作用。

3. 延缓衰老　随着机体的衰老，清除自由基的能力逐渐减退。六味地黄汤具有改善老年小鼠的自由基代谢紊乱，增加红细胞过氧化氢酶、血清中 SOD 的活性，降低过氧化脂质的含量，延缓组织的过氧化损伤的作用。六味地黄丸(汤)可改善学习记忆能力，提高快速老化模型小鼠记忆获得和记忆保持能力,改善其空间记忆能力并部分改善其条件性回避反应能力。应用膜片钳技术观察六味地黄汤含药血清对原代培养胚胎大鼠海马神经元的保护作用发现,六味地黄汤含药血清可提高海马神经元的存活率,稳定海马神经元线粒体膜电位,调节海马神经元的兴奋性,易化突触传递。进一步研究发现,六味地黄汤能降低快速老化亚系小鼠血浆皮质酮水平,提高海马糖皮质激素受体、盐皮质激素受体表达水平,提示调节下丘脑-垂体-肾上腺轴的平衡是六味地黄汤益智作用的重要机制之一。随着机体的衰老,骨质逐渐疏松,六味地黄汤能减少尿钙、尿羟脯氨酸的排泄,提高骨中钙、磷含量,减少破骨细胞数,增加骨小梁数目、骨小梁面积,提示六味地黄汤能拮抗骨质丢失,抑制骨吸收,有促进骨形成的作用。六味地黄汤能延缓老年小鼠皮肤衰老,增加小鼠皮肤表皮DNA含量及真皮中多糖、蛋白质、胶原纤维、弹性纤维的含量,改善老化表皮细胞的再生能力,对抗真皮组织的萎缩过程。本方还能降低酪氨酸酶活性,减少黄褐斑的生成。

4. 改善生殖系统功能 六味地黄汤能改善快速老化模型亚系小鼠睾丸间质细胞分泌睾酮能力下降,对抗雷公藤多苷致孕鼠胎仔数降低和损伤精子,增加精囊的重量,并改善睾丸间质细胞及曲细精管的结构。六味地黄丸能增加大鼠阴道脱落细胞涂片内角化上皮细胞和表层细胞,提高更年期患者白细胞上雌激素受体含量和血中雌二醇、促卵泡素及促黄体素水平,作用机制可能是通过调节下丘脑-垂体-卵巢轴功能,使卵巢功能恢复。

5. 改善糖尿病并发症 六味地黄汤对正常小鼠血糖无明显降低影响,但能降低四氧嘧啶所致高血糖小鼠的血糖,改善口服糖负荷耐量。本方能降低链脲佐菌素(streptozotocin, STZ)诱导的糖尿病肾病大鼠的肾系数、24 h尿蛋白总量、血尿素氮、血肌酐,减轻毛细血管基底膜增厚、系膜基质增生、肾小管上皮细胞空泡样变等病理改变。六味地黄汤能降低STZ所致糖尿病性白内障模型大鼠晶体与血清中LPO含量,提高抗氧化酶SOD活性,在降低糖尿病大鼠血糖水平的同时,延迟白内障的发生发展。此外,六味地黄汤可降低四氧嘧啶高血糖大鼠坐骨神经中山梨醇含量,从而减轻糖尿病神经合并症的症状。

6. 改善血流流变性 六味地黄汤能调节并改善半乳糖加地塞米松致衰老和"阴虚""血瘀"模型大鼠体内的凝血、纤溶状态,降低纤维蛋白原含量,减少血浆纤溶酶原激活抑制物,增加组织纤溶酶原激活物水平。临床研究表明,六味地黄丸可改善冠心患者血流流变学异常,降低患者血细胞比容、全血黏度、血浆黏度、纤维蛋白原含量。六味地黄汤有降血脂作用,可提高HDL-C与TC比值。

7. 保肝 本方对四氯化碳、泼尼松龙、硫代乙酰胺诱导的小鼠肝损伤致血清ALT活性升高有抑制作用,可促进CCl_4中毒小鼠肝脏功能的恢复,改善肝脏正常解毒功能。

8. 抗甲状腺亢进 六味地黄丸可影响甲状腺素和生长激素的合成,能降低甲状腺素(thyroxine, T_4)和三碘甲腺原氨酸(3, 5, 3′- triiodothyronine, T_3)水平。六味地黄丸能提高小鼠常压耐缺氧的能力。

9. 抗肿瘤 六味地黄丸可抑制N-亚硝基氨酸乙酯诱发的小鼠前胃鳞癌,降低胃癌的发生率;延长移植性子宫颈癌小鼠的半数死亡时间,但对瘤体的大小无明显影响。六味地黄丸能降低小鼠自发肿瘤的发生率和自发突变率。

10. 抗心律失常 减慢阴虚大鼠的心率。六味地黄丸提取物对氯仿、乌头碱及异丙肾上腺素所致小鼠、大鼠在体、离体心脏的心律失常均有对抗作用。

【现代应用】

1. 肾炎 对慢性肾炎的疗效较好,还用于肾病综合征、肾结石。

2. **糖尿病** 用本方加减治疗多种类型糖尿病具有辅助降血糖和防治糖尿病并发症的疗效。
3. **围绝经期综合征** 可使围绝经期综合征患者的多种症状得到改善。
4. **黄褐斑** 用本方加维生素 E 和维生素 C 有一定疗效。
5. **高血压** 本方对高血压治疗有一定疗效。

此外,用本方加减治疗甲状腺功能亢进症、粉刺、中心视网膜炎、青少年牙周炎、结核病盗汗、多囊卵巢综合征、女童性早熟、慢性疲劳综合征、骨质疏松以及肿瘤放、化疗辅助治疗等多种疾病有一定疗效。

生脉散（《医学启源》）

【组成】

人参 9 g,麦冬 9 g,五味子 6 g。

【功效与主治】

益气生津,敛阴止汗。主治热邪损伤气阴证,症见体倦乏力、口渴多饮、脉弱,以及久咳伤肺、气阴两伤、干咳、气短、自汗等。

【药理作用】

1. 对心血管系统的作用

(1) 改善心功能：血流动力学研究表明,生脉散有增强心脏泵血功能的作用,升高小型猪冠脉结扎后 120 min 的 LVSP、降低 LVEDP。静脉注射生脉液在改善猫心脏功能、增加心排血量的同时,使外周阻力轻度下降,但对心脏前负荷及心肌收缩敏捷度影响不明显,这一作用特点与洋地黄类正性肌力作用药物和扩血管药不同。此外,生脉注射液对腹主动脉狭窄致慢性压力过负荷引起的肌质网钙泵功能紊乱的大鼠模型有防治作用,能降低左心室重量与体重比、心肌组织总钙含量,保护肌质网钙泵功能,防止钙超载对心肌的损伤。生脉散还可减轻慢性间歇性缺氧诱导的气阴两虚小鼠心脏的收缩功能障碍和结构性损伤。

(2) 抗心肌缺血,提高机体耐缺氧能力：生脉散对急性心肌缺血有一定保护作用,可减少冠脉结扎致急性心肌梗死小型猪的心肌缺血程度和范围,改善心脏血流动力学。生脉注射液可缩小大鼠心肌梗死范围,降低心肌细胞凋亡指数,改善垂体后叶素致急性心肌缺血大鼠心电图的异常,升高结扎冠脉前降支致急性心肌梗死犬心内膜下区的灌流压,增加缺血心肌的血流量,降低血清 C 反应蛋白含量和升高 NO 含量。本方能提高小鼠在常压和低压缺氧环境中的耐受性,延长动物在缺氧状态下的存活时间,降低死亡率。生脉散制剂[注射用益气复脉(冻干)]可改善结扎冠脉前降支诱导的小鼠心肌缺血再灌注损伤,激活心肌组织单磷酸腺苷激活的 AMPK 通路。

(3) 抗心律失常：生脉散口服液能对抗电刺激下丘脑引起的家兔心律失常和氯化钙引起的小鼠室颤,降低氯化钙引起的大鼠室颤所致死亡率。对电刺激离体大鼠心脏引起的心律失常也有对抗作用。

(4) 抗心力衰竭：生脉散提取物及注射用益气复脉(冻干)制剂可改善冠脉结扎诱导的小鼠慢性心衰,抑制模型动物心肌细胞的凋亡与心肌纤维化程度；改善腹主动脉缩窄法诱导的大鼠慢性心力衰竭心肌细胞外基质重构的程度,缓解大鼠慢性心衰症状。

(5) 保护心肌细胞：生脉散提取液灌注大鼠离体心脏,对心肌细胞缺氧后复氧造成的损伤有较好的防治作用,可减轻心肌超微结构的损伤,维持心肌细胞结构基本正常,改善线粒体呼吸链功能及细胞的能量代谢活动。生脉注射液可拮抗阿霉素对大鼠的心肌毒性,有效保护心肌细胞的超微结构。机制研究表明,本方所含的大量氨基酸参与了三羧酸循环和谷氨酸-草酰乙酸的转氨作用,提高抗氧化酶活性,减少 MDA 含量。生脉液对丝裂霉素致心肌毒性也有很好的对抗作用,可减轻丝裂霉素致小鼠心肌的超显微结构改变,拮抗其对肌原纤维及细胞核的损伤。

(6) 抗休克:生脉制剂对多种实验性休克动物模型都有保护作用,可延长烧伤休克犬、失血性休克家兔、内毒素致休克小鼠的存活时间。生脉散可使休克等低血压状态的血压恢复或维持在较高水平,并降低大肠杆菌、痢疾杆菌、金黄色葡萄球菌对小鼠的感染率和死亡率。

2. **对血液系统的作用**

(1) 改善血流流变学:生脉散注射液能降低全血比黏度及血细胞比容,缩短红细胞电泳时间。

(2) 抗血栓形成、抗凝血:家兔静注生脉散,可使体外血栓形成时间延长,减轻血栓湿重,缩短血栓长度。生脉注射液对凝血系统有抑制作用,能延长血浆凝血酶原时间及凝血酶原消耗时间,并有一定促纤溶作用。此外,本方抑制家兔主动脉粥样硬化斑块形成和脂质沉积,作用机制与其抑制血小板聚集、凝血物质释放和调节血脂代谢有关。

(3) 促进骨髓造血:生脉散口服液有刺激骨髓造血功能的作用,能促进病理小鼠外周血白细胞、网织红细胞、骨髓有核细胞数的恢复,具有调节造血系统、升高白细胞、刺激机体造血能力的作用。

3. **改善免疫功能** 生脉注射液静脉注射能增加大鼠白细胞总数、中性粒细胞及单核细胞数,提高小鼠腹腔巨噬细胞对鸡血细胞及胶体惰性碳粒的吞噬百分率和吞噬指数,增加 T 淋巴细胞酯酶染色阳性率。本方对内毒素所致单核-巨噬细胞系统损害有保护作用,可减轻痢疾杆菌内毒素所致的小鼠腹泻。

4. **对脑组织的保护作用** 生脉散能减少大鼠脑缺血后大脑皮层梗死体积,降低脑缺血再灌注大鼠脑组织一氧化氮浓度;抑制脑缺血再灌注导致的脑组织损伤和脑组织内过氧化物酶的活性,改善血管性痴呆模型小鼠的学习记忆能力,降低大鼠海马组织中的一氧化氮合酶阳性细胞数和抑制神经元凋亡。生脉注射液在一定剂量范围内,抑制脑组织 NF-κB/Akt 通路活化和组织因子的异常表达,并可抑制脑组织 mTOR 通路,减少过度的神经元自噬,改善小鼠脑缺血再灌注损伤。此外,注射用益气复脉(冻干)制剂可改善小鼠局灶性脑缺血再灌注损伤,上调紧密连接蛋白表达,改善血脑屏障功能障碍,抑制内质网应激和线粒体分裂介导的神经细胞凋亡。

此外,生脉散能有效改善慢性间歇性缺氧模型小鼠肺损伤;减轻^{60}Coγ射线对小鼠小肠的辐射损伤;改善休克再灌注期间家兔肠黏膜损伤。生脉散亦有抗突变和镇静、解热作用,并可调节肠道菌群失衡,协调胃肠动力。生脉注射液可减少肝缺血再灌注损伤模型肝细胞变性、坏死程度和范围,促进体外培养肝细胞的 DNA、RNA 合成。注射用益气复脉(冻干)制剂可改善脂多糖诱导的小鼠肺损伤和大鼠肠系膜微循环障碍。

【现代应用】

1. **心血管疾病** 临床研究表明,生脉制剂可使扩张型心肌病患者、原发性扩张型心肌病伴慢性心衰患者、冠心病心绞痛伴有气虚患者的心肌收缩力增强,收缩幅度增加,心排血量增加,左心室的顺应性增加。生脉散治疗冠心病、心绞痛,使症状有不同程度改善;应用本方静脉推注治疗急性心肌梗死,可减轻心肌损伤,改善心功能。对多种类型心律失常,用本方治疗亦常有良好疗效。应用生脉散加味治疗病毒性心肌炎,可改善心电图和左心室功能。在改善心功能、利尿基础上加用生脉液静脉滴注对充血性心力衰竭可进一步改善症状。

2. **呼吸系统疾病** 生脉注射液可治疗小儿呼吸道感染、支气管哮喘急性发作;并对辅助治疗慢性阻塞性肺疾病有确切疗效,安全性高。在常规使用消炎、祛痰治疗外,给予生脉饮口服,可改善气喘、咳嗽、心悸症状。

3. **休克** 对心源性、感染性、失血性等多种原因休克有效。

4. **脑中风** 生脉注射液对减少脑梗死面积、改善记忆力有效,能改善中风病患者的神经功能,急性期使用更有助于中风病的康复,且对轻中度脑梗死超时间窗阿替普酶溶栓患者预后有改善作用,降低术后3个月的死亡率,安全性较高。

5. **肿瘤** 生脉散或生脉散加减可用于配合抗肿瘤药治疗,增强免疫调节,发挥减毒增效作用。

此外,生脉散及其制剂可用于治疗糖尿病、结节性红斑狼疮、银屑病、脑功能轻微障碍综合征、视神经萎缩症,以及复发性气胸、缺铁性贫血、失眠、干燥综合征等。

【不良反应】

生脉注射制剂临床不良反应发生率相对较小,个别患者出现发热、寒战、皮疹、瘙痒等过敏样反应,偶有失眠、心悸、潮红、多汗、胸闷、血压升高等,一般停药后症状可自行消除,个别严重者可发生过敏性休克。

第二十三章 收涩药

导学

本章介绍收涩药的基本作用,常用单味中药五味子、山茱萸、五倍子及经典方四神丸的主要药理作用和现代应用。

学习要求:
(1) 掌握收涩药的主要药理作用;五味子的药理作用、有效成分和现代应用。
(2) 熟悉山茱萸、五倍子和四神丸的主要药理作用。
(3) 了解山茱萸、五倍子和四神丸的现代应用;五味子的不良反应;五味子、山茱萸主要成分的药代动力学特点。

第一节 概 述

凡以收敛固涩为主要功效,主治滑脱证的药物,称收涩药,又称固涩药。收涩药味多酸涩,具有敛汗、止泻、固精、缩尿、止血、止带和止咳的功效,主要适用于气血精津滑脱耗散之证。根据功效侧重不同,收涩药可分为固表止汗药、敛肺涩肠药、固精缩尿止带药3类。常用药有五味子、麻黄根、乌梅、诃子、石榴皮、肉豆蔻、赤石脂、禹余粮、山茱萸、覆盆子、桑螵蛸等,常用复方有四神丸等。

滑脱证主要因久病或体虚使得正气不固、脏腑功能衰退所致。如气虚自汗,阴虚盗汗,脾肾阳虚致久泻,肾虚致遗精、滑精、遗尿、尿频,冲任不固致崩漏下血,肺肾虚损则久咳虚喘。滑脱证是现代医学临床多种疾病的伴随症状,涉及呼吸系统、消化系统、血液系统、泌尿系统及生殖系统等不同系统的疾病。滑脱不禁者可致脏腑失调、正气亏虚,严重者可危及生命,故需及时固脱,收敛耗散。《本草纲目》曰:"脱则散而不收,用酸涩温平之药,以敛其耗散。"

收涩药的主要药理作用如下。

1. 保护创面、黏膜 本类药物如五味子、山茱萸、诃子、石榴皮等植物药多含鞣质和有机酸;矿物药如明矾、赤石脂、禹余粮中含无机盐。这些成分与创面、黏膜、溃疡面等部位接触后,可凝固或沉淀局部蛋白质,在组织表面形成较为致密的保护层,以减少体液和血浆损失及减轻创面刺激,并促进其愈合。此外,鞣质和有机酸等还能收缩微小血管,鞣质可使血液中的蛋白质凝固,堵塞小血管破损处,有助于局部止血。鞣质与汗腺、消化腺、生殖器官等分泌细胞中的蛋白质结合,使腺体表面细胞蛋白质变性或凝固而改变细胞功能,使腺体分泌减少,保持黏膜干燥。

2. 抗菌 本类药中所含的鞣质及有机酸均具有不同程度的抗菌活性,如五味子、山茱萸、五倍子、石榴皮、乌梅等对金黄色葡萄球菌、链球菌、伤寒杆菌、痢疾杆菌、铜绿假单胞菌、真菌或部分寄生虫等有抑制或杀灭作用。

3. 止泻 本类药物有止泻作用。如赤石脂、禹余粮口服后能吸附于胃肠黏膜,减轻细菌、毒素及其代谢产物对肠黏膜的刺激而有利于止泻。石榴皮、乌梅、诃子、金樱子、肉豆蔻、赤石脂、禹余粮等含有大量鞣质,可使肠黏膜的蛋白质凝固而在肠黏膜表面形成保护层,减轻肠内有害物质对肠壁神经丛的刺激,使肠蠕动减弱,有利于止泻。罂粟壳所含吗啡可提高胃肠道平滑肌及括约肌张力,减少消化液分泌,发挥止泻作用。此外,乌梅、五倍子、石榴皮等对多种肠道致病菌有抑制作用,通过消除病因而止泻。

4. 止咳 五倍子、五味子、罂粟壳等均具有止咳功效。罂粟壳所含生物碱能抑制咳嗽中枢和咳嗽反射而止咳。五味子还有一定的祛痰作用。

部分收涩药还具有止血、保肝等药理作用。如山茱萸对子宫出血、月经过多,五倍子对便血痔血,均具有较好的止血作用。五味子、乌梅、诃子等具有保肝作用。

综上所述,收涩药的止泻、止血、固精、敛汗、止带、止咳等功效主要与其保护创面和黏膜,抗菌、止泻和止咳等药理作用有关。

第二节 常用药物

五味子

本品为木兰科植物五味子 Schisandra Chinensis (Turcz.) Baill. 的干燥成熟果实,习称"北五味子"。

五味子含有木脂素、挥发油、有机酸、维生素、脂肪油、氨基酸、鞣质及多糖等多种化学成分。主要成分为联苯环辛烯型木脂素,含量达 20%～26%。主要有:五味子素(schisandrin)、五味子甲素(schisandrin A,即去氧五味子素,deoxyschisandrin)、五味子乙素(schisandrin B,即 γ-五味子素 γ-schisandrin)、五味子丙素(schisandrin C)、五味子醇甲(schisandrol A)、五味子醇乙(schisandrol B,又名戈米辛 A, gomisinA)、五味子酯甲(schisantherain A,又名 gomisin C)、五味子酯乙(schisantherain B,又名 gomisin B)、五味子酯丙(schisantherin C)、五味子酯丁(schisantherin D)、五味子酯戊(schisantherin E)、戈米辛(gomisin) D、E、F、G,五味子酚(schisanhenol)、五味子酮(schisandrone)等。五味子挥发油主要成分为萜类化合物,包括单萜类、含氧单萜类、倍半萜类、含氧倍半萜类和少量醇、酸等含氧化合物,其中以倍半萜类为主。

五味子味酸、甘,性温。归肺、心、肾经。具有收敛固涩、益气生津、补肾宁心的功效。用于久嗽虚喘、梦遗滑精、遗尿尿频、久泻不止、自汗盗汗、津伤口渴、内热消渴、心悸失眠等。

【药理作用】

1. 对中枢神经系统的作用

(1) 镇静:五味子乙醇、水提取物均能延长戊巴比妥钠对小鼠的睡眠作用,减少小鼠自发活动,对抗苯丙胺中枢兴奋作用,可协同氯丙嗪及利血平抑制自主活动。五味子甲素、乙素、丙素、醇乙、酯乙能减少小鼠自主活动。

(2) 催眠：五味子水煎液、五味子果实挥发油及其有效成分五味子甲素、丙素、醇乙等均可增加阈下睡眠剂量戊巴比妥钠致小鼠睡眠发生率,延长阈上睡眠剂量戊巴比妥钠致小鼠睡眠时间。五味子水煎液能延长大鼠睡眠时相总睡眠时间,但对快波睡眠无影响。

(3) 抗惊厥：五味子醇提取物可拮抗电休克以及烟碱、戊四氮、咖啡因等所致的强直性惊厥。

(4) 保护脑神经细胞：五味子醇甲对 6-OHDA 诱导的 PC12 细胞(肾上腺髓质嗜铬细胞瘤,具有神经分泌细胞和神经元的性质,且在含有的酶类、膜受体及合成递质等方面很接近于中脑多巴胺神经元细胞,已广泛用于神经毒理、神经生化等方面的研究)死亡有保护作用。其作用机制与增强谷氨酸转运体(Glutamate transporters, GluTs)的功能,促进 PC12 细胞对谷氨酸的摄取,降低胞外谷氨酸的浓度有一定关系。五味子醇提取液对 D-半乳糖致小鼠脑神经细胞的衰老具有保护作用,机制与提高 SOD 活性、降低 MDA 含量、增强脑神经细胞 DNA 损伤的修复能力有关。五味子酚具有抗氧化作用,对 H_2O_2 引起神经细胞凋亡有保护作用,还能抑制 Fe^{2+} 引起的大鼠脑线粒体和突触体脂质过氧化产物 MDA 的生成增加,在体外能够保护大鼠脑线粒体和突触体免受氧自由基损伤。

(5) 改善学习记忆：五味子可使小鼠跳台实验的错误次数减少,可促进小鼠脑内 DNA 和 RNA 的生物合成,90%醇提取物可提高小鼠脑内蛋白质的含量。五味子醇提取物可调节 D-半乳糖所致脑老化模型中,小鼠中枢神经递质的含量,提高脑 NE、DA、5-HT 水平,并能降低脑 AChE 活力。五味子能使大脑皮层兴奋过程和抑制过程趋于平衡,促进神经功能恢复正常,能提高工作效率,改善注意力、精细动作协调能力。

2. 保肝 五味子含药血清体外能有效拮抗 D-半乳糖胺所致的肝细胞损伤。五味子醇提取物对化学毒物如 CCl_4、硫代乙酰胺、对乙酰氨基酚等引起的动物肝脏细胞损伤有保护作用,可不同程度地降低血清转氨酶活性,减轻肝细胞的坏死,防止肝脂肪性变,抗肝纤维化。

五味子及其主要成分五味子甲素、乙素、丙素、醇甲、醇乙、五味子酚均有保肝降酶作用,其作用机制涉及以下多个环节。① 抗脂质氧化：五味子酚和五味子甲素、乙素、丙素等可提高肝组织 SOD、CAT、GSH-P_x 活性,减少肝细胞中 MDA 的生成,抑制由于脂质过氧化反应导致的肝细胞膜破裂,稳定生物膜,提高肝细胞的存活率。② 保护肝细胞：五味子乙素可诱导肝脏 HSP27 和 HSP70 的表达,提高肝细胞在应激调节下的生存能力,稳定细胞内环境。③ 促进肝细胞修复与再生：五味子能促进肝细胞内蛋白质和糖原合成,加速肝细胞的修复与再生。④ 增强肝脏解毒功能：五味子中多种成分如五味子酚和五味子乙素、丙素、醇乙等均能诱导动物肝微粒体细胞色素 P450 活性,促进肝药酶的合成,从而增强肝脏解毒功能。⑤ 促进肾上腺皮质功能：五味子具有肾上腺皮质激素样作用,能减轻肝细胞的炎症反应。⑥ 促进胆汁分泌：五味子粗多糖可促进胆汁分泌,加速肝内有毒物质的排泄,有利于保护肝脏。

联苯双酯(biphenyldiearboxlate, biphenyldimethylesterate, DDB)为人工合成五味子丙素的中间产物,能减轻大鼠 CCl_4 导致的肝损伤,降低血清 ALT 和 AST 活性;增加肝脏细胞色素 P450 活性,增强肝脏解毒功能。联苯双酯片临床用于病毒性肝炎,可降低 ALT 活性。

3. 抗心肌缺血 五味子能扩张冠状动脉,增加冠脉血流量,能减轻垂体后叶素引起的急性心肌缺血,抑制心电图 T 波缺血变化,改善左前降支结扎引起心肌梗死后的心肌重塑,改善心脏功能,减少梗死面积。对高脂血症大鼠心肌缺血再灌注损伤和多柔比星致小鼠心肌损害均有保护作用。总木脂素和五味子酚是其主要物质基础,机制涉及抗氧化、抗炎、抑制 Ca^{2+} 超载、保护血管内皮功能、抗血小板等多方面。五味子丙素、丁素和戈米辛等是五味子扩张血管的有效成分，其机制可能与阻滞血管平滑肌细胞膜上的电压依赖性钙通道有关。

4. **止咳** 五味子乙醇提取物可增强慢性支气管炎小鼠支气管上皮细胞功能，具有止咳作用。镇咳及祛痰活性部位可能为五味子挥发油、五味子水提取液、五味子总酸。

5. **增强免疫功能** 五味子能增加小鼠胸腺和脾脏重量，提高腹腔巨噬细胞的吞噬百分率和吞噬指数，促进溶血素及溶血空斑形成，促进淋巴细胞转化。五味子酚能保护脾淋巴细胞免受氧自由基的损伤。多糖是五味子增强免疫作用的物质基础，其机制可能与促进 Bcl-2 蛋白的表达、抑制 Bax 蛋白的表达、抑制胸腺细胞的凋亡有关。

6. **促进性功能** 五味子 90% 醇提取物对性功能有一定的促进作用，可使动物睾丸重量和睾丸指数增加。五味子水提取液可使成年小鼠曲细精管直径增加，光镜下显示生精细胞的层数和精子数量增加。五味子多糖对环磷酰胺所致大鼠生精障碍具有一定的治疗作用，可通过调控大鼠下丘脑-垂体-性腺轴，使激素分泌正常，提高精子数量和质量。

7. **延缓衰老** 五味子可延缓衰老小鼠胸腺和脾脏的萎缩，增加胸腺皮质细胞数及脾淋巴细胞数，促进衰老小鼠神经细胞的发育，延缓衰老小鼠脑线粒体能量代谢的改变及神经元超微结构的改变。五味子酚可对抗由氧自由基引起的大鼠心肌线粒体损伤。五味子水提取液能恢复 D-半乳糖损伤的乳鼠大脑培养神经的超微结构，提高神经细胞内琥珀酸脱氢酶含量，降低酸性磷酸酶含量；还能抑制衰老鼠肝脏的脂质过氧化反应，降低 MDA 含量，提高肝细胞膜 Na^+-K^+-ATP 酶、$Mn-SOD$ 含量。

8. **抗胃溃疡** 五味子甲素可抑制水浸法应激性、幽门结扎、阿司匹林、组胺等胃溃疡模型大鼠的胃液分泌，降低胃液酸度，促进溃疡愈合。戈米辛 A、去氧五味子素可抑制大鼠应激性溃疡。

五味子还有降血糖、抗肿瘤等作用。

综上所述，五味子的补肾宁心功效与其对中枢神经系统影响的作用相关；收敛固涩功效及用于久嗽虚喘与其止咳作用和对免疫功能的调节作用相关；五味子保肝作用则是现代药理研究的新发现，并在临床广泛应用。

【药代动力学】

大鼠灌服五味子提取物，在血浆中检测到五味子甲素、乙素、醇甲和酯甲等，以醇甲浓度最高。4 种成分均符合一级动力学消除，吸收较慢，t_{max} 为 6~8 h，甲素的 $t_{1/2}$ 为 13 h，五味子乙素、醇甲和酯甲 $t_{1/2}$ 为 4~6 h。用动物急性死亡率法估测五味子水提液的 $t_{1/2}$ 为 10 h。

五味子醇甲胃肠道吸收快而完全，组织分布广，肺浓度最高，其次为肝、心、脑、肾、肠、脾，脑内分布以下丘脑、纹状体、海马浓度最高，代谢与排泄均较快，静脉给药的药-时曲线呈开放型二室模型。^3H-五味子酯甲小鼠灌服吸收差，生物利用度低。静脉给药在血中分布迅速，主要分布在肝、胆、脾。主要在肝代谢，排泄缓慢，药-时曲线亦呈开放型二室模型。

五味子提取物中共存成分可提高五味子甲素、醇甲的溶出，延缓其消除，提高其绝对生物利用度。

【现代应用】

1. **肝炎** 五味子及与其他中药组方用于治疗急性、慢性以及迁延性肝炎。

2. **神经衰弱、失眠** 临床上用五味子丸、五味子片、五味子糖浆、五味子颗粒、五味子胶囊等治疗失眠、神经衰弱等症取得较满意疗效，可改善头晕耳鸣、心悸多梦、自汗盗汗等。

3. **冠心病、心绞痛** 临床上用参芪五味子片治疗冠心病、心绞痛。

此外,五味子传统用于肺肾两虚咳喘,可治疗慢性支气管炎、阻塞性肺气肿;用于津伤口渴,可治疗糖尿病。用于久泻不止,可治疗慢性结肠炎、过敏性结肠炎。

【不良反应】

临床口服五味子生药 13～18 g 有胃部烧灼感、泛酸、打呃、困倦、肠鸣等,偶有过敏反应。

【安全性评价】

五味子提取物和五味子乙素毒性较低,小鼠灌胃五味子挥发油的 LD_{50} 为 8.75 g/kg,昆明种小鼠灌胃五味子乙醇粗提取物的 LD_{50},雄性、雌性分别为 14.67 g/kg 和 19.96 g/kg。大鼠每日口服给予五味子乙醇粗提取物 10.0 g/kg,连续 45 日和 90 日后,出现体重降低、血红蛋白降低和尿素氮升高。五味子提取物还有致突变作用。因此,临床使用应注意五味子的剂量不宜过大,服用期限不宜过长。

山茱萸

本品为山茱萸科落叶小乔木植物山茱萸 Cornus officinalis Sieb. et Zucc. 的干燥成熟果肉。

山茱萸中含有环烯醚萜苷类,主要有山茱萸苷(cornin,即马鞭草苷,verbenalin)、莫诺苷(morroniside,又名莫罗忍冬苷)、马钱苷(loganin,又名番木鳖苷)、獐牙菜苷(sweroside)、山茱萸新苷(cornuside)等,以及三萜类,如熊果酸(ursolic acid)、齐墩果酸(oleanolic acid)等。挥发性成分有桂皮酸苄酯(benzyl cinnamate)。有机酸有没食子酸(galic acid)、苹果酸(malic acid)、酒石酸(tartaric acid)等。此外,还含有鞣质、维生素 A 等成分。

山茱萸味酸、涩,性微温。归肝、肾经。具有补益肝肾、涩精固脱的功效。用于眩晕耳鸣、腰膝酸痛、阳痿遗精、遗尿尿频、崩漏带下、大汗虚脱、内热消渴等。

【药理作用】

1. 强心 山茱萸提取物能增强心肌收缩力、增加心排血量,升高动脉收缩压、舒张压、平均血压及左心室内压。山茱萸能增强大鼠离体乳头肌收缩强度,改善家兔左心室功能。对大鼠及家兔失血性休克亦有保护作用。

2. 抗心律失常 山茱萸能延长乌头碱诱发的大鼠心律失常的潜伏期,降低 $CaCl_2$ 致大鼠室颤的发生率和死亡率。

3. 降血糖及抗糖尿病并发症 山茱萸醇提取物对肾上腺素、四氧嘧啶及 STZ 诱发的大鼠糖尿病模型均有降血糖作用,能降低其餐后血糖水平,并能降低高血糖动物的血液黏滞度,抑制血小板聚集,但对正常大鼠血糖无影响。山茱萸环烯醚萜总苷能减少糖尿病血管并发症和糖尿病肾病。山茱萸醇提取液可降低 D-半乳糖致衰老大鼠体内糖化血红蛋白、晚期糖化终末产物水平。

熊果酸和齐墩果酸是降糖的有效成分之一,其降糖机制主要涉及以下方面。① 增加胰岛素分泌:齐墩果酸可调节神经末梢释放乙酰胆碱,与 G 蛋白偶联受体结合后,改变第二信使水平,通过 PKA、PKC、钙调蛋白激酶(calcium-calmodulin dependent protein kinase, CaMK)等途径,增加胰岛素分泌,降低血糖。② 抑制 α-葡萄糖苷酶:从山茱萸提取物中分离出的皂苷和鞣质具有良好的 α-葡萄糖苷酶抑制活性。③ 保护胰岛 β 细胞:熊果酸和齐墩果酸可提高大鼠糖耐量、促进受损 β 细胞的修复、增加肝糖原合成,从而降低血糖。

山茱萸环烯醚萜总苷及莫诺苷、马钱苷是山茱萸防治糖尿病心血管病变、糖尿病肾病等并发症的物质基础。其机制为:① 提高心肌细胞 SOD 活性,降低 MDA 含量,减少 LDH、AST 渗出,保护心肌细胞。② 降低四氧嘧啶、ADP 等引起的血小板聚集和全血黏度,并降低血清 TC、TG 含量,减轻对血管壁的损伤。③ 抑制肾皮质内糖化终产物(advanced glycosylation end products,

AGEs)含量,下调其受体 AGERmRNA 表达,防治高糖或 AGEs 致肾小球系膜细胞的 Na^+-K^+-ATP 酶活性下降,下调血浆 TGF-β_1 蛋白质水平及血管小球 TGF-β_1 mRNA 表达,防止肾脏纤维结合蛋白及层粘连蛋白的过度沉积。

4. **保肝** 山茱萸可使急性肝损伤动物血清 ALT 活性下降,肝细胞变性坏死减轻。山茱萸所含獐牙菜苷抑制 D-半乳糖胺所致动物血清 ALT、AST 活性升高,降低肝组织 MDA 含量。其保肝机制可能与抑制氧化应激及抗炎症反应有关。

5. **抗炎、镇痛** 山茱萸水煎剂能抑制醋酸诱发的小鼠腹腔毛细血管通透性增加,也能抑制二甲苯所致小鼠耳肿胀和蛋清、角叉菜胶所致大鼠足肿胀,降低大鼠肾上腺内维生素 C 的含量。其抗炎机制与增强垂体-肾上腺皮质功能有关。山茱萸水提取物、山茱萸多糖粗提取物对热刺激、化学刺激引起的疼痛反应有镇痛作用。

6. **调节免疫功能** 山茱萸水提取液可升高小鼠血清 IgG、IgM 的含量。山茱萸多糖可提高大鼠淋巴细胞转化率,促进溶血空斑形成,激活 NK,提高巨噬细胞活性,促进 IL-1、IL-2、TNF 和 γ-IFN 的分泌。

同时,体内、体外实验显示山茱萸总苷能抑制淋巴细胞转化,抑制 LAK 增殖和 IL-2 产生,能对抗动物器官移植后产生的排斥反应。

山茱萸还具有降血脂、抗动脉粥样硬化、抑制血小板聚集、抗血栓形成、对抗脑缺血性神经损伤、对抗骨质疏松等作用。

综上所述,山茱萸的擅敛元气以救脱功效与其强心、抗心律失常作用相关。传统主治内热消渴与其降血糖作用相关。补益肝肾功效与其保肝、抗炎、调节免疫等作用相关。

【药代动力学】

山茱萸中莫诺苷,在大鼠体内吸收和消除均较快,主要分布在小肠、肾和胃等组织。马钱苷吸收差,大鼠灌服绝对生物利用度约为 19%,分布较广,肾中浓度最高,其次是胃、肺、小肠等,脑组织中含量最低。

【现代应用】

1. **糖尿病** 由山茱萸和其他中药组成的复方如六味地黄丸、胜甘汤等,用于糖尿病辅助治疗,可改善患者症状,减轻周围神经炎、肾病等并发症。

2. **恶性肿瘤** 如辅助治疗原发性非小细胞肺癌,以及减轻肿瘤化疗的不良反应。

3. **其他用途** 可治疗子宫功能性出血或月经过多、遗精、遗尿、小便频数及虚汗症等。

五倍子

本品为漆树科植物盐肤木 *Rhus chinensis* Mill.、青麸杨 *Rhus potaninii* Maxim.或红麸杨 *Rhus punjabensis* Stew.var.*sinica* (Diels) Rehd. et Wils.叶上的虫瘿,主要为五倍子蚜 *Melaphis chinensis* (Bell) Baker 寄生而形成。按外形不同,分为"肚倍"和"角倍"。

五倍子含有鞣质、没食子酸(gallic acid)、五倍子油、矿物质、微量元素、蛋白质、大量树脂、脂肪、淀粉、蜡质等多种化学成分。五倍子鞣质称为鞣酸(tannic acid),又称单宁酸,是倍酰葡萄糖的混合物。五倍子油含癸酸(capric acid)、月桂酸(lauric acid)、肉豆蔻酸(myristic acid)、棕榈酸(palmitic acid)、硬脂酸(stearic acid)、油酸(oleic acid)、亚油酸(linoleic acid)、亚麻酸(linolenic acid)等。矿物质微量元素主要为铜、锌、铁、镁、钠、钙等。

五倍子味酸、涩,性寒。归肺、大肠、肾经。具有敛肺降火、涩肠止泻、敛汗、止血、收湿敛疮的功效。用于肺虚久咳、肺热痰嗽、久泻久痢、自汗盗汗、消渴、便血痔血、外伤出血、痈肿疮毒、皮肤湿烂等。

【药理作用】

1. 保护黏膜　五倍子所含鞣质能凝固皮肤黏膜、溃疡面的表层蛋白,形成一层保护膜而呈收敛作用,鞣酸蛋白沉淀压迫小血管而起止血作用。腺细胞的蛋白质被凝固可减少分泌,导致黏膜干燥;神经末梢蛋白质沉淀,呈微弱黏膜局部麻醉效果。鞣酸在胃肠道中被水解成没食子酸,可保护胃肠道黏膜并产生收敛止泻作用。

2. 抗菌　五倍子浸出液、煎剂对大多数革兰阴性菌及革兰阳性菌均有抑制作用。体外试验表明,对金黄色葡萄球菌、白色葡萄球菌、链球菌、肺炎球菌和伤寒杆菌、副伤寒杆菌、痢疾杆菌、大肠杆菌、炭疽杆菌、白喉杆菌、变形杆菌和铜绿假单胞菌等均有抑菌或杀菌作用。其抗菌机制主要与所含鞣质对蛋白质的凝固作用有关。

3. 解毒　五倍子鞣酸可与很多重金属离子、生物碱及苷类形成沉淀,有解毒作用。

4. 抗过氧化损伤　五倍子醇提取物具有抗氧化活性,对超氧阴离子、DPPH 自由基和羟自由基有清除作用。五倍子鞣质和没食子酸等成分结构中有较多邻位酚羟基,通过释放出氢与环境中的自由基结合,阻止氧化过程的继续传递和进行。对自由基诱发的生物大分子损伤起到保护作用,并能维护细胞膜的流动和蛋白质的构象,防止辐射诱发的 DNA 断裂,抑制脂质过氧化。

5. 抗溃疡　以五倍子为主的复方五倍子液能减少胃黏膜的出血,缩短出血时间,并能降低胃液和胃酸分泌量。

6. 保肝　五倍子鞣酸灌胃对 CCl_4 致小鼠急性肝损伤有保护作用。

7. 抗肿瘤　五倍子鞣酸能在胃内阻止氨基比林的硝基化,对亚硝酸胺致癌过程有抑制作用。五倍子酸能抑制肝癌细胞的增殖,诱导凋亡。五倍子单宁能抑制 DNA 拓扑异构酶 II 的活性。

综上所述,五倍子的涩肠止泻、收湿敛疮、止血功效与其保护黏膜、止泻、抗病原微生物、抗溃疡等作用相关。

【现代应用】

1. 出血　五倍子配伍诃子、明矾水煎液,临床上用于口腔、鼻腔、咽部及肛肠、肠道等部位止血。

2. 盗汗　五倍子研成细末,每晚睡前取 1~3 钱,用冷开水调成糊状,敷于脐窝能治疗盗汗。

3. 小儿腹泻　五倍子、五味子、煨肉豆蔻组方,研末敷于脐部,可以止泻。

4. 宫颈糜烂　用五倍子、枯矾各等量研细末,加甘油调成糊剂,贴塞于宫颈糜烂处,有良效。

5. 裂肛、脱肛　五倍子加荆芥、苦参、白矾水煎后熏洗,可治疗痔疮、肛裂;复方五倍子散涂抹在脱出的黏膜上,可治疗脱肛。

第三节　常用方剂

四神丸(《证治准绳》)

【组成】

肉豆蔻煨 6 g,补骨脂盐炒 12 g,五味子醋制 6 g,吴茱萸制 3 g。

【功效与主治】

温肾散寒,涩肠止泻。用于肾阳不足所致的泄泻,症见肠鸣腹胀、五更溏泻、食少不化、久泻不止、面黄肢冷。

【药理作用】

1. 调节胃肠运动　四神丸可抑制胃肠道平滑肌运动,使肠管紧张性下降,收缩幅度减小,频率减慢,还可对抗大黄、蓖麻油所致小鼠腹泻,减轻腹泻程度。四神丸可拮抗乙酰胆碱所致的回肠痉挛性收缩和氯化钡所致的肠管痉挛,还可拮抗溴吡斯的明所致小鼠小肠推进功能亢进。

2. 调节免疫功能　四神丸可升高实验动物的胸腺、脾脏指数,升高 IgA 含量和 IL-2 含量。

四神丸可促进胆汁分泌,调节糖代谢,抑制多种病原微生物。

综上所述,四神丸的涩肠止泻功效主要与其抑制胃肠道平滑肌运动等作用有关,为临床上治疗五更溏泻、食少不化、久泻不止提供了药理学依据。

【现代应用】

1. 慢性腹泻　四神丸联合参苓白术散治疗慢性腹泻有一定效果。

2. 结肠炎　四神丸合理中汤加味治疗溃疡性结肠炎,能很好改善腹痛、腹泻、里急后重等临床症状。联合柳氮磺吡啶治疗该病有效。四神丸颗粒保留灌肠,直接作用于病灶,起效快。四神丸联合香砂六君子汤,治疗慢性结肠炎临床有效。

3. 肠易激综合征　可用四神丸联合药物脐部外敷治疗。

第二十四章 其他药

导学

本章介绍常用单味中药大蒜、蟾酥、马钱子、蛇床子和熊胆粉的主要药理作用和现代应用。

学习要求：

（1）掌握大蒜的抗病原微生物、降血脂与抗动脉粥样硬化作用及现代应用，蟾酥的强心及升压作用，大蒜、蟾酥与上述作用相关的主要物质基础及作用机制；马钱子和熊胆粉的药理作用与现代应用。

（2）熟悉大蒜的抗肿瘤作用；蟾酥的现代应用和不良反应。

（3）了解蛇床子的药理作用和现代应用。

第一节 概 述

本章药物一般具有解毒、消肿、止痛等功效，现代研究表明该类药物具有抗菌、抗炎、抗肿瘤等作用，以往多用于疮痈肿痛等症。近年来，本章药物的研究取得了较大进展，临床应用范围也得到了拓展。

第二节 常用药物

大蒜

本品为百合科植物大蒜 *Allium sativum* L.的鳞茎。

大蒜挥发油中含有多种硫醚类化合物，其主要有效成分大蒜素(allicin)由蒜氨酸(alliin)经蒜酶分解产生，同时还转化生成大蒜新素(allitridi)和二烯丙基硫醚(diallylthioether)、二烯丙基二硫(diallyl disulfide)、二烯丙基三硫(diallyl trisulfide)、S-烯丙基半胱氨酸(S-allyl cysteine)、S-烯丙基巯基半胱氨酸（S-allyllmercaptocysteine），其中大蒜新素已能人工合成。挥发油中还含蒜制菌素（allisatin）、甲基烯丙基化三硫（methyl allyl trisulfide）和阿霍烯（ajoene）。此外，尚含氨基酸类如乙基半胱氨酸（ethyl cystein）和丙基半胱氨酸（propyl cysteine）、肽类、蛋白质、糖、苷类、脂肪、维生素等。

大蒜味辛，性温。归脾、胃、肺经。具有解毒消肿、杀虫、止痢的功效。用于痈肿疮疡、疥癣、肺痨、顿咳、泄泻、痢疾。

【药理作用】

1. **抗病原微生物** 大蒜具有广谱抗菌作用，对多种致病革兰阳性菌、革兰阴性菌均有抑菌和杀菌作用，对耐青霉素与链霉素的耐药菌、铜绿假单胞菌、肺炎克雷伯菌、幽门螺杆菌、真菌、巨细胞病毒、阿米巴原虫及阴道滴虫等均有抑杀作用。

大蒜抗病原微生物作用的成分为多种烯丙基硫化物，如大蒜素、大蒜新素等。其抗菌活性与化学结构中的二硫键有关。现认为大蒜素的抗菌机制是分子中的氧原子与细菌生长繁殖所需的半胱氨酸分子中的巯基相结合，使之不能转变为胱氨酸，影响了细菌的生长繁殖，并使细菌变形、破裂。大蒜素等成分与头孢他啶、庆大霉素、亚胺培南和美罗培南均有协同或相加的抗菌作用。阿霍烯对革兰阳性菌如蜡样芽胞杆菌和革兰阴性菌如大肠杆菌均有抑制或杀灭作用。阿霍烯、大蒜素对单纯疱疹病毒、人鼻病毒、副流感病毒等具有杀灭作用。

2. **调节血脂与抗动脉粥样硬化** 临床试验、动物实验和细胞实验均表明，大蒜具有降低血脂的作用。大蒜、大蒜精油可使血清、肝、肾及主动脉中的TC、TG、LDL-C下降，HDL-C增高。大蒜降血脂的有效成分为S-烯丙基半胱氨酸、乙基半胱氨酸和丙基半胱氨酸等。大蒜素可减轻动脉粥样硬化病变程度。

大蒜降血脂有两方面的机制。① 干扰脂质的合成：大蒜素等有效成分通过抑制乙酰辅酶A（coenzyme A, CoA）合成酶、HMG-CoA还原酶、鲨烯环氧化酶、羊毛甾醇 14α-去甲基化酶，减少了内源性胆固醇的合成。② 干扰胆汁酸循环：大蒜抑制胆固醇 7α-羟化酶活性，通过负反馈抑制效应调节胆固醇的合成。大蒜素还使 TXA_2 与 PGI_2 比值显著下降，从而也有利于防治动脉粥样硬化病变。

3. **抗血小板聚集** 大蒜中的硫化物具有抗血小板聚集作用，能抑制肾上腺素、二磷酸腺苷和胶原诱导的血小板聚集，且呈剂量依赖关系，其中阿霍烯作用最强。其作用机制与以下方面有关：① 抑制血小板环氧化酶活性，阻断 TXA_2 的合成。② 抑制磷酸二酯酶活性，升高血小板中cAMP水平。③ 抑制血小板的摄取和释放功能。

4. **抗肿瘤** 大蒜对胃癌、结肠癌、肝癌、肺癌、前列腺癌、乳腺癌、白血病等多种肿瘤的发生、发展和转移均有抑制作用。大蒜的脂溶性成分如阿霍烯、二烯丙基硫醚、二烯丙基二硫、二烯丙基三硫等，以及水溶性成分如S-烯丙基半胱氨酸、S-烯丙基巯基半胱氨酸等，均有抗肿瘤作用。大蒜素能延迟膀胱癌的发生；能抑制人膀胱癌BIU87细胞的生长，其作用强度与大蒜素的浓度和作用时间有关；能抑制人胃癌细胞恶性增殖，将其阻滞于 G_1 期并诱导细胞凋亡。阿霍烯可剂量依赖性地抑制皮肤癌的发生；抑制鼠黑色素细胞在肺部浸润；抑制苯并芘和4-硝基-1,2-亚苯基肼诱导的突变。二烯丙基三硫可增强胃癌细胞对多西他赛的化学敏感性。

大蒜抗肿瘤作用主要是通过诱导肿瘤细胞的凋亡而实现的。大蒜素通过增加细胞凋亡始动基因 *fas* 及凋亡促进基因 *bax* 的表达，减少凋亡抑制基因 *bcl*-2 的表达，激活 Caspase-3、Caspase-8 与

Caspase-9，抑制肿瘤细胞的生长，诱导癌细胞凋亡小体的形成和核固缩。阿霍烯则通过激活细胞内氧化应激和核转录因子 NF-κB 而诱导肿瘤细胞凋亡。大蒜素还通过抑制肿瘤细胞的转移和侵袭，影响细胞周期、破坏细胞骨架、抑制血管生成而发挥抗肿瘤作用。

5. **其他作用**　大蒜素可降低心脏负荷，能减少心肌耗氧量、增加心肌对缺血的耐受。大蒜素对局灶性脑缺血再灌注损伤有保护作用，其机制与提高脑组织中过氧化物酶的活性和抗脂质过氧化有关。大蒜素对羟自由基和超氧阴离子自由基均有较强的清除能力，是一种抗氧化剂。大蒜素能够增强机体的免疫功能。

此外，大蒜还具有降血糖、利尿、舒张血管、抗心律失常、保护听力、抗炎、保护肝脏和抗辐射等作用。

综上所述，大蒜的解毒消肿、杀虫、止痢功效与其抗病原微生物、抗肿瘤等作用相关。现代研究揭示，大蒜防治动脉粥样硬化病变和心脑缺血-再灌注损伤作用与调节血脂、抗血小板聚集和抗氧化等作用相关。

【现代应用】

1. **疖、痈**　大蒜捣烂外敷对皮肤化脓性感染或神经性皮炎有效。
2. **深部霉菌感染**　大蒜素注射液静脉滴注对肺部真菌感染、隐球菌脑膜炎和白念珠菌血症等有效。
3. **痢疾**　口服生大蒜对阿米巴痢疾、细菌性痢疾有效。
4. **高血脂和动脉粥样硬化**　大蒜素胶囊、大蒜素片、大蒜肠溶片、大蒜油软胶囊、大蒜素肠溶胶囊等有较好疗效。
5. **肿瘤**　大蒜素有一定疗效。

【不良反应】

局部应用有较强刺激性，可引起局部灼热、疼痛及发疱。生食时消化道也有明显刺激性。

蟾酥

本品为蟾蜍科动物中华大蟾蜍 *Bufo bufo gargarizans* Cantor 或黑眶蟾蜍 *Bufo melanostictus* Schneider 的干燥分泌物。

蟾酥的主要成分是蟾毒配基类(bufogenins)及其酯类如蟾酥毒类(bufotoxins)。它们都具有乙型强心苷元的结构。蟾毒配基类化合物主要有华蟾毒精(cinobufagin)、蟾毒它灵(bufotalin)、华蟾毒灵(cinobufotalin)、蟾毒灵(bufalin)、脂蟾毒配基(resibufogenin)、远华蟾毒精(telocinobufagin)等。此外，还含吲哚碱衍生物蟾蜍色胺(bufotenine)、蟾蜍特尼定(bufotenidine)等。

蟾酥味辛，性温，有毒。归心经。具有解毒、止痛、开窍醒神的功效。用于痈疽疔疮、咽喉肿痛、中暑神昏、痧胀腹痛吐泻。

【药理作用】

1. **强心及升高血压**　蟾酥毒及蟾毒配基类化合物有类似洋地黄的强心作用，能直接加强心肌收缩力。脂蟾毒配基对正常心脏和衰竭心脏均有加强心肌收缩力的作用。强心作用机制是抑制 Na^+-K^+-ATP 酶，使心肌细胞内 Ca^{2+} 增多。

蟾酥升高血压作用与肾上腺素相似，是强心、增加心排血量及增加血管阻力等多方面协同的结果，还与促进儿茶酚胺释放有关。该作用可被 α 受体阻断剂部分阻断。

2. **抗肿瘤**　蟾毒配基类对 S180 肉瘤、宫颈癌、腹水型肝癌均有抑制作用；华蟾素具有抗肿瘤作用,对原发性肝癌也有一定抑制作用,其抗肿瘤作用与抑制肿瘤细胞增殖、诱导肿瘤细胞凋亡、诱导肿瘤细胞分化、抑制肿瘤血管形成等有关。

3. **兴奋呼吸中枢**　脂蟾毒配基、华蟾毒精均能引起麻醉动物中枢性呼吸兴奋,使呼吸深度加大,频率加快,其作用部位在脑干。

4. **局部麻醉**　蟾毒灵及其类似物有局麻作用,其表面麻醉作用较可卡因强30～60倍,作用机制与促进肌细胞缓慢去极有关。蟾酥氯仿提取物、乙醇提取物可造成牙髓神经超微结构的改变,可用于快速无痛切髓。

此外,蟾酥还具有抗病原微生物、镇咳、利尿、兴奋肠肌、收缩子宫及输精管、致幻、促进造血功能、抗血小板聚集、抑制促黄体生成素和睾酮分泌、促进糖原产生等多种药理作用。

综上所述,蟾酥的开窍醒神功效与其强心、升高血压、兴奋呼吸中枢等作用相关。

【现代应用】

1. **急、慢性化脓性炎症**　单用或用含蟾酥的六神丸治疗急性扁桃体炎、颈淋巴结结核、慢性骨髓炎瘘孔等有效。

2. **肿瘤**　蟾酥注射液、华蟾素口服液、华蟾素注射液、蟾酥镇痛膏等用于皮肤癌、肝癌、胃癌、白血病、宫颈癌等的治疗均有疗效,尤以对皮肤癌效果最好。华蟾素注射液对缓解癌症疼痛有一定效果。

3. **表面麻醉**　用1%蟾蜍溶液黏膜涂布或局部喷雾可用于拔牙或扁桃体切除。

4. **呼吸与循环衰竭**　用蟾酥尤其是脂蟾毒配基治疗肺源性心脏病、肺性脑病、催眠药及一氧化碳中毒等引起的呼吸循环功能衰竭有效。也可用于多种休克,使血压上升。

【不良反应】

治疗量的蟾酥毒性较低,如剂量偏大则可引起中毒反应,如恶心、呕吐、腹痛、头昏、胸闷、口唇及四肢发麻,严重者出现心悸、心律不齐,心电图可见房室传导阻滞、S-T段下降、T波倒置等洋地黄中毒样表现,也可导致内脏出血、惊厥、昏迷而死亡。蟾酥加热后毒性降低。解救方法同洋地黄中毒。蟾酥有兴奋子宫作用,故孕妇禁用。静脉滴注蟾酥注射液或华蟾素注射液可出现疼痛、过敏反应等。

马钱子

本品为马钱科植物马钱 Strychnos nux-vomica L.的干燥成熟种子。

马钱子中生物碱为其主要化学成分,主要包括士的宁(strychnine,即番木鳖碱)、马钱子碱(brucine)、马钱子碱氮氧化物(brucine-N-oxide)、可鲁比因(colubrine)、伪番木鳖碱(pseudostrychnine)、番木鳖次碱(vomicine)、番木鳖苷(loganin)、异番木鳖碱(isostrychnine)、异马钱子碱(isobrucine)、伪马钱子碱(pseudobrucine)等。此外,还含有番木鳖苷B(loganoside)、马钱子苷(cuchiloside)等化合物。

马钱子含多种生物碱,可分为三种类型:①"正"系列(normal series)生物碱:番木鳖碱(strychnine),马钱子碱(brucine),异番木鳖碱(isostrychnine),异马钱子碱(isobrucine),番木鳖碱 N-氧化物(strychnine N-oxide),马钱子碱 N-氧化物(brucine N-oxide),β-可鲁勃林(β-colubrine),16-羟基-β-可鲁勃林(16-hydroxy-β-colubrine),16-羟基-α-可鲁勃林。②"伪"系列(pseudo series)生物碱:伪番木鳖碱(pseudo-strychnine),伪马钱子碱(pseudobrucine)。③"N"-甲基伪系列(N-methylpseudo series)生物碱:N-甲基-断-伪番木鳖碱(icajine),番木鳖次碱(vomicine),N-甲基-断-伪马钱子碱(no-vacine)。

士的宁　　　　　　　　马钱子碱

马钱子味苦,性温;有大毒。归肝、脾经。具有通络止痛,散结消肿的功效。用于跌打损伤、骨折肿痛、风湿顽痹、麻木瘫痪、痈疽疮毒、咽喉肿痛等。

【药理作用】

1. **镇痛**　马钱子具有镇痛作用,其中主要有效成分为马钱子碱和马钱子碱氮氧化物。马钱子提取物在小鼠热板实验、醋酸扭体实验及热水甩尾实验中,均显示出镇痛作用。马钱子碱及马钱子碱氮氧化物对各种物理及化学性疼痛疗效较好。马钱子碱的中枢镇痛作用强于士的宁,不仅能增强吗啡镇痛作用,还能延长镇痛时间。其镇痛机制可能与麻痹感觉神经末梢、增加脑部单胺类神经递质与脑啡肽含量有关。

2. **抗炎**　马钱子生品及其炮制品、总生物碱、马钱子碱及其氮氧化物均有抗炎作用,对佐剂诱发的大鼠免疫性关节炎有疗效,可抑制大鼠足肿胀,缓减关节炎病理性损伤,对巴豆油、角叉菜胶所致实验性炎症亦有良好的抑制作用。其抗炎作用机制与抑制外周炎症组织中炎症因子 IL-1、PGE_2、IL-6、TNF-α 的生成,降低血管渗透性,减少血中 5-HT、6-酮-前列腺素 $F_{1\alpha}$(6-keto-$PGF_{1\alpha}$)等炎症介质的含量有关。

3. **对神经系统的作用**　士的宁和马钱子碱具有兴奋脊髓的作用。士的宁对整个中枢神经系统都有选择性兴奋作用,首先提高脊髓兴奋功能,使神经冲动在脊髓内容易传导,缩短脊髓的反射时间,增强反射强度;其次,提高延髓内血管运动中枢、呼吸中枢、咳嗽中枢的兴奋性,使血压升高,呼吸加深加快;士的宁还可兴奋迷走神经中枢,使心动徐缓。小剂量士的宁能加强皮层的兴奋过程,促使处于抑制状态的患者苏醒。马钱子碱可兴奋中枢神经系统,对感觉神经末梢有麻痹作用;极大剂量时,可阻断神经肌肉传导,呈现箭毒样作用。

4. **对心血管系统的作用**　马钱子碱能激动心肌细胞上 T 型、L 型、B 型钙通道的单通道活动,使其开放时间延长,关闭时间缩短,开放概率增加。马钱子碱及其氮氧化物对心肌细胞具有保护作用,可对抗由黄嘌呤-黄嘌呤氧化酶引起的心肌细胞肌丝和线粒体的损害;能改善微循环,增加器官血流量,抗血栓形成和抑制血小板聚集。

5. **对免疫系统的作用**　马钱子碱对小鼠迟发型超敏反应有明显的抑制作用,可抑制 T 淋巴细胞的增殖,减弱耳肿胀程度,而对脾脏和胸腺指数无明显影响,表明马钱子碱对细胞免疫具有一定的抑制作用,而对免疫器官无影响。马钱子的炮制品可降低乙酰胆碱受体抗体(acetylcholine receptor antibody, AChRAb)水平,调节血清中 TGF-β_1 含量,维持机体免疫激活与免疫抑制之间的动态平衡。

6. **抗肿瘤**　马钱子水提取物、马钱子碱和士的宁对多种肿瘤具有显著的抑制作用,如肝癌、乳腺癌、结肠癌等。其机制主要是通过细胞毒作用,诱导肿瘤细胞凋亡、阻滞细胞周期、抑制癌细胞的侵袭和转移以及抑制肿瘤血管生成来实现。

7. 其他作用　马钱子还具有抗菌、保肝、退热、抗氧化等药理作用。

综上所述,马钱子的通络止痛、散结消肿功效与其镇痛、抗炎、兴奋中枢和抗肿瘤等作用相关。

【现代应用】

1. 癌症及癌症疼痛　以马钱子为主的中药复方,如癌痛散,能缓解临床上各类癌症疼痛。

2. 风湿性疾病　含马钱子的风痛散口服治疗风湿性关节炎,可缓解肌肉酸痛、胀麻、寒冷等症状。

3. 神经系统疾病　马钱子及其复方制剂马钱子散对面神经麻痹、多发性神经炎和原发性坐骨神经痛的治疗均有较好疗效。

4. 颈椎病　含马钱子的复方马钱乌头汤能治疗颈椎病。

【不良反应】

马钱子有大毒,其所含生物碱如士的宁和马钱子碱既是有效成分又是毒性成分。成人1次服用5~10 mg的士的宁可致中毒,死亡剂量为30 mg。马钱子中毒严重时可见全身肌肉强直性痉挛、惊厥,渐至呼吸肌痉挛而窒息死亡;也可直接损害肾小管上皮细胞,导致急性肾功能衰竭、尿毒症,故马钱子须经过炮制入药。

蛇床子

本品为伞形科植物蛇床 *Cnidium monnieri* (L.) Cuss.的干燥成熟果实。

蛇床子主要含香豆素类和挥发油等,其中蛇床子素(osthole)、欧芹属素乙(ammidin)为香豆素中的主要成分。此外,还含有佛手柑内酯(bergapten)、异虎耳草素(isoimpinellin)、花椒毒酚(xanthotoxol)、花椒毒素(xanthotoxin)等。

蛇床子味辛、苦,性温;有小毒。归肾经。具有燥湿祛风、杀虫止痒、温肾壮阳的功效。用于阴痒带下、湿疹瘙痒、湿痹腰痛、肾虚阳痿、宫冷不孕。

【药理作用】

1. 抗菌、止痒　蛇床子甲醇提取物可抑制须发癣菌。蛇床子有效成分中以蛇床子素作用最强。花椒毒酚具有显著的抗霉菌作用。蛇床子挥发油通过抗组胺和抑制肥大细胞脱颗粒而具有明显的抗瘙痒作用。

2. 抗炎　蛇床子素和花椒毒酚可抑制由二甲苯引起的耳郭肿胀、醋酸引起的腹腔毛细血管通透性增高,抑制实验性肉芽肿,并对角叉菜胶所致足肿胀也有抑制作用。花椒毒酚的抗炎机制与其抑制前列腺素合成有关。而蛇床子素通过抗变态反应发挥抗炎作用。

3. 调节免疫功能　蛇床子素可增强"肾阳虚"动物的免疫功能,提高其腹腔巨噬细胞吞噬百分率和吞噬指数、血清溶血素水平、脾淋巴细胞^{3}H-TdR掺入数。

同时,蛇床子素能抑制皮肤被动过敏反应,能抑制迟发性超敏反应。蛇床子素对组胺引起的喘息有保护作用,对慢反应物质引起的回肠收缩反应呈拮抗作用。

4. 抗骨质疏松　蛇床子总香豆素对去卵巢和糖皮质激素所致骨质疏松有预防作用,能促进骨形成而抑制骨吸收,抑制破骨细胞的活性,阻止骨质丢失。蛇床子素能促进骨形成,其机制与cAMP/cAMP反应元件结合蛋白(cA-response element-binding protein, CREB)信号通路的激活有关,该通路的激活可增强成骨细胞特异性转录因子 Osterix 的转录,从而促进骨的生成。

5. 对中枢神经系统的作用

(1) 镇静、抗焦虑、镇痛:蛇床子总香豆素可增强戊巴比妥钠的催眠作用。蛇床子素可改善焦虑动物的行为异常。蛇床子素、花椒毒酚还有一定的镇痛作用。

(2) 益智：蛇床子素有促进学习记忆的作用,能改善记忆获得、巩固及方向辨别障碍。其作用机制与抑制脑内胆碱酯酶活性有关。

6. 其他作用

(1) 抗心律失常：蛇床子素对氯仿、氯化钙诱发的室颤均有预防作用,对乌头碱诱发的心律失常有治疗作用。能抑制离体豚鼠心乳头肌 Ba^{+2} 诱发的自发电活动,其作用机制是选择性地抑制细胞膜电压依赖性钙通道,抑制细胞外 Ca^{2+} 的内流。总香豆素还可能通过阻断 β-肾上腺素受体而抗心律失常。

(2) 负性肌力、负性频率、扩张血管：蛇床子素的钙通道阻滞作用使其对离体心肌呈剂量依赖性负性肌力和负性频率作用,并非竞争性地拮抗异丙肾上腺素的正性肌力作用。蛇床子素有扩张血管作用,使 NE、$CaCl_2$ 和高 K^+ 去极化所致的主动脉收缩的量-效反应曲线右移,最大反应降低。

(3) 抗诱变：蛇床子素、欧芹属素乙、佛手柑内酯、异虎耳草素、花椒毒酚、花椒毒素具有抑制黄曲霉素 B_1 致诱变的作用;蛇床子素、佛手柑内酯、异虎耳草素和欧芹属素乙抑制环磷酰胺诱发的骨髓细胞染色体畸变,对嗜多染红细胞微核抑制实验也具有活性,而其本身无致诱变性。

此外,蛇床子还具有保肝、降脂、抗氧化、抗凝血、抗生育、舒张支气管、祛痰、抗肿瘤和抗纤维化等作用。蛇床子素还有雌激素样作用。

综上所述,蛇床子的燥湿祛风、杀虫止痒功效与其抗菌、抗炎、调节免疫等作用相关;温肾壮阳功效与其抗骨质疏松、益智等作用相关。

【现代应用】

1. **外阴瘙痒**　蛇床子配伍苦参等,水煎液先熏后洗,治疗滴虫、念珠菌性阴痒有良效。
2. **湿疹**　蛇床子配伍密陀僧、白矾、大黄等外敷治疗湿疹有效。
3. **足癣**　蛇床子配伍黄柏、防风等,取煎液浸泡患足治疗足癣有效。

【不良反应】

蛇床子过量使用可导致恶心、呕吐、舌麻。蛇床子素的急性毒性表现为对肝脏和肺脏的损伤。

熊胆粉

本品为脊椎动物熊科棕熊 *Ursus arctos* Linnaeus、黑熊 *Selenarctos thibetanus* Cuvier 的干燥胆汁。

熊胆粉中主要成分为胆汁酸类,包括熊去氧胆酸(ursodeoxycholic acid)、鹅去氧胆酸(chenodeoxycholic acid)、去氧胆酸(deoxycholic aicd)、牛黄熊脱氧胆酸(tauroursodeoxycholic acid)、牛黄鹅脱氧胆酸(taurochenodeoxycholic acid)、牛黄胆酸(cholyltaurine)、胆固醇、胆红素、无机盐、脂肪、磷脂及多种氨基酸等。引流熊胆化学成分与天然熊胆基本一致。

熊胆粉味苦,性寒。归肝、胆、心经。具有清热解毒、息风止痉、清肝明目的功效。用于热毒疮痛、痔疮、咽喉肿痛、热极生风、惊痫抽搐、肝热目赤、目生翳膜等。

【药理作用】

1. **抗病原微生物**　熊胆粉对金黄色葡萄球菌、大肠杆菌、肺炎球菌、枯草芽孢杆菌、铜绿假单胞菌及蜡样芽胞杆菌有抑制作用;对感染大肠杆菌和金黄色葡萄球菌的动物具有保护作用。熊胆粉还具有抗病毒作用,对腺病毒、疱疹病毒、柯萨奇 B 族病毒Ⅳ型和副流感病毒Ⅳ型有抑制作用,能降低感染流感病毒小鼠的死亡率及肺指数。复方熊胆滴眼液对腺病毒感染细胞及疱疹病毒感染细胞具有良好的保护作用。

2. **抗炎** 熊胆粉具有抗炎作用,对角叉菜胶所致大鼠足跖肿胀、二甲苯所致小鼠耳肿胀、小鼠棉球肉芽肿及大鼠佐剂性关节炎的足跖肿胀均有抑制作用。熊胆粉与黄芪联合给药治疗再发性腮腺炎疗效显著。

3. **利胆溶石** 熊胆粉能降低家兔食饵性胆固醇胆结石的发生率,降低胆汁中游离胆固醇的含量,增加总胆汁酸的含量。其中熊去氧胆酸可使胆汁中胆固醇非饱和化,阻止胆固醇结石形成,并可促进其重新溶解。其机制可能是熊去氧胆酸及其结合物能够形成特有液晶状的、混浊的中间相,使胆固醇超过平衡溶解度进而继续溶解。

4. **保肝** 熊胆粉对 CCl_4 诱导的肝功能损伤具有保护作用,能有效降低 AST 和 ALT 水平。熊胆粉还具有抑制 DMN 诱发大鼠肝纤维化的作用,其机制可能与抑制枯否细胞,减少细胞因子的分泌,进而抑制肝星状细胞的激活、转化,减少胶原纤维合成和分泌有关。

5. **对呼吸系统的作用** 熊胆粉具有平喘、祛痰及镇咳作用。熊胆粉能减少氨气所致小鼠咳嗽次数,延长咳嗽潜伏期,增加小鼠呼吸道酚红排泌量。熊胆粉中的胆酸、去氧胆酸与鹅去氧胆酸钠都有镇咳作用。其中胆酸钠能直接扩张支气管,对抗组胺和毛果芸香碱引起的支气管痉挛。天然熊胆粉的复方制剂对急性上呼吸道感染、肺炎及支气管炎等呼吸系统疾病有效。

6. **抗肿瘤** 熊胆粉对体外肝癌、骨髓瘤、白血病等多种癌细胞具有抑制作用。熊胆粉还能抑制癌细胞的侵袭、转移以及肿瘤血管的生成。体内研究证实,荷瘤小鼠给予熊胆粉后,可抑制肿瘤的增长,促进肝癌细胞凋亡。熊去氧胆酸还可通过活化 Caspases,抑制人口腔鳞状癌细胞 HSC-3 的增殖。

熊胆粉还具有镇静、镇痛、明目、抗惊厥及解热等作用。

综上所述,熊胆的清热解毒功效与其抗病原微生物、抗炎、解热、对呼吸系统的作用、抗肿瘤等作用相关;息风止痉、清肝明目功效与其利胆溶石、保肝、镇静、镇痛、明目、抗惊厥等作用相关。

【现代应用】

1. **肝胆疾病** 熊胆粉及以熊胆粉为主的复方制剂广泛应用于治疗肝胆管结石、胆囊结石、胆囊炎及慢性乙型肝炎等肝胆疾病。

2. **咽喉肿痛** 可使用熊胆粉、熊胆胶囊治疗。也可用于治疗扁桃体炎。

3. **痔疮** 以熊胆粉为主的复方制剂治疗痔疮有一定疗效。

4. **眼科疾病** 如急性细菌性结膜炎、眼睑疱疹等。

【不良反应】

熊胆粉不良反应轻微,无致突变和畸变作用,其苦腥味可致少数患者呕吐。少数患者服用熊胆丸会致过敏反应,出现皮疹、瘙痒等症状。

附 录

一、t 值表

自由度 (n)	概率			自由度 (n)	概率		
	0.05	0.01	0.001		0.05	0.01	0.001
1	12.706	63.657	636.619	18	2.101	2.878	3.922
2	4.303	9.925	31.598	19	2.093	2.861	3.883
3	3.182	5.841	12.924	20	2.086	2.845	3.850
4	2.776	4.604	8.610	21	2.080	2.831	3.819
5	2.571	4.032	6.869	22	2.074	2.819	3.792
6	2.447	3.707	5.959	23	2.069	2.807	3.767
7	2.365	3.499	5.408	24	2.064	2.797	3.745
8	2.306	3.355	5.041	25	2.060	2.787	3.725
9	2.262	3.250	4.781	26	2.056	2.779	3.707
10	2.228	3.169	4.587	27	2.052	2.771	3.690
11	2.201	3.106	4.437	28	2.048	2.763	3.674
12	2.179	3.055	4.318	29	2.045	2.756	3.659
13	2.160	3.012	4.221	30	2.042	2.750	3.646
14	2.145	2.977	4.140	31	2.040	2.744	3.633
15	2.131	2.947	4.073	32	2.037	2.738	3.622
16	2.120	2.921	4.015	33	2.035	2.733	3.611
17	2.110	2.898	3.965	34	2.032	2.728	3.601

二、χ^2 值表

自由度 (n)	概率 0.05	概率 0.01	概率 0.001	自由度 (n)	概率 0.05	概率 0.01	概率 0.001
1	3.841	6.635	10.828	16	26.296	32.000	39.252
2	5.991	9.210	13.816	17	27.587	33.409	40.790
3	7.815	11.345	16.266	18	28.869	34.805	42.312
4	9.488	13.277	18.467	19	30.144	36.191	43.820
5	11.070	15.088	20.515	20	31.410	37.566	45.315
6	12.592	16.812	22.458	21	32.671	38.932	46.797
7	14.067	18.475	24.322	22	33.924	40.289	48.268
8	15.507	20.090	26.125	23	35.175	41.638	49.728
9	16.919	21.666	27.877	24	36.415	42.980	51.179
10	18.307	23.209	29.588	25	37.652	44.314	52.618
11	19.675	24.725	31.264	26	38.885	45.642	54.052
12	21.026	26.217	32.909	27	40.113	46.963	55.476
13	22.362	27.688	34.528	28	41.337	48.278	56.893
14	23.685	29.141	36.123	29	42.557	49.588	58.301
15	24.996	30.578	37.697	30	43.773	50.892	59.703

三、常用英文缩略词

英文缩略词	英文	中文
AA	arachidonic acid	花生四烯酸
AA	adjuvant arthritis	佐剂性关节炎
AC	adenylate cyclase	腺苷酸环化酶
ACE	angiotensin converting enzyme	血管紧张素转化酶
Ach	acetylcholine	乙酰胆碱
AChE	acetyl cholinesterase	乙酰胆碱酯酶
AChRAb	acetylcholine receptor antibody	乙酰胆碱受体抗体
ACTH	adrenocorticotropic hormone	促肾上腺皮质激素
AD	Alzheimer's dementia	阿尔茨海默病
AD	adrenaline	肾上腺素

英文缩略词	英文	中文
ADH	antidiuretic hormone	抗利尿激素
AdioP	adiponectin	脂联素
ADME	absorption, distribution, metabolism and elimination	吸收、分布、代谢与排泄
ADP	adenosine diphosphate	二磷酸腺苷
AdV	adenovirus	腺病毒
AFB1	Aflatoxin B1	黄曲霉菌素 B1
AI	arteriosclerosis index	动脉硬化指数
AGEs	advanced glycosylation end products	肾皮质内糖化终产物
ALD	aldosterone	醛固酮
ALP	alkaline phosphatase	碱性磷酸酶
ALT	alanine aminotransferase	丙氨酸转氨酶
AMP	adenosine monophosphate	腺苷-磷酸
AMPK-α	adenosine 5-monophosphate (AMP)-activated protein kinase	AMP 依赖的蛋白激酶
ANAE	α-naphtyl acetate easterase	α-醋酸萘酯酶
ANF	atrial natriuretic factor	心钠素
ANP	atria natriuretic peptide	心钠素
ANIT	alpha-naphthylisothiocyanate	α-异硫氰酸萘酯
AngⅡ	angiotensin Ⅱ	血管紧张素Ⅱ
ANOVA	analysis of variance	方差分析
APD	action potential duration	动作电位时程
APO	apoprotein	载脂蛋白
APTT	activated partial thromboplastin time	活化部分凝血活酶时间
AQP	aquaporin	水通道蛋白
AR	aldose reductase	醛糖还原酶
AS	atherosclerosis	动脉粥样硬化
Asp	aspartic acid	天冬氨酸
AST	aspartate aminotransferase	天冬氨酸转氨酶
AT-Ⅲ	antithrombin-Ⅲ	抗凝血酶-Ⅲ
ATP	adenosine triphosphate	三磷酸腺苷
ATPase	adenosine triphosphatase	三磷酸腺苷酶
AVP	arginine vasopressin	精氨酸加压素
BCG	bacille Calmette-Guerin	卡介苗
BDNF	brain-derived neurotrophic factor	脑源性神经营养因子
BFU-E	burst forming unit-erythroid	早期红系祖细胞
BMDP	biomedical computer programs	BMDP 软件
BMP-2	bone morphogenetic protein-2	骨形态发生蛋白-2
BSA	bovine serum albumin	牛血清白蛋白
BUN	blood urea nitrogen	血清尿素氮
cAGP	cyclic GMP	环磷酸鸟苷
CaM	calmodulin	钙调蛋白
CaMK	calcium-calmodulin dependent protein kinase	钙调蛋白激酶
cAMP	cyclic adenosine monophosphate	环磷酸腺苷
CAT	catalase	过氧化氢酶
CCK	cholecystokinin	胆囊收缩素
CCK-R	cholecystokinin-receptor	胆囊收缩素受体
CCL20	CC chemokine ligand 20	CC 趋化因子配体 20
CE	cholesteryl ester	胆固醇酯
CFU-E	colony-forming unit erythrocyte	晚期红系祖细胞

英文缩略词	英文	中文
CFU-GM	colony forming unit-granulocyte-monocyte	粒单系祖细胞
CFU-S	colony-forming unit spleen	脾细胞集落形成单位
CGRP	calcitonin gene related peptide	降钙素基因相关肽
ChAT	Choline acetyltransferase	胆碱乙酰转移酶
CI	cardiac index	心脏指数
CIA	Collagen Induced Arthritis	胶原性关节炎
CIC	circulating immune complex	循环免疫复合物
cGMP	cyclic guanosine monophosphate	环磷酸鸟苷
CK	creatinine kinase	肌酸激酶
CoA	coenzyme A	乙酰辅酶A
Con A	concanavalin A	刀豆蛋白A
COPD	chronic obstructive pulmonary disease	慢性阻塞性肺疾病
Coro	coronin	冠状蛋白
CoxB	Coxsackievirus	柯萨奇B族病毒
COX	cyclooxygenase	环氧化酶
CPK	creatinine phosphokinase	磷酸肌酸激酶
Crea	creatinine	血清肌酐
CREB	cA-response element — binding protein	反应元件结合蛋白
CRH	corticotropin releasing hormone	促肾上腺皮质激素释放激素
CRP	Creactive protein	C反应蛋白
CSN	cold-sensitive neuron	冷敏感神经元
C-T	concentration-time curve	血药浓度-时间曲线
CTL	cytotoxic lymphocyte	细胞毒T淋巴细胞
CYPs	Cytochrome P450s	细胞色素P450
Cyt-C	cytochrome C	线粒体细胞色素C
DA	dopamine	多巴胺
DAG	diacylglycerol	二酰基甘油
DDB	Biphenyldiearboxlate Biphenyldimethylesterate	联苯双酯
D-E	dose-effect	量-效
DG	diglyceride,diacylglycerol	二酰甘油
DβH	dopamine β hydroxylase	多巴胺β-羟化酶
DIC	disseminated intravascular coagulation	血管内弥散性凝血
D-gal	D-galactose	D-半乳糖
D-GalN	D-galactosamine	D-半乳糖胺
DMN	dimethylnitrosamine	二甲基亚硝胺
DNCB	dinitrochlorobenzene	二硝基氯苯
DNFB	dinitrofluorobenzene	二硝基氟苯
DOPAC	dopaceticacid	3,4-二羟基苯乙酸
DTH	delayed-type hypersensitivity	迟发超敏反应
EAA	excitatory amino acid	兴奋性氨基酸
EC cell	enterochromaffin cell	嗜铬细胞
ECHO11	enteric cytopathic human orphan virus	肠道孤儿病毒
EHFV	epidemic hemorrhagic fever virus	流行性出血热病毒
ELAM-1	endothelial-leukocyte adhesion molecule-1	内皮细胞白细胞间黏附分子-1
ELISA	enzyme-linked immunosorbent assay	酶标记免疫吸附分析法
ELT	euglobulin lysis time	优球蛋白溶解时间
EOS	eosinophils	嗜酸性粒细胞
EP	endogenous pyrogen	内生性致热原

英文缩略词	英文	中文
β-EP	β-endorphin	β-内啡肽
ERP	effective refractory period	有效不应期
ESR	erythrocyte sedimentation rate	血沉
ET	endothelin	内皮素
FBG	fasting blood glucose	空腹血糖
FDA	U.S. Food and Drug Administration	美国食品与药品监督管理局
FDP	fibrin degradation products	纤维蛋白降解物
FCV	forssman cutaneous vascutitis	皮肤血管炎
FSH	follicle-stimulating hormone	卵泡生成激素
FXR	farnesoid X receptor	法泥醇 X 受体
GABA	γ-aminobutyric acid	γ-氨基丁酸
GABA-T	γ-aminobutyric acid-transaminase	γ-氨基丁酸转氨酶
GAS	gastrin	胃泌素
GbE	Ginko Biloba extract	银杏叶提取物
GLP	good laboratory practice	药物非临床研究质量管理规范
GLP-1R	gucagon-like peptide 1 Receptor	胰高血糖素样肽-1 受体
Glu	glutamic acid	氨基酸-谷氨酸
GLUT	gucose tansporter	葡萄糖转运体
GluTs	glutamate transporters	谷氨酸转运体
Gly	glycine	甘氨酸
GM-CSF	granulocyte-macrophage colony stimulating factor	粒细胞-巨噬细胞集落刺激因子
GP Ⅳ	glycoprotein Ⅳ	糖蛋白 Ⅳ
GSH	glutathione-SH	谷胱甘肽
GSH-P_X	glutathione peroxidase	谷胱甘肽过氧化物酶
GSR	glutathione reductase	谷胱甘肽还原酶
GSSG	oxidized form glutathione	氧化型谷胱甘肽
GSTs	glutathione S-transferases	谷胱甘肽 S-转移酶
HA	histamine	组胺
HBeAg	Hepatitis B early antigen	乙型肝炎病毒 e 抗原
HBsAg	Hepatitis B surface antigen	乙型肝炎病毒表面抗原
HBV	hepatitis B virus	乙型肝炎病毒
HDL-C	high-density lipoprotein-cholesterol	高密度脂蛋白胆固醇
HIV	human immunodeficiency virus	艾滋病毒
HIV-1RT	HIV-1 reverse transcriptase	免疫缺陷病毒逆转录酶
HL-60	HL-60 cell	白血病细胞
HMGR	3-hydroxy-3-methyl glutaryl coenzyme A reductase	3-羟基-3-甲基戊二酰辅酶还原酶
HMG-B	high mobility group box	高迁移率族蛋白
HMG-CoA	3-hydroxy-3-methylglutaryl coenzyme A	3-羟基-3-甲基戊二酰辅酶 A
H_1N_1	hemagglutinin 1 neuraminidase 1	具有"血凝素(Hemagglutinin)第 1 型、神经氨酸酶(Neuraminidase)第 1 型"的病毒
HRPL	hyper prolactinemia	高泌乳素血症
HSD	Tukey's honest significant difference test	Tukey 检验
HSP-70	Heat shock protein-70	热休克蛋白-70
HSV	Herpes simplex virus type	单纯疱疹病毒
HSYA	hydroxysafflor yellow A	羟基红花黄色素 A
5-HT	5-hydroxytryptamine	5-羟色胺

英文缩略词	英文	中文
^{3}H - TdR	^{3}H - Tritiated thymidine	^{3}H - 胸腺嘧啶脱氧核苷
HTS	high throughput screening	高通量筛选
HUA	hyperuricemia	高尿酸血症
Hyp	hydroxyproline	羟脯氨酸
IAV	influenza A virus	甲型流感病毒
IBS	irritable bowel syndrome	肠易激综合征
ICAM - 1	intercellular adhesion molecule - 1	细胞间黏附分子- 1
ICC_S	interstitial cells of Cajal	胃肠道 Cajal 间质细胞
IFN	interferon	干扰素
IC	immunocomplex	红细胞免疫复合物
Ig	immunoglobulin	免疫球蛋白
IGF - 1	insulin-like growth factor - 1	胰岛素样生长因子- 1
IL - 1	interleukin - 1	白细胞介素- 1
iNOS	inducible nitric oxide synthase	诱导型一氧化氮合酶
IP_3	inositol triphosphate	三磷酸肌醇
IR	insulin Resistance	胰岛素抵抗
K_{ATP}	ATP - sensitive potassium channel	ATP 敏感型钾通道
KA	kainic acid	海人藻酸
6 - keto - $PGF_{1\alpha}$	6 - ketone prostaglandin F_1 alpha	6 -酮-前列腺素 $F_{1\alpha}$
KOA	knee osteoarthritis	膝骨性关节炎
KPTT	kaolin partial thromboplastin time	部分凝血活酶时间
LACT	lecithin cholesterol acyltransferase	胆固醇酰基转移酶
LAK	lymphokine activated killer cell	淋巴因子激活的杀伤细胞
LD_{50}	median lethal dose	半数致死量
LDH	lactate dehydrogenase	乳酸脱氢酶
LDL	low-density lipoprotein	低密度脂蛋白
LDL - C	low-density lipoprotein-cholesterol	低密度脂蛋白胆固醇
LDLR	low-density lipoprotein receptor	低密度脂蛋白受体
LEP	leptin	瘦素
LH	luteinizing hormone	黄体生成素
L - NNA	N-nitro-L-arginine	N -硝基-L -精氨酸
LOX - 1	lectin-like oxidized low-density lipoprotein receptor - 1	凝集素样氧化型低密度脂蛋白受体- 1
LPF	lipofuscin	脂褐质
LRH	luteinizing releasing hormone	黄体生成素释放激素
LPO	lipoperoxide	过氧化脂质
LPS	lipopolysaccharide	脂多糖
LSD	least significant difference test	最小显著性差别检验
LT	leukotriene	白三烯
LVEDP	left ventricular end diastolic pressure	左室舒张期末压
LVP	left ventricular pressure	左心室内压
LVSP	left ventricular systolic pressure	左室收缩峰压
MΦ	macrophage	巨噬细胞
MAO - B	B type monoamine oxidase	B 型单胺氧化酶
MAPK	mitogen-activated protein kinases	丝裂原活化蛋白激酶
MATE1	multidrug and toxin extrusion protein 1	外排转运蛋白 1
MCAO	middle cerebral artery occlusion	动脉栓塞
MDA	malonaldehyde	丙二醛

英文缩略词	英文	中文
MDR	multidrugresistance	肿瘤多药耐药性
MHC Ⅱ	major histocompatibility complex Ⅱ	主要组织相容复合体Ⅱ
MIC	minimal inhibitory concentration	最低抑制浓度
MMC	mitomycin C	丝裂霉素 C
MMP	matrix metalloproteinase	基质金属蛋白酶
MOP	myeloperoxidase	过氧化物酶
mPGES-1	microsomal prostaglandin E synthase-1	膜结合型前列腺素 E2 合酶-1
MPTP	1-Methyl-4-phenyl-1,2,3,6-tetrahydropyridine	1-甲基-4-苯基-1,2,3,6-四氢嘧啶四氢嘧啶
MRP	multidrug resistance associated protein	耐药相关蛋白
MRSA	methicillin-resistant Staphylococcus aureus	耐甲氧西林金黄色葡萄球菌
MRT	mean residence time	平均保留时间
MTL	motilin	胃动素
Na^+-K^+-ATPase	Na^+-K^+ adenosine triphosphatase	Na^+-K^+ ATP 酶
NE 或 NA	norepinephrine 或 noradrenaline	去甲肾上腺素
NADPH	nicotinamide adenine dinucleotide phosphate	还原型辅酶Ⅱ
NAG 酶	urine N-acetyl-beta-D-glucosamidase	尿 N-乙酰-β-D-氨基葡萄糖苷酶
NBT	nitroblue tetrazolin	四唑氮蓝
NCAM-1	neural cell adhesion molecule	神经细胞黏附分子-1
Newman-keuls	Newman-keuls test	Newman-keuls 检验
NF-κB	nuclear factor-κB	转录因子-κB
NGF	nerve growth factor	神经生长因子
NK	natural killer cell	自然杀伤细胞
NMDA	N-Methyl-D-aspartic acid	N-甲基-D-天冬氨酸
NMMHC ⅡA	nonmuscular myosin heavy chain ⅡA	非肌肉球蛋白重链ⅡA
NOS	nitric oxide synthase	一氧化氮合成酶
NREMS	non rapid eye movement sleep	非快速眼球运动睡眠
Nrf2	NF-E2-related factor 2	NF-E2 相关因子
NTK	nature killer T cell	自然杀伤 T 细胞
OAT	organic anion transporter	有机阴离子转运体
OCT	organic cation transporter	有机阳离子转运体
OFR	oxygen free radical	氧自由基
17-OHCS	17-hydroxycorticosteroids	17-羟皮质类固醇
6-OHDA	6-hydroxydopamine	6-羟多巴
Ox-LDL	oxidation type low density lipoprotein	氧化低密度脂蛋白
OVA	ovalbumin	卵白蛋白,卵清蛋白
PAF	platelet activating factor	血小板活化因子
PAI	plasminogen activator inhibitor	纤溶酶原激活物抑制因子
PD	Parkinson's disease	帕金森病
PD	pharmacodynamics,	药效学
PDS	Panaxadiol saponins	三七二醇皂苷
PFC	plaque forming cell	空斑形成细胞
PHA	phytohemagglutinin	植物血凝素
PG	prostaglandin	前列腺素
PG	pepsinogen	蛋白酶原
PGE	prostaglandin E	前列腺素 E
PGI_2	prostacycline	前列环素

英文缩略词	英文	中文
P-gp	P-glycoprotein	P-糖蛋白
PK	pharmacokinetics	药动学
PKC	protein kinase C	蛋白激酶C
PLA$_2$	phospholipidase A	磷脂酶A$_2$
PMNs	polymorphic nuclear leukocytes	中性粒细胞
PNS	panax notoginseng	三七总皂苷
POD	peroxidase	过氧化酶
PRA	plasma renin activity	血清肾素
PRL	prolactin	催乳素或泌乳素
PT	prothromin time	凝血酶原时间
PTS	(pana) trialsaponin8	三七醇皂苷
PTZ	pentylenetetrazol	戊四氮
RAAS	renin-angiotensin-aldosterone system	肾素-血管紧张素-醛固酮系统
RANKL	receptor activator of NF-κB ligand	NF-κB受体活化因子配体
RCA	reversed cutaneous anaphylaxis	反向皮肤过敏反应
REMS	rapid eye movement sleep	快速眼球运动睡眠
ROC	receptor operated channel	受体依赖性通道
RSV	respiratory sycytial virus	呼吸道合胞病毒
RT-PCR	reverse transcriptase-PCR	逆转录聚合酶链反应
SAM	senescence-accelerated mouse	老化小鼠
SAP	severe acute pancreatitis	重症急性胰腺炎
SAS	statistics analysis system	SAS软件
SBP	systolic blood pressure	收缩压
Scr	serum creatinine	血肌酐
SDH	succinate dehydrogenase	琥珀酸脱氢酶
SHR	spontaneously hypertensive rats	高血压大鼠
SI	safety index	安全指数
sIgA	secretory immunoglobulin A	分泌型免疫球蛋白A
SK$_{Ca}$	small conductance calcium activated potassium channel	小电导钙激活钾通道
SLPI	secretory leukocyte protease inhibitor	分泌性白细胞蛋白酶抑制因子
α-SMA	α-smooth muscle actin	α-平滑肌肌动蛋白
SMC	smooth muscle cells	平滑肌细胞
SOD	superoxide dismutase	超氧化物歧化酶
SPF	specific-pathogen free	无特定病原体级实验动物
SPSS	statistical package for the social science	SPSS软件
SRBC	Sheep red blood cells	绵羊红细胞
SREBPs	sterol-regulatory element binding proteins	肝细胞胆固醇调节元件结合蛋白
SRS-A	slow-reacting substance of anaphylaxis	慢反应物质
STZ	streptozocin	链脲佐菌素
SY	safflor yellow	红花黄色素
SYA	safflor yellow A	红花黄色素A
$t_{1/2}$	half life time	半衰期
T$_3$	3,5,3'-triiodothyronine	三碘甲腺原氨酸
T$_4$	thyroxin	甲状腺素
TA	tyrosine aminotransferase	酪氨酸转氨酶
TAA	thioacetamide	对硫代乙酰胺
TACE	transcatheter arterial chemoembolization	肝动脉化疗栓塞术
T-AOC	total antioxidant capacity assay kit	肾脏总抗氧化能力

英文缩略词	英文	中文
TB	total bilirubin	总胆红素
TBARS	lipid peroxide concentration	脂质过氧化物浓度
TC	total cholesterol	总胆固醇
T-D	time-dose	时间-体存量
TD_{50}	median toxic dose	半数中毒剂量
T2DM	type 2 diabetes mellitus	2型糖尿病
^3H-TdR	^3H-Thymidine riboside	^3H-胸腺嘧啶脱氧核苷
T-E	time-effect	时-效
TF	tissue factor	组织因子
TFPI	tissue factor path way inhibitor	组织因子途径抑制物
Th	T-helper (cell)	辅助性T细胞
L-THP	L-tetrahydropalmatine	左旋四氢巴马汀
TI	therapeutic index	治疗指数
TG	triglyceride	三酰甘油
$TGF-\beta_1$	transform growth factor-β_1	转化生长因子-β_1
TLR	Toll-like receptors	Toll样受体,病原模式识别受体
TMP	trimethoprim	甲氧苄啶
TIMP	tissue inhibitor of metalloproteinase	基质金属蛋白酶抑制因子
$TNF-\alpha$	tumor necrosis factor-α	肿瘤坏死因子-α
TNFR1	tumor necrosis factor receptor 1	肿瘤坏死因子受体1
t-PA	tissue type plasminogenactivator	纤溶酶原激活物
TRAF6	TNF receptor associated factor 6	肿瘤坏死因子受体相关因子6
Treg	regulatory T cells	调节性T细胞
TRP	transient receptor potential	瞬时感受器电位通道
Ts	T suppressor (cell)	抑制性T细胞
TSH	thyroid stimulating hormone	促甲状腺激素
TSP	thrombospondin	凝血酶敏感蛋白
TT	thrombin time	凝血酶时间
TXA_2	thromboxane A_2	血栓素A_2
UDPGT	UDP glucuronosyltransferase	二磷酸尿核苷葡萄糖醛酸转移酶
UGT1A	UDP-glucuronosyl transferase 1A1	尿苷二磷酸葡萄糖醛酸转移酶1A1
UHTS	ultrahigh-throughput screening	超高通量筛选
VCAM-1	vascular cell adhesion molecule-1	血管细胞黏附分子-1
VCEC	vascular endothelial cell	血管内皮细胞
VEGF	vascular endothelial growth factor	血管内皮生长因子
VIP	vasoactive intestinal peptide	血管活性肽
VLDL	very low-density lipoprotein	极低密度脂蛋白
VSMC	vascular smooth muscle cell	血管平滑肌细胞
WBC	leukocyte, white blood cell	白细胞